공통과목 1, 2권(校 · 長 · 尉) | 선택과목 3권(長 · 尉)

2022

소방승진 시험대비

Field 필드

소방전술 ②

소방학 박사 **김경진** 저

제 · 개정 완벽 반영

기출문제분석 출제경향 파악

핵심이론완벽 분석 및 정리

동영상 강의는 firemanexam.co.kr

Field 119

머 리 말

소방에 입문한 지 어느덧 35여년이 지났습니다.

그동안 현실보다는 먼 미래를 바라보면서 하루하루 열심히 살아왔고 이제 한 번쯤 되돌아볼 여유를 가져봅니다.

지금 생각해 보면 가장 힘들었던 시기는 아마도 119안전센터에서 격일제 근무를 하면서 승진시험 준비에 매진했던 때가 아니었나 싶습니다.

소방위 계급을 달 때까지 한 번도 책을 놓은 적이 없었지만 출제방향과 핵심을 몰라 쓸데없는 시간을 허비한 적도 많았습니다.

때로는 어리석게도 수많은 교재를 무조건 외우기도 했습니다.

다행히도 노력한 결과 지금까지 업무에 큰 도움이 되었고 여기까지 올 수 있었습니다.

그러나 한편으로는 시험의 핵심을 알지 못해 무모한 학습방법으로 많은 시간을 허비한 것은 아쉽기만 합니다.

이제 수험생 여러분께 이러한 문제를 해결하고 최소한의 시간으로 큰 효과를 올릴 수 있도록 핵심공부 방법을 제시하고자 합니다.

본 교재는 다음과 같은 점에 중점을 두었습니다.

❶ 소방전술의 특성상 복잡한 내용을 알기 쉽게 요약 정리하였습니다.

❷ 관련법규 등 필요한 보충자료를 삽입하여 쉽게 이해할 수 있도록 하였습니다.

❸ 중요한 부분은 ★ 밑줄(_)로 처리하여 반복할 수 있도록 하였습니다.

❹ 기출문제에는 ★〈21년 소방장〉으로 표시하여 중요성을 강조하였습니다.

저자는 지금까지 주로 현장과 관련된 부서(119안전센터, 소방본부구조구급과, 소방학교 전술교관, 중앙119구조본부 긴급기동팀장, 소방방재청 훈련 · 구급계장, 소방서장, 소방청119종합상황실장, 서울소방학교장)에 근무해 오면서 다양한 현장경험과 기획업무를 바탕으로 수험생 여러분께 체계적이고 정확한 학습요령을 제시하고 합격가능성을 높이고자 하오니 아무쪼록 끝까지 인내하시어 합격의 영광을 누리시길 기원합니다.

저자 씀

최신 「중앙소방학교 공통교재」에 충실하였습니다.

소방승진시험은 중앙소방학교 공통교재 내용을 벗어날 수 없습니다.
본 수험서는 공통교재+법·규정+SOP+기출문제 분석+최신개정내용수록+핵심내용정리 등 수험생 여러분들이 이해하기 쉽도록 정리하였습니다.
소방전술은 분량이 많고 복잡하고 현장경험이 없으면 이해하기가 어렵습니다.
몇 가지 학습방법을 제시하오니 참고하셔서 좋은 성과 있으시길 바랍니다.

1. 우선 관련 법, 규정을 철저히 암기합시다.

모든 승진시험에서 관련 법, 규정의 틀을 벗어날 수 없습니다. 따라서 소방전술공통교재, 119구조구급에 관한법률, 재난 및 안전관리기본법, 화재조사보고규정, 재난현장SOP 등을 철저히 이해하고 암기하여야 합니다. 이것을 바탕으로 학습해야만 이해가 빠르고 핵심내용을 파악하여 최대한 효과를 올릴 수 있습니다.

2. 공통교재를 철저히 파악합시다.

지금 출제범위는 중앙소방학교 공통교재이고 매년 전국소방학교 소방전술 교수들이 참여하여 내용을 수정보완하고 있습니다. 따라서 공통교재의 범위를 벗어나지 않을 뿐만 아니라 내용을 너무 확대 해석하여 주관적인 의미를 부여할 수도 없는 것입니다. 본 기본서는 공통교재 내용을 중심으로 쉽게 이해할 수 있도록 정리하였습니다.

3. 출제 경향을 분석합시다.

매년 실시되는 승진시험은 출제경향이 반드시 있습니다. 예를 들면 최근 대형 인명피해 사고 이후, 현장활동의 중요성이 인식되면서 현장지휘능력이 이슈화되었고, 구조실무, 현장안전관리, 환자응급처치 등과 관련된 문제들이 다수 출제되는 경향을 보이고 있습니다. 따라서 본 참고서의 핵심문제를 새롭게 정리하였으므로 큰 도움이 될 것으로 생각합니다.

4. 반복해서 눈으로 익혀야 합니다.

승진시험과목의 많은 분량을 모두 머리에 담을 수는 없습니다. 따라서 반복해서 눈으로 익히는 방법이 가장 좋습니다. 일단 전체적으로 정독하고 그리고 잊어버리는 것을 두려워해서는 안 됩니다. 잊어버린 후 또다시 정독하고 되풀이 하면 어느 순간에 눈에 들어오기 시작할 것입니다. 그리고 중요한 부분은 반복 체크하시면 큰 성과가 있을 것입니다.

기출문제분석표

[화재 / 재난]

분야		세부출제범위	소방위	소방장	소방교
화재 분야	화재 진압 및 현장 활동	· 화재의 의의 및 성상	· 화재의 진행단계 · RECEO · 유염화재, 무염화재 · 화재의 진행단계 · 가연물질의 구비조건 · Back Draft 현상	· 전도, 대류 · 시안화수소 특성 · 자연발화 설명 · 위험물 냉각소화 · 화재진압방법 · 백드래프트	· 열의전달 · 연소의 4요소 · 위험물 소화방법 · 대상물 강제처분 · 백 드래프트 · 표면 연소
		· 단계별화재진압활동 · 지휘이론 · 화재진압전술	· 가연물질 구비조건 · 배연순서 · 고층화재 진압 · 중성대 활용 · 화재방어검토회의 · 분무주수 개념 · 지휘권 확립 8단계 · 외부화점확인요령 · 공격적 내부진압전술 · 내화조 건물 진압전술 · 기상조건관창 배치 · 엄호주수 · 분대편성이점	· 농연내 진입요령 · 지하화재 소화 · 내부화점 확인요령 · 3D주수기법 · 오일오버 · 분진폭발조건 · 중성대 개념 · 연소생성물질 · 고층화재 전술환경 · 화재진행 영향을 미치는 요인 · 중속분무주수 요령 · 송풍기 배연 · 자동노출	· 오일오버 · 지하화재 · 3D주수기법 · 백화점화재 · 현장지휘책임완수 · 제거소화 · 방어검토회의 · 화재진행단계 · 소방호스 · 지시와 통제능력 · 소방용수설비 · 단계별 진화방법 · 배연의 기본목적
	소방 용수 시설 및 소방 차량	· 상수도소화 용수설비 등	· 소방용수시설 설치기준	· 소방용수시설 설치기준	
		· 소방자동차 구조 및 원리 · 고가, 굴절차	· 소방차량안전수칙 · 연결송수관송수요령 · 소방차 포혼합방식 · 소방차구조원리 · 소방차 진공펌프	· 소방자동차 운용 · 공기포 · 서어징	· 소방차 운용 · 케비테이션 · 고가차 안전수칙 · 소방차 지수밸브
	현장 안전 관리	· 재해의 원인, 예방 및 조사	· 재해예방 관리적 대책 · 안전관리 10대원칙 · 대책선정의 원칙	· 불안전한 행동원인	· 최신도미노이론
		· 안전교육	· 소방안전관리의 특성 · 위험예지훈련 훈련시트 · 안전교육 사례연구법	· 안전관리 특성 · 4M · 하인리히 도미노이론	· 안전관리 특성 · 위험예지 · 사례연구법
	소화 약제 등	· 소화약제, 연소, 폭발이론, 위험물성상	· 위험물류별 특성 · 청정소화약제 화학식 · 포소화약제 · 가연물질 구비조건	· 산화성고체 표지 · 연소생성물 · 수성막포 특성 · 첨가제 증점제(cmc)	· 아세틸렌 용기색깔
재난 관리	재난 관리 및 화재 조사	· 재난 및 안전관리 기본법	· 건물동수 산정 · 재난현장 프리핑 · 재난사태선포절차 · 지통단장 긴급조치 · 중앙 긴급통제단장 · 재난사태선포절차 · 통제단 대응단계		
		· 화재조사 관련법령	· 화재긴급보고 특수화재 · 화재조사 용어정의	· 화재원인조사 · 동일, 별건, 72시간	· 화재건수 · 화재조사 용어

[구 조]

분야		세부출제범위	소방위	소방장	소방교
구조 분야	구조 개론 등	• 119구조 · 구급에 관한 법률	• 소방용수시설 벌칙 • 위급상황 과태료 • 연도별 집행계획	• 항공구조구급대 업무 • 119구조 · 구급 평가자료 제출 • 중앙119구조대 발대연혁	• 기본 및 집행계획수립 • 구조요청 거절 사유 • 구조대지원 요청사항
		• 구조개론, 구조활동전개, 군중통제	• 갇혔거나 길을 잃은 경우 • 건물붕괴취약 • 신체감기하강 • size-up, 롤오버 • 구조출동도중 조치사항 • 붕괴건물 지주설치 • 구조활동의 순위	• 구조최단거리, 단독행동 • 피난계단 우선순위 • 구조활동 우선순위 • 확보요령 설명 • 사다리이용 응급하강 • 캔틸레버형 붕괴	· 구조의 4단계 · 출동경로 • 안전, 경계지역 • 인명구조의 4단계 • 구조활동 순서 • 구조활동 상황기록 • 수심과 공기소모량 관계
		• 구조장비개론 및 조작	• 로프관리 • 공기호흡기관리 • 동적로프 • 유압엔진펌프 • 기본 로프매듭 • 콘크리트 화재 열손상 • 마취총 사용시 주의사항 • 에어백 작동 • 엘리베이터 과주행 방지	• 유압식전개기 • 동적로프, 슬링, Z형 • 에어백 활용요령 • 견인부목 사용법 • A급 화학복 착용순서 • 동력절단기 유의사항 • 로프수명 • 로프 내열성 • 측정용 구조장비 특성	· 매듭종류 · 2행정 오일량 • 분리형 들것 • 선량계 정의 • 유압전개기 작동 • 로프매듭 • 엘리베이터 안전장치 • 대원임무부여 • 인양구조장비
		• 전문구조활동	• SOP 풀파이어 • 수중탐색요령 • 잠수표 원리 • 수중탐색 • 건물붕괴징후 • 수중구조요령 • 미국(DOT)표지색상 • 어깨걸어내리기 • 수직맨홀 요구조자 구조매듭 • 수중인명구조 물의특성 • 수중탐색방법 • 방호복(보호복)의 성능	• 윈치이용 로프설치 • 자동차사고구조 • 자동차사고구조 • 감압정지 등 용어정의 • 자동차유리창 파괴방법 • 고속도로구조 차량주차 • 수중잠수병 종류 • 자동차사고 구조활동 • DOT표시 및 종류 • 수상구조(의식이 있는 자) • 곡선도로구조 차량주차 • 원형탐색	· 신체역학적 들어올리기 · 공기색전증 • 건물붕괴징후 • 잠수물리 • 고속도로 주차방법 • 구조 확보요령 • 수중잠수병 • 붕괴안전지역 설정방법 • 소용돌이 검색요령 • 위험물질 표시(인화성, 자극성) • 감압병 증상
		• 생활안전구조	• 현장물품 접촉금지 • 119생활안전대 주요활동	• 생활안전구조의 범위	• 생활안전대원 자격요건
		• 현장안전관리	• 현장안전점검관	• 가정과 사실 • 안전관리 대책수립	• 위험예지훈련

[구 급]

분야		세부출제범위	소방위	소방장	소방교
구급 분야	응급 의학 총론 및 장비 운영	• 응급의료개론과 총론	• START 중증도 분류 • 동의의 법칙 • 통제구역 구급활동 • 감염질환 예방 • 구급요청 거절사유 • START분류법 • 구급차 현장주차요령 • 감염노출관리요령 • 전기화상	• 소독, 살균 • 응급처치 시간척도 • 감염전파경로 • 이물질 제거과정 • 영아 심폐소생술 • SAMPLE력 • 연부조직손상 응급처치 • 감염질환 종류 • 심폐소생술	· 응급처치정의 · 항공기환자이송 • 구급차 배치 • 수축기압 • 유기의 정의 • 응급의료 개념 • 죽음 정서반응 • START 분류법 • 생체징후 환자상태
		• 응급의료 장비운영	• 입인두기도기 사용법 • 호흡보조기구 사용	• 휴대용흡인기 15초 • BVM사용요령 • 부목 사용요령 • 제세동기사용 후 조치사항	• 단순얼굴마스크 • 구급차량배치 • 소아호흡기계 특징 • 감염예방법 • 기도확보유지 장비 • 부목종류 및 특성 • 호흡마스크 특성 • 제세동사용
	임상 응급 의학	• 임상응급의학	• 감염노출 지혈요령 • 당뇨환자, 아세톤 • 신생아 처치요령 • GCS혼수척도 • 경련 시 응급처치 • 뱀 응급처치 • APGAR 고려사항 • 화상환자 중증도 분류 • COPD적응성 • 둔위분만 응급처치 • 중증외상환자 평가 • 응급의료 법률 벌금 • 열 손상	• 감염관리 • 들숨, 날숨 • GCS혼수척도 • 화상환자 중증도 • 산소중독 • START 분류법 • 화상환자 분류 • 내장적출환자 처치법 • 전기화상 • 당뇨병 환자 • 산모와 신생아 처치	• 무의식환자의 구강흡입

소방공무원승진시험의 필기시험과목(제28조 관련) 〈개정 2020.3.13〉

구 분	과목수	필기시험과목
소방령 및 소방경 승진시험	3	행정법, 소방법령Ⅰ·Ⅱ·Ⅲ, 선택1 (행정학, 조직학, 재정학)
소방위 승진시험	3	행정법, 소방법령Ⅳ, 소방전술
소방장 승진시험	3	소방법령Ⅱ, 소방법령Ⅲ, 소방전술
소방교 승진시험	3	소방법령Ⅰ, 소방법령Ⅱ, 소방전술

※ 비고

1. 소방법령Ⅰ : 소방공무원법(같은 법 시행령 및 시행규칙을 포함한다. 이하 같다)
2. 소방법령Ⅱ : 소방기본법, 화재예방, 소방시설설치유지 및 안전관리에 관한 법률
3. 소방법령Ⅲ : 위험물안전관리법, 다중이용업소의 안전관리에 관한 특별법
4. 소방법령Ⅳ : 소방공무원법, 위험물안전관리법
5. 소방전술 : 화재진압·구조·구급 관련 업무수행을 위한 지식·기술 및 기법 등

승진시험과목『소방전술』세부 출제범위(제8조제3항 관련)

분야	출제범위	비 고
화재 분야	· 화재의 의의 및 성상 · 화재진압의 의의 · 단계별 화재진압활동 및 지휘이론 · 화재진압 전술 · 소방용수 총론 및 시설 · 상수도 소화용수설비 등	
	· 재난현장 표준작전 절차(화재분야)	소방교, 소방장 제외
	· 안전관리의 기본 · 소방활동 안전관리 · 재해의 원인, 예방 및 조사 · 안전 교육	
	· 소화약제 및 연소·폭발이론	소방교 제외
	· 위험물성상 및 진압이론	
	· 화재조사실무(관계법령 포함)	
구조 분야	· 구조개론 · 구조활동의 전개요령 · 군중통제, 구조장비개론, 구조장비 조작 · 기본구조훈련(로프, 확보, 하강, 등반, 도하 등) · 응용구조훈련 · 일반(전문) 구조활동(기술)	
	· 재난현장 표준작전 절차(구조분야)	소방교, 소방장 제외
	· 안전관리의 기본 및 현장활동 안전관리 · 119구조·구급에 관한 법률(시행령, 규칙포함)	
	· 재난 및 안전관리 기본법(시행령, 규칙 포함)	소방교, 소방장 제외
구급 분야	· 응급의료 개론 · 응급의학 총론 · 응급의료장비 운영	
	· 심폐정지, 순환부전, 의식장해, 출혈, 일반외상, 두부 및 경추 손상, 기도·소화관이물, 대상이상, 체온이상, 감염증, 면역부전, 급성복통, 화학손상, 산부인과질환, 신생아질환, 정신장해, 창상	소방교 제외
소방 차량	· 소방자동차 일반 · 소방자동차 점검 · 정비 · 소방자동차 구조 및 원리 · 고가 · 굴절 사다리차	

※ 소방전술 세부범위는 시험일 기준 당해 연도 발행되는 **신임교육과정 공통교재(소방전술 Ⅰ·Ⅱ·Ⅲ) 범위**로 한다.

구조 분야

PART 01 구조개론 등

제1장 구조개론 ········· 14
제2장 구조활동의 전개요령 ········· 22
제3장 현장 관계자 역할 ········· 31
제4장 구조장비 ········· 36
제5장 기본구조훈련 ········· 74
제6장 응용구조훈련 ········· 106
제7장 일반구조활동 ········· 125
✪ 기출 및 예상문제 ········· 234
제8장 구조현장 안전관리 ········· 302
✪ 기출 및 예상문제 ········· 320
제9장 119생활안전 및 위험제거 ········· 324
✪ 기출 및 예상문제 ········· 351
제10장 119구조 · 구급에 관한 법률 ········· 354
✪ 기출 및 예상문제 ········· 381

구급 분야

PART 01 응급의료 개론 및 장비운영

제1장 응급의료 개론 ··· 390
제2장 대원의 안녕 ··· 406
제3장 감염예방 및 개인보호 장비 ··· 410
제4장 해부생리학 ··· 421
제5장 무선통신체계 및 기록 ··· 437
제6장 환자 들어올리기와 이동 ··· 446
제7장 응급의료장비 사용법 ··· 454
✪ 기출 및 예상문제 ··· 464

PART 02 구급활동의 기록

제1장 구급활동의 기록 ··· 488
제2장 구급활동일지 작성요령 ··· 491
제3장 심폐정지환자 응급처치 ··· 509
제4장 중증외상환자 응급처치 ··· 524
제5장 심뇌혈관질환자 응급처치 ··· 537
✪ 기출 및 예상문제 ··· 557

부록 21년~14년 소방전술 승진시험 복원문제

- 21년 소방위 승진시험 복원문제 ······ 562
- 21년 소방장 승진시험 복원문제 ······ 568
- 21년 소방교 승진시험 복원문제 ······ 574
- 20년 소방위 승진시험 복원문제 ······ 580
- 19년 소방위 승진시험 복원문제 ······ 586
- 20년 소방장 승진시험 복원문제 ······ 592
- 19년 소방장 승진시험 복원문제 ······ 598
- 20년 소방교 승진시험 복원문제 ······ 605
- 19년 소방교 승진시험 복원문제 ······ 611
- 18년 소방위 승진시험 복원문제 ······ 617
- 17년 소방위 승진시험 복원문제 ······ 624
- 16년 소방위 승진시험 복원문제 ······ 630
- 15년 소방위 승진시험 복원문제 ······ 636
- 14년 소방위 승진시험 복원문제 ······ 642

구조

1

PART

구조개론 등

CHAPTER 1 구조개론
CHAPTER 2 구조활동의 전개요령
CHAPTER 3 현장관계자 역할
CHAPTER 4 구조장비
CHAPTER 5 기본구조훈련
CHAPTER 6 응용구조훈련
CHAPTER 7 일반구조활동
CHAPTER 8 구조현장 안전관리
CHAPTER 9 119생활안전 및 위험제거
CHAPTER 10 119구조・구급에 관한 법률

Chapter ❶

구조개론

제1절 구조업무의 기본

1 인명구조 활동의 법적 근거

(1) 119구조 · 구급에 관한 법률 제2조(정의)

인명구조란 "화재, 재난·재해 및 테러, 그 밖의 위급한 상황에서 외부의 도움을 필요로 하는 사람의 생명, 신체를 보호하기 위하여 수행하는 모든 활동"으로 정의할 수 있다.

(2) 소방기본법 제1조(목적)

소방기관의 구조활동은 화재, 재난·재해, 그 밖의 위급한 상황에서의 구조구급 활동 등을 통하여 국민의 생명·신체 및 재산을 보호한다.

(3) 「119구조 · 구급에 관한 법률」 제1조(목적)

화재, 재난·재해 및 테러, 그 밖의 위급한 상황에서 국민의 생명·신체 및 재산을 보호한다.

(4) 「119구조 · 구급에 관한 법률」 제8조(119구조대의 편성과 운영)

소방청장·소방본부장 또는 소방서장은 위급상황에서 요구조자의 생명 등을 신속하고 안선하게 구조하는 업무를 수행하기 위하여 내통령령으로 정하는 바에 따라 119구조대를 편성하여 운영하여야 한다는 규정에 근거를 두고 있으며 이러한 소방구조행정은 소방기관에 의해 수행되는 비권력적이면서 직접적인 서비스 행정이라 할 수 있다.

2 소방구조업무의 연혁* ☆ 14년 경기 소방장

(1) 우리나라 인명구조 활동의 시작

1958년 3월 11일 법률 제485호로 소방법이 제정되면서부터 화재와 함께 풍·수해, 설해에 의한 인명구조업무가 소방업무에 포함되었으나 1967년 4월 14일 법률 제1955호로 소방법을 개정함에 따라 화재만을 담당하게 되었다.

(2) 인명구조 활동의 변화

1988년 제24회 서울올림픽 대회를 완벽히 개최하기 위하여 우발사태, 교통사고, 테러 등에 의한 화재 등 각종 사고가 발생했을 때 인명구조를 전담할 수 있는 고도로 전문화된 구조기술과 장비를 갖춘 구조대의 설치가 절실히 요구되었다.

(3) 인명구조 활동의 성장

① 시대적 추세에 따라 1987년 9월 4일 『119특별구조대설치운영계획』을 수립하고 1988년 8월 1일 올림픽이 개최되는 7개 도시에 119특별구조대 9개대(서울3, 부산·대구·인천·광주·대전·수원)를 설치하여 구조대원 114명과 구조공작차 9대로 화재 및 각종 사고 시의 인명구조 활동을 수행하게 되었다.

② 이때의 구조대원은 소방관으로서 군 특수훈련 이수자와 특수부대 출신자를 중심으로 선발하여 내무부 및 서울소방학교에서 6주간의 인명구조교육을 이수시킴으로써 인명구조 전문요원으로 양성하였고, 1989년도에 소방법을 개정('89.12.30. 법률 제4155호)하여 소방업무에 구조활동을 명문화하였다.

(4) 인명구조 활동의 정착

① 청주 우암아파트상가 붕괴사고('93.1.7.), 아시아나 항공기 추락사고('93.7.26.), 성수대교 붕괴사고('94.10.21.), 충주호 유람선 화재사고('94.10.24.), 대구상인동 가스폭발사고('95.4.28.), 삼풍백화점 붕괴사고('95.6.29.)*등 각종 대형재난·사고가 빈발함에 따라 구조기능의 보강이 추진되어 각종 재난현장에서 긴급구조구난 활동능력을 보강하기 위하여 행정자치부('08.2.29. 행정안전부로 변경)와 시·도 및 소방서에 구조구급과를 설치하였다. ☆ 14년 경기 소방교

② 또한 행정자치부장관 직속의 중앙119구조대('11.1.28. 중앙119구조단', 13.9.17. 중앙119구조본부로 승격)를 설치하고 각 시·도에는 수난구조대, 산악구조대, 화학구조대 등을 설치하여 지역적 특성에 맞는 구조활동을 전개할 수 있는 체계를 구축하였다. 특히 2011년 9월 9일부터 '119구조·구급에 관한 법률'의 시행으로 구조업무를 효과적으로 수행하기 위한 체계의 구축 등 구조활동에 필요한 기반을 마련하였으며, 2020년 통계연보에 따르면 현재 전국에는 286개대 4,809명의 구조대원이 국민의 생명을 보호하기 위해 최선의 노력을 다하고 있다.

3 구조대의 종류

(1) 구조대의 편성·운영 등

소방청장 등은 위급상황에서 요구조자의 생명 등을 신속하고 안전하게 구조하기 위하여 119구조대를 편성하여 운영하여야 하고, 소방청장은 국외에서 대형재난 등이 발생한 경우 국제구조대를 편성하여 운영할 수 있다. 또한 소방청장 또는 소방본부장은 초고층 건축물 등에서 요구조자의 생명을 안전하게 구조하기 위하여 항공구조구급대를 편성하여 운영한다.

✪ 119구조대의 편성과 운영에 대하여는 '119구조·구급에 관한 법령'에서 정함.

일반구조대	시·도의 규칙으로 정하는 바에 따라 소방서마다 1개 대(隊) 이상 설치하되, 소방서가 없는 시·군·구의 경우에는 해당 시·군·구 지역의 중심지에 있는 119안전센터에 설치할 수 있다.
특수구조대* ☆ 15년, 17년 소방교, 19년 소방장	소방대상물, 지역 특성, 재난발생 유형 및 빈도 등을 고려하여 시·도의 규칙으로 정하는 바에 따라 지역을 관할하는 소방서에 설치한다. 다만, 고속국도구조대는 직할구조대에 설치할 수 있다. ① 화학구조대 : 화학공장이 밀집한 지역 ② 수난구조대 : 내수면 지역 ※ 하천·댐·호수·저수지 기타 인공으로 조성된 담수나 기수의 수류 또는 수면 ③ 산악구조대 : 자연공원 등 산악지역 ④ 고속국도구조대 ⑤ 지하철구조대 : 도시철도의 역사 및 역무시설
직할구조대	대형·특수 재난사고의 구조, 현장 지휘 및 지원 등을 위하여 소방청 또는 소방본부에 설치하되, 소방본부에 설치하는 경우에는 시·도의 규칙으로 정하는 바에 따른다.
테러대응 구조대 (비상설구조대)	테러 및 특수재난에 전문적으로 대응하기 위하여 필요한 경우 소방청 또는 소방본부에 설치하는 것을 원칙으로 하되, 구조대의 효율적 운영을 위해 필요한 경우, 화학구조대와 직할구조대를 테러대응구조대로 지정할 수 있다.
국제구조대 (비상설구조대)	소방청장은 국외에서 대형재난 등이 발생한 경우 재외국민의 보호 또는 재난발생국의 국민에 대한 인도주의적 구조활동을 위하여 국제구조대를 편성하여 운영할 수 있다. 현재 소방청에 설치하는 직할구조대인 중앙119구조본부에서 업무를 담당하고 있다.
항공구조 구급대	소방청장 또는 소방본부장은 초고층 건축물 등에서 요구조자의 생명을 안전하게 구조하거나 도서·벽지에서 발생한 응급환자를 의료기관에 긴급히 이송하기 위하여 항공구조구급대를 편성하여 운영한다.

(2) 구조대원은 소방공무원으로서 다음 어느 하나에 해당하는 사람 중에서 소방청장·소방본부장 또는 소방서장이 임명한다. 다만 항공구조구급대원은 구조대원의 자격기준 또는 구급대원의 자격기준을 갖추고, 소방청장이 실시하는 항공 구조·구급과 관련된 교육을 마친 사람으로 한다.

① 소방청장이 실시하는 인명구조사 교육을 받았거나 인명구조사 시험에 합격한 사람

② 국가·지방자치단체 및 '공공기관의 운영에 관한 법률' 제4조에 따른 공공기관의 구조관련 분야에서 근무한 경력이 2년 이상인 사람

③ '응급의료에 관한 법률' 제36조에 따른 응급구조사 자격을 가진 사람으로서 소방청장이 실시하는 구조업무에 관한 교육을 받은 사람

제2절 구조활동의 기본

1 구조 활동의 원칙

(1) 현장의 안전 확보

구조대원은 행동에 들어가기 전에 자기 자신의 안전을 먼저 확인해야 한다. 그러므로 현장의 안전을 확보하고 자신의 안전을 지키는 일은 어떠한 구조현장에 있어서도 절대적으로 지켜야 할 가장 중요한 원칙이다. 사고의 양상과 주변의 위험요인을 파악하고 자신의 능력이 감당할 수 있는 한계 내에서 구조활동에 임하도록 한다. 구조대원은 사고의 양상과 주변의 위험요인을 파악하고 자신의 능력이 감당할 수 있는 한계 내에서 구조활동에 임하도록 한다.

(2) 명령통일☆ 17년, 21년 소방교, 소방장

① 명령의 통일성을 유지하기 위해 자의적인 단독행동은 절대 금지한다.
② 한 사람이 오직 한사람의 지휘관에게만 보고하고 한 사람의 지휘만을 받는다.
③ 대원의 안전에 위협이 되는 심각한 위험상황이 발생하여 현장에서 긴급히 대원을 철수시킨다든가 하는 급박한 경우 제외

(3) 현장 활동의 우선순위★★☆ 12년 소방위, 18년 소방위

인명의 안전(Life safety)	우선적으로 고려
사고의 안정화(Incident stabilization)	사고 확대 방지
재산가치의 보존(Property conservation)	재산손실의 최소화

(4) 구조 활동 우선순위★★★☆ 16년 부산 소방교, 대구 소방교, 17년 소방교, 18년 소방위

① 구명(救命) ➔ ② 신체구출 ➔ ③ 정신적, 육체적 고통경감 ➔ ④ 피해의 최소화

✪ 구조작업에 임하여서 최우선적으로 취할 조치

① 현장상황과 요구조자의 상태에 따라 요구조자 주변의 고압선이나 인화물질 등 위험요인의 제거·차단조치와 생명유지에 직접적으로 관련되는 기도 확보 및 산소 공급, 심폐소생술 등의 응급처치의 조치
② 요구조자가 붕괴직전의 건물 내부에 있는 경우이거나 사고 현장 가까이 폭발직전의 유류탱크가 있는 등 목전에 급박한 위험이 있다면 신속히 현장에서 구출하는 것이 더 나은 선택
③ 요구조자를 구출할 때에는 요구조자의 신체적 고통을 덜어주고 심리적 안정을 도모하여야 하며 가능한 한 파괴 부분을 최소화하면서 신속한 방법을 선택하여 재산피해 경감에도 노력

2 초기대응 절차(LAST)★ ☆ 15년 소방교, 17년 소방장, 18년 소방위, 19년 소방장·소방위

1단계 : 현장 확인 (Locate)	재난사고가 발생하면 사고 장소와 현장상황을 정확히 파악해야 한다. ① 사고 원인은 무엇이고 어떻게 진행되고 있는가. ② 그 상황에 대응하는 방법과 인력, 장비는 무엇인가. ③ 우리가 적절한 대응능력을 갖추고 있는가를 판단하는 것이다. ※ 현장의 지형적 조건(접근로, 지형, 일출이나 일몰시간, 기후, 수온 등)을 고려해서 구조대의 활동에 예상되는 어려움과 유의해야 할 사항을 판단한다. 이 '②'의 단계에서 필요한 인력과 장비, 지원을 받아야 할 부서 등을 정확히 파악하는 것이 이후 전개되는 구조활동의 성패를 좌우한다.
2단계 : 접근 (Access)	① 구조활동의 실행 단계로 안전하고 신속하게 요구조자에게 접근하는 단계이다. ② 사고 장소가 바다나 강이라면 구조대원 자신이 물에 들어가지 않아도 되는 안전한 구조방법을 우선 선택하고 산악사고라면 실족이나 추락, 낙석 등의 위험성이 있는지 주의하며 접근한다.
3단계 : 상황의 안정화 (Stabilization)	① 현장을 장악하여 상황이 더 이상 악화되지 않고 안전이 유지될 수 있도록 조치하는 단계이다. ② 요구조자를 위험상황에서 구출하고 부상이 있으면 적절한 응급처치를 한다. 이후 주변의 위험요인을 제거하여 더 이상 사고가 확대되지 않도록 조치한다.
4단계 : 후송 (Transport)	① 요구조자가 아무런 부상 없이 안전하게 구출되는 것이 최선의 구조활동이지만 사고의 종류나 현장상황에 따라 심각한 손상을 입은 요구조자를 구출할 수도 있다. ② 이 경우 현장에서 제공할 수 있는 응급처치는 상당히 제한적이다. 또한 외관상 아무런 부상이 없거나 경상으로 보이는 경우에도 심각한 손상이 있거나 후유증이 발생할 수 있기 때문에 요구조자는 일단 의료기관으로 후송하는 것을 원칙으로 한다. ③ 'T'는 마지막 후송단계로서 사고의 긴급성에 따라 적절한 이동수단을 사용하여 의료기관에 후송하는 것으로 초기대응이 마무리된다.

3 수색구조

수색구조(Search and Rescue)에 있어서 구조활동은 ① 위험평가 ② 수색 ③ 구조 ④ 응급의료의 순서로 진행된다. ☆ 18년 소방장

※ 위험평가는 구조활동이 진행되는 재난현장을 정찰한 다음 수집된 정보를 바탕으로 상황판단을 하여 재난현장과 구조활동의 안정성을 평가하는 것이다. 이렇게 위험평가를 하고 위험요소를 제거하여 안전을 확보하고 본격적으로 수색과 구조를 실시하는 것이다.

(1) 초기수색과 정밀수색

초기수색	구조대원이나 구조견을 활용해 수색하는 것인데 주로 현장에 있던 주민으로부터 필요한 정보를 얻어 요구조자가 생존할 가능성이 가장 큰 곳부터 실시한다.
정밀수색	① 초기수색을 통하여 요구조자가 있을 가능성이 가장 높은 장소가 파악되면 수색장비를 활용해 정밀하게 수색한다. ② 수색팀은 요구조자가 발견되면 즉시 구조팀을 요청할 수 있도록 항상 구조팀과 통신상태를 유지해야 한다.

(2) 육안수색과 장비를 이용한 수색

물리적 수색	구조대원이 도보나 차량 또는 헬기를 이용해 전반적으로 현장을 조사하는 것
장비를 이용한 수색	구조견과 음향탐지장비, 투시경 등 각종 장비를 이용하여 요구조자를 수색하는 것

4 응급의료

① 대규모 사상자가 발생한 재해현장에서 가장 먼저 해야 할 사항은 중증도 분류이다.

② 중증도 분류는 한정된 인원으로 최대의 환자에게 최선의 의료를 제공하기 위하여 처치 및 이송의 우선순위를 부여하고 현장에 출동한 구급대나 응급의학전문의 혹은 경험이 많은 외과전문의가 시행한다.

5 구조 활동의 전개

현장지휘소는 사고의 규모가 크거나 상황이 복잡한 경우에는 별도의 구조현장지휘소를 설치해야 한다. 현장지휘소 위치를 정하는 기준은 상황판단이 용이하고 안전한 장소를 택하는 것으로 '3UP'의 기준을 적용한다.

> ✪ '3UP'이란 'up hill, up wind, up stream'을 말하는 것으로 상황판단이 용이하도록 높은 곳에 위치하고 풍상측, 상류측에 위치하여 위험물질의 누출이나 오염 등에 의한 영향을 최소화하려는 것이다.

(1) 경계구역 설정과 활동 공간 확보

① 사고현장의 적절한 통제는

㉠ 혼잡과 혼란을 감소시킨다.

㉡ 불필요한 인원을 감소시킨다.

㉢ 구조활동에 불필요한 제약을 받지 않는다.

㉣ 2차 재해를 방지한다.

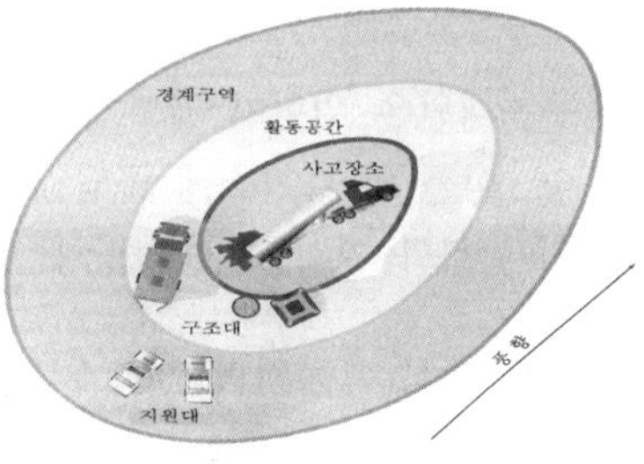

■ 경계구역의 설정 ■

② 경계구역 설정

- 구조활동 및 안전확보에 필요한 범위

> ✪ 안전선(Fire line)이나 로프 등 즉시 이용할 수 있는 물품을 이용하여 일반인의 출입을 차단하는 지역임을 표시한다.

③ 유독가스가 누출되었거나 대량피해의 위험성이 있다고 판단되는 경우(폭발 또는 건축물 붕괴 등)

- 인근 주민을 대피시키는 등 안전조치에 만전을 기해야 하며 필요에 따라 경찰 등 유관기관과 협조하여 경계요원을 배치하고 주변의 교통을 통제하거나 통행을 차단한다.

(2) 장비의 현장조달과 관계자의 활용

① 대형사고가 발생한 경우

㉠ 현장부근에 활용할 수 있는 장비가 있는 경우 그 장비를 단독으로 또는 조작 요원과 함께 조달하여 활용하는 방안을 고려한다.

㉡ 이런 경우에는 사전에 관계자와 비용 보상의 방법 등에 대하여 협의를 하여야 한다.

② 방사성 물질이나 독극물의 누출, 기타 평소에 접해보지 않은 특이한 사고가 발생하여 구조활동에 임하는 경우

㉠ 독단적인 판단으로 활동하지 말고 현장 관계자 및 관련 전문가, 유경험자 등의 지식과 기술을 적극적으로 활용한다.

㉡ 현장에서 타 기관이나 관련 전문가들과 함께 활동을 할 경우에는 명령지휘체계의 수립과 각각의 임무분담, 통신수단의 확보 등에 각별히 유의하여야 한다.

(3) 프라이버시 보호☆ 19년 소방교

① 주변에 있는 관계자 또는 군중의 접근을 차단하거나 주위의 시선으로부터 보호할 수 있는 조치를 강구하여 요구조자의 프라이버시 보호에 주의한다.

② 무선통신은 보안에 취약하므로 요구조자의 신상을 송신하지 않도록 한다.

③ 요구조자가 유명인사이거나 기타 사회적인 영향이 예측되는 경우에는 상급 지휘관에게 보고하고 지시를 따르도록 한다.

6 구조대원의 임무

구조대원은 위험이 절박해 있는 사람을 안전하고 신속하게 구출하여야 하는 임무를 가지고 있다. 이를 위해 평소에 끊임없는 훈련을 실시하고 각종 재해사례 등의 연구를 통하여 체력・기력의 강화와 지식・기술향상에 노력하여야 한다.

(1) 구조 대장(현장지휘관)의 임무

① 신속한 상황판단

정확하고 빠른 판단	현장 지휘관은 폭 넓은 시각을 가지고 종합적인 정보를 받아들여 대원과 요구조자의 안전을 확보할 수 있도록 한다.
결정된 사항을 신속・명확히 전달	전 대원에게 명확히 전달로 대원과 요구조자의 안전을 확보하고 구조 활동에 차질이 없도록 하여야 한다.
2차 재해방지	사고의 형태 및 현장 여건과 구조 활동능력 등을 종합적으로 고려하여 안전에 만전을 기하여 진행한다.

② 대원의 안전 확보

㉠ 현장 지휘관의 최우선 임무는 구조 활동에 임하는 대원들의 안전을 확보하는 것이다.

㉡ 절대로 대원들이 불필요한 위험을 감수하게 되는 구조방법을 선택하여서는 안 된다.

㉢ 어디가 안전하고 구조작전을 펼치기에 적합한지를 판단한다.

㉣ 구조대장은 대원 및 기자재를 적절히 활용하여 구출할 수 있도록 최선을 다해야 한다.

③ 구조작업의 지휘

㉠ 구조대장은 특별한 경우가 아니면 직접 구조작업에 뛰어 들지 말고 구조대 전체를 감독해야 한다.

㉡ 구조작업을 적절히 지휘 통솔하는 것이 한 사람의 일손을 구조작업에 더 투입하는 것보다 훨씬 중요한 일이다.

㉢ 구조활동 현장에 복수의 부대가 출동하고 관할 소방서에서 아직 도착하지 않은 경우에는 선착 구조대의 대장이 구조활동 전반을 지휘한다.

㉣ 이것은 먼저 도착한 구조대가 현장의 상황을 가장 정확히 파악하고 있기 때문이다. 이후 현장을 관할하는 소방서 또는 소방본부의 구조대가 도착하면 관할 소방본부 또는 소방서장의 지휘・통제를 받는다.

④ 유관기관과의 협조 유지

사고현장의 관계자 및 관계기관과 연락을 긴밀히 하여 사고 실태를 정확히 파악하고 대원을 지휘함으로써 효율적인 구조활동이 되도록 하는 것도 구조대장의 임무 중 하나이다.

(2) 대원의 임무☆ 21년 소방장

① 구조대원의 평소에 체력과 기술을 단련하고 모든 장비가 제 성능을 발휘할 수 있도록 점검・정비를 하여야 한다.

② 현장활동에 임할 때에는 지휘명령을 준수하여 각자에게 부여된 임무를 수행하며 자의적인 행동을 하지 않도록 한다.

③ 사고 현장에서 자의적인 판단과 돌출행동은 해당 대원 자신은 물론이고 현장에서 활동하는 모든 대원과 요구조자까지도 위험에 빠지게 할 수 있다.

④ 구조 활동 중에는 현장의 위험요인 및 상황변화에 주목하고 인지된 정보를 구조작업의 진전 상황과 함께 시기적절하게 구조대장에게 보고하고 대원 자신의 안전은 물론 다른 대원의 안전에도 주의한다.

Chapter ②

구조활동의 전개요령

제1절 출 동

1 출동 시의 조치

(1) 출동지령을 통하여 확인할 사항

① 사고발생 장소
② 사고의 종류 및 개요
③ 도로상황과 건물상황
④ 요구조자의 숫자와 상태
⑤ 사고의 확대 등 위험요인과 구조활동 장애요인 여부

(2) 현장의 환경 판단과 출동 전에 조치할 사항☆ 20년 소방위 / 21년 소방교, 소방장

① 사고정보를 통하여 구출방법을 검토한다.
② <u>사용할 장비를 선정하고 필요한 장비가 있으면 추가로 적재한다.</u>
③ 출동경로와 현장 진입로를 결정한다.

> ✪ 출동경로는 지도상의 최단거리가 아니라 현장에 도착하는 시간이 가장 적게 소요되는 경로이다.

④ 필요시 진입로 확보를 위한 조치를 요청한다.

> ✪ 유관기관의 교통·인파 통제 및 특수 장비의 지원요청 등

2 출동도중의 조치

(1) 무선 정보를 통해 확인할 사항☆ 20년 소방위

① <u>사고발생 장소와 무선정보 등에 의한 출동지령 장소에 변경이 없는가를 확인</u>
② 추가 정보에 의해 파악된 사고개요 및 규모 등이 초기에 판단하였던 구출방법 및 임무분담 등 결정에 부합되는지를 재확인

③ 선착대(사고 현장에 최초로 도착한 소방대)의 행동내용 및 사용기자재 등을 파악하여 자기대의 임무와 활동요령을 검토
④ 관계기관 등에 연락을 취했는지에 따른 조치 상황을 확인한다.

(2) 정보의 재검토 및 대응

출동지령 이후 장소의 변경이 있는 경우 또는 사고의 영향에 의한 교통폭주 등이 있는 경우에는 출동경로, 진입로 등을 재검토하여 조기에 현장에 도착하도록 한다.

① 출동 시 결정한 판단의 변경 또는 수정을 요하는 정보를 입수한 경우 즉시 전 대원에게 상황을 전파하여 주지토록 하고 이에 따라 구출방법, 사용기자재의 변경 등 필요한 조치를 취한다.
② 청취한 정보에서 관계기관 또는 의료진 등이 대응하고 있는 경우에는 해당 부서와의 연계 활동요령에 대하여 미리 대원에게 주지시킨다.
③ 도로나 교통사정 등으로 현장에 신속히 도착하기 곤란할 것으로 예상되면 유・무선통신망을 활용하여 상부에 보고하고 우회도로를 선택할 수 있도록 상황을 전파한다.
④ 선착대로부터 취득하는 정보는 가장 신뢰할 수 있는 최신 정보임을 인식하여 사고 개요, 규모 등을 확실히 청취하고 선착대의 행동내용 등으로부터 자기임무 등을 확인한 후 대원에게 필요한 임무를 부여한다.
⑤ 상황에 따라 자기대의 현장도착 예정시간 및 사용 가능한 기자재 보유상황 등 정보를 선착대에 제공한다.

3 현장도착 시의 조치

(1) 차량부서 선정

① 사고가 발생한 장소가 도로 또는 도로변인 경우 적색회전등 또는 비상정지등 기타 등화를 유효하게 활용하여 주행하고 있는 일반차량의 주의를 촉구하여 교통사고를 방지한다.
② 현장상황에 눈을 떼지 않고 안전운전에 주의하여 부서한다.
③ 부서 위치는 가스폭발 또는 붕괴 등 2차사고 영향을 받지 않는 장소로 한다.
④ 교통사고의 경우 후속 차량들이 연쇄추돌 할 위험이 있으므로 현장에 출동한 구조차량은 원칙적으로 사고 차량의 후미 측에 부서토록 하여 작업 중인 대원들의 안전을 확보한다.
⑤ 구조활동을 안전하고 원활하게 실시할 수 있는 작업공간을 확보한다.
⑥ 구급대를 비롯하여 나중에 도착하는 특수차의 부서 위치를 고려한다.

(2) 현장 홍보활동 실시

차량에 설치된 방송설비나 핸드마이크를 활용하여 구조대가 도착한 취지를 알려 사고 당사자와 인근주민이 안심할 수 있도록 조치한다.

① 사고와 관련된 관계자를 호출한다.
② 일반인과 관계자에게 위험이 있다고 예측된 때는 안전한 장소로 대피시킨다.

③ 경계구역으로 설정된 범위 내에는 필요한 관계자 외의 출입을 통제한다.

(3) 장비관리

① 현장에 휴대하는 장비의 종류 및 수량을 정확히 파악하고 통제한다.
② 출동 대원 전원이 차량으로부터 이탈하는 경우 지령실로 상황을 보고하고 차량 및 기자재의 보안에 필요한 조치를 취한다.

제2절 현장의 실태파악

1 현장상황확인

사고현장과 주변부를 철저히 수색하고 필요한 정보를 파악하여야 한다. 경미한 사고로 판단하고 인명검색을 소홀히 한 결과 사고처리가 끝난 후에, 심지어는 소방대가 철수한 후에야 사상자가 발견되는 상황은 어떠한 경우에도 용납될 수 없다.

(1) 사고 장소의 확인

① 발생장소 소재지, 건물의 규모, 사고가 발생한 위치
② 사고의 규모, 현장에 잠재된 위험성과 진입상의 장애 유무
③ 현장 진입수단과 경로의 확인

(2) 요구조자

① 요구조자의 유무와 숫자
② 요구조자의 위치, 부상부위, 상태 등
③ 요구조자에게 가해지는 장애요인(형상, 재질, 구조, 중량 등)

(3) 활동 중 장해와 2차재해 위험

① 감전, 유독가스, 낙하물, 붕괴, 전락 등 눈에 보이는 위험성
② 현장에 잠재된 2차 재해요인의 파악

(4) 기타 사항

① 요구조자 확인 및 구출에 필요한 기자재의 추가여부 확인 및 점검
② 관계기관의 대응상황(내용, 인원수, 시간) 파악

2 관계자 등으로부터 정보 청취*

사고가 발생한 시설물의 소유자나 관리자, 거주자 등 관계자는 그 시설물의 관리현황이나 잠재된 위험성, 평소 거주자 등에 대한 정보를 가지고 있다. 따라서 대상물의 관계자를 찾아 그들이 보고 들은 모든 사항과 기타 필요한 정보를 알아내야 한다.

① 사고발생 원인(사고발생과 직접 관련되는 정보, 추가적인 위험요인 등)
② 구조대 도착 전까지 관계자와 관계기관이 취한 조치
③ 요구조자의 상황(요구조자 숫자 및 위치, 요구조자의 부상 정도, 구출장애물 등)

제3절 현장보고**

1 도착 시 보고(현장보고)

구조대가 현장에 도착한 즉시 육안 관찰 및 관계자로부터 청취된 사항을 보고하며 가능한 범위에서 다음 내용을 부가한다. 보고내용의 신속한 전파가 가능하도록 무선을 활용한다.

① 사고발생 장소
② 사고개요
③ 요구조자의 상태와 숫자
④ 확인된 부상자 수와 그 정도
⑤ 주위의 위험상태
⑥ 응원대의 필요성
⑦ 기타 구조활동상 필요한 사항

2 현장보고(상황 또는 활동보고)

(1) 보고내용

① 사고발생 장소(도착 시 보고에 변경이 있는 때)
② 사고발생의 원인과 사고형태 및 현장 상황
③ 요구조자 및 부상자의 상태와 그 주요내용(무선 통신은 보안성이 취약하므로 성별이나 연령 등 자세한 인적사항은 개인정보 보호를 위하여 무선으로 통신하지 않도록 주의한다.)
④ 구조대 및 기타 관련부서별 대응상황과 현 상황에 있어서 구조활동의 수행여부 확인. 수색・구조 작업이 완료된 곳과 진행 중인 곳, 수색・구조 작업이 불가능한 곳이 있으면 그 사유
⑤ 교통상황과 일반상황, 관계기관의 대응 및 필요한 주위 상황
⑥ 기타 필요한 사항

(2) 보고 시의 주의사항

보고를 할 때에는 <u>추측에 의한 내용은 가급적 피하도록 하고 보이는 그대로의 상황과 확인된 내용을 보고하며 정보가 있으면 그 정보원을 부가한다.</u>

① 개인의 프라이버시에 관한 내용이나 사회적인 파장이 예측되는 내용이 있을 때는 상급 지휘관에게 보고하고 지시를 따른다.
② 보고는 간결, 명료하게 하고 전문적인 용어에는 설명을 붙인다.
③ 무선에 의한 보고 시 혼선을 방지하기 위하여 통신담당자를 지정하고 보고내용의 우선순위를 정하여 보고한다.

제4절 구조 활동

정확한 사고의 실태가 파악되기 전까지는 수집된 정보를 바탕으로 사전에 구출방법을 검토하고 사용 장비를 결정하여 대원별로 임무를 부여한다. 정확한 사고실태가 판명되면 사고내용, 규모 및 곤란성과 구조대의 활동 능력을 비교하여 종합적으로 분석한 후에 구출 우선순위와 구출방법을 결정하고 사용할 장비 및 대원의 임무를 수정·변경한다.

1 구조방법의 결정★★ ☆ 12년 서울 소방장 / 20년 소방교

구출방법의 결정 원칙	① 가장 안전하고 신속한 방법 ② 상태의 긴급성에 맞는 방법 ③ 현장의 상황 및 특성을 고려한 방법 ④ 실패의 가능성이 가장 적은 방법 ⑤ 재산 피해가 적은 방법
구출방법의 결정 시 피해야 할 요인	① 일반인에게 피해가 예측되는 방법 ② 2차 재해의 발생이 예측되는 방법 ③ 개인적인 추측에 의한 현장판단 ④ 전체를 파악하지 않고 일면의 확인에 의해 결정한 방법
구조 활동의 순서 ☆ 20년 소방위, 소방교	① 현장활동에 방해되는 각종 장해요인을 제거한다. ② 2차 재해의 발생위험을 제거한다. ③ 요구조자의 구명에 필요한 조치를 취한다. ④ 요구조자의 상태 악화 방지에 필요한 조치를 취한다. ⑤ 구출활동을 개시한다.
장애물 제거 시의 유의사항 ☆ 11년 부산 소방교	① 필요한 기자재를 준비한다. ② 대원의 안전을 확보한다. ③ 요구조자의 생명·신체에 영향이 있는 장애를 우선 제거한다. ④ 위험이 큰 장애부터 제거한다. ⑤ 장애는 주위에서 중심부로 향하여 순차적으로 제거한다.

2 임무부여★★★☆ 20년 소방교

대원 선정 시 유의사항	① 중요한 장비의 조작은 해당 장비의 조작법을 숙달한 대원에게 부여한다. ② 위험작업은 책임감이 있고 확실하게 임무를 수행할 수 있는 대원지정 ③ 대원에게는 다양한 요소로부터 자신감을 주면서 임무를 부여한다.
현장에서 명령 시 유의사항	① 현장 확인 후 구출방법 순서를 결정한 시점에서 대원 개개인별로 명확히 지정한다. ② 명령을 하달할 때에는 모든 대원을 집합시켜 재해현장 전반의 상황, 활동방침(전술), 대원 각자의 구체적 임무 및 활동상 유의사항을 포함한 내용을 전달한다. ③ 구출작업 도중에 현장 상황의 변화에 따라 명령을 수정할 필요가 있는 경우에도 가능하면 모든 대원에게 변화된 상황과 수정된 명령내용을 전달하여 불필요한 오해소지를 제거한다.

3 구조장비 활용

(1) 장비 선택 시 유의사항★☆ 19년 소방교

① 구조 활동에 적합한 장비(절단 또는 파괴, 잡아당기거나 끌어올리는 등)
② 현장상황을 고려하여 선택(활동공간이 협소하거나 인화물질의 존재, 감전위험성, 환기 등)
③ 급할 때는 가장 능력이 높은 것
④ 동등의 효과가 얻어지는 경우는 조작이 간단한 것을 선택
⑤ 확실하게 효과를 기대할 수 있는 것을 선택
⑥ 위험이 적은 안전한 장비를 선택
⑦ 다른 기관이나 현장 관계자 등이 보유하는 것과 현장에서 조달이 가능한 것으로 효과가 기대되는 것이 있으면 활용을 적극적으로 검토한다.

(2) 장비 활용상 유의사항

① 장비는 숙달된 대원이 조작하도록 한다.
② 장비가 발휘할 수 있는 최대성능을 고려하여 안전작동 한계 내에서 활용한다.
③ 무거운 장비를 설치할 때에는 현장의 안전을 각별히 고려하여 튼튼하게 고정하고 안전사고가 발생하지 않도록 한다.
④ 장비를 작동시키는 경우 현장 전체의 상황을 확인하면서 한다.
⑤ 장비의 작동에 의한 반작용에 주의한다.
⑥ 장비 작동에 의한 2차 사고에 유의한다.

4 요구조자 응급처치

(1) 현장응급처치

① 의식·호흡 및 순환 장애 시 : 기도확보, 인공호흡, 심폐소생술
② 외부출혈의 지혈

③ 쇼크 시 : 쇼크체위, 신체적 · 심리적 안정 유도
④ 골절 : 부목사용 환부 고정
⑤ 체위 : 요구조자의 증상악화 방지 및 고통경감 등에 적응한 체위
⑥ 체온 유지(담요, 모포, 방화복 등을 활용)
⑦ 기타 요구조자의 생명유지 또는 증상악화를 방지하기 위하여 필요하다고 인정되는 처치 및 응급의료전문가의 지시에 의한 처치

(2) 구출활동 시 주의사항

① 구출작업의 진전과 병행하여 환자의 상태를 지속적으로 관찰한다.
② 요구조자의 움직임은 최소한으로 하고 증상의 악화 방지와 고통 경감을 도모한다.
③ 상처부위에 구조장비, 오염된 피복 등이 닿지 않도록 하여 환부보호에 주의하고 상황에 따라 구조대원의 위생도 배려하여 처치한다.
④ 유독가스 중에 노출되어 있는 요구조자는 보조호흡기를 착용시킨다.
⑤ 구출 작업에 의한 부상이 예상되는 경우 모포 등으로 부상 방지를 위한 조치를 취한다.
⑥ 작업이 장시간 소요되어 요구조자가 물이나 음식물을 요구하는 경우 반드시 전문가의 자문을 구한다.
⑦ 의식이 없는 환자에게는 절대로 음식물 투여를 금지하고 복부손상이나 대량 출혈이 있는 환자에게도 음식물 제공은 금기사항이다.
⑧ 요구조자를 일반인이나 매스컴 등에 지나치게 노출되지 않도록 주의한다.

제5절 응원 요청

1 부대요청* ☆ 12년 전북 소방장, 13년 경남 소방장

(1) 구조대 요청* ☆ 15년 소방장

① 사고개요, 요구조자의 숫자, 필요한 구조대의 수 및 장비 등을 조기에 판단하고 요청자를 명시하여 요청한다.
② 요청 판단기준
㉠ 요구조자 많거나 현장이 광범위하여 추가 인원이 필요한 경우
㉡ 특수차량 또는 특수장비를 필요로 하는 경우
㉢ 특수한 지식, 기술을 필요로 하는 경우
㉣ 기타 행정적, 사회적 영향으로부터 필요하다고 생각되는 경우

(2) 구급대 요청

① 사고개요, 부상자수, 상태 및 정도를 부가하여 필요한 구급차 수를 요청한다.

② 필요한 구급차의 대수는 구급대 1대당 중증 또는 심각한 경우는 1인, 중증은 2인, 경증은 정원 내를 대략의 기준으로 한다.

(3) 지휘대 출동기준*

① 사고양상이 2개대 이상의 구조대의 대처를 필요로 하는 경우
② 다수의 사상자가 발생한 경우
③ 구급대를 2대 이상 필요로 하는 경우
④ 기타 관계기관과 연계하여 활동할 경우
⑤ 사고양상의 광범위 등으로 정보수집에 곤란을 수반하는 경우
⑥ 사고양상이 특이하고 고도의 판단을 필요로 하는 경우
⑦ 경계구역 설정이 필요하다고 판단되는 경우
⑧ 소방홍보상 필요하다고 판단되는 경우(사고의 특이성, 구조 활동의 형태, 기타 특별한 홍보상황이 있는 경우)
⑨ 소방대원, 의용소방대원, 일반인 및 관계자 등의 부상사고가 발생한 경우
⑩ 제3자의 행위에 의한 중대한 활동장애 및 활동에 따르는 고통 등이 있는 경우
⑪ 행정적, 사회적 영향이 예상되는 경우
⑫ 기타 구조활동상 필요하다고 판단되는 경우

2 전문 의료진 요청

구급대의 도착이 지연되거나 기타 곤란한 상황인 경우 상급부서에 의료진의 지원을 요청한다.

(1) 의료인에 의한 전문 응급처치가 필요하다고 판단되는 경우

① 요구조자의 이송 가부(可否) 판단이 곤란한 경우
② 요구조자의 상태 그대로 이송하면 생명에 위험이 있다고 판단되는 경우
③ 다수의 요구조자가 있는 경우
④ 다량출혈, 가스중독 등이 있다고 판단되는 경우
⑤ 요구조자가 병자, 노인, 유아 등 체력이 저하된 상태인 경우
⑥ 구출에 장시간을 요한다고 판단되는 경우
⑦ 기타 필요하다고 인정되는 경우

(2) 구조대원의 안전관리상 필요한 경우

① 활동상 의학적 조언을 필요로 하는 경우
② 구조작업 중 부상 또는 약품 등에 의한 오염 등이 예상되는 경우

3 관계기관과의 연계

구조활동 및 안전확보 등을 위해 관계기관의 협력이 필요하다고 판단되는 때에는 구조활동 현장의 총괄지휘자가 관계기관에 대해 요청한다. 이 경우 다음 사항을 유의한다.

① 교통규제와 일반인의 유도 등이 필요하다고 판단되는 때에는 경찰관 등에게 규제 범위와 그 이유 등을 명시하여 요청한다.
② 가스누설 등으로 대원, 요구조자 및 일반인 등의 안전확보를 위해 필요한 경우 가스관계자에게 조치를 의뢰한다.
③ 급수 차단 등이 필요하다고 판단되면 수도관계자에게 조치를 의뢰한다.
④ 감전위험이 있는 경우는 전력회사에 전원차단 조치를 의뢰한다.
⑤ 현장에 의사가 있는 경우에, 필요한 때는 요구조자 부상 정도, 증상 등 의학적 판단 및 구조활동상의 조언 등을 구한다.
⑥ 여타의 관계기관 등에서 보유한 장비, 차량 및 기술 등의 활용이 구출수단으로서 가장 효과적이라고 판단된 때는 지원 협조를 요청한다.

4 사전대비

① 과거의 사례, 예상되는 사고내용, 타 지역에서 발생한 사례 등을 검토하고 지역특성에 맞는 대응책을 강구한다.
② 효과적인 재해 대비 훈련을 실시하고 어떠한 상황 하에서도 방심하지 않도록 노력한다.
③ 구조활동은 부대에 의한 조직활동으로서 구조대원 상호 간 굳건한 신뢰를 바탕으로 몸을 의탁하여 행동하는 것이다. 따라서 모든 대원은 상호 신뢰관계의 토대 위에서 확실한 활동을 할 수 있음을 인식하고 원만한 인간관계를 유지한다.
④ 체력, 기술을 연마하고 사기진작에 노력한다.
⑤ 장비는 항상 확실하게 점검, 정비하여 둔다.
⑥ 관할 출동구역 내의 도로상황, 지형, 구획의 구성 등을 사전에 조사 파악하여 재난·사고 발생이 예상되는 경우 미리 필요한 대책을 강구하여 둔다.

Chapter 3

현장 관계자 역할

제1절 군중통제★★★

1 통제구역 설정

① 구조작업과 관련이 없는 사람들은 구조대원과 요구조자의 안전을 위하여 현장에서 차단하여야 한다.

② 구경군의 현장의 출입을 통제하면 그들이 일정거리까지 떨어져 있게 되어 구조대원들에게 방해가 되지 않도록 해준다.

③ 통제구역의 경계는 구조대원들이 작업하는 데 필요한 공간과 현장의 위험도, 지형을 고려하여 설정한다.

④ 통제구역이 결정되면 Fire Line이나 밧줄, 호스, 기타 주변의 물품을 이용하여 표시하고 사람들이 넘어오지 못하도록 통제요원을 배치한다.

2 관계자 배려★★ ☆ 11년 부산 소방장, 12년 경북 소방장

① 구조작업에 대한 회의나 브리핑은 가족이 없는 곳에서 진행하고 전담요원이 그 결과만을 설명해주는 것이 좋다.

② 일몰이나 기상악화 등으로 일시 구조작업을 중단하게 되는 경우에도 가족들은 사고현장을 떠나지 않으려는 반응을 보이므로 언제부터 구조작업이 재개된다는 것을 명확히 알려줄 필요가 있다.

③ 또한 구조작업을 재개할 때에는 가급적 예정된 시간보다 조금 빨리 시작하는 것이 조바심을 달래줄 수 있는 방법이 된다.

④ 가족들의 심리상태는 매우 불안정하기 때문에 매우 공손하고 협조적이던 태도가 특별한 이유도 없이 극단적으로 비판적이 되거나 심지어 적대적으로까지 돌변할 수 있다. 이런 태도는 대부분 수색 2일째에 나타난다.

⑤ 구조대원과의 개별적인 접촉은 피로해진 상태에서 충돌할 수 있으므로 유의한다.

⑥ 특히 구조현장에서 소리 내어 웃거나 자극적인 농담을 하는 것은 절대로 삼가야 한다. 희생자의 유족이나 친지들의 감정에 신경 쓰지 않는 대원은 구조팀에서 제외시키도록 한다.

3 이해관계자의 설득

① 사고발생의 원인 및 구조활동에 착수할 때까지의 경과와 조치 등을 가능한 한 자세히 청취한다.
② 구조활동에 효과적인 조언, 기술, 기자재 등이 있으면 그 조언이나 기술을 활용한다.
③ 반드시 필요한 구출활동을 위하여 재산적 가치가 높은 물체를 파괴해야 하는 경우에는 그 소유자, 또는 권원자에게 그 뜻(취지), 내용 등을 잘 설명하고 승낙을 얻어야 한다. 소방기본법 제25조에 강제처분에 관한 규정이 있으나 이는 현장 상황이 급박하여 관계자의 승낙을 얻을 수 없는 불가피한 상황에 한정하여야 한다.
④ 요구조자의 과거 질병, 건강상태, 기타 정신·신체상의 특이한 이상 여부를 파악하여 필요한 조치를 취한다.
⑤ 필요한 경우 구출활동 내용과 그 목적 등을 설명하여 이해를 얻는다.

> ✪ 소방기본법 제25조(강제처분 등)
> 1. 소방본부장, 소방서장 또는 소방대장은 사람을 구출하거나 불이 번지는 것을 막기 위하여 필요할 때에는 화재가 발생하거나 불이 번질 우려가 있는 소방대상물 및 토지를 일시적으로 사용하거나 그 사용의 제한 또는 소방활동에 필요한 처분을 할 수 있다.
> 2. 소방본부장, 소방서장 또는 소방대장은 사람을 구출하거나 불이 번지는 것을 막기 위하여 긴급하다고 인정할 때에는 제1항에 따른 소방대상물 또는 토지 외의 소방대상물과 토지에 대하여 제1항에 따른 처분을 할 수 있다.
> 3. 소방본부장, 소방서장 또는 소방대장은 소방활동을 위하여 긴급하게 출동할 때에는 소방자동차의 통행과 소방활동에 방해가 되는 주차, 정차된 차량 및 물건 등을 제거하거나 이동시킬 수 있다.
> 4. 시·도지사는 제2항 또는 제3항에 따른 처분으로 인하여 손실을 입은 자가 있는 경우에는 그 손실을 보상하여야 한다. 다만, 제3항에 해당하는 경우로서 법령을 위반하여 소방자동차의 통행과 소방활동에 방해가 된 경우에는 그러하지 아니하다.

제2절 요구조자와의 상호관계

1 효과적인 의사전달★★☆ 16년 경북 소방교

① 요구조자와 대화할 때 구조대원의 시선은 요구조자를 향하여야 한다.
② 가능한 한 요구조자와 눈높이를 맞추는 것이 좋지만 눈을 빤히 바라보는 것이 민망하다고 생각되면 눈썹 부위에서 턱 사이를 보는 것이 무난하다.

> ✪ 특히 중요한 부분을 이야기할 때에는 꼭 눈을 맞춰야 한다.

③ 대화 시에는 전문용어를 피하고 상대방이 이해할 수 있는 표현을 쓴다.
④ 비속어나 사투리를 사용하지 말고 정중하고 친절하게 응대한다.
⑤ 호칭을 가능한 한 요구조자의 이름을 부르는 것이 좋다.

⑥ 요구조자가 자신의 부상 정도나 사고 상황에 대하여 궁금해 하는 내용이 있으면 사실대로 말해주는 것이 원칙이나 요구조자가 충격을 받을 수 있는 표현을 피하여야 한다.

✪ 구조대원 개인의 의학적 예단을 말하는 것은 절대 금지한다.

2 특수상황의 배려*

(1) 요구조자가 고령이거나 어린이인 경우

요구조자가 고령이거나 어린이인 경우, 또는 정서적으로 예민한 사람은 현장 상황에 대하여 심한 불안감을 느끼고 구조대원의 지시에 잘 따르지 않을 수가 있다. 따라서 현장이 위험한 경우가 아니라면 보호자가 곁에 있도록 하고 차분히 현장상황을 설명하여 안심시킨 후 구조작업을 진행한다.

(2) 장애인을 구조하는 경우

① 청각장애인

㉠ 대화에 앞서 요구조자를 주목시키기 위해서 그의 앞에 서서 이름을 부르거나 팔, 어깨 등을 가볍게 건드리거나 책상, 벽을 두드리는 방법으로 주목을 끈다. 그렇다고 해서 너무 큰 소리를 낼 필요는 없다.

㉡ 일부 청각장애인들은 입 모양을 보고도 대화하고자 하는 내용을 알 수 있으므로 구순독법(tip reading)을 활용한다.

✪ 구순독법(tip reading) : 입 모양을 크고 정확히 하여 말하는 것

㉢ 일부러 너무 크게 입을 벌리는 것도 불쾌하게 느낄 수 있으므로 한 글자 한 글자씩 또박또박 말하듯 하는 게 가장 좋다.

㉣ 혼잣말을 하는 경우 공연한 의혹을 살 가능성이 있으므로 주의한다.

② 시각장애인

㉠ 일반인에 비하여 청각과 촉각이 매우 발달되어 있다. 큰 소리를 내지 않도록 하고 상황을 차분하고 자세하게 설명하여 안심시키도록 한다.

㉡ 구조대원이 팔을 붙잡거나 어깨에 손을 올리는 등 신체적 접촉을 통해 요구조자를 안심시킬 수 있다.

✪ 요구조자가 여성인 경우 과도한 관심과 신체접촉은 불필요한 오해를 불러올 수 있으므로 주의하여야 한다.

③ 장애인 보조견

장애인보조견은 환자의 눈이나 귀를 대신할 정도로 매우 중요하다. 장애인보조견은 일반적인 애완견의 출입이 금지된 공공장소에도 동행할 수 있으므로 상황에 따라 요구조자와 동행할

수 있도록 조치한다.

> ✪ 장애인보조견과 마주했을 때
> ① 현재 장애인보조견은 시각장애인 안내견(盲導犬)과 청각 장애인 보조견이 있다.
> ② 특히 시각장애인 안내견은 덩치가 큰 편이지만 물거나 짖지 않으므로 안심해도 된다. 친근감을 표시하는 것은 좋지만 주인에게 양해를 구하지 않고 함부로 만지는 행위는 금물이다. 안내견의 반응이 달라지므로 영문을 모르는 주인이 당황하기 때문이다.
> ③ 또한 안내견에게 먹을 것을 주는 행위도 해서는 안 된다. 정해진 먹이 외에는 눈길도 주지 않도록 훈련을 받았기 때문에 받아먹지도 않을 뿐더러 만약 먹이를 따라 안내견이 움직일 경우 주인인 장애인이 곤란을 겪게 된다.
> ④ 장애인보조견은 버스나 택시 등 대중교통 수단에 탑승할 수 있도록 법률(장애인복지법 제40조)에 명시돼 있다. 장애인보조견은 버스는 물론 승용차에 탑승할 때도 주인의 발과 의자 사이에 얌전히 엎드려 있기 때문에 택시 이용에도 아무런 문제가 없다.

3 가족 · 관계기관에 연락

보호자가 없는 요구조자를 구조한 경우에는 가족이나 관계자를 파악하여 구조경위, 요구조자의 상태 등을 알려주어야 한다. 요구조자의 가족이나 관계자의 연락처를 알 수 없을 때에는 요구조자가 발생한 지역의 기초자치단체장(시장 · 군수 · 구청장 등)에게 그 사실을 통보하여 보호에 필요한 적절한 조치가 이루어지도록 한다.

요구조자가 의식이 없고 신원확인이 불가능한 경우에는 관할 경찰관서에 신원확인을 의뢰할 수 있다.

보호자가 없는 요구조자를 구조한 경우	➔	가족이나 관계자를 파악하여 구조경위, 요구조자의 상태 등을 알려주어야 한다.
요구조지의 가족이나 관계자의 연락처를 알 수 없을 때	➔	요구조자가 발생한 지역의 기초자치단체장(시장 · 군수 · 구청장 등)에게 그 사실을 통보
요구조자가 의식이 없고 신원확인이 불가능한 경우	➔	관할 경찰관서에 신원확인을 의뢰

제3절 구조요청의 거절*

1 구조요청을 거절할 수 있는 범위* ☆ 16년 전북 소방장, 18년 소방교 / 21년 소방장

① 단순 잠긴 문 개방의 요청을 받은 경우
② 시설물에 대한 단순 안전조치 및 장애물 단순 제거의 요청을 받은 경우
③ 동물의 단순 처리·포획·구조 요청을 받은 경우
④ 주민생활 불편해소 차원의 단순 민원 등 구조활동의 필요성이 없다고 인정되는 경우

> ✪ 구조요청 거절은 최소한도로 이루어져야 하고 인명피해 우려 시에는 제외

2 구조거절 확인서

(1) 구조요청을 거절한 경우☆ 18년 소방교

① 구조를 요청한 사람이나 목격자에게 알림
② '구조거절 확인서'를 작성하여 소속 소방관서장에게 보고
③ 소속 소방관서에 3년간 보관

> ✪ 구조거절 확인서는 소송 등 분쟁발생 시 근거자료로 활용될 수 있으므로 현장상황과 조치내용을 자세하게 기재하여야 한다.

제4절 구조활동 상황기록**

1 구조대원의 상황기록 작성* ☆ 15년 소방장, 18년 소방교

① '구조활동일지'에 구조활동 상황을 상세히 기록
② 소속 소방관서에 3년간 보관하여야 한다.

> ✪ 구조차에 이동단말기가 설치되어 있는 경우에는 이동단말기로 구조활동일지를 작성할 수 있다.

2 감염성 질병 및 유해물질 등 접촉 보고서를 작성보고* ☆ 15년 소방장, 18년 소방교

① 구조대원의 근무 중에 위험물·유독물 및 방사성물질에 노출되거나 감염성 질병에 걸린 요구조자와 접촉한 경우에는 그 사실을 안 때부터 48시간 이내에 소방청장 등에게 보고하여야 한다.
② '감염성 질병·유해물질 등 접촉 보고서' 및 유해물질 등 접촉관련 '진료기록부'등은 구조대원이 퇴직할 때까지 소방공무원 인사기록철에 함께 보관하여야 한다.

Chapter 4

구조장비

제1절 구조장비 일반

1 구조장비 보유기준☆ 16년 전북 소방장

인명구조 활동에 있어서 다양한 장비를 보유하고 이를 적절히 활용할 줄 아는 것은 구조활동의 성패와 직접적으로 연관되는 매우 중요한 요인이다. 따라서 소방청 고시 제2019-1호(2019. 1. 4.) '구조장비 보유기준'에 각 구조대와 구조대원이 보유해야 할 장비 기준을 정하고 있다.

<table>
<tr><th>용도별</th><th colspan="2">장비명</th></tr>
<tr><td>기동용(15종)</td><td colspan="2">구조공작차, 구조버스, 산악구조차, 생활안전구조차, 인명구조견차, 화학차, 화생방분석차량, 화생방제독차량, 구조장비 운송트레일러, 화학약품 운송트레일러, 화물차, 크레인, 굴삭기, 지게차, ATV 전지형만능차</td></tr>
<tr><td>일반 구조용
(29종)</td><td colspan="2">사다리, 공기매트, 안전매트리스, 개인로프, 로프보호대, 다목적 칼, E/V 마스터키, 구조작업용 공구세트, 드릴, 전원 차단장비, 유리창 압착기, 라이트라인, 헤드랜턴, 연기투시랜턴, 휴대용탐조등, 이동식 조명등, 이동식 송·배풍기, 공기충진기, 마취총, 장비휴대용조끼, 개인장비보관가방, 로프발사총, 동물포획장비, 케이블구조키트, 통화식 무전기, 반지절단기, 차량 문개방기, 사체낭, 구조용 들것</td></tr>
<tr><td>보호용(19종)</td><td colspan="2">공기호흡기용기, 면체, 등지게, 보조마스크, 호스형 공기호흡기, 재호흡기(육상용), 방진/방독마스크, 구조용고글, 대원위치추적장치, 인명구조경보기, 구조헬멧, 내전복, 방화복, 방열복, 구조장갑, 구조화, 방화두건, 관절보호대, 대원탈출장비</td></tr>
<tr><td>중량물작업용
(20종)</td><td colspan="2">대형유압엔진펌프, 휴대용유압펌프, 배터리유압 장비세트, 유압절단기, 유압전개기, 유압콤비툴, 유압쐐기전개기, 유압램, 유압페달절단기, 유압케이블절단기, 에어백, 유압도어오프너, 다목적 유압장비, 다목적구조삼각대, 운전석 에어백 작동 방지장치, 휴대용윈치, 지지대, 리프트잭, 체인블럭, 벨트슬링</td></tr>
<tr><td>절단용(10종)</td><td colspan="2">철선절단기, 동력절단기, 체인톱, 전기식절단기, 핸드그라인더, 코아드릴, 왕복식톱, 가스절단기, 플라즈마 절단기, 수중절단기</td></tr>
<tr><td>파괴용(4종)</td><td colspan="2">도끼, 문개방기구, 해머드릴, 착암기</td></tr>
<tr><td rowspan="2">수난구조용
(54종)</td><td colspan="2">스쿠버공기통, 부력조절기, 레귤레이터, 주호흡기, 보조호흡기 게이지, 다이브컴퓨터, 스쿠버핀, 스킨핀, 수경, 스노클, 중량벨트, 수중조명등, 수중신호기, 건식잠수복, 습식잠수복, 수난장비케이스, 더블탱크, 잠수장비, 재호흡잠수장비, 수중리프트백, 수난용 사체낭, 마커부이, 긴급잠수장비, 수중통신장비, 라이프자켓(요구조자구명자켓), 수중칼, 수난구조용 캔, 수난 구조용튜브, 수난구조용 서프보드, 분리형 장대세트, 구명부환, 수난구조로켓, 수상·빙판용 구조썰매, 고무보트, 고속구조보트, 제트스키, 수난용 들것, 표면공기공급 잠수기구세트, 수심측정기, 유속측정기, 수난구조로프</td></tr>
<tr><td>급류구조세트</td><td>구조신발, 구조 스쿠버핀, 구조자켓, 구조 해드랜턴, 구조 수중칼, 구조벨트, 구조 비상등, 구조 로프백, 구조 잠수복, 구조 수납가방, 구조호각, 구조보드, 구조용 보트</td></tr>
</table>

산악 구조용 (75종)		정적로프 구조용, 동적로프 등반용, 빙벽등반로프, 로프장력측정기, 코드로프, 웨빙, 로프배낭, 산악용배낭, 안전벨트, 휴대용장비걸이, 요구조자용 안전벨트, 카라비너, 커넥터세트, 랜야드, 도르레, 케이블도르레, 푸르직 다목적 확보장비, 로프크램프, 로프설치 및 회수장비, 등강기, 발등강기, 자기확보줄, 이동식 추락방지장비
	확보 및 하강기	정적 로프용
		동적 로프용
		다중확보기, 스위벨, 박음질 웨빙, 박음질 코드로프, 퀵드로우, 앵커스트랩, 확보캠류, 확보너트류, 쵸크, 암벽앵커볼트, 너트회수기, 핸드드릴, 피톤류, 스크류링크, 빙벽화, 빙벽용 크램폰, 아이스 바일, 아이스 스크류, 눈삽, 피켈, 눈탐침봉, 스노우 슈즈, 스노우 바, 비콘, 눈사태 매몰 호흡기, 리코 수신기, 산악스키, 산악용구조화, 게이터, 보행용 크램폰, 산악용 장갑, 산악용 모자
	산악 구조복	동계용
		춘추용
		하계용
		텐트, 침낭, 매트리스, 버너, 코펠, 물통, 알파인스틱, 정글도, 망원경, 연막탄, 홍염, 비상식량세트, 요구조자 이송장비, 로프절단기, 산악용 들것
탐색 구조용 (14종)		열화상카메라, 적외선야간투시경, 매몰자 영상탐지기, 매몰자 음향탐지기, 구조로봇, 매몰자 전파탐지기, 붕괴물 경보기, 수중 음파탐지기, 수중 영상탐지기, 인명구조견, 휴대용 녹음기, 영상촬영장비, GPS수신기, 공중수색장비
화생방·대테러 구조용(42종)		화학보호복(레벨A), 화학보호복(레벨C), 화학용 전면형 마스크, 내화학장갑, 실링백, 내화학장화, 방사선보호복, 화학보호복 검사장비, 보호복 소독기, 리프팅백, 흡착제, 파이프 누출방지 슬리브, 공기주입형 누출제어키트, 쐐기형 누출제어키트, 염소용 누출제어키트, 누출방지본드, 누출방지테이프, 누출물수거용기, 누출물 진공수거기, 누출물 수거용장구, 오염물질 수거통, 방사능 물질 수거함, 휴대용 제독기, 연막소독기, 중화제 살포기, 중화제, 제독제, 인체제독텐트, 차량제독소, 간이 인체제독텐트, 요구조자 보호의, 요구조자 이송장치, 화생방들것, 오염환자 운반낭, 오염환자 사체낭, 샘플링후송키트, 에어샘플러, 경계지역 설정용 로프(경계구역설정라인), 폭발물방호복, 방폭 담요, 방폭 가방, 신경작용제 증상억제용 치료제
측정용(16종)		가스측정기, PH농도 측정기, 화학작용제 탐지기, 유해물질 분석기, 생물학작용제 진단장비, 생물학작용제 분석기, 개인선량계, 방사선측정기, 방사성핵종분석기, 방사성 오염감시기, X-ray투시기, 잔류전류 검지기, 전류전압측정계, 가스누출 영상탐지기, 거리측정기, 풍향·풍속계
구급용(3종)		기초인명소생용 가방, 부목류, 휴대용제세동기

비고 1. 필수장비(반드시 구매하는 장비), 선택장비(시·도 여건에 맞게 구매하는 장비)
2. 보유기준은 필수장비를 기준으로 함
3. "성능인증"이 필요한 장비는 반드시 국내 및 국제규격 단수이상으로 할 것
4. 측정장비 검·교정은 코라스(KOLAS) 등 검·교정기관 의뢰
5. 비상설구조대(例 : 119시민수상구조대 등)는 「구조장비 기준」에 근거, 추가 구매할 수 있음
6. 인명구조견 내용연수 도래 시 중앙119구조본부 인명구조견센터 훈련사 및 담당핸들러의 연장사용 심의 후 2년간 연장사용 가능(연장심의 : 1년 단위)

2 장비조작의 일반원칙

(1) 장비의 성능과 조작방법

① 장비점검 습관화

㉠ 구조장비는 항상 최고의 성능을 발휘할 수 있도록 관리

㉡ 같은 종류의 장비라도 제작회사에 따라 제원 및 특성과 조작방법이 다르므로 무리한 조작은 절대 금지하여야 한다.

② 장비별 특성과 조작방법 숙지

㉠ 제작회사에서 제공하는 사용설명서(manual)를 숙지

㉡ 사용설명서에서 명시적으로 금지하는 무리한 조작이나 허가받지 않고 개조한 장비로 고장이나 안전사고가 발생하는 경우 보상이나 A/S를 받지 못할 수도 있으므로 각별히 주의해야 한다.

③ 기록유지관리 철저

㉠ 장비의 구입과 사용, 정비에 관하여 꼼꼼히 기록하여 두면 장비의 노후나 취급 또는 정비불량 등으로 인한 사고를 방지할 수 있다.

㉡ 수리 기록을 정확히 보존하면 장비의 이상이나 잘못된 취급으로 발생하는 안전사고의 원인을 밝혀낼 수 있으므로 매우 중요하다.

(2) 장비조작시의 주의사항

① 작업 전의 준비**

㉠ 헬멧, 안전화, 보안경 등 적절한 보호 장비를 착용한다.

ⓐ 옷깃이나 벨트 등이 기계의 동작 부분에 말려 들어갈 수도 있으므로 각별히 주의한다.

> ✪ 체인톱이나, 헤머드릴 등 고속 회전부분이 있는 장비의 경우 실밥이 말려들어갈 수 있으므로 면장갑은 착용하지 않는 것이 원칙이다.

ⓑ 고압전류를 사용하는 전동 장비나 고온이 발생하는 용접기 등의 경우에는 반드시 규정된 보호 장갑을 착용해야 한다.

ⓒ 반지나 시계, 목걸이 등 장신구는 안전사고를 유발할 수 있고 부상을 악화시킬 수 있으므로 신체에서 제거한다.

ⓓ 분진이나 작은 파편이 발생하는 작업을 수행할 때에는 반드시 보호안경을 착용한다. 헬멧(또는 방수모)의 실드만으로는 충분히 보호되지 않는다.

㉡ 모든 장비는 사용하기 전에 이상 유무를 확실히 점검한다.

ⓐ 장비 자체의 이상 유무

ⓑ 연료의 주입여부, 윤활유의 양 및 상태

ⓒ 전선 피복의 상태, 접지여부 등

㉢ 엔진동력 장비의 경우 엔진오일의 점검에 주의* ☆ 16년 서울 소방교, 19년 소방장, 21년 소방교
4행정기관(유압펌프, 이동식 펌프 등)의 경우 엔진오일을 별도로 주입하므로 오일의 양이 적거나 변질되지 않은지 수시로 점검한다. 일반 2행정기관(동력절단기, 체인톱, 발전기 등)의 경우 전용엔진오일 사용, 오일의 혼합량이 너무 많으면 시동이 잘 걸리지 않고

시동 후에도 매연이 심하다. 반면 오일의 양이 적으면 엔진에 손상을 입어 기기의 수명이 단축될 수 있다.

㉣ 충분한 작업공간을 확보하고 화재, 감전, 붕괴 등 위험요인을 제거한다.

㉤ 장비는 견고한 바닥에 설치하고 확실히 고정하여 움직임을 방지한다.

㉥ 보조요원을 확보하여 우발 상황에 대처할 수 있도록 하고 작업반경 내에는 장비조작에 관여하지 않는 대원과 일반인의 접근 통제한다.

㉦ 톱날을 비롯하여 각종 절단 날은 항상 잘 연마되어야 한다. 날이 무딘 경우에 안전사고의 확률이 더욱 높다.

② 수공구 사용 시 주의사항

㉠ 모든 장비는 사용하기 전에 사전 점검해야 한다.

㉡ 조임 부분이 노후 되어 헐거워지거나 파손된 부분이 있으면 즉시 교체한다.

㉢ 스패너나 렌치에 파이프를 끼워 길이를 연장시켜 사용하는 경우가 있는데 이는 그 공구의 설계능력을 넘어서는 과부하를 걸리게 하여 갑작스러운 파손을 초래하거나 장비의 고장을 유발할 수 있다.

③ 동력장비 사용 시 주의사항

㉠ 공기 중에 인화성 가스가 있거나 인화성 액체가 근처에 있을 때에는 동력장비의 사용을 피할 것. 마찰 또는 타격 시 발생하는 불꽃과 뜨거운 배기구는 발화원이 된다.

㉡ 지하실이나 맨홀 등 환기가 불충분한 장소에서는 장시간 작업하지 않도록 하고 배기가스에 의한 질식의 위험이 있으므로 엔진장비를 활용하지 않는 것을 원칙으로 한다.

㉢ 엔진장비에 연료를 보충할 때에는 반드시 시동을 끄고 엔진이 충분히 냉각된 후에 주유한다.

㉣ 장비를 이동시킬 때에는 작동을 중지시킨다. 엔진장비의 경우에는 시동을 끄고 전동 장비는 플러그를 뽑는다.

㉤ 전동 장비는 반드시 접지가 되는 3극 플러그를 이용한다. 접지단자를 제거하면 감전사고의 위험이 있다.

㉥ 장비를 무리하게 작동시키지 말고, 이상이 발견되면 즉시 작동을 중지하고 전문가의 점검을 받는다.

㉦ 작업종료 후에는 장비의 이상 유무를 재확인하여 오물과 분진 등을 제거한 후 잘 정비하여 다음 사용에 지장이 없도록 한다. 이상이 있는 경우 즉시 수리토록 한다. 정비 및 수리를 마친 후에는 항상 기록을 정확히 남긴다.

제2절 구조장비 기능

1 일반 구조용 장비

(1) 로프총(Line Throwing Gun)★ ☆ 13년 울산 소방교

① 로프총은 로프발사총 또는 송선기(送線機)로 부르며 고층건물이나 해상, 계곡 등 구조대원의 접근이 불가능한 상황에서 로프 또는 메시지 전달 등의 수단으로 사용할 수 있는 장비이다.

② 압축공기를 이용한 공압식과 추진탄을 이용한 화약식이 있으며 현장 여건에 따라 공압식 또는 화약식 장비를 사용한다.

■ 화약식 로프총(SG 101) ■

㉠ 사용방법

ⓐ 유효사거리★

화약식	로프총에 20GA 추진탄을 사용하면 최대사거리는 200m, 유효사거리는 150m
공압식	15MPa 압력에서 최대사거리 120m, 유효사거리 60m 내외

ⓑ 사격각도

- 현장상황에 따라 다르지만 수평각도 65°가 이상적이다.
- 목표물을 정조준하는 것이 불가능할 경우에는 목측으로 조준하여 견인탄이 목표물 위로 넘어가도록 발사하면 요구조자가 견인로프를 회수하기 용이하다.
- 굴절사다리차나 고가사다리차, 헬기 등 높은 곳에서 하향으로 발사할 때에는 정확히 목표물에 도달할 수 있으므로 목표물 지점을 정조준토록 한다.

㉡ 주의사항

로프총은 탄두를 고속으로 발사하므로 총기에 준하여 관리하며 반드시 보안경과 귀마개 등 보호장비를 착용하고 사용해야 한다.

✪ 로프총을 사용 시 유의점 ★☆ 18년 소방위, 19년 소방위

① 즉시 발사할 것이 아니면 장전하여 두지 말아야 하며, 만약 장전 후 잠시 기다리게 될 경우에는 반드시 안전핀을 눌러둔다.
② 장전 후에는 총구를 수평면 기준으로 45° 이상의 각도를 유지해야 격발이 된다. 총구를 내려서 격발이 되지 않으면 노리쇠만 뒤로 당겨준다. 45° 이하의 각도를 유지하고 있는 경우에도 갑작스러운 충격을 받으면 발사될 수도 있음을 유의한다. 부득이 45° 이하의 각도로 발사할 필요가 있는 경우에는 총을 뒤집으면 격발이 가능하다.
③ 발사하기 전에 요구조자에게 안내 방송을 하고 착탄 예상지점 주변의 인원을 대피시켜 안전사고가 발생하지 않도록 한다.
④ 견인탄을 장전하지 않았더라도 사람을 향해 공포를 발사하면 안 된다. 추진탄의 압력이나 고압공기에 의해 부상을 입을 우려가 있다. 장기간 사용한 총은 안전핀을 눌러 놓아도 격발장치가 풀려 자동 격발될 수 있다.
⑤ 견인탄은 탄두와 날개를 완전하게 결합하고 견인로프가 풀리지 않도록 결착한다. 사용한 견인탄은 탄두에 이상이 없는 경우에 날개를 교환하면 재사용할 수 있다.
⑥ 공압식과 화약식에 사용하는 견인탄은 내경은 같으나 재질과 중량에 차이가 있으므로 교환 사용하지 않도록 한다.
⑦ 견인로프의 길이는 120m로서 원거리 발사 시에는 로프끝 부분이 로프 홀더에서 이탈하여 견인탄과 함께 끌려갈 우려가 있으므로 로프를 홀더에 집어넣고, 바깥쪽 로프 끝을 홀더 뚜껑에 끼워서 견인로프가 빠지지 않도록 한다.
⑧ 발사 후에는 탄피를 제거하고 총기 손질에 준하여 약실을 청소한다.

(2) 마취총(Tranquilizer gun)★☆ 18년 소방위

마취총은 주택가에 멧돼지 등의 위협적인 야생동물이 나타났을 경우 장거리에서 안전하게 마취를 하기 위해 주사기의 원리를 응용한 마취탄을 발사하는 장비이다.

※ 동물에 의한 인명피해의 우려가 있는 동물을 생포하기 위해 사용하며 블로우건에 비하여 마취총은 사정거리가 길고 비교적 정확성도 있으나 유효 사거리 20m 이내에서는 파괴력이 강해서 자칫 동물에 상해를 줄 우려가 있다.

〈장총〉

〈단총〉

■ 마취총 ■

① 사용방법

㉠ 마취가 필요한 경우는 난폭하거나 예민한 동물의 포획 또는 접근이 불가능한 동물을 포획할 경우이다.

㉡ 동물에 대한 마취총 사격 부위는 피하지방이 얇은 쪽에 쏘는 것이 효과적이지만 다리의 근육이 많은 부분을 조준하여야 하며 중요 부위에 맞아 장애가 발생하는 것에 주의한다.

㉢ 마취총, 마취석궁, 불로우건(Blowgun) 모두 주사기에 마취약을 넣어 사용하고, 동물에 주사기가 적중했을 때 마취약이 분사된다.

㉣ 마취약은 주사기에 약제 주입 후 2-3일이 지나면 효과가 다소 떨어지므로 약제는 현장에서 조제해 쓰는 것이 좋다.

㉤ 마취효과가 나타나려면 5분 정도가 걸리므로 주사기 명중 후 천천히 따라가 마취효과가 나타나면 포획한다.

> ✪ 구성품은 마취총, 금속주사기, 추진제, 어댑터, 오일, 막대 등이 있으며 구조를 완전히 이해하여야 하고, 총기이므로 사용 후에는 손질은 물론 보관과 취급에 주의해야 한다.
>
> ✪ 총기에 따라 사용법이 다양하므로 119구조대원들의 사격능력 향상을 위한 훈련 및 동물별 적정용량의 마취약 사용법 숙달을 통해 대원 개개인의 전문능력을 강화해야 한다.

② 주의 사항

㉠ 마취에 필요한 마취제의 농도와 양이 동물과 체중에 따라 다르므로 동물 마취 주사제를 사용 할 경우에는 반드시 제품 설명서를 읽어보아야 하며, 필요 시 수의사와 상의하여야 한다.

㉡ 마취제 주사량을 정확히 사용 못 해 쇼크로 죽는 동물이 있는데 이건 노련한 수의사들도 있을 수 있는 실수라고 한다. 영구적 피해를 주지 않고 정확히 마취시키는 것은 상당한 난이도가 있는 일이다.

㉢ 마취총을 써야 하는 급박한 상황에서는 정확한 사용량에 대한 판단을 내리기 어렵고, 부작용에 대한 조치를 취하기가 쉽지 않으므로 의도하지 않은 사고를 일으킬 우려가 매우 높다는 것을 알아야 한다.

> ※ 마취하여 포획된 동물에 대한 보호조치
>
> 1. 호흡이 원활히 이루어 질 수 있도록 목을 펴주고 콧구멍의 이물질 등을 제거한다.
> 2. 눈가리개나 귀마개를 하여 일광 및 소음노출을 방지 한다.
> 3. 지속적으로 호흡을 관찰한다.
> 4. 43℃ 이상에서는 스스로 생존하기 어려우므로 수시로 체온을 측정하여 정상체온(37℃~40℃)을 유지하도록 한다.

2 산악 구조용 장비

(1) 로프(Rope)와 슬링★★ ☆ 13년 소방위, 16년 대구 소방교

① 로프의 재질★ ☆ 14년 인천 소방장 / 20년 소방장

㉠ 과거에는 로프를 마닐라 삼이나 면 등의 천연재료를 사용하여 만들었으나 현재 이러한 천연섬유는 거의 사용되지 않는다.

㉡ 합성섬유, 특히 폴리에스터나 나일론 또는 케블러 등 여러 재료를 혼합하여 직조한 것이 대부분이다.

Scale : Best = 1, Poorest = 8

종류 / 성능	마닐라삼	면	나일론	폴리에틸렌	H. Spectra® Polyethylene	폴리에스터	Kevlar® Aramid
비중	1.38	1.54	1.14	0.95	0.97	1.38	1.45
신장율	10~15%	5~10%	20~34%	10~15%	4% 이하	15~20%	2~4%
인장강도*	7	8	3	6	1	4	2
내충격력*	5	6	1	4	7	3	7
내열성	177℃ 탄화	149℃ 탄화	249℃ 용융	166℃ 용융	135℃ 용융	260℃ 용융	427℃ 탄화
내마모성*	4	8	3	6	1	2	5
전기저항	약	약	약	강	강	강	약
저항력 - 햇볕 - 부패 - 산 - 알칼리 - 오일, 가스	 중 약 약 약 약	 중 약 약 약 약	 중 강 약 중 중	 최약 강 중 중 중	 중 강 강 강 강	 강 강 중 약 중	 중 강 약 중 중

② 로프의 형태

종전에는 내·외피의 구분이 없이 3~5개 정도의 심지를 꼬아 만드는 꼬임로프가 주종이었으나 이러한 구조의 로프는 특히 구부리기가 곤란하여 다루기가 힘들고 마모도가 높기 때문에 구조현장에서 잘 사용되지 않고 주로 중량물 작업현장에서 쓰인다. 로프는 용도에 따라 8~13㎜의 지름을 가진 것이 많이 사용되며 구조대에서는 지름 10.5~12㎜ 내외의 로프를 주로 사용한다.

✪ 1950년대 유럽에서 꼬는 방식이 아닌 짜는 방식의 로프가 개발된 이래 등산이나 구조활동에 사용되는 로프는 대부분 내·외피의 이중 구조를 가지고 있는 로프로서 현재 구조대에서 사용하는 로프는 대부분 세밀하게 직조된 외피 안에 섬유를 꼬아서 만든 여러 가닥의 심지가 들어 있는 케른만텔(Kern mantel – 일반적으로 영어발음인 '컨먼틀'로 부른다) 로프이다.

③ 로프의 성능

산악용 로프는 UIAA(Union Internationale des Associations d' Alpinisme – 국제산악연맹), 국내에서는 FITI(Fabric Inspection Testing Institute – 한국원사직물시험연구원)에서 규격과 성능을 측정한다.

특히 UIAA에서는 로프, 카라비너, 안전벨트 헬멧 등 중요한 장비에 대하여 엄격한 안전도 검사를 하고 인증마크를 부여하므로 가급적 UIAA 표시가 된 장비를 사용하는 것이 안전하다.

✪ 충격력(impact force)
충격력을 결정하는 요소는 물체의 질량, 속도, 속도가 정지한 시간이다. 즉 『충격력 = 질량 × (처음속도 - 나중속도) ÷ 속도가 정지한 시간』

인장력	① 구조활동에 있어서 로프에 대원 1인이 매달릴 때 대원의 몸무게와 흔들림에 따른 충격력을 감안하면 130kg 정도의 하중이 걸리며, 두 명의 대원이 활동하면 260kg 정도가 된다. ② 현재 판매되는 산악용 11㎜ 로프의 경우 대부분 3,000kg 내외의 인장강도를 가지며 충격력은 80kg에 대하여 700daN~900daN 정도이다.
충격력	① 추락 사고를 당했을 때 추락하는 동안 생긴 운동량과 같은 양의 충격량을 받는다. ② 즉, 로프의 충격력은 추락물체가 정지하는 데 필요한 힘으로 이 힘을 받을 때 충격이 발생하고 충격이 작을수록 안전하다.
로프 매듭 부분 강도 저하 ☆ 17년 소방장	로프에 매듭을 하는 경우 매듭부분의 마찰에 의하여 강도가 저하되는 점도 감안하여 사용하여야 한다.

▌매듭과 꺾임에 의한 로프의 장력변화▐

매듭의 종류	매듭의 강도(%)
매듭하지 않은 상태	100
8자 매듭	75~80
한겹고정 매듭	70~75
이중 피셔맨매듭	65~70
피셔맨매듭	60~65
테이프매듭	60~70
말뚝매듭	60~65
옭매듭(엄지매듭)	60~65

④ 구조로프

㉠ 구조용 로프

▌로프의 성능기준▐

구 분	성능기준
개인용 로프	제원 : 9mm 이하 × (20m 이상) 구성 : 보관가방 포함
정적 로프	내용 : 11mm 이상 구성 : 보관가방 포함
동적 로프	내용 : 10.2mm 이상 구성 : 보관가방 포함
수난구조로프	내용 : 11mm 이하 구성 : 보관가방 포함

㉡ 정적 로프와 동적 로프★★☆ 15년 소방교, 16년 서울 소방교 / 21년 소방장, 소방위

정적(스태틱) 로프	· 신장율이 5% 미만 정도로 하중을 받아도 잘 늘어나지 않는다. · 마모 내구성이 강하고 파괴력에 견디는 힘이 높다. · 유연성이 낮아 조작이 불편하고 추락 시 하중이 그대로 전달되는 결점이 있다. · 뻣뻣하며 검정이나 흰색, 노란색 등 단일 색상으로 만들어져 외형만으로도 비교적 쉽게 구분이 가능하다. ※ 일반 구조활동용으로는 스태틱이나 세미스태틱(Semi-static Rope) 로프가 적합하다.
동적(다이내믹) 로프	· 신장율이 7% 이상 정도로서 신축성이 높아 충격을 흡수하는 데 유리하므로 자유낙하가 발생할 수 있는 암벽등반에 유리하다. · 산악 구조활동과 장비의 고정 등에 적합하다. · 부드러우면서 여러 가지 색상이 섞인 화려한 문양이다.

⑤ 로프 관리 및 사용상의 주의점

㉠ 로프의 관리★★★☆ 11년 부산 소방교, 13년 울산 소방교, 15년 소방교

ⓐ 그늘지고 통풍이 잘되는 곳에 보관하도록 한다.

ⓑ 로프를 사리고 끝처리로 너무 단단히 묶어두지 않도록 한다.

ⓒ 로프에 계속적으로 하중을 가하여 로프가 늘어나 있는 상태이므로 노화가 빨리 오게 된다.

ⓓ 부피를 줄이기 위해 좁은 상자나 자루에 오래 방치하는 것도 좋지 않다.

✪ 로프를 오래 사용하기 위하여 관리상 주의할 점

① 열이나 화학약품, 유류 등 로프를 손상시킬 수 있는 어떤 요인과도 접촉하지 않도록 한다. 대부분의 로프는 석유화학제품이므로 산이나 알칼리 등의 화학약품과 각종 연료유, 엔진오일 등에 부식·용해된다.

② 로프를 밟거나 깔고 앉지 말 것. 로프의 외형이 급속히 마모되고 무게를 지탱하는 능력이 저하된다.

③ 로프를 설치할 때 건물이나 장비의 모서리에 직접 닿지 않도록 한다. 로프보호대나 천, 종이박스 등을 깔아서 마찰로부터 로프를 보호한다.

④ 대부분의 로프는 장시간 햇볕(특히 자외선)을 받으면 변색, 강도저하 등을 일으킨다. 잘 포장해서 어둡고 서늘한 곳에 보관한 로프는 8년이 경과되어도 손상되지 않았다는 보고가 있었지만 새 로프일지라도 장시간 옥외에 진열, 방치하면 강도가 많이 약해진다.

⑤ 정기적으로 로프를 세척하여 이물질을 제거하도록 한다. 로프의 섬유사이에 끼는 먼지나 모래가루는 로프 자체를 상하게 하고 카라비너나 하강기 등 관련 장비의 마모를 촉진시킨다.

✪ 로프 세척 방법

① 미지근한 물에 중성 세제를 알맞게 풀어 로프를 충분히 적시고 흔들어 모래나 먼지가 빠져나가도록 한다.

② 부드러운 솔이 있으면 가볍게 문질러 주면 좋다. 물이 어느 정도 빠지면 그늘지고 통풍이 잘되는 곳에 말린다.

③ 일반적인 세탁기는 세탁과정에서 로프가 꼬이고 마찰을 발생시키기 때문에 사용하지 않도록 한다.

㉡ 로프의 사용

ⓐ 끊어지지 않는 로프는 존재하지 않는다. 따라서 모든 로프는 사용 전·중·후에 시각과 촉각을 이용하여 세심한 주의를 기울여 관리하도록 한다.

ⓑ 일반적으로 로프를 사용한 후에 사리는 과정에서 로프의 외형을 확인하고 일일이 손으로 만져보며 응어리, 얼룩, 눌림 등이 있는지 확인하고 보풀이나 변색, 마모 정도 등도 유의해서 점검한다.

ⓒ 조금이라도 의심이 간다면 그 로프는 폐기하여야 한다. 폐기 대상인 로프는 절대로 인명구조용으로 재사용되지 않도록 확실히 조치한다.

- 직경 9mm 이하의 로프를 사용할 때에는 반드시 2줄로 설치, 안전을 확보한다.
- 로프를 설치하기 전에 세심하게 살펴보고 조금이라도 의심이 가는 부분이 있으면 사용하지 않는다.

로프의 수명★☆ 15년, 19년 소방교 / 20년 소방장

1. 시간 경과에 따른 강도 저하
   - 로프는 사용 횟수와 무관하게 강도가 저하된다.
   - 특히 4년 경과시부터 강도가 급속히 저하된다.
   - 5년 이상 경과된 로프는 폐기한다(UIAA 권고사항).
2. 로프의 교체 시기(관리와 보관이 잘 된 로프 기준, 대한 산악연맹 권고사항)
   - 가끔 사용하는 로프 : 4년
   - 매주 사용하는 로프 : 2년
   - 매일 사용하는 로프 : 1년
   - 스포츠 클라이밍 : 6개월
   - 즉시 교체하여야 하는 로프
     - 큰 충격을 받은 로프(추락, 낙석, 아이젠)
     - 납작하게 눌린 로프
     - 손상된 부분이 있는 로프

⑥ 슬링(Sling)☆ 17년 소방장 / 21년 소방장

㉠ 런너(Runner)라고도 부르는 슬링은 평평한 띠처럼 생긴 일종의 로프이다.

㉡ 일반적인 로프에 비해 유연성이 높으면서도 다루기 쉬우며 신체에 고정하는 경우 접촉 면적이 높아 안정감 있게 사용할 수 있다.

㉢ 슬링은 보통 20~25㎜ 내외의 폭으로 제조되며 형태에 따라 판형슬링(Tape Sling)과 관형슬링(Tube Sling)으로 구분한다.

㉣ 로프에 비해 상대적으로 값이 싸기 때문에 짧게 잘라서 등반시의 확보, 고정용 또는 안전벨트의 대용 등으로 다양하게 활용한다.

■ 여러 가지 슬링 ■

㉤ 슬링은 같은 굵기의 로프보다 강도는 우수하지만 충격을 받았을 때 잘 늘어나지 않기 때

문에 슬링을 등반 또는 하강 시에 로프 대용으로 사용하는 것은 매우 위험하다.

(2) 안전벨트(Harness)★☆ 21년 소방장

안전벨트는 거의 모든 구조활동에서 대원의 안전을 지켜주는 필수장비 중의 하나이다. 형태와 용도에 따라 상단용, 하단용, 허리용, 상・하단용(X 벨트) 등이 있지만 UIAA에서는 상・하단 벨트만을 인정한다.

상・하단 벨트가 착용이 다소 번거롭기는 하지만 추락 시 충격을 몸 전체로 분산하여 부상 위험을 줄여주기 때문에 구조활동 시에는 반드시 상・하단형 벨트를 사용해야 한다.

① 안전벨트 착용법

㉠ 안전벨트는 우선 몸에 잘 맞는 것을 선택해야 한다. 너무 크거나 작으면 안전벨트의 중심과 신체 중심이 일치하지 않아 추락할 때 안정된 자세를 유지할 수 없다.

㉡ 안전벨트는 제조회사에 따라 조금씩 구조가 다르기 때문에 정확한 사용법을 따라야 한다.

㉢ 대부분 안전벨트의 허리 벨트 버클은 한 번 통과시키고 난 다음 다시 거꾸로 통과시켜야 안전하며 끝을 5㎝ 이상 남겨야 한다. 버클을 한번만 통과시켜도 튼튼할 것처럼 느껴질 수 있으나 강한 충격을 받으면 쉽게 빠진다.

㉣ 허리부분에 달려있는 장비걸이는 보통 10kg 내외의 하중을 지탱하므로 절대로 로프나 자기 확보줄을 장비걸이에 연결하지 않도록 한다.

② 수명과 관리

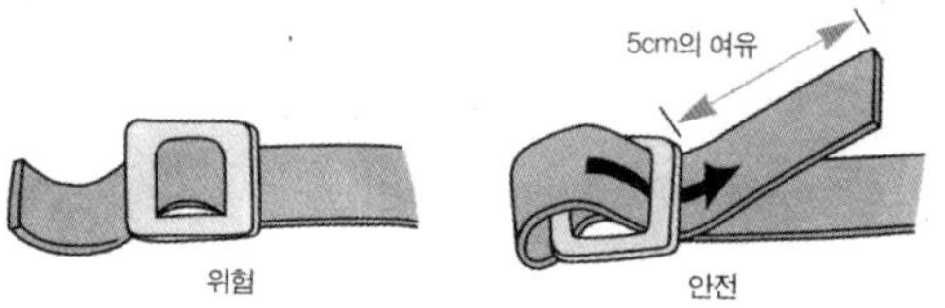

■ 안전벨트의 버클 채우는 방법 ■

㉠ 안전벨트를 구입할 때에는 모양이 필요 이상으로 복잡한 것을 피하고 벨트를 만든 웨빙의 재질, 박음질 상태, 허리를 벨트를 조이는 버클이나 장식의 강도를 꼼꼼하게 살펴야 한다. 또한 체중이 실리는 부분이 부드럽게 처리되어 충격을 고르게 분산시킬 수 있는 것을 선택한다.

㉡ 안전벨트는 우수한 탄력과 복원성을 가지며 강도와 내구성이 뛰어나지만 안전을 위하여 5년 정도 사용하면 외관상 이상이 없어도 교체하는 것이 좋다.

㉢ 특히 추락 충격을 받은 다음에는 안전벨트의 여러 부분을 꼼꼼하게 점검해 보고 박음질 부분이 뜯어졌다면 수리하지 말고 폐기하는 것이 좋다.

(3) 하강기 종류☆ 18년 소방교

8자 하강기	① 로프를 이용해서 하강해야 하는 경우 사용한다. ② 작고 가벼우면서도 견고하고 사용이 간편하다. ③ 전형적인 하강기는 8자 형태이지만 이를 약간 변형시킨 "구조용하강기" 튜브형 하강기도 많이 사용된다. ④ <u>구조용 하강기는 일반적인 8자 하강기에 비하여 제동 및 고정이 용이한 것이 장점</u>이다.  ▬ 8자하강기 구조용하강기 튜브 ▬
그리그리 (GriGri)	① 그리그리는 스토퍼와 같이 <u>로프의 역회전을 방지할 수 있는 구조</u>로 주로 확보용 장비이다. ② <u>주로 암벽 등에서 확보하는 장비로 사용되며 짧은 거리를 하강할 때 이용</u>하기도 한다. 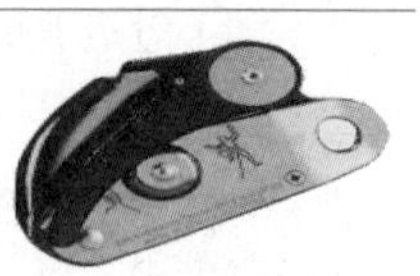
스톱하강기 (Stopper)★★ ☆ 14년 경기 소방장	① 스톱은 <u>로프 한 가닥을 이용하여 제동</u>을 걸어준다. ② <u>하강 스피드의 조절이 용이</u>하다. ③ <u>우발적인 급강하 사고를 방지</u>할 수 있기 때문에 최근 구조대에서 사용이 증가하고 있는 추세이다. 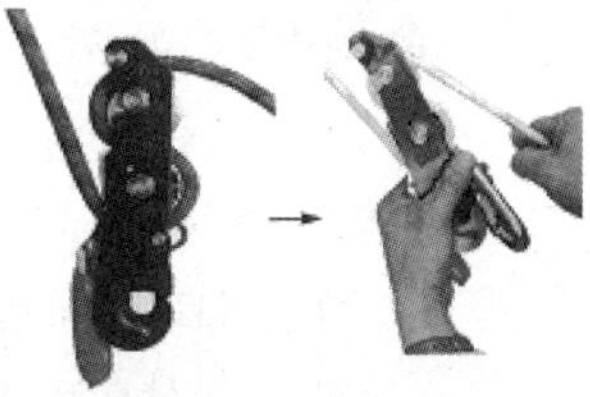 ※ 스톱하강기 사용요령 ① 스톱의 한 면을 열어 로프를 삽입하고 아래쪽은 안전벨트의 카라비너에 연결한다. ② 오른손으로 아랫줄을 잡고 왼손으로 레버를 조작하면 쉽게 하강속도를 조절할 수 있다. ③ 손잡이를 꽉 잡으면 급속히 하강하므로 주의한다.

✪ 8자 하강기나 스톱, 그리그리 등 각종 하강기를 사용하여 선등자를 확보하는 경우 확보자는 본인의 몸을 견고히 고정하여 추락 등 사고에 대비하고 로프의 끝 부분이 기구에서 빠지지 않도록 매듭 처리하여 안전을 확보토록 한다.

(4) 카라비너(Carabiner)

① <u>각종 기구와 로프, 또는 기구와 기구를 연결할 때 사용하는 장비</u>이다.
② 현장에서는 간단히 비나 또는 스냅링(snap ring)으로도 부른다.
③ D형과 O형의 두 가지 형태가 있으며 재질은 알루미늄 합금이나 스테인리스 스틸이다.

④ 강도는 제품별로 몸체에 표시되며 일반적으로 종방향으로 25kN~30kN, 횡방향으로는 8kN~10kN 정도이다.

> ✪ 구조활동 시에는 잠금장치가 있는 카라비너를 사용하는 것을 원칙으로 하고 횡방향으로 충격이 걸리지 않도록 설치해야 한다. 부득이 잠금장치가 없는 카라비너를 사용할 때에는 로프나 다른 물체에 의해 개폐구가 열리는 일이 없도록 주의해야 한다.

(5) 등강기(Ascension Clamp, Jumar)★★☆ 11년 부산 소방교, 13년 부산 소방장

① 로프를 활용하여 등반할 때 보조장치로 사용되며 로프에 결착하여 수직 또는 수평으로 이동할 수 있도록 고안된 기구이다.

② 톱니가 나 있는 캠이 로프를 물고 역회전을 하지 못하도록 함으로서 한 방향으로만 움직이게 된다.

③ 등강기나 쥬마, 유마르 등으로 부르며 등반뿐만 아니라 로프를 이용하여 물건을 당기는 경우 손잡이 역할도 할 수 있어 사용범위가 매우 넓다.

④ 손잡이 부분을 제거하여 소형화하고 간편히 사용할 수 있도록 변형된 크롤(Croll), 베이직(Basic) 등 유사한 장비도 있다.

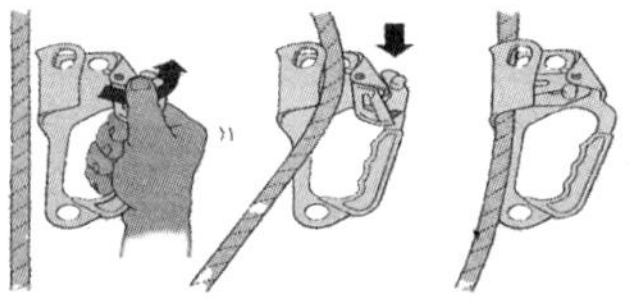

■ 등반기를 로프에 삽입하는 방법 ■

■ 베이직(상), 크롤(하) ■

(6) 도르래(Pulley)★☆ 12년 서울 소방장, 13년 서울 소방교 / 21년 소방장

① 도르래의 사용

여름철에 계곡의 하천이 범람하여 고립된 피서객이나 맨홀에 추락한 요구조자를 구출하는 경우 등 힘의 작용 방향을 바꾸거나 적은 힘으로 물체를 이동시키기 위해서 도르래를 사용하게 된다.

㉠ 도르래를 사용하는 경우 지지점으로 설정되는 부분의 강도를 면밀히 검토하여 하중을 이길 수 있는지 살펴보고 힘의 균형이 맞도록 설치하여야 한다. 또한 로프가 꼬이지 않도록 주의하여 작업한다.

㉡ 고정도르래는 힘의 방향만을 바꾸어 주지만 움직도르래를 함께 설치하면 힘의 이득을 얻을 수 있다. 고정도르래 1개와 움직도르래 1개를 설치하면 소요되는 힘은 1/2로 줄어들고 움직도르래의 숫자가 증가함에 따라 더욱 작은 힘으로 물체를 이동시킬 수 있다.

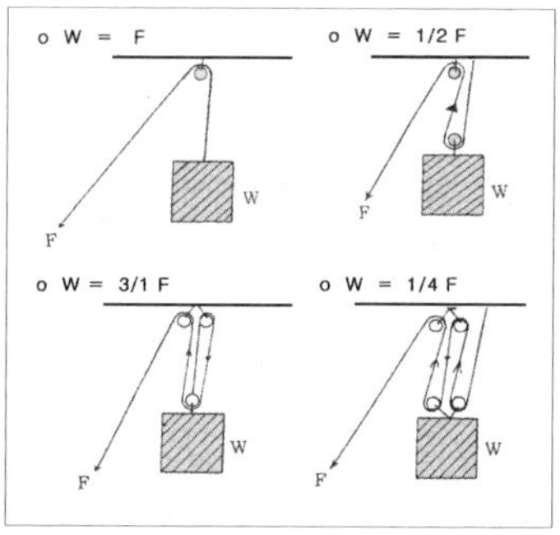

■ 도르래 숫자와 힘의 이득 관계 ■

> ✪ 물체의 중량을 W, 필요한 힘을 F로 했을 때, F는 물체가 매달려 있는 줄의 가닥수에 반비례하며 물체가 움직인 거리에도 반비례한다. 즉 로프를 3m 당겼을 때 물체가 1m 이동하도록 도르래가 설치되었다면 필요한 힘은 1/3로 줄어든다.

㉢ 아래의 그림과 같이 도르래를 설치하여 80kg의 무게를 들어 올린다고 가정하면 필요한 힘의 1/3인 약 26.7kg으로 물체를 이동시킬 수 있다. 물론 장비 자체의 무게 및 마찰력을 제외한 것이다.★☆ 14년 서울 소방장, 14년 경기 소방교 / 21년 소방장

㉣ 이 방법은 특히 'Z자형 도르래 배치법'이라 하여 현장에서 많이 활용하는 방법이다. 도르래는 종류가 많고 활용방법도 비교적 간단하므로 평소 힘의 소모를 막을 수 있는 다양한 설치방법을 익혀 구조 현장에서 즉시 응용할 수 있도록 하여야 한다.

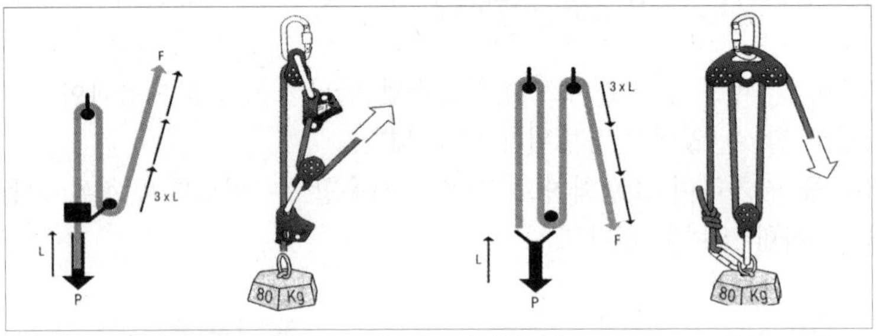

■ 도르래 설치방법의 예 ■

② 특수 도르래☆ 18년 소방교

로프꼬임 방지기 (SWIVEL)	로프로 물체를 인양하거나 하강시킬 때 로프가 꼬여 장비나 요구조자가 회전하는 것을 방지하는 장비이다. 카라비너에 도르래가 걸린 상태에서 360°회전이 가능하다.	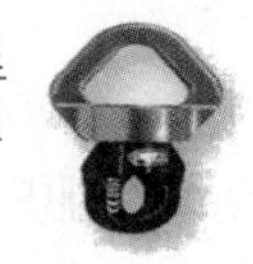
수평2단 도르래 (TANDEM)	도르래 하나에 걸리는 하중을 2개의 도르래로 분산시켜주므로 외줄 선상의 로프나 케이블 상에서 수평 이동할 때 용이하게 이동시킬 수 있고 다른 도르래를 적절히 추가하여 쉽게 중량물을 이동시킬 수 있다. 로프의 굵기와 홈의 크기가 맞아야 안전하게 사용할 수 있으며 크기와 재질, 구조가 다양하므로 용도에 적합한 장비를 이용하도록 한다.	
정지형 도르래 (WALL HAULER)	도르래와 쥬마를 결합한 형태의 장비로 도르래의 역회전을 방지할 수 있어 안전하게 작업이 가능하고 힘의 소모를 막을 수 있다. 도르래 부분만 사용할 수도 있고 쥬마, 베이직의 대체 장비로도 사용이 가능하다.	

(7) 퀵 드로(Quick draw) 세트

① 퀵 드로는 웨빙슬링으로 만든 고리 양쪽에 카라비너를 끼운 것으로 이름에서도 알 수 있듯이 로프를 확보물에 빨리 연결하기 위해서 사용하는 장비이다.

② 퀵 드로는 웨빙의 길이에 따라 5㎝부터 20㎝까지 다양하게 세트로 구성된다.

③ 퀵 드로의 카라비너는 열리는 곳이 서로 반대 방향 또는 같은 방향으로 향하도록 끼우고 개폐 부분이 끝을 향하도록 하는 것이 편리하고 안전하다.

■ 퀵 드로 세트 ■

3 측정용 장비

(1) 방사선 계측기 ☆ 18년 소방장 / 20년 소방교

- 방사선은 에너지를 가진 입자나 전자기파로 물질과 상호작용을 통해 에너지를 물질에 전달하여 물질의 특성을 변화시킬 수 있다.
- 방사선의 에너지가 클수록 물질에 주는 영향은 커진다.
  ※ 특히 방사선에 인체가 노출(피폭)되면 세포가 변형 또는 손상되어 위해를 받을 수 있으므로 산업 · 의료 · 연구시설 등의 방사선 환경에서 방사선의 종류, 양, 세기 등은 정확하게 측정되고 관리되어야 한다.
- 방사선의 종류와 에너지에 따라 방사선을 검출 · 측정하는 방법 및 장치는 매우 다양하다.

- 측정 · 관리해야 하는 주요 대상 방사선은 하전입자(α선, β선), 전자기파(γ선, X선) 및 중성자이다. 그러나 이들 방사선을 직접 측정(검출)해서 식별할 수 있는 계측기(검출기)는 없다.
- 측정방법으로 계측기에 걸린 전기장과 방사선의 전리작용으로 발생하는 전류를 측정하는 간접적인 방법이 대표적이며, 일부 특정 방사선 경우 필름을 감광시키는 현상을 이용하기도 한다.

① 개인 선량계(Personal dosimeter) ☆ 20년 소방교

검출기	개인이 휴대하여 실시간으로 개인의 방사선 피폭량을 측정
필름뱃지	방사선의 사진작용을 이용하여 필름의 흑화도로 피폭선량을 측정
열형광선량계 (TLD)	방사선을 받은 물질에 일정한 열을 가하여 물질 밖으로 나오는 빛의 양으로 피폭선량을 측정(TLD : Thermoluminescence Dosimeter)
포켓선량계	방사선이 공기를 이온화 시키는 원리를 이용, 이온화된 전하량과 비례하여 눈금선이 이동 되도록 하여 현장에서 바로 피폭된 방사선량을 알 수 있음
포켓이온함 포켓알람미터 전자개인선량계	전하량을 별도의 기구로 측정하여 피폭된 방사선량을 알 수 있는 장비

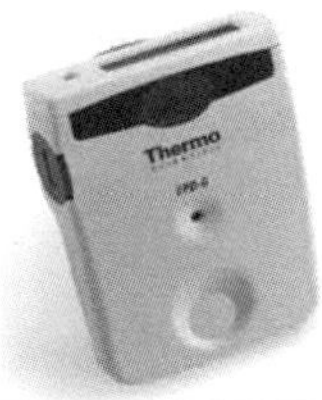

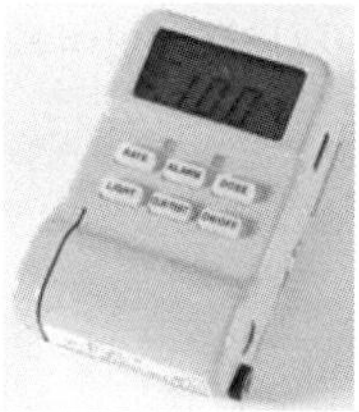
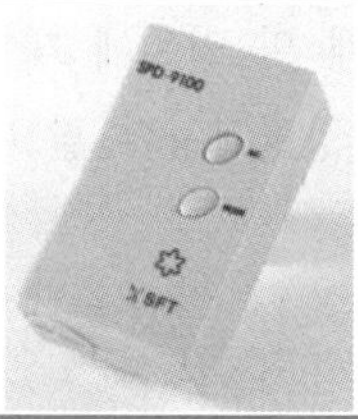

② 방사선 측정기(Radioscope)

개인이 휴대하여 실시간으로 방사선율 및 선량 등 측정하며 기준선량(율) 초과시 경보하여 구조대원의 안전을 확보하기 위한 장비이다.(가장 보편적으로 사용되는 장비)

- GM관, 비례계수관, 무기섬광체를 많이 사용한다.
- 방사선 측정기는 연 1회 이상 교정하여 사용하여야 한다.

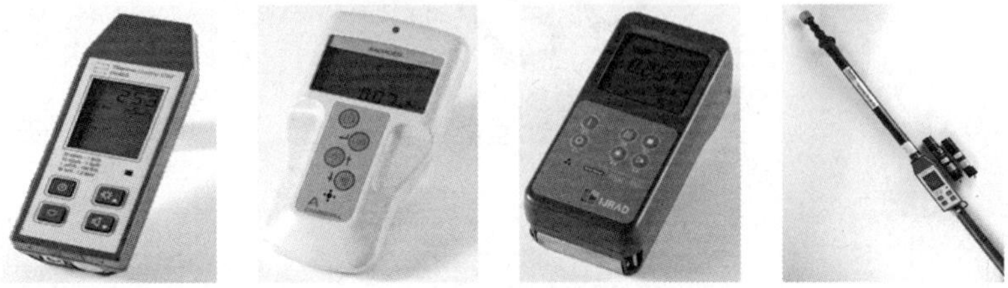

■ 방사선 측정기 및 원거리 측정세트 ■

③ 핵종 분석기(Radionuclide Analyzer)

- 개인이 휴대하여 실시간으로 방사선량 측정 및 핵종을 분석하는 장비로서 감마선 스펙트럼을 분석하여 감마 방사성 핵종의 종류 파악한다.
- 주로 무기 섬광물질 또는 반도체를 사용하여 제작되며 핵종분석기능 이외에도 방사선량률, 오염측정과 같은 다양한 기능을 탑재하는 경우가 일반적이다.
- 다른 휴대용 장비들에 비해 상대적으로 무게와 부피가 크므로 항시 휴대 운용은 제한적이다.

■ 핵종분석기 ■

④ 방사능 오염감시기(Radiation Contamination Monitor)

- 방사능 오염이 예상되는 보행자 또는 차량을 탐지하여 피폭여부를 검사하는 장비로서 주로 알파, 베타 방출 핵종의 유출시 사용한다.
- 일반적으로 선량률값을 제공하지 않고, 시간당 계수율 정보를 제공한다. 따라서, 측정하고 하는 물체 및 인원에 대한 방사성 오염여부 판단용으로 사용되며, 미치는 영향에 대해서는 추후 정밀검사가 필요하다.

■ 핵종분석기 ■

■ 방사성 오염감시기 ■

⑤ 동작 전 점검사항

사용할 서베이미터가 결정되면 측정을 수행하기에 앞서 다음의 사항을 점검함으로써 장비의 정상적인 동작여부를 확인해야 한다.

교정상태	서베이미터에 부탁된 교정필증을 통해 장비가 교정되었고 유효기간 중에 있음을 확인한다.
배터리 상태	· 서베이미터는 배터리 점검용 버튼을 이용하여 배터리 상태를 확인한 후 필요하면 배터리를 교체한다. · 디지털 장비는 LCD 화면에 배터리의 상태가 나타나고, 아날로그 장비의 경우에 배터리가 정상적인 상태라면 지시 바늘이 이에 대응하는 범위에 위치한다.
체크선원을 통한 동작상태 점검	· 기지의 선원을 이용하여 검출기의 반응여부를 점검한다. · 위의 사항들 외에 측정을 수행하기 전 작업자는 측정치를 읽는 방법을 숙지하고 있어야 한다.

(2) 잔류전류검지기(Electric Current Detector)* ☆ 14년 경남 소방장, 18년 소방장

재난현장에서 누전되는 부분을 찾아 전원 차단 등의 안전조치를 취할 수 있도록 하는 장비이다.

① 제원

㉠ 전원 : 1.5V 건전지(AA) 4개, 300시간 사용

㉡ 크기 : 521㎝(570g)

㉢ 감지능력

전 압	고감도	저감도	초점감지
120V	5m	1m	7.5㎝
120V (지중선)	1m	0.3m	2.5㎝
7,200V	65m	21m	6m

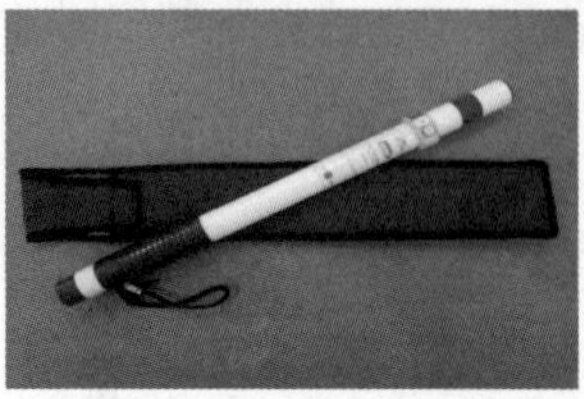

② 사용방법

㉠ 상단의 링 스위치를 오른쪽으로 1단 돌리면 경보음과 함께 약 3초간 기기 자체 테스트를 실시한다. 자체 테스트가 끝나면 고감도 감지가 가능하다. 스위치를 계속 돌리며 고감도 → 저감도 → 초점감지 → off의 순서로 작동한다.

㉡ 처음에는 고감도로 조정하여 개략적인 위치를 파악하고 이후 단계를 낮춰가면서 누전 부위를 확인한다.

㉢ 전기가 통하는 부위에 기기가 직접 닿지 않도록 주의한다.

㉣ 장기간 사용하지 않을 때에는 건전지를 빼 놓는다.

4 절단구조용 장비

(1) 동력절단기(Power Cutter)★★☆ 19년 소방장·소방위 / 20년 소방장

동력절단기는 소형엔진을 동력으로 원형 절단날(디스크)을 회전시켜 철, 콘크리트, 목재 등을 절단하여 장애물을 제거하고 구조행동을 용이하게 하기 위해 사용하는 기동성이 높은 절단장비이다. 대부분 2행정기관으로 엔진오일과 연료를 혼합하여 주입한다는 점을 염두에 두어야 한다.

① 작동방법

철재, 목재, 콘크리트 등 절단 대상물에 따라 사용되는 절단날이 각각 다르므로 적정한 절단날이 장착되어 있는지 확인하고 정확히 고정한다. 최근 '만능 절단날'이라 하여 재질에 관계없이 절단이 가능한 절단날도 보급되어 있다.

㉠ 연료의 주입여부와 엔진오일 혼합 비율을 확인한다. 모델에 따라 16:1, 20:1, 25:1 등 혼합 비율이 다르므로 각별히 유의하여야 한다.

㉡ 스로틀레버 고정핀을 눌러 고정시킨 다음 손잡이 하단을 오른발로 밟아 움직이지 않도록 한 후 왼손으로 상단 손잡이를 잡고 오른손으로 시동 줄을 당긴다. 무리한 힘을 가하지 말고 자연스럽게 시동을 건다.

㉢ 왼손으로 상단 손잡이를, 오른손으로 엑셀레이터 손잡이(스로틀레버)를 단단히 잡고 절단날을 회전시켜 대상물을 절단한다. 대상물에 날을 먼저 댄 후에 절단 날을 회전시키지 않도록 한다.

㉣ 절단기의 진동이 심하므로 작업자는 손잡이 및 장비를 단단히 잡아야 한다.

② 작업 중 주의사항

㉠ 비산되는 불꽃에 의한 피해가 없도록 보호 커버를 잘 조정하고 주변 여건에 따라 관창이나 소화기를 준비하여 화재를 방지한다.

㉡ 주위의 안전을 확인한다.

ⓐ 작업장소 전·후방에 사람이 없고 작업원의 자세는 안전한가.

ⓑ 절단에 의해 물건이 쓰러지거나 절단날에 외력이 가해지지는 않는가.

ⓒ 절단된 물체가 쓰러지면서 2차 재해가 발생할 염려는 없는가.

㉢ 절단날에 충격이 가해지지 않도록 하고 날의 측면을 이용하여 작업하지 않도록 한다. 특히 철재 절단 날은 측면 충격에 약하므로 주의하여야 한다.

㉣ 석재나 콘크리트를 절단할 때에는 많은 분진이 발생하므로 절단 부위에 물을 뿌려가며 작업한다.

㉤ 엔진이 작동 중인 장비를 로프로 묶어 올리거나 들고 옮기지 않도록 한다.

㉥ 절단 시 발생하는 불꽃으로 요구조자에게 상해를 입힐 우려가 있을 경우에는 모포 등으로 가려 안전조치 시킨 후 작업에 임한다.

㉦ 절단 시 조작원은 자기 발의 위치나 자세에 신경을 써야 하며, 절단날의 후방 직선상에 발을 위치하지 않도록 주의한다.

③ 일상점검

㉠ 목재용 절단날을 보관할 때에는 기름을 엷게 발라둔다.

㉡ 철재용, 콘크리트용 절단 날에 심하게 물이 묻어 있는 경우에는 폐기하고 너무 장기간 보관하지 않도록 한다. 절단 날에 이상 마모현상이 있을 때는 즉시 교환한다.

㉢ 철재 절단날은 휘발유, 석유 등에 접촉되지 않도록 하고 유증기가 발생하는 곳에 보관해서도 안 된다. 접착제가 용해되어 강도가 크게 저하될 수 있다.

(2) 체인톱★ ☆ 12년 경북 소방장, 16년 대구 소방교, 19년 소방장

체인톱은 동력에 의해 구동되는 톱날로 목재를 절단하는 장비이다. 엔진식과 전동식이 있으나 구조장비로는 엔진식이 많이 보급되어 있다.

■ 체인톱 ■

① 작동방법

㉠ 작업을 시작하기 전에 엔진오일 혼합비율과 윤활유의 양, 체인 브레이크, 가이드바의 올바른 장착, 체인의 유격상태 등을 빠짐없이 점검한다.

㉡ 체인은 손으로 돌려보아 무리 없이 돌아갈 수 있는 정도면 적당하다. 이때 맨손으로 톱날을 잡지 않도록 한다. 체인톱날의 연마 상태를 점검하고 무뎌진 톱날은 즉시 교환한다.

㉢ 체인톱에 시동을 걸기 전에 안전한 기반을 확보하고 작업영역 내에 불필요한 인원이 없도록 한다.

㉣ 체인톱을 시동할 때에는 확고하게 지지 및 고정하여야 한다. 가이드바와 체인은 어떠한

물체에도 닿지 않도록 한다.

㉤ 체인톱은 항상 두 손으로 잡는다. 왼손으로 앞 핸들을, 오른손은 뒷 핸들을 잡고 절단작업에 임한다. 긴급한 경우에는 즉시 앞 핸들을 잡고 있는 상태에서 왼 손목을 앞으로 꺾어 체인브레이크를 작동시킬 수 있도록 한다.

㉥ 수직으로 서 있는 물체를 절단하는 경우 절단 물체가 쓰러질 것에 대비하여 후방의 안전거리를 확보하고 주위에서 다른 팀이 작업하고 있을 경우는 작업물체의 2배 이상의 간격을 유지한다.

② 주의사항

반드시 보안경과 안전모, 작업복, 두꺼운 가죽장갑, 안전화 등 절단작업에 필요한 복장을 갖추고 작업을 시작하여야 한다. 작업 시에는 절단날을 절단물에 가까이 댄 후 가능한 한 직각으로 절단할 수 있도록 하며 한번에 많은 양을 절단하려 하지 말고 특히 다음과 같은 사항을 주의하여야 한다.

㉠ 체인톱으로 작업할 때는 혼자 작업을 해서는 안 된다. 비상시를 대비하여 반드시 1명 이상의 보조인원이 부근에 있어야 한다.

㉡ 엔진의 작동 중에는 절대로 들고 이동하지 않도록 한다. 운반할 때에는 시동을 끄는 것을 원칙으로 한다. 스로틀 레버를 놓아도 잠깐 동안은 체인이 회전을 유지하므로 주의해야 한다.

㉢ 찢어진 나무를 자를 때에는 나무 조각이 날리지 않도록 주의한다.

㉣ 이상한 소리 또는 진동이 있을 때는 즉시 엔진을 정지시킨다.

㉤ 킥백(kick back)에 유의한다.

킥백(kick back) 현상★★★☆ 13년 울산 소방교

- 킥백은 장비가 갑자기 작업자 방향으로 튀어오르는 현상을 말하며 주로 톱날의 상단부분이 딱딱한 물체에 닿을 때 발생한다.
- 절단은 정확한 자세를 취한다. 정확한 자세로 핸들을 잡고 있으면 킥백현상이 발생할 때 자동적으로 왼손이 체인브레이크를 작동시키게 된다.
- 조작법이 완전히 숙달되지 않은 대원은 절대로 톱날의 끝 부분을 이용한 절단작업을 하지 않도록 한다.
- 반드시 체인이 작동하는 상태에서 절단을 시작한다.
- 여러 개의 나뭇가지를 동시에 절단하지 않는다.

■ Kick Back 현상 ■

(3) 공기톱(Pneumatic Saw)★☆ 19년 소방장

공기톱은 압축공기를 동력원으로 하여 절단톱날을 작동시켜 안전하게 철재나 스텐레스, 비철금속 등을 절단할 수 있다. 공기호흡기의 실린더를 이용하여 압축공기를 공급하고 별도의 동력이 필요하지 않으므로 수중이나 위험물질이 누출된 장소에서도 안전하게 사용할 수 있으며 구조도 간단하여 안전사고 위험이 적고 손쉽게 작업이 가능하다.

① 조작방법

㉠ 작업 전에 장비의 이상 유무와 안전점검을 철저히 하고 방진안경과 장갑을 착용한다.

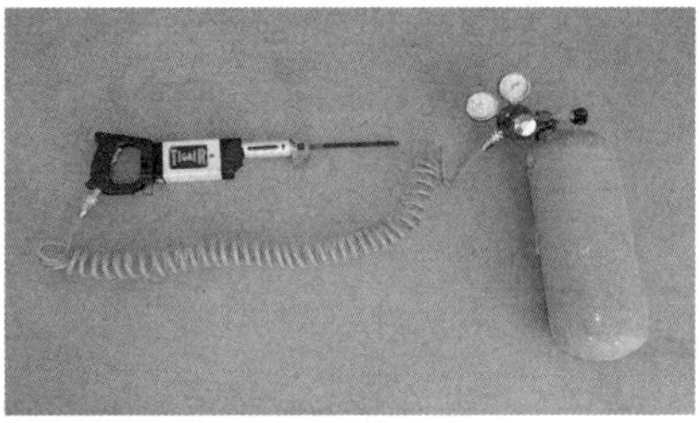

■ 에어톱과 구성품 ■

ⓐ 지정된 오일을 헨들 밑의 플라스틱 캡을 열고 가득 넣는다.

ⓑ 호스접합부에 먼지나 물 등이 묻어있지 않는가를 확인하고 용기에 결합한다.

ⓒ 사이렌서를 돌려 6각 스페너로 3개의 나사를 풀고 노즈가이드를 통해 절단톱날을 넣은 후 나사를 조여 고정한다. 일반적으로 쇠톱날은 전진 시 절단되도록 장착하지만 공기톱의 경우 톱날 보호를 위해 후진 시 절단되도록 장착한다.

㉡ 본체에 호스를 접속하고 용기 등 밸브를 전부 연다. 작업 시의 공기압력은 10kg/㎠ 이하를 준수한다. 적정압력은 7kg/㎠ 정도이다.

㉢ 절단할 때 대상물에 본체 선단부분을 밀착시켜 작업한다. 절단면에는 2개 이상의 톱니가 닿도록 하여 절단한다.

② **일상 점검 정비**

㉠ 톱날의 이상 유무를 확인하여 녹이 심하거나 변형 또는 마모된 경우 교체한다. 톱날은 일반 쇠톱에 사용하는 날을 사용한다.

㉡ 각 연결부에서 공기가 새지 않는지, 본체의 나사부에 이완은 없는지 점검한다.

㉢ 오일이 ⅓ 이하가 되면 보충한다.

㉣ 공기압력의 저하 없이 절단 톱날의 작동이 늦어진다거나 정지하는 경우의 원인은 오일에 물이 들어간 경우 또는 본체 내에 먼지가 들어간 경우에 일어난다. 수분이 들어간 오일은 완전히 제거하고 새로 주입하여야 한다.

(4) 유압엔진펌프(Hydraulic Pump)*

엔진을 이용하여 유압 전개기나 유압 절단기, 유압 램 등 유압장비에 필요한 압력을 발생시키는 펌프이다. 대부분의 유압 장비는 상당히 무거우므로 운반 시 허리나 관절에 무리가 가지 않도록 주의를 기하고 작동 중에는 정확한 자세를 취하여 신체를 보호하여야 한다.

① **사용방법** : 시동을 걸기 전에 연료와 엔진오일의 상태를 확인한다.

> ✪ 4행정 엔진은 연료와 엔진오일을 별도로 주입하므로 엔진펌프의 종류를 확인해 두어야 한다. 중형 이상의 엔진은 대부분 4행정 엔진이다.

㉠ 유압오일의 양을 확인하고 부족하면 즉시 보충한다. 또한 1년마다 오일을 완전히 교환하여 주는 것이 좋다.

㉡ 작동 중에는 진동이 심하여 미끄러질 우려가 있으므로 기울기가 30° 이상이거나 바닥이 견고하지 않은 장소에서는 사용하지 않는다.

㉢ 연료밸브를 열고 시동 레버를 왼쪽으로 놓은 후 줄을 당겨 시동을 건다.

㉣ 사용 후에는 유압밸브를 잠그고 시동을 끈다.

㉤ 유압호스를 연결, 해제하면 반드시 커플링에 캡을 씌워 이물질이 들어가지 않도록 한다.

유압호스는 압력호스와 회송호스로 구분된 2줄 호스릴을 사용하였지만 최근에는 호스를 이중으로 만들어 외형상 하나의 호스처럼 보이는 것도 사용하고 있다.

② **사용상의 주의사항** ★ ☆ 12년 경북 소방장, 16년 부산 소방교, 20년 소방위

㉠ 펌프의 압력이나 장비의 이상 유무를 점검할 때에는 반드시 유압호스에 장비를 연결하고 확인한다. 커플링의 체크 벨브에 이상이 있을 수 있기 때문에 파손 시에는 큰 사고로 이어질 수 있기 때문이다.

㉡ 가압할 때에는 커플링 정면에 서 있지 않도록 할 것

㉢ 호스를 강제로 구부리지 말 것. 고압이 걸리게 되므로 작은 손상에도 파열되어 큰 사고가 발생할 위험이 있다.

■ 호스릴이 부착된 유압엔진펌프 ■

㉣ 전개기나 절단기를 작동시킬 때 대상물에 구조나 형태를 따라서 장비가 비틀어지기도 한다. 유압장비에는 사람이 감당할 수 없는 큰 힘이 작용하므로 무리하게 장비를 바로 잡으려 하지 말고 잠시 전개·절단 작업을 중지하고 대상물의 상태를 확인한 후에 다시 작업하도록 한다.

(5) 유압전개기(Hydraulic Spreader) ☆ 16년 대구 소방교 / 21년 소방장

유압을 활용하여 물체의 틈을 벌리거나 압착할 수 있는 장비로 특히 차량사고 현장에서 유압절단기와 함께 매우 활용도가 높은 장비이다. 유압스프레다로 알려져 있으며 수중에서도 사용이 가능하다.

① **사용방법**

유압펌프와 전개기는 평소에 휴대하기 편리하도록 분리하여 보관하며 사용할 때에는 양쪽 커플링을 연결하여야 한다.

㉠ 전개기의 손잡이를 잡고 사용할 장소까지 옮겨 팁을 벌리고자 하는 부분에 찔러 넣는다(유압장비는 수중에서도 사용 가능하다).

㉡ 전개기 후면의 밸브를 조작하면 전개기가 작동된다.

■ 유압 전개기와 부속 기구들 ■

㉢ 사용 후에는 전개기의 팁을 완전히 닫지 말고 약간의 틈새를 벌려 두어야 한다. 이는 모든 유압장비에 공통되는 사항으로서 날이 완전히 닫힌 상태에서 닫히는 방향으로 밸브를 작동하면 날이 파손될 수 있기 때문이다. 또한 날을 완전히 닫아두면 유압이 해제되지 않아 나중에 작동하지 못하게 되는 경우가 발생할 수도 있다.

② 주요 문제점 및 해결방안★☆ 13년 경남 소방장, 14년 서울 소방장, 20년 소방교

문제점	조치방법
커플링이 잘 연결되지 않을 때	· Lock ling을 풀고 다시 시도한다. · 유압호스에 압력이 존재하는지 점검한다. · 엔진작동을 중지하고 밸브를 여러 번 변환 조작한다.(만일 이것이 안 될 때에는 강제로 압력을 빼 주어야 한다. – 압력제거기를 사용하거나 A/S 요청)
컨트롤 밸브를 조작하여도 전개기가 작동하지 않을 때	· 펌프를 테스트한다(펌핑이 되고, 매뉴얼 밸브가 오픈포지션에 있어야 함.) · 유압 오일을 확인하고 양이 부족하면 보충한다.
전개기가 압력을 유지하지 못할 때	· 시스템에 에어가 유입되었을 때 · 핸들의 밸브가 잠겨 있는지 확인한다. · 실린더 바닥의 밸브를 재조립한다.
컨트롤 밸브 사이에서 오일이 샐 때	· 커플링의 풀림 여부를 확인한다. · 안전스크류를 조인다. · 계속 오일이 새면 씰을 교환한다.

(6) 유압절단기(Hydraulic Cutter)★☆ 16년 대구 소방교

유압 절단기 역시 엔진펌프에서 발생시킨 유압을 활용하여 물체를 절단하는 장비이다. 구조대에서 많이 사용하는 중간크기의 모델인 경우 중량은 13kg 전후이고 절단력은 35t 내외이다.

① 사용법

㉠ 절단기의 손잡이를 잡고 절단하고자 하는 부분에 옮겨 칼날을 벌려대고 핀을 열어준다.

㉡ 절단대상물에 날이 수직으로 접촉되지 않으면 절단 중에 장비가 비틀어진다. 이때에는 무리하게 힘을 주어 바로잡으려 하지 말고 일단 작동을 중지하고 자세를 바로잡은 후 작업을 계속한다.

㉢ 절단 날이 항상 10°~15° 각도를 유지하도록 절단하여야 날이 미끄러지지 않고 절단이 용이하다.

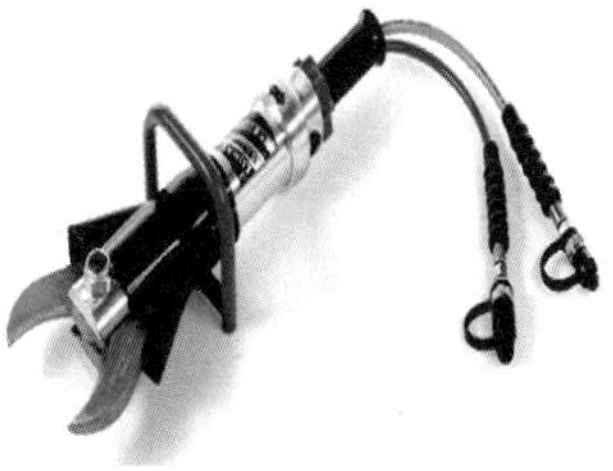

■ 유압 절단기 ■

② 주의사항

㉠ 스프링이나 샤프트 등 열처리된 강철은 절단 날이 손상될 우려가 높으므로 각별한 주의가 필요하다.

㉡ 절단된 물체가 주변으로 튀어 안전사고가 발생할 우려가 있으므로 구조대원은 반드시 장갑과 헬멧, 보안경을 착용하고 요구조자의 신체 가까이에서 작업할 때에는 별도의 보호조치를 강구하여야 한다.

㉢ 기타 사용 및 관리상의 주의사항은 유압 전개기에 준한다.

(7) 유압램(Extension Ram) ※ 참고바랍니다.

① 일직선으로 확장되는 유압 램은 물체의 간격을 벌려 넓히거나 중량물을 지지하는 데 사용하는 일종의 확장막대이다.

② 가장 큰 장비의 경우 접은 상태에서 90㎝ 전후이지만 최대한으로 펼치면 1,600㎝까지도 확장된다. 확장력은 대략 100,000kPa 내외이다.

③ 유압 램을 사용할 때는 램이나 대상물이 미끄러지거나 튕겨나가지 않도록 버팀목을 대주고, 얇은 플라스틱이나 합판 등인 경우에는 램이 뚫고 들어갈 수 있으므로 압력 분산을 위하여 받침목이 필요하다.

■ 유압 램 ■

5 중량물작업용 장비

(1) 다목적구조삼각대(Evacuation Tripod)

맨홀과 같이 깊고 좁은 곳에 추락한 요구조자를 구조할 때 수직으로 로프를 내리고 올려 인명구조, 장비인양 등의 작업을 할 수 있으며 고층이나 절벽 등에서도 응용하여 활용할 수 있다.

※ 무게 10kg, 받침대 최대높이 2.13m, 최대인양 무게 1,700kg

① 삼각 받침대를 펴서, 맨홀의 중심부에 정삼각형이 되도록 설치한다.

② 도르래 걸이에 도르래를 건 후 로프정지 쥬마를 로프에 끼우고 카라비너를 이용하여 사용자의 허리띠와 로프정지 쥬마를 연결한다.

③ 구조걸이에 요구조자 또는 작업자를 안전하게 내리고 올릴 수 있도록 안전벨트를 결착하고 로프정지 핸들의 손잡이를 누르면 로프는 서서히 풀려 도르래가 돌아가며 구조걸이가 아래로 내려가게 된다.

④ 필요한 만큼 로프가 내려가면 로프정지 핸들의 손잡이를 놓아주면 로프가 풀리는 것이 정지된다. 이 상태에서 작업이 끝나거나 요구조자를 연결하였으면 로프 정지핸들의 손잡이를 다시 누르고 로프를 잡아당긴다.

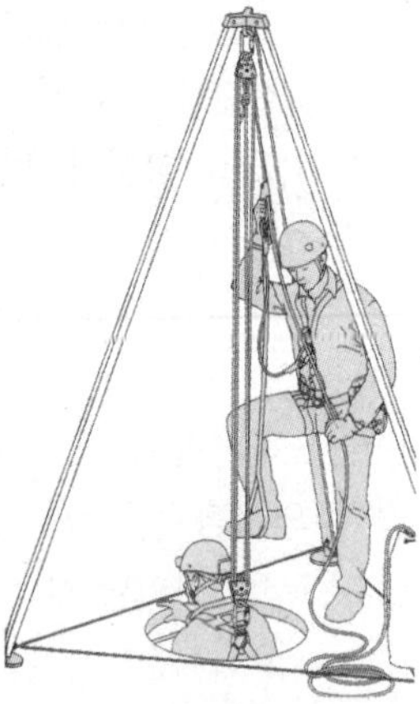

■ 맨홀 구조기구 ■

⑤ 사용 전에 로프 및 안전벨트의 이상 유무를 확인하고 정확히 결합하여야 하며 특히 삼각받침대를 완전히 펴고 고정하지 않으면 작업 도중 쓰러질 위험이 있으므로 각별히 주의하여야 한다.

(2) 에어백(Lifting Air Bag)★☆ 15년 소방교, 16년 대구 소방교 / 21년 소방장

① 구조 및 제원

※ 에어백은 중량물체를 들어 올리고자 할 때 공간이 협소해서 잭(jack)이나 유압 구조기구 등을 넣을 수 없는 경우에 압축공기로 백을 부풀려 중량물을 들어올리는 장비이며, 저압 에어백과 고압 에어백이 있다.

㉠ 고압 에어백은 강철 와이어나 케블러, 아라미드 등의 복합 재료에 외피는 질긴 네오프렌 내유성 고무를 사용하여 파열 및 마모에 매우 강한 재료로 제작되어 있다.

㉡ 외형의 평판 두께는 2.0~2.5㎝이고 표면은 미끄럼방지를 위해 랩이 부착되어 있고 내열성이 좋아 80℃에서 단시간 사용할 수 있다.

㉢ 보통 3개의 에어백이 1세트로 구성되며 장비의 종류에 따라 약간의 차이가 있지만 부양능력과 규격은

ⓐ 소형 : 부양능력 17t 이상(381㎜ × 22㎜, 3.6㎏), 부양높이 20㎝ 내외

ⓑ 중형 : 부양능력 25t 이상(511㎜ × 22㎜, 6.5㎏), 부양높이 30㎝ 내외

ⓒ 대형 : 부양능력 40t 이상(611㎜ × 22㎜, 8.5㎏), 부양높이 35㎝ 내외

② 사용법 및 주의사항 ★☆ 13년 부산 소방장

㉠ 사용법★☆ 14년 소방위

ⓐ 커플링으로 공기용기와 압력조절기, 에어백을 연결한다. 이때 스패너나 렌치 등으로 나사를 조이면 나사산이 손상되므로 가능하면 손으로 연결하도록 한다.

ⓑ 에어백을 들어 올릴 대상물 밑에 끼워 넣는다. 이때 바닥이 단단한지 확인한다.

ⓒ 공기용기 메인밸브를 열어 압축공기를 압력조절기로 보낸다. 이때 1차 압력계에 공기압이 표시된다.

ⓓ 에어백을 부풀리기 전에 버팀목을 준비해 둔다. 대상물이 들어 올리는 것과 동시에 버팀목을 넣고 높이가 높아짐에 따라 버팀목을 추가한다.

ⓔ 압력조절기 밸브를 열어 압축공기를 호스를 통하여 에어백으로 보내준다. 에어백이 부풀어 오르면서 물체를 올려주게 된다. 이때 2차 압력계를 보면서 밸브를 천천히 조작하고 에어백의 균형이 유지되는지를 살핀다. 필요한 높이까지 올라가면 밸브를 닫아 멈추게 한다.

ⓕ 2개의 백을 사용하는 경우 작은 백을 위에 놓는다. 아래의 백을 먼저 부풀려 위치를 잡고 균형유지에 주의하면서 두 개의 백을 교대로 부풀게 한다. 공기를 제거할 때에는 반대로 한다.

㉡ 주의사항☆ 21년 소방장

ⓐ 에어백은 단단하고 평탄한 곳에 설치하고 날카롭거나 고온인 물체(100℃ 이상)가 직접 닿지 않도록 한다.

ⓑ 에어백은 둥글게 부풀어 오르므로 들어 올리고자 하는 물체가 넘어질 수 있다. 따라서 버팀목 사용은 필수이다. 버팀목은 나무 블록이 적합하며 여러 개의 블록을 쌓아가며 높이를 조절할 수 있도록 만든다.

ⓒ 절대로 에어백만으로 지탱되는 물체 밑에서 작업하지 않도록 한다. 에어백이 필요한 높이까지 부풀어 오르면 공기를 조금 빼내서 에어백과 버팀목으로 하중이 분산되도록 해야 안전하다.

ⓓ 버팀목을 설치할 때 대상물 밑으로 손을 깊이 넣지 않도록 주의한다. 에어백의 양 옆으로 버팀목을 대 주는 것이 안전하며 한쪽에만 버팀목을 대는 경우 균형유지에 충분한 넓이가 되어야 한다.

ⓔ 2개의 에어백을 겹쳐 사용하면 부양되는 높이는 높아지지만 능력이 증가하지는 않는다. 즉 소형 에어백과 대형 에어백을 겹쳐서 사용하여도 최대 부양능력이 소형 에어백의 능력을 초과하지 못하는 것이다.

ⓕ 부양되는 물체가 쓰러질 위험이 높기 때문에 3개 이상을 겹쳐서 사용하지 않는다.

ⓖ 에어백의 팽창 능력 이상의 높이로 들어 올려야 하는 경우에는 받침목을 활용한다.

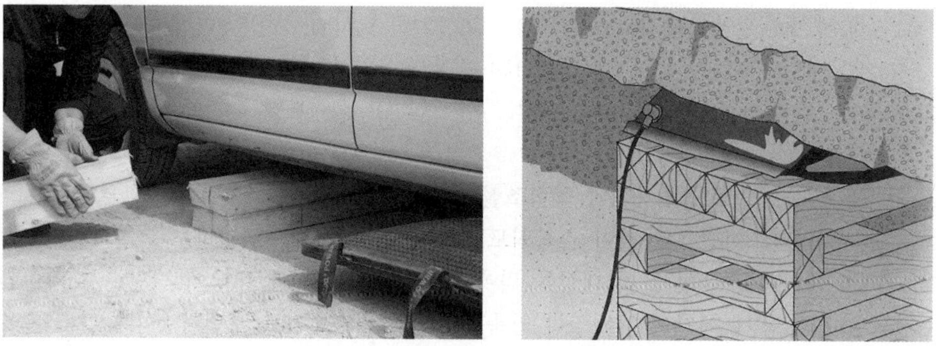

▬ 받침목 충분히 준비, 받침목 이용 ▬

6 탐색구조용 장비

(1) 매몰자 영상탐지기

써치탭(Search TAP)으로 불리는 매몰자영상탐지기는 지진과 건물붕괴 등 인명 피해가 큰 재난 상황에서 구조자가 생존자를 찾을 수 있도록 돕는 장비로 작은 틈새 또는 구멍으로 카메라와 마이크, 스피커가 부착된 신축봉을 투입하여 공간 내부를 자세히 보기 위한 장비이다.

① 성능비교

▌영상 탐지기 성능 비교표▐

모 델	용 도	모니터	특 징
ST-5B	인명구조용	B/W	· 헤드직경 최소형 · 전력소모 절약형 · 최저조도 : 0.05Lux
ST-5C	인명구조용	Color	· 헤드부가 커진 반면 칼라 색상 구별 탐색 · 최저조도 : 5Lux
ST-5A	인명구조용	B/W	· 손잡이 부위가 권총 모양이고 4인치 모니터 부착

② 일반적인 주의사항

㉠ 관절로 이루어진 접합부분은 손으로 움직이지 말고 가급적 컨트롤 스위치에 의해서만 움직여져야 한다.

㉡ 헤드를 꼼짝할 수 없는 위치에 두지 말아야 한다. 의심되는 점이 발견되면 작업을 멈추고 주의 깊게 검사하여야 한다. 관절 부분을 한계점까지(오른쪽, 왼쪽) 작동하는 것을 피해야 한다.

㉢ 신축봉은 완전방수가 된 장비가 아니므로 주의하고, 선이나 연결기를 밟지 않아야 한다.

㉣ 선이 꼬이지 않도록 하고 선을 직경 4인치 이하의 고리 안에 두지 말아야 한다.

㉤ 선을 연결할 때 연결기 지시 부호를 일렬로 정리할 시간을 가져야 한다. 또한 조정 손잡이의 스위치들을 중립지점에 일렬로 놓는 시간을 가져야 한다.

㉥ 지시 부호들이 일렬로 정렬될 때까지 어떤 힘도 연결이 되도록 허용되지 않아야 한다. 또 연결 부위나 주장치 부위에 충격을 가해지지 않도록 한다.

(2) 매몰자 음향탐지기

매몰, 고립된 사람의 고함이나 신음, 두드림 등의 신호를 보낼 수 있는 생존자를 찾아내기 위한 장비이다.

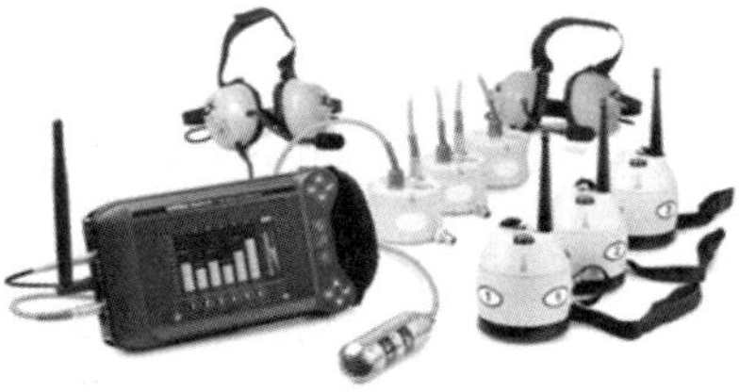

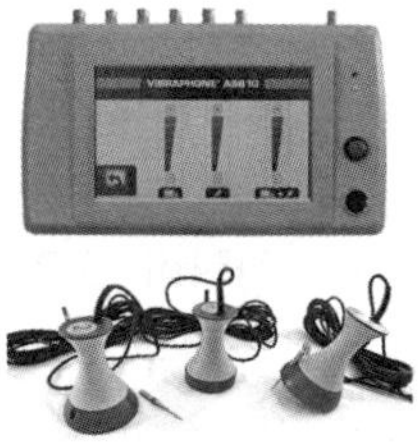

✪ 흙 속에서 나오는 극히 작은 음파(진동)는 지진과 유사한 파동으로 전파된다. 이들 파동의 전파는 콘크리트 바닥의 경우 두드리는 신호에 의해 생성된 파동은 약 5,000M/초의 속도와 100Hz 이상의 주파수로 전파된다. 탐지기는 수백 미터 떨어진 이러한 진동을 감지할 수 있다. 부서진 잔해에서 전파속도와 주파수는 1/10 가량 줄어든다.

이러한 지중음을 들을 수 있도록 고도로 음파(진동)에 민감한 동적 변환기인 지오폰이 사용된다. 이들 변환기에 의해 생성된 전기 신호는 증폭기에 의해 증폭되고 헤드폰(가청범위의 주파수), 마이크로폰인 공중음 센서에 의해 수신할 수 있으며 좁은 공간을 통해 넣을 수 있다면 인터콤 시스템을 통해 갇힌 사람과 대화가 가능하다.

※ 정비 및 보관

㉠ 청취 작업 후에 각각의 센서와 케이블은 물에 적신 헝겊 조각으로 거친 먼지를 청소해야 한다. 또한 지중음센서 30Hz에 있는 잭이 더러울 경우, 가능하면 압축공기로 청소한다.(긴급 시 물로 세척)

㉡ 건전지를 삽입하여도 레벨지시기에 표시가 되지 않을 경우 건전지를 새것으로 교체하고 그래도 나타나지 않을 경우는 수리를 의뢰한다.

㉢ 탐지기를 장시간 사용하지 않을 경우 건전지는 반드시 증폭기에서 꺼내어 별도 보관하며, 월 1회 이상은 작동 기능 점검을 실시하여야 한다.

(3) 매몰자 전파탐지기

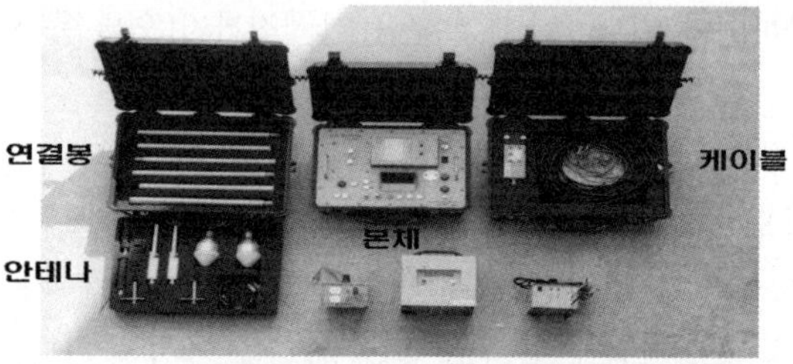

▬ 매몰자전파탐지기 ▬

파괴된 건물의 잔해나 붕괴물 속에 마이크로파대의 전파를 방사하여 매몰한 생존자의 호흡에 의한 움직임을 반사파로부터 검출하는 것으로 그 생존을 탐사하는 장비이다.

① 작동원리

㉠ 송신기(TX)를 사람이 살아서 묻혀 있을 것으로 예상되는 방향으로 향하게 하고 여기서 연속적인 Rf(Radio Frequency, 직접변환 주파수)신호를 송출하며 송출된 신호는 묻혀 있는 사람의 움직임 호흡 및 심장 박동에 의한 가슴의 움직임은 검출에 충분한 신호변조를 생성하고 변조된 후 반사된다.

㉡ 변조된 신호는 수신기(RX)에 의해 수신된다. 수신된 신호는 다시 복조(변조파에서 신호를 끌어내는 현상)되어 보다 세밀한 분석을 위해 컴퓨터로 전송되고, 처리된 신호의 변조 내용은 신호를 주파수 스펙트럼으로 변환시켜 측정 컴퓨터의 모니터에 표시함으로써 일정한 스펙트럼 부분에 의해 매몰 생존자의 존재 여부가 표시된다.

㉢ 살아있는 사람의 정보는 백분 확률과 안테나와 생존자의 거리를 추산하여 나타낼 수도 있다.

㉣ 확률 또는 생존자의 거리는 붕괴된 물질에 크게 영향을 미친다. 시스템 자체는 신호를 감쇄시키는 물질을 알 수 없기 때문에 사용자에 의해서만 이 범위의 최적화가 가능해진다. 따라서 신호의 분석과 해석은 충분한 교육을 받고 경험이 많은 대원이 수행하여야 한다.

㉤ 만약 실제로는 생존자가 없을 것으로 판단되는 곳에서 생존자 표시가 나온다면 적극적으로 생존가능성을 검토하고 구조작업을 진행하여야 한다.

② 조작상 주의사항

㉠ 탐사 중 안테나, 케이블, 본체 등을 절대로 움직이지 말고 될 수 있는 한 안테나, 케이블로부터 주변 사람들을 떨어지게 한다. 탐사현장 주위에 휴대전화 등 전파를 발생하는 기기와는 최소 20m 이상 떨어져 있어야 한다.

㉡ 탐지기를 사용할 때는 그 성능, 사용법을 잘 알고 충분히 사용 훈련을 받아야 한다. 탐지기도 다른 일반 탐색장비와 마찬가지로 능력에는 제한이 있고 생존자의 100% 탐지를 보장할 수 있는 것이 아니다.

㉢ 장비의 효율성은 조작자의 전파나 재해에 관한 지식, 이해력에 따라 좌우된다. 그 이유는 재해현장은 복잡하고 다양한 변수가 존재하기 때문에 이로부터 적정한 탐사기법을 선택하는데 있어서 지식과 경험에 의한 판단이 필요하기 때문이며 특히 다음과 같은 점에 충분한 이해와 훈련이 필요하다.

ⓐ 전파의 특성에 관한 이해

ⓑ 재해현장의 특성에 관한 이해

ⓒ 장비의 취급훈련

③ 탐사의 판단

㉠ 생존자의 유무 판단은 탐사파형 및 소리로 변환된 신호로 한다.

㉡ 탐사 대상구역내의 전파의 도달 범위 내로 피해자 등이 존재하면 전형적으로는 3~4초에 한 번씩 정기적인 호흡에 따른 파형이 검지된다. 이 검지 파형을 사전에 훈련 등으로 잘 알고 있어야 한다.

㉢ 호흡에 따른 변동은 피해자 등의 쇠약의 정도, 의식의 유무, 그리고 어떻게 매몰되어 있는가에 따라서 달라진다. 따라서 이런 변화에 대해서도 사전에 훈련 등으로 잘 알고 있어야 한다.

㉣ 이 기기는 계측기이며, 판단은 어디까지나 조작자가 하는 것이란 점에 대해서 충분히 유의하여 기계를 과신하지 말고 생존자의 존재 여부를 판단할 때에는 가능한 한 긍정적으로 하도록 한다.

(4) 열화상카메라(Thermal Imaging Camera)

① 야간 또는 농연 등으로 시계가 불량한 지역에서 물체의 온도 차이를 감지하여 화면상에 표시함으로서 화점 탐지, 인명구조 등에 활용하는 장비이다.

야간투시경 (Night Vision)	카메라에서 적외선파장을 발산하여 측정하거나 달빛을 증폭하여 물체를 화면에 표시하는 것으로 다큐멘터리에서 동물의 움직임을 촬영할 때의 야시경과 같이 초록색 화면으로 보는 것이 그 예이다.
열화상카메라 (Infrared Thermal Camera)	· IR 카메라라고 부르기도 하는데 적외선을 방사하지 않고 동물 등이 방사하는 적외선을 이용한다. · 피사체가 물체나 동물인 경우 물체의 온도에 따라 일정한 파장의 빛을 방출되

는 원리를 이용한 것이다.

※ 야간투시경은 적외선의 반사를 이용한 것이고, 열화상카메라는 적외선 방사를 이용한 것이라 할 수 있다.

② 열화상카메라 사용 시 카메라의 뷰파인더 화면에 표시되지 않는 사각이 많아 시야가 협소하고 또한 원근감이 달라서 안전사고의 위험이 높다.

③ 따라서 반드시 헬멧을 착용하고 이동할 때에는 뷰파인더에서 눈을 떼고 주변을 확인한 후 발을 높이 들지 말고 바닥에 끌듯이 옮겨서 장애물을 피하도록 한다.

7 보호 장비

(1) 공기호흡기

① 호흡과 산소 요구량

㉠ 호흡량

ⓐ 사람의 호흡운동은 보통 분당 14～20회로, 1회에 들이마시는 공기량은 성인 남성의 경우 약 500cc 정도이며 심호흡을 할 때에는 약 2,000cc, 표준 폐활량은 3,500cc이다. 운동이나 노동을 하는 경우 호흡 횟수가 늘고 깊은 호흡을 하게 된다. 이것은 몸에 다량의 산소가 필요하게 되고 몸에 있는 이산화탄소를 급히 배출해야 하기 때문이다.

ⓑ 특히 소방활동 시에는 무거운 장비를 장착하고 긴장도가 극히 높은 작업을 하기 때문에 평상시의 작업에 비해 공기소모량이 많다. 호흡량은 개개인의 체력, 경험, 작업량, 긴장도 등에 따라 다르지만 일반적으로 다음과 같다.

- 평균 작업 : 30～40L/분
- 격한 작업 : 50～60L/분
- 최고의 격한 작업 : 80L/분

㉡ 용기 내 압력과 호흡량의 한계

ⓐ 고압조정기(regulator)에서 보급되는 흡기유량은 한계가 있고 이 수치는 용기 내 압력의 감소에 따라 계속 저하되는 경향이 있다.

ⓑ 용기 내 압력이 높은 경우는 호흡에 충분한 공기량이 보급되지만 압력이 낮아짐에 따라 흡기량도 계속 줄어들어 어느 압력 이하에서는 호흡에 필요한 공기량의 보급이 곤란하게 된다.

ⓒ 한계압력은 개개인의 호흡량과 공기호흡기의 종류에 따라 차이가 있지만 일반적으로 용기내의 압력이 10~1.5MPa 이하가 되면 소방활동 시의 호흡량에 대응할 수 없게 된다. 이 때문에 사용가능 시간 및 탈출개시 압력을 결정할 때에는 이 압력을 여유압력으로 제외하고 계산하여야 한다.

✪ 사용가능시간(분)★★ ☆ 13년 서울 소방교, 15년 소방장, 16년 강원 소방교, 19년도 소방장·소방교

$$= \frac{[\text{용기 내 압력}(kg/cm^2) - \text{여유 압력}(kg/cm^2)] \times \text{용기 용량}(\ell)}{\text{매분당 호흡량}(\ell)}$$

✪ 탈출개시압력 $= \frac{\{\text{탈출 소요시간}(min) \times \text{매분당 호흡량}(\ell)}{\text{용기 용량}(\ell)} + \text{여유 압력}(kg/cm^2)$

※ 현재 법령에서 공식적으로 사용되는 압력단위는 파스칼(Pa)이다. 1**파스칼**(Pa)은 $1m^2$에 1N의 힘이 가해졌을 때(N/m^2)의 **압력**이다. 아직 대부분 kg/㎠를 사용하고 있지만 국제단위체계(SI 단위)에 맞는 Pa 단위로 환산해야 할 경우가 있으므로 아래의 환산방법을 기억해 두어야 한다.

1kg/㎠ = 98,066.5Pa = 98.0665kPa = 0.0980665MPa ≒ 100kPa ≒ 0.1 MPa

② 공기호흡기의 제원 및 성능

종전에는 150kg/㎠ 압력으로 충전하여 30분 정도 사용가능한 8L형이 많이 보급되어 있었으나 최근에는 300kg/㎠으로 충전하는 6.8L형이 보급되어 작업 가능시간이 50분 정도까지 연장되었다.

▌공기호흡기의 제원▐

구 분	제 원
	SCA 680
형식	압축공기 2단 감압 양압식
실린더 내용적	6.8L
재질	Carbon Fiber
중량	4.2kg(총중량 8kg)
충전공기량	2,040L
최고충전압력	300kg/㎠
내압시험압력	500kg/㎠
경보개시압력	55kg/㎠
정지압력	1MPa

③ 사용법 및 주의사항★★

㉠ 공기호흡기 사용 시의 문제점

공기호흡기를 착용하면 신체적 제약을 받게 된다. 따라서 안전을 위하여 단독으로 행동하지 말고 항상 2인 1조 이상으로 팀을 편성하여 행동한다.

체력소모	공기호흡기는 그 자체로 적지 않은 중량이 나가며 방화복, 헬멧, 방수화 등의 장비까지 착용하면 대원의 육체적 피로가 가중된다. 여기에 공기의 원활한 공급이 제한되기 때문에 체력이 심하게 소모된다. 피로가 심해질수록 공기도 빨리 소모된다.
감각의 제한	면체를 착용하면 시야각이 협소해지고 면체 내부에 습기가 차면 앞이 잘 보이지 않게 된다. 또한 공기가 공급되면서 발생하는 소음으로 청각도 제한을 받는다.

㉡ 공기호흡기 사용방법*

ⓐ 100% 유독가스 중에서도 사용할 수 있지만 암모니아나 시안화수소 등과 같이 피부에 염증을 일으키는 가스와 방사성 물질이 누출된 장소에 진입하는 경우에는 별도의 보호장비를 착용하여야 한다.

ⓑ 장착 전 개폐밸브를 완전히 연 후, 반대 방향으로 반 바퀴 정도 돌려 나중에 용기의 개폐여부를 쉽게 확인할 수 있도록 한다.

ⓒ 용기의 압력을 확인하고 큰 소리로 복창한 후, 면체의 기밀을 충분히 점검하고 신체에 밀착시키도록 한다. 면체의 기밀이 나쁜 것은 사용하지 않는다.

ⓓ 가급적 현장에 진입하기 직전에 면체를 장착하고 현장에서 완전히 벗어난 후에 면체를 벗는다. 시야가 좋아졌다고 오염되지 않은 곳이라는 보장은 없다. 장착 후에는 불필요하게 뛰는 것을 피하며 호흡을 깊고 느리게 하면 사용 가능시간을 연장할 수 있다.

ⓔ 고압호스는 꼬인 상태로 취급하지 말고, 개폐밸브가 다른 물체에 부딪히거나 충격을 받지 않도록 한다.

ⓕ 면체 내부에 김이 서려도 활동 중에는 벗어서 닦지 않는 것이 좋다. 유독가스를 흡입할 가능성이 높기 때문이다. 면체 착용시 코틀(nose cap)을 완전히 밀착시키면 면체 내부의 공기흐름을 차단, 김 서림을 방지할 수 있다.

ⓖ 활동 중 수시로 압력계를 점검하여 활동가능시간을 확인하고 경보가 울리면 즉시 안전한 곳으로 탈출한다. 이때 같은 팀으로 활동하는 다른 대원들과 같이 탈출하여야 한다.

ⓗ 대부분의 경우 충전된 공기량이 거의 동일하기 때문에 활동 가능시간도 비슷하다. 따라서 한 대원의 경보가 울리면 팀으로 활동하는 다른 대원들도 함께 탈출하여야 한다.

㉢ 압력조정기의 고장**☆ 13년 소방위, 19년 소방교

ⓐ 충격이나 이물질로 인해서 고장이 발생할 수 있다.

ⓑ 이때에는 면체 좌측의 바이패스 밸브를 열어 공기를 직접 공급해줄 수 있다.이패스 밸브는 평소 쉽게 열리지 않지만 압력이 걸리면 개폐가 용이하다.

ⓒ 바이패스 밸브를 사용할 때에는 숨 신 후에 닫아주고 다음번 숨 쉴 때마다 다시 열어준다.

㉣ 유지·관리상 주의**☆ 16년 서울 소방장, 19년 소방교 / 21년 소방위

ⓐ 용기와 고압도관, 등받이 등을 결합할 때에는 공구를 사용하는 부분인지 정확히 판단한다. 대부분의 부품은 손으로 완전히 결합할 수 있다.

ⓑ 용기는 고온 직사광선을 피하여 보관하고 충격을 받지 않도록 조심스럽게 다룬다. 특히 개폐밸브의 보호에 유의하고 개폐는 가볍게 한다.

ⓒ 공기의 누설을 점검할 때는 개폐밸브를 서서히 열어 압력계 지침이 가장 높이 상승하는 것을 기다려 개폐밸브를 잠근다. 이 경우 압력계 지침이 1분당 10kg/㎠ 이내로 변화할 때에는 사용상에 큰 지장은 없다.

ⓓ 사용 후 고압도관에 남아있는 공기를 제거하고, 면체 유리부분에 이물질이 닿지 않도록 한다.

ⓔ 고압조정기와 경보기 부분은 분해조정 하지 않는다.

ⓕ 실린더는 고온 직사광선을 피하여 보관하고 충격을 받지 않도록 조심스럽게 다룬다. 특히 개폐밸브의 보호에 유의하고 개폐는 가볍게 한다.

ⓖ 사용한 후에는 깨끗이 청소하고 잘 닦은 후 고온 및 습기가 많은 장소를 피해서 보관한다.

ⓗ 최근에 보급되는 면체에는 김서림 방지(Anti-Fog) 코팅이 되어 있어 물로 세척하면 코팅이 벗겨질 수 있다.

ⓘ 젖은 수건으로 세척한 후에는 즉시 마른 수건으로 잘 닦고 그늘에서 건조시킨다.

ⓙ 실린더 내의 공기는 공기호흡기를 사용하는 안전에 직접적인 영향을 미치므로 항상 청결하게 유지되어야 한다. 또한 공기가 충전된 용기를 90일 이상 보관하였을 때에는 공기를 배출한 후 다시 새로운 공기를 충전하여 보관한다.

> ✪ 충전되는 공기는 산소농도 20~22 % 이내, 이산화탄소는 1,000ppm 이하, 일산화탄소는 10ppm 이하, 수분은 25mg/㎥ 이내, 오일 미스트는 5mg/㎥(단, 측정값이 표시되지 않는 방식의 분석기를 사용하는 경우에는 색상의 변화가 없을 것) 이내, 총 탄화수소는 25ppm 이하, 총 휘발성유기화합물 500㎍/㎥ 이하를 유지하도록 규정하고 있다.

(2) 방사능 보호복

방사능 보호복은 방사능이 누출되거나 동위원소를 이용하는 기기가 손상되는 경우 방사선(알파선・베타선 또는 감마선, 중성자, X-ray 등을 말한다. 이하 같다)의 선원으로부터 인체를 보호하기 위한 보호복을 말한다.

> ※ 소방기관의 장은 특수보호복을 담당하는 전담자를 지정하여야 하며, 특수보호복 전담자는 다음 각 호의 기준에 적합한 사람이어야 한다.
> - 119안전센터 또는 119구조대에서 근무한 경력이 5년 이상일 것
> - 중앙소방학교・지방소방학교 또는 전문교육기관에서 실시한 화생방사고 대처요령 등 관련 과목을 이수할 것

① 구성

방사능보호복의 세트는 방사능보호복(밀폐식 공기호흡기 착용형, NBC마스크 착용형 등), 개인선량경보계로 구성된다.

② 방사능보호복의 성능조건

일반 조건	방사능보호복은 호흡기 또는 신체 일부·전부를 방사선으로부터 차폐할 수 있는 기능을 가진 특수원단(납 또는 특수재질)으로 제작된 것이며 개인선량계를 착용할 수 있는 구조일 것
특수 조건	· 알파, 베타 또는 알파, 베타, 감마, 중성자, X-ray로부터 보호될 수 있는 것 · 밀폐식공기호흡기 착용형 또는 NBC마스크 착용형 · 방사선 방호에 대한 인증기관 인증서를 반드시 첨부할 것

③ 주의사항☆ 21년 소방위

방사선 관련된 활동 시 방사선 차단도 중요하지만 올바른 보호복 착용으로 방사선에 오염된 물질의 침입을 최소화함으로써 피부 및 내의와의 접촉을 최소화해야 하며 사용한 보호복은 다른 지역까지 오염시키는 것을 방지하기 위해 잠재적 노출 지역에서의 착용 후 즉시 폐기되어야 합니다.

㉠ 방사선방호복의 방사선차폐 자재는 납 등 원자 번호가 큰 원소로 이루어지는 소재를 흡수체로서 이용하여 방사선의 투과를 감소시키는 것이다.

㉡ 납 시트가 차폐 성능이 뛰어나기 때문에 종래부터 사용되고 있지만, 납은 착용자의 피부 오염 및 소각 할 때나 폐기 후에도 발생되는 환경오염 문제가 있다.

※ 최근 신소재 개발에 의한 방사능 보호복이 개발되고 있지만 납 시트 보호복을 포함하여 현재까지 개발된 어떠한 방사선보호복도 γ선이나 중성자선에 대한 차단능력은 25%를 넘지 못할 정도로 매우 미흡하다.

■ 방사능보호복 ■

(3) 화학 보호복

"화학보호복"이라 함은 신경·수포·혈액·질식 등의 화학작용제 및 유해물질로부터 인체를 보호하기 위하여 공기호흡기가 내장된 완전밀폐형으로 제작되는 보호복을 말한다.

※ 화학보호복세트
① 화학보호복 ② 공기호흡기 ③ 쿨링시스템 ④ 통신장비 ⑤ 비상탈출 보조호흡장비
⑥ 검사장비(테스트킷) ⑦ 착용보조용 의자 ⑧ 휴대용 화학작용제 탐지기 ⑨ 소방용 헬멧

① 구성

화학보호복은 그 수명 및 제작사의 일반적 기준에 따라 1회용(Disposable, Limited), 재사용(Reusable, Unlimited)으로 구분되며 수요기관의 예산범위, 소방대원의 선호도에 따라 결정될 수 있으나, 1회용 화학보호복이라 할지라도 제독 등 관리상 철저를 기하면 재사용할 수 있고, 재사용할 수 있는 화학보호복이라 할지라도 유독물질에 장시간 노출되어 오염되었을 경우에는 폐기를 권장한다.

② 화학보호복 성능

화학보호복은 NFPA1994에서 정한 화학보호복 등급 중 LEVEL A급(또는 CLASS 1급)의 화학보호복 일반적 성능기준을 준용하며 과학적 실험결과 각종 유해물질에 의하여 변성·침투 및 누설이 되지 아니하는 특수재질의 원단으로 제작되었음이 국내외 공인 인증서로 증명되어야 한다.

▬ 화학보호복 ▬

③ 화학보호복의 검사

화학보호복을 사용하기 전, 전체적인 육안검사(원단, 솔기, 지퍼, 렌즈, 장갑, 배기밸브 및 주입밸브 등) 및 압력시험검사를 통하여 화학보호복의 이상 유무를 확인한다.

압력시험검사는 다양한 액체 또는 가스에 노출된 작업현장에서 작업자를 보호하기 위하여 화학보호복 내부로 액체 또는 가스가 유입되는지의 여부를 확인하는 것으로 육안검사를 대체할 수 있으며 무엇보다 중요하므로 꼭 사용 전 필히 수행되어야 한다.

※ 보호복의 결함 상태를 확인하기 위한 검사

- 공급업체로부터 수령 시
- 보호복 착용 전
- 보호복 사용 후 다시 착용하기 전
  (오염, 손상, 또는 변형된 보호복은 다시 사용해서는 안 된다.)
- 매년 1회 이상

④ 화학보호복(레벨 A) 착용방법 ☆ 20년 소방장,

화학보호복의 착용은 적절한 크기의 화학보호복을 선택하여 제품에 이상이 없는지 반드시 검사를 하고 착용 시 다른 사람의 도움을 받아 깨끗한 장소에서 실행한다.

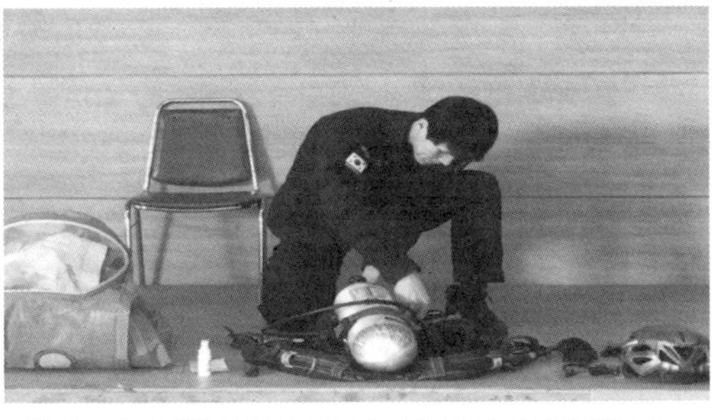

① 공기조절밸브호스를 공기호흡기에 연결한다.

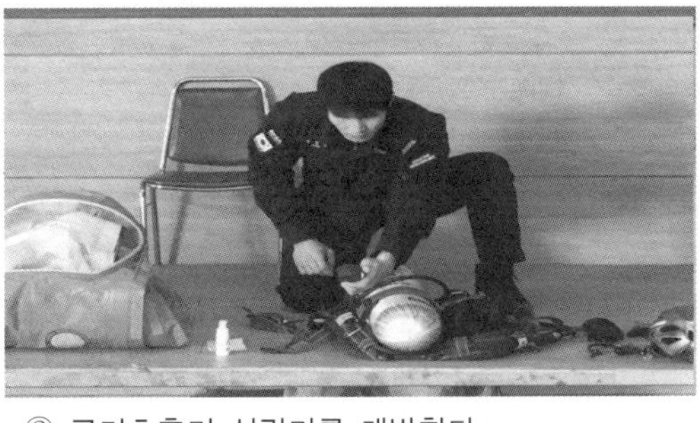

② 공기호흡기 실린더를 개방한다.

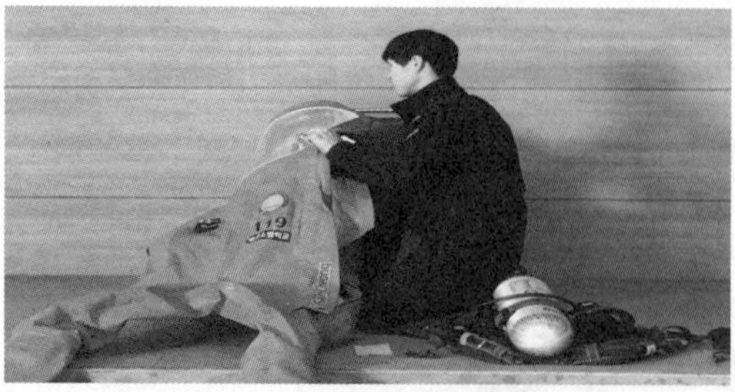

③ 화학보호복 안면창에 성애방지제를 도포한다 (손수건과 함께 휴대하는 것이 좋음)

④ 화학보호복 하의를 착용한다.

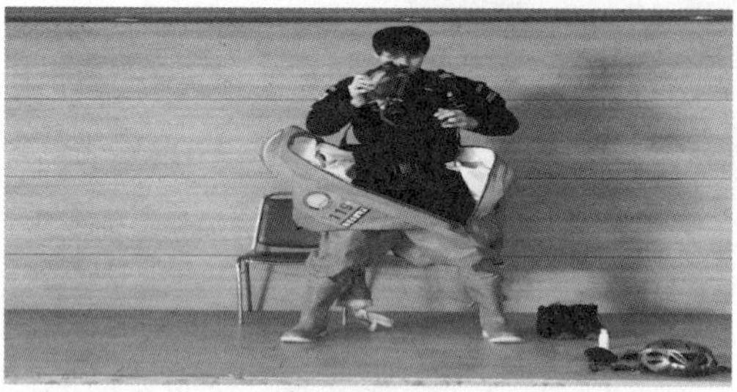

⑤ 공기호흡기 면체를 목에 걸고 등지게를 착용한다.

⑥ 무전기를 착용한다.

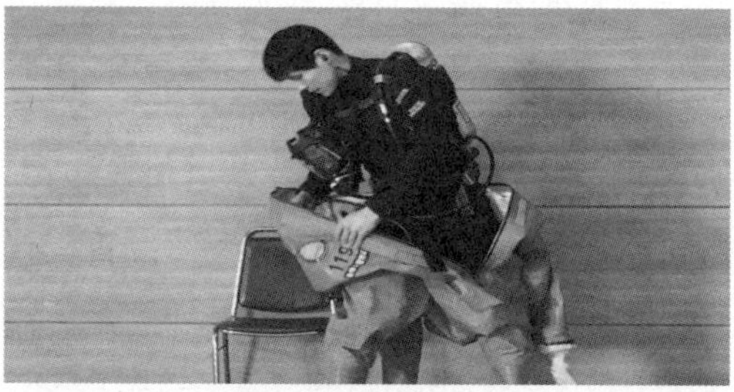

⑦ 공기조절밸브에 호스를 연결한다.

⑧ 면체를 착용하고 양압호흡으로 전환한다.

⑨ 헬멧과 장갑을 착용한다.

⑩ 보조자를 통해 상의를 착용 후 지퍼를 닫고 공기조절밸브의 작동상태를 확인한다.

8 보조 장비

(1) 공기안전매트(Air Mat)

공기매트는 높은 곳에서 뛰어 내렸을 때 공기의 탄력성을 이용하여 인체에 가해지는 충격을 완화시킴으로써 부상을 방지하는 장비이다.

※ 『인명구조매트의 KFI 인정기준』에 의하면 "공기주입형 구조매트"라 하고, 15m 이하의 높이에서 뛰어내리는 사람의 부상 등을 줄이기 위하여 공기 등을 매트 또는 지지장치 등에 주입하는 인명구조매트로 한정하고 있어 실제 구조대에서 사용하고 있는 공기매트의 사용 높이와는 많은 차이가 있다.

▌인명구조매트의 KFI 인정기준▐

규격 및 제원	(구조 및 외관 등) ① 신속하게 설치·철거할 수 있고 연속하여 사용할 수 있어야 한다. ② 낙하면은 눈에 잘 띄는 색상으로서 낙하목표 위치를 쉽게 알 수 있도록 반사띠 등으로 표시하여야 한다. ③ 구조매트에 뛰어 내리는 사람에게 낙하충격을 현저히 줄일 수 있는 구조로서 낙하면과의 접촉시 반동에 의하여 튕기거나 구조매트 외부로 미끄러지지 아니하여야 한다. ④ 구조매트 내부의 압력이 일정하게 유지할 수 있도록 설정압력을 초과하는 때에는 자동 배출되는 구조이어야 한다.
설치 및 복원시간	① 제조사가 제시하는 설치방법에 따라 구조매트를 보관하고 있는 상태에서 낙하자가 낙하할 수 있는 사용 상태로 설치하는데 걸리는 시간은 30초를 초과하지 아니하여야 한다. ② 120㎏의 모래주머니(800×500)㎜를 사용높이에서 연속하여 2회 떨어뜨린 후 모래주머니를 낙하면에서 제거한 시점부터 최초 사용대기상태로 복원되는 시간은 10초를 초과하지 아니하여야 한다. 이 경우, 모래주머니를 떨어뜨리는 간격은 제조사가 제시하는 시간으로서 최소한 10초를 초과하지 아니하여야 한다.
총 질량	① 구조매트는 부속품(공기압력용기 등)을 포함하여 50㎏을 초과하지 아니하여야 한다. ② 구조매트의 보관상태 크기는 0.3㎥ 이하이어야 한다.

※ 낙하요령**

㉠ 매트 중앙 부분을 착지점으로 겨냥하고 뛰어내린다.

㉡ 다리를 약간 들어주면서 고개를 앞으로 숙여서 엉덩이 부분이 먼저 닿도록 한다.

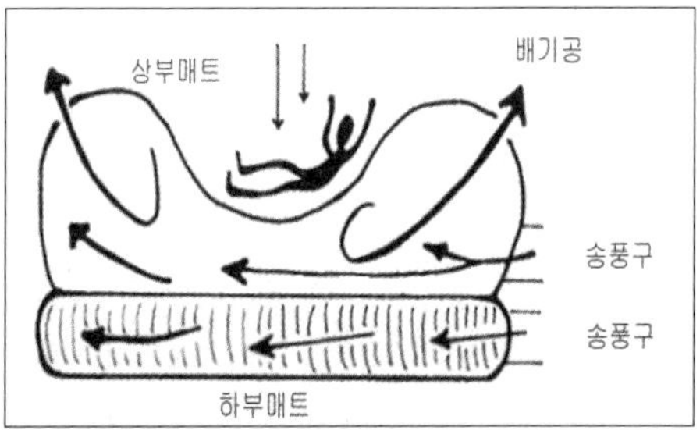

㉢ 매트 내의 압력이 지나치게 높으면 강한 반발력을 받아 부상의 위험이 있으므로 매트가 팽창한 후에는 압력을 약간 낮춰주는 것이 좋다.

㉣ 에어매트는 다른 방법으로 구조하는 것이 불가능 할 때나 응급상황에만 사용해야 한다.

㉤ 훈련이나 시범 시에는 더미나 샌드백을 사용하되 부득이 직접 사람이 훈련이나 시범을 보일 때에라도 4m 이상 높이에서는 뛰어내려서는 안 된다.

Chapter 5

기본구조훈련

제1절 로프 매듭

1 매듭의 기본원칙

(1) 좋은 매듭의 조건** ☆ 18년, 19년 소방장

① 매듭의 가장 중요한 조건**

㉠ 묶기 쉬워야 한다.

㉡ 자연적으로 풀리지 않아야 한다.

㉢ 사용 후 간편하게 해체할 수 있어야 한다.

② 구조활동 현장에서의 매듭결정

㉠ 매듭법을 많이 아는 것보다는 잘 쓰이는 매듭을 정확히 숙지하는 것이 더욱 중요하다.

㉡ 매듭은 정확한 형태를 만들고 단단하게 조여야 풀어지지 않고 하중을 지탱할 수 있다.

㉢ 될 수 있으면 매듭의 크기가 작은 방법을 선택한다. 매듭부분으로 기구, 장비 등을 통과시켜야 하는 경우가 있기 때문이다.

㉣ 매듭의 끝 부분이 빠지지 않도록 주매듭을 묶은 후 옭매듭 등으로 다시 마감해 준다. 이때 끝 부분이 빠지지 않도록 충분한 길이를 남겨두어야 하는데 매듭에서 로프 끝까지 11~20㎝ 정도 남겨 두도록 한다.

㉤ 로프는 매듭 부분의 강도가 저하된다는 사실을 기억한다.

(2) 매듭의 종류*

매듭은 로프와 로프의 연결이나 기구 또는 신체를 묶을 때, 또는 현수점 (懸垂點, 로프를 수직으로 설치할 때 로프를 묶어 고정하는 부분)을 설정할 때 등 다양하게 활용된다. 매듭을 할 때에는 목적에 맞는 매듭을 선택하여 정확하게 묶어야 하며 사용 중에도 풀리거나 느슨해지지 않는지 수시로 재확인하도록 한다.

▎3가지 형태의 매듭분류▎ ☆ 16년 경기 소방장 / 21년 소방교

마디짓기(結節)	로프의 끝이나 중간에 마디나 매듭·고리를 만드는 방법
이어매기(連結·結合·結束)	한 로프를 다른 로프와 서로 연결하는 방법
움켜매기(結着)	로프를 지지물 또는 특정 물건에 묶는 방법

2 기본 매듭★★★ ☆ 16년 경기 소방장, 18년 소방위, 21년 소방교 ※ 시험출제가 빈번하니 반복학습바랍니다.

(1) 마디짓기(결절)

① 옭매듭(엄지매듭, Overhand Knot)

㉠ 로프에 마디를 만들어 도르래나 구멍으로 로프가 빠지는 것을 방지한다.

㉡ 절단한 로프의 끝에서 꼬임이 풀어지는 것을 방지할 때 사용하는 가장 단순한 형태의 매듭이다.

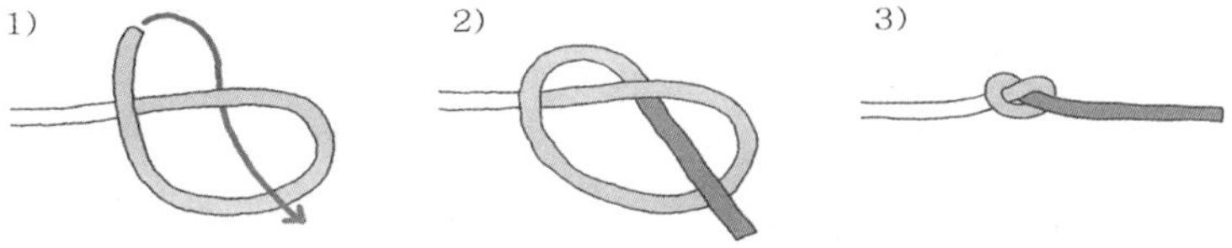

■ 옭매듭 ■

② 두겹옭매듭(고리 옭매듭)★★ ☆ 18년 소방위

㉠ 로프의 중간에 고리를 만들 필요가 있을 때 사용한다.

㉡ 힘을 받으면 고리가 계속 조이므로 풀기가 힘들다.

■ 두 겹 옭매듭 ■

③ 8자매듭(Figure 8)

㉠ 매듭이 8자 모양을 닮아서 '8자매듭'이라고 한다.

㉡ 옭매듭보다 매듭부분이 커서 다루기 편하고 풀기도 쉽다.

■ 8자 매듭 ■

④ 두겹8자매듭(Figure 8 on a bight)★ ☆ 16년 소방교

㉠ 간편하고 튼튼하기 때문에 로프에 고리를 만드는 경우 가장 많이 활용된다.

㉡ 로프에 고리를 만들어 카라비너에 걸거나 나무, 기둥 등에 확보하고자 하는 경우 등에 폭넓게 활용한다.

㉢ 로프를 두 겹으로 겹쳐서 8자 매듭으로 묶는 방법과 한 겹으로 되감기 하는 방식이 있다.

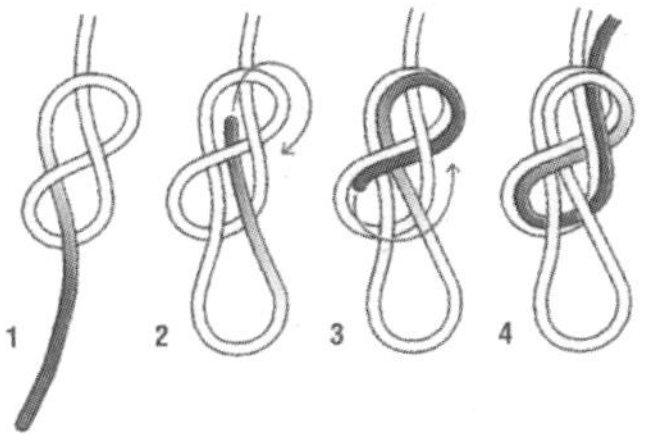

■ 되감기, 두겹8자매듭 ■

■ 두겹8자매듭 ■

⑤ 이중8자매듭(Double Figure 8) ☆ 16년 소방위

로프 끝에 두 개의 고리를 만들 수 있어 두 개의 확보물에 로프를 고정하는 경우에 매우 유용하다.

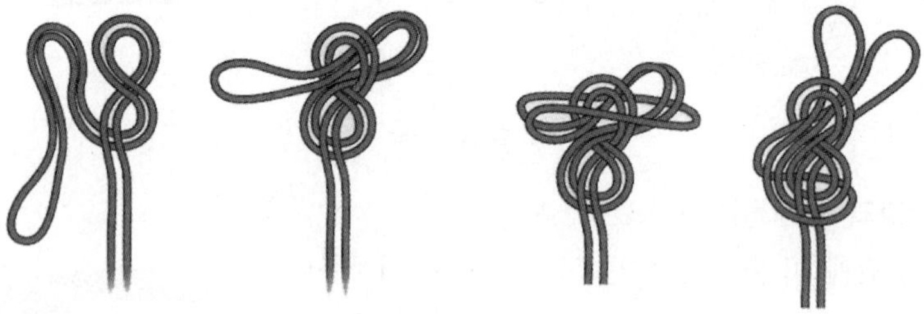

■ 이중8자매듭 ■

⑥ 줄사다리매듭

이 매듭은 로프에 일정한 간격을 두고 수 개의 옭매듭을 만들어 로프를 타고 오르거나 내릴 때에 지지점으로 이용할 수 있도록 하는 매듭이다.

■ 줄사다리매듭 ■

⑦ 고정매듭(Bowline)

㉠ 로프의 굵기에 관계없이 묶고 풀기가 쉽다.

㉡ 조여지지 않으므로 로프를 물체에 묶어 지지점을 만들거나 유도 로프를 결착하는 경우 등에 활용한다.

㉢ 구조활동은 물론이고 어디서든 자주 사용되는 중요한 매듭이어서 '매듭의 왕(King of Knots)'이라고까지 부른다.

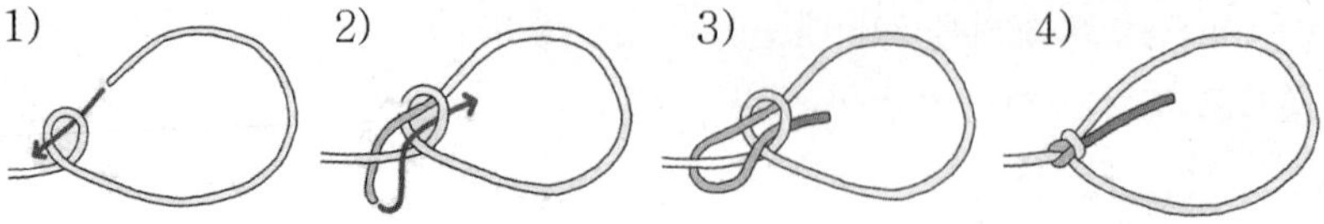

■ 고정매듭 ■

⑧ 두겹고정매듭(Bowline on a bight)★★☆ 13년 소방위

㉠ 로프의 끝에 두 개의 고리를 만들어 활용하는 매듭이다.

㉡ 수직맨홀 등 좁은 공간으로 진입하거나 요구조자를 구출하는 경우 유용하게 활용할 수 있다.

㉢ 특히 완만한 경사면에서 확보물 없이 3명 이상이 한줄 로프를 잡고 등반하는 경우 중간에 위치한 사람들이 이 매듭을 만들어 어깨와 허리에 걸면 로프가 벗겨지지 않고 활동이 용이하다.

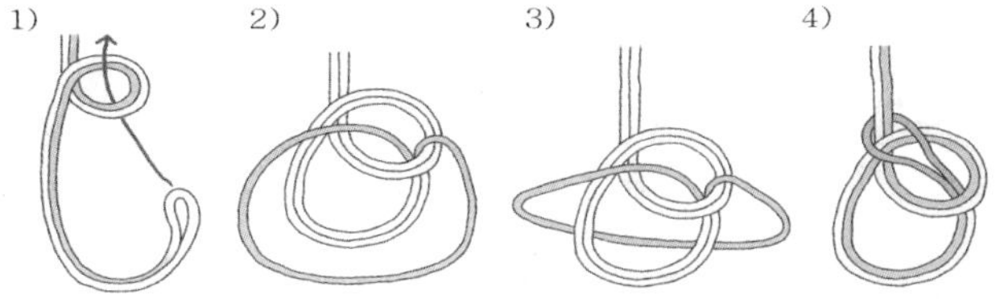

■ 두겹고정매듭 ■

⑨ 나비매듭★☆ 13년 경기 소방장 / 20년 소방교

㉠ 로프 중간에 고리를 만들 필요가 있을 경우에 사용한다.

㉡ 다른 매듭에 비하여 충격을 받은 경우에도 풀기가 쉬운 것이 장점이다.

㉢ 중간 부분이 손상된 로프를 임시로 사용하고자 하는 경우에 손상된 부분이 가운데로 오도록 하여 매듭을 만들면 손상된 부분에 힘이 가해지지 않아 응급대처가 가능하다.

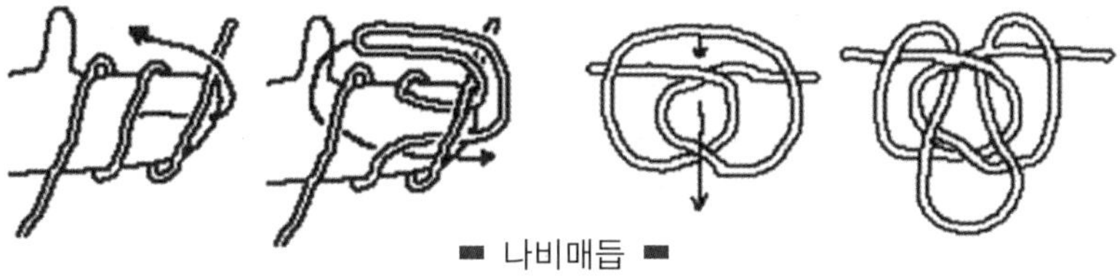

■ 나비매듭 ■

(2) 이어매기(연결)★★☆ 13년 울산 소방교

① 바른매듭(맞매듭, Square Knot)

㉠ 묶고 풀기가 쉬우며 같은 굵기의 로프를 연결하기에 적합한 매듭이다.

㉡ 로프 연결의 기본이 되는 매듭이며 힘을 많이 받지 않는 곳에 사용하지만 굵기 또는 재질이 서로 다른 로프를 연결할 때에는 미끄러져 빠질 염려가 있어 직접 안전을 확보하는 매듭에는 부적합하다.

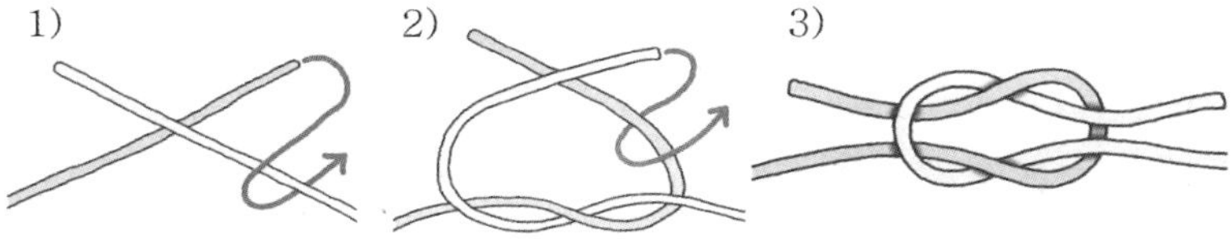

■ 바른매듭 ■

㉢ 반드시 매듭 부분을 완전히 조이고 끝부분은 옭매듭으로 마감하여야 한다.
㉣ 짧은 로프가 서로 다른 방향으로 묶이면 로프가 미끄러져 빠지게 되므로 주의해야 한다.

▬ 잘못된 매듭 ▬

② 한겹매듭, 두겹매듭★★☆ 18년 소방위

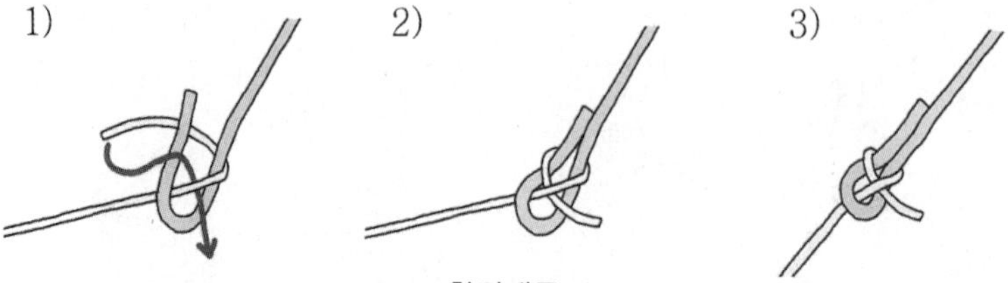

▬ 한겹매듭 ▬

㉠ 굵기가 다른 로프를 결합할 때에 사용한다.
㉡ 주 로프는 접어둔 채 가는 로프를 묶는 것이 좋다.
㉢ 로프 끝을 너무 짧게 묶으면 쉽게 빠지므로 주의한다.
㉣ 한겹매듭에서 가는 로프를 한 번 더 돌려감은 것으로 한겹매듭보다 더 튼튼하게 연결할 때에 사용한다.

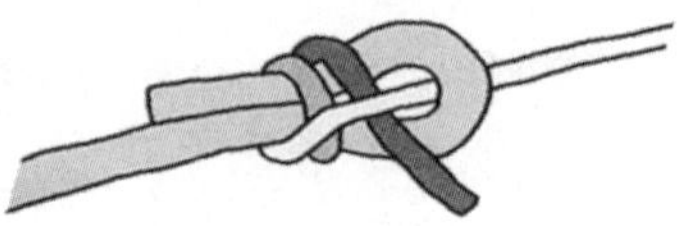

▬ 두겹매듭 ▬

③ 8자연결매듭(figure 8 follow through)

㉠ 많은 힘을 받을 수 있고 힘이 가해진 경우에도 풀기가 쉬워 로프를 연결하거나 안전을 확보하기 위한 매듭으로 자주 사용된다.
㉡ 주 로프로 8자 형태의 매듭을 만든 다음 연결하는 로프를 반대 방향에서 역순으로 진입시켜 이중8자의 형태를 만든다.
㉢ 매듭이 이루어지면 양쪽 끝의 로프를 당겨 완전한 형태의 매듭을 완성하고 옭매듭으로 마무리한다.

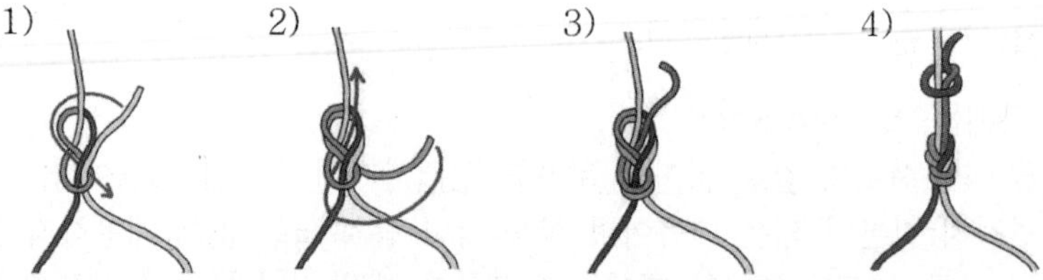

▬ 옭매듭은 8자연결매듭에 바짝 붙이는 것이 좋다. ▬

④ 피셔맨매듭(Fisherman's knot)★☆ 18년 소방위, 19년 소방장·소방위

㉠ 두 로프가 다른 로프를 묶고 당겨서 매듭부분이 맞물리도록 하는 방법이다.
㉡ 신속하고 간편하게 묶을 수 있으며 매듭의 크기가 작다.
㉢ 두 줄을 이을 때 연결매듭으로 많이 활용되는 매듭이지만 힘을 받은 후에는 풀기가 매우 어려워 장시간 고정시켜 두는 경우에 주로 사용한다.
㉣ 매듭 부분을 이중으로 하면(이중피셔맨매듭) 매듭이 더욱 단단하고 쉽사리 느슨해지지 않는다.

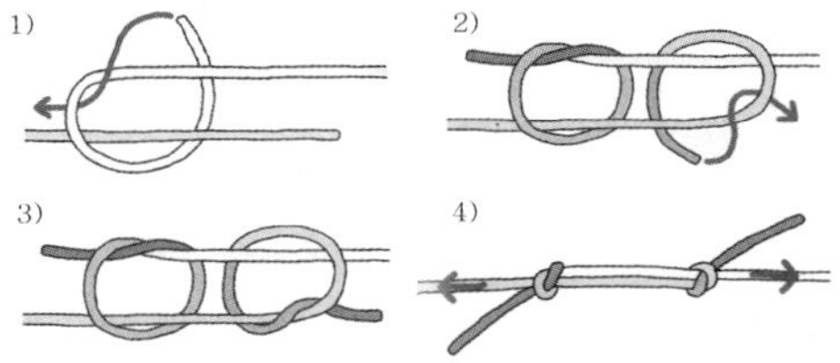

■ 피셔맨매듭법 ■

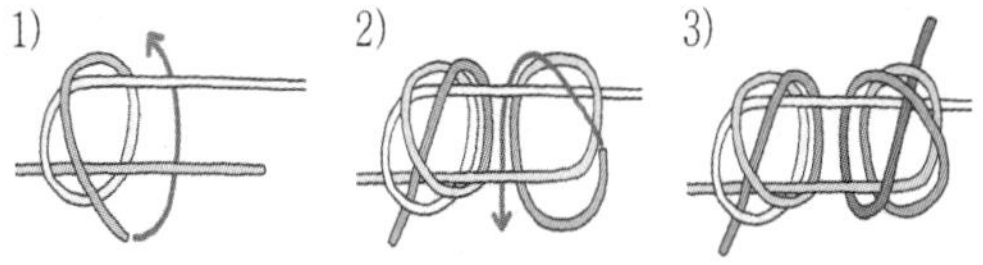

■ 이중피셔맨매듭 ■

(3) 움켜매기(결착)★★

① 말뚝매기(까베스땅 매듭, Clove Hitch)★★ ☆ 18년 소방위, 19년 소방장

㉠ 로프의 한쪽 끝을 지지점에 묶는 매듭이다.

㉡ 구조활동을 위해 로프로 지지점을 설정하는 경우 많이 사용한다.

㉢ 묶고 풀기는 쉬우나 반복적인 충격을 받는 경우에는 매듭이 자연적으로 풀릴 수 있으므로 매듭의 끝을 안전하게 처리하여야 한다.

㉣ 말뚝매기가 풀리지 않도록 끝 부분을 옭매듭하여 마감하는 방법을 많이 활용하고

㉤ 주 로프에 2회 이상의 절반매듭을 하는 방법도 사용한다.

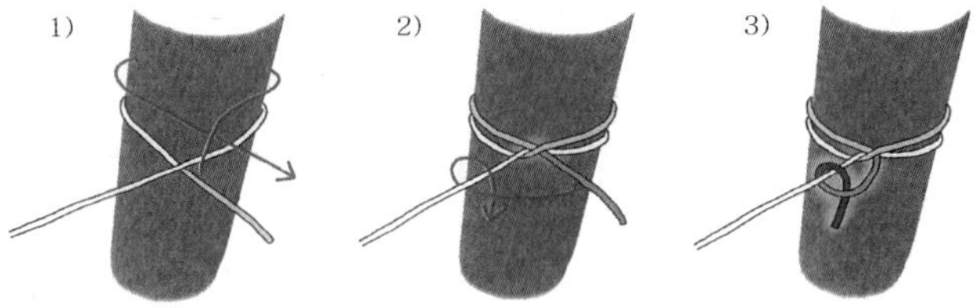

■ 말뚝매기의 로프 끝 처리법. 두 번 이상 절반매듭을 한다. ■

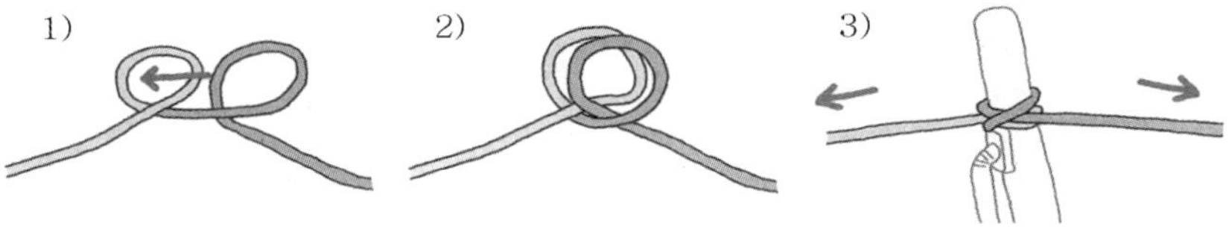

■ 말뚝매기의 다른 방법. 로프 끝을 둥글게 겹쳐서 끼운다. ■

② 절반매듭(Half Hitch)

㉠ 로프를 물체에 묶을 때 간편하게 사용하는 매듭이다.

㉡ 묶고 풀기는 쉬우나 결속력이 매우 약하기 때문에 절반매듭 단독으로는 사용하지 않는다.

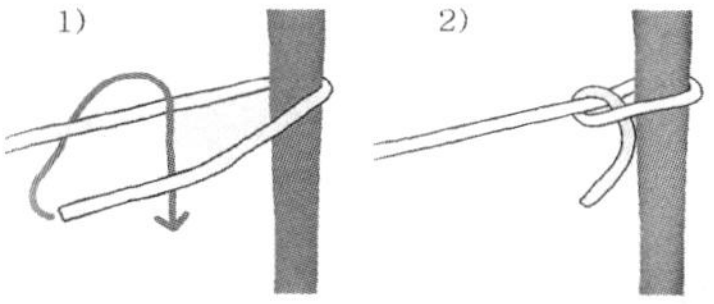

■ 절반매듭 ■

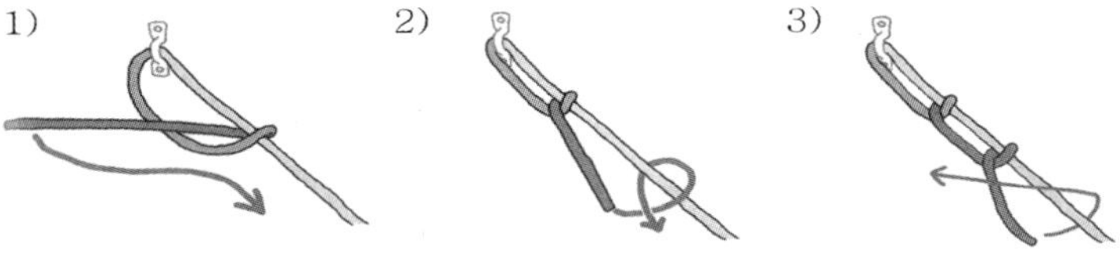

■ 절반매듭의 응용 ■

③ 잡아매기★☆ 13년 서울 소방장

㉠ 안전벨트가 없을 때 요구조자의 신체에 로프를 직접 결착하는 고정매듭의 일종이다.

㉡ 요구조자의 구출이나 낙하훈련 등과 같이 충격이 심한 훈련이나, 신체에 주는 고통을 완화하기 위하여 사용된다.

㉢ 긴급한 경우 이외에는 사용하지 않도록 한다.

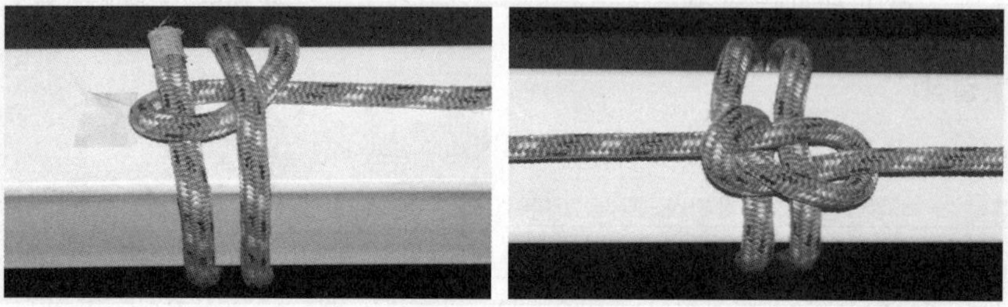

▬ 잡아매기 ▬

④ 감아매기(Prussik Knot, 비상매듭)★★

㉠ 굵은 로프에 가는 로프를 감아매어 당기는 방법이다.

㉡ 고리부분을 당기면 매듭이 고정되고 매듭 부분을 잡고 움직이면 주 로프의 상하로 이동시킬 수 있으므로 로프등반이나 고정 등에 많이 활용한다.

㉢ 감는 로프는 주 로프의 절반 정도 굵기일 때 가장 효과적이며 3회 이상 돌려 감아야 한다.

⑤ 클램하이스트 매듭(Klemheist Knot)★★☆ 14년 소방위

㉠ 감아매기와 같이 자기 제동(self locking)이 되는 매듭이다.

㉡ 주 로프에 보조 로프를 3~5회 감고 로프 끝을 고리 안으로 통과시켜 완성한다.

㉢ 하중이 걸리면 매듭이 고정되고 하중이 걸리지 않으면 매듭을 위아래로 움직일 수 있다.

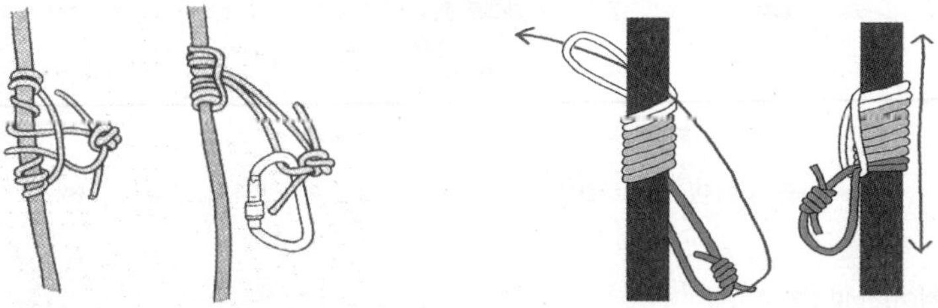

▬ 감아매기(좌), 클렘하이스트 매듭(우) ▬

3 응용매듭

(1) 신체묶기

① 두겹고정매듭 활용★☆ 14년 부산 소방교, 16년 전북 소방장, 17년 소방위

㉠ 맨홀이나 우물 등 협소한 수직공간에 구조대원이 진입하거나 요구조자를 구출할 때 사용한다.

㉡ 두겹고정매듭을 만들어 고리부분에 양다리를 넣고 손으로는 로프를 잡고 지지하도록 한다.
㉢ 로프의 끝을 길게 하여 가슴부분에 고정매듭을 만들면 두 손을 자유롭게 쓸 수도 있다.

✪ 한줄 로프를 잡고 여러 사람이 등반할 때 중간에 있는 사람이 다음과 같은 방법을 사용하면 고리가 벗겨지지 않고 안전하게 활동할 수 있다.

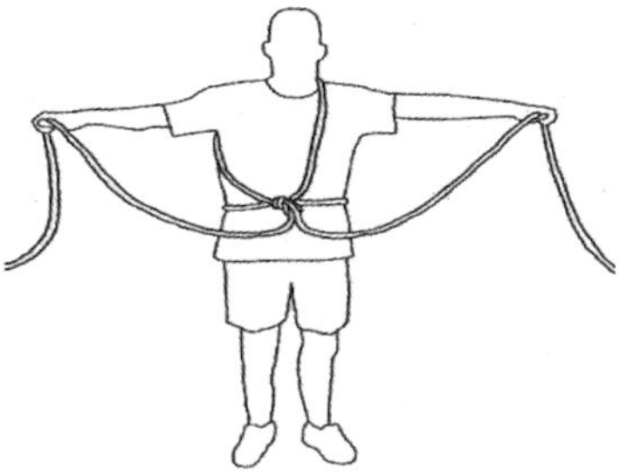

■ 한쪽 고리를 허리에 끼우고 크기를 조절하여 어깨에 건다 ■

■ 두 개의 고리가 몸에 걸려 있기 때문에 안전하다 ■

② 세겹고정매듭 활용★★
㉠ 들것을 사용할 수 없는 장소에서 안전벨트 없이 요구조자의 끌어올리거나 매달아 내려 구출할 때 사용하는 방법이다.
㉡ 경추나 척추 손상이 의심되는 요구조자 또는 다발성골절환자에게는 사용하면 안 된다.

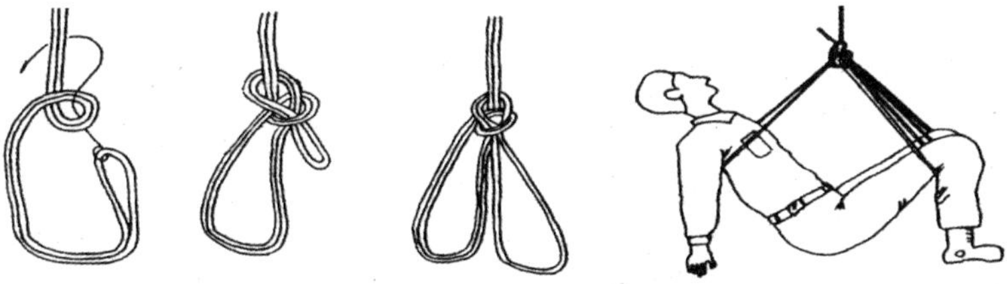

■ 세겹고정매듭을 이용한 구출 ■

③ 앉아매기(간이 안전벨트)★☆ 14년 서울 소방장
㉠ 안전벨트 대용으로 하강 또는 수평도하 등에 사용할 수 있는 매듭이다.
㉡ 3m 정도 길이의 로프나 슬링의 끝을 서로 묶어 큰 원을 만들고 허리에 감은 다음, 등 뒤의 로프를 다리사이로 빼내어 카라비너로 연결한다.
㉢ 로프보다는 슬링을 이용하는 것이 신체에 가해지는 충격을 줄일 수 있다.

■ 슬링을 이용한 간이 안전벨트 ■

(2) 기구 묶기

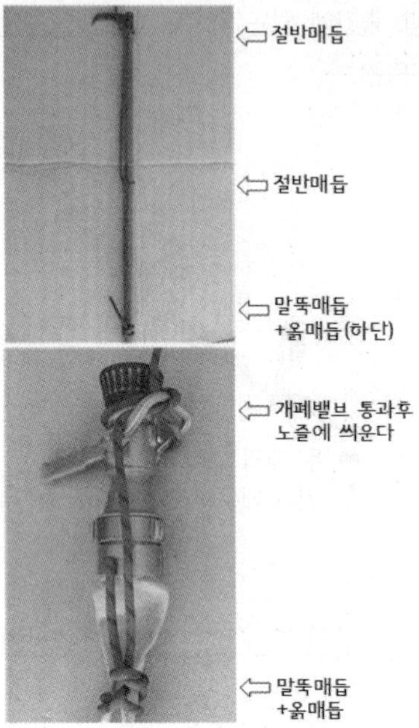
절반매듭
절반매듭
말뚝매듭
+옭매듭(하단)
개폐밸브 통과후
노즐에 씌운다
말뚝매듭
+옭매듭

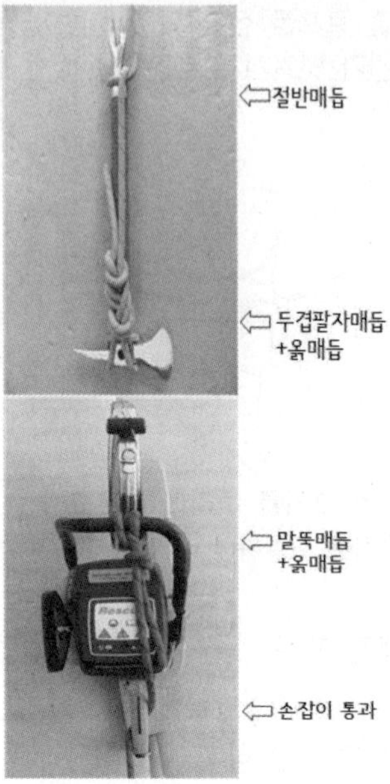
절반매듭
두겹팔자매듭
+옭매듭
말뚝매듭
+옭매듭
손잡이 통과

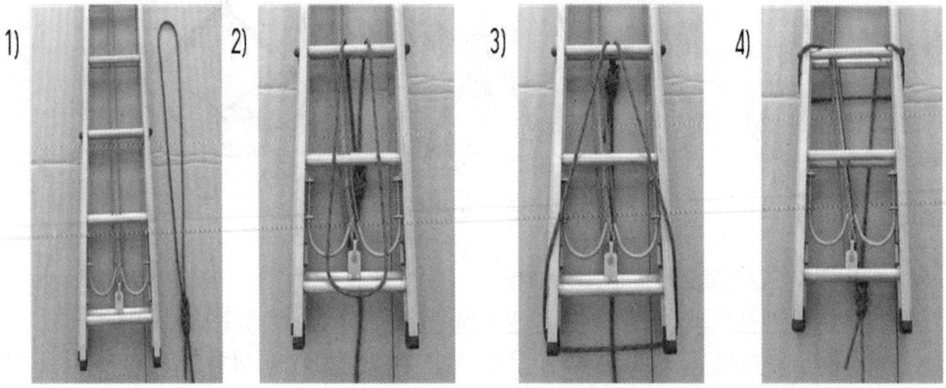
1)
2)
3)
4)

4 로프정리

<table>
<tr><td colspan="2">둥글게 사리기</td><td>※ 무릎이나 팔뚝을 이용하여 로프를 신속히 감아 나가는 방법으로 <u>비교적 짧은 로프를 사릴 때 사용</u>한다.
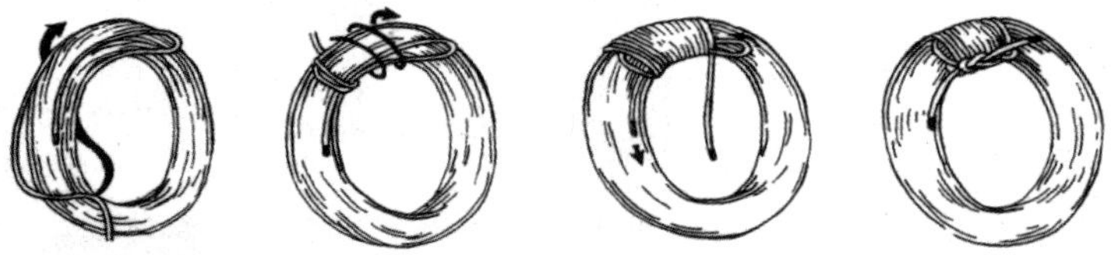</td></tr>
<tr><td rowspan="2">나비모양 사리기</td><td>한발감기
(원형감기)</td><td>· 50~60m의 비교적 <u>긴 로프를 사릴 때 사용하는 방법</u>이다.
· 로프가 지그재그 형태로 쌓이므로 풀 때도 엉키지 않는다.
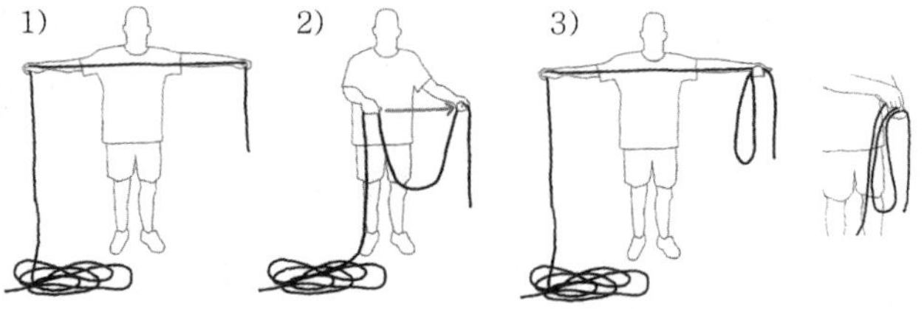

로프를 쥐고 양팔을 벌려 오른손에 쥔 로프를 왼 손으로 넘기는 것을 반복
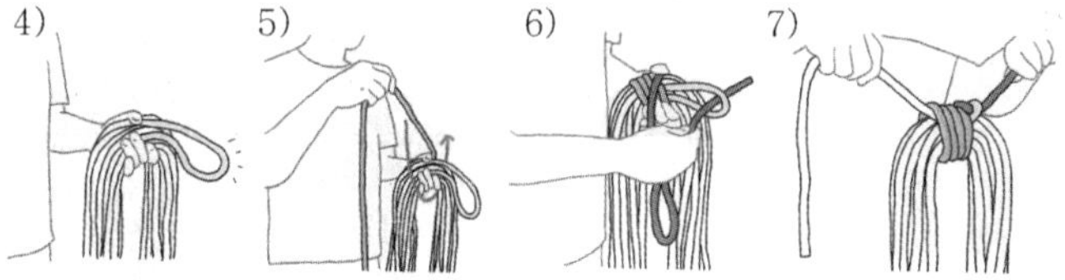

로프의 끝 가닥을 접어 고리를 만들고 다른 쪽 끝을 사려진 로프에 감은 후 끝을 고리에 통과 시켜 당기고 마무리 함</td></tr>
<tr><td>어깨 감기</td><td>로프의 길이가 60m 이상이면 사리면서 한손으로 잡고 있을 수 없게 된다. 이때에는 <u>로프를 어깨로 올려서 사리게 된다.</u>
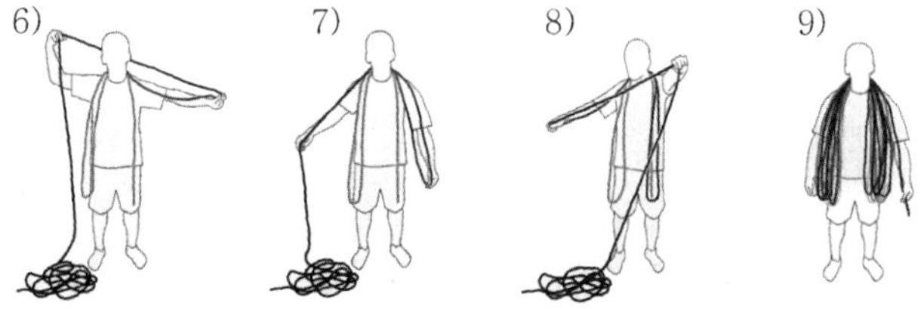

로프 끝을 한쪽 손에 잡고 머리 뒤로 돌려 반대쪽 손으로 잡는 것을 반복
로프사리기가 끝나면 마무리는 한발감기와 같은 방법으로 한다.</td></tr>
</table>

<table>
<tr><td>8자모양
사리기</td><td>※ 로프가 꼬이지 않게 사리는 방법으로 풀 때 꼬이지 않는 장점이 있다. <u>굵고 뻣뻣한 로프나 와이어로프 등을 정리할 때 편리</u>하다.
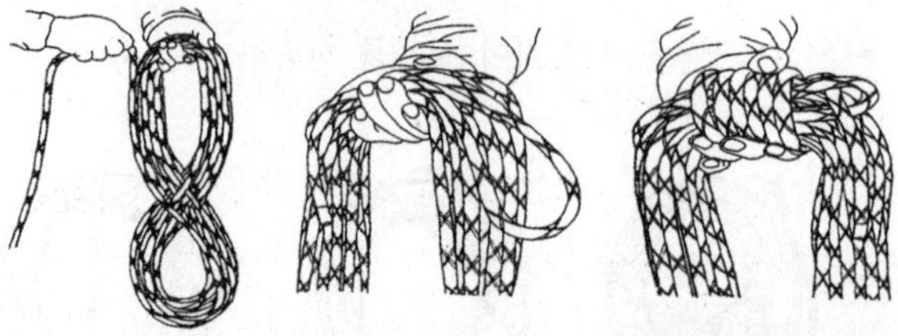</td></tr>
<tr><td>사슬
사리기</td><td>과거에는 주로 화물차 기사들이 사용한 방법이지만 원형이나 8자형 사리기보다 꼬이거나 엉키는 확률이 현저히 낮다. 이 방법은 마지막 끝처리가 잘 되어야 하는데, 잘못될 경우 푸는 방법도 잘 익혀 두어야 한다. 마지막 1m 정도의 여유줄을 남겨 놓고 마지막 사슬을 여유줄에 묶는데 절대로 여유줄이 매듭 안으로 들어가서는 안 되며 고리를 작게 사리는 것이 좋다.
</td></tr>
<tr><td>어깨매기</td><td>※ 로프를 휴대하고 장거리를 이동하는 방법
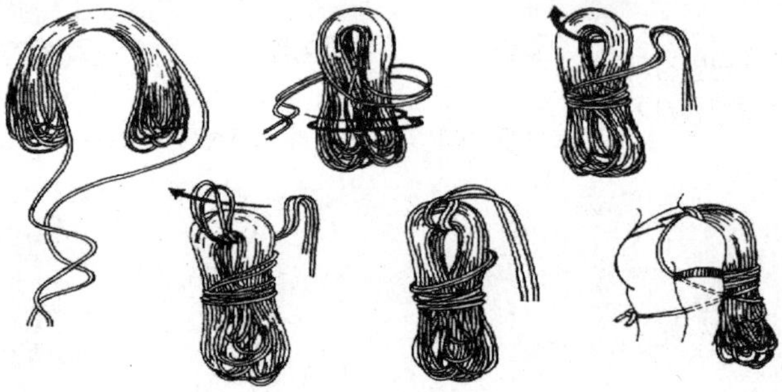</td></tr>
</table>

제2절 로프 설치

1 지지점 만들기

로프를 공작물이나 수목 등 일정한 지지물에 묶어 하중을 받을 수 있도록 설치하고 카라비너 또는 도르래 등의 기구를 이용하여 힘의 작용방향을 바꾸기도 한다.

용어 정리

① 지지점·확보점 : 로프를 직접 묶어 하중을 받게 되는 곳
② 현수점 : 수직방향으로 설치하는 로프가 묶이는 곳
③ 지점 : 연장된 로프에 카라비너, 도르래 등을 넣어 로프의 연장 방향(결국 '힘'의 방향)을 바꾸는 장소
④ 앵커 : 지지점과 현수점, 지점 등을 통칭

✪ 확보점, 지지점, 현수점, 지점 등이 명확히 구분되는 것은 아니며 대부분의 경우 특별히 구분하여야 할 필요성도 크지 않다.

(1) 지지물 선정* ☆ 15년 소방장

① 로프를 설치하기 위해서는 적당한 지지물(충분한 강도를 가진 구조물, 공작물, 수목 등), 로프(지지물에 결착), 활용기구(카라비너, 도르래 등)가 필요하다.

② 주변의 지형지물이나 물체를 잘 활용하여 확보점 등을 설정하고 지지물의 형태에 따라 알맞은 매듭법을 활용해서 확보점·지점을 만들게 된다.

③ 지지물은 고정된 공작물이나 수목 등 하중을 충분히 견딜 수 있는 물체를 선택하여야 한다.

✪ 특히 주의해야 할 것
설치하는 로프는 반드시 2겹 이상으로 하고 2개소 이상을 서로 다른 지지물에 묶어 지지물의 파손, 로프의 절단 등으로 발생할 수 있는 안전사고에 대비하여야 한다.

④ 로프가 묶이는 부분이 날카롭거나 거친 물체인 경우와 설치된 구조기구가 지지물에 닿아 마찰이 발생하면 기구의 파손이나 로프 보호기구나 담요, 종이상자 등을 이용하여 마찰을 최소화하도록 한다.

⑤ 현장에 맞는 다양한 방법 선정

수목이나 전신주, 철탑 등 수직물체의 이용	· 보편적으로 많이 활용하는 방법 · 2개소 이상 견고하게 고정
창틀의 이용	· 목재나 파이프 등 창틀보다 긴 물체를 이용 · 별도의 로프로 움직이지 않도록 고정
건물 내의 집기를 이용하는 방법	· 건물 내의 옷장, 책상, 캐비닛 등 대형 집기를 이용 · 집기의 유동을 방지할 수 있도록 집기자체를 고정
매몰 방법	· 적당한 지지물이 없는 하천변에서는 둑에 지지물을 묻어 지지점으로 활용 · 눈사태 등이 발생한 지역에서는 지지물을 눈 속에 묻어 임시로 지점을 설정할 수도 있다. · 과도한 중량이 걸리지 않도록 각별한 주의가 필요하다.
기타 지형지물 이용법	· 차량이나 사다리, 건물 난간이나 국기게양대 등의 옥상시설물도 활용

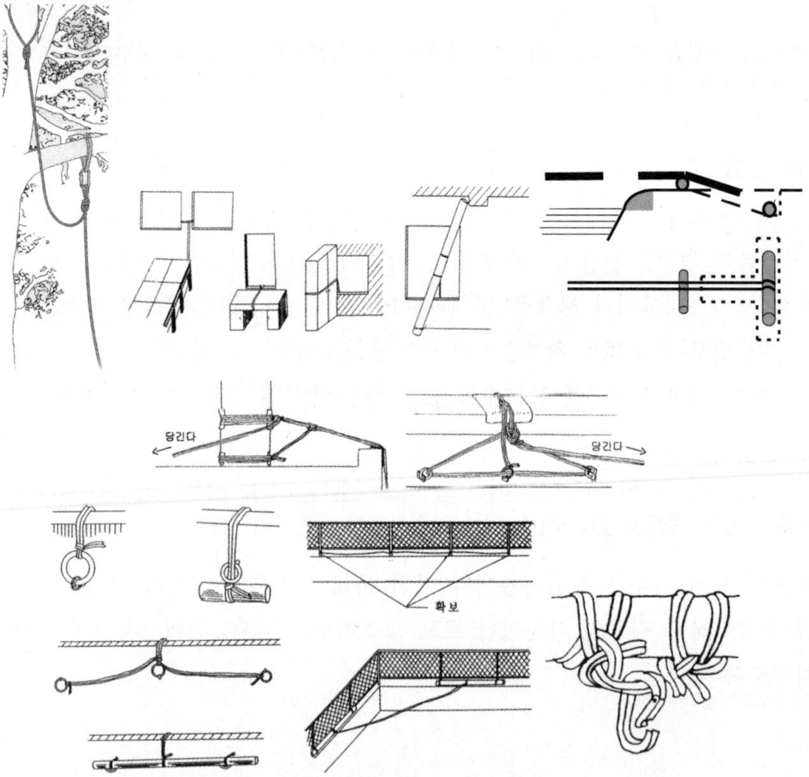

(2) 지점 만들기

① 설정부분의 강도를 면밀히 살펴 충분한 하중을 견딜 수 있는 물체를 선정하여야 한다.
② 특히 로프의 유동에 의한 마찰이 많이 발생하므로 로프와 로프가 직접 마찰하지 않도록 주의를 기울인다.
③ 안전을 위해서 로프는 2겹으로 사용하는 것이 바람직하다.

2 현수로프 설치

현수(懸垂)로프란 요구조자의 구조 혹은 대원 진입, 탈출을 목적으로 지지점에서 아래로 수직으로 설치하는 로프를 말하며 등반 및 하강, 요구조자의 구출 및 장비의 수직이동, 수직 맨홀 진입 등 다양한 경우에 활용된다.

(1) 현수로프 설치 원칙★★★☆ 13년 인천 소방장, 16년 경기 소방장, 전북 소방장

① 지지점은 완전한 고정물체를 택하여야 하며 하중이 걸렸을 때 충분히 지탱할 수 있는 강도 유지
② 파손이나 균열부분이 있는지 면밀히 살펴보고 두드리거나 흔들어보는 등의 다양한 방법으로 안전성을 철저히 확인한다.
③ 로프는 안전을 위하여 두 겹으로 사용하는 것을 원칙으로 하고 특히 직경 9㎜ 이하의 로프는 충격력과 인장강도가 떨어지고 손에 잡기도 곤란하므로 반드시 두 겹으로 한다.
④ 하강 로프의 길이는 현수점에서 하강지점(지표면)까지 로프가 완전히 닿고 1~2m 정도의 여유가 있어야 한다.

로프가 지나치게 길면	➔	하강지점에 도달한 후에 신속히 이탈하기가 곤란
로프가 지면에 닿지 않을 정도로 짧으면	➔	로프 끝에서 이탈하여 추락할 위험

⑤ 하강지점의 안전을 확인하고 로프를 투하한다. 로프 가방(rope bag)을 사용하면 로프가 엉키지 않고 손상을 방지할 수 있다.
⑥ 필요하면 현수로프를 보조로프로 고정하여 움직이지 않도록 한다.

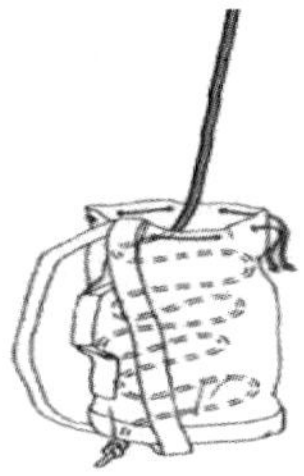

(2) 현수로프의 설치방법

① 로프 묶기
㉠ 지지물에 직접 묶기
ⓐ 이중 말뚝 매듭이나 고정매듭 등을 이용, 로프를 지지물에 직접 묶는다.
ⓑ 일반적으로 지지물에 로프를 말뚝매기로 묶고 그 끝을 연장된 로프에 다시 옭매듭하거나 두겹말뚝매기를 하여 풀리지 않도록 한다.

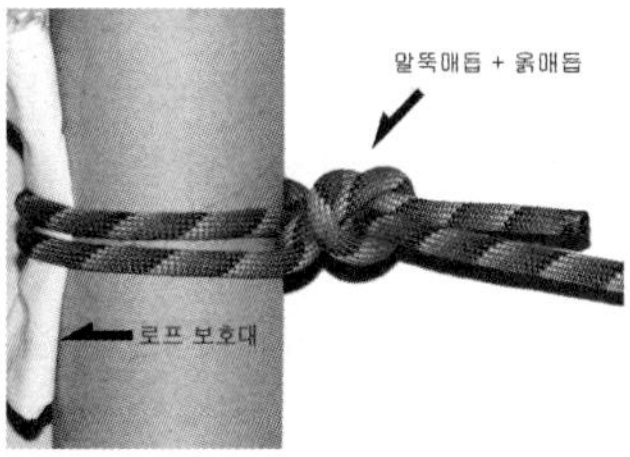

ⓒ 매듭 후에는 다시 주 로프에 보조로프를 감아매기 한 후 다른 곳에 고정하여 주 로프가 움직이지 않도록 한다.

㉡ 간접 고정하기 ☆ 16년 부산 소방교

ⓐ 지지물이 크거나 틈새가 좁아 직접 로프를 묶기 곤란한 경우 또는 신속히 설치하여야 할 필요가 있는 경우에 사용하는 방법이다.

ⓑ 지지점에 슬링이나 보조로프를 감아 확보지점을 만들고 카라비너를 설치한 다음 8자매듭이나 고정매듭을 하여 카라비너에 로프를 건다.

ⓒ 건물의 모서리나 장애물에 로프가 직접 닿지 않도록 로프를 보호한다.

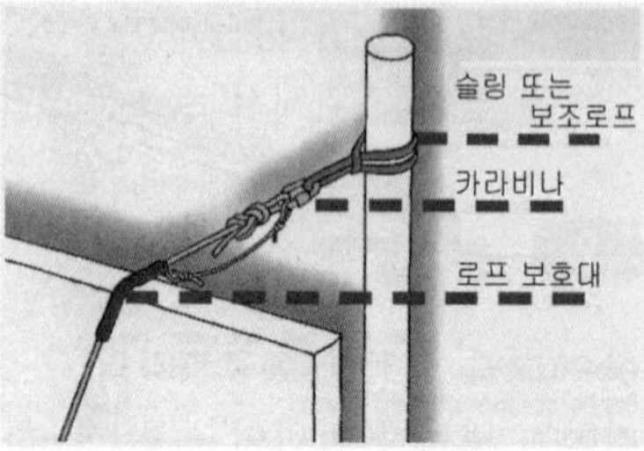

■ 현수로프의 간접 고정 ■

ⓓ 카라비너를 이용한 방법

카라비너를 걸 수 있는 고리가 있으면 다음과 같은 방법으로 로프를 신속하게 설치할 수 있다. 고리가 없을 경우 보조로프나 슬링 등으로 대용할 수도 있다.

■ 카라비너에 로프 결착하기 ■

② 회수로프 설치

구조현장에 따라 설치된 로프를 회수하기 곤란한 장소가 있다. 이러한 경우 최후에 하강 또는 도하하는 대원이 로프를 회수하기 쉽게 설치하는 방법이다. 안전사고 발생의 위험이 있으므로 극히 신중을 기하여야 하고, 회수시에는 암벽 틈새나 수목 등 장애물에 로프가 걸리지 않도록 주의하여야 한다.

㉠ 로프감기

ⓐ 수목이나 전신주 등 지지물에 로프를 감아 사용하고 하강 또는 도하 후에는 매듭의 반대방향으로 당겨 회수하는 가장 간단한 방법이다.

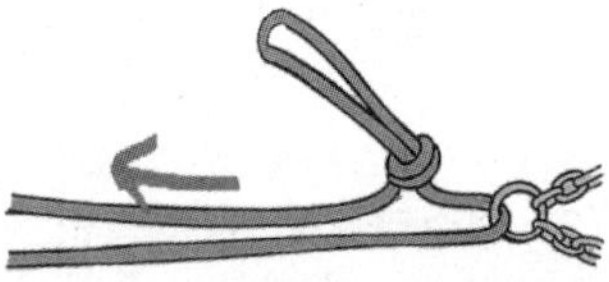
■ 로프감기 설치방법 ■

ⓑ 반드시 로프의 두 줄을 동시에 활용하여야 한다.

ⓒ 사용 후에는 매듭부분의 반대방향으로 로프를 당겨 회수하며 이때 로프가 마찰에 의해 훼손되지 않도록 주의를 기울인다. 횡단로프를 설치하는 경우에 많이 활용한다.

㉡ 회수 설치

최종 하강자가 로프 설치를 바꾸어 쉽게 회수하도록 하는 방법이다. 안전사고의 위험은 비교적 적으나 별도의 지지물이 필요하다. 확보물이 설치되어 있는 암벽에서 하강할 때 많이 활용한다.

㉢ 회수 매듭법(Blocking Loop)을 이용하는 방법

ⓐ 하강지점에서 풀 수 있는 회수 매듭법이다.

ⓑ 3번 이상 교차 매듭하고 풀리는 로프를 잘 기억해야 한다.

ⓒ 푸는 로프를 착각하여 잘못 당기거나 하강도중 공포감으로 인하여 매듭을 당기면 추락의 위험성이 있으므로 숙달되지 않은 사람은 사용하지 않도록 한다.

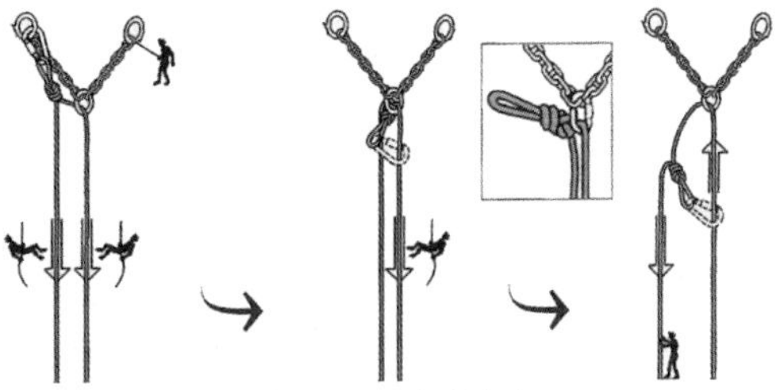

■ 회수로프 설치방법 ■

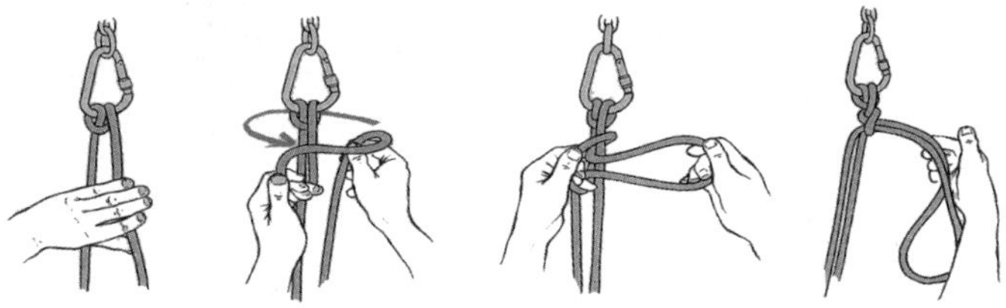

■ 로프 회수법 ■

3 연장로프(횡단로프) 설치★★ ☆ 13년 서울 소방교

연장로프는 수평 또는 비스듬히 연장하는 로프, 즉 횡방향으로 설치하는 로프를 말하며 도하훈련, 계곡 등에서의 수평구조, 경사 하강(비상탈출)등의 경우에 활용하는 설치방법이다.

> ✪ 연장로프는 팽팽하게 당겨야 활동이 용이하지만 지나치게 당겨지면 로프에 가해지는 장력(張力, tension)도 급격히 증가되므로 로프의 인장강도 이상으로 사용하지 않도록 주의한다.

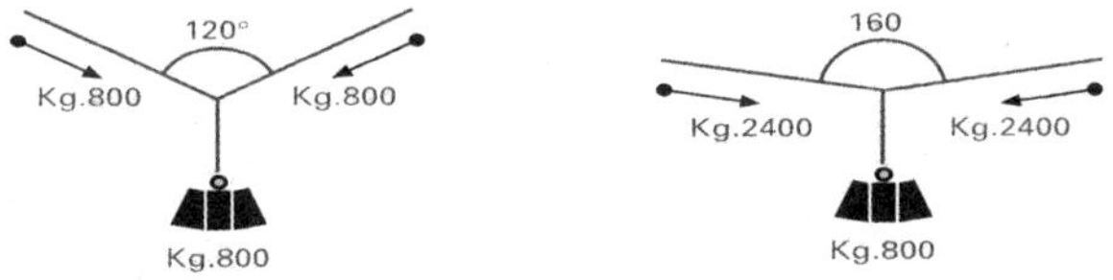

■ 수평으로 연장된 로프에 가해지는 장력 ■

(1) 연장로프 설치 방법★

① 인력에 의한 로프 연장

아무런 장비나 도구 없이 로프와 사람의 힘만으로 로프를 연장하는 방법으로 연장 로프에 걸리는 하중이 많지 않은 경우에 사용한다. 당김줄매듭(Trucker's hitch)을 이용하면 작업이 끝난 후에도 매듭을 풀기가 용이하다.

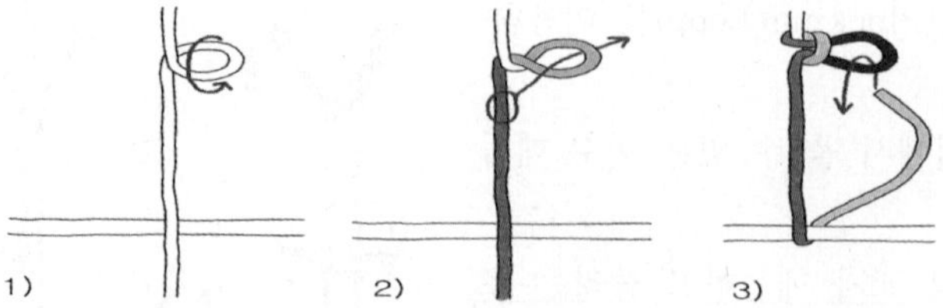

▬ 당김줄매듭을 이용하여 로프를 당기는 방법 ▬

- 수평으로 연장된 로프의 중간을 비틀어 고리를 만들고 한번 꼬아준다.
- 고리 속으로 로프의 중간을 통과시켜 또 다른 고리를 만든다.
- 로프의 끝 가닥을 지지물에 감고 2)에서 만든 고리를 통과시킨 후 당겨서 지지물에 결착한다. 이때 고리에 직접 로프를 거는 것 보다는 카라비나를 연결하고 로프를 통과시키면 마찰로 인한 로프 손상을 최소화 할 수 있다.

▬ 당김줄을 만들고 카라비너를 건다 ▬

② Z자형 도르래 배치법

로프에 걸리는 하중이 큰 경우에 사용하는 방법으로 감아매기로 고정한 로프를 2개의 도르래로 당겨서 팽팽하게 유지한다.

㉠ 주 로프를 지지물에 결착하고 고정한다. 이때 2개소 이상의 지지점을 설정하여 하중을 분산시키고 안전을 도모한다.

ⓐ 지지물에 말뚝매기 방법으로 직접 주 로프를 결착하고 감아매기로 하중을 분산시킨 방법

ⓑ 지지물에 2개소의 확보물을 설치하고 8자매듭과 카라비너를 이용하여 주 로프를 간접 고정한 것

▬ 직접 묶기 ▬

▬ 간접 고정 ▬

ⓒ 반대 쪽 지지물에 확보지점을 설치하고 도르래를 건 다음, 주 로프를 통과시키고 감아매기로 고정한다.

ⓓ 주 로프의 당겨지는 지점에 보조로프를 감아 매고 두 번째 도르래를 건 다음 주 로프를 통과시키고 당긴다. <u>'Z자형 도르래 배치법'을 응용한 것으로 1/3의 힘만으로 로프를 당길 수 있다. 단 당겨지는 거리 역시 3배가 되어 1m를 당기고자 한다면 3m를 당겨야 한다.</u>

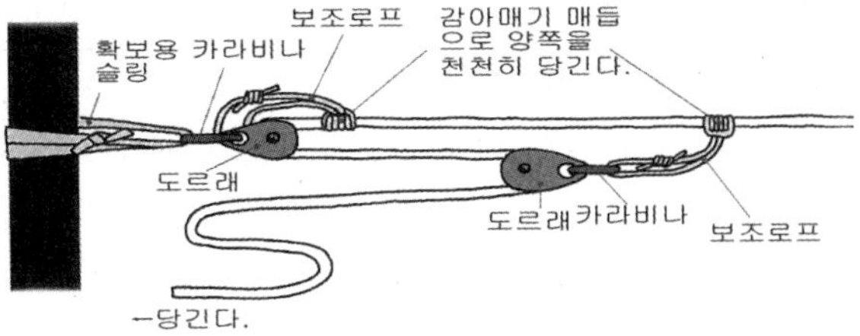

■ Z자형 도르래 배치법을 응용한 로프 연장법 ■

③ 2단 도르래를 이용하는 방법

2단 도르래를 이용하여 강력한 힘으로 로프를 연장하는 방법이다. 연장로프에 구조대원이나 요구조자가 직접 매달리는 도하로프를 설치할 때 이용한다.

㉠ 2개소 이상의 지지물에 주 로프를 확실히 고정한다.

㉡ 주 로프의 반대 쪽 끝 부분에 당김줄매듭을 만들고 카라비너를 결착한다. 이 카라비너에 도르래를 건다. 도르래는 모두 2단 도르래를 사용하고 당김줄매듭의 위치는 로프가 당겨지는 것을 고려하여 정한다.

㉢ 반대쪽 지지물에 슬링이나 로프로 지점을 만들고 카라비너를 결착한다. 이 카라비너에 도르래를 걸고 주 로프를 통과시킨 후 다시 도르래를 통과시킨다. 로프가 꼬이지 않도록 주의하면서 도르래를 다시 한 번 통과시킨다.

㉣ 당기는 힘을 늦추어도 로프가 느슨해지지 않도록 다른 지지물에 확보점을 만들고 베이직이나 크롤, 그리그리 등 역회전 방지 기구를 설치한다. 주 로프를 충분히 당겨 팽팽하게 유지하고 지지물에 결착한다.

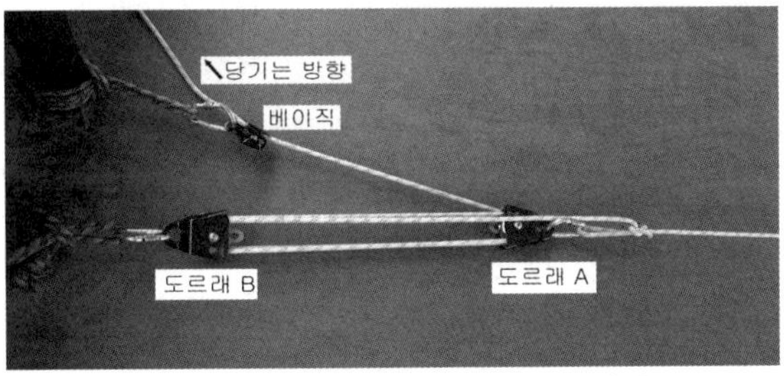

■ 2단 도르래를 이용한 로프 연장 방법 ■

④ 차량을 이용한 로프 연장

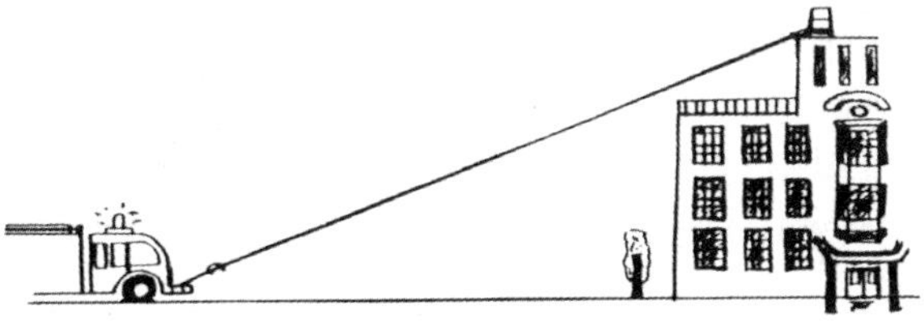

■ 차량을 이용한 로프연장 방법 ■

㉠ 연장된 로프의 끝에 두겹8자매듭이나 이중8자매듭을 하고 카라비너를 건다.
㉡ 차량용 훅(hook)에 로프를 연결한다.
㉢ 차량을 후진시켜 로프를 당긴다. 이때 보조요원은 로프에 가해지는 장력을 주의 깊게 살펴 지나치게 당겨지지 않도록 주의한다.
㉣ 구조활동에 적합한 정도로 로프가 당겨지면 사이드브레이크를 채우고 바퀴에 고임목을 대어 차량이 전진하지 않도록 조치한다.

제3절 안전 확보

1 확보의 개념** ☆ 18년 소방교, 소방장

높은 곳에서 작업하는 경우나 암벽 등을 오르내리는 경우 구조대원과 요구조자의 행동을 용이하게 하고 추락이나 장비의 이탈을 방지하기 위하여 로프로 묶는 안전조치를 취하는데 이를 확보(Belay)라 한다.

직접 확보	· 확보기구를 사용하든, 사용하지 않든 간에 확보자의 신체에 직접 하중이 걸리도록 하는 방법을 말한다. · 1차적으로 확보자에게 전달되는가.
간접 확보	· 확보기구 등을 이용하여 자기 몸이 아닌 다른 어떤 지형지물과 확보물에 의지하는 것을 말한다. · 확보지점에 전달되는가에 따른 구분

■ 직접 확보와 간접 확보 ■

2 확보기법* ☆ 12년 서울 소방장, 18년 소방교

자기 확보	작업자 자신의 안전을 확보하기 위하여 신체를 어떠한 물체에 묶어 고정하는 것. ① 구조 활동을 하고자 할 때에는 가장 먼저 자기 확보부터 해야 한다. ② 작업장소의 상황과 이동범위를 고려하여 1~2m 내외의 로프를 물체에 묶고 끝에 매듭한 후 카라비너를 이용하여 작업자의 안전벨트에 거는 방법을 사용한다. ③ 움직임이 많은 경우에는 미리 안전벨트에 확보줄(데이지 체인 등)을 묶어두었다가 카라비너를 이용해서 필요한 지점에 고정한다. ④ 안전벨트와 확보로프 없이 작업하는 것은 매우 위험한 상황을 초래할 수 있으므로 절대로 피하여야 한다.

<table>
<tr><td></td><td>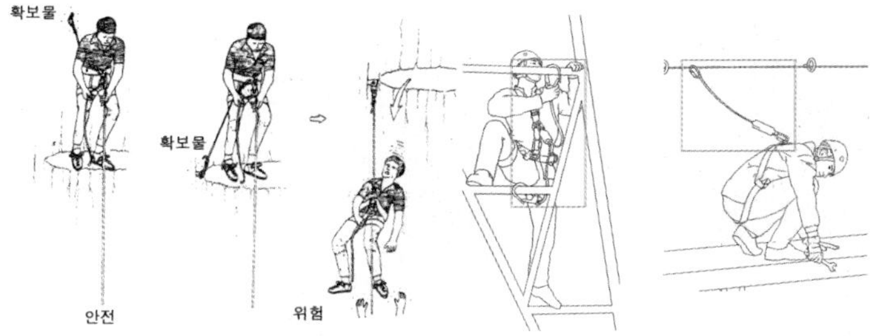
</td></tr>
<tr><td>타인의 확보</td><td>확보자가 등반, 하강 또는 높은 곳에서 작업 중인 대원의 안전을 확보해 주는 방법
① 장비를 이용한 확보
㉠ 8자 하강기, 그리그리, 스톱 등 각종의 확보 기구에 로프를 통과시켜 마찰을 일으키도록 하는 방법으로 신체를 이용한 확보에 비해 보다 확실하고 안전한 확보를 할 수 있다.
㉡ 확보자는 우선 자기확보를 한 후 확보기구에 로프를 통과시켜 풀어주거나 당기면서 확보한다.
㉢ 당겨진 로프는 엉키지 않도록 잘 사려 놓아야 하며 특히 로프를 풀어주면서 확보하는 경우에는 반드시 로프의 끝 부분을 매듭으로 표시하여 로프길이를 착각하고 모두 풀어주는 사고를 방지한다.
② 신체를 이용하는 확보(Body Belay)
몸을 이용한 확보방법은 로프와 몸의 마찰로 로프를 제동하는 방법인데, 허리, 어깨, 허벅지를 이용한 확보 등이 있다.
※ UIAA에서 권장하는 가장 좋은 확보방법은 허리확보이다.(Hip Belay)
<table>
<tr><td>허리 확보</td><td>㉠ 하중을 확보자의 허리로 지탱하는 방법이다.
㉡ 서거나 앉아서 확보할 수 있지만 선 자세는 균형유지가 어려우므로 특별한 경우가 아니면 실시하지 않도록 한다.
㉢ 허리확보도 어깨 확보와 같이 확보로프의 힘의 중심이 아래쪽에 있으면 실시하기 쉽다.
㉣ 앉은 확보 자세에 있어서는 발로 밟고 지탱할 수 있는 지지물이 있으면 한층 강하게 확보할 수 있다.</td></tr>
<tr><td>어깨 확보</td><td>㉠ 힘이 걸리는 측면로프가 왼쪽 겨드랑이 밑으로 나오도록 확보로프를 설정한다.(왼손잡이의 경우 오른쪽 겨드랑이. 이하 같다).
㉡ 왼발을 앞으로 내어 하중을 지탱하고 오른발을 약간 구부린다.
㉢ 로프를 등 뒤로 돌리고 오른쪽 어깨에 로프를 건다.
㉣ 등을 똑바로 펴서 약간 뒤쪽으로 체중을 건다. 등을 굽히면 하중이 앞쪽에 걸려 자세가 흐트러지고 균형을 잃는다.
㉤ 왼손으로 로프를 당기고 오른손으로 보조한다. 무릎을 굽히거나 펴면서 신체 전체를 사용하는 것이 좋다. 잠시 멈추거나 제동할 때에는 오른손 로프를 왼쪽으로 꺾어 두 줄을 겹쳐 잡아 제동한다.</td></tr>
</table></td></tr>
<tr><td>지지물 이용 확보</td><td>① 지지물을 이용하여 확보한 경우에는 낙하 충격은 지지점을 통해 그 위쪽 방향에서 나타나므로 지지점을 향하여 확보자세를 취한다.
② 지지물이 추락 충격에 견딜 수 없을 것으로 판단되면 개인로프, 카라비너 등을 이용하여 지지점을 늘려 충격이 분산되도록 한다.</td></tr>
</table>

■ 허리확보 자세 ■

■ 어깨확보 자세 ■

제4절 하강 기술

1 기본하강

현수로프를 사용하여 높은 곳으로부터 하강하는 방법으로 비교적 긴 거리를 하강할 수 있다. 하강로프는 반드시 2줄로 설치하여 안전을 확보하고 헬멧, 안전벨트, 장갑, 하강기 등 필수장비의 안전점검과 착용상태를 확인한다.

(1) 하강기의 준비

① 하강기구 이용 하강

㉠ 가장 기본적인 하강기구인 8자 하강기는 크기가 작아 휴대 및 활용이 용이한 반면 약간의 숙달을 요하고 제동 및 정지가 불편하다.

㉡ 이런 단점을 보완한 것으로 8자 하강기의 변형인 구조용하강기, 로봇하강기 등도 널리 활용되고 있다.

㉢ 반면 스톱하강기(stopper)나 랙(rack) 등 제동이 용이한 하강기도 사용이 증가하는 추세이므로 한 가지 장비만을 고집하지 말고 다양한 장비의 활용법을 익혀두도록 한다. 여기서는 기본 장비인 8자 하강기 위주로 설명토록 한다.

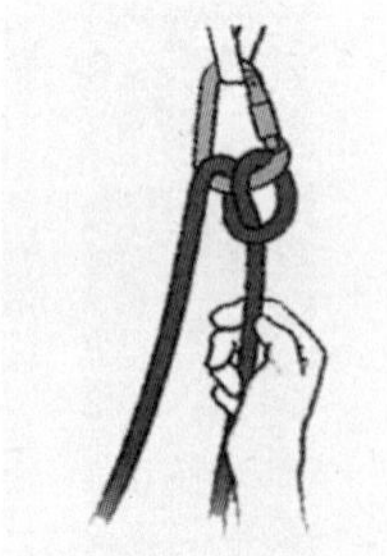

■ 카라비너와 로프의 마찰력을 이용하는 방법 ■

② 카라비너 이용

㉠ 반 까베스땅 매듭 또는 절반말뚝매듭, Italian hitch 등으로 불리는 매듭으로 카라비너와 로프의 마찰력을 이용하여 제동을 거는 방법이다.

㉡ 하강기가 없을 때 대용할 수 있는 방법이긴 하지만 마찰이 심하게 발생하여 로프가 꼬이고 손상률도 높다. 따라서 긴급한 경우가 아니면 카라비너 하강을 피하고 하강한 후에는 로프의 손상여부를 잘 확인해 두어야 한다.

(2) 하강기에 로프걸기

① 8자 하강기

두 줄 걸기	두 줄의 로프를 모두 8자 하강기에 넣고 카라비너에 건다. 하강속도가 느리고 제동이 용이하므로 요구조자 구출활동에 많이 활용한다. 
한 줄 걸기	① 하강 시에 많이 활용하는 방법이다. ② 한 줄은 하강 및 제동, 다른 줄은 안전확보용이다. ※ 먼저 카라비너에 한 줄의 로프를 통과시키고 다른 로프를 8자 하강기에 넣어 다시 카라비너에 건다. 이때 8자 하강기를 통과한 하강 측 로프가 오른쪽 (왼손잡이일 경우 왼쪽)으로 가도록 주의하여야 한다. 
안전하게 로프 걸기	장갑을 끼고 있거나 날씨가 추운 경우 하강기에 로프를 걸다가 놓치는 경우가 자주 발생한다. 이런 경우 먼저 카라비너에 하강기를 반대로 넣고 로프를 건 다음 하강기를 바꾸어 걸면 하강기를 놓치는 안전사고를 방지할 수 있다. 

② 스톱(STOP)

사용이 간편하고 제동이 용이한 스톱하강기는 최근 많이 사용하는 추세이다. 스톱하강기는 체중이 걸리면 자동으로 로프에 제동이 가해진다. 손잡이를 누르면 제동이 풀리면서 하강할 수 있고 놓으면 다시 제동이 걸리는 구조이므로 안전성이 높다.

㉠ 먼저 스톱을 열고 아래쪽을 카라비너에 건 후 그림과 같이 로프를 넣는다.

㉡ 로프의 삽입 방향은 몸체에 표시되어 있으므로 제대로 삽입되어 있는지 다시 한 번 확인하고 스톱을 닫은 후 위쪽도 카라비너에 건다.

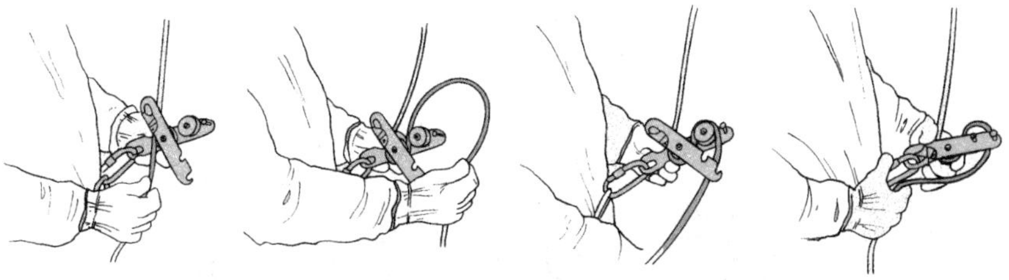

■ 스톱하강기에 로프 삽입하기 ■

(3) 하강 방법**

① 일반 하강

㉠ 하강전의 안전점검

ⓐ 하강 전에 반드시 로프의 설치상태와 착지점의 상황 등 안전점검을 실시한다.

ⓑ 착지지점에 안전요원(일명 줄잡이)을 배치한다. 하강하는 대원 자신이 직접 안전벨트와 카라비너의 결합상태, 하강기의 고정과 로프의 삽입 등을 점검하고 안전요원이 다시 확인한다.

ⓒ 하강하는 대원이 제동을 걸지 못하여 지나치게 하강속도가 빠른 경우에는 안전요원이 하강로프를 당겨 제동을 걸어주어야 한다.

ⓓ 따라서 안전요원은 하강하는 대원에게서 절대로 시선을 떼어서는 안 된다.

㉡ 하강요령

ⓐ 하강기에 로프를 넣고 카라비너를 이용하여 안전벨트에 결합한다.

ⓑ 현수점 측 로프를 풀고 왼손 팔꿈치를 펴서 가볍게 잡는다. 오른손은 현수로프를 허리부분에 돌려서 잡는다. 오른손목을 돌려서 제동하고 현수로프로 체중을 걸면서 벽면으로 이동한다.

ⓒ 상체를 로프와 평형으로 유지하고 다리는 상체와 대략 직각이 되도록 하여 어깨폭 정도로 벌리고, 발을 벽면에 대고 하강지점을 확인한다.

ⓓ 하강준비가 완료되면 안전요원에게 "하강준비 완료"라고 외친다.

ⓔ 안전요원의 "하강"신호에 의해 제동을 풀고 하강지점을 계속 확인하면서 벽면을 발로 붙이고 서서히 하강한다. 하강 중에는 시선을 아래로 향하여 장애물에 주의한다.(이때 과도하게 몸을 틀지 않고 시선만 아래로 향한다.)

ⓕ 하강 도중 벽면을 발로 차서 반동을 주며 하강하는 동작은 금물이다. 실세 구조활동 중에는 요구조자나 들것이 벽면에 부딪혀 부상을 입을 수 있고 유리창 등 건물의 취약부분이 파손될 우려도 있기 때문이다.

ⓖ 착지할 때에는 무릎을 가볍게 굽혀 충격을 완화한다.

ⓗ 상층에서 파손된 유리창이나 카라비너, 하강기 등의 장비가 낙하하는 경우가 있으므로 하강을 마친 대원은 즉시 하강지점에서 뒤로 물러서야 한다.

ⓘ 하강기에서 로프를 뺄 때에 하강기가 로프와의 마찰열로 의하여 뜨거울 수 있으므로 주의하고 로프에서 완전히 이탈한 후에 "하강완료"라고 외친다.

② 오버행(Over-hang) 하강

오버행(Over-hang)의 뜻은 암벽의 일부가 처마처럼 튀어나온 부분을 말하는 것으로 오버행 부분에서 하강하는 것처럼 발 닿을 곳이 없는 상태로 하강하는 것은 일반 하강과 다른 하강 기법이 필요하다.

㉠ 수직으로 하강한다.

ⓐ 오버행 하강에서 제일 중요한 점은 우선 로프가 떨어진 중력방향으로 내려가는 것이다.

ⓑ 만일에 출발지점과 도착지점이 좌우로 멀리 차이가 난다고 해도 우선은 중력방향으로 내려와 도착지점에 가까이 접근한 다음에 옆으로 이동하는 것이 좋다.

ⓒ 그렇지 않고 출발할 때부터 도착지점을 향해서 비스듬히 가게 되면 로프가 당기는 힘에 의해서 옆으로 날아갈 수 있기 때문이다.

㉡ 균형 잡힌 자세

ⓐ 오버행이 시작하는 턱 끝까지 발이 내려온 다음 발을 어깨넓이로 펴고 서서 균형을 잡은 상태로 체중을 실어 상체를 뒤로 젖히면서 로프를 먼저 빼서 몸이 쭉 펴진 상태가 되도록 한다.

ⓑ 조금이라도 오버행 아래에 먼저 닫는 발을 내리고 다음 발을 똑같이 내려 균형을 잡으면서 로프가 턱에 걸리도록 한다.

■ 오버행 지역의 통과 자세 ■

✪ 로프를 충분히 빼지 않고 하강을 시작하면 로프를 잡은 왼손바닥이 턱과 줄에 걸쳐서 낄 수 있으니 주의해야 한다.

㉢ 오버행 턱 아래로 한발이라도 걸치지 못하는 심한 오버행

ⓐ 하강을 시작할 때는 위와 같이 하는 동작에서 상체를 쭉 펴지 말고 약간 웅크린 상태에서 로프를 먼저 뺀 다음에 균형을 잡으면서 부드럽게 몸을 아래로 던져 하강을 시작하면 된다.

ⓑ 이때 상체를 너무 뒤로 젖히면 뒤집어질 수가 있기 때문에 주의해야 한다. 이때에도 제동 손은 놓지 말아야 한다.

㉣ 큰 배낭이나 무거운 장비를 메고 오버행 하강을 할 경우

ⓐ 무게에 의해 갑자기 뒤로 뒤집어질 수가 있다.

ⓑ 이런 경우에는 배낭을 자신의 안전벨트에 걸려있는 자기확보줄에 달아서 먼저 오버행 아래로 내려 보내고 하강을 하는 것이 안전하다.

(4) 일시정지

하강도중에 일시 정지하여 작업하는 방법이다. 스톱이나 그리그리 등의 하강기는 손잡이에서 손을 떼는 것만으로도 정지가 가능하고 8자 하강기도 로프를 교차시켜서 간단히 고정할 수 있지만 장시간 고정하여 작업하기 위해서는 보다 확실히 고정할 필요가 있다.

8자 하강기의 완전 고정	① 작업할 곳 약간 위에서 제동하여 정지한 후 로프를 하강기에 고정한다. ② 매듭을 할 때는 로프의 탄성으로 정지위치보다 약간 내려가게 되므로 위치를 잘 선택하고 고정하는 과정에서 균형을 잃지 않도록 주의한다.  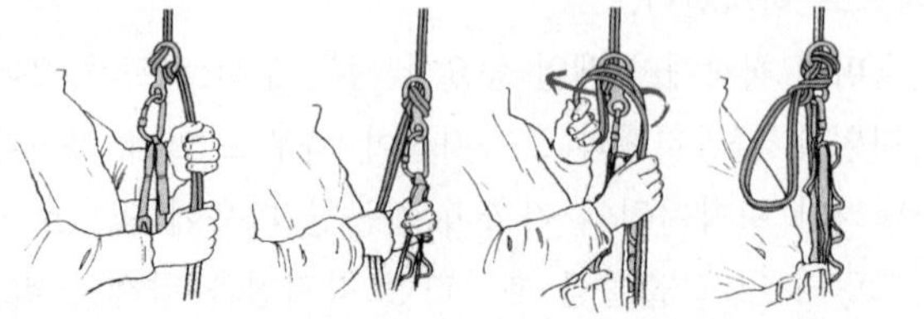
구조용 하강기의 고정	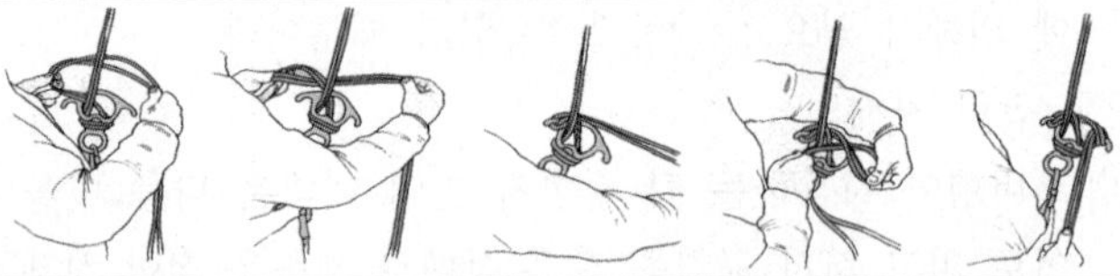
스톱 하강기의 고정	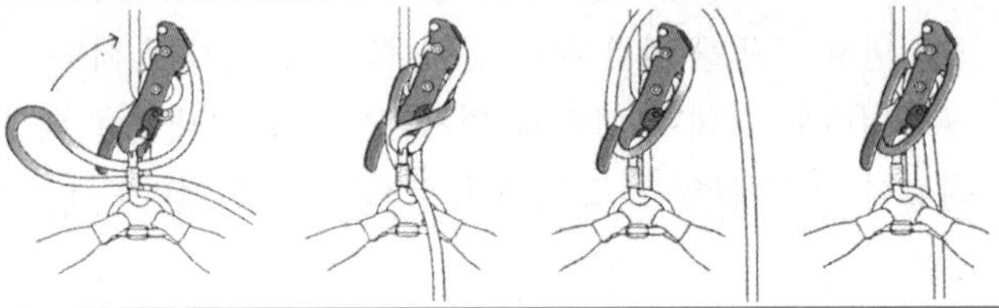

2 신체감기 하강☆ 20년 소방위

① 기구를 사용하지 않고 신체에 직접 현수로프를 감고 그 마찰로 하강하는 방법으로 숙달되지 않은 경우 매우 위험하므로 긴급한 경우 이외에는 활용하지 않는다. 특히 수직하강보다는 경사면에서 하강할 경우에 활용도가 높은 방법이다.

② 먼저 상의 옷깃을 세우고 다리 사이로 로프를 넣은 후 뒤쪽의 로프를 오른쪽 엉덩이 부분에서 앞으로 돌려 가슴 부분으로 대각선이 되도록 한다.

③ 다시 왼쪽어깨에서 목을 걸쳐 오른쪽으로 내리고 왼손은 현수점측 로프를 잡고 오른손으로 제동을 조정한다.

④ 현수로프에 서서히 체중을 건 다음 허리를 얕게 구부려 상체를 로프와 평행하게 유지하고 착지점을 확인하면서 하강한다.

■ 신체를 이용한 하강자세 ■

⑤ 노출된 피부에 로프가 직접 닿으면 심한 부상을 입을 수 있으므로 주의하여야 한다.

> ✪ 독일의 한스듈퍼(Hans Dulfer)가 개발한 하강법으로 듈퍼식하강 또는 압자일렌(Abseilen), S자 하강법등으로 부른다.

3 헬리콥터 하강

(1) 헬기탑승 시 주의사항

① 헬리콥터에 다가갈 때에는 기체의 전면으로 접근하며 기장 또는 기내 안전원의 신호에 따라 탑승한다.

② 꼬리날개(Tail rotor)는 고속으로 회전하여 매우 위험하므로 절대 기체의 뒤쪽으로 접근하지 않도록 한다.

(2) 하강 준비

① 헬기 하강을 위하여 공중에서 로프를 투하하는 경우에는 로터의 하향풍에 로프가 휘말릴 수 있기 때문에 반드시 로프백에 수납하여 투하한다. 이때 투하된 로프가 지면에 완전히 닿았는지를 반드시 확인해야 한다.

② 하강위치에 접근하면 기내 안전요원의 지시로 현수로프의 카라비너를 기체에 설치된 지지점에 건다.

③ 하강준비 신호에 의해 왼손은 현수점측 로프를 잡고, 오른손은 하강측 로프를 허리 위치까지 잡아 제동하며 현수로프에 서서히 체중을 실어 헬리콥터의 바깥으로 이동하여 하강자세를 한다. 헬기의 구조에 따라 스키드 또는 문턱에서 하강자세를 취한다.

④ 발을 헬기에 붙인 채 최대한 몸을 뒤로 기울여 하늘을 쳐다보는 자세를 취한 다음 안전원의 '하강개시' 신호에 따라 발바닥으로 헬기를 살짝 밀며 제동을 풀고 한번에 하강한다.

⑤ 착지점 약 10m 상공에서 서서히 제동을 걸기 시작 지상 약 3m 위치에서는 반드시 정지할 수 있는 스피드까지 낮추어 지상에 천천히 착지한다. 이때 로프가 접지된 것을 반드시 재확인하여야 한다.

⑥ 착지 후 신속히 현수로프를 제거하고 안전원에게 이탈 완료 신호를 보낸다.

(3) 하강 시 주의사항

헬기는 하강도중 지지물이 없다는 점에서 오버행 하강요령과 유사하다. 그러나 헬기는 공중에서 정지하고 있으므로 급격한 중량변화에 민감하게 반응한다. 즉 하강자세에서 강하게 헬기를 차거나 하강 도중 급제동을 걸면 헬기가 흔들리게 되어 위험한 상황이 발생할 수도 있음을 유의하여야 한다.

제5절 등반 기술

1 쥬마 등반

(1) 쥬마 등반 요령

① 쥬마를 이용한 상승

㉠ 크롤(또는 베이직)에 슬링이나 로프를 넣어 고리 모양으로 묶고 목에 건 다음 안전벨트에 결착한다.

㉡ 쥬마에도 슬링을 연결하고 끝에는 발이 들어갈 수 있는 크기로 고리를 만든다.

㉢ 이때 슬링의 길이는 가슴과 배 사이에 닿을 정도로 하는 것이 적당하다.

㉣ 현수 로프에 쥬마를 끼우고 그 아랫부분에 크롤을 끼운다.

㉤ 쥬마의 고리에 오른발을 넣고 쥬마를 최대한 위쪽으로 밀어 올린다.

㉥ 오른발을 펴서 몸을 일으켜 세운 후 힘을 빼면 크롤이 로프를 물고 있기 때문에 몸이 아래로 내려오지 않고 로프에 고정된다.

㉦ 다시 손으로 쥬마를 밀어올리고 다리를 펴서 몸을 세우는 동작을 반복하면 로프를 따라 상승하게 된다.

㉧ 쥬마 상승 중에 로프가 따라 올라오는 경우가 많다. 이것을 방지하기 위해 보조자가 밑에서 로프를 팽팽하게 잡아주거나 배낭 등 무거운 물체를 로프 끝에 매달아 놓는다.

㉨ 상승을 끝내고 쥬마에서 로프를 빼려고 하면 캠이 로프를 꽉 물고 있어 쉽게 빠지지 않는다. 이때, 쥬마를 위로 올려주면서 레버를 젖히면 된다.

㉩ 쥬마를 이용하여 작업할 때 로프 설치 방향을 따라 똑바로 이동시키지 않으면 로프에서 벗겨질 위험이 있다. 아래와 같이 쥬마에 카라비너를 끼워두면 로프에서 이탈하지 않는다.

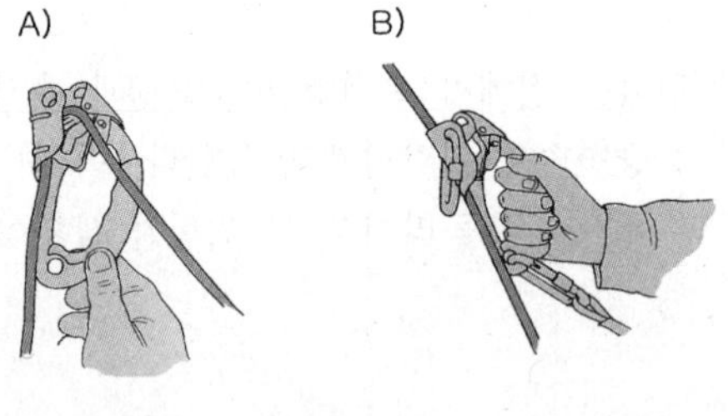

■ 로프가 이탈하지 않도록 카라비너를 끼워둔다. ■

② 그리그리와 쥬마를 이용한 등·하강기술

구조 현장에서는 상황에 따라서 하강과 정지, 상승을 반복해야 하는 경우도 있다. 이러한 상황에서 그리그리나 스톱 등의 확보·하강기구와 쥬마, 베이직 등의 등반기구를 적절히 조합하면 상승과 하강을 반복하면서 작업이 가능하다.

㉠ 안전벨트에 그리그리를 결합하고 현수로프를 삽입한다.

㉡ 슬링의 한쪽 끝에 발을 넣을 수 있는 고리를 만들고 쥬마 결착한다. 슬링의 길이는 쥬마가 가슴과 배 사이에 오도록 하는 것이 좋으며 데이지 체인을 이용하면 작업이 용이하다.

㉢ 쥬마에 현수로프를 삽입하고 쥬마 상단의 구멍에 카라비너를 끼워서 로프가 이탈하지 않도록 한다.

㉣ 슬링의 고리에 발을 넣고 한 손으로 쥬마를 최대한 밀어올린 후 고리를 밟고 몸을 일으켜 세운다. 동시에 반대쪽 손으로 그리그리 하단의 로프를 잡고 힘차게 위로 뽑아 올린다.

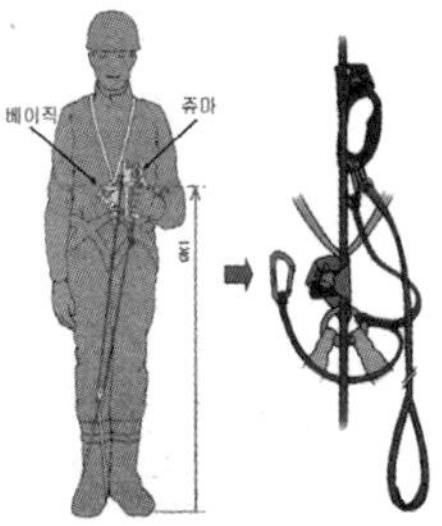

■ 슬링의 길이를 적절히 조정한다. ■

㉤ 그리그리 하단의 로프를 쥬마에 결착한 카라비너에 넣으면 상승할 때 로프를 당기기가 좀 더 용이하다.

㉥ 몸을 낮추어 체중이 현수로프에 걸리도록 한 후에 다시 쥬마를 밀어올리며 상승을 반복한다.

㉦ 필요한 위치까지 상승하면 쥬마를 빼서 안전벨트에 걸고 그리그리에 현수로프를 묶어서 완전히 고정한다.

㉧ 작업이 끝나면 고정한 로프를 풀고 그리그리를 이용하여 하강한다. 필요하면 정지한 후 쥬마를 끼우고 다시 상승할 수 있다.

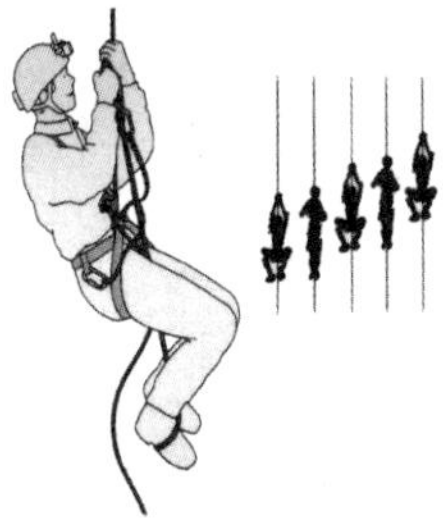

■ 수직상승방법 ■

2 풋록(Foot Lock) 등반

풋록 등반기술은 아무런 장비 없이 신체만을 이용해서 로프를 오르는 방법으로 쥬마 등반과 마찬가지로 견고한 지지점을 택하여 현수로프를 확실히 결착하고 반드시 별도의 안전로프를 설치한 후에 등반토록 한다.

■ Foot Lock 등반자세 ■

(1) 등반 요령

① 한줄 등반법

㉠ 현수로프에 면하여 양손으로 현수로프를 잡는다.(높은 위치를 잡는다.)

㉡ 상체를 당겨 올려 양손을 조여서 왼발등 위에 로프를 올려 오른발을 바깥에서 돌려서 발바닥으로 로프를 끼운다.

㉢ 발을 로프에 고정시켜 발로 안전하게 신체를 확보하여 놓고 몸을 펴면서 위쪽으로 편다.

ⓐ 양손을 위쪽으로 펼 때는 발로 완전하게 신체를 확보하면서 한다.

ⓑ 발등을 벽면으로 향하고 발꿈치에 힘을 가하면 록이 걸린다.

ⓒ 등반 시에는 확보원이 현수로프를 잡아당기면 용이하다.

ⓓ 확보원은 등반원과 호흡을 맞춘다.

ⓔ 등반은 진입수단인 것이므로 힘을 남기도록 한다.

ⓕ 확보원은 등반 중은 물론 등반완료 신호에 있어서도 등반원이 안전한 장소에 이르기까지는 절대로 눈을 떼지 않는다.

ⓖ 확보로프는 등반원의 추락을 방지하고 현수로프를 중심으로서 회전하는 것을 막기 위하여 느슨하지 않도록 항상 유지되도록 한다.

② 두 줄 등반법

㉠ 양손으로 등반로프를 지지 양발로 바깥 측에서 1회 또는 2회 감는다.

㉡ 등반원은 보조원의 로프조작 도움을 받아 양손으로 2본의 로프를 함께 잡아 신체를 당겨 올려 발을 교대로 하여 위쪽으로 움직여 등반한다.

㉢ 당겨 올린 발뒤꿈치에 힘을 가해 발등을 벽면으로 향한다.

㉣ 보조원은 등반원의 아래쪽에서 양손으로 1본씩 로프를 잡고, 등반원의 구령에 맞춰 이동하는 쪽의 로프를 느슨하게 고정시키는 발의 로프를 당겨서 보조한다.

ⓐ 손은 2본 로프를 함께 잡고 손과 발은 교대로 이동시킨다.

ⓑ 등반원은 『우・좌』소리를 지르면서 등반한다. 보조원은 이것에 의해 등반원의 발 이동에 맞추어 로프를 조작한다.

ⓒ 등반속도가 빠르면 확보로프가 느슨해지므로 충분히 주의하여 항상 느슨하지 않은 상태를 유지하도록 한다.

ⓓ 확보원은 등반중은 물론 등반 완료 신호가 있어도 등반원이 안전한 위치에 이르기까지 등반원에서 눈을 떼지 않는다.

ⓔ 벽면을 등반하는 경우에는 등반원의 몸이 돌아가는 것을 막기 위하여 등반로프를 가능한 한 벽면에 가까이 댄다.

ⓕ 등반은 진입 수단이므로 힘을 남겨 놓도록 한다.

ⓖ 하강시는 확보원에게 획보시킨 후 풋록 등반 제1법의 자세를 취하고 양발로 눌러 약간 느슨하게 하강한다. 양손은 교대로 아래쪽을 잡고 바꾸어 로프와의 마찰에 의한 손의 손상방지를 도모한다.

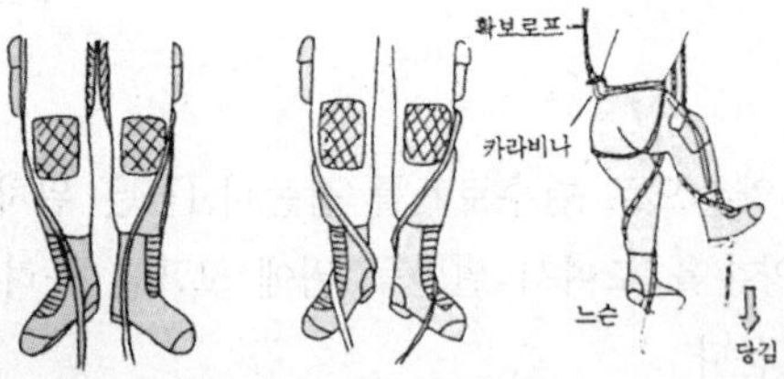

■ 두 줄 로프 등반 ■

3 감아매기 등반

로프를 이용하여 등반할 때는 쥬마를 이용하는 것이 가장 안전하고 체력적인 부담이 적은 방법이지만 필요한 장비가 없는 경우에는 감아매기를 이용하여 등반할 수 있다.

(1) 등반요령

로프 설치	개인로프 3본을 사용하여 현수로프에 감아매기를 한다. 이 중 1본은 가슴걸이 로프용, 다른 2본은 발걸이용으로 사용하므로 각각 크기를 잘 조정한다.
등반	① 등반원은 가슴걸이의 개인로프를 상체 양 겨드랑이까지 통하고 다른 2본의 발걸이용 개인로프에 제각기 발을 건다. ② 양발을 벌려 발걸이 개인로프에 체중을 걸침과 동시에 현수로프 위쪽을 잡아 떠있는 가슴걸이용의 개인로프 감아매기의 매듭을 위로 올린다. ③ 가슴걸이용 개인로프와 아래의 발걸이용 개인로프에 전체 체중을 걸고 떠있는 위 가슴걸이용의 개인로프 감아매기 매듭을 위로 올린다. ④ 가슴걸이용 개인로프와 위 발걸이용 개인로프에 전체 체중을 걸고 떠있는 발걸이용의 개인로프 감아매기의 매듭을 위로 올린다. 이상 ①~④의 요령을 반복하여 순차 등반한다. ⑤ 감아매기의 매듭을 위로 올릴 때는 한쪽 손으로 매듭아래쪽의 현수로프를 잡아당기면 미끄러지기 쉽다. 또한 보조원을 두고 등반원 아래쪽에서 현수 로프를 당기면 등반이 용이하다. 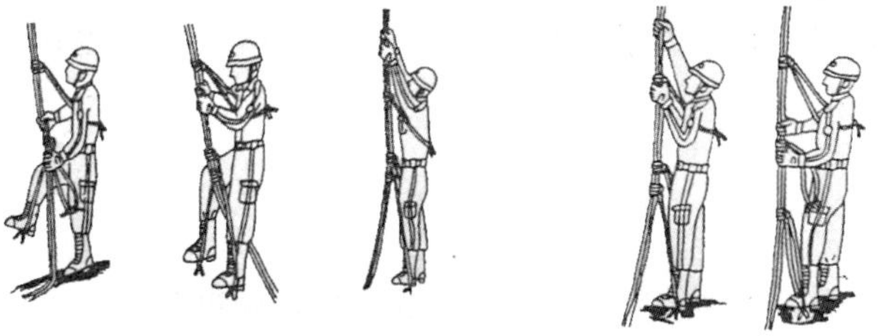 ▬ 감아매기 등반 제1(우측), 제2(좌측) 방법 ▬
하강	① 감아매기의 매듭을 1개소 정한다. ② 가슴걸이용 감아매기 매듭에 양손을 걸어 양손에 전체 체중을 걸도록 하여 한 번에 하강한다. 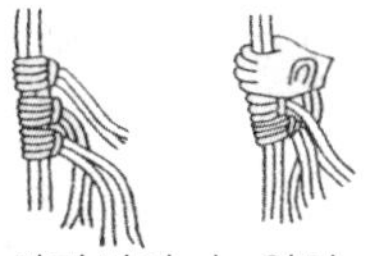 ▬ 하강시의 손 위치 ▬

4 시설물 이용 등반

건물의 옥내계단, 옥외계단 또는 건물의 각종 시설을 이용하여 혹은 인접건물을 활용하여 진입하는 방법이다. 이 방법은 기술적으로도 어렵고 체력도 필요하므로 시설물의 상황, 강도를 충분히 확인하고 필요한 안전조치를 취하여야 한다.

① 좁은 벽 사이 등반 진입	① 손발·등 부분을 양 벽면에 대고 무릎·허리·팔꿈치 등 탄력 사용 신체와 벽면의 마찰을 이용하여 등반한다.
② 수직시설물 이용에 의한 진입	② 손으로 시설물을 잡고, 발은 벽에 대고, 팔은 당기며 발을 억누르며 등반한다.  ▬ 시설물을 이용한 등반법 ▬

제6절 도하 기술

1 도하로프 설치

도하하는 로프에는 수평장력과 함께 도하대원의 체중이 더하여지므로 지지점은 튼튼한 곳을 설정한다. 로프는 반드시 2겹으로 설치하고 감아매기로 고정하여 별도의 지지점에 묶어둔다. 어느 경우에나 도하하는 사람의 안전을 위해서 로프를 2줄로 설치하고 도하하는 대원은 반드시 헬멧과 안전벨트를 착용한다. 카라비너를 이용하여 로프와 대원의 안전벨트 간에는 1~2m 내외의 보조로프를 걸어서 체중을 분산시키고 안전을 도모한다.

✪ 도하(渡河)라는 표현이 가지는 본래의 의미는 하천을 건넌다는 뜻이지만 꼭 하천만이 아니고 협곡이나 크레바스 또는 봉우리와 봉우리 사이를 건널 때 이용하는 기술로 로프를 양쪽 견고한 지점에 고정시켜 공중에 걸어 놓고 한 쪽에서 다른 쪽으로 이 로프를 타고 건너가는 공중 횡단법이다.

2 도하기법

(1) 매달려 건너는 방법(티롤리언 브리지, 티롤리언 트래버스)*

안전벨트에 카라비너를 이용해서 도르래를 연결하고 주 로프에 매달려서 자신의 손으로 로프를 당기며 도하하는 방법과 다른 사람의 도움을 받아서 도하하는 방법이 있다.

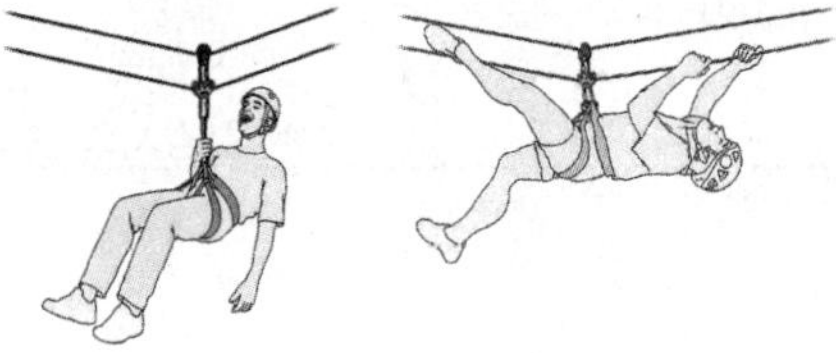

■ 티롤리언 도하, 직접 건너는 방법 ■

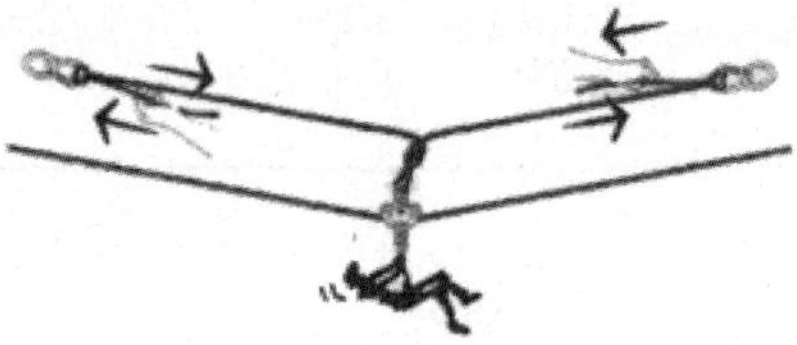

■ 타인의 도움을 받아 이동하는 방법 ■

(2) 쥬마를 이용해서 건너기* ☆ 13년 부산 소방장, 14년 부산 소방장

① 쥬마에 슬링을 결착하고 슬링의 반대쪽 끝에는 발을 넣을 수 있도록 고리를 만든다.

② 슬링의 길이가 너무 길거나 짧으면 활동이 불편하다. 고리에 발을 넣었을 때 쥬마 위치가 가슴에 오는 정도가 적당하다.

③ 카라비너를 이용해서 도하 로프에 도르래와 크롤 또는 베이직, 미니트랙션 등 역회전 방지 기구를 연결하고 크롤의 끝에 카라비너를 연결한다.

④ 도르래는 1단 도르래보다는 수평2단 도르래(텐덤)를 사용하는 것이 로프의 꺾임을 완화시킬 수 있어서 이동하기 용이하다.

⑤ 쥬마를 로프에 물리고 슬링의 끝을 크롤에 결착한 카라비너를 통과시킨다.

⑥ 카라비너 또는 퀵 드로를 이용해서 도르래와 안전벨트를 연결하고 로프에 매달린 다음 슬링 끝의 고리에 발을 넣는다.

⑦ 다리를 올리면서 쥬마를 앞으로 밀고 다시 다리를 펴는 동작을 반복하면 수평으로 전진하게 된다.

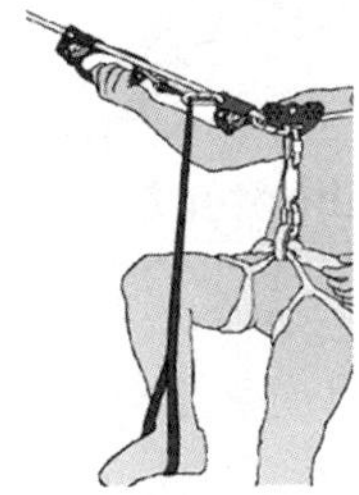

■ 도하장비 결착 ■

(3) 엎드려서 건너는 방법(수병도하)

① 도하로프가 몸 중심에 오도록 한 다음 로프에 엎드려 균형을 잡고 상체는 가능한 한 도하로프에 붙이지 않도록 가슴을 뒤로 젖힌다.

② 오른발 등을 로프에 가볍게 올려놓고 허리부분으로 잡아당기며 왼발은 밑으로 내리고 얼굴은 들어 앞쪽을 본 자세에서 양손을 교대로 로프를 당겨 전진하는 방법이다.

③ 도하 로프의 손상을 방지하고 도하하는 대원의 복부에 가해지는 통증을 감소시키기 위하여 복부에는 가죽이나 천 등을 대어 보호한다.

④ 이 방법은 숙달되지 않으면 균형을 잡기 곤란하여 도하 도중에 로프에서 떨어지는 경우가 많다. 이때에는 로프에 좌(우)측발 뒤꿈치를 걸어 허리를 도하로프로 잡아 당겨 우(좌)측발로 반동을 주어 원을 그리면서 몸을 로프에 걸쳐 오른다.

■ 로프 복귀요령 ■

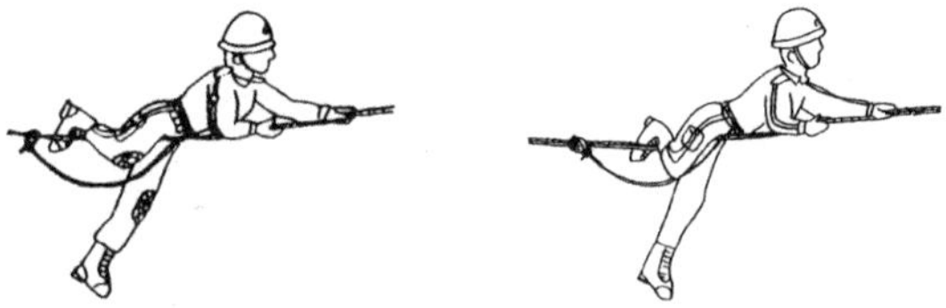

■ 수병도하 자세 ■

Chapter 6 응용구조훈련

제1절 요구조자 결착

1 들것 결착

(1) 들것 결합

바스켓 들것은 로프에 결착하여 수직이나 수평으로 용이하게 이동시킬 수 있기 때문에 요구조자의 운반을 위해서 가장 빈번히 사용되는 장비 중의 하나이다. 하지만 요구조자의 추락을 방지하기 위해서 적절히 고정되어야 한다.

① 바스켓 들것은 상·하 두 부분으로 분리하여 보관할 수 있다.
② 요구조자를 운반할 때 분리된 부분을 맞추고 연결핀을 끼워 고정한다.
③ 요구조자를 이송하는 도중 핀이 빠지면 들것이 분리되는 최악의 결과를 초래할 수 있기 때문에 들것의 연결부위를 로프로 결착하여 안전조치를 한다.

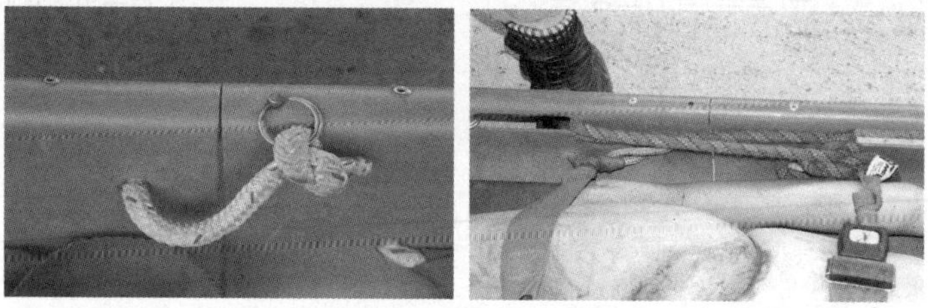

■ 결합상태를 유지하기 위해 연결핀 부분을 다시 한 번 결착한다. ■

(2) 요구조자 결착

① 수평상태를 유지하는 경우

들것에 요구조자를 누인 상태에서 수직 또는 수평으로 이동시켜 구출할 때에 들것의 흔들림이나 요구조자의 동요로 인한 추락을 방지하기 위하여 요구조자를 들것에 고정시키는 방법이다.

㉠ 들것 위를 정리하고 요구조자를 조심스럽게 들것 위에 누인다. 들것에는 요구조자의 머리 방향이 표시되어 있다.
㉡ 요구조자의 발에 받침판을 대고 고정시킨다. 들것이 수직으로 기울어지는 경우 요구조자의 추락을 방지하기 위한 조치이다.
㉢ 들것에 부착된 안전띠를 이용하여 요구조자를 결착한다. 안전띠의 끈이 길어 남는 부분이 있

으면 절반매듭으로 처리하여 바람에 날리지 않도록 한다.

㉣ 안전띠가 요구조자의 목 부분으로 지나지 않도록 각별히 주의한다. 가슴 부분에서 안전띠를 X자 형태로 엇갈려 고정하면 안전띠가 목 부분으로 지나는 것을 방지할 수 있다.

㉤ 3~4m 내외의 짧은 로프 두개를 준비하여 각각을 절반으로 접고 가운데에 두겹8자매듭을 만든다.

㉥ 로프의 한쪽 끝을 들것 상단의 구멍에 단단히 결착한 다음, 두겹8자매듭을 한 중간 부분으로부터 동일한 길이를 유지하면서 반대쪽 구멍에도 결착한다. 이때 고정매듭이나 말뚝매듭을 하는 것이 편리하다.

㉦ 들것의 하단에도 동일한 방법으로 로프를 결착한다. 이때 로프의 길이는 상단과 동일하게 한다.

㉧ 두겹8자매듭 부분에 카라비너를 끼워 현수로프에 결착한다.

㉨ 들것의 하단 부분에 유도로프를 결착하고 들것의 상승 또는 하강에 맞추어 당기거나 움직여줌으로서 들것이 회전하지 않도록 한다.

■ 받침판의 길이를 조정하여 요구조자의 발에 맞춘다. ■

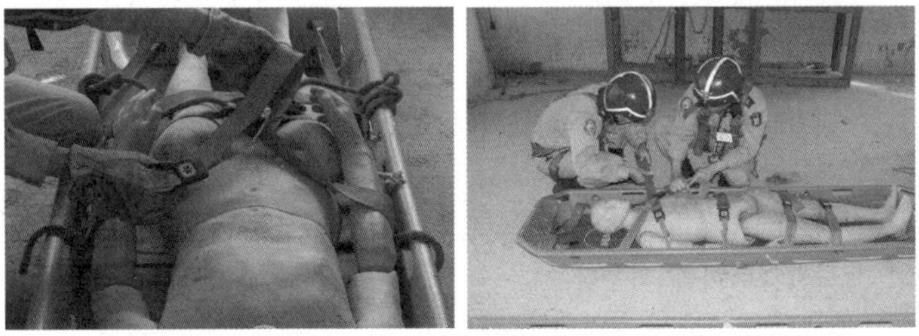

■ 결착할 때에 목 부분으로 안전띠가 지나지 않도록 주의한다. ■

■ 들것에 결착하는 로프의 길이는 같아야 한다. ■

② 수직상태를 유지하는 경우

맨홀과 같이 좁은 공간에서 요구조자를 구출하는 경우에는 들것을 수직으로 이동시켜야 한다. 이때 요구조자의 이탈을 방지하기 위해 들것에 결착하는 방법이다.

㉠ 요구조자의 결착방법은 수평 상태를 유지할 때와 같지만 받침판에 요구조자의 발을 정확히 위치시키는 데 더욱 신경을 써야 한다.

㉡ 두겹8자매듭 로프는 들것의 상단에만 결착한다.

㉢ 결착된 들것에는 유도 로프를 설치하여 인양 및 하강을 용이하게 한다.

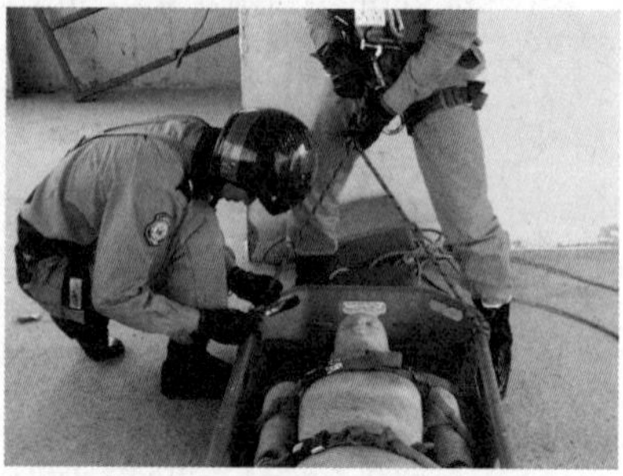

■ 들것을 수직으로 유지할 때에는 상단에만 결착한다. ■

2 로프를 이용한 결착* ☆ 16년 경북 소방교

사고 장소가 협소하여 들것을 사용할 수 없는 상황에서 가스중독, 산소결핍 등 육체적인 손상이 없는 요구조자를 구출하기 위해 결착하는 방법이다. 요구조자에게 손상을 입힐 우려가 높으므로 가능하면 안전벨트를 이용하고 긴급한 경우에만 활용하도록 한다.

두겹고정매듭 결착	· 두겹고정매듭으로 2개의 고리를 만들어 각각 요구조자의 다리를 넣는다. · 긴 방향의 로프로 요구조자의 가슴을 감고(절반매듭) 짧은 쪽의 로프로 결착한다.	 ■ 앉아매기로 결착하기 ■
세겹고정매듭 결착	· 로프의 세겹고정매듭으로 고리를 3개 만들고 1개의 고리를 가슴에, 나머지 2개의 고리는 양 다리에 끼워 무릎에 오게 한다. · 가슴에 끼운 로프가 늘어나거나 요구조자가 뒤집어지지 않도록 주의한다.	
앉아매기를 이용한 결착	· 슬링 또는 로프를 이용하여 요구조자를 앉아매기로 결착하고 카라비너를 끼운다. · 로프가 짧으면 의식이 없는 요구조자는 뒤집어질 수 있으므로 요구조자의 겨드랑이까지 로프를 올릴 수 있도록 충분한 길이가 되어야 한다.	

제2절 진입 및 구출

1 요구조자의 구출

(1) 요구조자와 함께 하강하기*

암벽이나 고층건물과 같이 높은 장소에서 부상자가 발생했거나 건물의 외벽에 요구조자가 매달려 있는 경우 안전한 장소까지 구출하기 위한 훈련으로 직접 요구조자를 업고 하강하는 방법과 로프에 매달아 내리는 방법, 사다리나 들것을 이용하여 구출하는 방법이 있다.

① 업고 하강하기

㉠ 업는 방법

요구조자에게 착용시킬 수 있는 안전벨트나 들것이 없는 경우에 활용한다. 구조대원의 기술과 체력이 필요하므로 숙달되지 않은 대원은 실시하지 않도록 한다. 폭이 넓은 슬링을 이용하는 것이 안전하고 편하다.

ⓐ 구조대원은 사전에 안전벨트를 착용한다.

ⓑ 슬링이나 개인로프를 요구조자의 등에 대고 양팔 밑으로 꺼낸 다음 교차시킨다.

ⓒ 이 로프를 구조대원의 어깨 위로 올린 다음 팔 밑으로 넣는다.

ⓓ 로프를 요구조자의 허벅지 안쪽으로 넣은 다음 바깥쪽으로 꺼내어 구조대원의 복부에서 결착한다. 로프를 당겨서 요구조자를 밀착시키는 것이 구조활동에 용이하다.

㉡ 하강요령

ⓐ 현수점은 2명의 하중에 견딜 수 있도록 견고한 지지물을 택하고 로프는 확실히 매듭하여야 한다.

ⓑ 하강기에 현수로프를 삽입하고 하강자세를 취한다. 이때 로프는 두줄걸기를 하는 것이 제동에 용이하다.

ⓒ 발 딛음을 주의하면서 하강한다. 최초 하강자세를 취할 때에 확실히 자세를 취하지 못하면 구조대원이 미끄러지면서 무릎이나 얼굴이 벽에 부딪혀 다치게 된다.

ⓓ 요구자가 상체를 뒤로 젖히고 넘어가게 되면 구조대원의 하강 자세가 흔들릴 뿐 아니라 하강 면에서 떨어지게 되므로 요구조자를 구조대원에게 최대한 밀착시키도록 한다.

ⓔ 하강 중에 요구조자에게 강한 충격을 주지 않도록 신중하고 조심해서 행동한다.

ⓕ 안전요원은 구조대원에게서 절대로 눈을 떼지 말고 주시하며 제동을 잡지 못하고 하강속도가 빨라지면 즉시 로프를 당겨서 제동을 걸어준다.

㉢ 요구조자의 체중 분산

ⓐ 요구조자의 체중을 구조대원이 지탱해야 하기 때문에 체력적인 부담이 크다.

ⓑ 경사가 완만한 슬랩에서는 문제가 되지 않지만 고층건물의 수직 벽면이나 오버행에서는 몸이 뒤로 젖혀지면서 자세를 잡기가 매우 어렵고 부상을 당할 위험도 높다.

ⓒ 따라서 요구조자의 체중을 구조대원이 직접 감당하지 말고 주 로프에 적절히 분산시키

는 것이다.

ⓓ 일반적으로 하강기는 안전벨트의 하단 고리에 카라비너를 이용해서 결착하지만 요구조자를 업고 하강할 때에는 퀵 드로를 이용하는 것이 좋다.

- 먼저 안전벨트를 착용하고 슬링을 이용해서 요구조자를 업는다.
- 안전벨트의 하단 고리에 퀵 드로를 결착하고
- 하강기를 끼운 다음 구조대원의 가슴부분을 지나는 슬링에도 퀵 드로를 끼우고 하강기의 고리에 건다.
- 2개의 퀵 드로에 의해 연결지점이 분산되고 요구조자의 체중이 직접 주 로프에 걸리게 되서 구조대원의 활동이 용이하게 된다.

② 들것 하강하기

부상을 입은 요구조자를 들것에 결착하고 하강시켜 구조하는 방법이다. 들것을 매달고 하강하는 구조대원은 반드시 2인 이상이어야 한다.

㉠ 먼저 2명의 대원이 요구조자가 있는 층에 진입하여 요구조자를 들것에 결착한다.

㉡ 옥상에서 2인의 구조대원이 개인로프의 양끝에 8자매듭을 이용하여 고리를 만든 다음 카라비너를 이용하여 안전벨트에 개인로프를 결착하고 요구조자가 있는 직상층까지 하강하여 정지하고 8자매듭이 되어 있는 고리를 요구조자측 구조대원에게 내려준다.

㉢ 요구조자의 들것에 결착된 2개소의 로프에 카라비너를 연결하고 각각을 구조대원의 개인로프에 연결한다. 이때 들것이 기울어지지 않도록 각별히 주의한다.

㉣ 구조대원은 들것을 매달고 조심스럽게 하강한다. 하강하는 구조대원 2인은 서로 속도를 맞추어 들것이 유동하지 않도록 한다.

㉤ 들것이 바닥에 닿으면 구조대원은 요구조자 위에 내려서지 않도록 주의하여 하강한다.

③ 매달고 하강하기

매달고 하강하기는 1인 하강하기와 2인 하강하기 방법이 있으나 구조기술에 특별한 차이가 있는 것은 아니다.

㉠ 구조대원은 개인로프의 양끝에 8자매듭을 이용하여 고리를 만든다.

㉡ 구조대원은 카라비너를 이용하여 안전벨트에 개인로프를 결착하고 요구조자가 있는 직상층까지 하강하여 정지한 다음 8자매듭이 되어 있는 고리를 요구조자에게 내려준다.

㉢ 요구조자에게 안전벨트를 착용시키고 구조대원과 연결된 개인로프의 끝에 카라비너를 넣어 결착한다.

㉣ 구조대원이 요구조자의 몸을 매달고 조심스럽게 하강한다. 하강 중에는 요구조자의 몸이 건물 벽면을 향하도록 하여 신체가 부딪히지 않도록 하며 요구조자의 유동에 주의한다.

업고 하강	 ▬ 슬링을 이용하여 요구조자를 업는 방법 ▬  ▬ 요구조자 업고 하강하기 ▬
들것 하강	 ▬ 부상을 입은 요구조자를 들것에 결착하고 하강시켜 구조하는 방법 ▬
매달고 하강	 ▬ 1인 하강하기 ▬

(2) 요구조자 하강시키기

① 묶어 내리기

들것이나 안전벨트 등 구조장비가 갖추어지지 않은 상황에서 로프만으로 요구조자를 구출하는 방법이다. 요구조자에게 신체적 고통을 가하고 추가 손상을 입힐 우려가 높으므로 긴급한 경우 이외에는 활용하지 않도록 한다.

㉠ 세 겹 고정매듭으로 요구조자를 결착한다.

㉡ 요구조자 위치에 지지점을 만들어 카라비너를 끼우고 하강기를 결합한다.

㉢ 요구조자가 결착된 로프를 하강기에 통과시키고 지상으로 내려준다. 지상의 유도원은 로프를 당겨 요구조자가 매달릴 수 있도록 한다.

㉣ 요구조자를 현수로프에 매달리게 한 다음 지상에서 유도원이 로프를 당겼다가 서서히 놓아주면서 속도를 조절하여 하강시킨다.

㉤ 지상 유도원은 로프로 확보하여 넘어지지 않도록 하고 로프를 놓치지 않도록 주의해야 한다.

② 상층에서 수직으로 하강시키기

요구조자 하강시키기	부상이 없거나 경상인 요구조자를 신속히 하강시키는 방법
들것 하강시키기	부상을 입은 요구조자가 있을 때 들것을 수직으로 하강시키는 방법

㉠ 요구조자 하강시키기

ⓐ 상층에서 하강시키는 대원은 확실하게 자기 확보를 취하여 안전을 도모하고 로프가 건물과 마찰하는 부분에는 로프 보호대를 댄다.

ⓑ 요구조자에게는 안전벨트를 착용시키고 현수로프를 결착하여 수직방향으로 직접 하강시킨다.

ⓒ 하강도중 요구조자가 흔들려 벽에 부딪히지 않도록 지상의 보조요원이 유도 로프를 확실하게 잡아야 한다.

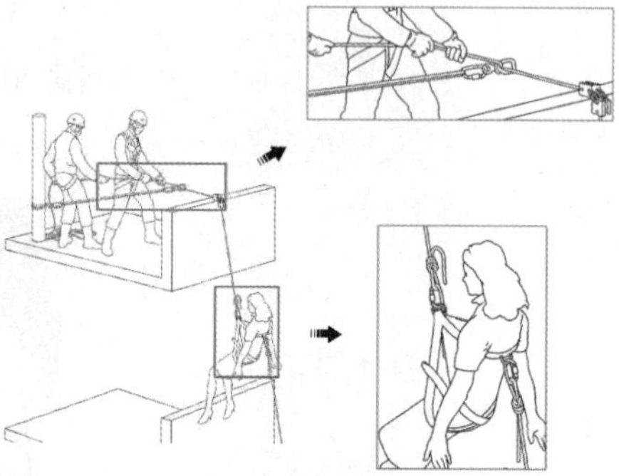

■ 요구조자 수직 하강시키기 ■

㉡ 들것 하강시키기

ⓐ 들것에 요구조자를 확실히 결착한다.

ⓑ 로프와 카라비너를 이용 지지점을 설정하고 하강기를 설치한다.

ⓒ 하강기를 통과한 로프를 들것에 연결하고 들것의 움직임을 방지하기 위하여 별도의 유도로프를 결착한다.

ⓓ 상층의 대원이 제동을 걸며 하강시킨다. 상층에 있는 대원들은 들것을 볼 수 없으므로 구조작업 전체를 지휘·통제할 대원을 배치하여야 한다.

■ 들것 하강시키기 ■

③ 경사 하강시키기

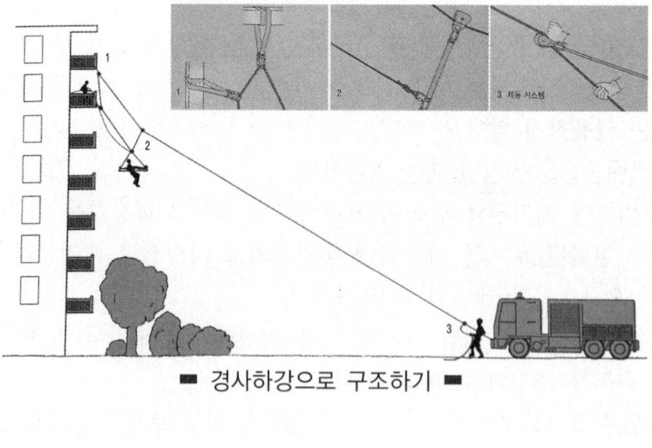

■ 경사하강으로 구조하기 ■

들것이 하강하는 직하부분의 지상에 바위나 수목 등 장애물이 있어 수직으로 하강시키기 곤란한 경우에 사용하는 방법이다.

㉠ 상층의 보조요원은 로프의 절단이나 지지점의 파손 등 안전사고에 대비하여 별도의 보조로프를 들것에 결착하고 하강속도에 맞춰 풀어준다.

㉡ 지상에 위치한 대원이 하강기를 이용하여 로프를 풀어서 하강시킨다. 이 방법을 사용하면 들것이 하강하는 지점은 로프 1/3~4/1 부분, 아래의 그림에서는 수목을 약간 벗어난 부분이 된다.

㉢ 지지점에서 거리가 너무 멀면 로프가 처지면서 오히려 들것이 직하방향으로 내려온다. 이러한 경우에는 들것에 유도로프를 묶고 당겨서 장애물을 벗어나게 해 준다.

※ 교재에 없지만 참고하시기 바랍니다.

어깨 걸어 내리기* ☆ 14년 소방위	㉠ 구조대원은 자신의 어깨가 요구조자 있는 층의 바닥 높이 정도에 오도록 사다리에 올라간 후 세로대를 확실하게 잡고 사다리에서 몸을 떼어 요구조자가 들어갈 수 있는 공간을 확보한다. ㉡ 2명의 대원이 요구조자를 부축하여 등을 사다리에 밀착시키고 다리는 구조자의 어깨에 걸친다. 이때 요구조자의 머리가 사다리의 가로대에 닿지 않도록 주의한다. ㉢ 구조대원은 사다리를 잡은 상태에서 한발씩 차례대로 내려오며 요구조자는 구조자의 하강에 따라 미끄러지듯이 따라 내려오도록 한다. 이때 요구조자의 상의가 말려 올라가면서 신체가 노출되어 사다리의 가로대에 닿아 피부에 상처를 입는 경우가 많으므로 조심스럽게 구출하도록 한다. ㉣ 구조대원이 바닥에 내려오면 대기하고 있는 다른 대원들이 요구조자를 받아 신속히 현장에서 이탈한다. 
껴안아 내리기* ☆ 14년 경남 소방장	㉠ 구조대원은 사다리를 단단히 붙잡은 상태에서 한쪽 무릎을 세우고 요구조자를 무릎에 깊숙이 앉도록 한 다음 양손으로 요구조자의 신체를 껴안듯이 잡는다. ㉡ 요구조자의 체중을 무릎으로 지탱하면서 서서히 사다리를 내려온다. 이때 발을 교차시키면 요구조자가 무릎에서 미끄러져 빠지게 되므로 곧게 펴진 다리를 먼저 한 칸 아래로 내리고 구부린 다리를 내리는 방식으로 천천히 내려온다. 어린이나 체구가 작은 요구조자를 구출할 때 유용한 방법이다. 
업어 내리기	㉠ 3인 1조로 사다리 조작요령에 의해 사다리를 설치하고 2명은 안전벨트를 휴대하여 옥내에 진입하고 1명은 사다리 밑에서 지주 밑을 잡아준다. ㉡ 구조대원 1명은 안전벨트나 슬링, 개인로프를 이용하여 요구조자를 단단히 결착하여 업고 1명은 구출을 도와준다.

④ 사다리를 이용한 로프 구출

로프와 사다리를 이용해서 요구조자 또는 들것을 하강시키는 방법이다. 5명의 대원이 필요하며 다음과 같은 순서로 진행한다.

㉠ 요구조자가 있는 창문의 상단위로 가로대가 5개 정도 올라오도록 사다리를 설치하고 확실히 고정한다.

㉡ 구조로프의 끝에 8자매듭을 하고 카라비너를 끼운 다음 사다리의 하단 가로대 밑으로 넣어 오른쪽으로 빼낸다.

㉢ 카라비너에 유도로프를 연결한 다음 카라비너를 잡거나 안전벨트에 결착하고 1명의 대원이 사다리를 오른다.

㉣ 요구조자가 있는 층에 다다르면 창문 상단의 가로대 위로 카라비너를 넘겨서 로프와 함께 밑으로 빼낸다.

㉤ 요구조자에게 안전벨트를 착용시킨다. 안전벨트가 없으면 앉아매기로 결착한다. 요구조자의 안전벨트 고리에 카라비너를 연결한다. 유도로프는 사다리에 걸리지 않도록 오른쪽으로 빼서 안전벨트에 결착한다.

㉥ 지상의 대원은 안전벨트에 하강기를 연결하고 구조로프를 넣는다. 하강기가 없으면 허리확보 자세를 취한다. 발로 하단 가로대를 확실히 밟고 로프에 제동을 건다. 다른 대원은 사다리의 균형 유지와 유도 로프를 담당한다.

㉦ 상층의 대원들이 요구조자를 들어 창문 밖으로 내리고 지상의 대원은 천천히 요구조자를 하강시킨다.

㉧ 요구조자가 지상에 도달하면 신속히 로프에서 이탈시키고 하강지점을 벗어나게 한다.

▬ 로프를 설치하고 사다리에 오른다. ▬

▬ 가로대 위로 로프를 빼내어 안전벨트에 결착한다. ▬

■ 요구조자를 조심스럽게 내리고 하강시킨다. ■

⑤ 사다리를 이용한 응급하강☆ 16년 대구 소방교

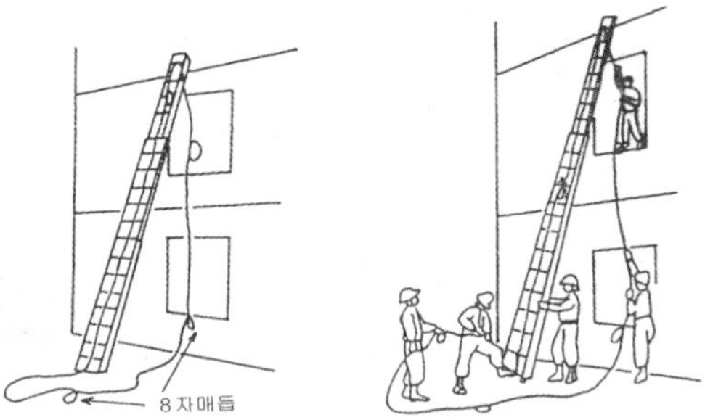

■ 사다리를 이용한 응급하강 ■

2~3층 정도의 높이에서 다수의 요구조자를 연속 하강시켜 구출하는 방법이다. 요구조자의 안전과 원활한 작업을 하기 위해서는 사다리를 지지하는 대원과 로프를 확보하는 대원, 유도하는 대원이 필요하다.

㉠ 요구조자가 있는 창문의 상단위로 가로대가 5개 정도 올라오도록 사다리를 설치하고 확실히 고정한다.

㉡ 로프를 사다리 최하부의 가로대를 통하게 하고 사다리를 거쳐 선단보다 2~3개 밑의 가로대 위에서 뒷면을 통해 로프를 내려 양끝을 바로 매기로 연결한다.

㉢ 로프에 약 2.5m 간격으로 8자매듭을 만든다.

㉣ 확보로프의 신축성을 고려하여 안전을 확보하고 1명씩 차례대로 하강시켜 구출한다. 무리한 속도로 하강시키지 말고 차분하고 안전하게 실시한다.

⑥ 수평으로 구출하기

요구조자를 수평의 상태로 구출할 필요가 있는 경우 사다리, 들것, 로프 등을 이용하여 구출하는 방법이다.

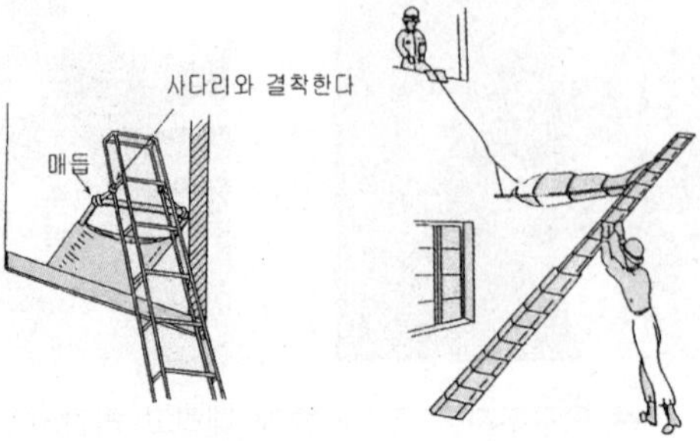

■ 사다리를 이용한 수평구출 방법 ■

㉠ 요구조자를 들것에 묶고 사다리를 운반하여 세운다.
㉡ 사다리 선단에 개인로프를 이용하여 들것을 아래 지주에 결착한다.
㉢ 들것의 윗부분에는 확보로프를 맨다.
㉣ 구조대원 1명은 지상에서 서서히 사다리를 뒤로 넘기고 옥내의 사다리 확보자는 서서히 로프를 풀어준다.
㉤ 사다리 확보자는 들것을 수평으로 유지토록 확보로프를 조작한다.
㉥ 사다리 하부의 안전을 유지한다.
㉦ 들것의 머리부분을 아래의 발 부분보다 약간 높게 유지하며 하강토록 한다.
㉧ 확보로프의 조작원은 사다리의 이동이나 지상에 있는 대원의 이동을 고려하여 신중하게 로프를 조작한다.

(3) 수평이동구조

수평이동은 계곡이나 하천 등 정상적인 방법으로 진입하여 요구조자를 구출할 수 없는 지역에 로프를 설치하고 위험지역 상공을 가로질러 구출하는 기술이다.

① 진 입

㉠ 구조대원의 진입

ⓐ 수영으로 진입하는 경우 반드시 구명조끼를 착용하고 안전로프를 신체에 결착한다.
ⓑ 진입하는 방향은 물의 흐름을 거스르지 않도록 상류에서 하류로 자연스럽게 진입한다.
ⓒ 진입에 성공하면 안전로프를 풀고 일단 주변의 지형지물에 묶도록 한다.
ⓓ 건너편에서 대기 중인 대원들이 안전로프에 주 로프를 묶고 신호를 보내면 진입한 대원은 안전로프를 당겨서 주 로프를 가져온다.
ⓔ 이때 자칫 로프를 놓치면 여태까지의 수고가 무위로 돌아가므로 안전로프를 지형지물에 묶은 상태에서 작업하여야 한다.

㉡ 로프총의 이용

도하지점에 요구조자가 있어 진입에 도움을 줄 수 있는 상황

ⓐ 무리해서 구조대원이 직접 진입하는 것보다는 로프총을 이용하는 것이 좋다.
ⓑ 먼저 요구조자에게 로프총을 발사한다는 사실을 알려서 견인탄에 의한 안전사고가 발

생하지 않도록 한다.

ⓒ 견인탄을 목표지점 상공으로 지나칠 수 있도록 조준하여 발사하면 견인로프를 회수하기가 용이하다.

ⓓ 요구조자 측에서 견인로프를 회수하면 구조대원은 견인로프에 1차 로프를 묶는다.

> ✪ 횡단거리가 짧다면 견인로프에 직접 구조로프를 묶어도 되겠지만 보다 안전을 기하기 위하여 직경 5~8mm 정도의 보조 로프를 1차 로프로 하여 견인줄에 묶고 요구조자가 견인로프를 당겨 1차 로프를 회수하도록 한다. 1차 로프를 회수하면 주변의 지형지물에 1차 로프를 묶도록 안내하고 이후 다시 1차 로프에 구조로프를 묶어 보내도록 한다.

② 횡단로프 결착

구조대원은 계곡 건너편의 요구조자가 주 로프를 받으면 주변의 튼튼한 지형지물을 골라 로프를 3번 이상 감고 매듭도 3번 이상 하여 확실히 고정되도록 조치하고 로프를 강하게 당겨 강도를 확인한다.

요구조자 측의 로프가 완전히 고정된 것으로 판단되면 역시 튼튼한 지형지물을 선택하여 로프가 처지지 않도록 강하게 당겨 묶는다.

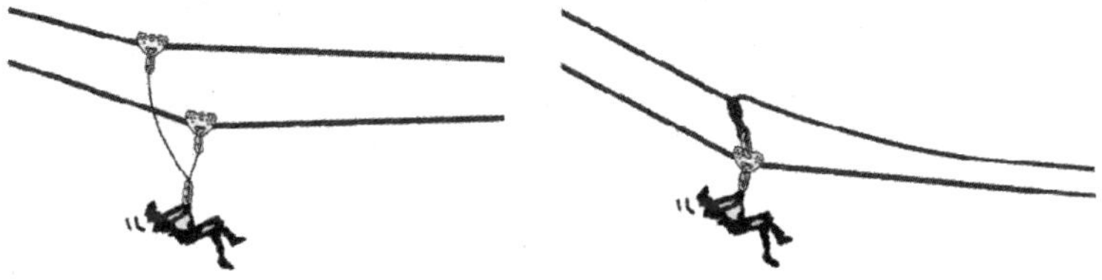

■ 반드시 로프는 2중으로 하고 안전조치를 한다. ■

③ 진 입

㉠ 도하하는 구조대원은 반드시 별도의 보조로프를 결착하고 진입하여야 한다.

㉡ 요구조자가 대기하고 있는 곳에 도착하면 먼저 로프의 결착상태를 확인한다.

㉢ 조금이라도 강도에 문제가 있다고 판단되면 로프를 풀어 다시 결착해야 한다.

㉣ 로프가 이상 없이 잘 고정되어 있다면 보조로프를 풀어 다른 지지물에 결착하고 대기 중인 대원들에게 구조에 필요한 장비를 요청한다.

㉤ 요구조자와 동일한 숫자의 안전벨트와 헬멧, 도르래는 반드시 필요하며 부상자가 있다면 바스켓 들것과 응급처치에 필요한 물품을 요청한다.

㉥ 필요한 장비는 가방에 넣거나 바스켓 들것에 싣고 짧은 보조로프로 묶은 다음 반대편 끝에는 도르래를 달아 주로프에 연결한다. 그리고 이 장비들을 진입한 대원이 당길 수 있도록 보조로프에 묶는다.

㉦ 이때에도 장비의 반대편에도 또 하나의 보조로프를 묶어 계곡 양편에서 구조대원들이 서로 당길 수 있도록 한다.

④ 구 출

㉠ 들것 활용 구출

부상을 입은 요구조자나 영아인 경우에는 바스켓 들것에 눕히고 들것에서 이탈하지 않도록 요구조자를 들것에 묶어야 한다.

ⓛ 안전벨트 착용 구출

ⓐ 부상이 없는 요구조자에게는 헬멧과 안전벨트를 착용시키고 도르래와 카라비너를 부착하여 주로프에 연결한 다음 보조로프를 묶어 당기도록 하여 구출한다. 한 번에 한명씩 구출하는 것을 원칙으로 한다.

ⓑ 어린이인 경우 공포감으로 인하여 불안정한 상태를 초래할 수 있으므로 보호자나 구조대원이 동행하며 구출하도록 한다.

ⓒ 물 흐름이 급하지 않은 계곡이라면 굳이 공중을 가로지를 필요 없이 계곡 양쪽을 따라 로프를 설치하고 물 흐름을 따라 자연스럽게 이동시켜 구출할 수도 있다.

ⓓ 이때에도 헬멧과 안전벨트 착용은 필수이며 아래 그림과 같이 물 흐름을 거스르지 않도록 주의하여 로프를 설치한다.

■ 들것을 이용한 요구조자 ■

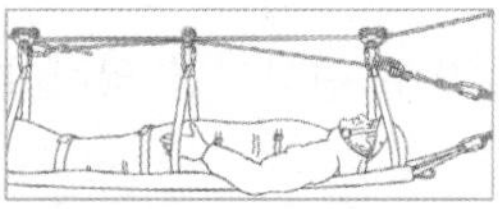

■ 구출 ■

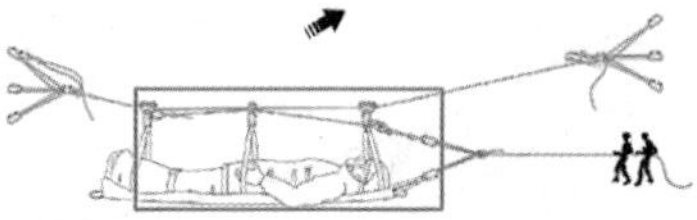

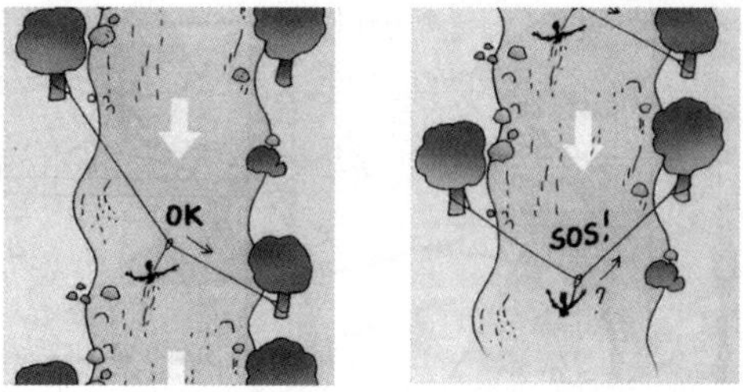

■ 물의 흐름에 주의하여 로프를 설치한다. ■

⑤ 철 수

철수하기 전에 현장에 장비나 물품이 남겨져 있지 않은지 다시 한 번 확인하고 장비를 먼저 보낸 다음 한명씩 철수한다.

이때 반드시 로프를 계곡 긴너편에서 회수할 수 있도록 로프매듭법을 바꿔야 한다.

2 구출 및 운반 ☆ 13년 서울 소방교, 16년 부산 소방교

사고 현장에서 요구조자를 구조하는 경우 요구조자의 구명에 필요한 기본 응급처치를 취하고 구출하는 것을 원칙으로 한다. 특히 요구조자가 의식이 없거나 추락, 충돌 등으로 큰 충격을 받은 경우에는 신체에 이상이 있는 것으로 가정하고 척추를 고정하는 응급처치를 취하여야 한다.

요구조자를 긴급히 이동시킬 때 가장 큰 위험성은 척추손상을 악화시킬 수 있다는 것이다. 그러나 긴급한 상황에서는 일단 생명을 구하는 것이 순서이다.

요구조자를 긴급히 이동시켜야 하는 경우에는 신체의 일부가 아닌 전체(제2경추)를 잡아당겨야 한다. 요구조자를 새우처럼 구부리게 하는 것은 좋지 않다. 요구조자가 바닥에 누워있을 경우 목이나 어깨부위의 옷깃을 잡아끄는 것이 좋다.

(1) 1인 운반법

① 끌기법☆ 16년 대구 소방교

급박한 상황에서 단거리를 이동하는 경우에 사용하는 방법이다. 요구조자의 두부손상에 주의하여야 한다.

요구조자 끌기	· 긴급한 상황에서 의식이 없는 환자를 단거리 이동시킬 때 사용하는 방법으로 '소방관 끌기'라고도 한다. · 요구조자의 머리가 바닥이나 계단에 부딪히지 않도록 신경 써야 한다.
담요를 이용한 끌기	· 담요에 요구조자를 누이고 한쪽 끝을 끄는 방법으로 부상정도가 심한 요구조자를 이동시킬 때 사용한다. · 구조대원의 허리에 무리가 갈 수 있으며 머리가 장애물에 부딪힐 수도 있으므로 주의해서 이동해야 한다.
경사 끌기	· 의식이 없거나 움직일 수 없는 요구조자를 계단이나 경사로 아래로 이동시킬 때 사용하는 방법이다. · 요구조자의 머리가 땅에 부딪히지 않도록 구조대원이 팔로 지탱하면서 끌고 나간다. · 요구조자의 팔을 가볍게 묶으면 장애물에 부딪혀 손상되는 것을 방지할 수 있다.

■ 담요 끌기 ■ ■ 요구조자 끌기 ■ ■ 경사 끌기 ■

② 업기법

㉠ 소방관 운반

공기호흡기를 착용한 상태에서 요구조자를 업을 수 있기 때문에 '소방관 운반'이라고 부른다. 비교적 큰 힘을 들이지 않고 장거리를 이동할 수 있는 방법이지만 숙달되기까지는 많은 연습이 필요하다.

ⓐ 양손을 요구조자의 겨드랑이에 넣어 깊숙이 끼운다.

ⓑ 요구조자를 무릎 위에 올린 다음 등 뒤로 단단히 쥐고 선 자세를 취한다.

ⓒ 오른팔로 요구조자를 잡고 왼팔로 요구조자의 오른팔을 머리 위로 올리면서 상체를 끌어들인다.

ⓓ 요구조자의 손을 잡은 상태에서 자세를 낮추어 자연스럽게 어깨에 걸치도록 한다.

ⓔ 오른손을 요구조자의 다리사이로 넣어 요구조자의 오른팔을 잡는다.

ⓕ 허리를 펴고 다리에 힘을 주면서 일어선다.

ⓖ 요구조자를 내려놓을 때에는 순서를 반대로 하면 된다.

㉡ 끈 업기(pack strap)

로프나 슬링, 기타의 끈을 이용해서 비교적 용이하게 요구조자를 업을 수 있다. 요구조자의 손목을 묶어서 빠지지 않게 하는 방법과 슬링을 둥글게 묶어서 요구조자의 겨드랑이와 엉덩이를 지나게 하고 구조대원의 어깨에 걸쳐 매는 방법을 사용할 수 있다. 구조대원의 두 손이 자유롭기 때문에 사다리를 잡거나 다른 일을 할 수 있다. 업고 운반하는 동안 요구조자의 다리가 끌리지 않도록 주의한다.

■ 요구조자를 일으켜 세워 업는다. ■

■ 끈을 이용해서 요구조자를 업는 방법 ■

(2) 2인 운반법

① 들어올리기

구조자의 손으로 안장을 만들고 요구조자를 앉혀 운반하는 방법과 요구조자의 등 뒤로 손을 넣어 들어 올리는 방법이 있다. 안장을 만들어 앉히면 요구조자가 비교적 편안함을 느낄 수 있지만 의식이 없는 요구조자에게는 사용할 수 없다. 등 뒤로 손을 넣어 들어올릴 때에는 서로의 어깨를 잡고 반대쪽 손은 서로 손목을 잡아야 안전하게 이동시킬 수 있다.

② 의자활용하기

계단이나 골목과 같이 협소한 장소에서 요구조자에게 무리를 주지 않고 이동시킬 수 있는 방법이다. 의자를 약간 뒤로 젖히고 가장 편안한 자세로 의자를 들어올린다. 접히는 의자는 안전을 위하여 사용하지 않는다. 의식이 없는 요구조자는 균형을 잃고 의자에서 떨어질 수 있으므로 의자에 가볍게 묶어주는 것이 좋다.

■ 들어올리기 ■

■ 의자 활용하기 ■

제3절 특수 진입법

1 호흡 및 신체보호의 중요성

(1) 산소결핍과 일산화탄소 중독

농연이 가득 차게 되면 우선 시야 차단에 따른 공포감을 느끼고 행동이 둔화되며 신체적 자극을 받아 고통을 겪게 된다. 그러나 무엇보다도 연기가 가지는 위험요인은 연기 속에 포함된 연소 생성가스들의 독성이다.

불은 산소를 소모하며 이산화탄소를 발생시킨다. 이산화탄소 자체는 허용농도 5,000ppm의 독성이 거의 없는 기체이지만 한정된 공간에서 다량의 이산화탄소가 발생하면 20% 농도에서 의식을 상실하고 결국 산소부족으로 질식하게 된다.

- 연기는 크기 0.1~1.0μ의 고체미립자(주로 탄소입자, 분진)이며 수평으로 0.5~1m/s, 수직으로는 화재초기에 1.5m, 중기 이후에는 3~4m의 속도로 확산된다.
- 허용농도 : 우리나라에서는 유해물질의 허용농도를 노동부 고시로 규정하고 있다. 허용농도는 TWA(Time Weighted Average)로 나타내며 1일 작업시간 동안의 시간 가중 평균 농도, 즉 8시간 최대 노출허용치를 말한다.

① 산소결핍(Hypoxia)의 위험성* ☆ 19년 소방장

연소가 진행되기 위해서는 산소가 필요하며 그 부산물로 독성물질이 생성되거나 산소농도가 저하된다. 공기 중의 산소 농도가 18% 이하에 이르게 되면 숨이 가빠진다. 산소결핍에 따른 신체적 반응은 다음 표와 같다.

▌산소 부족 시 발생하는 신체적 증상▐ * ☆ 19년 소방장

산소농도	증 상
21%	–
17%	산소부족을 보충하기 위해 호흡이 증가하며 근육운동에 장애를 받는 경우도 있다.
12%	어지러움, 두통, 급격한 피로를 느낀다.
9%	의식불명
6%	호흡부전과 이에 동반하는 심정지로 몇 분 이내에 사망한다.

② 일산화탄소 중독*

㉠ 화재현장에서 발생하는 거의 대부분의 사망사고는 일산화탄소 중독에 의하여 발생한다.

㉡ 무색무취의 가스는 화재 시 거의 반드시 발생하며 환기가 불충분하여 불완전 연소가 일어나는 경우 더욱 대량으로 발생한다.

㉢ 일산화탄소는 산소와의 친화력이 헤모글로빈의 210배에 이르고 1% 농도에서도 의식을 잃고 사망에 이르는 극히 유독한 기체이다. 일산화탄소의 IDLH는 1,200PPM이다.

㉣ 일산화탄소의 농도가 500ppm 이상인 경우 위험하며 농도가 1% 이상인 경우에는 아무런 육체적 증상이 없이 의식을 잃고 사망할 수 있으며 그 이하의 농도에서도 장시간 노출되면 안전하지 않다.

㉤ 흡입된 일산화탄소가 혈액속의 헤모글로빈이 결합되면 이것은 아주 느린 속도로 없어진다.

㉥ 응급처치는 순수한 고압산소를 투여하는 것이며 일단 위급한 상황을 넘기더라도 두뇌나 신경의 이상이 3주 이내에 나타나기 시작한다. 따라서 빠른 시간 내에 일산화탄소 중독에서 회복되더라도 다시 연기가 있는 곳에 들어가서는 안 된다.

▌화재현장에서 발생하는 유독가스▐ ★ ☆ 19년 소방장

종 류	발생조건	허용농도 (TWA)
일산화탄소(CO)	불완전 연소 시 발생	50ppm
아황산가스(SO_2)	중질유, 고무, 황화합물 등의 연소 시 발생	5ppm
염화수소(HCl)	플라스틱, PVC	5ppm
시안화수소(HCN)	우레탄, 나일론, 폴리에틸렌, 고무, 모직물 등의 연소	10ppm
암모니아(NH_3)	열경화성 수지, 나일론 등의 연소 시 발생	25ppm
포스겐($COCl_2$)	프레온 가스와 불꽃의 접촉	0.1ppm

(2) 사다리 진입

① 건축현장이나 우물, 하천 등 수직공간에 사다리를 내려 진입 및 퇴로를 안전하게 확보할 수 있는 방법이다.

② 사다리는 구조대원의 위치에 따라 안전하게 충분한 공간을 확보하고 로프의 신축성을 고려하여 작업한다.

③ 사다리를 기구 묶기에 의한 방법으로 결착하고 확보로프를 잡아 아래로 내린다. 이때 로프를 잡는 대원은 사다리의 중량 때문에 자세가 불안전해질 염려가 있으므로 확보를 철저히 하여야 한다.

(3) 수직 맨홀 진입★ ☆ 14년 부산 소방장

급수탱크나 정화조, 맨홀 등의 수직공간에서 가스가 누출되거나 도장 작업 중 질식 하는 등의 사고가 적지 않게 발생한다. 이처럼 출입구가 좁고 유독가스에 의한 질식 위험이 높은 장소에 진입하는 대원들은 안전 확보에 각별한 주의가 필요하다.

① 진입 및 탈출

폐쇄 공간에 진입하는 경우 항상 공기호흡기를 장착하여야 하지만 입구가 협소하여 공기호흡기를 장착한 상태에서는 진입이 불가능한 경우가 있다. 이러한 경우에는 진입하는 대원은 면체만을 장착하고 공기호흡기 용기는 로프에 묶어 진입하는 대원과 함께 내려주도록 한다.

㉠ 대원은 안전로프를 매고 <u>호흡기의 면체만을 장착한 후 맨홀을 통과하여 묶어 내려진 본체</u>

를 장착하고 진입한다.

㉡ 탈출 시에는 진입의 역순으로 맨홀의 내부에서 호흡기 본체를 벗고 밖으로 나온 후에 면체를 벗는다.

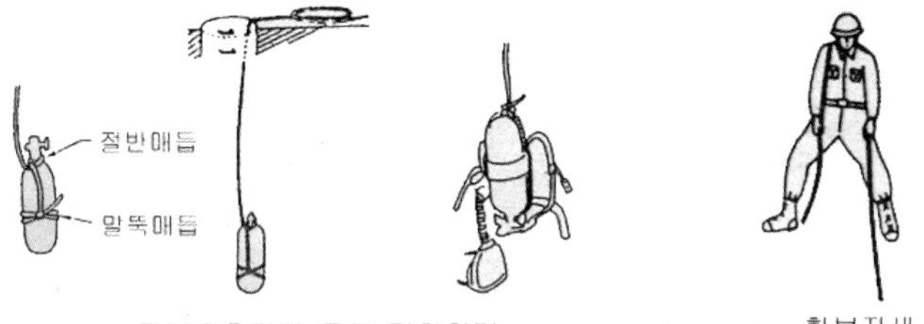

■ 폐쇄 공간 진입법 ■

② 요구조자의 구출

㉠ 협소한 공간에서 작업할 때에는 환기 및 호흡보호에 유의하여야 한다. 환기가 곤란한 경우 예비 용기를 투입, 개방하여 신선한 공기를 공급하는 방안을 강구한다.

㉡ 질식한 요구조자가 있으면 보조호흡기를 착용시키고 신속히 구출한다.

㉢ 요구조자는 원칙적으로 바스켓 들것에 결착하고 맨홀구조기구를 이용하여 구출하며 특히 추락 등 신체적 충격을 받았거나 받았을 것으로 의심되는 환자는 보호조치를 완벽히 한 후에 구출한다.

㉣ 장비가 부족하거나 긴급한 경우에는 로프에 결착하여 인양하거나 구조대원이 껴안아 구출하는 방법을 택하고 외부의 대원과 협력하여 인양토록 한다.

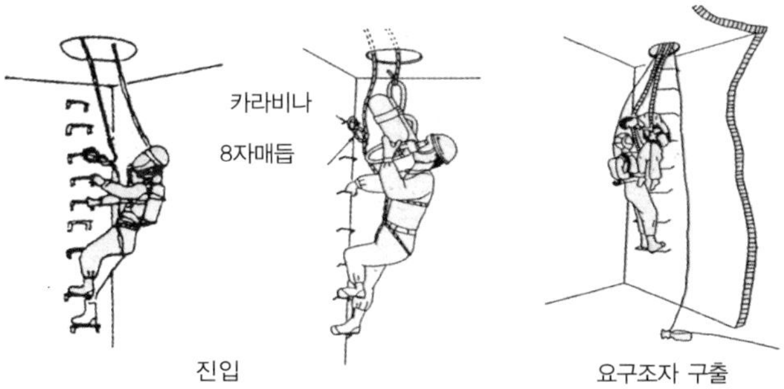

■ 폐쇄공간에서 요구조자 구출방법 ■

(4) 수평갱도 진입

① 지하철, 터널사고의 경우 사고로 인한 전원 차단 등으로 내부 조명이 부족하고 농연 등에 의한 시야차단, 질식 등의 우려가 높아 환기와 조명에 유의하여야 한다.

② 내부 구조가 복잡하여 사고가 발생한 장소나 출구를 찾기 어려우므로 진입하는 대원은 미리 현장 도면이나 당해 시설의 정보 등을 수집한 다음 구조 활동에 임하여야 한다.

③ 이러한 현장에 진입하는 대원은 반드시 2인 이상으로 조를 편성하여 진입하며 안전요원에게

이름과 진입하는 시간을 알려주고 안전벨트나 신체에 유도 로프를 결착하여야 한다.

④ 안전요원은 현장에 진입한 대원의 이름과 진입시간, 공기호흡기의 잔량 등을 꼼꼼히 기록하여 만약 통신이 두절되거나 공기소모 예상시간이 경과하였음에도 탈출하지 않았다면 즉시 구조작업을 중지시키고 긴급구조팀의 투입이나 필요한 안전조치를 취하여야 한다.

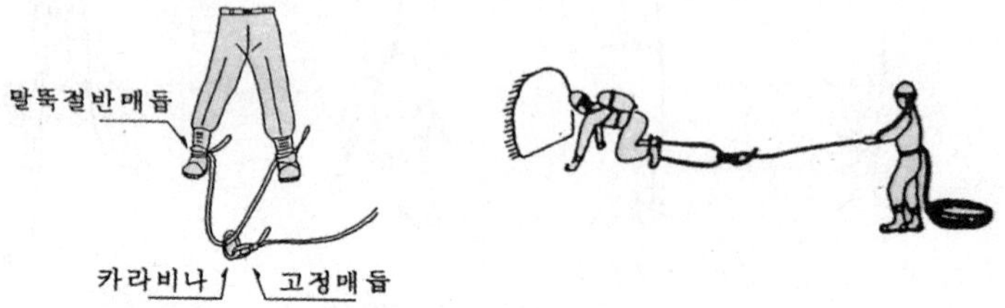

■ 좁은 공간에서 구출하는 경우 유도로프를 발목에 결착한다. ■

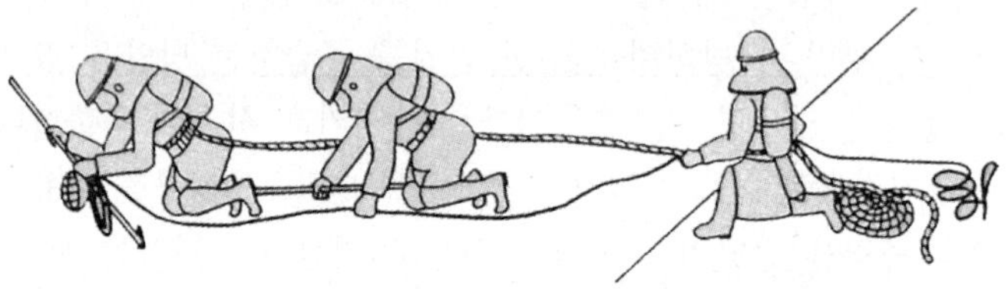

■ 농연 속에서는 자세를 낮추고 선 진입자에게 유도로프를 결착하여 뒤에서 이를 잡고 진입할 수 있도록 한다. ■

Chapter 7

일반구조활동

제1절 일반 구조기술

1 구조활동 현황

119 구조대가 활동하는 현장 중에서 가장 많은 구조건수를 차지하는 것은 벌 관련사고나 동물관련사고 현장이지만 구조 인원으로 보면 교통사고가 가장 많은 비중을 차지한다. 특히 구조건수 대비 구조인원 비율이 높은 것은 승강기 사고가 차지하고 있다.

2 화재현장 검색 및 구조

(1) 건물내부 검색

① 외부관찰

㉠ 먼저 도착한 진압대원들이 화재규모를 판단하고 진압준비를 하는 동안 구조대원들은 가능한 한 건물 전체와 그 주변을 검색하여야 한다.

㉡ 세심한 관찰을 통해서 화재의 규모와 건물의 손상 여부, 진입경로와 소요시간 등을 예측할 수 있다.

㉢ 건물에 진입하기 전에 선택 가능한 탈출 경로(창문, 출입문, 옥외계단 등)를 미리 정해놓고 건물에 진입한 후에는 창문의 위치를 자주 확인하도록 한다. (대원들의 위치선정을 위한 기준이 됨)

② 질문을 통한 정보 확인

㉠ 화재건물을 빠져나온 사람이 있으면 화재지점과 범위, 그리고 건물 내부에 생존해 있을지도 모를 요구조자에 대한 정보를 파악하기 위하여 질문을 한다.

㉡ 이웃 사람들은 거주자들의 방 위치와 복장을 알 수 있기 때문에 다른 사람들이 발견될 수 있는 정보를 제공해 줄 수 있다.

㉢ 요구조자의 숫자와 위치에 대한 정보는 현장지휘관과 모든 대원들에게 전파하여 검색 활동에 참고하도록 한다.

㉣ 가능한 한 모든 정보를 확인하되 전체 건물의 수색이 완료될 때까지 모든 거주자들이 탈출했다고 추측하는 것은 금물이다.

③ 1차 검색과 2차 검색★★☆ 12년 소방위

검색의 두 가지 중요한 목적은 요구조자의 발견(인명구조를 위한 검색)과 화재규모에 대한 정보(화재범위에 대한 탐색)를 얻는 것이다. 건물화재 시의 요구조자 검색은 1차 검색과 2차 검색으로 나누어진다.

㉠ 1차 검색(Primary Search)

화재가 진행되는 도중에 검색작업이 진행되는 것을 말하며 생명의 위험에 처한 사람을 신속히 발견해 내는 것이 목적이다.

ⓐ 반드시 2명 이상의 대원이 조를 이루어 (Two in, Two out) 검색하는 원칙을 지켜야 서로의 안전을 책임지고 신속히 검색작업을 진행할 수 있다.

ⓑ 검색을 진행 할 때에는 화재건물의 내부 상황에 따라 똑바로 서거나 포복자세를 취한다. 연기가 엷고 열이 약하면 걸으면서 수색하는 것이 용이하지만 연기가 짙은 경우에는 포복자세를 취함으로서 시야를 확보할 수 있고 물체에 걸려 넘어지거나 계단 사이로 추락하는 것을 방지할 수 있다. 포복자세로 계단을 오를 때에는 머리부터, 내려갈 때에는 다리부터 내려가는 것이 안전하다.

※ 정전이나 짙은 연기로 시야가 확보되지 않을 때에는 자세를 낮추고 벽을 따라 진행하며 계단에서는 자세를 낮추고 손으로 확인하며간다

ⓒ 검색이 진행되는 동안 연기와 화재의 확산을 막기 위해서 아직 불이 붙지 않은 장소의 문은 닫는다. 생존자들이 쉽게 빠져나오고 걸려 넘어지는 위험을 줄이기 위해서 계단이나 출입구 복도에 필요하지 않은 장비를 놓지 않도록 한다.

ⓓ 건물을 검색할 때 구조대원은 인기척에 계속 귀를 기울이면서 각 방을 빈틈없이 검색한다. 가능한 화점 가까운 곳에서 검색을 시작해서 진입한 문 쪽으로 되돌아가면서 하나하나 확인한다. 이 방법은 가장 큰 위험에 놓여있는 사람들에게 가장 신속하게 접근하기 위한 것이다.

ⓔ 화장실이나 욕실, 다락방, 지하실, 베란다, 침대 밑이나 장롱 속, 캐비닛 등 의식을 잃은 요구조자나 아이들이 숨어있을 만한 장소를 빠짐없이 검색하여야 한다. 먼저 후미진 곳을 검색하고 방의 중심부로 이동한다. 앞이 보이지 않으면 손과 발의 촉감을 이용하여 검색하고 검색봉이나 장비의 자루 부분들을 이용해서 최대한 수색 반경을 넓힌다.

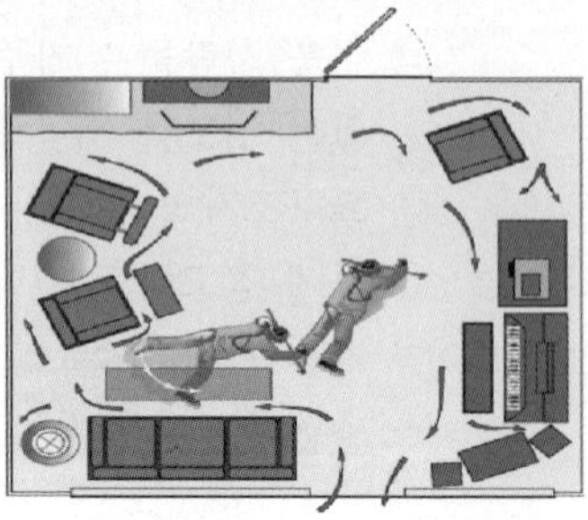

■ 실내의 검색 동선 ■

ⓕ 단전과 농연으로 시야가 방해를 받는다면 현장지휘관에게 보고해서 배연을 시킬 수 있도록 조치하고 손과 발로 더듬어 가면서 검색을 진행한다.

ⓖ 현장에 투입된 대원들은 현장지휘관과 계속 무선연락을 유지하며 배연이나 조명, 기타 필요한 조치가 있으면 즉시 요청하도록 한다.

■ 손과 발, 또는 장비를 이용해서 검색 범위를 넓힌다. ■

㉡ 2차 검색(Secondary Search)

ⓐ 화재가 진압되어 위험 요인이 다소 진정된 후에 진행한다.

ⓑ 또 다른 생존자를 발견하고 혹시 존재할지도 모르는 사망자를 확인하는 작업이다.

ⓒ 화재진압과 환기작업이 완료되면 2차 검색을 위한 대원들을 진입시킨다.

ⓓ 2차 검색은 신속성보다는 꼼꼼함이 필요하다. 1차 검색 때에 발견하지 못한 공간이나 위험성을 확인해야 하기 때문에 절대 소홀히 할 수 없는 작업이다.

ⓔ 1차 검색과 마찬가지로 좋은 소식이든 나쁜 소식이든 새로이 확인되는 사항이 있으면 즉시 보고한다.

④ 다층빌딩 검색

※ 고층빌딩을 검색순서
① 불이 난 층 ② 바로 위층 ③ 최상층 ④ 다른 층

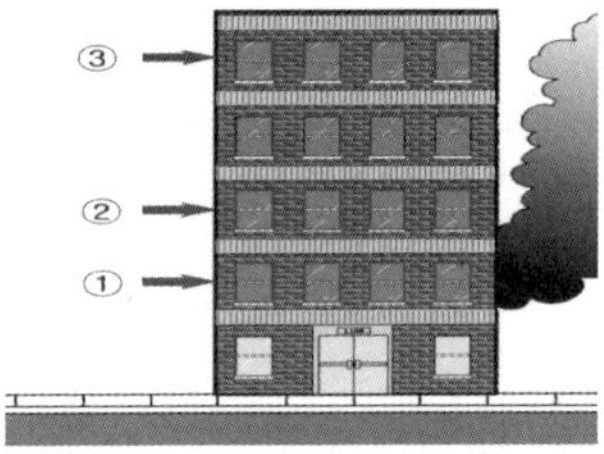

■ 다층 건물의 검색순서 ■

(2) 검색방법

① 복도와 통로

㉠ 중앙 복도를 사이에 두고 방이나 사무실이 늘어서 있다면 검색조는 복도의 양쪽 모두를 검색할 수 있도록 편성한다.

㉡ 2개의 조를 편성하면 각 조는 복도의 한쪽 면을 담당할 수 있다.

㉢ 만약 인원이 부족하여 한 조 밖에 편성할 수 없다면 복도의 한쪽 면을 따라가며 검색한 후 다른 쪽을 따라 되돌아오며 검색하는 방법을 택한다.

② 검색의 진행 방향

㉠ 첫 번째 방에 들어간 구조대원들은 한쪽으로 방향을 잡고 입구로 다시 돌아 나올 때까지 계속 벽을 따라 진행한다.

㉡ 구조대원들이 처음 들어갔던 입구를 통해 나오는 것은 성공적인 검색의 아주 중요한 요건이다.

㉢ 요구조자를 발견하여 안전한 곳으로 이동시키거나 다른 요인으로 중도에서 방에서 나와야 할 때에는 들어간 방향을 되짚어 나온다.

> ✪ 단 1가구가 거주하는 단층집에서부터 거대한 고층 건물에 이르기까지 대부분의 건물들은 이와 같은 방법을 사용해서 검색

③ 작은 방이 많은 곳을 검색할 때

㉠ 대부분의 경우 작은 방을 검색하는 적절한 방법은 한 대원이 검색하는 동안 다른 대원은 문에서 기다리는 것이다.

㉡ 서로 간에 어느 정도 지속적인 대화가 이루어져야 검색방향을 잡기가 수월해진다.

㉢ 검색하는 대원은 문에서 기다리는 대원에게 검색과정을 계속 보고해야 한다.

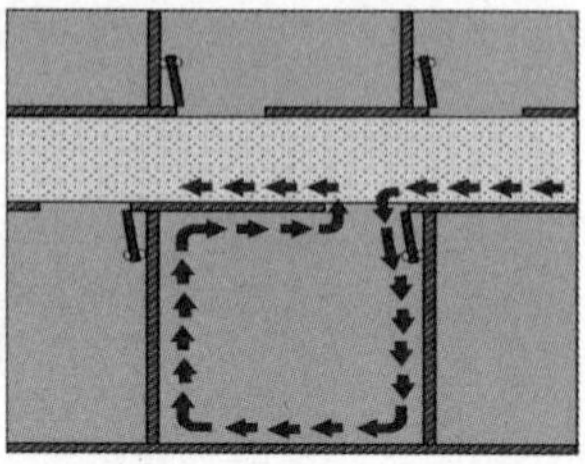

■ 검색은 한 방향으로 한다. ■

㉣ 해당 방의 검색이 완료되면 두 대원은 복도에서 합류하고 방문을 닫은 후 문에다 검색이 완료된 곳이라는 표시를 한다.

㉤ 옆의 방을 검색하는데 이때에는 각 대원의 역할을 바꾸어 진행한다.

> ✪ 비교적 작은 방을 검색할 때 이 방법은 두 명이 함께 검색할 때보다 속도도 빨라진다.
> ✪ 구조대원의 불안감을 줄이고 방 안에서 길을 잃을 가능성도 낮출 수 있기 때문이다.

④ 표시방법

㉠ 검색중이거나 검색이 완료된 장소를 표시하는 방법은

ⓐ 특별히 제작한 표시물을 문의 손잡이에 걸어두거나

ⓑ 분필이나 크레용으로 문에 표시하는 등 여러 가지가 있다.

㉡ 그렇지만 현재 검색이 진행 중인 곳과 검색이 완료된 곳을 따로 표시하면 구조대원이 길을 잃었을 때 그들을 찾기 위한 좋은 단서가 될 수 있다.

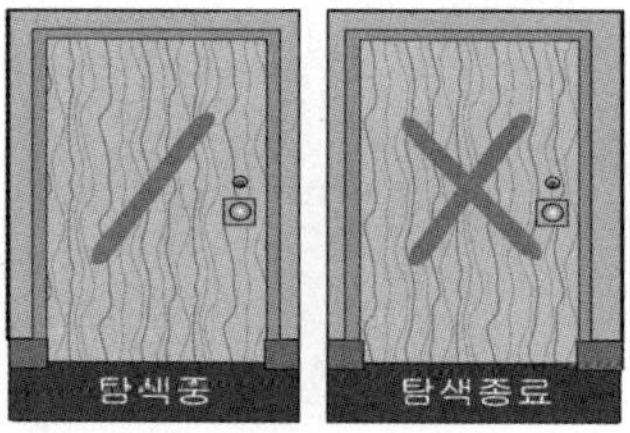

■ 탐색 중인 장소의 표시방법 ■

(3) 대원의 안전

요구조자를 검색하는 동안 항상 구조대원의 안전을 염두에 두어야 한다. 또한 현장 지휘관은 검색과 구조작업에서 대원들이 직면하게 되는 위험성을 늘 염두에 두고 있어야 한다. 성급하고 안전하지 못한 구조작업은 요구조자들 뿐만 아니라 대원들에게도 심각한 위험을 초래할 수 있다.

① 건물 탐색 시의 안전

㉠ 안전을 위한 장비

로프는 대표적인 구조장비이고, 유도 로프는 어둡고 극히 위험한 상황에서 탈출로를 안내한다. 구조대원들은 현장에 진입하기 전에 조명기구와 무전기, 파괴도구, 기타 개인보호장비(공기호흡기, 인명구조경보기 등)를 완벽히 갖추어야 한다.

㉡ 검색 중의 안전

고층빌딩을 검색하는 도중 연기나 단전으로 시야가 제약을 받는다면 통로의 안전에 대하여 계속적으로 손으로 더듬거나 장비로 두들겨가면서 확인하여 주의를 기울여야 한다. 화재로 손상된 마루나 엘리베이터 통로, 계단 등이 중요한 위험요소가 된다.

문을 개방할 때 주의사항

1. 내부의 열기를 가늠하기 위해서 문의 맨 위쪽과 손잡이를 점검한다. 만약 문이 뜨겁다면 방수 개시 준비가 될 때가지 문을 열어서는 안 된다.
2. 문을 열고자 하는 경우에는 문의 정면에 위치하면 안 된다. 한쪽 측면에 서서 몸을 낮추고 천천히 문을 열어야 한다.
3. 문 뒤에 화재가 발생했다면 몸을 낮춤으로써 열기와 연기가 머리 위로 지나도록 할 수 있다.
4. 안쪽으로 열리는 문이 잘 열리지 않는다면 요구조자가 문 안쪽에 쓰러져 있을 가능성이 있기 때문에 발로 차서 강제로 문을 열려고 해서는 안 된다.
5. 문은 천천히 조심스럽게 개방하고 그 앞에 전개되는 현장에 요구조자가 있는지를 확인해야 한다.

② 갇혔거나 길을 잃은 경우*** ☆ 13년 소방위, 14년 부산 소방교 / 21년 소방위

침착하라	㉠ 자제력을 잃는 것은 곧 그 대원이 정상적인 판단을 하지 못하는 상황을 유발하고 흥분과 공포감으로 공기 소모를 정상치 이상으로 급격히 상승시킬 수 있다. ㉡ 가능한 한 처음 검색을 시작했던 방향을 기억해 내어 돌아가야 한다. 그것이 불가능 하면 건물의 출구를 찾거나 적어도 화재현장을 벗어날 출구만큼은 찾아내야 한다. ※ 위험에 처했을 때 인명구조경보기를 작동
도움을 요청하라	㉠ 근처에 있을지 모를 다른 대원이 들을 수 있도록 큰 소리로 도움을 청해야 한다. ㉡ 출구를 찾을 수 없다면 비교적 안전하다고 생각되는 장소로 대피해서 인명구조경보기(PASS)를 작동시킨다. ㉢ 창문이 있다면 창턱에 걸터앉아서 인명구조경보기를 틀거나 손전등을 사용하거나 팔을 흔들어서 지원을 요청하는 신호를 보낼 수 있다. ㉣ 창문 밖으로 물건을 던져서 구조를 요청하는 신호를 보낼 수 있지만 방화복이나 헬멧 등 보호장비를 던져서는 안 된다.
이동이 불가능한 경우	㉠ 붕괴된 건물에 갇히거나 주변으로 이동할 수 없을 만큼 부상을 입었다면 생명에 지장이 없는 장비들을 포기하여야 한다. ㉡ 즉각적으로 인명구조경보기를 작동시키고 냉정을 유지하면서 산소공급량을 극대화시켜야 한다.
현장에서 탈출하기* ☆ 13년 소방위, 14년 부산 소방교	㉠ 다른 대원의 도움을 받지 못하고 혼자서 탈출해야 하는 경우 가장 손쉬운 방법은 호스를 따라서 나가는 것이다. ㉡ 다른 대원이 위치를 알 수 있도록 큰 소리를 외치고 커플링의 결합부위를 찾아서 숫 커플링이 향하는 쪽으로 기어 나간다. ㉢ 암 커플링이 향하는 방향은 관창 쪽이 되어 화점으로 향하게 된다. ㉣ 호스를 찾지 못한 경우에는 · 한쪽 벽에 도달할 때까지 똑바로 기어나간다. · 그 다음 벽을 따라서 한 방향으로 진행하며 도중에 방향을 바꾸지 않도록 한다. 가능하면 벽이나 창문을 파괴한다. 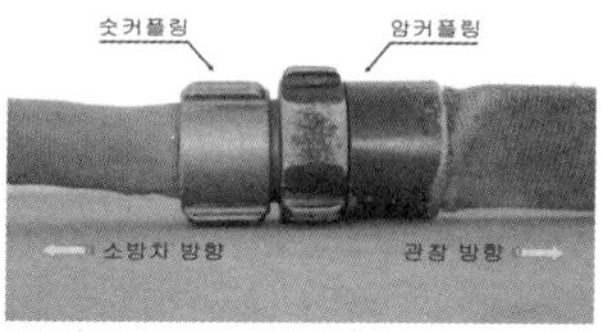 ■ 화점방향은 암카프링 ■ ㉤ 지쳐서 더 이상 움직일 수 없게 되거나 의식이 흐려지면 · 랜턴이 천장을 비추도록 놓고 출입문 가운데나 벽에 누워서 발견되기 쉽게 한다. · 구조대원은 벽을 따라서 진입하기 때문에 벽 주변에 있으면 발견이 용이하고 · 벽이 음향을 반사하여 인명구조경보기의 가청효과를 극대화시킨다. · 천정을 비추는 전등 빛은 다른 구조대원들이 용이하게 발견할 수 있다.

③ 공기호흡기의 이상

침착하라	· 당황하게 되면 호흡이 빨라지고 공기소모량이 많아진다. 동작을 멈추고 자세를 낮추어 앉거나 포복자세로 엎드린다. · 어떤 경로를 통하여 이 장소에 도달했는지를 기억해 낸다. 다른 대원들의 대화나 신호, 호스나 장비에서 발생하는 소리, 사고 장소에서 발생하는 소음 등에 주의를 기울인다.
공기소모량을 줄인다.	· 공기가 얼마 남지 않았다면 건너뛰기 호흡법(Skip Breathing)을 활용한다. · 먼저 평소처럼 숨을 들이쉬고 내쉬어야할 때까지 숨을 참고 있다가 내쉬기 전에 한 번 더 들이마신다. 들이쉬는 속도는 평소와 같이 하고 내쉴 때에는 천천히 하여 폐 속의 이산화탄소 농도를 조절한다.
양압조정기의 고장	· 양압조정기가 손상을 입어 공기공급이 중단되었을 경우에는 바이패스 밸브를 열어 면체에 직접 공급되도록 한다. · 최근 보급되는 공기호흡기는 면체에 적색으로 표시된 바이패스 밸브가 있다. 바이패스 밸브를 열어 숨을 들이쉰 후 닫고 다음번 호흡 시에 다시 열어준다.

3 일반 사고 구조활동

(1) 건물 내 감금 사고

① 단순한 내부진입

관리실의 마스터키를 사용	사무실 또는 아파트 등에서 단순 감금일 경우
전문 열쇠수리공에게 의뢰	내부에 긴급히 구조해야할 사람이 없거나 별도의 안전조치가 필요하지 않은 경우
경첩부분을 파괴	상황이 긴급하여 자물쇠나 출입문을 파괴하여야 하는 경우
현관문 파괴기, 에어건을 이용하는 경우	실내에 있는 사람의 안전에 유의
사다리를 사용하여 진입하는 것을 우선	3층 이하의 저층
베란다를 따라 진입하거나 상층에서 로프하강으로 진입	사고발생 장소가 고층인 경우

※ 일반적으로 가장 간단한 사고 상황은 내부에서 자물쇠가 잠겨 감금된 경우이다.

② 특이상황에 대한 대처

㉠ 진입하고자 하는 실내에 정신이상이나 자살기도자 등 심신이 불안한 요구조자가 있다면 사전에 충분한 대화를 통하여 구조대원이 내부에 진입한다는 사실을 주지시켜야 하고 필요하다면 정신과 전문의 등 관련 전문가를 통하여 설득작업을 하도록 한다.

㉡ 특히 범죄와 관련된 경우라면 반드시 경찰관의 입회 및 진입요청이 있어야 하며 현장에 출동한 구조대장 단독으로 판단하지 말고 상급 지휘관에게 보고하고 지휘를 받아야 한다.

③ 구 출

㉠ 내부에 환자 등 요구조자가 있으면 신속히 병원으로 이송한다.

㉡ 만약 거동이 불편한 환자가 있고 내부계단이나 엘리베이터 이용이 불가능한 상황이라면 곤돌라를 이용하거나 고가·굴절 사다리차의 지원을 받도록 하고 건물 구조상 이러한 장비의 사용이 불가능하면 부득이 로프기술을 활용하여 창문으로 구조한다.

㉢ 만약 자살행동이나 가스 누출 등 추가적인 위험요인이 있다면 이러한 위해요인의 제거가 가장 먼저 이루어져야 한다.

㉣ 범죄와 관련된 경우라면 현장보존에도 유의하여야 한다.

(2) 신체가 낀 사고

출입문이나 놀이시설, 기계 등에 신체 일부가 끼인 경우에는 그 상황, 내용에 따라서 벌리거나 절단, 파괴, 해체 등 적절한 방법을 취한다.

① 어린이는 신체의 고통과 함께 정신적 충격도 크기 때문에 보호자가 구조활동 과정에 참여하여 요구조자를 안정시켜야 한다.

② 현장에 보호자가 없으면 구급대원, 특히 여자구급대원의 도움을 받는 것이 효과가 크다.

③ 하수도관, 흄관(Hume pipe)등에 끼어 빠지지 않는 경우에는 요구조자의 신체에 기름이나 비눗물을 사용하여 자연스럽게 빠져나올 수 있도록 하는 것도 좋은 방법이다.

④ 기타의 경우 요구조자에게 상해가 없고 가급적 시설물의 피해가 적은 방법을 택하여야 하며 절단이나 제거과정에서 절단된 물체가 튕겨 나오거나 지지물이 붕괴되면서 발생할 수 있는 2차 사고에 유의하여야 한다.

(3) 기계공작물 사고

기계·기구의 체인, 기어, 롤러 등의 회전부분에 신체 일부가 끼이는 사고이다. 이러한 경우 무작정 신체를 잡아당기거나 기계를 역회전 시켜서 오히려 손상을 가중시키는 경우가 있다. 먼저 엔진을 끄거나 전원을 차단하여 동력을 끊고 부상의 정도와 기계의 구조를 면밀히 살피고 안전한 구조방법을 결정해야 한다.

① 사고의 형태

㉠ 날카로운 물체

ⓐ 요구조자의 신체 일부분이 프레스 기계나 각종 커터 등의 날카로운 물체에 끼인 경우 요구조자는 대량의 출혈과 큰 통증을 호소한다. 심하면 신체의 일부가 절단되는 경우까지도 발생한다.

ⓑ 이러한 경우에는 지혈 및 소독 등 응급처치를 병행하면서 손상부분이 최소화 될 수 있도록 주의를 기울여야 한다. 특히 절단된 신체부위를 신속히 병원으로 이송하면 접합수술이 가능한 경우도 많으므로 절단된 신체 부분의 회수에도 노력한다.

㉡ 압좌상

ⓐ 인쇄기의 롤러나 대형 기어와 같이 둔중한 물체에 끼이거나 무거운 물체에 장시간 깔린 경우에는 육안으로는 대수롭지 않은 부상처럼 보이지만 오히려 골격, 근육, 혈관 등에 광범위 하게 손상을 입어 구출 후에도 회복이 쉽지 않은 경우가 많다.

ⓑ 비교적 긴 시간동안 신체 조직이 외부의 압박을 받아서 유발되는 손상을 압좌상이라 하며 직접적인 연부조직 손상뿐만 아니라, 연부조직의 혈액순환을 차단하고 심한 조직 손상을 초래한다.

② 구조 활동

㉠ 구조를 위해 기계, 장비 등을 무리하게 절단·파괴하는 경우 오히려 부상과 고통을 가중시킬 수 있다.

㉡ 순차적으로 분해 또는 해체하는 것이 손상을 최소화할 수 있는 방법이다.

㉢ 다만 기계장치의 구조 및 작동원리에 대한 이해 없이는 쉽게 분해하기 곤란한 경우가 많으므로 정비기술자를 찾아 해체하는 것이 바람직하고 상황이 긴급한 경우에는 힌지(경첩)나 축, 링크 등 취약 부분을 찾아 절단·해체한다.

㉣ 기어나 롤러는 구동축에 나사나 키, 핀 등으로 고정된 경우가 많다. 이때에는 고정나사나 키를 제거하면 쉽게 이탈시킬 수가 있다.

㉤ 축과 일체로 제작되었거나 용접 등의 영구적인 방법으로 고정된 경우에는 축받이 부분(베어링)을 해체하는 것이 용이하다.

㉥ 열처리된 축이나 스프링은 대단히 강도가 높다. 절단하고자 하는 부분의 직경이 클 경우에는 유압절단기의 날이 파손될 우려가 높고 직경이 작거나 얇은 경우에는 절단물이 튕겨 안전사고가 발생할 수 있으므로 주의하여야 한다.

제2절 전문 구조기술

1 자동차 사고 구조

(1) 자동차 사고의 일반적 특성

① 현장 접근이 용이하고 활동공간이 넓다.	수난사고나 산악사고와 달리 사고발생 현장에 접근하기가 용이하고 구조활동에 장애가 되는 환경적인 요인이 적은 편이다.
② 출동 장애요인이 많다.	자동차 사고가 발생하면 주변의 차량이 정체되어 현장접근이 지연되는 경우가 많다. 특히 출, 퇴근 러시아워 시간에 사고가 발생하면 현장 접근이 심각하게 지연되고 주변의 차량과 군중으로 구조활동에 심각한 장애를 받을 수도 있다.
③ 사상자가 발생한다.	교통사고는 거의 대부분의 경우에 사상자가 발생하고 경우에 따라서는 예상보다 훨씬 심각한 상황이 전개되는 경우도 있다.
④ 2차 사고의 발생 위험이 높다.	사고로 차량이 손상되면 연료가 누출되어 화재나 폭발이 발생하기도 하며, 적재된 위험물질이 누출되는 등 2차 사고가 발생할 위험성이 높다. 특히 안개, 강우, 강설 등으로 시야가 확보되지 않고 운전여건이 좋지 않을 때에는 다수의 차량이 연쇄 충돌하는 사고가 발생하기도 한다.
⑤ "재난"수준의 대형사고가 발생할 수도 있다.	버스 등 대중교통수단의 사고나 위험물질 적재 차량에서 사고가 발생하면 많은 사상자가 발생하는 "재난"수준의 사고가 발생 할 수도 있다.

※ 구조대원이 가장 빈번하게 출동하는 현장은 벌집제거, 동물구조 등이지만 구조인원은 교통사고 현장이 가장 많다.

(2) 자동차 사고 대응

① 사전 대응

㉠ 도로 상황의 파악

평소 관할 구역 내의 간, 지선 도로현황과 병목구간 공사 중인 도로, 건설현장 등 출동에 필요한 도로현황을 면밀히 파악해 두어야 한다.

㉡ 교통흐름의 파악

구조대는 거리상의 최단 경로를 이용해서 출동하는 것이 아니라 최소시간으로 현장에 접근할 수 있는 길을 택하는 것이 중요하다. 이와 같이 평소 시기별, 시간대별 교통의 흐름도 파악하고 있어야 한다.

② 현장 도착 전 상황의 파악☆ 20년 소방위

사고 장소, 대상	· 자동차만의 사고인가? · 다른 요인이 결합된 복합적인 사고인가?
사고차량의 상태	· 화재가 발생했는가? 등의 상황
요구조자의 상황	· 요구조자는 몇 명 정도인가? · 사상자가 있는가? · 부상자는 심각한 상태인가? · 차량에 깔리거나 끼인 사람이 있는가?

③ 출동 도중에 취할 조치☆ 20년 소방위

도로의 상황	· 교통량, 도로 폭, 도로 포장여부 등 · 도로 또는 교통상황에 따라 출동 경로를 변경하여 가장 신속히 현장에 도착할 수 있는 길을 선택
지 형	· 높은 곳, 낮은 곳, 지반의 강약, 주변의 가옥밀집도 등 · 주변의 지황을 고려하여 구조대원이 접근할 경로를 선택하고 · 상황에 따라 주변지역을 차단하거나 주민을 대피시킬 수 있도록 지원을 요청한다.
철도와 관계된 사고	· 역 구내 여부, 고가궤도 또는 지하철인가의 판단하고 고압선의 차단여부와 환기시설의 상태를 주목한다.

④ 구조에 필요한 장비의 준비

사고의 개략적인 내용이 파악되면 사고의 양상, 사고발생 시간대의 관내 도로·교통상황, 기상조건 등 구조활동에 필요한 제반 요인을 확인하고 필요한 구조장비를 준비하여 이후 전개되는 구조활동에 지장이 없도록 조치하여야 한다. 만약 필요한 장비가 없는 경우 유관기관이나 업체에 지원을 요청한다.

㉠ 현장의 안전을 확보하기 위한 장비

유도표지, 경광봉, 호각 등이 안전을 확보하기 위해 사용된다.

㉡ 구출을 위한 장비

ⓐ 유압구조장비(유압전개기, 유압절단기, 유압램)

ⓑ 에어백 세트

ⓒ 이동식 윈치

ⓓ 동력절단기 또는 가스절단기

㉢ 차량인양

전복된 차량 내에 요구조자가 있는 경우 굳이 차량을 복구하려하지 말고 인명구조에 필요한 조치를 먼저 취하여야 한다.

전복된 차량	크레인, 윈치 또는 견인차량 등을 이용하여 복구한다.
수중에서 전복된 차량의 인양	잠수장비를 이용하여 수중구조 및 수색 작업을 펼치고 차량의 인양이 필요한 경우에는 및 인양크레인이나 견인차량을 이용한다.

(3) 안전조치

① **현장파악**★★ ☆ 11년 부산 소방장, 12년 경북 소방장

현장파악은 구조대원이 현장에 처음 도착하는 순간부터 시작하여야 한다. 무턱대고 현장에 접근하기보다는 현장과 그 주변을 주의 깊게 관찰함으로서 구조대원의 안전을 확보하고 구조작업의 실마리를 잡아갈 수 있게 된다.

㉠ 구조차량의 주차 ☆ 16년 부산 소방교, 18년 소방장

ⓐ 구조대원이나 장비가 쉽게 도달할 수 있을 만큼 가까운 곳에 주차한다.

ⓑ 너무 가까운 곳에 주차하여 구조 활동에 장애를 주어서는 안 된다.

ⓒ 구조차량은 지나가는 차량들로부터 현장을 보호하기 위하여 일시적으로나마 방벽 역할을 하고 후속 차량들이 구조차량의 경광등을 보고 사고 장소임을 인식할 수 있도록 사고 장소의 후면에 주차하는 것이 좋다.

ⓓ 교통흐름을 막지 않도록 최소한 한 개 차로의 통행로는 확보하는 것이 좋다.

- 직선도로인 경우
  - 구조대원이 활동할 수 있도록 15m 정도의 공간을 확보하고 주차한다.
  - 안전을 위하여 깔대기(칼라콘) 등으로 유도표지를 설치하고 경광봉을 든 경계요원을 배치한다.
  - 유도표지의 설치범위는 도로의 제한속도와 비례한다.

> ✪ 시속 80km인 도로에서 사고가 발생한 경우 사고지점의 후방 15m 정도에 구조차량이 주차하고 후방으로 80m 이상 유도표지를 설치한다. ☆ 18년 소방장

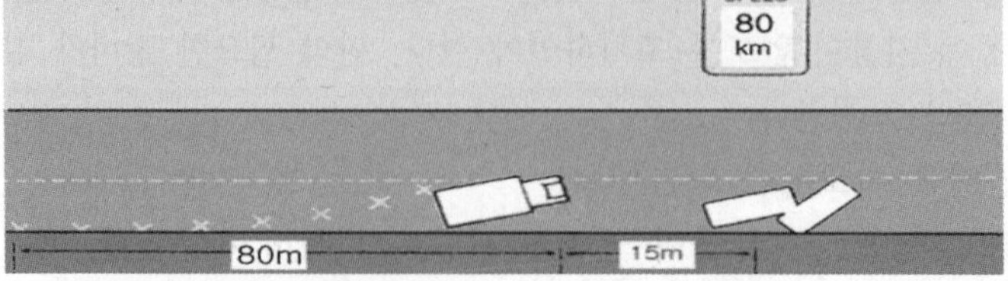

■ 구조차량이 주차 유도표지 설치 ■

- 곡선도로인 경우★ ☆ 14년 경남 소방장, 17년 소방위

곡선 부분을 지나서 주차하게 되면 통행하는 차량들이 직선 구간에서는 구조차량을 발견하지 못하고 회전한 직후 구조차량과 마주치게 되므로 추돌사고가 발생할 확률이 높다. 따라서 구조차량은 최소한 곡선구간이 시작되는 지점에는 주차하여야 한다.

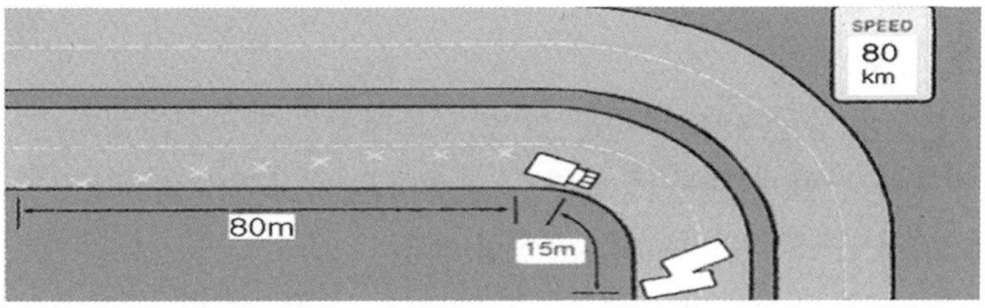

▬ 곡선도로에서 사고가 발생한 경우 곡선 시작부분에 주차하고 후방으로 80m 이상 유도표지를 설치한다. ▬

- 교통 통제

교통사고 현장에서 차량을 통제하는 것은 부상자와 구조대원을 2차 충돌 사고로부터 보호하기 위한 것이기 때문에 현장에 도착한 즉시 시행해야 할 사항이다. 주변지역의 교통흐름을 제한하고 통제함으로서 사고현장을 보호할 뿐만 아니라 구조차량의 접근을 용이하게 하고 다른 운전자들의 불편을 최소화할 수 있다. 경광봉이나 깃발, 호각, 간이분리대 등 적절한 경고장비를 이용해서 사고현장으로 접근하는 차량들에게 양방향으로 신호를 보낼 수 있도록 한다.

- 현장에 접근하기 전에 조사할 사항

구조대원은 현장에 도착하면 예상치 못한 일들과 마주치게 된다. 따라서 구조작업에 앞서 사고현장을 정확히 파악하여야 한다.

- 다른 차량들에 의한 위험성이 있는가?
- 어떤 차종의 사고이며 몇 대 차량이 사고와 관련되어 있는가?
- 차량들이 흩어져 있는 정확한 위치는 어디이며 차량의 손상정도는 어떠한가?
- 화재가 발생했는가? 혹은 잠재적인 화재위험이 있는가?
- 유독물이나 폭발물 등 다른 위험물질이 있는가?
- 차량의 엔진이 동작중인가? 전기나 누출된 가스에 의한 위험요인은 없는가?
- 추가적인 구조장비나 물자가 필요한가?

② 구조작업을 위한 상황파악★★

㉠ 사고차량의 확인

ⓐ 사고차량 안팎에 있는 사고자의 숫자를 파악하고 부상의 정도를 파악해야 한다.

ⓑ 또한 구조대원은 차량 상태와 필요한 조치 그리고 도사리고 있는 위험요인들도 파악한다.

ⓒ 각 차량별로 1명씩 전담 구조대원을 지정하는 것이 좋지만 구조대원이 부족한 경우에는 구조대장이 대원들에게 조사할 차량과 주변지역을 명확히 지정해 주고 보고를 받도록 한다.

㉡ 주변 지역의 확인

대원들이 각 차량을 확인하는 동안 제3의 구조대원이 현장 주변 지역을 수색하도록 한다. 숲길이거나 절벽 부근 제방길 등에서 발생한 사고인 경우에는 차량으로부터 멀리 떨어진 곳에 튕겨나간 요구조자가 있을 수도 있다.

■ 사고 차량과 주변지역의 확인 ■

㉢ 요구조자의 상태 파악

ⓐ 구급대원이나 응급처치 교육을 받은 구조대원은 요구조자의 부상 정도와 갇힌 상태를 등급별로 분류하고 구조대장은 그 분류에 따라 구조 우선순위를 결정한다.

ⓑ 대부분의 경우 중상자의 구조가 경상자보다 우선되어야 하지만 차량에 화재가 발생했거나 생명을 위태롭게 할 다른 위험요인이 있다면 그 차량의 탑승자를 최우선적으로 구조한다.

ⓒ 요구조자가 차량에 갇혀있지 않다면 구조를 위한 작업공간을 확보하기 위해 그 요구조자를 먼저 운반토록 한다. 대원들은 모든 조사가 끝나면 구조대장에게 결과를 보고해야 한다.

③ 사고 차량의 안정화★ ☆ 19년 소방교 / 20년 소방장

현장파악이 완료되면 사고차량이 움직이지 않도록 고정한다. 이것은 차량손상의 확대, 요구조자의 부상악화 또는 구조대원의 부상 방지를 위해 반드시 조치해야 할 사항이다. 가장 적절한 고정 방법은 바퀴에 고임목을 설치하고 차량과 지면 사이에는 단단한 버팀목을 대는 것이다. 사고 차량과 지면의 접촉면적을 최대한 넓게 하면 차량의 흔들림은 최소화된다.

㉠ 바퀴 고정하기

대부분의 경우 사고차량은 똑바로 서 있다. 그러나 차량의 바퀴가 모두 지면에 닿아있다고 하더라고 고정 작업은 반드시 필요하다. 사고 차량을 고정함으로서 상하좌우 흔들림을 최소화할 수 있다.

ⓐ 차량이 평평한 지면위에 있다면 바퀴의 양쪽 부분에 고임목을 댄다.

ⓑ 경사면에 놓인 차량은 바퀴가 하중을 받는 부분에 고임목을 댄다.

■ 차체에 고임목을 대는 방법 ■

■ 경사면에 차량의 고임목 ■

㉡ 흔들림 제어

상하 또는 좌우로 흔들리는 경우에는 차체를 고정하기 위하여 에어백이나 버팀목, 로프 등을 이용해서 고정할 수 있다.

ⓐ 에어백★ ☆ 14년 경기 소방교, 부산 소방장, 18년 소방장, 19년 소방교·소방위

에어백은 전복된 차량을 지탱하는 데 사용한다. 설치가 간편하고 고하중을 들어올릴 수 있지만 안정감이 부족하기 때문에 버팀목으로 받쳐주어야 한다. 에어백을 사용할 때에는 다음 안전수칙을 준수해야 한다.

- 에어백은 단단한 표면에 놓는다.
- 에어백을 겹쳐서 사용할 때에는 2층을 초과하지 않도록 한다. 작은 백을 위에 놓고 큰 백을 아래에 놓는다.
- 에어백을 사용할 때에는 반드시 충분한 버팀목을 준비해서 에어백이 팽창되는 것과 동시에 측면에서 버팀목을 넣어준다.
- 공기는 천천히 주입하고 지속적으로 균형유지에 주의한다.
- 날카롭거나 뜨거운 표면에 에어백이 직접 닿지 않게 한다.
- 자동차는 물론이고 어떤 물체든 에어백만으로 지탱해서는 안 된다. 에어백이 필요한 높이까지 부풀어 오르면 버팀목을 완전히 끼우고 공기를 조금 빼내서 에어백과 버팀목으로 하중이 분산되도록 한다.

ⓑ 나무 버팀목★ ☆ 19년 소방교

사각형 나무토막을 상자처럼 쌓아 올려서 차량을 고정시킬 수 있다. 최근에는 계단형 또는 조립식 블록 형태로 만들어진 규격제품도 생산되고 있다.

- 차량과 버팀목이 단단히 밀착될 때까지 버팀목을 쌓아 올린다.

> ✪ 에어백은 반드시 버팀목과 함께 사용한다.
> ✪ 이때 구조대원의 신체 일부가 조금이라도 차체 밑으로 들어가지 않도록 주의한다.

- 요구조자의 신체가 차량에 깔리거나 차량바깥으로 나와 있는 경우 차량의 균형유지에 더욱 주의하여 조금의 흔들림도 없도록 완전히 고정한다.
- 차량과 버팀목의 밀착도를 높이기 위해서 작은 나무조각이나 쐐기를 이용할 수 있다.
- 측면으로 기울어진 차량은 넘어지지 않도록 버팀목이나 로프로 고정한다.

■ 요구조자가 있으면 균형유지에 더욱 주의해야 한다. ■

④ 차량의 위험요인 제거☆ 18년 소방장 / 20년 소방장

㉠ 누출된 연료의 처리

액체 연료	㉮ 휘발유나 경유와 같이 액체 연료인 경우에는 모래나 흡착포를 이용해서 누출된 연료를 흡수시켜 처리하는 것이 좋다. ㉯ 사용된 모래나 흡착포는 완전히 수거해서 소각 또는 전문 업체에 처리를 위탁한다.
기체 연료	㉮ 기체 연료는 특성상 공기 중에서 신속히 기화하며 극히 적은 농도(LPG의 폭발 범위는 대략 2%~10% 정도이다)에서도 폭발할 수 있다. ㉯ 가스가 누출되는 것이 확인되면 주변에서 화기 사용을 금지하고 사람들을 대피시킨다. ㉰ 가스가 완전히 배출될 때 까지 구조작업을 연기하는 것이 좋지만 긴급한 경우라면 고압 분무 방수를 활용해서 가스를 바람 부는 방향으로 희석시키면서 작업하도록 한다. ㉱ 현장에 접근하는 구조대원은 반드시 바람을 등지고 접근하며 구조차량도 사고 장소보다 높은 지점으로 풍상 측에 위치하여야 한다.

㉡ 에어백☆ 18년 소방장 / 20년 소방장

ⓐ 에어백은 322km/h의 엄청난 속력으로 팽창하면서 요구조자나 구조대원에게 충격을 가할 수 있다.

ⓑ 차량은 전원이 제거된 후에도 10초 내지 10분간 에어백을 동작시킬 수 있다.

> ✪ 에어백이 부착된 차량에서 구조작업을 할 때에는 배터리 케이블을 차단하고 잠시 대기하는 것이 좋다. 배터리의 전원을 차단할 때에는 (−)선부터 차단한다. 차량의 프레임에 (−) 접지가 되어 있으므로 (+)선부터 차단하다 전선이 차체에 닿으면 스파크가 발생하기 때문이다. 그러나 일부 에어백은 차량의 배터리와 별도로 동작하기 때문에 각별한 주의가 필요하다.

(4) 구조활동

① 유리창의 파괴, 제거

차량 내에 있는 요구조자에게 접근하는 방법은 다음의 3가지이다.

㉠ 차량의 문을 연다.

㉡ 차량의 유리를 파괴한다.

㉢ 차체를 절단한다.

ⓐ 단순한 접근 방법을 택할수록 구조작업은 순조롭게 진행된다.

ⓑ 파괴된 차문을 열거나 차 지붕을 제거하는 등 구조작업을 전개하기 위해서 유리창을 파괴 제거해야 할 경우도 많다.

ⓒ 유리창을 자르기 전에 가능하면 요구조자를 모포나 방화복 등으로 감싸서 추가 부상을 입지 않도록 해야 한다.

② 차량 유리의 특성 및 파괴 장비★★★☆ 13년 서울 소방장

안전유리	・유리판 두장을 겹치고 사이에 얇은 플라스틱 필름을 삽입, 접착한 것이다. ・전면의 방풍유리에 사용되며 일부 차량은 뒷 유리창에도 사용한다. ・충격을 가하면 중간 필름층 때문에 유리가 흩어지지 않고 붙어있게 된다. ・파편으로 운전자와 승객이 부상당하는 것을 막기 위해서 사용한다.	
	파괴장비	・차유리절단기 톱날 부분으로 안전유리를 잘라서 제거할 수 있다. 도구 뒷부분으로 유리창 모서리에 충격을 가하여 구멍을 뚫고 톱날부분을 넣어 잘라낸다.  ■ 차 유리 절단기 ■
강화유리	・열처리된 강화유리는 측면 도어의 유리창과 후면 유리창에 사용된다. ・충격을 받으면 유리면 전체에 골고루 금이 가도록 열처리되었다. ・충격을 받으면 전체가 작은 조각들로 분쇄된다. ・일반 유리와 같이 길고 날카로운 조각들이 생기지 않아 유리파편에 의한 부상 위험이 줄어든다. ・분쇄된 유리조각에 노출된 피부에 작은 손상이나 눈에 유리조각이 박힐 수도 있다.	
	파괴장비	・센터 펀치 스프링이 장착된 펀치로 열처리 유리를 파괴할 때 사용한다. 유리창에 펀치 끝을 대고 누르면 안으로 눌려 들어갔다 튕겨 나오면서 순간적인 충격을 주어 유리창을 깨뜨린다.  ■ 센터펀치 ■

③ 유리창 파괴 방법★☆ 20년 소방장

㉠ 전면 유리 제거하기

차 유리 절단기를 이용해서 유리창을 톱으로 썰어내듯 절단하는 것이다. 만약 이 장비가 없다면 손도끼를 이용해서 유리창을 차근차근 절단해 낸다.

ⓐ 유리 절단기의 끝 부분으로 전면 유리창의 양쪽 모서리를 내려쳐서 구멍을 뚫는다.

ⓑ 유리 절단기를 이용해서 유리창의 세로면 양쪽을 아래로 길게 절단한다. 그런 다음 절단된 세로면에 연결된 맨 아래쪽을 절단한다. 절대로 절단 과정에서 차 위에 올라서거나 손으로 유리창을 누르지 않도록 주의한다.

ⓒ 유리창 절단이 완료되면 유리창의 밑 부분을 부드럽게 잡아당겨 위로 젖힌다. 그러면 유리창은 자연스럽게 벌어지기 시작하고 결국 차 지붕 위로 젖혀 올릴 수 있게 된다.

ⓓ 유리창을 떼어 안전한 곳에 치우고 창틀에 붙은 파편도 완전히 제거한다.

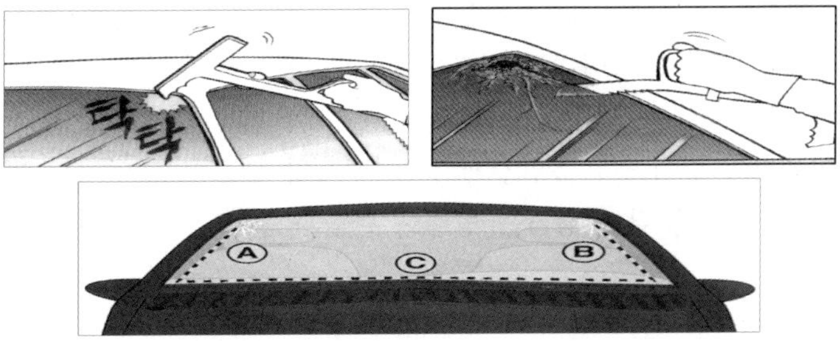

■ 요구조자가 있으면 균형유지에 더욱 주의해야 한다. ■

㉡ 측면 유리 제거하기

열처리된 유리를 사용하는 측면이나 후면 유리창들은 모서리 부분을 날카롭고 뾰족한 도구로 강하게 치면 쉽게 파괴할 수 있다. 센터 펀치를 사용할 때에는 한 손은 버팀대 역할을 해서 구조대원의 손이 유리창 안으로 끼어 들어가지 않도록 조심한다.

ⓐ 깨어진 유리창에 손상을 입지 않도록 유리창에 테이프, 끈끈이 스프레이를 뿌리는 것이다.

ⓑ 센터 펀치를 유리창의 모서리 부분에 대고 누른다.

ⓒ 유리가 깨어지면 위쪽에 손을 넣어 차 밖으로 조심스럽게 들어낸다. 만약 유리가 테이프에 붙어있지 않고 조각조각으로 깨어지면 손을 안쪽에 차 바깥으로 털어낸다.

■ 테이프 붙이고 펀치로 찌른다. ■

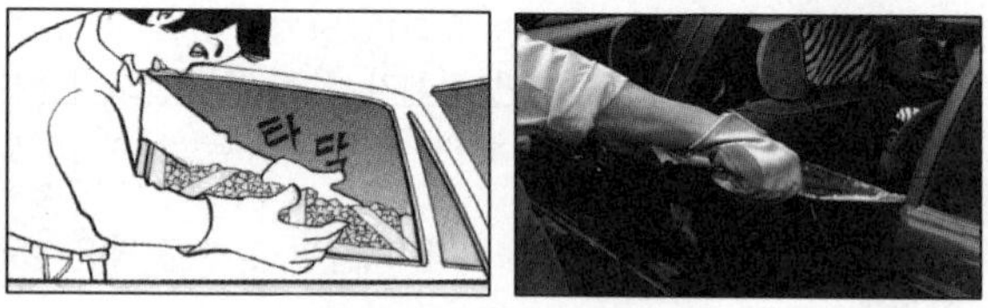

■ 유리창을 바깥으로 떼어낸다. ■

④ 신체가 끼인 요구조자

㉠ 발이 페달에 끼인 경우

ⓐ 잘 늘어나지 않는 스테틱 로프나 슬링테이프를 준비하고 한쪽 끝을 페달에 단단히 묶는다.

ⓑ 차문을 거의 다 닫은 상태에서 반대쪽 로프 끝을 창틀에 묶는다.

ⓒ 차문을 천천히 열면 로프가 당겨지면서 페달을 당기게 되고 이때 벌어진 틈으로 요구조자의 발을 빼낼 수 있다.

■ 페달에 로프를 묶고 반대쪽 끝은 창틀에 묶은 다음 문을 바깥쪽으로 젖힌다. ■

㉡ 핸들이나 계기판에 상체가 눌린 경우

손쉬운 방법은 좌석 조정레버로 의자를 뒤로 이동시키는 것이지만 차량이 심하게 파손되었을 때에는 이 방법은 사용할 수 없다. 이때에는 핸들에 체인을 감고 윈치 또는 유압 전개기를 이용하여 당기거나 유압전개기 또는 유압 램으로 밀어내는 방법을 사용할 수 있다. 체인으로 핸들을 감아 당기는 방법은 다음과 같다.

ⓐ 수동식 윈치와 체인 2개를 준비한다.

ⓑ 체인 1은 핸들을 감고 전면 유리창 밖을 통해 빼낸다.

ⓒ 체인 2는 차량 하단 견인줄을 고리에 걸고 후드(본넷) 위로 체인을 올린다.

ⓓ 체인 1, 2를 이동식 윈치에 연결한다.
ⓔ 차량과 체인이 닿는 부분에는 압력을 분산시키기 위해 나무 받침목을 대준다.
ⓕ 요구조자의 상태를 살피며 윈치를 천천히 당긴다.

> ✪ 윈치 대신 유압전개기를 최대한 벌려서 체인을 감고 전개기를 닫으면 동일한 효과를 얻을 수 있다.

⑤ 운전석의자 분리하기

뒷좌석 의자 분리하기	· 뒷문을 열고 뒷좌석 의자를 분리한다. · 절단기로 연결부분을 절단할 수도 있고 스패너로 볼트를 풀어내도 된다. · 이때 차량이 흔들려서 요구조자에게 추가적인 부상을 입히지 않도록 조심한다. · 일반 스패너나 몽키스패너보다는 볼트 머리에 꼭 들어맞는 6각 스패너가 작업하기 편리하다.
운전석 의자 분리	· 차량 뒷부분의 의자를 모두 제거했으면 운전석 의자를 분리한다. · 먼저 의자에 요구조자를 고정하여 움직이지 않도록 한다. · 의자 전면 좌우에 있는 볼트를 먼저 풀어내고 뒤쪽 볼트를 푼다. · 일부 차량의 경우 볼트에 커버가 씌워져 있거나 변속기 커버에 가려져 보이지 않는다. · 드라이버나 지렛대 등을 이용해서 커버를 벗기고 볼트를 풀어낸다.
의자 들어내기	· 볼트를 모두 풀어냈으면 차내에 공구나 볼트, 장식물 등 장애물이 남아 있는지 다시 한 번 확인한다. · 안전벨트가 채워져 있으면 잘라낸다. · 요구조자를 의자에 앉힌 채로 뒤로 약간 기울이면서 그대로 뒷문을 통해서 빼내면 된다. · 구출하기 전에 요구조자에게 경추보호대를 채우고 머리를 헤드 레스트에 고정하면 경추보호에 도움이 된다.

(5) 사고차량의 해체

① 차 문 틈을 벌리는 방법

㉠ 차량의 손상을 줄이기 위해서 부득이 문 틈새를 벌려 문을 열고자 한다면 먼저 지렛대나 구조도끼 또는 헬리건바(Halligan-type bar) 등을 문틈에 넣고 비틀어 전개기 끝이 들어갈 수 있을 만큼 틈새를 넓혀야 한다.

㉡ 전개기 끝이 문틈에 걸리면 전개기를 벌려서 틈을 확대하고 전개기를 닫아서 다시 밀어넣기를 반복한다. 한 번에 완전히 열려고 무리하게 벌리면 팁이 빠져나올 수 있으므로 주의한다.

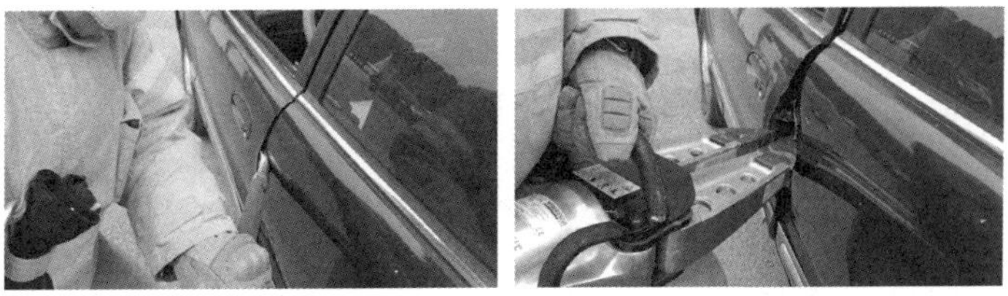

■ 지렛대를 넣고 벌린 다음 유압전개기를 이용해서 문을 연다. ■

② 도어를 절단하는 방법

차량이 많이 손상되었거나 요구조자가 심한 부상을 입었다면 차문을 완전히 절단, 제거하여야 구조 작업이 신속하고 응급처치도 용이하다. 일반적으로 유압펌프에는 동시에 2개의 장비를 연결하여 사용할 수 있다. 전개기와 절단기를 함께 사용하거나 절단과 전개가 하나의 장비로 가능한 콤비툴을 이용해서 작업한다.

■ 펜더를 전개기로 압축한다. ■

■ 전개기로 틈을 벌린다. ■

㉠ 경첩 노출	· 먼저 전개기로 펜더를 압축하면 펜더가 찌그러지면서 경첩 부분이 노출된다. · 이 틈새에 다시 전개기를 넣어 절단기가 들어갈 수 있을 만큼 충분히 벌린다.
㉡ 경첩 절단	· 차문의 경첩이 노출되면 절단기를 넣어 절단한다.
㉢ 문 떼어내기	· 경첩과 전선, 기타 연결된 부분을 다 절단하면 문을 떼어낼 수 있다. · 문이 쉽게 제거되지 않으면 틈새에 다시 한 번 전개기를 넣어 벌려서 차체에서 문이 분리되도록 한다.

③ 지붕 제거하기

차 지붕을 들어내기 위해서는 유리창을 먼저 제거하여야 한다. 도어를 열면 차체를 둘러싸고 있는 부위를 필라(Pillar)판넬이라 부르며 앞문 쪽을 A필라, 가운데 부분을 B필라, 뒷문 쪽을 C필라라고 부른다.

㉠ 지붕을 접어 올리기

먼저 지붕 위에 절단된 앞 유리창이 올려져 있거나 기타 장비가 있으면 완전히 제거한다.

ⓐ 절단기로 A필라와 B필라를 모두 절단한다.

ⓑ 필라는 차에 바짝 붙여 절단하는 것이 좋다.

ⓒ 기둥이 길게 남아 있으면 구조작업 할 때 장애를 받게 된다.

ⓓ 절단기로 뒷좌석 부분의 지붕 좌우를 조금씩 잘라주고 두 명의 대원이 양 옆에서 지붕을 잡아 뒤로 젖히면 쉽게 접혀진다.

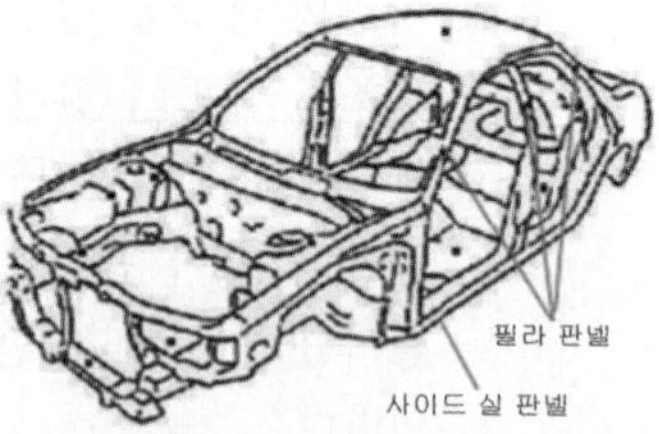

■ 필라 판넬의 위치 ■

ⓔ 지붕을 뒤로 젖히기 전에 요구조자를 모포나 방화복으로 감싸서 낙하물로 인한 부상을 방지한다.

■ A, B필라를 절단한다. ■

■ 지붕을 뒤로 접어 올린다. ■

㉡ 지붕 제거하기

지붕을 제거하는 방법은 접어 올리는 방법과 유사하다. 다만 A, B필라는 물론이고 C필라까지 절단하여 지붕을 완전히 분리한다. 4명의 대원이 각 귀퉁이를 잡고 들어올려 안전한 곳으로 이동시킨다.

④ 계기판(Dash Board or Center Fascia) 밀어내기

차량이 강한 정면 충격을 받으면 계기판이 밀려들어와 운전자 또는 탑승자를 압박하게 된다. 이때에는 유압램을 이용하여 계기판을 밀어내는 것이 좋다.

㉠ 프레임 밀어내기

ⓐ 가장 효과적으로 계기판을 밀어내는 방법이다.

ⓑ 유압램을 A필라와 사이드씰 사이에 설치한다.

ⓒ 유압램은 2개를 준비하여 각각 운전석과 조수석에 함께 설치하는 것이 효과적이다.

ⓓ 램을 서서히 확장시키면 계기판이 밀려나고 요구조자를 구출할 수 있다.

ⓔ 계기판이 밀려나면 사이드실 판넬의 모서리를 조금 절개하고 나무토막을 끼워 넣어 램을 제거해도 계기판을 지탱할 수 있도록 한다.

■ 유압램으로 프레임을 밀어내고 모서리에는 나무토막을 끼워둔다. ■

㉡ 계기판 밀어내기

사용할 수 있는 유압램이 하나뿐이라면 램을 좌석과 계기판 사이에 놓고 확장시켜서 계기판이 밀려나가도록 한다. 램이 확장되면서 미끄러지거나 플라스틱으로 만들어진 계기판을 뚫을 수 있으므로 계기판에는 나무토막을 대서 램이 직접 닿지 않게 하는 것이 좋다.

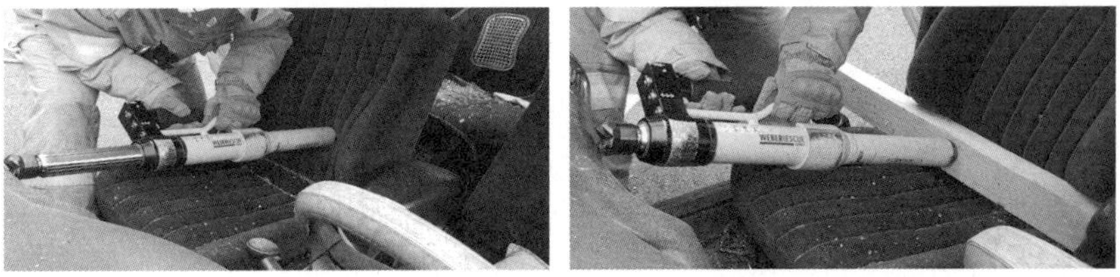

■ 램이 미끄러지지 않도록 나무토막을 대고 확장시킨다. ■

(6) 구출 및 이동

부상자는 구급대원이 현장에 도착하기 전까지는 이동시키지 않는 것이 원칙이지만 요구조자나 구조대원의 생명이 위험할 때에는 이러한 원칙은 무시할 수 있다. 화재, 가연성 기체나 액체, 절벽에서의 차량의 요동 혹은 다른 직접적 위험으로부터 상황이 위급하다면 요구조자를 신속하게 다른 장소로 옮겨야 한다.

▌사고차량에서 부상자 구출 3단계 순서▐

인명구조를 위한 응급처치	· 응급처치는 구출작업 이전 또는 작업 중이나 구출 후를 막론하고 계속 진행되어야 한다. · 가장 좋은 것은 구출작업이 약간 지연된다 하더라도 응급구조사가 구조과정에 참여하여 부상정도를 확인하고 필요한 응급처치를 취한 다음 구조하는 것이다.
구 출	· 구출 활동은 요구조자에게 접근해서 응급처치를 완료하고 환자의 상태가 안정된 후에 실시한다. · 요구조자를 구출할 때에는 외상이 없더라도 반드시 경추 및 척추보호대를 착용시키는 것이 원칙이다. ※ 다만 위험물질 적재 차량의 화재 사고와 같이 화재나 폭발, 기타 긴급한 위험요인에 직접 노출되어있는 경우에는 응급처치에 앞서 현장에서 이동·구출하는 예외적인 조치를 취할 수도 있다. · 차량의 구조물과 잔해 등 다른 방해물이 제거되면 환자를 차량으로부터 구급차로 이동시킬 준비를 하고 추가 부상을 입지 않도록 보호한다.
이 동	· 환자의 이동은 단순히 들것으로 구급차로 운반하는 경우일 수도 있지만, 급경사면을 오르거나 하천을 건너야 하는 등 이송에 어려움이 있는 경우도 있다. · 이러한 경우에는 환자를 들것에 확실히 고정하고 보온에도 주의를 하여야 한다. · 구급차로 이송 중에도 계속 요구조자의 상태를 주시하여 필요한 응급처치를 취하고 필요하면 통신망을 이용하여 전문의의 도움을 받도록 하고 병원으로 이송하기 전에 가까운 응급의료센터에 연락을 취하여 즉시 필요한 처치를 받을 수 있도록 조치하여야 한다.

2 수난사고 구조

지역특성	① 대륙성·해양성기후의 영향으로 강우량 많음 ② 태풍이 매년 2~3회 이상 통과하고 많은 하천과 계곡이 있어 잦은 풍수해 및 수난사고 발생
구조상황	하천 등 사고발생 현장과 소방관서와의 거리가 멀어 구조대 도착시간 지연으로 생존자 구조보다는 실종자 수색하는 경우가 많음
사고유형	제방·다리에서 부주의 추락, 수영미숙, 차량수중추락, 선박좌초, 풍수해 등

(1) 수상구조

물에 빠진 사람을 구출할 때에는 다음 4가지 원칙을 명심한다.

① 던지고, ② 끌어당기고, ③ 저어가고, ④ 수영한다.

가능한 한 구조자가 직접 물에 들어가지 말고 장대나 노 등 잡을 수 있는 물체를 익수자(溺水者)에게 건네주거나 로프, 구명대 등을 던져서 잡을 수 있도록 하는 방법을 시도하고 이러한 방법이 불가능할 때에는 보트 등을 이용 수상으로 직접 접근하는 것이며 구조대원이 수영해서 구조하는 것은 최후로 선택하는 구조방법이다.

상당한 수영실력이 있는 구조대원일지라도 별도의 전문적인 수중구조 훈련을 받지 않았으면 맨몸으로 요구조자를 구출한다는 것이 매우 어려운 일임을 명심해야 한다.

① 구조대원의 신체를 이용하는 방법

㉠ 기본적 구조

ⓐ 물에 빠진 사람이 손이 닿을 수 있는 거리에 있을 경우 구조자는 엎드린 자세에서 몸의 상부를 물 위로 펴고 요구조자에게 손을 내민다.

ⓑ 그러나 손이 물에 빠진 사람에게 미치지 않는 경우 구조자는 그 자세를 반대로 한다.

ⓒ 기둥이나 물건 등을 단단히 붙잡은 채 몸을 물속에 넣어 두 다리를 쭉 펴게 되면 요구조자가 그 다리를 잡고 나올 수 있다.

ⓓ 어느 경우나 구조대원이 몸을 충분히 지지할 수 있어야 요구조자가 잡아당길 때 물에 빠지지 않고 안전하게 구조할 수 있다.

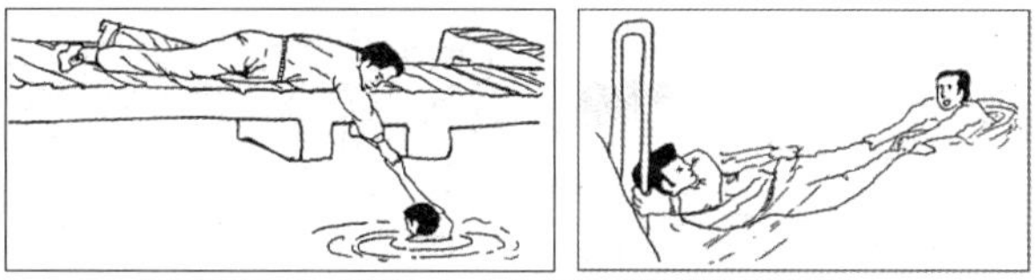

■ 요구조자가 잡을 수 있도록 신체를 뻗는다. ■

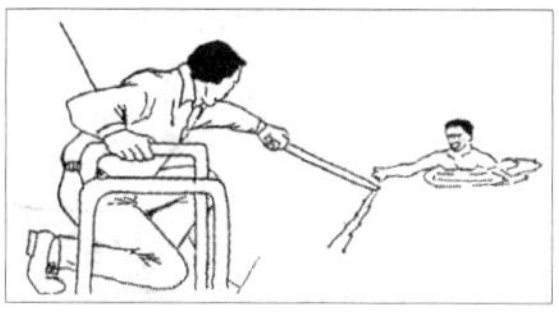

■ 도구를 이용하는 방법 ■

㉡ 도구를 이용한 신체 연장

요구조자 물건 중 팔의 길이를 연장하는 데 쓰일 수 있는 도구를 이용하여 신체의 길이를 연장시킬 수 있다.

> ✪ 구조대원의 경우 검색봉을 이용할 수도 있고 주변에 마땅한 도구가 없을 때에는 옷을 벗어 로프로 대용할 수도 있다.

㉢ 인간사슬 구조(The human chain)

ⓐ 물살이 세거나 수심이 얕아 보트 접근이 불가능한 장소에서 적합한 방법이다.

ⓑ 4~5명 또는 5~6명이 서로의 팔목을 잡아 쇠사슬 모양으로 길게 연결한다.

ⓒ 서로를 잡을 때는 손바닥이 아니라 각자의 손목 위를 잡아야 연결이 끊어지지 않는다.

- 첫 번째 사람이 물이 넓적다리 부근에 오는 곳까지 입수하고
- 요구조자 가장 가까이 접근하는 사람은 허리 정도의 깊이까지 들어가 구조한다.
- 이때 체중이 가벼운 사람이 사슬의 끝부분에 위치하도록 한다.

ⓓ 물의 깊이가 얕더라도 유속이 빠르거나 깊이가 가슴 이상인 때에는 인간사슬로 구조할 수 있는지를 신중히 판단하여야 한다.

ⓔ 인간 사슬을 만든 상태에서 이동하여야 하는 경우에는 물속에서는 발을 들지 말고 발바닥을 끌면서 이동하여야 균형을 잃고 넘어지는 사태를 방지할 수 있다.

✪ 이 구조방법은 하천이나 호수에서도 응용할 수 있다.

■ 인간사슬 만들기 ■

② 구명환과 로프를 이용한 구조**

✪ 구명환(Ring buoy)은 카아데(Carte)라는 영국 사람이 1840년에 고안하여 만들었으며 물에 빠진 사람을 구조하기 위하여 만들어낸 최초의 기구이다.

요구조자는 수중에서 부력을 받는 상태이기 때문에 구명부환에 연결하는 로프는 일반구조용 로프보다 가는 것을 사용해도 구조활동이 가능하다. 구명부환은 정확히 던지려면 연습을 많이 하여야 한다.

㉠ 요구조자와의 거리를 목측하고 로프의 길이를 여유 있게 조정한다.

㉡ 구조자가 요구조자를 향하여 반쯤 구부린 자세로 선다.

㉢ 오른손잡일 경우 오른손에 구명부환을 쥐고 왼손에 로프를 잡으며 왼발을 어깨 넓이만큼 앞으로 내민다. 이때 왼발로 로프의 끝 부분을 밟아 고정시킨다.

㉣ 구명부환을 던질 때에는 풍향, 풍속을 고려하여야 하며 일반적으로 바람을 등지고 던지는 것이 용이하다.

㉤ 구명부환이 너무 짧거나 빗나가서 요구조자에게 미치지 못한 경우에는 재빨리 회수하여 다시 시도하며 물위에서 요구조자에게 이동시키려고 해서 시간을 낭비하지 않는다. 이러한 이유로 요구조자보다 조금 멀리 던져서 요구조자 쪽으로 이동시키는 것이 보다 용이할 수 있다.

■ 구명환 던지는 방법 ■

㉥ 요구조자가 구명부환을 손으로 잡고 있을 때에 빨리 끌어낼 욕심으로 너무 강하게 잡아당기면 놓칠 수 있으므로 속도를 잘 조절해야 한다.

③ 레스큐 튜브(Rescue Tube) 활용 구조

㉠ 구조대원이 휴대하면 맨몸으로 수영하여 접근할 때보다 속도는 느리지만 심리적인 안정감을 주고 구조활동에 도움을 준다.

㉡ 요구조자가 멀리 있을 때에는 끈을 이용해서 구조대원의 어깨 뒤로 메고 다가간다. 이때 자유형과 평영을 모두 사용할 수 있다.

㉢ 요구조자가 가까이 있을 때에는 튜브를 가슴에 안고 다가간다. 구조대원의 판단에 따라 앞이나 뒤에서 접근한다.

의식이 있는 요구조자	① 앞에서 튜브를 내밀어주는 방법을 많이 사용한다. ② 튜브의 연결 끈 반대쪽을 내밀어주어 잡도록 한 다음, 요구조자를 안전지대로 끌고 이동한다.
의식이 없거나 지친 요구조자	① 요구조자의 뒤로 돌아 접근하며 이때 튜브는 구조대원의 앞에 두고 양 겨드랑이에 끼운다. ② 구조대원이 요구조자의 양 겨드랑이를 아래서 위로 잡아 감고 튜브가 두 사람 사이에 꽉 끼이도록 한다. ③ 요구조자를 뒤로 젖혀 수평자세를 취하도록 한다. 이때 두 사람의 머리가 서로 부딪치지 않게 조심하고 배영의 다리차기를 이용하여 이동한다.
엎드린 자세의 요구조자	① 요구조자의 얼굴이 물 밑을 향하고 있을 때에 사용하는 방법이다. ② 요구조자의 전방으로 접근한 다음 두 사람 사이에 튜브를 한일자로 펼쳐놓는다. ③ 손목끌기 방법을 응용해서 요구조자를 뒤집고 튜브가 요구조자의 등 뒤, 어깨 바로 밑 부분으로 가도록 한다. ④ 요구조자의 손목을 잡고 있던 팔로 요구조자의 어깨와 튜브를 동시에 위에서 아래로 잡아 감는다. ⑤ 상황에 따라 요구조자를 튜브로 감아 묶을 수도 있으며 요구조자를 끌면서 횡영자세로 안전지대까지 이동한다.

④ 구조로켓

손으로 던질 수 있는 거리보다 먼 경우에는 로프발사기(구조로켓환)를 이용할 수도 있고 구명부환이 없는 경우에는 구명조끼나 목재 등 물에 뜰 수 있고 주변에서 쉽게 구할 수 있는 물체를 연결해서 던져도 된다.

■ 구조로켓의 발사 모습. 로켓이 물에 닿으면 자동으로 구명환이 펼쳐진다. ■

⑤ 구명보트에 의한 구조

구명보트가 요구조자에게 접근할 때 무엇보다도 중요한 것은 익수자에게 붙잡을 것을 빨리 건네주어 가능한 한 물위에 오래 떠 있을 수 있게 하는 것이다.

㉠ 보트는 바람을 등지고 요구조자에게 접근하는 것이 좋다. 요구조자가 흘러가는 방향으로 따라가면서 구조하는 것이 보다 용이하다. 그러나 풍향과 풍속, 유속, 익수자의 위치 등 고려해야 할 여건이 많으므로 일률적으로 적용하는 것은 곤란하다.

㉡ 요구조자가 격렬하게 허우적거릴 때에는 너무 가까이 접근하지 말고 먼저 구명부환 또는 노 등 붙잡을 수 있는 물체를 건네준다.

㉢ 작은 보트로 구조할 때에 좌우 측면으로 요구조자를 끌어올리면 보트가 전복될 우려가 있으므로 전면이나 후면으로 끌어올리는 것이 안전하다.

㉣ 모터보트인 경우 요구조자가 스크류에 다칠 수 있으므로 보트의 전면이나 측면으로 끌어올리는 것이 적합하며 이 경우 보트가 한쪽 방향으로 기울어지지 않도록 주의한다.

㉤ 요구조자가 의식이 있고 기력이 충분하다고 판단되는 경우에는 무리하게 보트로 끌어올리

려고 시도하지 말고 매달고(끌고)육지로 운행하는 방안도 강구한다.

■ 먼저 요구조자가 붙잡을 수 있는 것을 건네준다. ■

■ 상황에 따라 요구조자를 매달고 갈 수도 있다. ■

■ 작은 보트에서는 후면으로 끌어올린다. ■

⑥ 요구조자가 가라앉은 경우(육안 식별이 불가능한 경우)

㉠ 익수자의 소생 가능성

ⓐ 물에 빠진 사람이 가라앉았다고 해서 즉시 사망하는 것은 아니다.

ⓑ 비록 호흡과 맥박이 멎은 임상적 사망상태인 사람도 신속히 구조하여 심폐소생술을 시행하면 소생가능성이 있다.

ⓒ 요구조자의 회복가능성은 구조 및 응급처치의 신속성과 비례한다.

> ✪ 일반적으로 심장 박동이 정지된 후 심폐소생술의 시행 없이 4분 정도 경과하면 뇌손상이 시작되고, 5~6분 경과 시 영구적인 뇌손상을 받으며 10분 이상 경과되면 뇌손상으로 사망하는 것으로 알려져 있다. 그러나 이것은 절대적인 기준이 아니며 요구조자의 나이가 적을수록, 수온이 낮을수록 소생가능성이 높아진다. 따라서 구조대원은 요구조자의 생존가능성을 포기하지 말아야 한다.

㉡ 요구조자 수색요령

다른 위치에 있는 목격자로부터 발생 위치를 청취하고 목격자의 위치와 육지의 목표물은 선으로 그어 그 선의 교차되는 지점을 수색의 중심으로 한다. 이러한 사항을 기초로 경과시간, 유속, 풍향, 하천바닥의 상태 등을 종합적으로 고려하여 수색 범위를 결정한다.

ⓐ 수색범위 내를 X자 형태로 세밀히 수색한다.

ⓑ 요구조자가 가라앉아 있다고 예상되는 구역을 접근하면서 수면에 올라오는 거품이나 부유물 등을 찾는다.

ⓒ 바닥이 검은 경우 요구조자의 사지가 희미하게 빛나 상당히 깊은 수중에서도 물에 빠진 사람을 찾아낼 수 있는 경우가 많다.

ⓓ 바닥이 흰모래 등으로 되어 있는 경우 익수자의 검은 머리털이나 옷 색깔을 보고 찾을 수 있다.

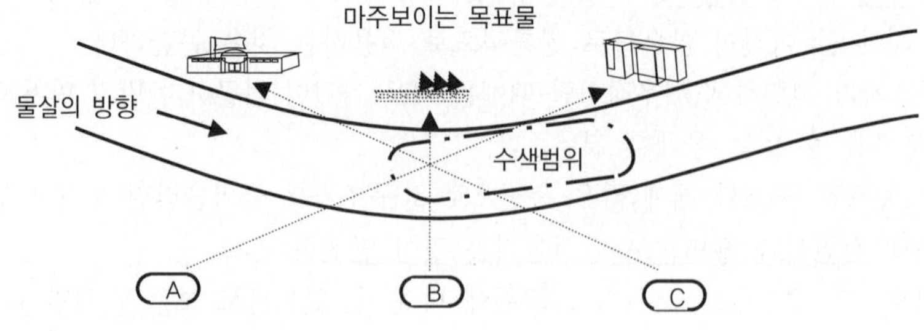

✪ 신체 회수(Body Recovery)
물에 빠진 사람을 소생시킬 희망이 전혀 없더라도 시체만이라도 건지려고 애쓰는 것이 우리의 정서이다. 신체의 비중이 물의 비중보다 커지면 곧 물밑으로 가라앉는다. 그리고 어떤 장애물에만 걸리지 않는다면 부패작용으로 생긴 가스에 의하여 부력이 체중보다 커서 곧 수면으로 다시 떠올라 온다. 그러나 언제나 떠오르는 것은 아니며 밑바닥의 수온이 대단히 낮은 깊은 호수 같은 곳에서는 시체가 다시 떠올라 오지 않는 경우도 있다. 낮은 수온이 시체의 부패를 억제하기 때문이다.

⑦ 직접 구조

㉠ 구조기술

ⓐ 의식이 있는 요구조자★ ☆ 14년 경기 소방장

요구조자가 의식이 있을 때에 가장 많이 사용되는 방법은 '가슴잡이'다. 구조대원은 요구조자의 후방으로 접근하여 오른손을 뻗어 요구조자의 오른쪽 겨드랑이를 잡아 끌 듯이하며 위로 올린다. 가능하면 요구조자의 자세가 수평을 유지하도록 하는 것이 좋다.

- 동시에 구조대원의 왼팔은 요구조자의 왼쪽 어깨를 나와 오른쪽 겨드랑이를 감아 잡는다.
- 이어 힘찬 다리차기와 함께 오른팔의 동작으로 요구조자를 수면으로 올리며 이동을 시작한다.
- 그러나 요구조자가 물위로 많이 올라올수록 구조대원이 물속으로 많이 가라앉아 호흡이 곤란할 수도 있음을 유의하여야 한다.

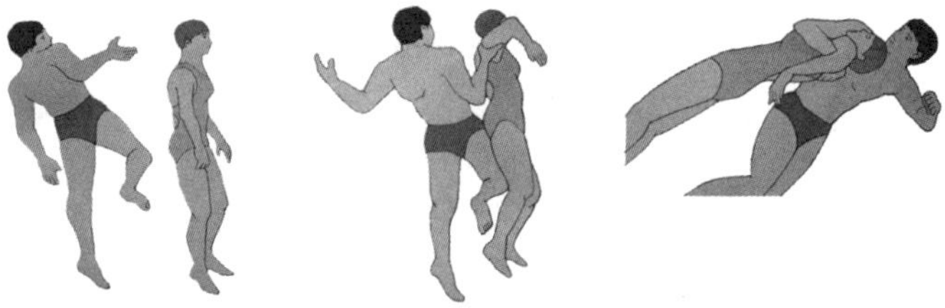

▬ 가슴잡이 ▬

ⓑ 의식이 없는 요구조자

한 겨드랑이 끌기★★ ☆ 14년 소방위	· 구조대원이 요구조자의 후방으로 접근하여 한쪽 손으로 요구조자의 같은 쪽 겨드랑이를 잡는다. · 이때 구조대원의 손은 겨드랑이 밑에서 위로 끼듯이 잡고 요구조자가 수면과 수평을 유지하도록 하고 횡영 동작으로 이동을 시작한다. · 일반적으로 먼 거리를 이동할 때에 사용한다.
두 겨드랑이 끌기	· 두 겨드랑이 끌기도 같은 방법으로 하되 구조대원이 두 팔을 모두 사용하는 것이 다르다. · 요구조자의 자세가 수직일 경우에는 두 팔로 겨드랑이를 잡고 팔꿈치를 요구조자의 등에 댄다. · 손으로는 끌고 팔꿈치로는 미는 동작을 하여 요구조자의 자세가 수면과 수평이 되도록 이끈다. · 두 겨드랑이 끌기에서는 팔 동작을 하지 않는 배영으로 이동한다.
손목 끌기	· 주로 요구조자의 전방으로 접근할 때 사용한다. · 구조대원은 오른손으로 요구조자의 오른손을 잡는다. · 만약 요구조자의 얼굴이 수면을 향하고 있을 때에는 하늘을 향하도록 돌려놓는다. · 이때에는 요구조자를 1m 이상 끌고 가다가 잡고 있는 손을 물 밑으로 큰 반원을 그리듯 하며 돌려서 얼굴이 위로 나오도록 한다.

■ 겨드랑이 끌기 ■

㉡ 인공호흡

ⓐ 익수자의 호흡이 멎었을 때에는 즉시 수면 위로 올려서 물 표면에서 인공호흡을 시작하고 물 밖으로 옮기는 동안 계속 실시하여야 한다.

ⓑ 이 경우 물을 토하게 하기 위해서 인공호흡이 지체되어서는 안 된다.

ⓒ 의식이 회복되더라도 반드시 의사의 진찰을 받을 수 있도록 즉시 병원으로 이송하여야 한다.

ⓓ 특히 체온이 급격하게 떨어질 수 있으므로 체온유지에 힘써야 한다.

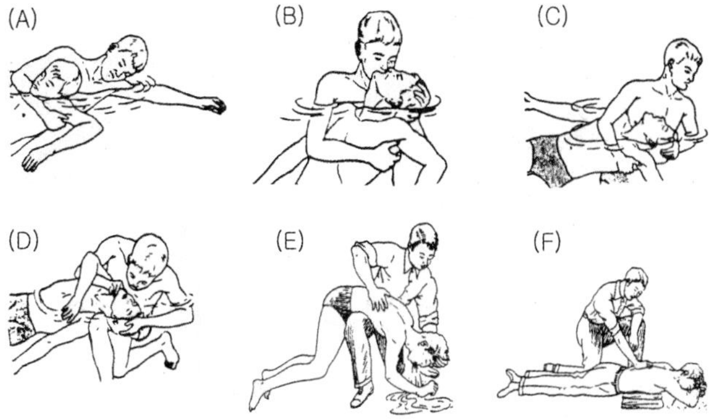

■ 물을 토하게 하고 안정시키는 것은
심폐기능이 회복되고 의식이 돌아온 경우에 한한다. ■

⑧ 요구조자로부터 이탈

㉠ 가슴밀어내기

ⓐ 요구조자가 구조대원을 잡으려고 할 때 구조대원은 요구조자로부터 머리를 멀리하고 잠수하여 한 손이나 두 손을 이용하여 요구조자의 가슴을 밀어낸다.

ⓑ 이 때 요구조자의 가슴을 미는 손은 완전히 펴진 상태를 유지하여야 한다.

ⓒ 가슴을 밀어내어 요구조자로부터 멀어진 후에는 다시 물 위로 올라와 요구조자의 상태를 살필 수 있도록 한다.

㉡ 빗겨나기

요구조자가 구조대원을 붙잡지 못하게 하면서도 구조목적을 달성할 수 있는 방법이다.

ⓐ 요구조자가 구조대원을 잡으려고 내민 팔들 중의 하나 아래로부터 팔꿈치 바로 위를 엄지손가락을 안쪽에 대고 움켜쥔다.

ⓑ 요구조자의 왼쪽에서 오른쪽으로 또는 오른쪽에서 왼쪽으로 잡게 된다.

ⓒ 그 상태 그대로 구조대원이 옆으로 돌아 요구조자와 대면한다.

ⓓ 요구조자의 팔을 빨리 올려 머리위로 넘기고 겨드랑이 밑으로 빠져나와 요구조자의 뒤로 돈다.

ⓔ 구조대원은 자유로운 손으로 요구조자의 턱을 붙잡을 때 까지는 팔을 놓지 않는다.

ⓕ 이 동작은 처음에는 땅에서 연습하고 다음에는 가슴깊이의 물에서 연습하여 익숙해지도록 하고 마지막으로 깊은 물에서 연습하도록 한다.

■ 가슴밀어내기(좌)와 빗겨나기(우) ■

㉢ 풀 기

구조대원이 요구조자에게 붙잡힌 경우 구조 또는 풀기를 시도한다.

ⓐ 먼저 요구조자의 체구가 작거나 안전지대까지의 거리가 짧다면 수영으로 이동하는 방법을 택할 수 있다.

ⓑ 요구조자가 앞에서 머리를 잡고 있는 경우 : 양발 엇갈려 차기나 횡영 다리차기를 사용하는 것이 적당하다.

ⓒ 구조대원이 요구조자 앞에서 붙잡혔을 경우 : 일단 요구조자를 밀치거나 요구조자와 함께 잠수하여 앞 목 풀기를 시도할 수 있다.

뒤에서 잡혔을 때 앞에서 잡혔을 때 입수와 풀기

■ 요구조자를 풀어내는 방법 ■

ⓓ 요구조자가 앞이나 뒤에서 구조대원을 잡는 경우

- 먼저 한 번의 큰 숨을 들이쉰 다음 턱을 앞가슴에 붙이고 옆으로 돌린다.
- 어깨를 올리고 다리먼저 입수하는 방법으로 물속으로 내려간다.
- 물속으로 내려가는 동시에 자신의 팔을 요구조자의 팔꿈치나 윗 팔의 아래쪽에 붙이고 세차게 위쪽으로 밀친다.
- 풀기를 완전히 성공할 때까지 턱은 끌어당긴 상태를 유지하여야 한다.
- 요구조자의 필을 밀치며 앞목 풀기와 뒷목 풀기를 시도할 때 구조대원의 뒤통수 쪽에 있는 팔을 먼저 밀치는 것이 효과적일 수 있다.
- 일단 풀기에 성공하면 요구조자로부터 멀리 떨어져 물 위로 올라온 후에 요구조자의 상태를 파악하고 후방으로 접근하여 구조를 시도하여야 한다.

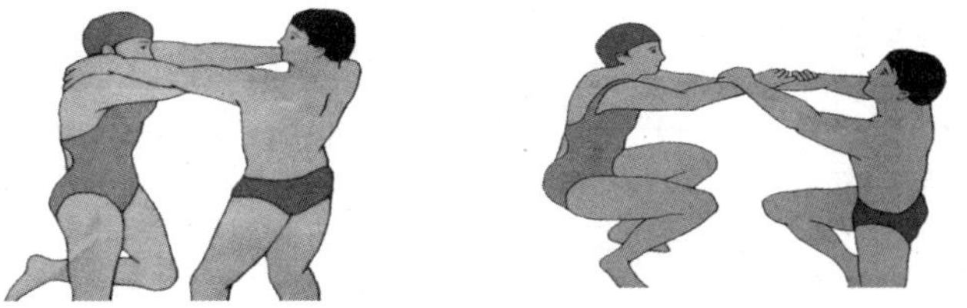

■ 팔을 잡혔을 때(좌), 손목을 잡혔을 때(우) ■

ⓔ 요구조자가 팔을 잡았을 때
- 잡히지 않은 손을 이용하여 요구조자의 어깨를 물 아래로 누른다.
- 이때 자신의 무게로 요구조자를 누르기 위해 다리차기를 이용하여 물위로 올라오는 동작을 취하는 것이 유리하다.

ⓕ 요구조자에게 손목을 잡혔을 때
- 먼저 잡히지 않은 손으로 자신의 잡힌 손을 잡고 위로 힘차게 뽑아 올리는 동작을 취한다. 이후 요구조자로부터 멀리 떨어져 후방접근을 시도하여 다음 구조를 준비하도록 한다.

(2) 빙상사고(氷上事故) 구조☆ 17년 소방장

① 일반적으로 빙상사고는 해빙기의 얼음이 깨어지면서 익수하는 경우가 대부분이다. 빙상사고 발생 시 구조방법은 얼음의 상태에 따라서 달라진다.

② 얇은 얼음의 경우 가장 바람직한 구조는 헬리콥터를 이용하여 구조하는 것이나 출동 시간이 많이 소요되는 것이 단점이다.

③ 얇은 얼음의 범위가 넓어 접근이 힘든 경우 복식사다리를 이용하는 방법을 강구한다.

㉠ 사고 현장에 접근하는 모든 구조대원은 건식잠수복(드라이슈트) 또는 구명조끼를 착용하고 가급적 접근이 가능한 장소까지 최대한 접근한다.

㉡ 자세는 사다리 하단부를 복부로 누른 상태를 취하고 다른 구조대원은 사다리를 지지하며 최대한 얼음과 접촉하는 면적을 넓게 하여 얼음이 깨지는 것을 막는다.

㉢ 사다리를 2단까지 전개해도 요구조자에게 미치지 않을 경우 구명부환을 요구조자에게 던져 당긴 후 요구조자가 최말단의 가로대를 붙잡고 사다리 위로 나올 수 있도록 한다.

㉣ 요구조자의 상태가 악화되어 자력으로 사다리위로 오를 수 없는 경우 구조대원이 직접 사다리 위를 낮은 자세로 접근하여 구조한다.

④ 두꺼운 얼음일 경우 신속한 접근이 가장 중요하며 반드시 구명로프를 연결한 구명부환 등의 구조장비를 휴대하고 접근하여야 한다.

㉠ 이때 얼음에 미끄러지지 않고 견고한 지지점을 확보하기 위해 아이젠을 필히 착용하여야 한다.

㉡ 얼음 속으로 잠수해야 하는 경우 반드시 건식잠수복을 착용해야 하며 유도로프를 설치하여 수중에서 길을 잃지 않도록 한다.

※ 교재에는 없으나 참고하시기 바랍니다.

✪ 빙상사고 시 유의사항

1. 얼음의 상태를 알아볼 수 있는 간단한 방법은 소리를 들어보는 것이다.
2. 견고한 얼음은 두드렸을 때 단단한 소리를 낸다.
3. 해빙기 얼음에서는 빙질이 무르고 푸석한 느낌이 든다.
4. 빙질이 좋지 않다면 아무리 두꺼운 얼음이라도 강도가 약해진 상태로 볼 수 있다.
5. 수초나 갈대 등이 있는 지역, 다른 물이 유입되는 부분, 골자리, 나무의 언저리 부분, 깊은 수심 등의 장소는 살얼음이 형성되는 곳으로 반드시 확인을 요하는 곳이다.

✪ 얼음 두께에 따른 안전성 판단기준

1. 10cm 이하는 위험하다.
2. 12cm는 스노모빌 또는 오토바이
3. 20cm는 얼음낚시 가능
4. 20cm~30cm는 승용차 1대
5. 30cm~40cm는 경트럭 1대

(3) 수중구조 기술

① 잠수물리★★ ☆ 12년 서울 소방장, 13년 경북 소방장, 15년 소방장, 16년 경기 소방교, 19년 소방교

㉠ 저 항

밀도란 단위 부피에 대한 질량의 비율을 말한다. 물의 밀도는 약 1,000kg/m³이며 공기의 밀도는 약 1.2kg/m³에 불과하다. 따라서 수중에서는 빛의 전달, 소리의 전달, 열의 전달 등 여러 가지 측면에서 대기 중과 많은 차이를 보이며 특히 높은 밀도 때문에 많은 저항을 받아 행동에 제약을 받고 체력소모가 크다.

㉡ 빛의 전달 및 투과

ⓐ 물속에서는 빛의 굴절로 인해 물체가 실제보다 25% 정도 가깝고 크게 보인다.

ⓑ 물의 색깔은 여러 요인의 영향을 받는다. 예를 들면, 적도의 해수는 짙은 파랑색인 반면에 고위도 해역의 해수는 남색이다.

ⓒ 이러한 차이는 주로 고위도 해역에 플랑크톤의 생물이 더 많이 존재하기 때문이며, 플랑크톤이 국부적으로 일정해역에서 번성하면 '적조'나 '녹조'현상이 발생한다.

ⓓ 해수를 컵에 담고 보아도 파란색을 띄지는 않는다. 파장이 가장 짧은 청색광선이 깊이 파고 들어가 산란되어 바다가 파랗게 보이는 것이다.

ⓔ 색깔은 수심이 깊어질수록 흡수된다. 환경에 따라 다르지만 대체로 빨간색은 15~20m의 수심에서 사라지며, 노란색은 20m 수심에서 사라진다.

㉢ 소리의 전달

ⓐ 수중에서는 대기보다 소리가 4배 정도 빠르게 전달되기 때문에 소리의 방향을 판단하기 어렵다.

ⓑ 수중에서는 말을 할 수 없으므로 손동작이나 몸짓으로 수화를 사용하여 의사를 전달하기도 하며 수중에서도 사용가능한 기록판에 글씨나 그림을 그리기도 한다.

ⓒ 전문적인 산업잠수에서 유·무선 시스템을 이용한 수중 통화장치를 이용하여 직접 대

화가 가능하여 레저스포츠 다이빙에도 많이 보급되어 있다.

> ✪ 공기 중에서는 소리의 속도가 340m/Sec이고 양쪽 귀에 전달되는 소리의 시간차로 방향을 알 수 있다. 그러나 수중에서는 공기보다 수중에서 약 4배(1,550m/Sec) 빠르게 전달되어 소리 나는 방향을 파악하기 곤란하다.

㉣ 열의 전달★ ☆ 14년 경기 소방교, 19년 소방교

물은 공기보다 약 25배 빨리 열을 전달한다. 따라서 우리가 물속에서 활동을 하게 되면 쉽게 추워진다는 것을 알 수 있다. 물속에서 활동할 때에는 체온 손실을 막을 수 있는 잠수복이 반드시 필요하며 수온에 따라 적절한 잠수복을 선택하여야 한다.

㉤ 수 압

일반적으로 해수면에서의 기압은 대체로 높이 10.33m, 밑면적 1㎠인 물(담수) 기둥의 밑바닥이 받은 압력과 같다. 물 1L의 무게는 1kg이므로 그 물 기둥의 부피를 계산하여 무게를 산출하면 1.033L의 부피에 1.033kg이 된다. 이것을 1대기압(atm)이라고 하며 영국식 단위계인 Psi(Pound per square inch)로는 14.7Psi이다.

1atm = 1.033kg/㎠ = 14.7Psi

우리가 수중으로 들어가면 기압과 수압을 동시에 받게 된다. 이렇게 수중에서 실제로 받는 압력을 절대압이라 한다. 즉, 물속 10m에서는 2기압 상태에 놓이게 된다.

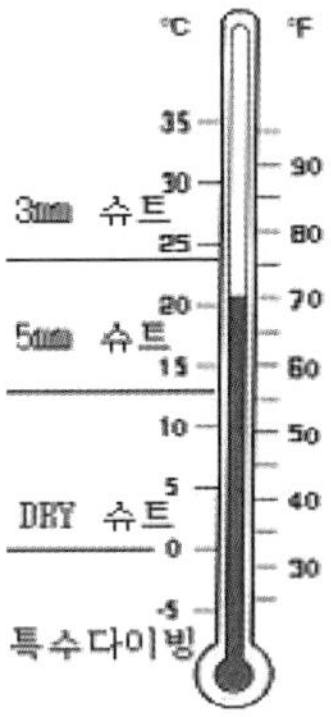

■ 수온에 따른 잠수복의 선택 ■

㉥ 부 력

부력이란 부피에 해당하는 물의 무게만큼 뜨는 성질로서 그것을 조절할 수 있다면 물속으로 잠수하는 데 있어서 아주 편리하다.

양성부력	어떤 물체의 무게가 물속에서 차지하는 부피에 해당하는 물의 무게보다 가벼우면 그 물체는 물에 뜨게 된다.
음성부력	물의 무게보다 무거우면 가라앉게 된다.
중성부력(부력조절)	이 두 현상을 적절히 조절하여 뜨지도 가라앉지도 않을 때

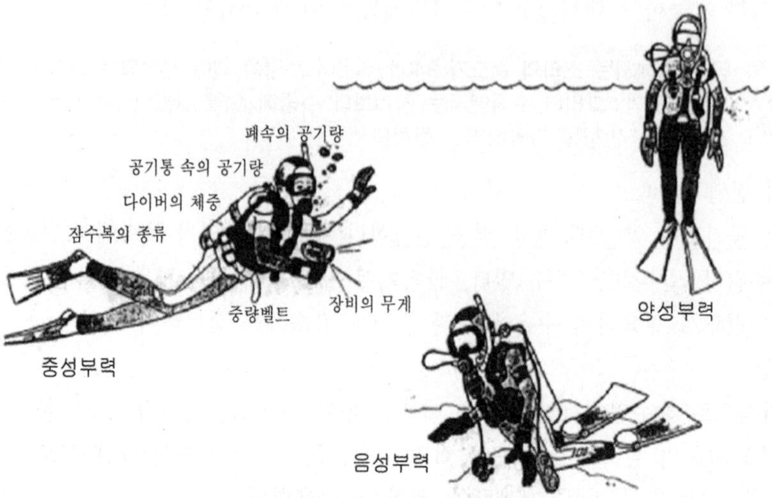

■ 부력의 3가지 형태 ■

ⓢ 공기소모* ☆ 13년 서울 소방장, 14년 경기 소방교, 19년 소방교

ⓐ 바닷물에서는 수심 매 10m(33피트)마다 수압이 1기압씩 증가되며 다이버는 물속의 압력과 같은 압력의 공기로 호흡을 하게 된다.

ⓑ 이것은 수심 20m에서 다이버는 수면에서 보다 3배나 많은 공기를 호흡에 사용한다는 뜻이다. 즉 다이버가 수면에서 1분에 15L의 공기가 필요하다면 20m에서는 45L의 공기가 필요하다.

ⓒ 많이 사용하는 80CuFt 공기통은 2,265L의 공기를 압축하여 사용한다.

ⓓ 이것은 대기 중에서 정상적인 성인 남자가 약 150분 정도 호흡할 수 있는 공기량이다.

ⓔ 이 공기량은 얕은 수영장에서라면 거의 2시간에 걸쳐 다이버가 호흡할 수 있는 양이지만 수심 20m에서는 50분 정도밖에 호흡할 수 없다.

ⓕ 안전을 위한 공기의 여분을 764L라고 가정한다면 다이버는 1,500L를 사용할 수가 있다. 수심별로 다이버가 소모하는 공기량과 소모되는 시간은 다른 조건을 무시한 상황에서 다음 표와 같다.

▌수심과 공기소모량의 관계▐ ☆ 16년 서울 소방교 / 20년 소방교

수심(m)	절대압력(atm)	소모시간(분)	공기소모율(L/분)
0	1	100	15
10	2	50	30
20	3	33	45
30	4	25	60
40	5	20	75

이 표에서 수심이 깊어지면 공기 소모 시간이 같은 비율로 줄어들고 반대로 공기 소모율은 같은 비율로 증가함을 알 수 있다. 그 외에 추위라든지 활동의 유형에 따라 변하는 정도가 다르므로 이것을 반영해야 한다.

> ✪ CuFt는 입방피트로 피트법을 사용하는 국가(주로 미국)에서 용량의 단위로 사용한다. 다이빙에 사용하는 알루미늄 탱크는 상용압력이 211kg/㎠(3,000Psi)이고 80CuFt 탱크에 충전하면 2,265ℓ가 된다.

② 잠수장비의 구성 및 관리

㉠ 기본장비

ⓐ 수경(Mask)

- 물속에서 사물을 관찰하고 눈을 보호하고 코로 물이 들어가는 것을 막아준다.
- 수경을 선택할 때 가장 중요한 부분은 수경 내에 반드시 코가 들어가 수경압착에 대한 방지를 할 수 있는 것으로 자기 얼굴에 잘 맞고 사용하는데 불편하지 않아야 한다.
- 수경을 사용한 후에는 민물로 깨끗이 세척한 후 습기를 완전히 제거하고 케이스에 넣어 직사광선에 의한 노출을 피하고 그늘지고 건조한 곳에 보관한다.

ⓑ 숨대롱(Snorkel)

- 수면에서 숨대롱을 사용하여 공기통의 공기를 아낄 수 있으며 물밑을 관찰함과 동시에 수면에서 쉽게 수영할 수 있게 해준다.
- 숨대롱은 간단하면서도 호흡저항이 적고 물을 빼기가 쉬워야 한다.
- 내부의 물을 쉽게 배출시킬 수 있도록 배수밸브가 부착된 것을 많이 사용한다.
- 보관할 때는 수경과 분리하여 민물에 씻어서 그늘지고, 건조한 곳에 보관한다.

ⓒ 오리발(Fins)

- 오리발은 물에서 기동성과 효율성을 높여주고 최소의 노력으로 많은 추진력을 제공해 준다.
- 오리발을 사용함으로서 다이버들은 수영을 할 때보다 손을 자유롭게 움직일 수 있다.
- 오리발은 자기 발에 맞고 잘 벗겨지지 않는 것을 선택한다.
- 사용 후에는 햇빛을 피하여 민물로 씻어서 보관하여야 하며 장기간 보관 시에는 고무부분에 분가루나 실리콘 스프레이를 뿌려 두는 것이 좋다.

ⓓ 잠수복(Suit)★ ☆ 14년 경남 소방장, 17년 소방교

- 물속에서는 열손실이 아주 빠르기 때문에 찬 물 속이 아니더라도 체온을 보호해 주어야 한다.
- 바닷가나 해저에서 입을 수 있는 상처로부터 몸을 보호해 주고 비상시에는 잠수복이 양성부력이므로 체력소모를 줄여 준다.
- 잠수복은 신체와 잠수복 사이에 물이 들어오는 습식(wet suit)과 물을 완전히 차단하여 열의 손실을 막아주는 건식(dry suit)이 있다.
- 보편적으로 수온이 24℃ 이하에서는 발포고무로 만든 습식잠수복을 착용하고 수온

이 13℃ 이하로 낮아지면 건식잠수복을 착용하도록 권장한다.

- 사용한 후에는 깨끗한 물로 씻어서 직사광선을 피해서 말리며, 옷걸이에 걸어서 보관하는 것이 바람직하다.

ⓔ 모자(Hood), 신발(Booth), 장갑(Glove)

- 수중에서 머리는 잘 보호되어야 하며, 특히 열 손실이 많은 부위이기 때문에 차가운 물속에서는 반드시 보온을 해야 한다.
- 잠수신발과 잠수장갑은 잠수복과 같은 네오프렌으로 된 것을 주로 사용하며 손발의 보호 및 보온 기능을 한다.
- 사용 후에는 민물로 깨끗이 씻어 말리고 접어서 보관하지 않는다.

㉡ 부력 장비

ⓐ 중량벨트(Weight Belt)

- 사람의 몸은 물속에서 거의 중성 부력을 갖게 되나 잠수복을 착용하므로 잠수복의 원단과 스타일에 따라 부력이 더 증가된다.
- 다이버는 적당한 무게의 중량벨트를 착용해야 한다. 중량벨트는 간단히 웨이트(weight)라고 부르며 납으로 만들어진다.
- 현재 중량벨트에 쓰이는 납은 표면을 플라스틱이나 우레탄으로 코팅하여 오염을 방지하도록 하고 있다.
- 본인에게 알맞은 중량벨트의 선택방법은 모든 장비를 착용한 상태에서 눈높이에 수면이 위치하도록 하는 것이다.
- 호흡을 하게 되어도 수면이 눈높이에서 크게 이탈되지 않고 아래위로 움직임을 알 수 있다. 이것은 잠수 활동 시 매우 중요한 기술이다.

ⓑ 부력조절기(BC, Buoyancy Compensator)

- 수면에서 휴식을 위한 양성부력을 제공해 주며 비상시에는 구조장비 역할까지 담당할 수 있다.
- 잠수복과 중량벨트의 조화로 부력이 중성화되었으나, 잠수복의 네오프렌은 기포로 형성되었기 때문에 수압을 받으면 그 부피가 줄어들어 부력이 저하된다.
- 이때 부력조절기 안에 공기를 넣어주면 자유롭게 부력을 조절할 수 있게 된다.

■ 부력조절기 ■

- 사용 후 깨끗한 물로 씻어야 하고, 내부도 물로 헹구어서 공기를 넣어 통풍이 잘되는 곳에서 말려야 한다.

㉢ 호흡을 위한 장비

ⓐ 공기통(Tank)

- 실린더(cylinder), 렁(lung), 봄베(bombe), 탱크(Tank) 등 다양한 명칭으로 불리는 공기통은 고압에서 견딜 수 있고 가벼운 소재로 제작되며 알루미늄 합금을 많이 사용한다.

- 공기통 맨 위 부분에 용량, 재질, 압력, 제품 일련번호, 수압 검사날짜 및 수압 검사표시, 제조사 명칭 등이 표시되어 있다.
- 수압 검사는 처음 구입 후 5년만에, 이후에는 3년마다, 육안검사는 1년마다 검사하는 것을 권장한다.
- 「고압가스 안전관리법」에서는 신규검사 후 10년까지는 5년마다, 10년 경과 후에는 3년마다 검사를 받도록 규정하고 있다.
- 공기통은 매년 내부의 습기 및 기름 찌꺼기 유무 등을 점검하고 운반할 때나 보관할 때에는 공기통이 손상되지 않도록 주의한다.
- 장기간 보관할 때 공기통에 공기를 50kg/㎠으로 압축하여 세워두고, 다음번 사용할 때에는 공기통을 깨끗이 비우고 새로운 공기를 압축하여 사용한다.

ⓑ 호흡기(Regulator)

- 호흡기는 고압의 공기통에서 나오는 공기를 다이버에게 주변의 압력과 같게 조절하여 주는 장치이다.
- 다이버는 호흡기로 물속에서 편안히 공기로 숨을 쉴 수 있다.
- 호흡기는 2단계에 걸쳐 압력을 감소시킨다.
- 처음 단계에서는 탱크의 압력을 9~11kg (125~150Psi)까지 감소시키고, 이 중간 압력은 두 번째 단계를 거쳐 주위의 압력과 같아지게 된다.
- 비상용 보조호흡기는 옥토퍼스(Octopus)라고 부른다.

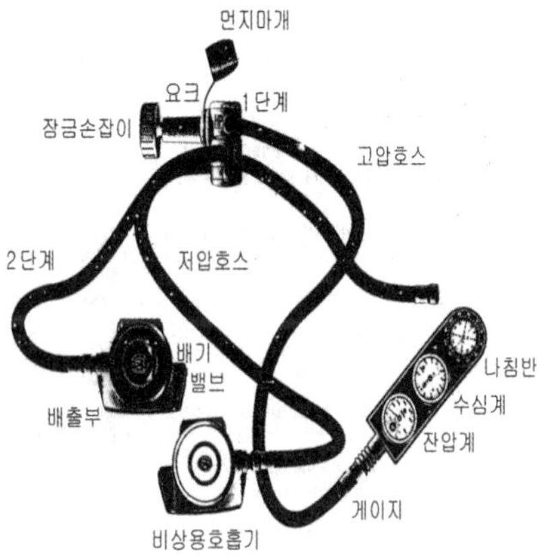

■ 호흡기(Regulator) ■

- 호흡기뿐만 아니라 모든 잠수장비는 사용 후에 깨끗한 물로 씻어야 한다.
- 특히 호흡기는 민물(강) 잠수는 깨끗한 물로 세척만으로 좋을 수 있으나, 바닷가에 접한 소방서(구조대)는 사용 빈도에 따라서 1년에 한 번 정도는 전체 분해 후 청소, 소모품교환을 하는 일명 "오버홀(overhaul)"을 하는 것을 권장한다.

㉣ 계기 및 보조장비

계 기	압력계	· 공기통에 남은 공기의 압력을 측정한다고 하여 잔압계라고도 한다. · 자동차의 연료계기와 마찬가지로 공기통에 공기가 얼마나 있는가를 나타내주는 호흡기 1단계와 고압호스로 연결하여 사용한다.
	수심계	· 주변 압력을 측정하여 수심을 표시하는 것이다. · 현재의 수심과 가장 깊이 들어간 수심을 나타내는 바늘이 2개 있다. · 수심은 m 또는 Feet로 표시한다.
	나침반	· 수중 활동시에는 방향감각을 잃어버릴 위험성이 있다. 이때 나침반은 중요한 장비가 된다.
	다이브 컴퓨터	· 최대 수심과 잠수시간을 계산하여 감압정보를 알려주는 것이다. · 다이버의 공기 소모율을 계산하여 최대 잠수가능 시간과 비교하여 현재의 공기압으로 활동 가능시간을 나타내며 기타 잠수에 필요한 여러 가지 정보를 제공한다.
보조장비		· 기타 칼, 신호기구, 잠수용 깃발, 수중랜턴, 잠수표 등이 있다.

③ 수중활동중의 주의사항

㉠ 압력평형

ⓐ 잠수 중 변화하는 수압에 적응하기 위해 신체 또는 장비와의 공간에 들어있는 기체부분의 압력을 수압과 맞춰주는 것으로 흔히 "이퀄라이징"(Equalizing) 또는 "펌핑"이라고 부른다.

ⓑ 귀의 압력 균형은 하강이 시작되면 곧 코와 입을 막고 가볍게 불어 준다. 압력을 느낄 때마다 수시로 불어주며 숙달되고 나면 마른침을 삼키거나 턱을 움직여 압력평형을 해준다.

ⓒ 압력평형이 잘되지 않으면 약간 상승하여 실시하고 다시 하강한다.

> ✪ 무리하게 귀의 압력균형을 하거나 통증을 무시하고 잠수하면 고막이 손상을 입을 수 있으며 상승 중에는 절대로 코를 막고 불어주면 안 된다.

㉡ 수경압착

수압을 받아 수경이 얼굴에 밀착되어 통증을 느낄 수 있다 이때 수경 내의 압력을 유지하기 위해서 수경의 테두리를 가볍게 누르고 코를 통해 수경 내부로 공기를 불어넣어 준다.

㉢ 잠수 및 상승

ⓐ 장비점검

- 반드시 사전 장비 점검이다. 개별 장비의 이상유무와 함께 연결부위가 적정한지, 공기압은 충분한지 등을 반드시 정해진 점검요령에 따라 확인해야 한다.
- 특히 BC의 공기누설여부, 탱크의 공기압, 호흡기에서 공기가 잘나오는지, 공기는 정상인지(무색, 무취인 공기가 정상적인 공기이다)를 반드시 확인하여야 한다.

ⓑ 하강 및 수중활동

- 하강 속도의 조절, 부력의 조절 및 압력평형에 대한 능력을 배양하여 급하강 및 급상승을 방지하고 사고를 예방한다.

- 반드시 2인 1조로 짝을 이루어 잠수하도록 하고 수시로 공기량을 체크하여 상승에 소요되는 공기량과 안전감압 정지에 소요되는 공기량, 상승 중 발생 할 수 있는 예측하지 못했던 상황 등에 소요될 공기량 등을 남긴 채 잠수를 종료하여야 한다.
- 수면에 도착했을 때 50kg/㎠ 또는 700Psi가 남아 있도록 잠수계획을 세우는 것이 좋다. 불가피하게 수중에서 공기공급이 중단되었을 경우는 몇 가지 방법의 비상상승을 시도해야 하며 매우 위험한 방법이기 때문에 평소 철저히 연습하여 숙달되도록 한다.

ⓒ 상 승

- 잠수 시간과 공기량을 확인하고 짝에게 상승하자는 신호를 보내고 머리를 들어 위를 보며 오른손을 들어 360°회전하면서 주위의 위험물을 살피며 천천히 상승한다.
- 상승 중에는 부력조절기내의 공기와 잠수복이 팽창하여 부력이 증가하므로 왼손으로 부력조절기의 배기 단추를 잡고 위로 올려 공기를 조금씩 빼면서 분당 9m, 즉 6초에 1m를 초과하지 않는 속도로 상승한다.
- 상승 시는 정상적인 호흡을 계속하고 비상시에는 상승할 때에 숨을 내쉬는 것이 필요하다.
- 이때 자기가 내 쉰 공기방울 중 작은 기포가 올라가는 것보다 느리게 상승해야 하며 수면에 가까워질수록 속도를 줄인다. 수심 5m 정도에서는 항상 5분 정도 안전감압정지를 마치고 상승해야 한다.

※ 안전사고 발생원인

· 건강상의 문제, 훈련부족, 체온저하, 피로, 얽힘, 수면에서의 사고, 환경적 상태
· 장비문제, 부력조절의 실패, 심리적 요인, 공기공급의 차단

④ 긴급 상황에서의 조치

㉠ 비상 수영 상승

수중에서 호흡기가 모두 고장을 일으키거나 공기가 떨어졌을 때 안전하게 수영해서 수면으로 상승하는 방법이다.

ⓐ 수심이 얕을수록 쉽게 할 수 있으며 보통 15~20m 이내의 수심에서는 용이하게 성공할 수 있다.

ⓑ 먼저 비상상태임을 인지하고 최대한 노력하여, 에너지를 소비하지 않고 상승하는 마음가짐을 가진다. 가능한 한 천천히 올라오는 것이 좋으나 그럴 여유가 없는 긴급한 상황이므로 정상보다 빨리 올라온다.

ⓒ 상승하는 도중에는 폐 속에서 팽창되는 공기가 저절로 빠져나갈 수 있도록 고개를 뒤로 젖혀 기도를 열어주어야 한다.

ⓓ 오른손은 위로 올리고 왼손은 부력조절기의 배기 단추를 눌러 속도를 줄인다. 상승 중에 '아~'하고 소리를 계속 작게 내고 있으면 적당한 량의 공기가 폐에서 나가게 된다.

ⓔ 공기가 다했다고 호흡기를 입에서 떼어버리면 안 된다. 깊은 곳에서 나오지 않던 공기가 외부 수압이 낮아지면 조금 나올 수 있기 때문에 상승 중에 5m마다 한번씩 호흡기를 빨아본다.

ⓕ 만약 수면까지 올라 갈 수 없을 것 같은 경우나 올라오는 속도를 빨리하고 싶으면 웨이트 벨트를 풀어버린다.

ⓖ 얕은 곳에 올라올수록 상승 속도를 줄인다. 팔과 다리를 활짝 벌리고 누우면 속도가 줄어든다.

ⓗ 수면에 도달하면 오리발을 차면서 부력조절기에 입으로 공기를 넣고 몸을 뒤로 눕혀 안정을 취한다.

㉡ 비상용 호흡기(OCTOPUS)를 이용한 상승

수중에서 공기가 떨어진 다이버가 짝의 도움을 받아 상승하는 방법이다.

ⓐ 공기가 떨어진 다이버는 그 즉시 신호를 보내어 자신이 위급한 상황임을 알리고 비상용호흡기로 공기를 공급해 줄 것을 요청한다.

ⓑ 공급자는 즉시 자신이 물고 있던 호흡기를 요청자에게 주고 자신은 자기의 비상용 호흡기를 찾아 입에 물고 호흡한다.

ⓒ 이때 공급자는 요청자의 오른손 부력조절기 어깨끈을 오른손으로 붙잡아 멀어지는 것을 방지하며 부력조절에 신경을 써서 급상승을 방지해야 한다.

㉢ 짝 호흡 상승*

수심이 깊고 짝이 비상용 호흡기를 가지고 있지 않은 경우에 한 사람의 호흡기로 두 사람이 교대로 호흡하면서 상승하는 방법으로 가장 힘들고 위험한 방법이다. 비상 수영 상승을 하기에는 수심이 너무 깊고 짝 호흡을 할 줄 아는 짝이 가까이 있을 경우에만 이 방법을 택한다.

ⓐ 먼저 자기 짝에게 공기가 떨어졌으니 짝 호흡하자는 신호를 보낸다.

ⓑ 신호를 받은 즉시 왼손을 뻗어 공기 없는 짝의 어깨나 탱크 끈을 잡고 가까이 끌어당겨서 오른손으로 자신의 호흡기를 건네준다.

ⓒ 호흡기를 건네줄 때는 똑바로 물 수 있도록 해주고 짝이 누름단추를 누를 수 있도록 호흡기를 잡는다. 이때 공기를 주는 사람이 계속 호흡기를 잡고 있어야 한다.

ⓓ 호흡은 한 번에 두 번씩만 쉰다. 호흡을 참고 있는 동안에는 계속 공기를 조금씩 내보내면서 상승한다.

ⓔ 호흡의 속도는 평소보다 약간 빠르게 깊이 쉬어야 하며 너무 천천히 하면 기다라는 짝이 급해진다. 가능한 한 상승속도는 정상속도(분당 9m)를 초과하지 않도록 한다.

⑤ 구 조

㉠ 자신의 구조(자신의 구조를 우한 행동지침)

ⓐ 멈춤 → 생각 → 조절

ⓑ 채집망, 작살 등의 불필요한 장비 및 장치는 버린다.

ⓒ 수면에서는 안정을 위해 부력조절기를 팽창한다.

ⓓ 심한 어려움이 시작되면 중량벨트를 버릴 준비를 한다.

ⓔ 활동을 계속하기 전에 쉬는 시간을 갖는다.

ⓕ 가능한 한 시선을 멀리하고 하늘모습을 보면서 안정을 취하도록 한다.

㉡ 다이버가 수면에서 허우적거리는 경우

ⓐ 우선 지친 다이버에게 용기를 주고 부력조절기를 팽창시킨 후 중량벨트를 떨어뜨리도록 지시한다.

ⓑ 스스로 행동을 취하지 못하면 장비로 인한 어려움이 없도록 도와주고 부력조절기를 팽창시켜 준다.

ⓒ 다리 근육에 통증이 있을 경우(쥐가 났을 경우) 그 부위를 마사지 해주고 지친 다이버가 오리발의 끝을 잡아당기도록 한다.

ⓓ 다이버를 이동시킬 때에는 다이버를 바로 눕히고 공기통의 밸브 부위를 잡고 끌거나 팔을 어깨에 대고 밀어주도록 한다.

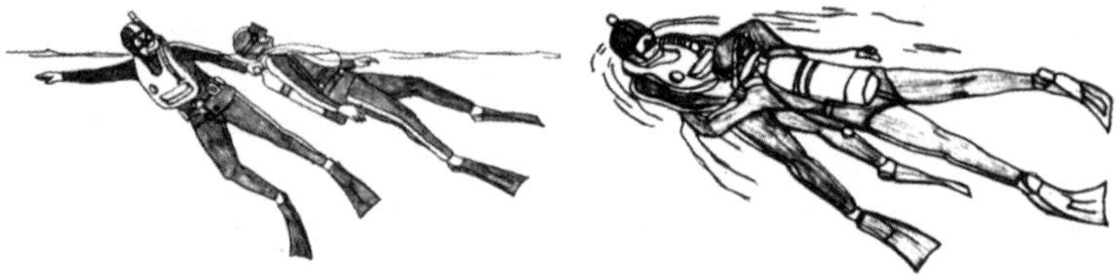

■ 지친 다이버 끌기 ■

㉢ 수면에 떠서 의식이 없는 다이버의 경우

ⓐ 가까이 가서 부력조절기에 공기를 넣는다.

ⓑ 너무 많이 넣으면 다이버의 가슴이 압박되어 호흡이 곤란해지고 인공호흡이 힘들어진다.

ⓒ 대부분 엎드려 있는 자세로 있으므로 바로 누운 자세를 취해주고 웨이트 벨트를 풀어준다.

ⓓ 다이버가 호흡이 멈춘 상태이면 다이버와 구조자 모두 수경과 호흡기를 벗고 인공호흡을 시작한다.

ⓔ 계속 인공호흡을 하면서 해안이나 배로 헤엄친다. 끌고 가야할 거리가 멀면 공기통도 풀어버린다.

㉣ 물속에서 의식이 없는 다이버의 경우

ⓐ 빨리 다가가 중량벨트를 풀어준 후 다이버의 머리 부분을 잡고 수면으로 올라간다.

ⓑ 상승 중에는 다이버의 고개를 뒤로 젖혀 폐 속의 팽창된 공기가 배출되도록 한다.

ⓒ 긴급한 경우에는 부력조절기에 공기를 넣어 상승 속도를 빨리한다.

ⓓ 수면에 도착하면 인공호흡을 실시하면서 해안이나 배로 향한다.

⑥ 잠수계획과 진행

㉠ 잠수표의 원리★★☆ 12년 부산 소방장, 13년 서울 소방장, 20년 소방위

헨리의 법칙	압력 하의 기체가 액체 속으로 용해되는 법칙을 설명하며 용해되는 양과 그 기체가 갖는 압력이 비례한다는 것이다. 예를 들어 압력이 2배가 되면 2배의 기체가 용해된다. 이 개념은 스쿠버 다이빙 때에 그 압력 하에서 호흡하는 공기 중의 질소가 체내조직에 유입되는 과정과 관계가 있다. 사이다 뚜껑을 열면 녹아있던 기체가 거품이 되어 나오는 것을 보았을 것이다. 사이다는 고압의 탄산가스를 병 속에 유입시킨 것이기 때문이다. 이것은 잠수 후 갑작스런 상승으로 외부 압력이 급격히 저하되어 혈액 속의 질소가 거품의 형태로 변해 감압병의 원인이 되는 원리와 같다.
홀데인의 이론	용해되는 압력이 다시 환원되는 압력의 2배를 넘지 않는 한 신체는 감압병으로부터 안전하다는 이론이다. 오늘날 사용되는 미해군 잠수표(테이블)은 이러한 이론에 기초를 둔 것이다. 제한된 시간과 수심으로 정리된 테이블에 따르면 감압병을 일으키는 거품이 형성되지 않는다. 상승속도는 유입되는 질소의 부분압력이 지나치지 않을 정도의 수준에서 지켜져야 한다.

ⓐ 감압의 필요성
- 매 잠수 때마다 몸속으로 다량의 질소가 유입된다.
- 용해되는 양은 잠수 수심과 시간에 비례한다. 일정한 양을 초과해 질소가 몸속으로 유입된다면 몸속에 포화된 양의 질소를 배출하기 위하여 상승을 잠시 멈추어야 한다.
- 감압병은 상승할 때에 감압 지점에서 감압 시간을 지키지 않았을 경우 걸리게 된다.
- 무감압 한계시간 이내의 잠수를 했더라도 상승 중 규정속도(분당 9m)를 지키지 않으면 발생할 수도 있다.

ⓑ 최대 잠수 가능시간(무감압 한계시간)
- 잠수 후 상승속도를 분당 9m로 유지하면서 수면으로 상승하면 체내의 질소를 한계 수준 미만으로 만들 수 있다.
- 상승 중 감압정지를 하지 않고 일정의 수심에서 최대로 머물 수 있는 시간이 수심에 따라 제한되어 있다.
- 이것을 "최대 잠수 가능시간" 또는 "무감압 한계시간"이라 한다.
  안전을 위해 이러한 최대 잠수 가능시간 내에 잠수를 마쳐야 한다.
- 잠수표는 이러한 최대 잠수가능 시간을 수심별로 나열하여 감압병을 예방하고자 만든 것이다.

▌최대 잠수 가능시간▐

깊이(m)	시간(분)	깊이(m)	시간(분)	깊이(m)	시간(분)
10.5	310	21.0	50	33.5	20
12.2	200	24.4	40	36.5	15
15.2	100	27.4	30	39.5	10
18.2	60	30.0	25	45.5	5

ⓒ 잔류질소
- 우리가 안전한 상승을 할지라도 체내에는 잠수하기 전보다 많은 양의 질소가 남아 있다.

- 이것을 잔류 질소라 하고 호흡에 의해 12시간이 지나야 배출된다.
- 재 잠수를 위해 물에 다시 들어가는 경우 계속적으로 축적되는 질소의 영향으로 변화되는 시간과 수심을 제공하여 재 잠수는 줄어든 시간 내에 마치도록 해준다.

ⓛ 잠수에 사용되는 용어★☆ 20년 소방장

ⓐ 실제 잠수시간

이것은 수면에서 하강하여 최대수심에서 활동하다가 상승을 시작할 때까지의 시간을 말한다.

ⓑ 잠수계획 도표

잠수 진행과정을 일종의 도표로 나타내어 보는 것이다. 이 잠수 계획 도표를 사용하게 되면 보다 계획적이고 효율적인 잠수를 할 수 있다.

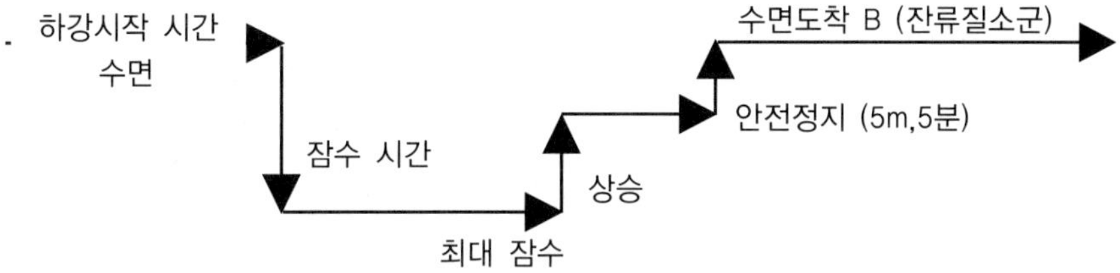

■ 잠수 계획 도표 ■

ⓒ 잔류 질소군

잠수 후 체내에 녹아 있는 질소의 양(잔류질소)의 표시를 영문 알파벳으로 표기한 것을 말한다. 가장 작은 양의 질소가 녹아 있음을 나타내는 기호는 A이다.

ⓓ 수면 휴식시간

- 잠수 후 재 잠수 전까지의 수면 및 물 밖에서 진행되는 휴식시간을 말한다.
- 12시간 내의 재 잠수를 계획하는데, 가장 중요한 것은 수면 및 물 밖의 휴식 동안 몸 안에 얼마만큼 잔류 질소가 남아 있는가 하는 것이다.
- 수면 휴식시간을 많이 가질수록 이미 용해된 신체 내 질소는 호흡을 통해 밖으로 나간다.
- 다시 잠수하기 전 체내에 잔류된 질소의 양을 알아보기 위하여 새로운 잠수기호를 설정한다. 이 기호는 수면휴식 시간표를 사용하면 쉽게 찾을 수 있다.

ⓔ 잔류 질소시간

체내의 잔류 질소량을 잠수하고자 하는 수심에 따라 결정되는 시간으로 바꾸어 표현한 것이다.

ⓕ 감압정지와 감압시간★☆ 15년 소방장

실제 잠수 시간이 최대 잠수 가능시간을 초과했을 때에 상승도중 감압표상에 지시된 수심에서 지시된 시간만큼 머무르는 것을 "감압정지"라 하고, 머무르는 시간을 "감압시간"이라 한다. 그리고 감압은 가슴 정 중앙이 지시된 수심에 위치하여야 한다.

ⓖ 재 잠수

스쿠버 잠수 후 10분 이후에서부터 12시간 내에 실행되는 스쿠버 잠수를 말한다.

ⓗ 총 잠수시간

재 잠수 때에 적용할 잠수시간의 결정은 총 잠수시간으로 전 잠수로 인해 줄어든 시간(잔류 질소시간)과 실제 재 잠수 시간을 합하여 나타낸다.

ⓘ 최대 잠수가능 조정시간

역시 재 잠수 때에 적용할 최대 잠수 가능시간의 결정은 잔류 질소시간에 따라 변한다. 따라서 최대 잠수 가능조정 시간은 최대 잠수 가능시간에서 잔류질소 시간을 뺀 나머지 시간이다.

■ 잠수표에서 사용된 용어들 ■

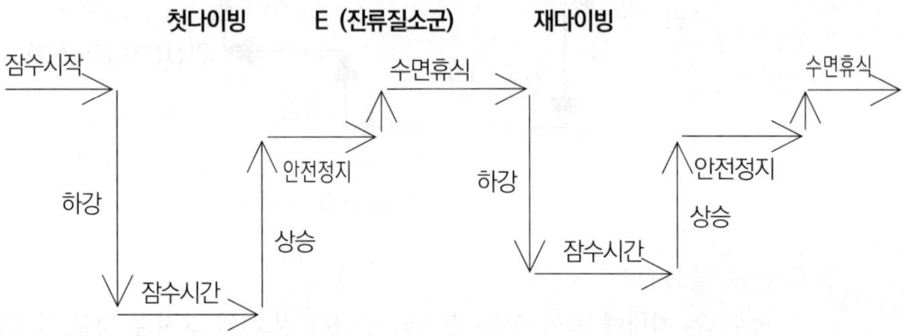

실제잠수 시간	최대잠수 가능시간
-잔류질소시간	+잔류질소시간
최대잠수가능시간	총 잠수 시간
(재 잠수 계획)	(재 잠수 후 검토)

ⓙ 안전정지

모든 스쿠버잠수 후 상승할 때에 수심 5m 지점에서 약 5분간 정지하여 상승속도를 완화한다. 이러한 상승 중 정지를 "안전정지"라 한다. 이 안전정지 시간은 잠수시간 및 수면휴식 시간에 포함시키지 않는다. 또한 감압지시에 따른 감압과는 무관하다.

⑦ 잠수병의 종류와 대응★★★

㉠ 질소마취★★☆ 14년 경기 소방장, 18년 소방교·소방장 21년 소방교

수중으로 깊이 내려갈수록 호흡하는 공기의 압력이 증가함에 따라 공기중의 질소 부분압도 증가하는데 이에 따라 고압의 질소가 인체에 마취작용을 일으킨다. 개인에 따라 차이는 있지만 일반적으로 수심 30m지점 이상으로 내려가면 질소마취의 가능성이 커진다.

증 세	몸이 나른해지고 정신이 흐려져 올바른 판단을 내릴 수 없으며 술에 취한 것과 같은 기분이 들어 엉뚱한 행동을 하게 된다.
치료법	질소마취는 후유증이 없기 때문에 질소마취에 걸렸다 하더라도 수심이 얕은 곳으로 올라오면 정신이 다시 맑아진다.
예방법	스포츠 다이빙에서는 30m 이하까지 잠수하지 않는 것이 좋다.

㉡ 산소중독(Oxygen Toxicity)

산소는 사람이 생존하는 데 가장 중요한 요소이지만 지나치게 많은 산소를 함유한 공기를 호흡하게 되면 오히려 산소중독을 일으킨다.

ⓐ 산소의 부분압이 0.6 대기압 이상인 공기를 장시간 호흡할 경우 중독되는데 부분압이 이보다 더 높으면 중독이 더 빨리된다.

ⓑ 호흡 기체 속에 포함된 산소의 최소 한계량과 최대 허용량은 산소의 함유량(%)과는 관계가 없고 산소의 부분압과 관계가 있다.

ⓒ 인체의 산소 사용 가능 범위는 약 0.16기압에서 1.6기압 범위이다.

ⓓ 산소 부분압이 0.16기압 이하가 되면 저산소증이 발생하고 산소 분압이 1.4~1.6기압이 될 때 나타난다.

ⓔ 1.4는 작업 시 분압이고 1.6은 정지 시 분압이라고 표현하는데 사실 1.6은 contingency pressure라고 해서 우발적으로라도 노출되어서는 안 되는 부분압이라는 의미이다.

증 세	근육의 경련, 멀미, 현기증, 발작, 호흡곤란
예방법	순수 산소를 사용하지 말고 반드시 공기를 사용하는 것

㉢ 탄산가스 중독☆ 17년 소방위, 18년 소방교·소방장

인체는 탄산가스를 배출하고 산소를 흡입해야 하는데 잠수 중에 탄산가스가 충분히 배출되지 않고 몸속에 축적되면 탄산가스 중독을 일으킨다. 탄산가스 중독의 원인은 다이빙 중에 공기를 아끼려고 숨을 참으면서 호흡한다든지 힘든 작업을 할 경우에 생긴다.

증 세	호흡이 가빠지고 숨이 차며 안면 충혈과 심할 경우 실신하기도 한다.
예방법	크고 깊은 호흡을 규칙적으로 하는 것

㉣ 감압병(Decompression Sickness)★☆ 12년 경북 소방장, 18년 소방교·소방장

ⓐ 우리가 숨쉬는 공기는 인체의 혈액을 통해 각 조직으로 보내진다. 공기는 질소와 산소가 대부분인데 이 가운데 산소는 신진대사에서 일부 소모되지만 질소는 그대로 인체에 남아있다.

ⓑ 다이빙을 해서 수압이 증가하면 질소의 부분압이 증가되어 몸속에 녹아 들어가는 질소의 양도 증가하는데, 만약 다이버가 오랜 잠수 후 갑자기 상승하면 외부 압력이 급격히 낮아지므로 몸속의 질소가 과포화된 상태가 되고 인체의 조직이나 혈액 속에 기포를 형성하는 감압병에 걸리게 된다.

ⓒ 감압병 증세는 80% 정도가 잠수를 마친 후 1시간 이내에 나타나며 드물게는 12~24시간 이후에 나타나기도 한다.

증 세	· 경미한 경우 피로감, 피부가려움증 정도 · 심한 경우 호흡곤란, 질식, 손발이나 신체 마비 등
치료법	· 재가압(re-compression) 요법으로 다이버를 고압 챔버에 넣고 다시 압력을 가해서 몸속에 생긴 기포를 인체에 녹아들어가게 하고 천천히 감압하는 것이다. ※ 재가압을 위해서 다이버를 물속에 다시 들어가게 하는 것은 매우 위험하다.
예방법	· 수심 30m 이상 잠수하지 않으며, 상승 시 1분당 9m의 상승 속도를 준수하는 것이다.

㉤ 공기 색전증(Air Embolism)☆ 17년 소방교, 18년 소방교·소방장 / 21년 소방교

압력이 높은 해저에서 압력이 낮은 수면으로 상승할 때 호흡을 멈추고 있으면 폐의증세 조직이 파괴되는데 이를 공기 색전증이라 한다.

증 세	· 기침, 혈포(血泡), 의식불명 등
치료법	· 재가압 요법을 사용
예방법	· 부상할 때 절대로 호흡을 정지하지 말고 급속한 상승을 하지 않으며, · 해저에서는 공기가 없어질 때까지 있어서는 안 된다.

(4) 수중탐색(검색)★★☆ 16년 부산 소방교

수중에서 익사자(익사체 포함)를 구조 및 탐색함에 있어 익사 지점을 정확히 알려준다고 해도 실제 그 지점이 아닌 경우가 대부분이다. 물체(익사자 또는 익사체)가 가라앉거나 가라앉은 뒤 수류나 파도에 의해 떠내려 갈 수 있기 때문에 탐색을 시작하기 전에 가라앉은 물체가 있다고 예상되는 구역을 적절히 설정하여야 한다.

이때 구역의 범위를 쉽게 인식할 수 있도록 부두, 방파제, 제방, 해안선 등의 지물을 이용하여 직사각형이나 정사각형으로 설정한다.

① 줄을 사용하지 않는 탐색형태★☆ 18년 소방위, 19년 소방장

가장 간단한 탐색형태는 아무런 장비나 도구 없이 탐색하는 방법이다. 이런 방법은 계획과 수행이 쉬운 반면, 줄을 이용한 방법보다 정확도가 떨어지는 단점이 있다.

등고선 탐색★	① 해안선이나 일정간격을 두고 평행선을 따라 이동하며 물체를 찾는 방법으로 물체가 있는 수심과 위치를 비교적 정확하게 알고 있을 경우에 유용하다. 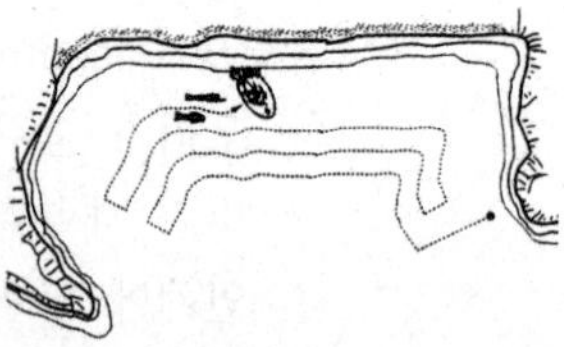 ② 탐색 형태라기보다는 탐색기술의 한 방법으로 물체가 있다고 예상되는 지점보다 바다 쪽으로 약간 벗어난 곳에서부터 시작한다. ③ 예를 들어 해변의 경우 예상되는 지점보다 약 30m 정도 외해 쪽으로 벗어난 곳에서 해안선과 평행하게 이동하며 탐색한다. ④ 계획된 범위에 도달하면 해안선 쪽으로 약간 이동한 뒤 지나온 경로와 평행하게 되돌아가며 탐색한다. ⑤ 평행선과 평행선과의 거리는 시야범위 정도가 적당하며 경사가 급한 곳에서는 수심계로 수심을 확인하며 경로를 유지할 수도 있다.

U자 탐색★	탐색 구역을 "ㄹ"자 형태로 탐색하는 방법으로 장애물이 없는 평평한 지형에서 비교적 작은 물체를 탐색하는데 적합하다. 각 평행선의 간격은 시야거리 정도가 적당하며, 수류가 있을 경우에는 수류와 평행한 방향으로 이동한다.	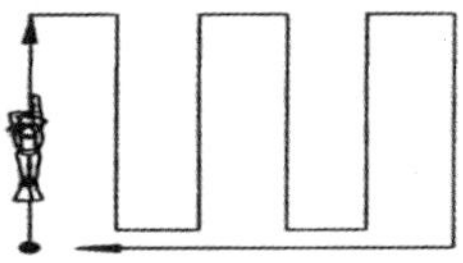
소용돌이 탐색★	비교적 큰 물체를 탐색하는데 적합한 방법으로 탐색구역의 중앙에서 출발하여 이동거리를 조금씩 증가시키면서 매번 한 쪽 방향으로 90°씩 회전하며 탐색한다.	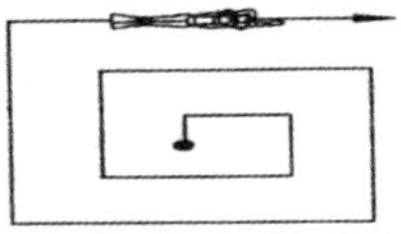

② 줄을 이용한 탐색

줄을 이용하지 않는 탐색보다 정확하다. 특히 물의 흐름이 있는 곳이나 작은 물체를 찾을 때 효과적이며, 시야가 불량한 곳에서는 줄을 이용한 신호를 보낼 수 있다. 예를 들면 줄을 잡아 당기는 숫자에 따라 의미를 정하는 것이다.

- 한 번 = 탐색을 시작함
- 두 번 = OK? 또는 OK!
- 세 번 = 반대쪽에 도착했음
- 네 번 = 이쪽으로 오라
- 다섯번 = 도와달라

이밖에도 탐색 방법이나 환경에 따라 각자 신호를 만들어 사용할 수 있다.

㉠ 원형탐색(Circling Search)★ ☆ 18년 소방위

시야가 좋지 않으며 탐색면적이 좁고 수심이 깊을 때 활용하는 방법이다.

ⓐ 인원과 장비의 소요가 적은 반면 탐색할 수 있는 범위가 좁다.

ⓑ 탐색 구역의 중앙에서 구심점이 되어 줄을 잡고, 다른 한 사람이 줄의 반대쪽을 잡고 원을 그리며 한바퀴 돌면서 탐색한다.

ⓒ 출발점으로 한바퀴 돌아온 뒤에 중앙에 있는 사람이 줄을 조금 풀어서 더 큰 원을 그리며 탐색하는 방법을 반복한다. 물론 줄은 시야거리 만큼씩 늘려나간다.

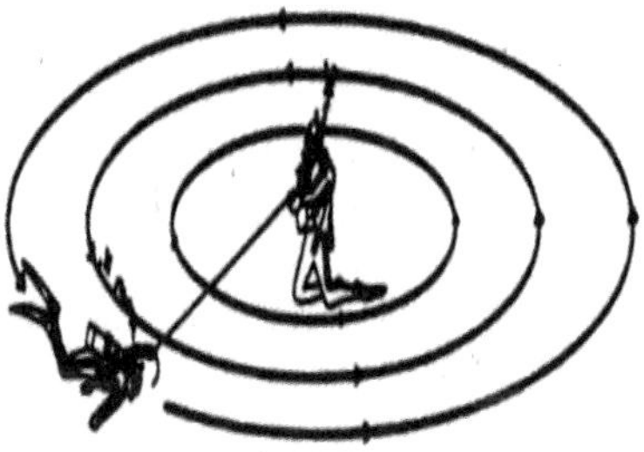

■ 원형 탐색 ■

㉡ 반원탐색(Tended Search)

조류가 세고 탐색면적이 넓을 때 사용한다.

ⓐ 원형탐색을 응용한 형태로 해안선, 방파제, 부두 등에 의해 원형탐색이 어려울 경우 반원 형태로 탐색한다.

ⓑ 원형 탐색과의 차이점은 원을 그리며 진행하다 계획된 지점이나 방파제 등의 장애물을 만날 경우 줄

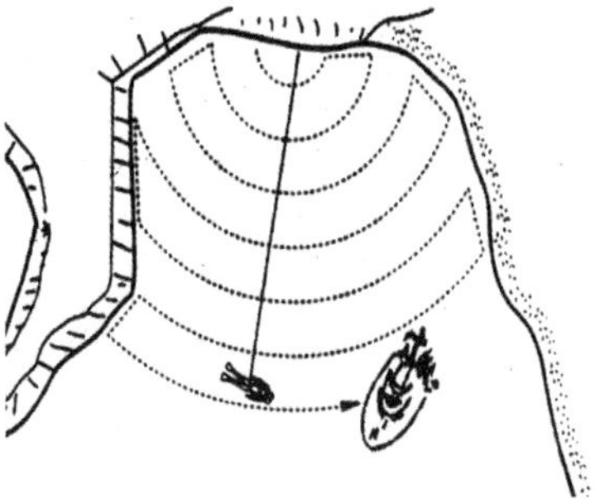

■ 반원 탐색 ■

을 늘리고 방향을 바꾸어서 반대 방향으로 전진하며 탐색한다는 것이다.

ⓒ 정박하고 있는 배에서 물건을 떨어뜨릴 경우 가라앉는 동안 수류가 흐르는 방향으로 약간 벗어나게 되기 때문에 수류의 역 방향은 탐색할 필요가 없다.

ⓓ 이런 경우에 원형탐색을 한다면 비효율적이며 수류가 흘러가는 방향만을 반원탐색으로 탐색하는 것이 효과적이다.

㉢ 왕복탐색(Jack stay Search)

시야가 좋고 탐색면적이 넓을 때 사용하는 방법이다.

ⓐ 탐색구역의 외곽에 평행한 기준선을 두 줄로 설정하고, 기준선과 기준선에 수직방향의 줄을 팽팽하게 설치한다.

ⓑ 실제 구조활동 시는 두 명의 다이버가 동시에 같은 방향으로 이동하면서 수색에 임한다. 특히 시야가 확보되는 않는 경우 긴급사항이 발생 시 반대에서 서로 비껴 지나가는 방법은 맞지 않으며 인명구조사 1급 교육시에도 두 명의 다이버는 동시에 같은 방향으로 이동하면 수색하는 방법으로 교육을 실시하고 있다.

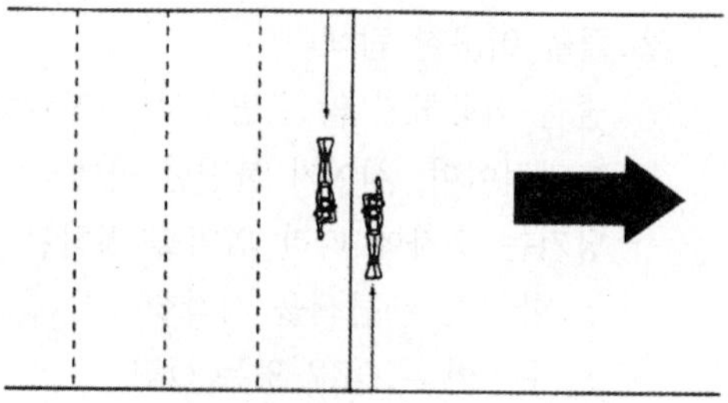

■ 왕복 탐색 ■

㉣ 직선 탐색(Sajas Search)

시야가 좋지 않고 탐색면적이 넓은 지역에 사용한다.

ⓐ 탐색하는 구조대원의 인원수에 따라 광범위하게 탐색할 수 있고 폭넓게 탐색할 수 있으나 대원 상호간에 팀워크가 중요하다.

ⓑ 먼저 탐색할 지역을 설정하고 수면의 구조대원이 수영을 하며 수중에 있는 여러 명의 구조대원을 이끌면서 탐색한다.

ⓒ 구조대원간의 간격은 시정에 따라 적절하게 배치한다.

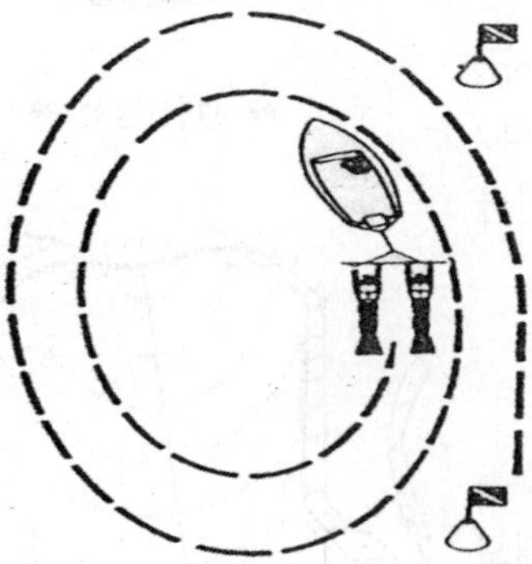

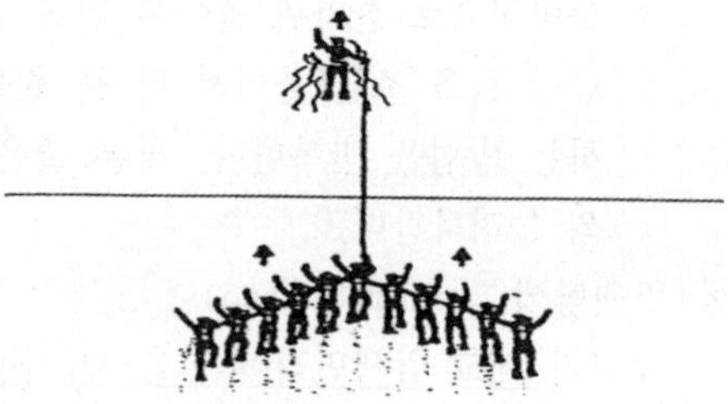

■ 수면의 구조대원이 수중에서 탐색하는 대원을 이끈다. ■

(5) 표면공급식 잠수

표면공급식 잠수 (Surface Supplied Diving System)란 선상이나 육상의 기체공급원(공기 또는 혼합기체)으로부터 유연하고 견고한 생명호스를 통해 물속의 잠수사 헬멧에 기체를 지속적으로 공급해주는 방식으로 행동범위에는 제약을 받지만 무엇보다 장시간 체류할 수 있어 효율적이며, 수상과 수중의 잠수사간에 통화가 가능하며, 수상에서 잠수사의 수심을 정확히 측정할 수 있으며, 또한 잠수사의 모든 행동을 표면에서 지휘·통제할 수 있다.

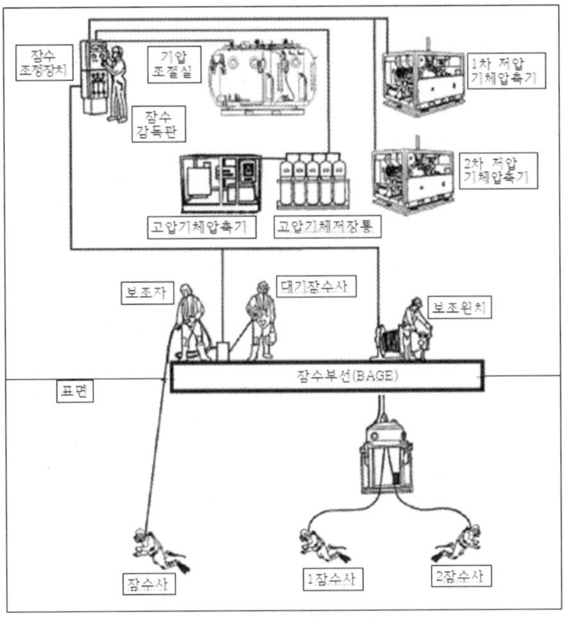

■ 표면공급식 잠수운영 계획도 ■

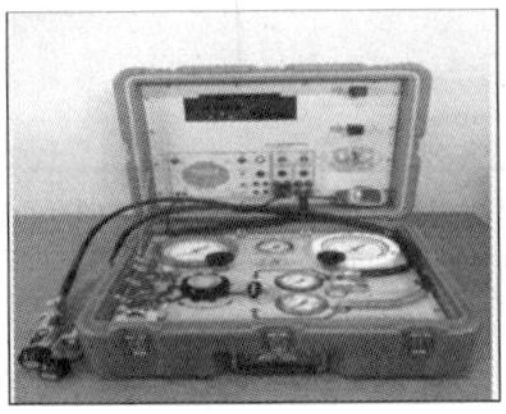

이동용 잠수조정장치 및 통화기

예비용 기체

생명줄(기체호스,수심측정호스,통화용전선)

멜빵 및 비상용기체

이동용 저압기체압축기

잠수헬멧

■ 표면공급식 잠수장비 ■

| 스쿠버 잠수와 표면공급식 잠수 |

구 분	스쿠버 잠수	표면공급식 잠수
한계 수심	① 비감압 한계시간을 엄격히 적용 ② 안전활동수심 60ft(18m)에 60분 허용 ③ 130ft(40m)에서 10분 허용, 단, 100ft(30m) 이상 잠수시 반드시 비상기체통 또는 트윈(Twin) 기체통을 착용	① 공기잠수 시 최대 작업수심 190ft(58m) ② 60ft(18m) 이상, 침몰선 내부, 폐쇄된 공간 등에는 반드시 비상기체통을 착용

장 점	① 장비의 운반, 착용, 해체가 간편해 신속한 기동성을 발휘한다. ② 잠수 활동 시 적은 인원이 소요된다. ③ 수평, 수직 이동이 원활하다. ④ 수중활동이 자유롭다.	① 공기공급의 무제한으로 장시간 해저체류가 가능 ② 양호한 수평이동과 최대 조류 2.5노트까지 작업가능 ③ 줄 신호 및 통화가 가능하므로 잠수사의 안전 및 잠수 활동 확인 ④ 현장 지휘 및 통제가 가능
단 점	① 수심과 해저체류시간에 제한을 받는다. ② 호흡 저항에 영향을 받는다. ③ 지상과 통화를 할 수 없다. ④ 조류에 영향을 받는다.(최대1노트) ⑤ 잠수사 이상 유무 확인 불능 ⑥ 오염된 물, 기계적인 손상 등 신체보호에 제한을 받는다.	① 기동성 저하 ② 수직이동 제한 ③ 기체호스의 꺽임 ④ 혼자서 착용가기가 불편함

※ 표면공급식 잠수는 제한적으로 사용되고 있으며, 반드시 비감압 잠수를 해야 한다는 원칙과 짝 잠수를 해야 한다는 것을 명심해야 한다.

3 붕괴건물구조

(1) 건축구조물의 종류 및 특성

① 재료에 따른 분류

목 재	단열, 방음 성능이 높고 가공이 용이하나 화재에 취약하므로 현재 고건축이나 단독주택 외에는 거의 사용되지 않는다.
벽 돌	구조나 시공방법이 간단하며, 외관이 미려하고 내화, 내구 성능이 있다. 압축력에는 강하나 풍압력, 지진 등 횡력에 약하고 건물의 높이와 면적에 따라 벽 두께가 두꺼워져 고층 건축이 곤란하며 2층 이하의 건물에 주로 쓰인다. 주택 등의 내력벽체, 일반 건축물의 비내력벽을 구성하는 경우가 일반적이다.
돌	단열, 불연성, 내구성이 우수하며 외관이 미려하다. 압축강도는 높으나 인장강도가 크게 떨어지며 무겁고 가공이 힘들어 대규모 건축물에 사용되지 못하고 장식적으로 많이 사용된다.
블 록	단열, 방음성이 있고 가벼우며 불연성이다. 시공이 간편하고 대량 건축이 용이하나 강도가 약해 2층 정도가 한계이고 창고, 공장 등 면적이 넓은 건물의 내력벽이나 RC조 건물의 칸막이 벽, 담장 등으로 많이 사용된다.
철 골	RC조에 비하여 경량이고 수평력이 강하다. Span이 긴 건축물과 고층 및 초고층 건물에 적합하지만 내화성이 취약하여 철골 단독으로는 잘 사용되지 않는다.
철근콘크리트	철근으로 뼈대를 이루고 콘크리트를 부어넣어 일체식으로 성형한 합성구조이다. 인장력은 철근이, 압축력은 콘크리트가 분담하여 강도가 높아 비교적 대규모 건축이 가능하다.
철골+ 철근콘크리트	철골로 뼈대를 하고 RC로 피복하는 방식이다. 철골의 강도와 RC의 내화성을 함께 갖출 수 있어 초대형 고층 건축물에 적합하다.

② 구성양식에 따른 분류

가구식 구조	㉠ 구조체인 기둥과 보를 부재의 접합에 의해서 축조하는 방법 ㉡ 목조, 철골구조 방식
일체식 구조	㉠ 기둥과 보가 하나로 성형된 것으로 라멘(Rahmen)구조라고 함 ㉡ 철근콘크리트, 철골철근콘크리트조 방식
조적식 구조	내력벽면을 구성하는 데 있어 벽돌, 블록, 돌 등과 같은 조적재인 단일 부재를 교착재(모르타르)를 사용하여 쌓아올린 구조
입체트러스	㉠ 트러스를 3각형, 4각형, 6각형 등의 형태로 수평, 수직방향으로 결점을 접합하여 구조체를 일체화시켜 지지하는 구조 ㉡ 주로 지붕구조물이나 교량에 사용되는 구조양식
현수구조	㉠ 모든 하중을 인장력으로 전달하게 하여 힘과 좌굴로 인한 불안정성과 허용응력을 감소시켜 지붕 및 바닥 등을 인장력을 가한 케이블로 지지하는 구조 ㉡ 주로 교량에 사용된다.
막 구조	㉠ 합성수지 계통의 천으로 만든 곡면으로 공간을 덮는 텐트와 같은 구조원리를 이용하여 내면에 균일한 인장력을 분포시켜 얇은 막을 지지하는 구조 ㉡ 체육관 등과 같이 넓은 실내공간이 필요한 구조물의 지붕에 사용
곡면구조	철근콘크리트 등의 엷은 판이 곡면을 이루어서 외력을 받게되는 구조로서 쉘(shell)과 돔(dome)이 있다.
절판구조	평면판을 접어서 휨 모멘트에 저항하는 강성을 높여 외력에 저항할 수 있도록 일체화 시킨 구조로서 지붕구조에 주로 사용된다.

③ 조적조 건물의 균열

㉠ 기초의 부동침하 : 한 건축물이 부분적으로 상이하게 침하되는 형상을 말한다. 지반이 연약하거나, 경사진 지형 또는 지하수위의 변경, 지하터널, 성토공사 후의 침하 등 다양한 원인으로 발생한다.

㉡ 건물 평면 입면의 불균형 및 벽의 불합리한 배치

㉢ 집중하중, 횡력 충격

㉣ 조적 벽의 길이·높이의 과다, 두께 및 강도의 부족

㉤ 시공 결함(모르타르의 강도 부족, 이질재와의 접합부 등)

④ 석재의 내화성

석재는 불연성을 가지고 있으나 화재에 접하면 조성 광물질 별로 열팽창율이 다르고 또한 이질적 광물의 대립(大粒)을 함유한 석재는 내응력이 발생하여 스스로 파괴된다. 특히 우리나라에서 건축물의 주재료로 사용되는 화강암은 500~600℃ 정도에서 석영 성분의 팽창으로 붕괴된다.

(2) 철근콘크리트의 원리와 특성

① 성립원리

<u>보에는 인장력과 압축력이 동시에 작용</u>한다. 따라서 인장력에 대응하기 위하여 콘크리트 구

조체의 인장력이 일어나는 부위에 인장력이 강한 철근을 배근하고 콘크리트를 부어넣어 일체식으로 구성하는 철근 콘크리트를 사용하게 된다. 즉 압축 응력은 콘크리트가, 인장 응력은 철근이 부담하여 서로 약점을 보완하고 장점을 발휘하도록 한 것이 철근콘크리트이다.

▌철근과 콘크리트의 특성▐

구 분	인장력(Tension)	압축력(Compression)
철	약 1.6t /㎠ 이상	-
콘크리트	압축 강도의 1/9~1/13 정도	약 210kg/㎠ 내외

㉠ 철근콘크리트의 성립이유
ⓐ 콘크리트는 철근이 부식되는 것을 방지한다.
ⓑ 콘크리트와 철근이 강력히 철근의 좌굴(挫屈)을 방지하며 압축응력에도 유효하게 대응한다.
ⓒ 철근과 콘크리트는 열팽창계수가 거의 같다.
ⓓ 내구·내화성을 가진 콘크리트가 철근을 피복하여 구조체는 내구성(耐久性)과 내화성(耐火性)을 가지게 된다.

㉡ 콘크리트의 클리프(Creep)
콘크리트에 일정한 하중을 주면 더 이상 하중을 증가시키지 않아도 시간의 흐름에 따라 변형이 더욱 진행되는 현상을 말하며 클리프의 증가원인은 다음과 같다.
ⓐ 재령이 적은 콘크리트에 재하시기가 빠를수록 증가한다.
ⓑ 물 : 시멘트비(W/C)가 클수록 증가한다.
ⓒ 대기습도가 낮은 곳에 콘크리트를 건조 상태로 노출시킨 경우 증가한다.
ⓓ 양생이 나쁜 경우 증가한다.
ⓔ 재하응력이 클수록 증가한다.

㉢ 콘크리트의 내구성 저하요인
ⓐ 하중작용 : 피로, 부동침하, 지진, 과적
ⓑ 온도 : 동결융해, 화재, 온도변화
ⓒ 기계적 작용 : 마모
ⓓ 화학적 작용 : 중성화, 염해(염분을 사용한 골재), 산성비
ⓔ 전류작용 : 전식(電蝕)

② 콘크리트의 화재성상

콘크리트의 시멘트에 의한 수화생성물은 온도변화에 따라 결정구조가 변화되고 경화할 때 에너지를 흡수 또는 방출한다.

㉠ 화재에 따른 흡열 Mechanism과 손상
ⓐ 흡열 Mechanism
- 콘크리트는 200℃~400℃에서 모세관수 및 겔수(gel water)의 증발로 인한 강한 흡열피크가 발생한다.

· 600℃에서는 콘크리트 중의 $Ca(OH)_2$의 분해로 인한 강한 흡열피크 발생
· 800℃에서는 콘크리트 중의 $CaCo_3$의 분해로 인한 흡열피크 발생

ⓑ 손상원인
· 각 부분별 온도 차이에 의한 온도응력
· 콘크리트를 구성하는 시멘트 Paste(시멘트 몰탈) 내의 수산화칼슘 분해
· 석회질 골재의 Calcination(煅燒 / 생석회 가루화)
· 고온에서 석영질 골재의 Phase(狀) 변화

ⓒ 화재가 콘크리트에 미치는 영향★☆ 17년 소방위
· 표면경도 : 균열, 가열에 따른 약화
· 균열 : 290℃에서는 표면균열, 540℃에서는 균열 심화
· 변 색
 - 230℃까지는 정상
 - 290℃~590℃ : 연홍색이 붉은 색으로 변색
 - 590℃~900℃ : 붉은색이 회색으로 변색
 - 900℃ 이상 : 회색이 황갈색으로 변색(석회암은 흰색으로 변색)
· 굵은 골재 : 573℃로 가열 시 부재 표면에 위치한 규산질 골재에서는 Spalling 발생

※ Spalling : 破碎, 부재의 모서리나 구석에 발생하는 박리와 유사한 콘크리트 표면 손상

ⓛ 콘크리트의 화재성상

ⓐ 압축강도의 저하★☆ 18년 소방위

<u>콘크리트는 약 300℃에서 강도가 저하되기 시작하는데 힘을 받고 있지 않은 경우에 강도 저하가 더 심하게 일어나며 응력이 미리 가해진 상태에서는 온도의 영향을 늦게 받는다.</u>

✪ 화재 시 콘크리트의 압축강도 저하는 주요구조부의 강도에 치명적인 영향을 미쳐 붕괴위험성을 가져올 수 있다. 고온에서는 콘크리트의 압축강도가 저하되며 콘크리트중의 철근의 부착강도는 극심하게 저하된다.

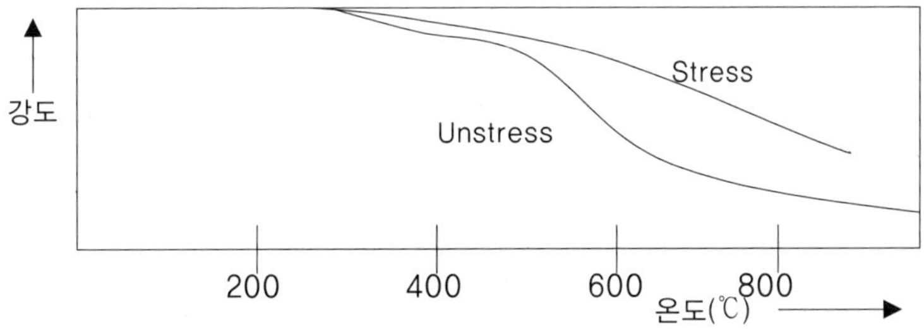

■ 콘크리트의 온도변화에 따른 강도 변화 ■

ⓑ 탄성계수의 저하

온도가 증가됨에 따라 재료의 탄성이 저하되고 약화된다. 이는 모든 물체의 공통적인

현상이지만 힘을 받는 구조물에 있어서 탄성의 저하는 치명적인 결과를 초래할 수도 있다.

ⓒ 콘크리트의 박리(剝離)

- 열팽창에 의한 압축응력이 콘크리트의 압축강도를 초과할 경우 일어난다.
- 박리 속도는 온도 상승 속도와 비례하며 콘크리트 중의 수분함량이 많을수록 박리발생이 용이하다.
- 구조물 내 수증기압 상승으로 인장응력이 유발, 박리가 발생하는 것이다.
- 골재의 종류, 구조물의 형상에 따라 영향을 달리 받는다.

ⓓ 중성화속도의 급격한 상승* ☆ 18년 소방위

- 콘크리트가 고온을 받으면 알칼리성을 지배하고 있는 $Ca(OH)_2$가 소실되며 따라서 철근부동태막(부식을 방지하는 막)이 상실, 콘크리트가 중성화된다.
- 콘크리트는 기본적으로 알칼리성을 띠고 있어 내부 철근의 산화속도를 늦춘다. 철근은 알칼리성인 콘크리트 속에서는 거의 부식되지 않는다.
- 따라서 콘크리트의 중성화(알칼리성의 상실)는 철근콘크리트의 수명을 단축시키는 근본적이고 치명적인 원인이 된다.

ⓔ 열응력에 따른 균열 발생* ☆ 18년 소방위

표면온도와 콘크리트 내부의 온도 차이에 의한 열팽창율 차이에 따라 내부 응력이 발생하고 이 열응력이 콘크리트의 압축강도 보다 커지면 균열이 발생한다.

ⓕ 콘크리트 신장의 잔류

화재에 콘크리트의 온도가 500℃를 넘으면 냉각 후에도 잔류신장을 나타낸다.

ⓒ 콘크리트의 폭열(爆裂)

ⓐ 콘크리트 내부에 포함된 수분이 급격한 온도 상승에 따라 수증기화하고 이 수증기가 콘크리트를 빠져나오는 속도보다 더 많이 발생할 때 콘크리트에서 폭열이 발생한다.

ⓑ 시멘트 결합수가 가열로 상실되고 조직이 해이되며, 열응력과 함께 콘크리트의 0계수 및 압축강도가 저히되고 급격한 온노상승에 따른 내부 증기압 때문에 콘크리트 일부가 폭열하는 것이다.

> ✪ 콘크리트 폭열 : 콘크리트 배합이 잘못된 경우이거나 온도가 급격히 상승하는 경우에 볼 수 있는 현상으로 철근과 콘크리트의 열팽창 차이에 따라 철근의 부착력이 감소하여 콘크리트의 표층이 벗겨지고 파괴되는 현상이다. 콘크리트가 폭열되면 잘게 부서지며 콘크리트 조각이 비산되어 주변에 피해를 초래하기도 한다.

ⓒ 콘크리트 폭열에 영향을 주는 인자*

- 화재강도(최대온도)
- 화재의 형태(부분 또는 전면적) / 구조물의 변형 및 구속력의 강도결정
- 골재의 종류
- 구조형태 / 보의 단면, 슬래브의 두께
- 콘크리트의 함수량 / 굳지 않은 습윤 콘크리트는 높은 열에 의한 증기압으로 쉽게 폭열한다.

ⓓ 콘크리트의 화재지속으로 인한 파손 깊이*

- 80분 후(800℃에서) 0～5㎜
- 90분 후(1,000℃에서) 15～25㎜
- 80분 후(1,100℃에서) 30～50㎜

③ 철의 화재성상

㉠ 철의 강도와 화재온도와의 관계

ⓐ 철은 온도에 따라 결정의 격자형태가 바뀌는데 인장·압축강도 등 물리적 성질에 큰 영향을 받는다.

ⓑ 철 구조물은 철의 내부에서 인장·압축응력을 받고 있으며 온도의 증가에 따라 강도가 급격히 저하된다.

ⓒ 철강 역시 온도가 높아지면 하중이 증가하지 않아도 변형률이 증가하는 Creep 현상이 발생하며 350℃～400℃에서 나타난다. 응력이 크고 고온일수록 변형률이 크게 증가하고 파단까지의 시간이 짧다.

ⓓ 철재는 약 870℃에서 강도가 현저히 저하되므로 고온에 노출된 철구조물은 화재 후 재사용 여부를 신중히 검토하여야 한다.

㉡ 철의 화재성상과 내화피복(Fire Proofing)

내화피복이란 철이 변형온도까지 도달하지 않도록 열을 차단하기 위하여 단열 성능이 우수한 피막을 입히는 것이다.

ⓐ 온도 변화에 따른 철의 강도 변화와 내화 피복

- 열에 의해 철근은 콘크리트의 구속을 받지 않고 독자적으로 신장한다.
- 노출된 철은 500℃에서 강도의 50%를 상실하고 900℃에서 0에 가깝다.
- 3㎝ 이상의 콘크리트로 피복된 철근은 800℃까지는 강도에 치명적인 영향을 받지 않는다.

ⓑ 내화상 필요한 피복 두께는 철근의 항복점이 약 1/2로 되는 500℃～600℃ 이하로 되도록 다음과 같이 정하였다.

- 기둥과 보 : 기둥과 보는 구조내력상 주요한 부분이므로 2시간 내화를 생각해서 3㎝이다.
- 벽과 슬래브 : 1시간 내화 기준인 2㎝이다.

ⓒ 내구상 필요한 피복 두께

경화한 콘크리트는 표면에서 공기중 이산화탄소의 영향을 받아 서서히 알칼리성을 잃고 중성화한다. 좋은 콘크리트일수록 중성화 과정이 늦으며 보통 콘크리트 표면에서 4㎝까지 중성화되는 데 약 110년, 5㎝까지는 약 180년 정도 걸리는 것으로 알려져 있다.

ⓓ 철골구조의 내화피복

현장 타설 공법	철강재를 철근콘크리트로 피복하는 일반적인 방법
spray 공법	암면, 질석, 석고, 퍼레이트 및 시멘트 등의 혼합물을 강 구조에 뿜어 칠하는 방법
건식 공법	벽체의 경우 경량 철골에 석고보드 등 방화 재료를 붙여서 내화구조체를 이루는 방법
내화도료 등을 칠하는 방법	석유화학공장 등의 외부에 노출된 철골이나 체육관 등 대 공간 철재구조물에 사용방법

(3) 화재에 의한 건축물의 붕괴☆ 16년 서울 소방교

① 붕괴의 주원인

건축물의 화재 시 화열에 의한 건축자재의 열팽창은 건물 구조의 결함을 초래하여 붕괴의 주원인으로 작용하기도 한다.

철근, 콘크리트, 벽돌, 목재와 같은 건축자재가 화염에 노출되어 가열되면 이들은 서로 다른 비율로 종적, 횡적으로 팽창하여 구조물과 상호 견고하게 결합되어 있는 자재들의 표면이 파괴되고 구조물간의 상호협력이 상실되어 붕괴가 일어날 수 있다.

㉠ 부재간의 결합력 상실

콘크리트나 벽돌에 비해 철재의 열팽창 계수가 매우 크기 때문에 이들 간의 접촉부분이 파괴되는 현상이 발생한다. 따라서 이들 상호간의 연결부분이 파괴되어 건물의 골조와 벽 사이의 결합력이 상실된다.

㉡ 철근과 콘크리트의 결합력 상실

철근콘크리트에 있어서 콘크리트의 열팽창률이 철근에 비해 20% 작기 때문에 철근과 결합력이 상실되어 강도가 저하되고 붕괴의 원인이 된다.

㉢ 고온에 의한 폭열

콘크리트의 큰 열팽창과 함수율 때문에 급격한 화재온도 즉, 1,000℃~1,200℃가 되면 슬래브 바닥이나 대들보 표면이 폭열하여 큰 콘크리트도 파편이 되어 비산할 수 있다.

② 화재 시 건물의 강도 저하

㉠ 내화구조 건물 화재 시 실내온도의 변화

ⓐ 화재는 성장기, 최성기, 쇠퇴기(감쇄기)로 진행되나 화재 계속 시간은 목조건물이 30분 전후임에 비해 내화구조 건물은 2~3시간 또는 수 시간 이상 지속되기도 한다.

ⓑ 최고온도는 목조보다 낮아 800~1,000℃ 전후가 많고 발화 후 15분 정도면 최성기에 도달한다.

㉡ 콘크리트 구조체의 내부온도 변화

콘크리트 건물이 화재로 가열되면 벽과 바닥은 화재 1시간 경과 후 거리에 따라서 온도의 분포가 360~540℃ 정도에 이르며 보와 기둥은 250~600℃에 도달한다.

㉢ 구조재료의 열적 성상(열에 의한 변화)

ⓐ 콘크리트가 열을 받으면 골재와 페이스트의 열팽창률의 차이에 의해서 콘크리트가 약화되고 온도상승에 따라 수분증발과 시멘트 수화물 중 수산화칼슘의 분해로 골재와 페이스트 접착면이 파괴되어 강도가 저하된다.

ⓑ 콘크리트는 500℃ 이상의 온도에서는 잔존강도가 40%, 잔존 탄성계수가 20%로 감소되며 600℃에서는 1/3로 감소한다.

ⓒ 경험치에 의하면 철은 500℃에서 수분간만 노출되어도 지지응력이 없어지므로 건물구체로 사용되는 경우에는 내화피복을 하여야 한다.

㉣ 구조부재의 강도

기둥의 내화성능은 기둥의 단면적과 골재의 품질에 관련되며, 골재 및 시공 상태가 불량하면 압축강도 및 탄성계수가 저하되어 기둥이 붕괴된다.

(4) 붕괴건축물에서의 구조작업

① 상황판단과 안전사고 예방

㉠ 현장상황의 판단

ⓐ 해당 건축물의 구조와 용도, 수용인원 등 기본적으로 검토한다.

ⓑ 수업시간 중에 일어난 학교의 사고는 저녁에 사고와 다르게 취급한다.

ⓒ 호텔이나 아파트에서 발생한 사고는 주간보다는 야간에 훨씬 더 복잡하다는 것을 예상하여야 한다.

ⓓ 구조활동 중에는 추가위험요인이 발생하지 않도록 사고주변에 계속적인 관찰과 통제가 필요하다.

ⓔ 구조작업의 진행은 현장의 목격자 및 건축전문가, 구조대원이 함께 참여하여 요구조자가 있는 위치, 구조방법 등에 대한 사전 검토를 하고 일관성 있게 진행되어야 한다.

✪ 현장지휘관이 이전의 경험과 훈련에서 얻은 지식을 잘 활용하고 주변에서 얻을 수 있는 자료를 종합해서 논리적으로 판단하면 요구조자의 위치를 비교적 정확히 파악하고 구조에 임할 수 있을 것이다.

㉡ 현장 활동의 통제

구조활동의 책임자는 직접 구조작업에 뛰어 들지 않고 구조대 전체를 감독해야 한다.

ⓐ 위험지역을 순찰하는 대원들을 관찰하고 과로로 지치지 않도록 적절하게 대원을 교체하면서 상황전체를 조율할 수 있다.

ⓑ 구조작업을 운영 통제하는 것이 한 사람의 일손을 구조작업에 투입하는 것 보다 훨씬 더 중요한 일이다.

㉢ 안전사고 예방

구조작업은 팀워크로 뭉친 개개인의 노력으로 진행된다.

ⓐ 구조대원은 팀원 전체의 안전에 대한 추가적인 위협을 야기할 수 있는 상황변화를 항상 숙지하고 있어야 한다. 이것은 모든 대원에게 다 적용된다.

ⓑ 2차 붕괴의 가능성은 종종 실제로 나타나며 1차 붕괴보다 더 비극적인 결과를 가져올 수 도 있다.

ⓒ 붕괴된 건물로부터 피해자를 구출하는 노력은 구조대원이 희생자보다도 더 큰 위험에 직면하게끔 한다.

> ✪ 미국의 911 테러에서 소방관 희생자의 대부분은 건물 내 요구조자를 구출하기 위해 진입한 상태에서 추가붕괴가 일어남으로서 발생한 것이다. 붕괴된 건물의 위험지역에서 작업하는 대원이 한두 명에 불과할 때라도 다른 대원들이 필요한 장비를 가지고 현장의 안전을 확보해 주어야 원활한 구조작업이 가능하다. 대원의 안전확보를 최우선 순위에 두어야 하는 것이다.

② 건물의 붕괴 징후

㉠ 붕괴의 가능성이 명백히 드러나는 경우는 거의 없다.

㉡ 일반적인 주거(단독주택이나 고층 아파트)에서는 구조대원들을 위험하게 할 만큼 심각한 붕괴는 매우 드물게 일어난다.

㉢ 아마도 이런 상황에서 구조대원에게 가장 위험한 것은 약해진 지붕이나 마루를 통해서 불이 치고 들어오는 것일 것이다.

㉣ 2층 이상의 건물이 철근콘크리트가 아니고 단순히 조적(벽돌)조 건물인 경우 화열로 약해진 벽체가 소화용수를 머금어 심각하게 강도가 저하될 수 있다.

㉤ 벽체가 철근콘크리트조인지 벽돌조에 단순히 시멘트를 바른 것인지 정확히 파악할 필요가 있다.

㉥ 기둥이 없고 넓은 개방영역을 가지고 있는 상업적 건물에서는 건물의 결함이 종종 발견된다.

㉦ 진행되고 있는 화재에서 나온 누적열의 영향은 빔, 기둥, 지지대, 그리고 벽을 약하게 할 수 있다. 이러한 상황이 현장 도착 시에는 뚜렷하지 않기 때문에 모든 구조대원은 지붕이나 바닥, 기대고 있는 벽, 벽 밖으로 나온 빔, 그리고 없어진 내부 구조나 기둥에 주의해야 한다.

> ✪ 화재에서 경계하여야 할 건물붕괴 징후★☆ 18년 소방위 / 20년 소방교
>
> 1. 벽이나 바닥, 천장 그리고 지붕 구조물에 금이 가거나 틈이 있을 때
> 2. <u>벽에 버팀목을 대 놓는 등 불안정한 구조를 보강한 흔적이 있을 때</u>
> 3. 엉성한 벽돌이나 블록, 건물에서 석재가 떨어져 내릴 때
> 4. <u>석조 벽 사이의 모르타르가 약화되어 기울어질 때</u>
> 5. 건축 구조물일 기울거나 비틀어져 보일 때
> 6. 대형 기계장비나 집기 등 무거운 물체가 있는 아래층의 화재
> 7. 건축 구조물이 화재에 오랫동안 노출되었을 때
> 8. <u>비정상적인 소음(삐걱거리거나 갈라지는 소리 등)이 날 때</u>
> 9. 건축구조물이 벽으로부터 물러났을 때

무량판 구조(Flat slab)

- 바닥보가 전혀 없이 바닥판만으로 구성하고 그 하중을 직접 기둥에 전달하는 구조이다. 이 형식의 slab두께는 15cm 이상으로 하고 기둥상부(capital)는 깔대기 모양으로 확대하여 그 위에 드롭 패널을 설치하거나, 계단식으로 2중 보강하여 바닥판을 지지한다. Flat slab의 장점은 구조가 간단하여 공사비가 저렴하고 실내 공간 이용률이 높으며, 고층건물의 층높이를 낮게 할 수 있다는 것이다.
- 주두의 철근층이 여러 겹이고 바닥판이 두꺼워서 고정하중이 커지며, 뼈대의 강성을 기대하기 힘들다. Slab와 기둥 사이의 보를 생략한 구조라서 큰 집중하중이나 편심하중 수용 능력이 적고, 특히 횡력에 저항하는 내력에 약하여 코어와 같이 강성이 큰 내횡력 구조가 있어야 튼튼한 구조로 설계할 수 있다.

▬ 삼풍백화점 붕괴사고 ▬

※ 지난 1995. 6. 29 발생한 삼풍백화점 붕괴 사고는 "무량판구조"와 "팬케이크형" 붕괴로 볼 수 있다.

③ 붕괴가 예상될 때의 조치★ ☆ 18년 소방교

우선 건물 안에서 작업하고 있는 모든 대원들을 즉시 건물 밖으로 철수시키고 건물의 둘레에 붕괴안전지역을 설정한다. 일반적으로 붕괴 안전지역은 건물 높이의 1.5배 이상으로 한다. 대원은 물론이고 소방차도 이 붕괴 안전지역 밖으로 이동해야 한다.

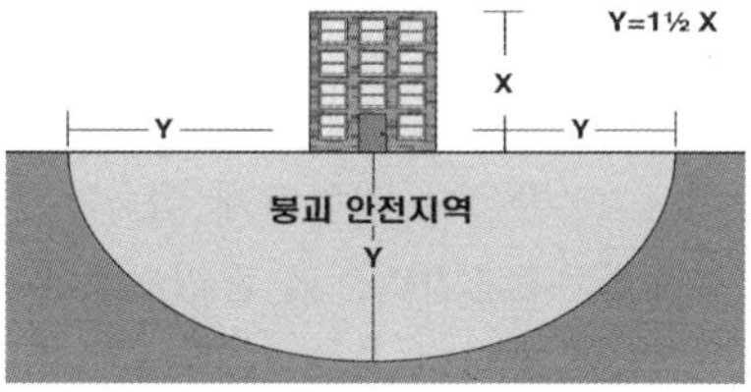

▬ 붕괴 안전지역의 설정 ▬

만약 건물에 방수를 해야 할 필요가 있으면 무인 방수장치를 설치한다. 무인방수장치를 설치했으면 대원들은 즉시 붕괴지역 밖으로 철수한다.

④ 붕괴의 유형과 빈 공간의 형성★★ ☆ 14년 서울 소방장

경사형 붕괴	㉠ 마주보는 두 외벽 중 하나가 결함이 있을 때 발생한다. ㉡ 결함이 있는 외벽이 지탱하는 건물 지붕의 측면 부분이 무너져 내리면 삼각형의 공간이 발생하며 이렇게 형성된 빈 공간에 요구조자들이 갇히는 경우가 많다. ㉢ 파편이 지지하고 있는 벽을 따라 빈 공간으로 진입하는 것이 붕괴위험도 적고 구조활동도 용이하다.
팬케이크형 붕괴★ ☆ 11년 부산 소방장	㉠ '시루떡처럼 겹쳐졌다'는 표현으로서 마주보는 두 외벽에 모두 결함이 발생하여 바닥이나 지붕이 아래로 무너져 내리는 경우에 발생한다. ㉡ 팬케이크 붕괴에 의해 형성되는 공간은 다른 경우에 비해 협소하며 어디에 형성될는지 파악하기가 곤란하다. ㉢ 생존자가 발견될 것으로 예측되는 공간이 거의 생기지 않는 유형이지만 잔해 속에 생존자가 있다고 가정하고 구조활동에 임하여야 한다.

	 ■ 경사형 붕괴(좌)와 팬케이크 붕괴(우) ■
V자형 붕괴	㉠ 가구나 장비, 기타 잔해 같은 무거운 물건들이 바닥 중심부에 집중되었을 때 V형의 붕괴가 일어날 수 있다. ㉡ 양 측면에 생존공간이 만들어질 수 있는 가능성이 높다. V형 공간이 형성된 경우 벽을 따라 진입할 수 있으며 잔해제거 및 구조작업을 하기 전에 대형 잭이나 버팀목으로 붕괴물을 안정시킬 필요가 있다.
캔틸레버형 붕괴★ ☆ 14년 인천 소방장, 16년 경기 소방장	㉠ 각 붕괴의 유형 중에서 가장 안전하지 못하고 2차 붕괴에 가장 취약한 유형이다. ㉡ 건물에 가해지는 충격에 의하여 한쪽 벽판이나 지붕 조립부분이 무너져 내리고 다른 한 쪽은 원형을 그대로 유지하고 있는 형태의 붕괴를 말한다. ㉢ 이때 요구조자가 생존할 수 있는 장소는 각 층들이 지탱되고 있는 끝 부분 아래에 생존공간이 생길 가능성이 많다. 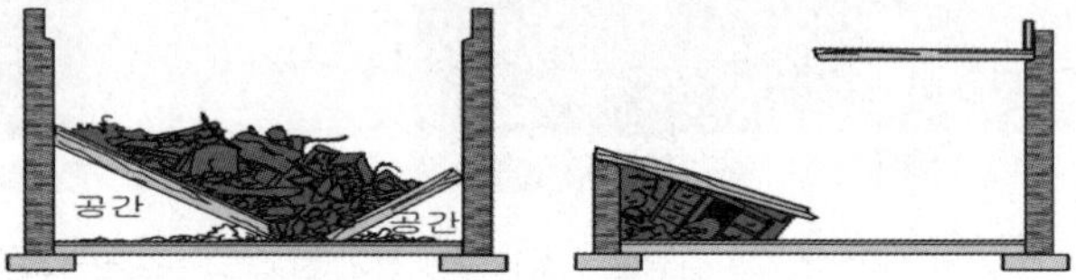 ■ V자형 붕괴(좌)와 켄틸레버형 붕괴 ■

(5) 손상된 시설물에 의한 위험

① 물

㉠ 파손된 상·하수도 파이프로부터 흘러나온 물은 지하실과 다른 곳을 침수시켜 갇혀있는 사람들을 위험하게 할 수 있다.

㉡ 구조지역으로 흘러드는 물을 차단하는 방법으로 모래주머니나 흙 등으로 임시제방을 쌓고 균열된 틈으로 흄부에 난 구멍으로 물이 분출되어 구조작업을 방해하면 목봉(쐐기)을 이용해서 구멍을 막고 방수복을 덮어 임시로 조치할 수도 있다.

② 가스시설

㉠ 성냥이나 다른 불꽃을 이용하여 가스누출이 의심되는 곳을 관찰하거나 불꽃이나 충격이 발생되는 구조장비(동력절단기, 산소절단기, 방화문 파괴총 등)를 사용하지 않는다.

㉡ 누출된 가스에는 절대로 점화하지 않는다. 일단 점화된 경우에는 가스를 차단하거나 인명구조를 위하여 긴급한 필요가 있는 경우가 아니면 점화된 가스를 끄지 않는다. 점화되지 않은 누출가스가 더욱 위험하다.

㉢ 가스 누설지역에서는 공기호흡기를 사용하고 공기충전기는 누출장소에서 멀리 떨어진 곳에 설치한다.

㉣ 구조대원이 직접 대형 가스공급관로를 차단하지 않도록 한다. 이러한 조치는 반드시 관계 전문가가 하도록 한다. 구조대원은 건물 내 각 구역의 가스차단 밸브 위치를 파악하고 구조활동상 필요한 구역 내의 밸브를 차단하는 정도의 안전조치를 취한다.

③ 전 기

㉠ 확실하게 전류가 끊겼다고 판단할 수 없는 한 모든 전선에 전기가 흐른다고 생각하라. 전선이 스파크가 생기지 않는다고 해서 전류가 흐르지 않는다고 할 수 없다.

㉡ 전선은 숙련된 전문요원에 의해 적절한 절차에 따라 조치되어야 한다.

㉢ 전선 근처에 있는 수영장에 가까이 가지 말라. 수영장이 전선만큼이나 위험할 수 있다.

㉣ 고압전선을 자르려고 시도하지 말 것. 고압전선은 전문가에게 의뢰한다. 전선 절단기는 일반적인 가정용 저전압이 흐르는 전선을 자를 때만 이용한다.

㉤ 손상된 건물의 전기공급은 보통 계량기나 퓨즈박스 근처에 있는 마스터 스위치로 차단한다.

④ 하수구

㉠ 깨어진 하수구는 침수와 가스누출의 문제를 야기한다. 하수구에서 흘러나온 가스는 유독할 뿐만 아니라 폭발성이 있기 때문에 불꽃이 있어서는 안 된다.

㉡ 구조대원은 가스로 오염된 하수구가 있는 지역에서 구조할 때는 반드시 공기호흡기를 장착하고 활동해야 한다.

(6) 인명탐색

① 구조의 4단계★★ ☆ 14년 소방위, 16년 서울 소방장, 20년 소방교 / 20년, 21년 소방교

단계 1 (신속한 구조)	신속한 구조는 현장에 도착 당시 바로 눈에 뜨이는 사상자를 구조하는 즉각적인 대응이다. 이 구조작업은 위치가 분명하게 파악되고 구조방법을 신속히 결정할 수 있는 요구조자에게만 적용된다.
단계 2 (정찰)	정찰은 건물이 튼튼하게 보호받을 수 있는 부분, 특히 비상대피시설, 계단 아래의 공간, 지하실, 지붕근처, 부분적으로 무너진 바닥아래의 공간, 파편에 의해 닫힌 비상구가 있는 방 등 어느 정도 안전을 보장받을 수 있는 곳에 갇혀있는 사람들이나 심각한 부상으로 자력탈출이 불가능한 요구조자의 위치를 파악하는 수색단계이다. <u>수색작업은 절대로 생략할 수 없는 중요한 사항이며 3단계의 진행과 동시에 이루어져야 한다.</u>
단계 3 (부분 잔해 제거)	1단계와 2단계 과정에서 인명구조와 수색활동을 위해 일부의 잔해물은 제거되었지만 본격적인 구조작업을 위해서 제거하여야 할 잔해물을 신중히 선정하고 조심스럽게 작업을 시작한다. ㉠ 실종자가 마지막으로 파악된 위치 ㉡ 잔해물의 위치와 상태 ㉢ 건물의 붕괴과정에서 이동되었을 것으로 예상되는 지점 ㉣ 붕괴에 의해서 형성된 공간 ㉤ 요구조자가 보내는 신호가 파악된 곳 ㉥ 요구조자가 갇혀있을 곳으로 예상되는 위치
단계 4 (일반적인 잔해 제거)	㉠ <u>4단계의 잔해제거는 구조작업에 필요한 다른 모든 방법을 동원하고 나서 실시되는 최후 작업이다.</u> ㉡ 아직도 실종 중인 사람이 있거나 도저히 요구조자에게 도달할 수 없는 경우 조직적으로 해당영역을 들어내는 방식으로 진행한다. ㉢ 이 작업은 극도로 주의하며 신속하게 진행해야 한다. ㉣ 구조대원은 특히 모든 형태의 파괴장비를 사용할 때 진동이나 붕괴 등에 의한 추가 손상에 각별히 주의하여야 하며 적절한 사전경고를 통하여 불의의 사고를 예방하여야 한다.

② 탐색 기법

㉠ 육체적 탐색

ⓐ 구조대원의 감각과 신체적 능력을 이용해서 인명을 탐색하는 방법이다.

ⓑ 탐색장비를 투입할 수 없는 상황에서는 유일한 탐색방법이다.

시 각	요구조자가 있을 만한 공간을 면밀히 살펴보고 신체의 일부, 옷가지, 소지품 등 요구조자의 존재 유무 단서가 될 만한 것을 찾는다.
청 각	큰 소리로 부르고 반응이 있는지 듣는다. 이 방법을 사용하기 전에 주변을 통제하여 정숙을 유지하도록 조치하고 붕괴물에 귀를 대어 요구조자의 응답이나 두드리는 소리가 들리는지 확인한다.
촉 각	시야가 미치지 않는 좁은 공간에는 검색봉이나 긴 장대 등을 조심스럽게 넣어 탐색한다.

㉡ 인명구조견 탐색

ⓐ 인명탐색을 위해 특수 훈련을 받은 구조견을 활용한다.

ⓑ 인명구조견을 투입하면 단시간에 넓은 지역을 탐색하여 요구조자의 위치를 파악할 수 있다.

ⓒ 사람이 진입하기에는 너무 좁거나 불안정한 지역에서도 활용할 수 있다.

㉢ 기술적 탐색

훈련된 구조대원이 요구조자의 음성이나 체온, 진동 등을 탐지하는 전문 탐색장비를 이용하여 요구조자를 탐색하는 방법이다.

③ 탐색장비의 활용

㉠ 탐색활동

1단계 (현장확보)	최대한 구조대원, 구경꾼, 희생자의 안전과 보호를 확보할 수 있도록 조치한다.
2단계 (초기평가)	① 건물 관계자와 유관기관을 통해 붕괴 건축물에 대한 정보를 분석한다. ② 현장지휘본부를 설치한다. ③ 작업목표를 설정한다. ⓐ 사고장소 접근 경로 ⓑ 구조계획 수립 및 우선사항 결정 ⓒ 물자 및 인원 배분 ⓓ 주민, 자원봉사자 등이 시도한 구조작업의 관리 ④ 각 구조대별 임무 할당 ⑤ 상황의 재평가 및 필요한 조정 시행
3단계 (탐색 및 위치 확인)	붕괴구조물 내 공간에 있는 생존자 존재의 징후 및 그 반응 파악을 위해 일련의 특정한 기술을 이용하여 탐색을 수행한다.
4단계 (생존자에 접근)	생존자가 위치할 것으로 추정되는 공간으로 접근할 통로를 마련하고 들어가는 단계이다.
5단계 (응급처치)	요구조자의 생존가능성을 높이기 위해 구출작업 전에 기초구명조치를 시행한다.

6단계 (생존자 구출)	요구조자가 2차 부상을 입지 않도록 주변의 장애물을 걷어 내거나, 필요하다면, 지주를 받치고, 깔린 신체 부위에 추가 압력이 가해지지 않도록 한다. 탐색활동 시 붕괴된 구조물 내에서 단 하나의 위험요인이 발견된 경우라도 완전히 제거하여야 한다.

㉡ 탐색진행

ⓐ 1차 탐색(육체적 탐색)

방이 많은 건물	① 방이 많은 곳을 탐색하는 기본요령은 오른쪽으로 가고, 오른쪽으로 진행하는 것이다. ② 건물 진입 후 접근 가능한 모든 구역이 탐색될 때까지 오른쪽 벽을 눈으로 확인하거나 손으로 짚으며 진행하다가 시작점으로 돌아온다. ③ 탈출할 필요가 있거나 진입한 방향을 기억할 수 없다면 돌아서서 왼쪽 손으로 같은 벽을 짚거나 눈으로 확인하면서 탈출한다. 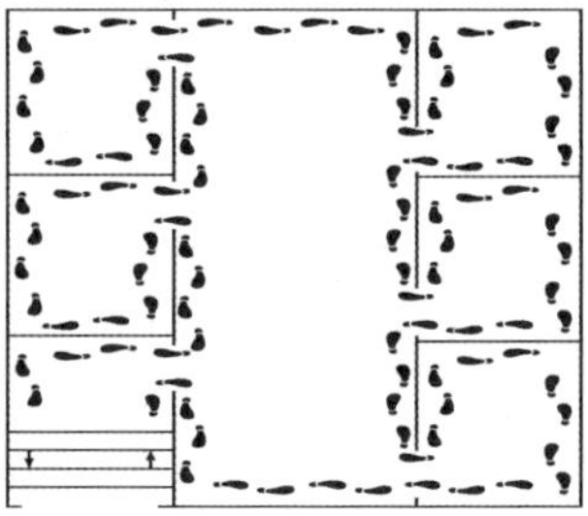 ■ 방이 많은 건물의 탐색법 ■
넓은 공지 (선형탐색)	※ 강당이나 넓은 거실, 구획이 없는 사무실에서는 선형 탐색법을 이용한다. ① 3~4m 간격으로 개활구역을 가로질러 일직선으로 대원들을 펼친다. ② 반대편에 이르기까지 전체 공간을 천천히 진행한다. 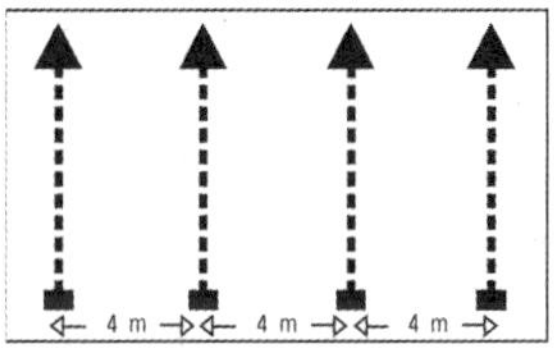 ■ 선형 탐색법 ■
주변 탐색	※ 붕괴구조물 상부에서의 잔해더미 탐색이 불가능하거나 안전하지 못할 때 사용하면 효과적이다. ① 구조대원 4명이 탐색지역 둘레로 균일한 거리로 위치를 잡고 적절한 탐색을 실시한 후 각자 시계방향으로 90°회전한다. ② 모든 대원들이 4회 이동이 끝날 때까지(자기의 처음 위치로 돌아올 때까지) 반복한다.

ⓑ 2차 탐색(탐색장비를 활용한 탐색)

- 탐색장비를 적절하게 선택하고 활용하여 요구조자 탐지시간을 최대한 단축시켜 생존확률을 높인다.
- 요구조자가 들어서는 안 될 부적절한 언급을 삼가하고, 말할 때에는 긍정적 어조로 해야 한다. 요구조자들은 구조신호에 귀를 기울이고 있다.
- 요구조자는 최악의 상황에서 생존하려고 사투를 벌이고 있다. 이들을 찾아 구출해 낼 가능성에 대해 긍정적 자세를 취함으로써 생존 가능성을 높일 수 있다.
- 현장에 진입한 구조대원이 요구조자와 의사를 교환할 수 있는 첫 번째 사람이 될 수도 있다. 그러므로 자신감과 희망을 가지도록 하는 것이 중요하다.
  · 자신이 구조대원임을 확인시키고, 구조될 것이라는 확신을 심어주고 차분한 음성으로 대화한다.
  · 요구조자의 이름, 성별, 나이, 부상의 유형 및 정도 등을 확인한다.

· 가능한 한 신속하게 응급처치를 시행한다.
· 다른 요구조자들이 있는지 여부와 그들의 상태에 관하여 물어보고 주변이 다른 요구조자들이 있으면 구조작업이 진행 중임을 알린다.

(7) 구조기술

① **잔해에 터널 뚫기*** ☆ 11년 경기 소방교

터널을 만드는 과정은 느리고 위험하기 때문에 요구조자에게 접근할 다른 수단이 없는 경우에만 선택하도록 한다.

㉠ 터널의 형태

ⓐ 터널은 구조대원이 요구조자를 구출하기에 충분한 크기로 뚫어야 한다.
ⓑ 폭이 75㎝ 정도이고 높이가 90㎝ 정도인 터널이 굴착과 구조활동에 적당한 크기인 것으로 알려져 있다.
ⓒ 터널에서 갑자기 방향전환을 하게 만드는 것은 좋지 않다.
ⓓ 가능하다면 터널은 벽을 따라서 혹은 벽과 콘크리트 바닥 사이에 만들어져 필요한 프레임을 단순화시키는 것이 좋다.
ⓔ 수직 샤프트를 만드는 것도 수직방향 또는 사선방향으로 접근하기 위한 터널 뚫기의 한 형태이다.
ⓕ 이러한 방식의 터널은 표면에서 잔해를 제거한 후 땅을 뚫고 만들게 되며 지하실 벽의 갈라진 틈에 도달하기 위해서 사용된다.

㉡ 굴착 시의 주의사항

ⓐ 터널이 물이나 가스공급관, 고압선이 빌딩에 들어가는 지점으로 뚫고 내려가지 않도록 주의하고 물을 머금은 자갈이나 토양층도 피해야 한다.
ⓑ 부득이 작업 중 가스관이나 수도관, 고압선 등의 장애물이 있는 곳을 통과하게 되면 전문가의 참여하에 차단, 절단 등의 조치 후 추가위험을 막기 위해 절단면을 봉쇄하도록 한다.
ⓒ 대형 가스 또는 수도관에서는 압력이 매우 크므로 흐름을 차단하지 않은 상태에서 절단하지 않도록 한다.
ⓓ 특히 상수도의 주류를 막는 것은 바람직하지 못한데, 이는 화재진압을 위한 물의 공급마저 차단할 수 있기 때문이다.
ⓔ 작업 중 만나는 전기선은 전기가 흐르지 않는다고 증명될 때까지는 모두 통전중이라고 가정하고 전문가에게 차단하도록 의뢰한다.

㉢ 버팀목

ⓐ 작업이 진행됨에 따라 사고를 예방하기 위하여 터널 안의 모든 것에 버팀목을 대는 것이 좋다.
ⓑ 조심스러운 버팀목 대기에 소요되는 시간은 붕괴된 터널을 다시 만드는데 걸리는 시간과 비교하여 볼 때 낭비되는 것이 아니다.
ⓒ 버팀목 대기의 정확한 패턴이라는 것은 있을 수 없다.

ⓓ 버팀 작업에 쓰일 버팀목의 크기는 작업의 성격과 사용 가능한 장비에 의해 결정된다.
ⓔ 버팀목이 어느 정도의 하중을 받게 되는지 파악하기 어렵기 때문에 가벼운 것보다는 무거운 버팀목을 사용하는 것이 더 안전하다.
ⓕ 잔해터널을 뚫을 때에 구조대원은 지속적으로 주 버팀목, 빔, 대들보, 그리고 잔해 무더기의 움직임과 터널의 붕괴를 야기할 수 있는 요동을 주시하여야 한다.
ⓖ 잔해무더기가 클 경우 땅에 샤프트를 박아 넣는 것이 유리할 수도 있다.
ⓗ 만일 필요한 만큼의 깊이를 박았다면 수평샤프트를 끼우고 잔해 안의 빈 공간에 다다르도록 틈이 있는 곳을 찾아 들어간다.
ⓘ 묻혀있는 수도관이나, 하수도관, 전선을 다치지 않도록 계속 주의해야 한다. 그러고 나서 터널을 수평으로 뚫고 요구조자를 구조한다.

② 벽 뚫기

㉠ 벽의 파괴

ⓐ 벽과 바닥을 절단할 때 구조물을 가장 빠르고 안전하게 자를 수 있는 위치를 확인한다.
ⓑ 벽을 절단하면, 구조대원은 지지대나 기둥이 손상되지 않았는지를 확인 한다.
ⓒ 건물이 심하게 흔들리고 큰 균열이 발생한 경우에도 다른 부분은 멀쩡하게 보일 수 있다.
ⓓ 따라서 벽을 절단하기 전에 약간의 충격을 주고 건물의 흔들림이 추가적인 균열의 발생여부 등 안전도를 확인해보아야 한다.
ⓔ 콘크리트를 제외한 모든 벽과 바닥을 절단하는 가장 좋은 방법은 작은 구멍을 내고 그것을 점차 확대시키는 것이다.
ⓕ 콘크리트의 경우는 제거될 부분의 모서리부터 잘라 들어가는 것이 좋다.
ⓖ 강화콘크리트가 사용되었다면, 콘크리트 절단톱이나 절단 토치로 잘라낸 후 한 조각씩 제거해야 한다.
ⓗ 가스절단기를 사용한다면 폭발성 가스가 있는지 확인하고, 가연성 물질에 인화되지 않도록 주의하고 소화기를 가까이에 두어야 한다.

㉡ 지주 설치☆ 20년 소방위

지주는 예상되는 최대하중을 견딜 수 있을 만큼의 강도가 있어야 한다.

ⓐ 같은 크기의 나무기둥은 지주가 짧을수록 더 큰 하중을 견딜 수 있다.
ⓑ 같은 단면을 가지는 직사각형 기둥보다는 정방형 기둥이 더 큰 하중을 견딘다.
ⓒ 만일 기둥의 끝이 깨끗하게 절단되어 고정판과 상부조각에 꼭 맞게 끼워진다면 더 많은 힘을 받을 수 있다.
ⓓ 지주는 항상 필요하다고 생각되는 것보다 강하게 만들어야 하며 크기는 지지해야 할 벽과 바닥의 무게, 그 높이에 따라 결정한다.
ⓔ 지주 아래에는 쐐기를 박아 넣되 기둥이 건물의 무게를 지탱할 수 있을 때까지 박아 넣어야 한다.
ⓕ 쐐기를 꽉 조일 필요는 없는데 이는 꽉 조인 쐐기가 벽이나 바닥을 밀어내어 건물의 손상을 더할 수 있기 때문이다.

③ 벽의 제거

㉠ 벽 허물기

ⓐ 인접한 건물에도 버팀목을 대고 파편 비산방지 조치를 한 후, 건물이 부분 부분으로 나뉘어 안전하게 허물어 질 수 있도록 해야 한다.

ⓑ 위에서부터 작업을 하여 벽을 한 조각씩 허물고 큰 망치(Hammer), 지렛대, 기타 다른 장비들을 이용하여 작업한다.

ⓒ 건물을 위에서부터 아래로 해체할 때, 작업은 한 층씩 조직적으로 이루어져야 한다.

ⓓ 건물의 상층부에서의 작업은 아랫부분에 영향을 미치기 전에 끝내야 한다.

㉡ 벽 무너뜨리기

ⓐ 전체 벽이나 일부분이 만일 다른 구조물에 나쁜 영향을 주거나 구조작업을 위험하게 하면 차량이나 윈치에 부착된 케이블로 벽을 당겨서 넘어뜨려야 한다.

ⓑ 벽이 무너질 것이라면, 그 붕괴 방향도 고려하여야 한다.

> ✪ 벽이 무너지는 방향을 통제하기 위해서 벽이 얼마나 약화되었는지를 파악하고 만일 명백하게 약화된 곳이 없다면, 충분한 만큼의 조각을 적절한 위치에서 잘라내어 그 조각이 한 번 작업할 때마다 원하는 방향으로 가능한 한 많이 떨어질 수 있도록 한다.

ⓒ 케이블이나 로프를 이용하여 벽을 무너뜨릴 때에는 벽에 구멍만 내는 것이 아니라 힘이 제대로 전달되어 벽 전체를 무너뜨릴 수 있도록 꽉 감아야 한다.

ⓓ 케이블은 벽의 무너질 때 사람이나 장비가 손상 받지 않을 만큼 충분히 길게 연장한다.

④ 잔해처리

㉠ 사상자의 위치가 정확하게 알려졌을 때는 삽이나 곡괭이, 망치 등 수공구만을 사용하는 것이 안전하다.

㉡ 잔해 속에서 신체 일부분이 발견하는 경우가 있기 때문에 피해자 주위에 있는 잔해는 직접 손으로 제거하고 잔해를 처리하는 구조대원들은 손에 부상을 입지 않기 위해 장갑을 끼어야 한다.

㉢ 잔해는 바구니에 담아 떨어진 장소로 옮기도록 한다.

㉣ 제거되는 파편이나 건물의 일부 속에 다른 사상자가 없다고 확신할 수 있을 때에는 크레인, 굴삭기, 불도저 등을 잔해제거 작업에 이용하여 부상자들의 위치에 빠르게 접근하고 작업을 방해할 수 있는 건물의 추가붕괴를 막는다.

㉤ 잔해 처리장으로 이동할 때 출처를 표시하여 운반하도록 한다.

4 항공기 사고 인명구조

항공기가 승객이 탑승한 직후부터 이륙하여 착륙 후 탑승자 전원이 항공기에서 안전하게 내릴 때까지의 전 과정을 '운항'이라고 하는데 이러한 운항 중에 발생하게 되는 이상상태는 다음 세 가지로 나뉜다.

항공기 사고	항공기의 추락, 공중 또는 지상에서의 충돌, 화재발생, 엔진이나 기체의 폭발 및 불시착 등과 같은 규모가 큰 이상사태에 의하여 탑승자나 제3자가 사망, 행방불명, 중상을 당하거나 기체 또는 지상시설 등이 크게 손상됐을 때 이를 '항공기 사고'라고 한다.
운항 중 사건	항공기가 지상에서 활주 중 다른 항공기나 기타 구조물과 가벼운 충돌을 하는 경우, 공중에서 사고의 발생가능성이 있는 여러 가지 상황들이라고 볼 수 있는 near miss나 기체 시스템의 고장 등으로 긴급 착륙을 하는 경우 또는 공항에서의 항공교통관제(ATC)규칙을 위반하는 행위 등과 같은 이상상태 즉 항공기가 운항준비 사태 또는 운항 중에 탑승자나 제 3자에게 가벼운 손상 또는 지상의 시설을 파손, 기타 안전운항에 영향을 미칠 정도의 위반행위 등 항공기 사고 보다 가벼운 이상사태를 '운항 중 사건'으로 분류한다.
운항 장애	운항준비상태 또는 운항 중에 발생한 항공기 사고와 운항 중 사건보다 가벼운 이상사태를 '운항 장애'라고 한다. 예를 들면, 착륙장치(Landing gear)의 타이어가 펑크가 나서 지상 활주가 불가능할 때 지상에서 출발했다가 사정에 의하여 회항하는 경우 또는 대체 비행장에 착륙하는 경우 등이다.

(1) 항공기 사고 인명구조

① 고충격 추락(충돌)

㉠ 항공기가 지상과 정면충돌 했을 때 발생한다.

㉡ 추락의 결과 거의 모든 탑승객이 사망하고 뒤틀린 잔해, 파편, 그리고 화재를 초래하게 된다.

㉢ 대부분의 탑승자를 구조하지 못하게 되며, 이 경우 화재진압은 기본적으로 인접지역으로의 확산방지, 희생자 확인, 그리고 사고 원인을 규명하기 위한 조사원들을 돕는 증거확보를 주요목적으로 한다.

② 저충격 추락(충돌)

㉠ 잘 훈련된 구조대원들이 희생자를 구출할 수 있는 가능성이 높으며, 동체가 상대적으로 원형 그대로 유지된다.

㉡ 충돌력이 낮기 때문에 높은 생존율이 기대되며, 만일 화재가 탈출을 막지만 않는다면 탑승객중 상당수가 치명적이지 않는 부상을 입게 될 것이므로 인명구조가 최우선이다.

㉢ 가능한 신속히 화재를 진압해야 하며 소방력이 부족한 최악의 경우라도 최소한 희생자들이 빠져나올 때까지는 화재가 확산되지 않도록 해야 한다.

③ 추락사고

항공기 탑승자는 몇 가지 다른 유형의 위험에 노출된다.

㉠ 화재가 일어나면 많은 양의 열과 유독가스가 발생한다.

㉡ 탑승자의 생존은 소방대가 동체에 영향을 주는 화염을 얼마나 잡아내느냐, 그리고 어떤 경우에는 내부로의 화염 진출을 막아내도록 하는 비행기 진입부의 소화작업을 얼마나 성공적으로 하느냐에 달려있다.

㉢ 구조대원, 비행기 동체, 그리고 노출된 희생자들은 분무주수나 폼 소화약제로 보호하여야 한다.

㉣ 희생자들은 구조물이 분리된 틈이나 화재를 동반하지 않은 객실부의 붕괴된 틈새에 갇혀 있을 수 있다.

ⓜ 사고현장 혹은 폭발로부터 나온 파편들은 부상자를 만들 수 있고, 충돌시의 감속은 탑승객이 부상당하도록 할 수도 있다.

ⓗ 부서진 비행기 잔해가 종종 건물을 치고 지나가는 경우가 있으며, 이 때 지상의 부상자들은 신속한 도움이 필요하게 된다.

ⓢ 이러한 사고에서 나타나는 비행기에 의한 절단면과 많은 양의 화염은 혼란을 가중시킨다.

④ 탑승객 구조

㉠ 동체 외부의 요구조자

ⓐ 생존자 구조는 가장 먼저 해야 할 일이다. 가장 좋은 방법은 사고현장으로부터 모든 인원을 명확하게 하는 것이다.

ⓑ 구조대원이 추락에 의해 멀리 던져졌거나 추락하면서 부서진 부분의 내부에 갇힌 피해자를 지나칠 수도 있다. 그러므로 수색작업은 완벽하게 이루어져야 한다.

ⓒ 틈새에 있는 사람이 움직이지 않는다고 죽었다고 단정하여서는 안 된다. 항공기 사고에서는 의식을 잃은 생존자가 많은 비율을 차지한다는 사실은 일단 육안으로는 죽은 것처럼 보이는 사람도 신속한 도움을 필요한 경우가 많다는 것을 의미한다.

ⓓ 항공기에서 탈출한 생존자는 구조대원에게 아직 비행기 안에 있는 사람의 수나 위치에 대해 알려줄 수 있을 것이다. 모든 승무원과 승객이 탈출하는 것을 당연하게 생각지 말아야 한다. 비행기 전체에 대한 완전한 수색작업이 이루어져야 한다.

㉡ 내부 생존자 구출

ⓐ 먼저 한사람의 구조대원만이 비행기 안에 진입해야 한다. 다른 대원들은 진입한 선두대원이 상황을 판단할 때까지 기다려야 한다.

ⓑ 바깥에 있는 대원은 동체진입을 준비하고 있는 동안 소방호스와 기타 구조장비를 챙겨야 한다.

ⓒ 또한 그들은 일어날 수 있는 화재나 폭발 위험을 다른 대원들에게 알리는 역할을 해야 한다.

✪ 비행기 내부는 대체로 복도가 38㎝(18인치) 폭으로 되어 있으며 비상탈출구는 가로 44㎝, 세로 65㎝(가로 19인치, 세로 26인치) 정도로 되어 있다. 이처럼 좁은 데다 동체의 뒤틀림이나 파손으로 인해 더욱 협소해진 공간 때문에 골절된 부상자의 구조가 방해받을 수 있다.

㉢ 응급처치

ⓐ 심각한 골절이나 열상이 흔하다. 그러나 피해자가 방금 경험한 공포나 극도의 스트레스에 의해 심장마비나 뇌출혈이 일어날 수 있으니 주의해야한다.

ⓑ 만일 화재나 폭발위험이 있다면, 부상자는 여러 가지 구급조치가 이루어지기 전에 안전한 장소로 옮겨져야 한다.

ⓒ 시간이 허락한다면, 모든 전기스위치를 끄고 배터리와의 연결도 차단한다. 이는 기화된 연료가 전기 스파크에 의해 점화되는 것을 방지한다.

ⓓ 만일 구조를 가능하게 하기 위해 어떤 조치가 취해지지 않았다면, 비행기 잔해의 어떤 부분도 이동시켜서는 안 된다.

ⓔ 만일 비행기가 두 동강 났다면, 전기 케이블은 손상 받았거나 끊어졌을 것이다. 이 경

우 만일 스위치를 끄고 배터리 연결을 차단하지 않으면, 비행기 잔해의 아주 작은 움직임도 기화된 연료를 점화할 수 있는 불꽃을 일으킬 수 있다.

⑤ 사상자 확인

㉠ 항공기 사고의 조사관은 잔해내부에 모든 탑승객 위치를 중요하게 고려하여 그들이 살았는지 죽었는지를 확인해야 한다.

㉡ 만일 화재가 일어나지 않았다면, 확인된 모든 사망자는 책임 있는 담당자가 옮기라는 허가를 내줄 때까지 그대로 두어야 한다.

㉢ 생존징후가 있다면 물론 그 생존자를 비행기로부터 구출하는데 전력을 기울여야 하며 응급처치가 이루어져야 한다.

㉣ 가능하다면 좌석배정 상황이나 사상자가 발견된 위치를 표시할 수 있는 문건을 만들어야 한다.

㉤ 사망이 명백한 사람은 시신이 불에 탈 염려가 있지 않은 한 다른 곳으로 옮겨져서는 안된다.

㉥ 좌석위치에 대한 정보와 관련 수화물 및 소지품이 희생자에 대한 유일한 정보를 제공하는 경우가 많기 때문이다.

㉦ 사망했거나 부상한 사람들의 정확한 위치를 표시하는데 도움이 되도록 잔해 내에서 희생자와 그 위치 양쪽에 꼬리표를 붙인다.

㉧ 희생자의 신체가 여러 곳에서 부분으로 발견되었을 때는 각각의 신체 부위에 꼬리표를 붙이고 기록해야 한다.

㉨ 사체가 잔해로부터 멀리 떨어져 발견되었을 때는 주변 땅에 말뚝을 박고 그 위에 꼬리표를 붙인다.

⑥ 일반진입 절차

㉠ 강제진입을 시도하기 전에 항상 먼저 진입지점을 통해 진입을 시도한다.

㉡ 문은 동체 한 쪽이나 양쪽에 있으나 보통은 왼쪽 편에 있다.

㉢ 문은 바깥쪽으로 열리며 안에서 빗장에 의해 잠겨진다.

㉣ 일반적으로 문은 바깥이나 안에서 열 수 있도록 하는 핸들이나 그 밖의 장치가 있다.

⑦ 비상구

㉠ 비상구는 특히 충격에 의해 통상의 진입구가 잠겼거나 화재가 발생하는 등의 신속한 구조가 필요할 경우 중요하다.

㉡ 비상구는 제트기의 출현으로 고속, 고도, 고압을 견딜 수 있도록 비행기의 구조물이 더 튼튼해진 이후 동체표면을 뚫고 들어가는 강제진입이 거의 불가능해짐에 따라 더욱 중요한 위치를 차지하게 되었다.

㉢ 여객기는 일반출입구와는 별도로 하나 이상의 비상구를 가지고 있다. 비상구의 수는 탑승가능 여객 수에 따라 달라진다.

㉣ 이 비상구는 충격을 받아도 잠기지 않고 비행기 내·외부에서 쉽게 찾아서 개방할 수 있도록 설치한다.

㉤ 어떤 기종에서는 눈에 띄는 색으로 넓은 띠를 칠하여 모든 문과 해치, 그리고 외부에서 작동 가능한 창문을 표시하기도 한다.

⑧ 비상진입

㉠ 문이나 해치가 추락의 충격으로 잠겼을 경우, 경첩부분을 자르거나 프레임 주위를 뚫어서 강제로 개방한다.

㉡ 창문을 파괴하는 경우에는 장애물을 만나는 일이 대체로 적은 편이다.

㉢ 어떤 기종에서는 창문을 깨고 동체 안으로 진입할 때 파괴하는 부분을 외부에 표시하기도 하지만 대부분은 이러한 표시가 없다.

㉣ 창문을 파괴할 때에는 도끼의 날카로운 끝으로 창문 모서리를 강하게 타격하여 전체부분을 약하게 하는 긴 금을 만든다.

㉤ 창문 각 모서리에 생긴 구멍으로 플렉시글라스(Plexiglas)나 플라스틱 조각들을 제거할 수 있게 해준다. 플렉시글라스는 뜨거운 상태에서는 자르기가 어렵다. 이 경우 이산화탄소 소화기를 뿌리면 급격히 냉각되어 도끼 등으로 쉽게 파괴할 수 있게 된다.

㉥ 플렉시글라스나 플라스틱의 큰 조각을 제거하는 가장 좋은 방법은 철판절단용 날을 장착한 동력절단기를 이용하는 것이다. 절단 깊이를 조절하여 창문을 뚫고 잘라낼 수 있도록 한 후, 프레임에 가까운 쪽으로 창문을 절단한다.

㉦ 비행기의 측면으로 강제진입을 시도하는 것은 동체의 하부에 중점 설치되는 전기줄과 연료, 산소, 유류 등의 파이프라인 때문에 위험하다.

> ✪ 플렉시글라스(Plexiglas)
> 독일 롬(Lomb) 사에서 개발한 폴리카보네이트 플라스틱(polycarbonate plastic)으로 만든 투명도가 높은 고강도 유리의 한 종류로 플랙시글라스는 상품명이다. 충격을 가해도 잘 깨어지지 않고 투명도도 뛰어난 특성이 있어 항공기의 유리창, 병원의 인큐베이터, 심지어 스포츠카 차체에 이르기까지 다양하게 사용된다.

5 헬기 활용 구조★ 16년 대구 소방교

(1) 헬기 안전수칙

① 잠재적 위험요인

헬기의 주회전익(Main rotor)은 290~330/rpm으로 회전하며 미부회전익(Tail rotor)은 1,500~1,800/rpm의 고속으로 회전하여 회전여부가 육안으로 관찰되지 않는 경우가 있다. 따라서 이러한 특성을 잘 알고 회전익 부근으로 접근하지 않도록 하여야 한다. 또한 헬기의 특성상 고공과 저공에서의 인양능력에 차이가 있으며, 운항은 일기에 많은 영향을 받는다는 점도 염두에 두어야 한다. 따라서 헬기를 이용할 때에는 운항지휘자(조종사)의 지시에 절대 따라야 한다.

② 안전수칙

㉠ 항상 조종사의 가시권 내에서 헬기에 타거나 내려야 한다.

㉡ 조종사의 신호가 있기 전까지는 헬기에 다가가서는 안 된다.
㉢ 조종사의 허가 없이는 기체 내로 들어가서는 안 되며, 탑승시에는 머리를 숙인 자세로 올라타고 내려야 한다.
㉣ 꼬리부분의 날개에 위험성이 있기 때문에 뒤쪽으로 접근하는 것은 엄금한다.
㉤ 이륙하거나 착륙할 때 모든 사람들은 기체로부터 떨어져 있어야 한다.
㉥ 모자는 손에 들거나 끈을 단단히 조이고 착용하여야 하며 가벼운 재킷이나 조끼를 입어야 한다. 로터의 하향풍에 모자가 날려서 무의식적으로 이를 잡으려다가 사고가 발생할 수도 있다.
㉦ 들것이나 우산, 스키 등 긴 물체는 날개에 닿지 않도록 수평으로 휴대한다.

(2) 헬기의 착륙 지점

① 착륙장소의 선정

조종사가 그 헬기의 성능과 한계를 가장 잘 알고 있고 기체와 탑승자의 안전을 끝까지 책임져야 할 의무가 있으므로 <u>조종사의 결정은 최종적이고 반드시 따라야 하는 것이다.</u>

㉠ 구조대원은 어떠한 조건이 헬기 착륙에 좋은 지점인지를 알고 있어야 한다.
㉡ 헬기 출동을 요청한 경우 무엇보다도 가장 먼저 해야 할 일은 착륙 예정지점을 정찰하고 평가하는 것이다.
㉢ 적합한 착륙지점을 선택하는 데에는 고려사항은 바람, 가시도, 야간인 경우에는 표면의 빛, 안전성, 그리고 통신 등이다.
㉣ 만약 헬리포트나 헬리패드가 없는 장소에서 착륙장을 선정하는 경우 다음 사항을 고려한다.
ⓐ 수직 장애물이 없는 평탄한 지역(지면경사도 8° 이내)
ⓑ 고압선, 전화선 등 장애물이 없는 곳
ⓒ 착륙장소와 장애물과의 경사도가 12° 이내로 이착륙이 가능한 곳을 선정한다.
ⓓ 이착륙 경로(Flight Path) 30m 이내에 장애물이 없어야 한다.
ⓔ 깃발, 연기, 연막탄 등으로 헬기 착륙을 유도한다.
ⓕ 헬기의 바람에 날릴 우려가 있는 물체는 고정시키거나 제거하고 가능하면 먼지가 날지 않도록 표면에 물을 뿌려둔다.
ⓖ 착륙지점 주변의 출입을 금지하며 경계요원을 배치한다.

> ✪ 헬리패드 : 헬리콥터의 정규 착륙장은 heli-port이고 heli-pad는 고층건물, 산악 등에 설치된 임시착륙장이다.

② 헬기유도

㉠ 헬기의 착륙을 유도하기 위해서는 수신호를 익혀두어야 한다.
㉡ 현장에서 헬기를 유도하는 요원은 헬멧을 착용하고 보호안경을 착용한다.
㉢ 착륙장소로부터 충분히 떨어져있고 헬기에서 잘 관측할 수 있는 곳을 택한다.
㉣ <u>유도시에는 바람을 등지고 서서 헬기가 정면에서 바람을 맞을 수 있도록 유도한다.</u>
㉤ 야간의 경우 조명은 필수적이다. 조명이 잘 갖추어져 있는 곳은 조종사의 지각을 도와준다.
㉥ 그러나 구조대원 개인적으로는 조명등 사용을 조심하여야 한다. 특히 강한 불빛을 헬기

진행방향의 왼쪽으로 비추거나 조종사에게 직접적으로 빛을 비추는 것은 금지해야 한다.

ⓢ 현장에 자동차가 있는 경우 헤드라이트를 이용하여 착륙지점을 비추면 좋다.

③ 조종사가 고려해야 할 점

㉠ 조종사가 제일 먼저 고려해야 할 사항은 바람이 부는 방향이다.

㉡ 수목이나 전압선, 빌딩 등 착륙지점의 주변에 위치한 사물들을 살펴야 한다.

㉢ 가능하다면, 착륙은 맑은 공기 속에서 맞바람으로 해야 한다.

㉣ 착륙지점 지표면의 상황이다. 수평을 이루고 있는 보도나 딱딱한 지표면이 더 좋다.

㉤ 바람에 날리는 물체들은 회전익에 자극을 주어 엔진에 충격을 주게 된다. 이럴 경우 엔진 손상을 받을 가능성이 높다.

㉥ 바람직하지는 않지만, 헬기는 모래층에는 착륙할 수 있다.

> ✪ 모래가 바람에 날려 조종사의 시계에 장애를 주기도 하고, 엔진의 마모를 가져오기도 한다. 오히려 젖은 땅에 착륙하는 것이 모래밭에 착륙하는 것보다는 문제가 덜 발생한다.

(3) 공중 구조작업

① 이송 중의 흔들림

㉠ 헬기에 의한 이송 중에는 사상자가 어느 정도 요동을 받게 된다. 거친 이동, 갑작스런 진동 등은 환자에는 불편이 가중되며 환자의 상태를 심각하게 악화시킬 수 있다.

㉡ 가능하다면 이륙 전에 공기튜브를 삽입하고 정맥주사를 실시해야 한다. 이러한 응급처치는 헬기의 교란과 요동 때문에 실시하기 어렵기 때문이다.

㉢ 또한 소음과 진동은 상호 의사소통과 신체의 반응 체크를 방해한다. 환자의 머리를 앞으로 하여 의료진이나 구조대원에 의해 환자의 관찰이 항상 가능하도록 해야 한다.

㉣ 날개회전에 의해 공중에서 많은 먼지가 발생하면 보호밴드와 노출부위의 처치를 더욱 신중하게 해야 한다. 특히 들것을 헬기 외부에 부착하는 경우 환자를 담요 등으로 완전히 보온조치하고 얼굴과 눈은 터빈 바람에 의해 날리는 이물질로부터 보호되도록 한다. 또한 환자의 손이나 담요 등이 장치 바깥으로 나가지 않도록 한다.

② 의료적인 문제☆ 16년 경기 소방교

㉠ 헬기는 일반 비행기에 비하여 저공비행하기 때문에 고도와 관계된 의료문제는 그리 심각한 편은 아니다.

> ✪ 일반적으로 1,000ft(300m) 이하 고도에서 환자의 산소공급은 육상에서의 긴급 후송에서와 같이 다룬다.

㉡ 갈비뼈 골절로

부목을 대고 움직이지 못하는 환자는 고도에 따른 기압변화로 부목 강도가 영향을 받기 때문에 세심한 배려가 필요하다.

> ✪ 특히 쇼크방지용 하의(MAST)를 착용한 환자는 고도가 높은 곳에서는 MAST 내의 공기가 팽창하여 필요 이상의 압력을 받게 되므로 수시로 압력계를 확인하고 압력을 적정한 수준으로 조절하여야 한다.

㉢ 흉부 통증과 기흉(pneumothorax) 환자는 가능한 한 육상으로 이송하도록 한다. 높은 고도에서는 환자에게 육상에서와 같은 충분한 공기를 공급하지 못한다. 고도가 높아져 기압이 낮아짐에 따라 가슴막 내의 공기가 팽창하여 흉곽용량이 감소하기 때문이다.

㉣ 순환기 계통에 영향을 주는 심한 출혈, 심장병, 빈혈, 기타 질병으로 고통받는 환자들을 비행기로 이송할 때에는 세심하게 관찰해야 한다. 고도가 높아짐에 따라 공기는 적어지고 산소의 양도 희박해진다.

> ✪ 5,000ft(1.5km) 상공에서 허파에는 해수면상의 약 80% 정도의 공기만이 공급될 수 있다. 따라서 육상에서 순환기 질병을 가진 환자들은 고도 증가에 따라 추가적인 질병을 얻게 된다.

㉤ 사상자를 항공편으로 후송해야 하는 경우 조종사들은 가능한 한 지표 가까이 비행하여야 한다. 환자의 고통이 심해지고 호흡곤란, 경련, 의식 저하 등이 나타나면 저공비행을 해야 한다. 산소공급으로 다소 고통을 완화할 수 있다.

(4) 탐색과 구조작업

헬기는 가장 효과적인 SAR(Search And Rescue) 장비이다. 공중정지와 선회는 구조작업과 탐색에 적합하다. 특히 작은 목표물을 찾을 때나, 자세한 지형과 해수면을 파악할 때 유용하다. 선박으로부터 이륙할 수 있고 제한된 영역에 착륙할 수 있는 능력으로 인하여 접근 불가능한 지역과 거친 해양에서 사상자를 구조할 수 있다. 또한 헬기에는 기중장치(Hoist)와 케이블이 장착되어 있어 상공에 정지비행하면서 구조작업을 수행할 수 있다.

① 탐색 절차

㉠ 실종자를 찾을 때 항공기로부터의 탐색은 일반적으로 300ft(90m) 이하, 시속 60마일 이하에서 실시된다.

㉡ 요구조자가 외투를 벗거나 외형을 바꿀 수 있다는 것을 염두에 두어야 한다.

㉢ 어린이들은 대피해 있거나 불안과 혼돈으로 숨어 있을 수 있다.

㉣ 관찰자는 특별한 사람이나 물체를 수색하는 데에 주의를 집중해야 한다.

② 사상자 구조

㉠ 헬기는 착륙하거나 기중장치(Hoist)를 통해 구조활동을 수행하지만 산악과 같이 높은 고도에서는 헬기의 부양능력이 저하되기 때문에 착륙가능한 지역이 있으면 착륙하여 구조를 실시한다.

㉡ 상공에서의 대피를 위한 장소를 선택할 때 고려해야 하는 요인은 좁은 지역, 거친 지형 그리고 급경사도 허용된다는 점을 제외하고는 일반적으로 헬기착륙장과 같다.

㉢ 주 회전익과 미부회전익을 위한 여유 공간이 충분해야 한다는 점이 매우 중요하다. 왜냐하면 조종사는 풍향변화가 있을 때 항공기를 돌려야 하기 때문이다. 바람 조건과 공기 밀

도는 구조활동에 영향을 미치지만 전적으로 조종사가 판단할 문제이다.

㉣ 비행 중인 항공기는 정전기를 띠기 때문에 헬리콥터와 지상에 있는 사람이 접촉하기 전에 정전기를 제거해야 한다. 가장 효과적인 접지 방법은 금속제 호이스트 케이블 또는 바스켓을 지표면에 살짝 접촉시키는 것이다.

(5) 화재 진압 작업

지붕 착륙	빌딩 위에 완비된 헬기장이 없거나 지붕이 지지하는 힘보다 무게가 무거울 경우에 헬기는 상공에서 서서히 선회할 것이다. 헬기는 매우 무거워서 이러한 경우를 위한 설계가 되어 있지 않은 지붕에 심대한 손상을 준다. 능숙한 조종사는 지붕 위의 매우 짧은 거리를 선회하면서 착륙에 따르는 위험부담 없이 목적을 이룰 수 있다.
지상 착륙	가장 좋은 방법은 화재 현장 가까이 착륙하여 화재 진압에 영향을 줄 수 있는 소음이나 혼란을 피하는 길이다. 이러한 경우 임시 헬기장과 화재지역 사이의 길에는 구경꾼이나 군중이 통제되어야 한다.

① 화재규모의 파악

㉠ 헬기는 진압요원들에게 타오르는 빌딩의 불길, 열, 연기, 그리고 기타 상태를 관찰할 수 있는 기회를 제공한다.

㉡ 진압요원들이 화재 지역에 늦게 도착할 경우 공중의 관찰자가 먼저 화재규모를 판단할 수 있다.

ⓐ 화재가 난 층을 파악

ⓑ 해당 면적을 추산

ⓒ 외부로 화염이 올라가는 속도를 볼 수 있다.

ⓓ 인접한 지붕에서 화재를 찾아낼 수 있다.

ⓔ 아래에 있는 사람들에게 물체가 떨어짐을 알릴 수도 있다.

㉢ 산불진압에도 대단히 유용하다. 이는 화염의 범위가 금방 드러나고 화재 진압 대원과 장비가 가장 효과적인 곳에 쉽게 배치될 수 있기 때문이다.

② 인원과 장비의 운반

㉠ 헬기는 대원과 장비를 건물의 옥상으로 옮길 수 있다. 대원들이 화재 진압을 위해 옥상으로 투입할 때 모든 대원들은 호흡장비, 진입장비, 그리고 소방호스와 관창을 완전히 갖추어야 한다.

㉡ 헬기가 이동 가능한 물탱크를 운반하여 화재를 신속히 진압할 수 있다. 또한 소방호스를 직접 빌딩 옥상이나 산지 경사면으로 운반할 수도 있다. 이러한 방법은 손으로 소방호스를 연장하는 것보다 훨씬 빠르다.

(6) 헬기활용 인명구조 요령★☆ 13년 울산 소방교

① 구조활동의 원칙

㉠ 일반사항

헬기를 활용하여 인명구조 활동을 전개할 때에는 출동 각대와 유기적 연계에 의한 조직활동을 원칙으로 하며 다음사항에 유의한다.

ⓐ 항공기의 운항은 항공운항규정에 따른다.
ⓑ 구조활동 현장은 활동상 장애가 많고 항공 범위도 제약이 있으므로 현장지휘관은 현장 통제를 철저히 한다.
ⓒ 관할대는 항공대와 무선통신을 확보한다.
ⓓ 항공구조 활동 방침은 각 지휘자를 통하여 전 대원에게 주지시킨다.
ⓔ 요구조자 및 구조대원에 대한 2차재해 예방에 주의를 기울인다.
ⓕ 구조장비는 점검을 확실히 하여 활동상 안전을 확보한다.
ⓖ 헬기는 엔진의 소음이 크므로 수신호를 병행하여 의사전달을 명확히 한다.
ⓗ 저공비행이나 선회 비행 시 기자재 등이 날아갈 우려가 있으므로 주의한다.

㉡ 활동방침

현장 지휘본부장은 다음 사항에 유의하여 활동방침을 결정하고, 지휘본부장이 현장에 도착하지 않은 경우는 현장 구조대장의 의견을 들어 운항지휘자가 결정한다.

ⓐ 헬기의 성능과 대원의 기술 및 보유 장비를 고려하여 구조방법을 결정한다.
ⓑ 응원요청 여부는 사고규모와 요구조자의 수를 판단하여 시기를 놓치지 않도록 신속히 결정한다.
ⓒ 구조활동 중 상황변화에 의해 헬기 활동에 지장이 예측되는 경우는 곧바로 활동방침을 변경하고 전 대원에게 주지시킨다.
ⓓ 타 기관의 항공대와 동시에 구조활동을 전개하는 경우에는 확실한 연락과 조정을 취하여야 한다.

㉢ 정보수집

ⓐ 운항지휘자는 현장 상공에서 사고실태와 주변상황을 지휘본부장에게 보고한다.
ⓑ 지휘본부장은 지상의 사고상황을 운항지휘자에게 연락한다.
ⓒ 운항지휘자는 요구조자의 위치를 확인하여 현장 부근의 지형, 기상, 구조활동상의 장애 및 활동 위험 등 저해요인을 파악하여 지휘본부장에게 보고한다.

② 기본 구조활동 요령

㉠ 강 하

헬기가 착륙하지 못하는 경우 구조대원이 직접 현장으로 강하하게 되는데 이때에는 활동 현장에서 가장 가깝고 안전한 장소를 선택하되 다음 사항을 주의한다.

ⓐ 강하장소의 지형지물 및 장애물 등을 충분히 확인한다.
ⓑ 강하하는 구조대원은 경험이 풍부한 대원 중에서 선발하며 활동에 필요한 최소 인원으로 한다.
ⓒ 강하하기 전에 긴급 시 탈출방법을 확보하여 둔다.
ⓓ 강하하는 방법은 레펠이나 호이스트(Hoist)를 이용하는 등 현장 상황에 맞는 방법을 선택한다.

■ 호이스트 하강 ■

■ 들것구조 ■

㉡ 구조활동

ⓐ 구조대원은 요구조자의 부상 유무와 정도를 파악하여 악화방지에 필요한 조치를 취한다.

> ✪ 추락한 환자의 경우 특별한 외상이 없더라도 경추 및 척추 보호대를 착용시키는 것을 원칙으로 한다.

ⓑ 요구조자가 다수인 경우 중증환자를 우선하고 노인 및 어린이의 순으로 하며 기내에 수용 가능한 인원의 결정은 운항지휘자가 한다.

ⓒ 육상에서 요구조자를 인양할 때 단거리일 경우 안전벨트를 착용시켜 인양하거나 구조낭으로 이송할 수도 있지만 요구조자가 부상을 입었거나 장거리를 이송해야하는 경우 바스켓 들것을 이용하여 헬기 내부로 인양하는 것을 원칙으로 한다.

ⓓ 요구조자를 들것으로 인양할 때에는 들것과 호이스트(Hoist)의 고리를 연결하는 로프의 길이를 가급적 짧게 하는 것이 좋다. 로프가 너무 길면 호이스트를 모두 감아올려도 들것이 헬기 아래에 위치하게 되어 헬기 내부로 들것을 옮길 수 없는 경우가 발생한다.

> ✪ 한 귀퉁이에 로프를 결착하고 지상대원이 들것이 인양되는 속도에 맞추어 서서히 풀어주어 들것의 흔들림이나 회전을 방지하도록 한다.(유도로프)

③ 사고 종류별 활동요령

㉠ 고층빌딩 화재

ⓐ 운항지휘자는 풍압에 의한 화재의 영향, 요구조자의 상태 및 주변상황을 정확히 파악하여 항공구조 활동의 가능여부를 판단한다.

ⓑ 헬기에 의한 구조는 다른 기자재·지물 등의 활용에 의한 구조방법을 검토한 후에 안전을 확보할 수 있는 장소에서 실시한다.

ⓒ 지상의 지휘본부장과 면밀한 연락을 취해 항공구조에 대한 지원과 함께 안전을 저해하는 일체의 활동을 금지한다.

ⓓ 요구조자가 필사적으로 구조를 요청하고 있는 경우에는 헬기에서 구조로프, 와이어사다리 등을 직접 강하시키는 것보다는 구조대원을 먼저 진입시켜 현장을 통제한 후에 구조하도록 한다.

ⓔ 옥상 진입대원은 지휘본부와 연락을 긴밀히 하여 다음의 활동을 전개한다.

- 옥상으로 피난한 요구조자를 안전한 장소로 유도
- 부상자가 있는 경우 응급처치
- 헬기 착륙이 가능한 경우 헬기유도와 요구조자 통제
- 헬기를 활용한 옥상구조
- 구조장비를 활용한 지상 또는 하층으로 구조
- 상황에 따라 옥탑을 개방하고 배연구를 설정
- 하층부 인명검색 및 피난유도

ⓕ 운항지휘자는 필요에 따라 항공기를 상공에 대기시켜 상황변화 또는 구조 완료시에 진입한 대원의 탈출 수단을 확보한다.

㉡ 고속도로

ⓐ 운항지휘자는 사고개요 및 고속도로상과 인근도로의 교통상황 및 외부진입의 가・부에 관한 정보를 수집하여 현장지휘관에게 통보한다.

ⓑ 항공구조활동을 전개할 때에는 현장의 2차 재해를 방지하기 위해 반대차선을 포함하여 전체의 통행을 금지토록 한다.

ⓒ 구조대원은 사고장소 부근의 안전한 장소에 강하하여 현장으로 진입하는 것을 원칙으로 한다.

ⓓ 교통사고 시에는 부상자가 다수 발생할 가능성이 높으므로 현장에 투입하는 구조대원은 응급구조사 등 응급처치 자격을 가진 대원으로 한다.

㉢ 수난구조

ⓐ 구조활동은 항공대 및 육상・수상구조대 등의 종합 연계활동을 원칙으로 한다.

ⓑ 소방정이 운행할 수 있는 경우에는 수상구조활동을 우선 고려한다.

ⓒ 해안 또는 하천 공지 등의 구급차가 진입할 수 있는 장소에 신속히 임시 착륙장을 설치한다.

ⓓ 강풍이나 높은 파도 등 악천후의 경우 구조대원의 강하는 2차 재해위험성이 높으므로 충분한 안전확보 후 실시한다.

ⓔ 요구조자에게는 확성기 등을 이용하여 구조활동에 필요한 사항을 알려준다.

ⓕ 요구조자가 별 다른 의지물 없이 맨몸으로 물에 떠 있는 경우 헬기가 접근하면 회전익의 풍압으로 파도가 발생하여 위험에 빠질 수 있다. 신속히 구명부환이나 구명조끼 등 붙잡을 수 있는 것을 요구조자 가까이 투입한다.

ⓖ 구조대원이 강하할 수 없는 경우에는 요구조자에게 구조기구의 결속요령 등을 알려주고 안전을 확인하면서 구조한다.

ⓗ 요구조자가 다수인 경우에는 구조낭 등을 활용하여 효율적으로 구조한다. 이때 헬기의 요동이나 풍압에 의해 구조낭의 출입구가 열리지 않도록 확실하게 안전조치를 취한다.

ⓘ 요구조자가 항공기의 풍압 등에 의한 2차 부상을 당하지 않도록 주의한다.

ⓙ 장마철 하천의 유량증가로 인하여 유속이 빠르고 탁류인 경우 유목(流木), 토석(土石) 등에 부상을 입지 않도록 주의한다.

ⓔ 산악구조

ⓐ 구조활동은 관할 구조대와 연계하여 실시한다.

ⓑ 운항지휘자는 기상상태를 확인하고 장시간 운항에 대비한다.

ⓒ 강하한 구조대원은 항공기 비행시간을 고려하여 신속히 활동한다. 요구조자의 위치, 상태 및 현장주변 상황을 신속히 파악하여 항공구조 가·부를 신속히 결정한다.

ⓓ 구조대원이 암반 및 급경사에 하강하는 경우 호이스트 사용을 원칙으로 한다.

ⓔ 회전익의 풍압에 의한 낙석 위험이 있으므로 저공비행은 피한다.

ⓕ 요구조자를 발견하지 못한 경우 상공에서 방송을 실시하여 요구조자의 반응을 확인하고 심리적 안정을 도모한다.

(7) 헬기유도 수신호

■ 엔진시동 ■ 오른손을 들어 돌린다.

■ 이륙 ■ 오른손을 뒤로 하고 왼손가락으로 이륙방향 표시

■ 공중정지 ■ 주먹을 쥐고 팔을 머리로 올린다.

■ 상승 ■ 손바닥을 위로 팔을 뻗고 위로 움직임을 반복

■ 하강 ■ 손바닥을 아래로 팔을 뻗고 아래로 움직임을 반복한다.

■ 우선회 ■ 왼팔은 수평으로, 오른팔을 머리까지 위로 움직인다.

■ 좌선회 ■ 오른팔은 수평으로, 왼팔을 머리까지 위로 움직인다.

■ 전진 ■ 손바닥은 몸 쪽으로, 팔로 끌어당기는 동작을 반복한다.

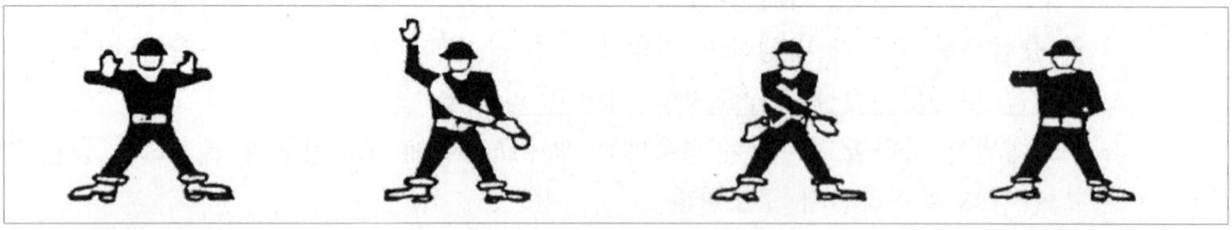

■ 후진 ■ 손바닥을 바깥쪽으로, 팔로 밀어내는 동작을 반복한다.

■ 화물투하 ■ 왼손은 밑으로, 오른손을 왼손 쪽으로 자르듯 움직인다.

■ 착륙 ■ 바람을 등지고 서서 몸 앞에 두 팔을 교차시킨다.

■ 엔진정지 ■ 목을 베는 듯한 동작을 반복한다.

(8) 헬기 접근방법

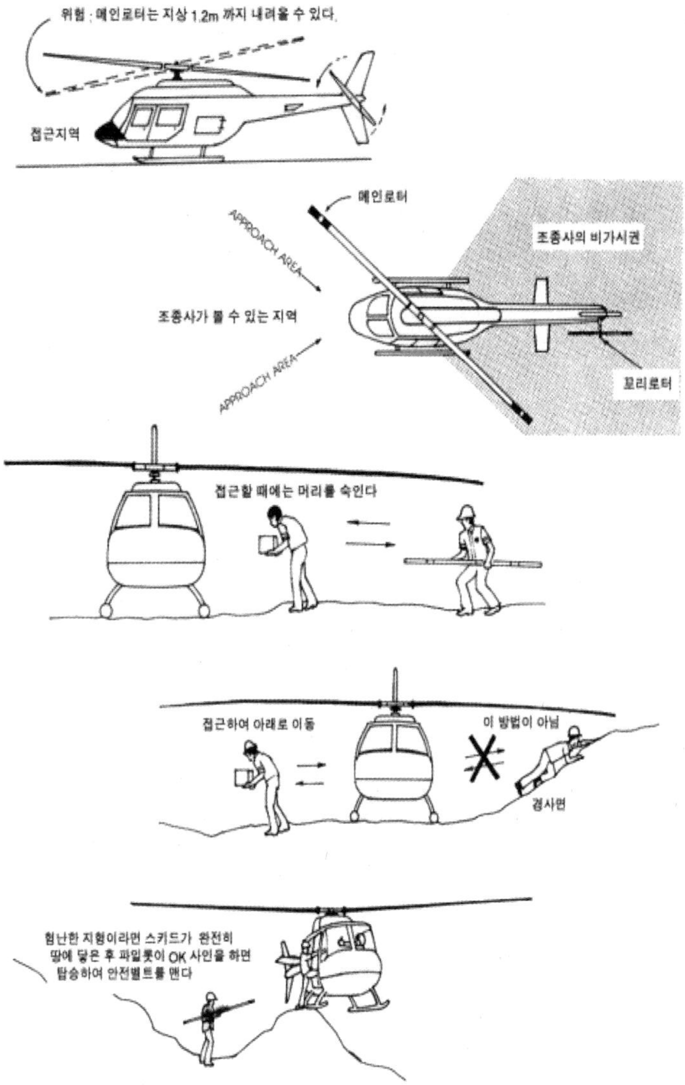

■ 숙달된 훈련과 경험을 바탕으로 안전수칙을 지키고 정확하게 대처하면 안전하고 효과적인 구조 활동을 펼칠 수 있다. ■

(9) 주요 항공구조장비의 종류와 제원

① 외부 구조인양기(AS365N2용)

구 분		외부용(AS365N2용)
인양 능력		· 600 LBS(275.4kg)
작동 원리		· 전기적 모터
케이블 길이		· 300 ft · 케이블 구간별 색깔 표시 – 후크~3m : 적색 – 중간 부분 : 도색하지 않음 – 후크 반대방향 끝~4.5m : 적색
케이블 구성		· 7×19=133 가닥(외경 0.68inch)
용 량 및 냉각시간		· 250 LBS(10회) → (1 cycle)이며, · 600 LBS(6회) ↗ (2 cycle 마다 45분간 냉각시간 적용)
사용 횟수 계기		· 없음(각종 구조·훈련 중 사용횟수를 기록유지 필요)
정비 시간	사용기간	· 3개월, 1년, 18개월, 4년, 5년, 10년 검사
	사용횟수	· 25회, 50회, 100회, 250회, 500회, 1,000회 검사
장착 위치		· 항공기 우측 후방기체문 전방 상단
케이블 속도		· 0~0.75m/sec(150ft/min)

② 구조망

㉠ 수난, 화재사고현장 다량의 요구조자를 구조하기 위한 구조장비이다.

㉡ 외부 화물인양기에 연결하여 사용한다.

㉢ 크기는 대, 중, 소형으로 분류되며, 3인용(중형)의 경우 높이 170~190㎝, 무게 35kg 내외, 길이 10~16m, 탑승인원 1~3명이다.

㉣ 요구조자 탑승 시 반드시 보조 로프를 연결하여 안전을 유지한다.

㉤ 구조낭 문이 항공기 후미 방향으로 향하도록 화물인양기에 연결한다.

㉥ 인터폰, 수신호로 기내 유도자와 상호 연락을 긴밀히 유지한다.

㉦ 육상, 수상에서 사용이 가능하다.

㉧ 점검사항

ⓐ U볼트의 조임상태를 점검한다.

ⓑ 주·보조로프의 파손유무와 길이를 조정하여 날림을 방지한다.

ⓒ 철 구조물의 균열 및 부식상태를 점검한다.

ⓓ 철 구조물과 로프의 연결상태를 점검한다.

ⓔ 구조낭문의 개폐용 연결고리(카라비너)의 상태를 확인한다.

③ 구조용 의자(Rescue Seat)

㉠ 항공기가 착륙할 수 없는 장소에서 요구조자를 인양하는 구조장비이다.

㉡ 최고 탑승인원 3명이다.

㉢ 수상에서 사용 시 물에 뜰 수 있도록 부력장치를 부착하였다.
㉣ 구조대원이나 요구조자가 주변 색깔과 쉽게 구분할 수 있도록 적색 부력장치를 부착하였다.
㉤ 장애물 지역에서 사용 시 다리를 접어서 내릴 수 있다.
㉥ 요구조자를 안전하게 인양하기 위한 안전벨트가 설치되어 있다.
㉦ 구조인양기를 내릴 때 바람에 날리지 않도록 일정한 중량 12kg(부력장치포함)을 유지해야 한다.
㉧ 사용 전 다리의 작동상태와 안전벨트의 파손유무를 확인해야 한다.
㉨ 탑승 시 구조인양기 후크와 구조용 의자의 연결부분을 잡지 않도록 주의해야 한다.
㉩ 탑승자는 다리를 모으고 하향풍에 의한 흔들림을 최소로 한다.
㉪ 안전벨트를 완전히 장착하며, 안전벨트 후크가 잠겼는지 확인한다.
㉫ 시선은 항상 기내 유도자를 보면서 수신호로 상호 의사를 전달한다.
㉬ 항공기 비상시 행동을 염두에 두며 인양기를 내일 때 신체의 충격완화를 위해 허리와 무릎을 약간 굽힌 상태에서 발 앞꿈치 부분으로 사뿐히 착지하도록 한다.
㉭ 탑승할 요구조자 수는 1회 1~3명까지 인양이 가능하기 때문에 요구조자 수에 따라 접어진 의자를 펼쳐 사용할 수 있다.
㉮ 구조용의자를 탑승한 상태에서 인양 시 하향풍에 의해 회전이 되어 의식을 잃지 않도록 하며 기내 유도자는 탑승자를 기내로 안전하게 끌어 들여 의식 유무를 관찰한다.
㉯ 인양기를 내리고 올릴 때 장갑을 착용한 오른손으로 인양기 케이블을 가볍게 잡아 흔들림과 장력을 유지하여 충격을 방지 할 수 있다.
㉰ 육상・수상・산악사고 현장에서 공통으로 사용할 수 있다.

④ 요구조자용 벨트(Horse Collar)
㉠ 구조용 의자(Rescue seat)와 같은 용도로 사용하며 의식이 있고, 척추 등의 손상이 없는 요구조자에게만 사용한다.
㉡ 요구조자의 가슴에 걸어서 1명만 인양할 수 있다.
㉢ 요구조자를 안전하게 인양하기 위한 안전벨트가 부착되어 있다.
㉣ 무게가 2kg이며 육상(산악) 및 해상(수상)에서 사용이 가능하며 특히 산악사고현장에서 장애물이 없는 충분한 공간이 있을 때만 사용이 가능하다.
㉤ 목표물에 접근 전 과다하게 인양기를 내리면 항공기 속도에 의해 뒤로 날려 헬기 주・보조 날개에 감길 수 있다.

⑤ 구조용 바구니(Rescue Basket)
㉠ 구조용 의자(Rescue seat)와 같은 용도로 사용할 수 있다.
㉡ 육・수상에서 움직일 수 없는 요구조자를 구조인양 할 때 사용하는 구조장비이다.
㉢ 1명만 탑승할 수 있으며 수상에서 사용할 때는 부력장치를 부착하여 사용하면 물에 뜰 수 있게 하고 항공구조대원이나 요구조자가 쉽게 발견, 탑승할 수 있는 효과적인 장비이다.
㉣ 구조인양 시 하향풍에 의한 흔들림과 회전방지를 위해 장갑을 오른손에 끼고 구조인양기 케이블을 가볍게 지지해준다.
㉤ 육・수상에서 사용가능하며 산악구조 시 장애물이 없는 지역에서도 사용이 가능하다.

6 엘리베이터 사고 구조

(1) 엘리베이터의 구조** ☆ 13년 소방위 · 서울 소방장

① 엘리베이터의 종류

㉠ 엘리베이터는 용도 · 전원(電源) · 속도 · 권양기 · 운전방식 등으로 구분된다.

㉡ 현재의 엘리베이터는 거의 권상기 쉬브와 로프 사이의 마찰력으로 구동하는 트랙션타입을 사용하고 있고, 이외에도 유압 엘리베이터가 있다.

㉢ 유압 엘리베이터는 승강로 상부에 기계실을 설치할 필요가 없는 이점이 있지만 플런저 길이에 제한이 있기 때문에, 행정 20m 이하의 자동차용, 침대용, 승용 등으로 사용되고 있다.

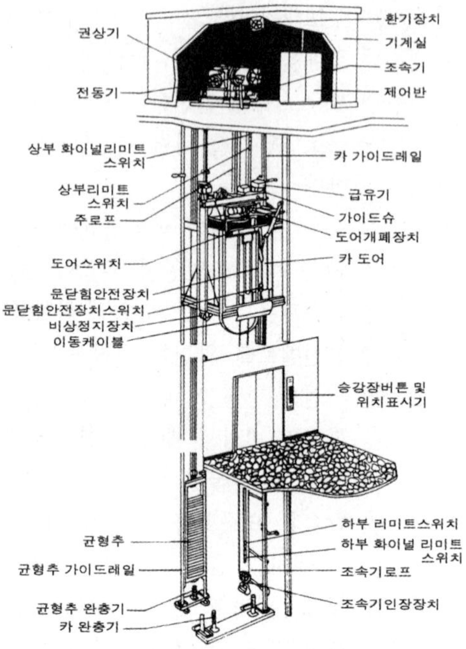

■ 엘리베이터의 구조 ■

② 구 조

엘리베이터에서 운반물을 싣는 상자 부분을 케이지(cage) 또는 카(car)라고 하며, 케이지를 상하로 작동시키는 권양기(捲揚機), 가이드 레일(안내궤도), 권양기의 부하(負荷)를 경감시키기 위하여 케이지의 무게와 상대적으로 매달려 움직이는 카운터웨이트, 케이지와 카운터웨이트를 연결하여 권양기(捲揚機)의 회전바퀴에 걸리는 와이어로프(wire rope)로 구성되어 있다.

㉠ 기계실

<table>
<tr><td>권양기 (권상기, 트랙션머신)</td><td colspan="2">트랙션타입의 권양기는 전동기, 전자브레이크, 감속기 쉬브 등으로 구성되어 있다.</td></tr>
<tr><td>제어기기</td><td colspan="2">수전반, 제어반, 릴레이반 등으로 구성되어 있다.</td></tr>
<tr><td rowspan="3">조속기 (governor)*
☆ 12년 부산 소방장</td><td colspan="2">엘리베이터의 속도를 항상 감시하고 있다가 속도가 비정상적으로 증가하는 경우, 다음 두 가지 동작으로 속도를 제어한다.</td></tr>
<tr><td>제1 동작</td><td>엘리베이터의 속도가 정격속도의 1.3배(정격속도가 매분 45m/min 이하의 엘리베이터에 있어서는 매분 63m/min)넘지 않는 범위 내에서 과속 스위치를 끊어, 전동기회로를 차단함과 동시에 전자브레이크를 작동시킨다.</td></tr>
<tr><td>제2 동작</td><td>정격속도의 1.4배(정격속도가 매분 45m/min 이하의 엘리베이터에 있어서는 매분 68m/min)를 넘지 않는 범위 내에서 비상정지장치를 움직여 확실히 가이드레일을 붙잡아 카의 하강을 제지한다.</td></tr>
</table>

㉡ 카(car)

카실은 대부분 불연재로 만들어져 있고, 카내의 승객이 바깥과 접촉되지 않는 구조로 되어 있지만 밀폐구조는 아니므로 갇혔을 때 질식될 염려는 전혀 없다.

카틀 및 카 바닥	강재로 구성된 카의 상부 틀은 로프에 매달리게 되어 있고, 하부 틀을 비상정지 장치가 설치되어 있다.(상부 틀에 설치되어 있는 것도 있다) 카틀 상하좌우에는 카가 레일에 붙어 움직이기 위한 가이드슈 또는 가이드롤러가 설치되어 있다.
카실 (실내벽, 천정, 카 도어)	실내벽에는 조작반과 카내 위치표시기가, 천장에는 조명등, 정전등, 비상구출구 등이 설치되어 있다. 자동개폐식문 끝에는 사람이나 물건에 접촉되면 문을 반전시키는 세이프티 슈(safety shoe)가 설치되어 있어 틈에 끼이는 사고를 방지하고 있다. 문은 수동식도 있으므로 운전 중에 문을 열면 엘리베이터는 급정지하기 때문에 주행 중에는 절대로 문에 몸을 기대거나 접촉해서는 안 된다.
문개폐장치	문을 자동 개폐시키는 전동장치로, 전원을 끊으면 비상시에는 문을 손으로 여는 것도 가능하다.
카 상부 점검용 스위치	카 상부에는 보수 및 점검 작업의 안전을 위하여 저속운전용 스위치나 작업등용 콘센트가 설치되어 있다.

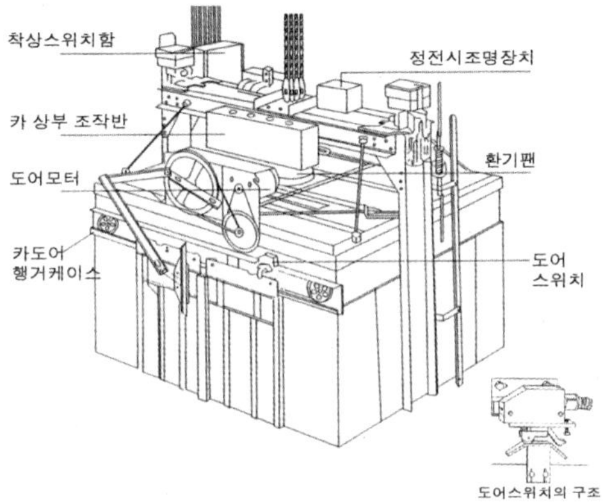

■ 카 상부의 구조 ■

㉢ 승강로

레 일	카와 균형추의 승강안내를 위한 레일로 각각 승강로 벽에 견고히 부착되어 있다.
로프 (와이어 로프)	카와 균형추를 매달고 있는 메인로프, 조속기와 카를 연결하는 조속기로프 등이 있으며, 각각 로프소켓 등으로 고정되어 있다.
균형추	카와 균형추는 로프에 두레박 식으로 연결되어 있다. 승강행정이 높은 것은 로프의 불균형을 시정하기 위해, 균형로프 또는 균형체인을 설치하는 경우도 있다.
이동케이블	승강로 내의 고정배선과 카의 기기를 전기적으로 연결하는 것으로 "테일코드"라고도 부른다.

㉣ 승 장

도어틀	· 승장에 있는 출입구 틀로서 상부와 양측부의 3방면으로 구성되어 있다. · 상부에는 승장도어용 레일이 설치되어 있는데 레일의 문이 닫히는 끝부분에 인터록 스위치(안전장치 참조)가 설치되어 있다.

승장 도어	· 승장도어는 행거에 의하여 문의 레일에 매달리고, 하부는 문턱의 흠을 따라 개폐된다. · 승장도어 뒷면에는 카도어와 연계되어 움직이는 연동장치가 설치되어 있다. 모든 층(혹은 특정층의)승장도어에는 비상해제장치가 설치되어 있어, 특수한 해제키를 사용해 승장측에서 도어를 여는 것이 가능하다.
승장 버튼	카를 부르는데 사용되는 버튼으로써 도어가 있는 층에서 카가 정지하고 있을 때 이 버튼을 누르면 문이 곧바로 열린다.
위치 표시기	인디케이터(indicator)라고도 말한다. 램프의 점등 또는 디지털 방식으로 카가 위치한 층을 표시한다.

③ 엘리베이터의 안전장치★★☆ 11년 부산 소방장·소방교, 12년 경북 소방장, 16년 서울 소방교

과속·과주행에 대해서는 이중안전장치가 있다. 와이어로프의 강도는 최대하중의 10배 이상의 안전율로 설치하기 때문에 와이어로프 절단사고가 일어날 확률은 희박하며 여타의 기계적 결함으로 로프가 끊어져도 평소 이동 속도의 1.4배 이상에서 작동되는 브레이크 장치로 인해 추락하지는 않는다.

또한 엘리베이터 통로 바닥에는 브레이크도 작동하지 않는 최악의 경우에 대비해 충격을 최소화할 수 있는 충격 완화 장치가 있어 영화에서처럼 밧줄이 끊어져 엘리베이터가 낙하하는 장면이 실제 발생할 가능성은 그리 높지 않다.

▌엘리베이터의 각종 안전장치▐ ★★☆ 11년 소방교·소방장 / 13년 소방위 / 20년 소방교

전자브레이크	엘리베이터의 운전 중에는 브레이크슈를 전자력에 의해 개방시키고 정지 시에는 전동기 주회로를 차단시킴과 동시에 스프링 압력에 의해 브레이크슈로 브레이크 휠을 조여서 엘리베이터가 확실히 정지하도록 한다.
조속기	카의 속도를 일정하게 유지한다.
비상정지장치	로프가 절단된 경우라든가, 그 외 예측할 수 없는 원인으로 카의 하강속도가 현저히 증가한 경우에, 그 하강을 멈추기 위해, 가이드레일을 강한 힘으로 붙잡아 엘리베이터 몸체의 강하를 정지시키는 장치로 조속기에 의해 작동된다.
리미트 스위치	최상층 및 최하층에 근접할 때에, 자동적으로 엘리베이터를 정지시켜 과주행을 방지한다.
화이널 리미트 스위치	리미트 스위치가 어떤 원인에 의해서 작동하지 않을 경우, 안전확보를 위해 모든 전기회로를 끊고 엘리베이터를 정지시킨다.
완충기	어떤 원인으로 카가 중간층을 지나치는 경우, 충격을 완화시키는 것으로 통상 정격속도가 60m / min 이하의 경우는 스프링완충기를, 60m / min을 초과하는 것에는 유압완충기를 사용한다.
도어 인터록스위치	· 모든 승강도어가 닫혀있지 않을 때는 카가 동작할 수 없으며, 카가 그 층에 정지하고 있지 않을 때는 문을 열 수가 없도록 하기 위해 승장도어의 행거케이스 내에 스위치와 자물쇠가 설치되어 있다. · 엘리베이터의 안전상 비상정지 장치와 더불어 중요한 장치이다. 또한 비상해제장치 부착 인터록스위치는 특별한 키로 해제하여 승장측에서 문을 열 수 있도록 되어 있다. 또 카도어를 손으로 열 때(이 인터록 스위치에 손이 닿을 경우는)손으로 인터록을 벗겨 승장도어를 열 수 있도록 되어 있다.

통화설비 또는 비상벨	· 카 내에 빌딩관리실을 연결하는 엘리베이터 전용 통화설비(인터폰) 혹은 비상벨이 설치되어 있다.
정전등	· 정전 시에는 승객의 불안감을 완화시키기 위하여 곧바로 카내에 설치된 정전등이 점등된다. 이 정전등은 바닥 면에 1룩스 이상의 밝기를 유지하도록 되어 있는데 조도 유지 시간은 보수회사 및 구조대의 이동시간 등을 고려할 때 1시간 이상이 적당하다.
각층 강제 정지장치	· 심야 등 한산한 시간에 승객을 대상으로 한 범죄를 예방하기 위한 것으로써 이 장치를 가동시키면 목적층에 도달하기까지 각층에 순차로 정지하면서 운행할 수 있다.

(2) 구조활동 요령

① 사전판단

엘리베이터에서 발생하는 사고는 전원차단이나 기기고장에 의하여 카가 정상적인 위치에 정지하지 않거나 문이 열리지 않는 사고가 대부분이다. 엘리베이터의 구조상 추락에 의한 사고 발생가능성은 높지 않다. 따라서 엘리베이터 내부에 응급환자나 노약자 등이 갇힌 긴급상황이 아니라면 여유를 가지고 상황을 파악하여 가장 안전한 구조방법을 찾도록 한다.

먼저 사고가 발생한 대상건물의 구조와 용도, 사고형태 및 사고발생 후의 경과시간, 요구조자의 수 등을 확인하고 구조방법을 구상한다.

② 도착 시의 행동

㉠ 현장에 도착하면 사고의 종류(추락인가? 감금인가? 끼었는가? 등), 사고원인(기계 결함인가? 정전인가? 조작 미숙인가? 정원 초과인가? 등), 긴급성의 유무, 요구조자의 수 등을 다시 한 번 확인하고 현장을 확인한 후 적절한 구조방법을 선택한다.

㉡ 카가 중간에 정지하여 움직이지 않는 경우 기계실로 진입하여 수동조작으로 카를 상・하 이동 조작하여 구출하고, 카 문이 열리지 않으면 엘리베이터 마스터키로 문을 여는 방법이 가장 용이하지만 상황에 따라 유압장비나 에어백 등으로 강제로 문을 열거나 카 상부로 진입하는 방법을 선택할 수도 있다.

③ 구조활동요령

㉠ 정전 혹은 기계적 결함으로 인해 정지한 경우

정전 시에는 곧바로 카 내의 정전등이 점등된다. 정전이 단시간 내 복구 가능할 때는 (인터폰으로 또는 직접 승장측에서) 곧 복구됨을 승객에게 알려 안심시킨다. 전원이 복구되면 어떤 층의 버튼을 누르더라도 엘리베이터는 통상 동작하기 시작한다.

ⓐ 지금까지 정전으로 엘리베이터가 정지한 사례를 보면 80% 이상이 승장이 있는 근처인 것으로 밝혀졌다. 이러한 경우 승객이 스스로 카도어를 열게 할 경우 카도어와 연동되어 움직이는 승장도어가 동시에 열리게 되어 쉽게 밖으로 구출할 수 있다.

ⓑ 이 경우에도 탈출 중에 전원이 복구되어 카가 움직일 수 없도록 하기 위해 기계실에서 엘리베이터의 전원을 차단하는 것이 안전상 필요하다.

ⓒ 먼저 엘리베이터 마스터키를 사용하여 1차 문을 열고 승객에게 2차 문을 개방토록 한다. 승장도어, 카도어가 정위치에서 열리지 않을 경우 카의 문턱과 승장의 문턱과의

거리차를 확인한 후 60㎝ 이내에서 위 또는 아래에 있을 때에는 승객이 직접탈출 가능하다.

■ 엘리베이터 문의 개방 ■

마스터키를 이용한 1차 문 개방, 좌
내부에서 승객에 의한 2차 문 개방, 우

승장과 카의 높이가 60㎝ 미만인 경우,
승객이 직접 탈출가능

※ 카의 문턱이 승장의 문턱보다 60㎝ 이상 높거나 120㎝ 미만일 경우 승장에서 접는 사다리 등을 카 내로 넣어 구출한다.

※ 승객이 직접 잠금 장치를 벗겨내는 것이 곤란한 경우나, 카의 문턱과 승장의 문턱과의 격차가 심한 경우에는 원칙적으로는 보수회사의 기술진을 기다리는 것이 좋지만, 상황이 긴급한 경우에는 카의 구출 구를 열고 직상층으로 구출한다.

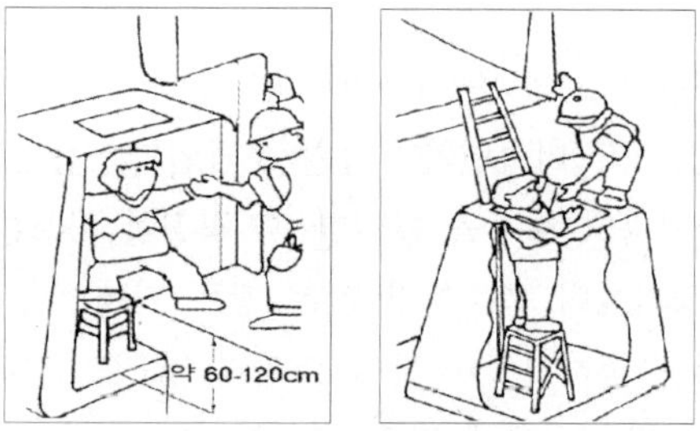

■ 승장과 카의 높이 차이가 60㎝ 이상인
경우에는 외부의 도움을 받아야 한다. ■

승장에서 도어를 열기 위한 해제장치

- 반드시 모든 층에 설치해야 한다는 규정이 없기 때문에 이를 최하층, 최상층, 기준층 등에 설치하고 있는 경우도 있다. 이때 카가 정지한 근처의 승장도어를 여는 것은, 그곳에 해제장치가 없으면 어렵기 때문에 가장 가까운 상층의 승장측 도어를 마스터키로써 열어 줄사다리 등을 사용해 카 위에 올라타고, 자물쇠를 개방하여 승장도어를 연다.
- 만약 이 방향측의 도어에 해제장치가 설치되어 있지 않는 경우에는, 지렛대나 유압식 구조기구, 에어백 등을 이용하여 정지위치 근처의 승장도어 슈(문턱의 홈부분)를 파괴해서 혹은 틈을 확보하여 구출한다. 또한 유압식 엘리베이터에 있어서는 밸브의 조작에 의해 바닥높이를 조정하여 구출하는 방법도 있다.

㉡ 권양기의 수동조작(수권조작)에 의한 구출

ⓐ 카가 정지된 위치에서 가장 가까운 상·하 층에 구조대원을 대기시키고 기계실에 2명 이상의 구조대원이 진입한다.

ⓑ 주전원스위치를 차단하고 전층의 승장도어가 닫혀있는 것을 확인한다.

ⓒ 인터폰으로 승객에게 카도어가 닫혀있는가를 확인하고, 엘리베이터를 수동으로 움직이는 취지를 알린다.

ⓓ 기계실에 진입한 구조대원 중 1인은 모터샤프트 또는 플라이휠에 터닝핸들을 끼워서, 양손으로 확실히 잡는다. 다른 구조대원은 전자브레이크에 브레이크 개방레버를 세팅한다.

ⓔ 터닝핸들을 조작하는 대원의 신호에 따라 다른 대원이 브레이크를 조금씩 개방한다.

- 터닝핸들을 좌 또는 우측의 가벼운 방향으로 돌려서 카를 움직인다.
- 비상해제장치가 있는 승장까지의 거리가 매우 먼 경우는 반대방향(무거운 방향)으로 돌려도 좋다.
- 터닝핸들이 흔들리는 수가 있기 때문에 반회전 정도마다 브레이크를 건다.

ⓕ 핸들과 브레이크를 조작하는 대원은 반드시 "개방", "정지"를 복명·복창하여 오 조작에 의한 사고를 방지한다.

ⓖ 승객의 수에 따라 브레이크를 개방하는 것만으로도 카가 움직이는 경우도 있기 때문에 주의를 요한다.

ⓗ 기계실에서 카의 위치를 확인하면서 비상해제장치가 붙어있는 층의 근처까지 카를 움직인다. 이동거리를 알 필요가 있을 때는 권상기의 쉬브에 표시를 붙여, 표시가 이동한 거리를 측정한다.

ⓘ 개방레버 및 터닝핸들을 벗긴다.

ⓙ 앞에 서술한 방법에 따라서 승객을 구출한다. 작업에 있어서는 카도어, 승장도어의 모든 문이 닫혀있는가를 확인하여야 하며, 구출 중에 전원이 복구되어도 엘리베이터가 움직이지 않도록 전원스위치가 확실히 차단되었는지를 확인해야 한다.

㉢ 화재가 발생한 경우

ⓐ 빌딩 내에서 화재가 발생한 경우, 승강로의 구조상 굴뚝과 같은 역할을 하기 때문에 열과 연기의 통로가 될 수 있다.

ⓑ 또한 소화작업에 수반하는 전원차단 등으로 승객이 갇히게 될 우려가 있기 때문에, 피난에는 엘리베이터를 이용하지 않고 계단을 이용해야 한다.

ⓒ 빌딩 내의 카는 모두 피난 층으로 집합시켜, 도어를 닫고 정지시켜 두는 것이 원칙이다.

> ✪ 비상용 엘리베이터는 소화활동으로 사용할 수 있기 때문에 제한을 하지 않도록 한다.

ⓓ 화재 시 관제운전 장치가 부착된 엘리베이터는 감시실 등에 설치된 관제스위치를 조작하는 것에 의해 자동적으로 특정 피난층에 되돌려, 일정시간 후에 도어를 닫고 운전을 정지하도록 되어 있다.

ⓔ 엘리베이터 기계실에서 화재가 발생해 확대되고 있을 때에는 전기화재에 적응한 소화기 등을 사용해서 소화에 주력함과 더불어 카 내의 승객과 연락을 취하면서 엘리베이터용 주전원스위치를 차단한다. 전원스위치는 기계실의 출입문 근처에 있을지라도 그 스위치에 접근할 수 없다.

ⓕ 엘리베이터의 승강로에 화재가 발생한 경우, 승강로에는 가연물은 거의 없기 때문에 카 내에 대량의 가연물을 가지고 있지 않는 한 엘리베이터 자체의 피해는 크지 않을 수 있다.

㉣ 지진이 발생한 경우

ⓐ 주행 중인 카는 가장 가까운 층에서 정지, 승객이 피난 후 도어를 닫고 전원스위치를 차단한다.

ⓑ 엘리베이터는 지진에 의해 멈추는 수가 있기 때문에, 층간에서 갇히게 되는 것을 방지하기 위해 피난용으로 사용하지는 않는다.

ⓒ 또한, 지진 시 관제운전 장치가 부착된 엘리베이터는 지진감지기가 작동하면 자동적으로 카를 가장 가까운 층에 이동시켜 일정시간 후에 도어를 닫고 운전을 정지하도록 되어 있다.

ⓓ 지진 후는 운전재개에 앞서 진도 3정도 상당의 경우는 관리기술자, 진도 4정도 이상의 경우는 엘리베이터 전문기술자의 점검과 이상유무의 확인이 필요하다.

ⓔ 승객이 갇히게 된 경우는 앞에 서술한 순서에 따라 구출하지만, 구출 완료 후는 상기의 점검 및 확인이 끝날 때까지 운전을 중지해둔다.

▌갇힘 사고의 원인▐

· 갇힘 사고의 원인은 장치의 고장도 있지만 이용방법 미숙이나 관리부실이 원인인 경우가 전체 고장의 50% 이상이다. 구체적으로 예를 들면 이용자에 의한 것은

조작미숙	비상정지버튼의 오조작, 기타 조작반상의 버튼이나 스위치의 오조작
불필요행동	카 내에서 뛰거나, 난폭 또는 주행 중에 도어를 열려고 하거나, 비상 정지버튼을 고의로 누름
부주의	도어에 물건을 끼움, 정원·중량초과 등이 있다. 이와 같은 때는 안전장치가 작동해 엘리베이터는 즉시 정지한다.

· 관리측의 미비에 의한 갇힘 사고의 원인

청소불량	승장도어·카도어의 문턱 홈에 쓰레기로 가득함
취급불량	주전원 스위치 차단
건물기기불량	전원 휴우즈 절단, 전원불량 등이 있다

7 추락사고 구조

(1) 각지 시의 행동

추락사고가 발생한 장소의 위치와 구조, 요구조자의 수 등을 우선 파악하며 만약 건물이나 공사장에서 발생한 사고라면 사고발생장소가 기존 건물인지, 공사 중인 건물인지를 확인하여야 한다.

- 공사 중인 건물인 경우 : 작업장소의 붕괴나 현장주변의 각종 장비, 장애물들로 인하여 추가적인 위험요인이 있기 때문이다.
- 산악이나 교량에서 발생한 사고인 경우 : 현장에 접근하기가 쉽지 않을 수 있으므로 접근 가능한 경로를 확인한다. 다음으로는 사고자가 추락한 높이나 깊이, 부상정도를 파악하여 구조방법과 사용할 장비를 선정한다.

(2) 도착 시의 행동

▌구조・장비의 선택 기준▐

장 비 명	활용분야	비 고
사다리차, 공중작업차, 사다리	옥외에서의 진입, 구출	높은 곳
들것	요구조자(부상자)신체 묶기	척추 보호용 들것
구조로프, 도르래, 카라비너	대원의 진입, 구출, 기타	
가스측정기구	맨홀이나 지하 등 폐쇄공간의 가스, 산소농도측정	

현장에 도착하면 즉시 현장관계자로부터 입수 가능한 모든 정보를 수집하여 부상정도의 확인, 상태, 위험요소 등을 고려 후 적정한 구출방법을 선정하고, 장비를 선택한다. 구조작업을 수행할 대원을 지정할 때에는 정신적, 육체적 적합성을 고려하여 대원의 임무를 분담토록 한다.

(3) 안전조치

① 작업 전의 준비

㉠ 구조대원은 반드시 헬멧, 안전벨트를 착용하고 안전로프를 설치한다. 현장에 진입하는 대원뿐 아니라 보조하는 대원들까지 모두 착용하여야 한다.

㉡ 작업 장소의 위험요인을 확인하고 대비를 하여야 한다. 공사장이나 산악에서 추락사고가 발생하면 주위의 토석붕괴, 공사용 장비의 도괴 또는 낙하 등의 위험성이 높으며 맨홀이나 지하에 추락한 경우에는 유독가스나 가연성가스의 발생 및 체류, 산소결핍, 감전 등의 위험요인이 있고 드물긴 하지만 지하용수에 의한 침수가 발생할 수도 있다.

㉢ 구조대원이 작업할 발판 및 구조장비, 로프 등을 설치할 각 부분의 강도를 충분히 확인한 후 작업공간의 확보를 위하여 주변의 장비 등을 정리하고 구조활동에 필요한 인원 이외에는 접근시키지 않는다.

㉣ 작업에 사용되는 장비는 현장주변의 안전한 장소에서 준비한다.(예 구조용 들것 만들기, 로프매듭, 기구의 조립 등)

② 구조활동

㉠ 매달아 올리거나 내리는 경우 로프는 2줄로 설치한다. 도르래를 사용하는 경우에는 별도로 구조로프를 연결하여 안전을 확보한다.

㉡ 현장에 있는 작업용 바스켓, 로프 등을 사용하는 경우에는 충분히 강도를 확인하고 필요할 경우 별도의 보강조치를 한다.

(4) 구출행동

① 일반적인 추락사고

㉠ 요구조자의 위치로 진입

ⓐ 당해 건물 또는 인접 건물 내 시설을 이용한다.

ⓑ 공사용 발판, 가설계단 등의 공사용 시설을 이용한다.

ⓒ 사다리차, 공중작업차를 이용한다.

ⓓ 거는 사다리, 로프 등을 이용한다.

ⓔ 현장의 작업용 기계를 이용한다.

㉡ 요구조자의 보호

ⓐ 요구조자에게 외상이 없더라도 경추, 척추 보호대를 착용시킨다. 급박한 상황이 아니라면 전문 응급처치 교육을 받은 구급대원이 시행한다.

ⓑ 들것은 척추 보호가 가능한 것을 사용한다.

ⓒ 벨트 또는 로프(개인)로 들것에 요구조자를 고정시켜 이동 중 들것에서 탈락하는 일이 없도록 조치한다.

㉢ 요구조자의 구출

ⓐ 안전한 통로가 있는 경우에는 들어서 운반한다.

ⓑ 매달아 올리거나 내리는 경우의 운반은 견고한 지점을 이용하여 로프, 윈치, 사다리 등의 구조기구와 사다리차 및 공중작업차, 기타 현장에서 조달할 수 있는 장비를 적극 활용토록 한다.

② 지하 공사현장 추락사고

구조대원의 진입은 가설계단, 트랩 등을 이용하고 이러한 것이 없는 경우에는 적재사다리, 구조로프를 이용한다. 로프를 이용하여 진입할 때에는 맨홀구조기구를 활용하거나 앉아 매기 하강, 사다리 인양구조 등으로 한다.

③ 수직맨홀, 우물 추락사고

맨홀이나 우물에 추락하는 경우 공간이 협소하여 활용가능한 장비의 선택이나 구조대원의 현장진입 등 구조활동에 많은 장애를 받게 된다. 특히 유독가스에 의한 질식이나 감전사고 등에도 주의해야 한다.

㉠ 진입은 맨홀구조기구를 활용하며 상황에 따라 적재사다리를 활용할 수 있다.

㉡ 진입하는 대원은 물론이고 요구조자에게도 반드시 공기호흡기를 착용시킨다.

㉢ 공기호흡기를 착용할 수 없는 협소한 공간인 경우 밸브를 개방한 다량의 공기통을 현장에 투입하여 신선한 공기를 공급한다.

㉣ 요구조자의 보호에 주의하며 구출한다.

④ 기타의 추락사고

시트파일(Sheet Pile)이 빠진 구멍, 강바닥, 물이 마른 우물 등에 대해서는 사고의 상황, 요구조자의 상태에 따라 기자재, 구출방법을 결정하여 구출활동을 전개한다. 또 파일이 뽑힌 구멍으로 추락한 경우 요구조자의 위치까지 굴착하여 구출하는 방법도 검토하며 이러한 경우 구멍으로 흙이 무너져 들어가거나 굴착으로 주위의 토사가 붕괴되는데 충분히 주의하여야 한다.

8 붕괴사고 구조☆ 16년, 21년 소방장

각지 시의 행동	붕괴사고가 발생하면 현장의 지형, 건물의 상황, 요구조자의 상황 등 내용을 확인하며 현장의 기계, 장비를 이용할 것인가, 특수차량을 이용할 것인가, 구조대의 장비를 이용할 것인가 등의 구출방법과 사용기자재를 선정한다.
도착 시의 행동	현장에 도착하면 사고발생 장소 및 주변여건을 정확히 확인하고 요구조자의 상태 및 활용 가능한 기자재, 응원요청의 필요여부 등 종합적인 상황을 판단하여 구출방법을 결정한다.

(1) 구출행동

토사 붕괴	① 부근의 목재, 판넬 등을 활용하여 재 붕괴를 방지할 수 있는 조치를 취한다. ② 현장의 지휘장소는 재 붕괴의 염려가 없는 곳을 선택한다. ③ 굴착된 토사는 매몰 장소에서 가능한 한 먼 곳으로 운반한다. ④ 추가 붕괴의 위험성이 있는 장소, 요구조자의 매몰지점을 정확히 모르는 경우에는 삽이나 곡괭이 등을 활용하지 말고 맨손이나 판자 등을 이용하여 신중히 제거한다.
도괴	① 주위에서의 재 붕괴, 미끄러 떨어지는 등 2차 재해발생 방지조치를 취한다. ② 비교적 소규모 또는 경량의 도괴물에는 에어백이나 유압장비를 이용한다. ③ 기타 경우에는 도괴개소의 범위를 확인하고 도괴물에 직접 작용하고 있는 물체와 상부의 장애물을 제거한다. ④ 도괴물을 들어올리거나 제거하는 것은 주위의 상황에 주의하면서 천천히 한다.
주의 사항	① 현장부근은 Fire Line을 설치하고 경계구역을 설정하여 관계자 외의 출입을 금지하고 붕괴장소 부근에 무거운 장비를 설치하지 않도록 한다. ② 침수, 누수, 유독가스 등의 발생에 주의한다. ③ 사용 가능한 기계, 장비 및 작업원의 보충에 관해서는 현장책임자와 긴밀한 연락을 하여야 한다. ④ 작업이 장시간 소요되는 경우에는 교대요원을 준비시킨다. ⑤ 요구조자의 소재가 불명확한 경우 현장 및 인근지역 주변까지 통제한 후 지중음향탐지기나 영상탐지기 등 인명탐색장비를 활용한다. ⑥ 장비활용이 불가능한 경우 요구조자의 이름을 불러보아 대답 또는 토사의 미세한 움직임 등을 살펴보는 방법도 있다. 상황에 따라 구조견을 활용하는 방안도 검토한다.

(2) 사고의 발생원인과 굴착

① 붕괴사고의 원인

붕괴사고는 집중호우, 지진, 택지조성, 건설 및 공사현장에서 발생한다.

▌붕괴사고의 주원인▐

사고구분	원 인
토사붕괴	· 함수량의 증가로 흙의 단위용적 중량의 증가 · 균열의 발생과 균열로 움직이는 수압 · 굴착에 따른 흙의 제거로 지하공간의 형성 · 외력, 지진, 폭발에 의한 진동
건축물 붕괴	· 해체작업 현장에서의 오조작, 점검불량 · 물품의 불안정한 적재, 기계의 진동 등 · 자동차 충돌에 의한 가옥, 담의 도괴

② 굴착 깊이와 경사도

굴착공사 시 굴착의 길이가 1.5m을 넘는 경우에는 토사붕괴 방지조치(판자 등으로 지지판을 설치)를 하도록 한다.

‖ 토질에 따른 굴착 깊이 ‖

토 질	굴착면의 깊이	굴착면의 경사
암반 또는 견고한 점토	5m 미만	90°
	5m 이상	75°
기타지역	2m 미만	90°
	2m~5m	75°
	5m 이상	60°
모래가 많은 토질	5m 미만 또는 35°	
폭발 등으로 붕괴하기 쉬운 지역	2m 미만 또는 35°	

③ 인명구조견 활용

인명구조견은 산악구조견, 재해구조견(건물붕괴), 설상구조견, 수중구조견 등으로 구분되며, 인명 구조 활동의 행동 지침서 역할을 하는 UN의 '국제 수색 구조 가이드 라인'에는 인명 구조견이나 핸들러(구조견 운용자)가 인명 구조 활동 중 부상을 당했을 경우 구조를 요하는 사람들 보다 최우선적으로 이들을 먼저 치료, 처치하게 되어있다. 또한 구조 활동에서 수색 초기에 인명 구조견을 진입시키도록 되어 있다.

✪ 인명구조견훈련센터 운영 : 중앙119구조본부

계	중앙119구조본부		시도본부							
	인명구조견	훈련견	서울	경기	강원	경북	경남	부산	전남	제주
구조견 28두 훈련견 33두	6	33	3	3	3	3	3	3	3	1

㉠ 구조견의 능력★★

ⓐ 냄새를 맡는 능력은 인간의 수천배(3,000~6,000배)에 이르며, 특히 초산은 4만배 특히 염산은 1백만배로 희석해도 식별할 수 있고, 또한 지방산에 대한 식별력은 보다 뛰어나 인간이 감각하는 1백만분의 1 이하의 농도에서도 판별이 가능하다.

ⓑ 길에 버려진 성냥개비 한 개의 냄새로 버린 사람을 찾아 낼 수 있다. 부유취 냄새로 바람의 방향을 알고 사람 냄새를 맡아 추적할 때에 조난자의 냄새를 맡는 거리는 500m~1Km에 달한다.

ⓒ 청각도 뛰어나 개의 가청 범위는 인간보다 훨씬 넓다. 인간은 1초에 2만 5천의 진동음 밖에는 듣지 못하는데 비하여 개의 경우는 8만~10만의 진동음도 감청이 가능하다.

ⓓ 음의 강약에 대해서는 인간의 10배나 뛰어나며 음원의 방향정위에 있어서도 인간의 16방향제에 비해 개의 경우는 그 배인 32방향의 구별이 가능하다. 특히 일정 단계의 훈

련을 마친 개는 보다 향상된 기능을 갖게 되어 기계나 인간의 힘으로 처리할 수 없는 어려운 상황에서도 그 뛰어난 능력을 발휘하며 인간에게 도움을 줄 수 있다.

ⓛ 구조견의 활용범위*

ⓐ 산악지역 조난자의 구조

ⓑ 수중 구조 - 물속에서 흘러나오는 특수한 체취 습득

ⓒ 눈 속 매몰자 구조(눈 아래 약 7m 정도까지 탐색 가능)

ⓓ 건물 붕괴 시 냄새 추적으로 사람의 위치 파악

ⓔ 산악 지대의 행방불명자, 방향 추적으로 구조

ⓒ 구조견 활용 시 고려할 사항

육안과 첨단 구조장비로도 탐지가 불가능한 실종자를 구조견은 찾아낼 수가 있다. 인명구조견을 초기 수색에 활용해야 성공률을 높일 수 있다. 선진국에서는 이 원칙이 강조되어 철저히 지켜지고 있다.

ⓐ 신속한 구조출동은 실종자의 생존 가능성이 높아진다.

ⓑ 정확한 제보 없는 실종자를 구조견이 찾을 수는 없다.

ⓒ 현장에서의 先투입 : 구조대원이 수색한 지역을 구조견이 뒤이어 수색하게 되면 구조대원의 냄새가 지면이나 공중에 남아 유혹취로 작용되어 실종자 수색이 불리해진다.

9 가스사고 안전조치

(1) 가스의 분류

① 연료용 가스

㉠ 석유가스

원유생산 또는 석유의 정제과정에서 생산되는 가스를 석유가스라 한다. 대표적인 것이 액화석유가스(LPG - Liquefied Petroleum Gas)로서 프로판과 부탄, 프로필렌, 부틸렌 등을 주성분으로 하는 저급 탄화수소의 혼합물이다. 일반적으로 LPG라 할 때에는 프로판과 부탄을 말한다.

✪ LPG는 온도의 변화에 따라 쉽게 액화 또는 기화시킬 수 있다. 0℃, 1atm에서 1kg을 기화시키면, 프로판은 약 509L의 가스가 된다. LPG는 무색, 투명하고 냄새가 거의 없기 때문에 누설되면 쉽게 알 수 있도록 공기 중의 1/200 상태에서도 냄새를 느낄 수 있도록 부취(腐臭)를 섞는다.

㉡ 천연가스

지하의 천연가스전에서 채취·생산되는 가스를 천연가스라 하며 대표적인 것이 메탄(CH_4)을 주성분으로 한 가스를 냉각시킨 LNG(Liquefied Natural GAS)이다.

▌LNG와 LPG의 특성 비교▐

구 분	주성분	비 중	액화온도	열량(㎥)	폭발범위	용 도
LNG	메 탄	0.6	-162℃	10,500kcal	5.3~14.0	취사용
LPG	프로판	1.5	-42℃	24,000kcal	2.2~9.5	취사용
	부 탄	2.0	-0.5℃	30,000kcal	1.9~8.5	자동차, 공업용

② 고압가스

가스는 통상적으로 압축가스, 액화가스, 용해가스의 3가지 종류로 분류되기도 하고 가스의 성질에 따라 가연성 가스, 조연성 가스, 불연성 가스로 분류되기도 하며 인체에 유해한 위험성 여부에 따라 독성, 비독성 가스로 분류되기도 한다.

▌가스의 분류▐

구 분	분 류	성 질	종 류
가스 상태에 따른 분류	압축가스	상온에서 압축하여도 액화하기 어려운 가스로 임계(기체가 액체로 되기 위한 최고온도)가 상온보다 낮아 상온에서 압축시켜도 액화되지 않고 단지 기체 상태로 압축된 가스를 말함	수소, 산소, 질소, 메탄 등
	액화가스	상온에서 가압 또는 냉각에 의해 비교적 쉽게 액화되는 가스로 임계온도가 상온보다 높아 상온에서 압축시키면 비교적 쉽게 액화되어 액체상태로 용기에 충전하는 가스	액화암모니아, 염소, 프로판, 산화에틸렌 등
	용해가스	가스의 독특한 특성 때문에 용매를 추진시킨 다공 물질에 용해시켜 사용되는 가스로 아세틸렌가스는 압축하거나 액화시키면 분해 폭발을 일으키므로 용기에 다공 물질과 가스를 잘 녹이는 용제(아세톤, 디메틸포름아미드 등)를 넣어 용해시켜 충전한다.	아세틸렌
연소성에 따른 분류	가연성가스	산소와 결합하여 빛과 열을 내며 연소하는 가스를 말하며 수소, 메탄, 에탄, 프로판 등 32종과 공기 중에 연소하는 가스로서 폭발 한계 하한이 10% 이하인 것과 폭발 한계의 상/하한의 차가 20% 이상인 것을 대상으로 한다.	메탄, 에탄, 프로판, 부탄, 수소 등
	불연성가스	스스로 연소하지도 못하고 다른 물질을 연소시키는 성질도 갖지 않는 가스	질소, 아르곤, 이산화탄소 등 불활성가스
	조연성가스	가연성 가스가 연소되는 데 필요한 가스. 지연성 가스라고도 함	공기, 산소, 염소 등
독성에 따른 분류	독성가스	공기 중에 일정량 존재하면 인체에 유해한 가스, 허용농도가 200ppm 이하인 가스	염소, 암모니아, 일산화탄소 등 31종
	비독성가스	공기 중에 어떤 농도 이상 존재하여도 유해하지 않는 가스	산소, 수소 등

(2) 고압가스안전관리법의 내용

① 고압가스(「고압가스안전관리법 시행령」 제2조)

㉠ 상용의 온도에서 압력(게이지압력)이 1메가파스칼 이상이 되는 압축가스로서 실제로 그 압력이 1메가파스칼 이상이 되는 것 또는 섭씨 35도의 온도에서 압력이 1메가파스칼 이상이 되는 압축가스(아세틸렌가스를 제외한다)

㉡ 섭씨 15도의 온도에서 압력이 0파스칼을 초과하는 아세틸렌가스

㉢ 상용의 온도에서 압력이 0.2메가파스칼 이상이 되는 액화가스로서 실제로 그 압력이 0.2메가파스칼 이상이 되는 것 또는 압력이 0.2메가파스칼이 되는 경우의 온도가 섭씨 35도 이하인 액화가스

㉣ 섭씨 35도의 온도에서 압력이 0파스칼을 초과하는 액화가스 중 액화시안화수소・액화브롬화메탄 및 액화산화에틸렌가스

② 가스용기의 도색(「고압가스안전관리법 시행규칙」 별표24)

㉠ 용기 상단부에 폭 2㎝의 백색(산소는 녹색)의 띠를 두 줄로 표시하여야 한다.

㉡ "의료용"표시 - 각 글자마다 백색(산소는 녹색)으로 가로・세로 5㎝로 띠와 가스 명칭 사이에 표시하여야 한다.

▌가스용기의 도색 방법▐ ☆ 16년 서울 소방교, 대구 소방교

가스종류	몸체도색		글자색상		띠의 색상 (의료용)
	공업용	의료용	공업용	의료용	
산 소	녹 색		백 색		백 색
수 소	주황색		-		백 색
액화탄산가스	청 색		회 색		백 색
액화석유가스	회 색		-		적 색
아세틸렌	황 색		-		흑 색
암모니아	백 색		흑 색		흑 색
액화염소	갈 색		-		백 색
질 소	회 색		흑 색		백 색
아산화질소	회 색		청 색		백 색
헬 륨	회 색		갈 색		백 색
에틸렌	회 색		자 색		백 색
싸이크로프로판	회 색		주황색		백 색
기타의 가스	회 색		-		백 색

(3) 가스 누설 시 조치요령

① LPG의 누설 시 조치

㉠ LPG는 공기보다 무거워 낮은 곳에 고이게 되므로 특히 주의한다.

㉡ 가스가 누설되었을 때는 부근의 착화원이 될 만한 것은 신속히 치우고, 중간밸브를 잠그고 창문 등을 열어 환기시켜야 한다.

㉢ 용기의 안전밸브에서 가스가 누설될 때에는 용기에 물을 뿌려서 냉각시켜야 한다.
㉣ 용기밸브가 진동, 충격에 의하여 누설된 경우에는 부근의 화기를 멀리하고 즉시 밸브를 잠가야 한다.
㉤ 배관에서 누설되면 즉시 용기에서 가까운 밸브를 잠가야 한다.

② 도시가스의 누설시 조치
㉠ 가스가 누설되면 즉시 공급자에게 연락하여 후속조치를 받아야 한다.
㉡ 가스가 누설되었을 때는 부근의 착화원이 될 만한 것은 신속히 치우고, 중간밸브를 잠그고 창문 등을 열어 환기시켜야 한다.
㉢ 배관에서 누설되는 경우 누출 부분 상부의 밸브를 잠근다.

(4) 가스화재의 소화요령***

액화가스의 기화는 흡열 반응으로 용기 또는 배관에서 누설, 착화되는 되는 경우에도 용기나 배관은 냉각되어 있는 경우가 많다. 누출, 체류중인 가스는 작은 불씨에도 폭발할 위험성이 높지만 연소중인 가스는 오히려 폭발 위험이 낮다는 사실을 염두에 두어야 한다. 따라서 밸브가 파손되지 않았거나 파손된 부분을 차단할 수 있는 경우, 엄호주수를 받으면서 가스 차단을 우선 시도하여야 한다.

> ✪ 가스를 차단할 수 없고 주변에 연소될 위험도 없다면 굳이 화재를 소화하기보다는 안전하게 태우는 방안을 강구하는 것이 좋다. 가스 누출을 차단할 수 없는 상황에서 섣불리 불꽃만을 소화한다면 누출된 가스에 의하여 2차 폭발이 발생할 우려가 있기 때문이다.

① LPG의 소화요령
㉠ 누설을 즉시 멈추게 할 수 없을 경우에는, 폭발이 발생할 위험이 있으므로 연소하고 있는 가스 소화는 신중히 판단한다.
㉡ 접근하여 직접 소화해야 하는 경우에는 분말소화기 및 이산화탄소 소화기를 사용하는 것이 효과적이고 초 순간진화기도 효과를 발휘한다.
㉢ 분출 착화인 경우에는 분말소화기로 분출하고 있는 가스의 근본으로부터 순차적으로 불꽃을 선단을 향하여 소화하는 것이 효과적이다.
㉣ 이산화탄소 소화기는 가능한 한 근접하여 가스의 강한 방출압력으로서 연소면의 끝 부분부터 점차 불꽃을 제어한다.
㉤ 고정되지 않은 가스용기에 봉상으로 대량 방수하면 용기가 쓰러져 더 큰 위험을 불러올 수 있으므로 주의하여야 한다.

② 도시가스의 소화요령
㉠ LNG는 배관망을 통하여 공급된다. 따라서 누설된 LNG가 착화된 경우에는 누설원을 차단해야 한다.
㉡ 가스 누출 규모에 따라 인근지역을 방화경계구역으로 설정하고 주민을 대피토록 한다. 또한 지하에 매설된 배관에서 누출되는 상황이라면 관계기관에 신속히 연락을 취하여 조치토록 하여야 한다.
㉢ 가스가 누설, 확산된 상황에서는 화재를 진압하더라도 누설된 가스가 부근의 공기 중에 확산, 체류하여 재차 발화할 우려가 있으므로 상황에 따라 누설된 가스를 전부 연소시키는 방법이 효과적인 경우도 있다.

(5) 가스누출사고 시 인명구조

① 사용 장비

㉠ 구조장비

ⓐ 유독가스 검지기, 가연성가스 측정기 등 각종 측정기

ⓑ 방열복 등 공기호흡기 등 보호장비

ⓒ 누출을 차단할 수 있는 쐐기, 목봉, 테이프 등

ⓓ 요구조자 상황에 맞는 각종 구조기구

㉡ 장비의 현지조달

필요한 장비는 사업소, 가스사업자, 전기사업자 등의 관계자로부터 조달 또는 준비시키도록 한다.

ⓐ 측정기구

ⓑ 방폭구조의 회중전등, 베릴륨동합금제 등의 방폭용 안전공구

ⓒ 방폭구조의 송풍기 등 기계기구

ⓓ 파이프렌치 등 공구류

ⓔ 실린더(봄베), 탱크로리 등 누출물 회수장비

② 구출방법

㉠ 출동 도중에 사고가 발생한 장소와 누출된 가스의 종류 및 특성, 주변의 위험요인 및 요구조자의 수 등 필요한 정보를 파악하고 가스관계자에게 연락을 취하여 공조활동 할 수 있는 체계를 갖춘다.

㉡ 현장에 도착하면 풍향과 풍속, 지형, 누출량 및 경과시간 등을 파악하여 가스확산 범위를 예측하고 신속히 경계구역을 설정한다. 경계구역 내 주민들을 신속히 대피할 수 있도록 조치하고 교통을 차단한다. 가연성 가스인 경우 전기기구 및 화기취급을 금지토록 필요한 안내방송을 실시한다.

㉢ 가스폭발로 인한 화재, 건물붕괴 등 유발사고가 있는 경우 그에 따르는 적절한 조치를 취하고 2차 재해를 방지토록 한다.

㉣ 인명구조

ⓐ 가스누출지역에서 활동하는 모든 인원은 반드시 공기호흡기를 장착하고 작업시간이 장기화할 것에 대비 누출가스로부터 안전한 지역에 공기충전기를 설치한다.

ⓑ 폭발 등 우려가 장소에 있는 요구조자에 대해서는 흡연, 조명기구 스위치조작 기타 폭발의 불씨가 되는 행위를 금지시킨다.

ⓒ 일산화탄소 중독, 산소결핍 등의 요구조자에 대하여는 움직여서 상태가 더 악화될 우려가 있으므로 안정시키는데 노력하고 신선한 공기를 공급한다.

ⓓ 화상 부위를 오염된 장갑 등으로 만지지 않고 찬물로 냉각토록 하여 고통을 줄이고 손상이 악화되지 않도록 한다.

ⓔ 열이나 유독가스에 의한 호흡기 손상의 우려가 있는 환자는 외형상 이상을 확인 할 수 없어도 신속히 전문 의료기관에 이송한다.

10 암벽사고 구조

(1) 산악의 기상특성

① 기온 변화★ ☆ 14년 서울 소방장

㉠ 산악에서의 기온은 고도차에 의해 영향을 받는다. 고도가 높을수록 산의 기온은 내려가며 100m마다 0.6℃가 내려간다. 또한 우리나라의 기온은 일교차가 심한 편인데 보통 하루 중 오전 4시에서 6시 사이의 온도가 가장 낮고 오후 2시의 온도가 가장 높다.

㉡ 같은 온도에서도 추위와 더위를 더 심하게 느끼는 경우가 있다. 이를 체감온도라 하는데 같은 기온이라 할지라도 풍속의 변화에 따라 느끼는 온도가 달라진다.

> ✪ 영하 10℃에서 풍속이 5㎧일 때 체감온도는 영하 13℃이지만 풍속이 시속 30㎧되면 체감온도가 영하 20℃까지 떨어져 강한 추위를 느끼게 된다. 체감온도 10℃~-10℃에는 추위에 따른 불편함이 늘어나고 긴 옷이나 따뜻한 옷을 착용한다. -10℃~-25℃에서는 노출된 피부에서 매우 찬 기운이 느껴지고 시간이 경과하면 저체온증에 빠질 위험이 있으며 -25℃~-40℃이면 10~15분 사이에 동상에 걸릴 수도 있다. 기상청에서 사용하고 있는 체감온도 계산식은 다음과 같다.
>
> · 체감온도(℃)=13.12 + 0.6215 × T - 11.37 × V0.16 + 0.3965 × V0.16 × T

② 눈★ ☆ 13년 경북 소방장

㉠ 평지와는 달리 산에서 눈의 위험성은 적설량(積雪量)을 기준(基準)할 수 없다. 산의 눈은 바람으로 인하여 때로는 지형(地形)을 변화시키고 또 산의 등산로(登山路)를 모두 덮기 때문에 평상시에 자주 다니던 산길도 길을 찾지 못하고 조난을 당하는 수가 있다.

㉡ 눈사태는 적설량과 눈의 질(質) 그리고 기온과 지형, 지표면(地表面)의 경사각(傾斜角)에 의해서 일어난다. 통계상으로 눈사태는 경사가 31°~55° 사이에서 제일 많이 발생한다. 등산 또는 비박 시에는 이런 경사가 있는 좁은 골짜기는 피하는 것이 좋다.

㉢ 눈은 가볍고 사람의 몸은 무거워 저절로 가라앉고 움직이는 동안의 눈은 부드럽지만 눈의 흐름이 정지되는 즉시 콘크리트처럼 단단하게 굳어 빠져나올 수 없게 된다. 산행 시 경사가 급한 곳은 언제나 피하는 것이 좋다. 눈이 50Cm 이상 쌓이면 걷기가 어렵고 그 이상이면 스키를 타지 않는 한 목숨이 위태롭다.

표층 눈사태	눈이 내려 쌓이게 되면 눈은 표면의 바람과 햇볕, 기온에 의해 미세하게 다시 어는 현상이 발생한다. 이를 크러스트(Crust)라 하는데 이 위에 폭설이 내려 쌓이면 크러스트된 이전의 눈과 새로운 눈 사이에 미세한 층이 발생하고 눈의 무게를 이기지 못할 정도가 되면 결국 눈이 흘러내리게 된다. 이런 눈사태를 표층 눈사태라고 한다.
전층 눈사태	대량의 눈이 쌓인 지역에 기온이 올라가면 눈의 접착력이 약해지면서 눈의 밑바닥에서 슬립이 일어나 눈이 무너져 내리게 되는데 이를 전층 눈사태라 한다. 기온이 올라가 적설의 밑바닥이나 급한 비탈, 또는 슬랩면에서 눈 녹은 물이 흐르고 있는 상태가 가장 위험하다.
눈처마 붕괴	눈 쌓인 능선에서 주의할 것이 눈처마의 붕괴이다. 눈처마는 바위 등 돌출부분이 발달하여 밑으로 수그러지며 공기층의 공동이 생기게 되므로 눈으로 보고 판단하는 부분보다 훨씬 뒤의 선에서 붕괴된다.

③ 기타 기상변화☆ 16년 서울 소방장

<table>
<tr><td>기압 변화</td><td>지표면의 평균 기압은 1,013hPa이지만 10m를 오를 때마다 대략 1.1hPa이 내려가고 기압 27hPa이 내려갈 때마다 비등점이 1℃씩 낮아진다.
※ 기압의 단위는 예전에는 밀리바(mb)를 사용했는데 요즘은 헥토파스칼(hPa)을 사용한다. 1밀리바는 1헥토파스칼이다. 단위를 변경한 이유는 국제적으로 사용하는 단위 체계에 맞추기 위한 것이다.(1기압 = 76cmHg = 1013mb = 1013hPa = 101300Pa)</td></tr>
<tr><td>구 름</td><td>일반적으로 고기압권내에서 날씨가 좋으면 대게 적운(뭉게구름)이 끼고 비 오는 날에는 난층운(비구름)과 적란운(소나기구름)이 낀다. 서쪽 하늘을 바라볼 때 권운(새털구름)이 나타나고 그 뒤로 고적운(양떼구름)이 뒤따르면서 점차 구름이 많아지면 저기압이 접근하는 징조로서 하산을 서둘러야 한다.</td></tr>
<tr><td>비</td><td>산에서는 소나기를 만나는 경우, 계곡으로 빗물이 몰려들기 때문에 물살이 빠르고 유량도 급히 불어난다. 일반적으로 유속이 빠른 물이 무릎 높이를 넘으면 위험하므로 코스를 바꾸거나 물이 빠질 때 까지 기다려야 한다.</td></tr>
<tr><td>안개★</td><td>① 산에서 만나는 안개는 입자가 더 크고 짙은 것이 특징이다. 산에서 안개를 만나면 활동을 중지하고 한 자리에 머물러야 한다. 산안개는 바람과 해에 의해 쉬 걷힌다.
② 산에서 안개가 심하거나 일몰이나 눈이 쌓여 지형을 분간하기 힘든 경우 자신은 어떤 목표물을 향하여 전진하고 있다고 생각하지만 사실은 큰 원을 그리며 움직여 결국 출발지점에 도착하는 경우가 있다. 이를 "링반데룽(Ringwanderung)" 또는 "환상방황"이라 한다.
③ 이때에는 지체 없이 방향을 재확인하고 휴식을 충분히 취하며 안개나 강설이 걷힐 때까지 기다려야 한다.</td></tr>
<tr><td>번개★★</td><td>번개는 고적운과 적란운 그리고 태풍이 있을 때 일어난다. 통계상으로 번개는 바람이 약하고 기온이 높은 오후에 많이 발생한다.
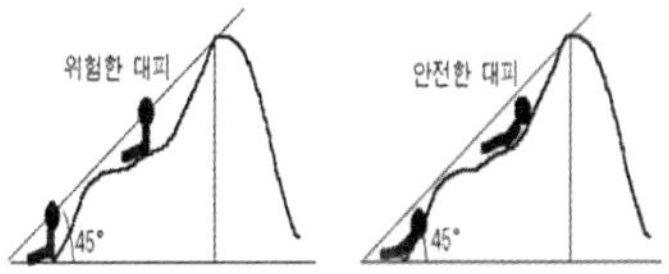

■ 번개가 칠 때의 대피요령 ■
<table><tr><th>발생 순위</th><th>많이 발생시간</th><th>비 교</th></tr><tr><td>1</td><td>16시~17시</td><td>제일 많다</td></tr><tr><td>2</td><td>15시~16시</td><td>다음으로 많다</td></tr><tr><td>3</td><td>14시~15시</td><td>그 다음 많다</td></tr><tr><td>4</td><td>23시~24시</td><td>적다</td></tr><tr><td>5</td><td>3시~4시</td><td>가장 적다</td></tr></table>
양떼구름, 소나기구름 그리고 태풍이 있을 때는 반드시 번개가 있다는 것을 알고 쇠붙이는 몸에서 분리(分離), 절연(絶緣)시키고 쇠붙이가 있는 곳에서 멀리 피하는 것이 안전하다. 대피할 때에는 반드시 낮은 곳으로 이동하고 거기서도 벼락이 치는 각도를 생각해야 한다.</td></tr>
<tr><td>일출·몰 시간의 변화</td><td>산에서의 일출 일몰은 평지와 차이가 있다. 특히 깊은 계곡에서는 일출 시간은 30분~1시간 정도 늦고 일몰시간은 30분~1시간 정도 빠르다. 산에서 행동할 때에는 반드시 일출, 일몰시간을 파악하고 1~2시간 전에 활동을 종료하는 것이 좋다.</td></tr>
</table>

④ 저체온증★☆ 10년 부산 소방장

㉠ 체온이 35℃ 정도로 내려가면, 피로감과 사고력이 저하되고 졸려오는 현상이 나타나며, 보행이 불규칙하고 말의 표현이 부정확하게 된다.

㉡ 체온이 30℃ 내외로 떨어지면 경련이 일어나고 혈색이 창백해지면서 근육이 굳어지고 맥박이 고르지 못하면서 의식이 흐려진다. 이때는 매우 위험한 상태가 된다.

㉢ 저체온증(Hypothermia)은 추운 겨울뿐 아니라 여름철에도 일어날 수 있으며 고산지대가 아닌 평지에서도 등산복이 비바람이나 눈에 젖은 것을 계속입고 있을 때 일어날 수도 있다.

㉣ 젖은 옷은 마른 옷보다 우리 몸의 열을 240배나 빨리 뺏어간다. '체내에서 2g의 수분이 외부로 증발하면 약 1℃의 열이 손실된다.'는 미국 의학계의 보고도 있다.

㉤ 특히 면직물 소재의 내의(일반적으로 입는 런닝셔츠, 팬티 등)는 젖으면 잘 마르지 않기 때문에 등산용으로는 적합하지 않다. 산악구조대원들 사이에서는 면직물로 된 속옷을 "죽음의 의상"이라고 까지 부른다.

> ✪ 저체온증 예방법
> 등산 전 충분한 휴식과 영양섭취, 방수 방풍 의류 준비, 비상용 비박 장비의 준비, 폭풍설을 만났을 때의 적절한 비박, 몸의 열 생산을 계속 유지하기 위한 운동 등을 해야 할 것이다.
> 만일 저체온증에 걸렸으면 악천후로부터 환자를 대피시키고 따듯한 슬리핑백에 수용하여 더 이상의 열손실을 방지하고 뜨거운 음료를 마시게 한다. 현장에 대피할 곳이 없으면 다른 대원들이 환자를 에워싸서 체열의 저하를 방지한다. 일단 이렇게 조치하고 증상이 심하다고 판단되었을 때는 지체없이 하산토록 하여 병원으로 이송하여 치료를 받게 한다.

(2) 암벽등반 기술

· 암벽등반은 암벽 표면에 나있는 틈새나 돌기 등을 손으로 잡고, 발로 디디며 오르기 때문에 암벽등반에서는 항상 추락이 예상되는 것이지만 추락 상황에 적절히 대비했는가에 따라서 가벼운 부상에 그칠 수도 있고, 치명적인 사고를 당할 수 있다.

· 아무런 장비도 사용하지 않고, 암벽을 혼자서 오르는 것은 매우 위험한 행동으로 두 사람 이상이 등반을 해야만 안전하고 항상 2인 1조 이상으로 등반하는 것을 원칙으로 한다.

① 암벽등반 장비와 사용법

▌등반장비의 명칭▐

일반적인 명칭	자주 사용되는 명칭	비 고
로프 (rope)	밧줄, 자일(seil), 꼬드(corde)	
카라비나 (carabiner)	비나, 스냅링(snapring)	
프랜드 (friends)	캠(camming chock), SLDC	
쥬마 (jumar)	등강기, 유마르(jumar), 어센더(ascender)	

㉠ 암벽화

ⓐ 암벽화는 암벽의 상태에 따라 기능이 서로 다른 암벽화를 몇 켤레 준비하면 그 선택 여하에 따라서 암벽등반을 좀더 용이하게 할 수 있다.

※ 예를 들어 슬랩(Slab) 등반처럼 마찰력이 주된 목적이라면 부드러운 암벽화가 좋다. 암벽화는 맨발이나 혹은 얇은 양말 한 켤레를 신고 발가락이 펴진 상태에서 꼭 맞는 것이 좋다.

ⓑ 수직벽이나 약간 오버행(Overhang)의 훼이스(Face)에서는 홀드(Hold)의 모양에 따라 선택한다.

ⓒ 홀드의 돌기가 손끝 정도만 걸리는 각진 것이라면 뻣뻣한 암벽화가 좋으며, 이것도 발에 꼭 맞게 신어야 한다.

ⓓ 부드러운 암벽화일지라도 발가락이 약간 굽어질 정도로 꼭 맞게 신으면 작은 돌기의 홀드에서 뻣뻣한 것보다 더욱 효과적일 수 있다.

㉡ 안전벨트

ⓐ 안전벨트는 추락이 항상 예상되는 암벽등반에서 등반자가 추락할 때 가해지는 충격이 몸의 한 곳에 집중되지 않고 분산되게 함으로서 등반자를 안전하게 보호해 주며, 로프와 등반자 그리고 확보물과 등반자를 안전하게 연결해 주는 장비이다.

ⓑ 상하일체형 안전벨트와 하체형 안전벨트 등이 있으나 구조활동시에는 상하일체형을 사용해야 한다.

㉢ 로프☆ 16년 경북 소방교

ⓐ 로프(Rope)는 등반자의 추락을 잡아 주거나, 하강할 때 사용되는 중요한 등반 장비이다.

ⓑ 등반용으로 가장 많이 사용되는 로프는 직경 10mm~10.5mm, 길이 60m 정도로 충격력이 작은 다이내믹 계열의 로프이다. 11mm 로프 1m는 72g~80g 정도이다.

㉣ 하강기(확보기)

ⓐ 구조활동에 많이 사용되는 8자하강기(확보기)가 기능적인 면에서나 안전성 면에서 효율적이다.

ⓑ 구조용하강기나 스톱, 그리그리, 랙 등 다양한 장비가 있고 이의 활용도 점점 증가하는 추세이다.

㉤ 카라비나

카라비나(Carabiner)는 등반할 때 없어서는 안 될 중요한 장비 중의 하나이며. 여닫는 곳이 있는 이 쇠고리는 밖에서 안으로는 열리지만, 안에서 밖으로는 열리지 않도록 만들어져 등반자, 확보물, 로프, 장비 등을 안전하고 빠르게 연결할 수 있게 하는 장비이다.

■ 암벽등반 확보물 ■☆ 18년 소방교

너트

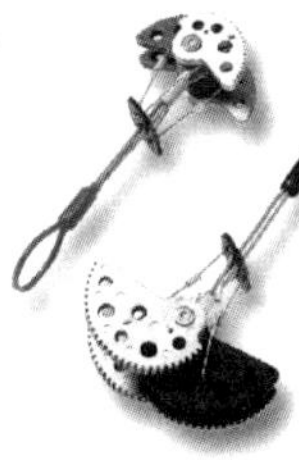

후렌드

피톤(하켄)

※ 확보물은 등반자가 추락했을 때 제동시키는 일종의 지지점이다. 암벽에 망치로 두들겨 박는 볼트(bolt)나 피톤(piton) 등은 고정확보물이라 하고 바위가 갈라진 틈새(crack)에 설치하는 너트(nuts)나 후렌드(friends)류는 유동확보물이라고 한다. 특히 유동확보물들은 크랙의 형태과 크기에 따라 다양한 장비를 활용하게 되며 구조활동중에 대원들이 직접 설치하게 될 경우도 많으므로 그 사용방법을 정확히 알아두어야 한다.

슬랩(Slab)	30°~70° 정도 비탈진 암벽면
오버행(Overhang)	90°를 넘는 암벽면, '하늘벽'이라고도 한다.
훼이스(Face)	바위면
홀드(Hold)	암벽등반시 손으로 잡을 수 있는 바위의 돌출부분

② 매듭법

암벽등반에서는 로프나 보조 끈(Sling)들의 사용이 필수적인데, 이때 안전한 매듭으로 서로 연결하거나 다른 장비들과 연결하게 된다. 매듭은 사소한 것 같지만 매우 중요하다. 매듭이 풀어지면 곧 사고로 이어지게 때문이다.

(3) 암벽구조기술

① 로프에 매달린 사람의 구조★★☆ 13년 소방위

㉠ 상부에서 접근할 때에는 요구조자가 매달린 로프와 별도로 구조용 로프를 설치하고 구조대원이 요구조자에게 직접 하강하여 접근한다. 아래에서 접근하는 경우에는 암벽등반 기술을 활용한다.

㉡ 구조대원의 양손을 사용할 수 있도록 하강기를 고정한다.

㉢ 퀵 드로나 데이지체인, 개인로프 등을 이용하여 요구조자를 구조대원의 안전벨트에 결착한다.

㉣ 안전하게 확보되어 있는지 다시 한 번 확인하고 요구조자가 매달려 있는 로프를 절단한다. 절단 대상인 로프를 혼동하면 치명적인 사고가 발생하므로 극히 주의를 기울여야 한다.

㉤ 고정시킨 하강기를 풀고 구조대원이 요구조자와 함께 하강한다.

② 매달아서 내리는 방법★

구조대원은 상부에서 자신의 몸을 확보하고 요구조자에게 안전벨트를 착용시켜 로프로 하강시키는 방법이다. 8자하강기나 스톱, 그리그리 등의 장비를 이용해서 속도를 조절하며 하강시킨다. 이러한 장비가 없는 경우에는 카라비너에 절반말뚝매듭(Italian hitch, Half clove)을 활용한다.

■ 매달아서 내리기 ■

③ 업고 하강하는 방법

㉠ 긴 슬링을 엮어서 요구조자를 업는다.

㉡ 구조대원의 신체에 단단히 고정한다. 특히 요구조자가 의식이 없는 경우 상체가 뒤로 젖혀지지 않도록 한다.

㉢ 로프 하강기술을 이용하여 천천히 하강한다. 구조대원에게 하강로프를 결착하고 상부에서 제동을 걸어 하강시키는 방법과 요구조자를 업은 구조대원이 직접 제동을 잡고 하강하는 방법이 있다.

④ 들것을 이용한 구출

3줄 로프 구출	3명의 구조대원이 로프를 설치하고 요구조자를 들것으로 하강시켜 구출하는 방법으로 직접 요구조자를 하강시키는 A, B 대원의 체력부담이 크다.

1줄 로프 구출	전반적인 구조기법은 3줄 로프 하강과 비슷하나 로프를 1줄만 설치하고 들것과 구조대원이 같이 하강하는 방법이다. 구조대원과 요구조자의 하강을 A가 전담하게 되므로 B, C는 요구조자의 보호에만 전념할 수 있는 반면 A에게 거의 모든 부담이 지워지는 단점이 있다.
1인 구출	1줄 로프 구조기법과 유사하나 들것과 함께 1명의 대원이 하강하는 방법이다.

⑤ 로프바스켓 엮기

들것이 없을 때 로프를 들것처럼 만드는 방법이다.

■ 3줄 로프구출 ■

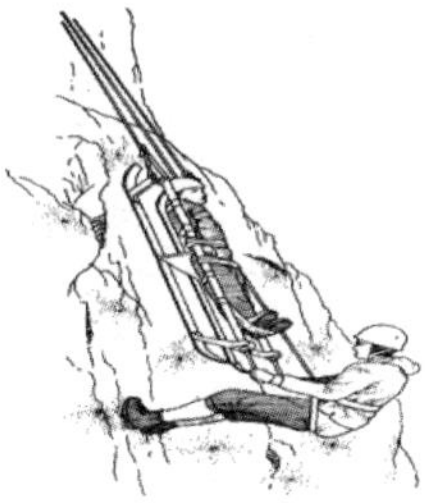
■ 1인이 구출 ■

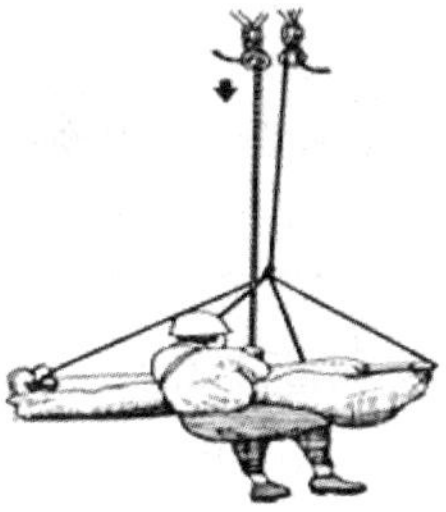
■ 로프바스켓 ■

■ 1줄 로프구출 ■

11 위험물질의 표지와 식별방법

(1) 위험물질 표시의 이해★☆ 13년 서울 소방교

위험물질의 표시는 알아보기 쉽도록 최대한 단순화하되 그 취급방법에 관한 구체적인 정보를 표시할 수 있어야 한다. 현재 우리나라에서 채택하고 있는 방법이 이러한 요구에 완전히 부응하지는 못하지만 각 관련법령에서 정하고 있는 표시방법을 숙지하면 취급 및 안전조치에 필요한 기본적인 정보는 파악이 가능할 것이다.

- LC(Lethal Concentration) : 대기 중 유해물질의 치사 농도(ppm)
- TD(Toxin Dose) : 사망 이외의 바람직하지 않은 독성작용을 나타낼 때의 투여량
- LD(Lethal Dose) : 실험동물에 대하여 24시간 내 치사율로 나타낼 수 있는 투여량(mg/kg)
  ※ '경구투여 시 LD50≤25mg/kg(rat)'이라는 의미는 '쥐를 대상으로 실험했을 때 쥐의 몸무게 1kg당 25mg에 해당하는 양을 먹였을 경우 실험대상의 50%가 사망했다'는 의미임.
- IDLH(Immediately Dangerous to Life and Health) : 건강이나 생명에 즉각적으로 위험을 미치는 농도
- TLV(Threshold Limit Value), TWA(Time Weighted Average)는 작업장에서 허용되는 농도

(2) 위험물질의 표시방법★☆ 13년 경기 소방장

① 유해화학물질 관리법, 산업안전보건법

유독물을 보관·저장 또는 진열하는 장소와 운반차량에 "유독물"을 문자로 표시하여야 하고 유독물의 용기나 포장에는 유독물의 유해그림, 유해성, 취급 시 주의사항 등을 표시하도록 하고 있다. 유독물의 유해그림은 국민건강 및 환경상의 위해를 예방하기 위하여 건강장해,

환경유해, 물리적 위험 등을 기준으로 분류한 고독성, 유독성 등 황색바탕에 흑색그림으로 되어있다.

▌유해 그림▌

표시 방법	
「산업안전보건법」 및 「유해화학물질 관리법」(EU와 같음)	「선박안전법」
 폭발성 산화성 독성	 화약류 인화성 산화성
 인화성 부식성 유해성	 독물 부식성 고압가스

② 국제적으로 통용되는 위험물질 표지

㉠ 미국 교통국(Department Of Transportation) 수송표지☆ 16년 경기 소방장

ⓐ <u>DOT로 약칭되는 미 교통국에서 위험물질을 운송할 때 부착토록 하는 표지</u>(Placard)이다.

ⓑ <u>도로, 철도, 해운, 항공 등 수송 수단을 막론하고 위험물질에 이 표지를 붙이도록 하고 있으며 외국 수출·입 물품들도 이 규정을 적용</u>받으므로 이에 대한 지식이 필요하다.

ⓒ DOT는 마름모꼴 표지에 숫자와 그림, 색상으로 표시하며 숫자는 물질의 종류(Division of Class)를 색상은 특성을 나타낸다.

> ✪ 각 Placard의 색상이 가지는 의미★★☆ 17년 소방위, 18년, 19년 소방장
> 1. 빨간색 : 가연성(Flammable)
> 2. 오렌지 : 폭발성(Explosive)
> 3. 노란색 : 산화성(Oxidizer)
> 4. 녹 색 : 불연성(Non-Flammable)
> 5. 파란색 : 금수성(Not Wet)
> 6. 백 색 : 중독성(Inhalation)

▌DOT placard▌★

Division of Class	Hazard	Placard
1	폭발성 물질 (Explosive)	
2	가스 (Gases)	
3	액체물질 (Liquids)	

4	고체물질 (Solids)	
5	산화제 (Oxdizer)	
6	중독성 물질 (Poisons)	
7	방사능 물질 (Radioactive)	
8	부식성 물질 (Corrosives)	

㉡ 미국 방화협회 표시법

ⓐ 고정 설치된 위험물(Fixed Storage)에 대한 표시방법이다.

ⓑ 마름모 형태의 도표인 위험식별 시스템은 물질의 누출 또는 화재와 같은 비상상태에서 각 화학물질의 고유한 위험과 위험도 순위를 한 눈에 알 수 있게 해 준다.

ⓒ 이 방법은 화학약품의 유해성을 확인하고자 하는 목적이 아니고 소방대의 비상작업에 필요한 전술상의 안전조치 수립에 필요한 지침의 역할과 함께 이 물질에 노출된 사람의 생명보호를 위한 즉각적인 정보를 현장에서 제공해 준다.

ⓓ 또한 위험물질에 대한 전문적인 지식이 부족한 사람이라도 그 특성과 취급상의 위험요인을 한 눈에 파악할 수 있도록 해주는 것이다.

✪ 도표는 해당 화학물질의 "인체유해성", "화재위험성", "반응성", "기타 중요한 특성"을 나타내고 특별한 위험성이 없는 "0"에서부터 극도의 위험을 나타내는 "4"까지 다섯가지 숫자 등급을 이용하여 각 위험성의 정도를 나타낸다. 마름모형 도표에서 왼쪽은 청색으로 인체유해성을, 위쪽은 적색으로 화재위험성을, 오른쪽은 황색으로 반응성을 나타낸다. 특히 하단부는 주로 물과의 반응을 표시하기 위해 사용되는데 "W"는 물의 사용이 위험하다는 것을 나타내고 산화성 화학물질은 ○ ×로 표시하기도 한다.

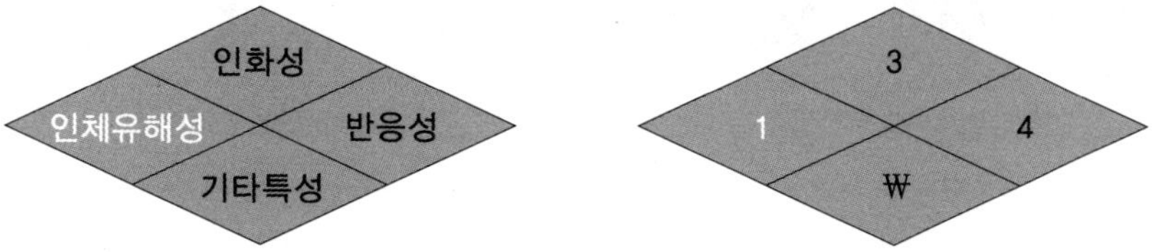

▬ NFPA 704 표시법 ▬

㉢ 기타

ANSI(American National Standard Institute), OSHA(Occupational Safety and Health Act)등

에서 규정한 표지로 국제적으로 통용된다.

■ 방사능 위험물질 표시 ■

■ 생물학적 감염위험 표지 ■

(3) 화학물질 세계조화(GHS) 시스템

① GHS의 의미

화학물질 세계조화시스템(GHS : Globally Harmonized System)은 화학물질의 안전한 사용, 운송, 폐기를 위해 국제적으로 이해하기 쉽게 설명된 화학물질 분류체계와 위험물 표시를 전 세계에 하나의 공통된 시스템으로 운영하여 화학물질에 노출된 사람과 환경을 보호하기 위한 인프라를 구축하는 사업이다.

> ✪ 1992년 유엔환경개발회의 리우회의에서 채택돼 OECD, ILO 등 국제기구에서 공동으로 추진한 사업으로 전 세계가 동일하게 화학물질을 독성에 따라 등급별로 분류하고 위험물 표지를 함으로써 화학물질에 의한 사고를 사전에 예방하기 위한 것이다. 또 화학물의 사용, 운송, 폐기 등에 따른 안전성을 확보함으로써 화학물질의 노출관리를 위한 인프라를 구축하기 위한 것이다.

② 우리나라의 도입 계획

우리나라에서는 2006년부터 GHS를 자발적으로 시행하여 왔고 2008년에 완전히 도입할 예정이었으나 준비 미흡으로 완전 시행이 2015년으로 연기하였다. 산업안전보건법 시행규칙에 따르면 MSDS(물질안전보건자료) 적용 시기, 즉 화학물질의 경고표시, 안전보건표지 및 유해인자의 분류기준을 재확립하기 위한 유예기간을 2010년 6월 30일까지, 2종 이상의 화학물질을 함유한 제제는 2014년 12월 31일까지 연기했으며 그때까지는 종전 기준을 함께 사용・적용할 수 있다.

▌국내 표시법과 GHS 심벌의 비교▐ ★☆ 14년 경기 소방교

현 행			GHS 표시방법				

폭발성	산화성	부식성	폭발성	인화성	산화성	부식성	

환경유해성	독성, 변이원성, 발암성	유해성	환경유해성	독성	발암성, 변이원성, 생식독성	자극성	고압가스

(4) 유해물질사고 대응절차

① 격리 및 방호

㉠ 누출된 위험물의 확산을 방지하고 오염을 차단하기 위하여 유해물질이 누출된 경우

최대한 신속하게 현장을 격리 조치한다.

㉡ 비닐테이프나 로프 등을 이용해서 오염구역을 표시하고 주변의 시민을 대피시킨다.

㉢ 오염이 의심되는 사람이 있으면 현장에서 오염을 제거할 수 있는 조치를 시행하고(탈의·세척 등), 신속히 의료기관으로 이송하여 적절한 치료를 받을 수 있도록 한다.

② 현장상황 파악

㉠ 구조대원은 실제상황에서 현장 상황을 정확히 파악하는 것이 매우 중요하다. '어떤 물질이 누출되었는가?, 이 물질이 실제로 화학적·물리적으로 위험성을 가지고 있는가?, 오염장소에서 보호복 없이 생존할 수 있는가?, 요구조자가 존재하는가?' 등을 판단하여야 한다. 때로는 위험한 상황으로 신고되었지만 실제로는 그렇지 않은 경우도 있다.

㉡ 만약 신고자가 또는 선착대가 수명의 사망자가 있는 것 같다고 보고하는 경우에는 그 누구도 방화복과 공기호흡기를 착용하지 않은 상태에서 현장에 진입하면 안 된다. 반면 5~15분간 오염물질에 노출되었는데 모두 생존해 있다면 현장이 치명적이지 않다고 판단할 수 있다.

㉢ 요구조자 구조활동은 일단 위험지역에서 이동시키는 것이 주목적이므로 다른 구조절차를 생략하고 신속히 조치한다. 일단 오염지역을 벗어나면 오염제거 조치를 취하고 필요에 따라 다른 사람들과 격리하여 응급처치를 취한다.

③ 현장관리

현장지휘관은 교통통제, 응급처치 등을 위해서 필요하면 경찰이나 적십자, 유독물질을 취급하는 전문기관의 협조를 구한다. 긴급구조 대응계획에는 이러한 유관기관의 목록과 연락처가 포함되어 있다.

④ 경계구역 설정 ☆ 17년 소방장, 19년 소방위, 20년 소방교

㉠ 사고현장에서 구조활동에 임하는 대원이 활동에 불필요한 제약을 받지 않고 2차 재해를 방지하기 위하여 오염방지와 구조활동에 필요한 범위를 정하여 경계구역을 설정한다.

㉡ 경계구역의 범위는 관련 전문기관이나 화학구조대에서 누출된 유해물질의 종류와 양, 지형 및 기상상황을 고려하여 결정하지만 현장파악이 곤란하거나 전문 대응요원이 아직 도착하지 않은 경우에 미국 교통국(DOT)에서는 최소한 330Feet(100m)를 경계구역으로 정하도록 권고하고 있다.

㉢ 이 거리는 현장 상황을 고려하여 유동적으로 결정할 문제이며 도로를 차단할 수 있다면 차단하고 그것이 여의치 못하면 최소한 100m를 유지하여야 한다.

㉣ 경계구역은 위험지역(Hot Zone), 경고지역(Worm Zone), 안전지역(Cold Zone)으로 구분한다.

위험지역 (Hot Zone)	· 사고가 발생한 장소와 그 부근으로서 누출된 물질로 오염된 지역을 말하며 붉은 색으로 표시한다. · 구조와 오염제거활동에 직접 관계되는 인원 이외에는 출입을 엄격히 금지하고 구조대원들도 위험지역에 머무는 시간을 최소화하여야 한다.
경고지역 (Worm Zone)	· 요구조자를 구조하고 안전조치를 취하는 등 구조활동을 위한 공간으로 노란색으로 표시한다. · 이 지역 안에 구조활동에 필요한 각종 장비를 설치하고 필요한 지원을 수행한다. · 경고지역에는 제독·제염소를 설치하고 모든 인원은 이곳을 통하여 출입하도록 해야 한다. · 제독·제염을 마치기 전에는 어떠한 인원이나 장비도 경고지역을 벗어나서는 안 된다.
안전지역 (Cold Zone)	· 지원인력과 장비가 머무를 수 있는 공간으로 녹색으로 표시한다. · 이곳에 대기하는 인원들도 오염의 확산에 대비하여 개인보호장구를 소지하고 풍향이나 상황의 변화를 주시하여야 한다.

⑤ 인명구조

㉠ 오염된 지역에서 요구조자를 구출하는 것은 구조대원 역시 오염될 가능성이 있기 때문에 상당한 위험성을 내포하고 있다. 그러나 요구조자를 오염지역에서 이동시키는 것만으로도 생존가능성이 매우 높아지기 때문에 구조작업은 반드시 시행할 조치이다.

㉡ 문제는 누출된 위험물질의 정확한 특성이 파악되지 않았거나 적절한 보호장비가 없는 경우이다. 그러나 미국 육군 생화학전 사령부(The Soldiers Biological and Chemical Command ; 이하 SBCCOM)에서 소방장비의 방호성능에 관하여 연구한 바에 의하면 매우 치명적인 군용화학물질(Chemical nerve, Blister agent ; 신경작용제, 수포작용제)에 노출된 현장에서 방화복과 공기호흡기를 착용한 경우 생존확률이 매우 높은 것으로 조사되었다.

㉢ 실험은 고농도의 가스가 살포된 장소에서 3분간 탐색하고 요구조자가 생존해 있는 저농도 환경에서 30분간 구조작업을 하는 것(3/30Rule)으로 가정하였다. 이것은 실제 상황에서 생존자와 사망자가 동시에 존재하는 장소에 방화복과 공기호흡기를 착용하고 아무런 이상 없이 구조작업에 임할 수 있으며, 모든 요구조자가 사망한 장소에서도 같은 장비로 3분 이상 작업할 수 있음을 의미한다.

⑥ 누출물질에 대한 조치

비교적 빈번히 접할 수 있는 유해물질들에 대한 조치는 다음과 같다. 이는 보편적인 초동대응 조치이므로 완벽한 대응은 관련 전문기관이나 화학구조대에서 조치한다.

㉠ 유독성 물질

독성물질이 퍼지는 경로는 다양하기 때문에 발견자는 무조건 전문 진료를 받도록 한다. 유독물질을 보관, 사용하거나 이송하는 경우에는 관련 법규에 따라 독극물임을 표시하도록 규정되어 있다. 유독성물질이 누출된 사고임이 판명된 경우 현장활동에 임하는 대원들의 안전에 유의하고 사고가 더 이상 확산되지 않도록 누출된 물질의 차단과 처리에 중점을 두도록 한다.

ⓒ 부식성 물질

부식성 물질에 의한 누출사고는 주로 황산이나 염산, 수산화나트륨(가성소다)에 의하여 발생한다. 염산은 증기압이 높고 강한 부식성과 독성이 강하기 때문에 대응에 각별히 주의가 필요하다.

대부분의 경우 대량의 물로 신속히 세척하여 중화시키는 것이 유효하지만 대량으로 누출된 경우 2차 오염으로 심각한 피해를 입힐 수 있으므로 모래나 흙 등으로 둑을 쌓아서 누출을 차단하는 방법을 강구한다. 화학적 방법에 의한 중화는 반드시 관련 전문가와 협의가 필요하다.

ⓒ 폭발물

특히 주의해야 하는 상황이 화재로 시작되는 폭발이다. 예를 들어, 화재가 발생한 트럭에 폭발물질이 적재되어 있다면 물로 화재를 진압하고 현장에는 꼭 필요한 인원만 접근하도록 한다. 폭발물로 의심되는 물체가 있다면 전문 폭탄처리반이 올 때까지 현장을 차단하고 대기하며 핸드폰이나 무전기 같은 전자장비를 주변에서 사용하지 않도록 한다. 폭파 협박 또는 폭발물에 의한 테러가 의심되는 물체가 발견된 경우에는 안전거리를 설정한다.

ⓔ 기타 물질들에 대한 조치

최초 대응자가 모든 화학물질에 적합한 조치를 취할 수는 없다. 어떤 형태로든 위험물질과 관련된 사고가 발생하면 사고장소를 통제하고 경계구역 내에서 인명을 대피시키는 것이 최우선 과제이다. 위험물 처리에 관한 전문교육을 받지 않은 사람은 화학물질의 종류를 파악하려고 노력하기 보다는 전문가의 도착을 기다라며 현장을 차단하는 것이 더 옳은 선택이 된다. 특히 시각이나 후각, 촉각 등으로 위험물질의 종류를 판별하려고 해서는 안 된다.

⑦ 대피, 철수

㉠ 대피와 철수를 고려할 때 참고할 수 있는 정보는 미국 교통국에서 발행하는 유해물질 방재 핸드북(Emergency Response Guidebook ; 이하 ERG)이지만 실제 상황에 그대로 적용하기는 어렵다. 따라서 현장의 누출물질과 누출규모에 대한 정보를 파악하는 것은 매우 중요하다.

ⓒ 대피장소는 가능한 한 현장에서 멀리 떨어진 학교나 병원 등으로 정하고 세부 절차와 계획은 각 소방관서의 긴급구조대응계획에 수립되어 있으므로 이를 참고토록 한다.

ⓒ 대피장소에서는 창문을 닫고 TV나 라디오를 청취하면서 정보를 얻도록 한다. 필요하면 대피한 시민들에게 현장상황을 적절히 알려서 불안감을 해소시켜 줄 수 있도록 한다.

(5) 개인방호복★★ ☆ 16년 소방위, 17년 소방교

현장에 출동하는 대원들은 개인방호장비를 착용하여 유독물질에 의한 위험을 최소화한다. 미국의 경우 NFPA 1991 'Encapsulated Suit Specifications'과 환경보호국(Environmental Protection Agency ; EPA), 직업안전위생관리국(Occupational Safety and Health Administration ; OSHA) 등의 규정에서 개인방호복을 A, B, C, D의 4등급으로 구분하고 있다.

A급 방호복	분진이나 증기, 가스 상태의 유독물질을 차단할 수 있는 최고등급의 방호장비이다. 착용자뿐만 아니라 공기호흡기까지를 차폐할 수 있는 일체형 구조이며 내부의 압력을 높여 외부의 공기와 접촉하지 않도록 한다. IDLH 농도의 유독가스 속으로 진입할 때나 피부에 접촉하면 손상을 입을 수 있는 유독성 물질을 직접 상대하며 작업하는 경우에 사용한다. ※ IDLH : 건강이나 생명에 즉각적으로 위험을 미치는 농도
B급 방호복	헬멧과 방호복, 공기호흡기로 구성된다. 위험물질의 비산에 의하여 손상을 입을 수 있는 액체를 다룰 경우 사용한다. 장갑과 장화가 방호복과 일체형인 경우도 있고 분리된 장비도 있다. 분리된 장비를 사용할 때에는 손목과 발목, 목, 허리 등을 밀폐하여 유독물질이 방호복 안으로 들어오지 못하게 해야 한다.
C급 방호복	B급과 호흡보호 장비에서 차이가 있다. C급 방호장비는 방독면과 같은 공기정화식 호흡보호 장비를 사용한다.
D급 방호복	호흡보호 장비가 없이 피부만을 보호하는 수준이다. 소방대원의 경우 헬멧과 방화복, 보안경, 장갑을 착용한 상태가 D급에 해당한다. 위험이 없는 Cold zone에서 활동하는 대원만 D급 방호복을 착용한다.

(6) 제독(Decontamination : Decon)★ ☆ 19년 소방장

오염은 직접 오염과 2차오염의 2가지 형태로 확산된다. 오염물질과 직접 접촉한 사람에게 오염이 발생하고 이 사람과 접촉하는 다른 사람에게 2차오염이 발생하는 것이다. 오염을 방지하고 정화하는 조치를 제독 또는 제염이라고 한다. 일반적으로 유독물질의 경우 '제독'이라는 표현을 사용하고, 방사능 물질의 경우에는 '제염'이라고 한다.

① 비상 제독

긴급상황에서 사용하는 비상 제독은 소방호스를 이용하여 물 또는 세척제를 뿌려서 오염물질을 제거하는 것이다. 대부분의 오염물질은 물로서 60%~90%까지 제독이 가능하다. 신경계작용물질의 중독은 오염된 의복을 벗고 신선한 공기에 15분 동안 노출하는 것이다.

유독물질에 의한 테러 등으로 많은 사람을 동시에 제독할 필요성이 있는 경우에는 소방차 사이를 일정 부분을 구획하여 통로를 만들고 이곳을 소방차로 분무 방수하면서 오염된 사람들을 통과하게 하면서 제독한다.

② 제독소

사고로 인하여 발생한 오염자 및 제독 작업에 참여한 대원의 제독을 위하여 제독소를 설치한다. 제독소는 Worm Zone 내에 위치하며 경계구역 설정과 동시에 설치하여야 한다.

전용 장비를 이용하여 제독소를 설치할 수 있지만 수손방지막을 활용하여 간이제독소를 설치할 수 있다. 40mm 또는 65mm호스로 땅에 적당한 크기의 구획을 만들고 그 위를 수손방지막으로 덮으면 오염물질이 밖으로 흐르지 않도록 할 수 있다. 제독소 내부는 오염지역에 가까운 구획부터 Red trap, Yellow trap, Green trap의 3단계로 구획하고 Red trap에서부터 제독을 시작한다. 구획의 크기는 제독인원에 비례하여 결정한다.

㉠ Red trap 입구에 장비수집소를 설치하고 손에 들고 있는 장비를 이곳에 놓도록 한다. 장비는 모아서 별도로 제독하거나 폐기한다.

㉡ 방호복을 입은 상태에서 물을 뿌려 1차 제독(Gross Decon)을 한다.

㉢ Yellow trap으로 이동하여 솔과 세제를 사용하여 방호복의 구석구석(발바닥, 사타구니, 겨드랑이 등)을 세심하게 세척한다.
㉣ 습식제독작업이 끝나면 Green trap으로 이동해서 동료의 도움을 받아 보호복을 벗는다.
㉤ 마지막으로 공기호흡기를 벗는다. 보호복의 종류에 따라 공기호흡기를 먼저 벗어야 하는 경우도 있다. 보호복과 장비는 장비수집소에 보관한다.
㉥ 현장 여건에 따라 샤워장으로 이동, 탈의하고 신체 구석구석을 씻도록 한다.
㉦ 휴식을 취하면서 건강상태를 확인한다.

(7) 누출 물질의 처리

① 화학적 방법☆ 17년 소방교, 19년 소방교·소방장

흡수	주로 액체 물질에 적용하는 방법이다. 누출된 물질을 스펀지나 흙, 신문지, 톱밥 등의 흡수성 물질에 흡수시켜 회수한다. 2 이상의 서로 다른 물질을 동시에 흡수시키고자 하는 경우에는 화학반응에 따르는 위험성이 없는지 확인하여야 한다.
유화처리	유화제를 사용하여 오염물질의 친수성을 높이는 방법으로 처리한다. 주로 기름(Oil)이 누출되었을 경우에 사용하며, 특히 원유 등의 대량 누출시에 적용한다. 환경오염문제로 논란이 될 수 있다.
중화	주로 부식성 물질에 사용하는 방법이다. 중화과정에서 발열이나 유독성 물질생성, 기타 위험성이 발생할 수 있으므로 화학자의 검토가 필요하고 위험을 감소시키기 위해서 오염물질의 양보다 적게 조금씩 투입하여야 한다.
응고	오염물질을 약품이나 흡착제로 흡착, 응고시켜 처리할 수 있다. 오염물질의 종류와 사용된 약품에 따라 효과가 달라진다. 응고된 물질은 밀폐, 격납한다.
소독	주로 장비나 물자, 또는 환경 정화를 위해 표백제나 기타 화학약품을 사용해서 소독한다. 사람의 경우에는 화학약품을 사용하는 것보다 물로 세척하는 것이 더 효과적이다.

② 물리적 방법☆ 19년 소방장

흡착	활성탄과 모래는 일반적으로 널리 사용되는 흡착제이다. 대부분의 화학물질을 사용하는 장소에는 기본적으로 활성탄이나 모래를 비치하고 있다.
덮기	고체, 특히 분말형태의 물질은 비닐이나 천 등으로 덮어서 확산을 방지한다. 휘발성이 약한 액체에도 적용할 수 있다.
희석	오염물질의 농도를 낮추어 위험성을 줄이는 방법이다. 가스가 누출된 장소에 신선한 공기를 불어넣거나 수용성 물질에 대량의 물을 투입하는 방법을 사용한다.
폐기	장비나 물품에 오염이 심각하여 제독이 곤란하거나 처리비용이 과도하게 소요되는 경우에는 해당 물품을 폐기한다.
밀폐, 격납	오염물질을 드럼통과 같은 밀폐 용기에 넣어 확산을 차단하는 방법이다.
세척, 제거	오염된 물질과 장비를 현장에서 세척, 제거한다. 제거된 물질은 밀폐 용기에 격납한다.
흡입	고형 오염물질은 진공청소기로 흡입, 청소하여 위험성을 줄일 수 있다. 일반 가정용 진공청소기는 미세분말을 통과시키기 때문에 분말 오염물질에는 적용할 수 없다. 정밀 제독을 위해서는 고효율미립자 필터를 사용한 전용 진공청소기를 사용한다.
증기 확산	실내의 오염농도를 낮추기 위해 창문을 열고 환기시킨다. 고압송풍기를 이용하면 보다 효과적으로 오염물질을 분산시켜 빠른 시간에 농도를 낮출 수 있다.

PART 01 구조개론 등

기출 및 예상문제

01 소방법 개정으로 소방업무에 규조활동을 명문화한 시기는?

① 1989년도
② 1967년도
③ 1958년도
④ 1998년도

해설 소방법을 개정('89.12.30. 법률 제4155호)하여 소방업무에 구조활동을 명문화하였다.

02 다음 중 구조대 연혁과 관련된 내용으로서 잘못 설명된 것은?

① 119특별구조대는 88올림픽을 계기로 1987년도에 설치되었다.
② 119특별구조대는 1988년도 올림픽이 개최되는 서울, 부산, 대구, 인천, 광주, 대전, 수원에 처음으로 설치되었다.
③ 전국 구조대원의 교육을 위한 중앙119구조대는 1998년도에 창설되었다.
④ 중앙119구조단 2013년 9월 17일 자로 중앙119구조본부로 승격되었다.

해설 중앙119구조대 설치목적은 인명구조활동이며, 창설은 1995년도이다.★ ☆ 14년 경기 소방장

03 다음 중 가장 오래된 대형 사고는?

① 아시아나 항공기 추락사고
② 대구상인동 가스폭발사고
③ 제천 복합건물 화재
④ 삼풍백화점 붕괴

해설 아시아나 항공기 추락사고('93.7.26.), 성수대교 붕괴사고('94.10.21.), 충주호 유람선 화재사고('94.10.24.), 대구상인동 가스폭발('95.4.28.), 삼풍백화점 붕괴사고('95.6.29.)★★ ☆ 14년 경기 소방교

정답 01. ① 02. ④ 03. ①

04 다음 중 특수구조대에 속하지 않은 것은?

① 산악구조대 ② 지하철구조대
③ 테러대응구조대 ④ 화학구조대

해설 특수구조대 ☆17년 소방교, 19년 소방장
소방대상물, 지역 특성, 재난발생 유형 및 빈도 등을 고려하여 시·도의 규칙으로 정하는 바에 따라 지역을 관할하는 소방서에 설치한다. 다만, 고속국도구조대는 직할구조대에 설치할 수 있다.
① 화학구조대 : 화학공장이 밀집한 지역
② 수난구조대 : 내수면 지역
※ 하천·댐·호소·저수지 기타 인공으로 조성된 담수나 기수의 수류 또는 수면
③ 산악구조대 : 국립공원 등 산악지역
④ 고속국도구조대
⑤ 지하철구조대 : 도시철도의 역사 및 역무시설

05 구조대원의 자격기준에 관한 사항으로 틀린 것은?

① 임명권자는 소방청장, 소방본부장, 소방서장이다.
② 소방청장이 실시하는 인명구조사 시험에 합격한 사람
③ 간호사 자격을 가진 사람으로서 구조업무에 관한 교육을 받은 사람
④ 공공기관의 구조관련 분야에서 근무한 경력이 2년 이상인 사람

해설 ✪ 구조대원의 자격
1. 소방청장이 실시하는 인명구조사 교육을 받았거나 인명구조사 시험에 합격한 사람
2. 국가·지방자치단체 및 공공기관의 운영에 관한 법률 제4조에 따른 공공기관의 구조관련 분야에서 근무한 경력이 2년 이상인 사람
3.'응급의료에 관한 법률' 제36조에 따른 응급구조사 자격을 가진 사람으로서 소방청장이 실시하는 구조업무에 관한 교육을 받은 사람

06 현장 활동에서 우선순위가 바르게 연결된 것은?

① 인명의 안전 – 재산의 보존 – 사고의 안정화
② 재산의 보존 – 사고의 안정화 – 인명의 안전
③ 사고의 안정화 – 인명의 안전 – 재산의 보존
④ 인명의 안전 – 사고의 안정화 – 재산의 보존

해설 ✪ 현장활동의 우선순위★ ☆ 12년 소방위, 18년 소방위

인명의 안전(Life safety)	우선적으로 고려
사고의 안정화(Incident stabilization),	사고가 확대 방지
재산의 보존(Property conservation)	재산손실이 최소화

정답 04. ③ 05. ③ 06. ④

07 구조 활동의 최우선 순위는?

① 신체구출 ② 피해의 최소화
③ 고통경감 ④ 구명

해설 ✪ 구조 활동 우선순위★★ ☆ 16년 부산 소방교, 17년 소방교, 18년 소방위
1. 구명(救命)을 최우선으로 2. 신체구출
3. 정신적, 육체적 고통경감 4. 피해의 최소화의 순으로 구조활동의 우선순위를 결정한다.

08 현장지휘관의 최우선 임무는?

① 신속한 상황판단 ② 대원의 안전 확보
③ 구조작업의 지휘 ④ 유관기관과의 협조유지

해설 ✪ 대원의 안전 확보
1. 현장 지휘관의 최우선 임무는 구조 활동에 임하는 대원들의 안전을 확보하는 것이다.
2. 절대로 대원들이 불필요한 위험을 감수하게 되는 구조방법을 선택하여서는 안 된다.
3. 어디가 안전하고 구조작전을 펼치기에 적합한지를 판단한다.
4. 구조대장은 대원 및 기자재를 적절히 활용하여 구출할 수 있도록 최선을 다해야 한다.

09 구조현장 초기대응절차(LAST)로 옳은 것은?

① 현장 확인 - 접근 - 상황의 안정화 - 후송
② 상황의 안정화 - 후송 - 현장 확인 - 접근
③ 접근 - 상황의 안정화 - 현장 확인 - 후송
④ 현장 확인 - 상황의 안정화 - 후송 - 접근

해설 ✪ 초기대응 절차(LAST)★ ☆ 15년 소방교, 17년 소방장, 18년 소방위, 19년 소방장·소방위
1단계 : 현장 확인(Locate) 2단계 : 접근 (Access)
3단계 : 상황의 안정화(Stabilization) 4단계 : 후송 (Transport)

10 다음 내용과 관계 깊은 것은?

> 한 사람이 오직 한 사람의 지휘관에게만 보고하고 한 사람의 지휘만을 받는다.

① 구조활동의 우선순위 ② 현장의 안전확보
③ 명령통일 ④ 현장 활동의 우선순위

해설 명령통일 ☆ 17년, 21년 소방교, 소방장
- 명령의 통일성을 유지하기 위해 자의적인 단독행동은 절대 금지한다.
- 한 사람이 오직 한사람의 지휘관에게만 보고하고 한 사람의 지휘만을 받는다.
- 대원의 안전에 위협이 되는 심각한 위험상황이 발생하여 현장에서 긴급히 대원을 철수시킨다든가 하는 급박한 경우 제외

정답 07. ④ 08. ② 09. ① 10. ③

11 다음 중 구조출동 지령 시 확인할 사항이 아닌 것은?

① 사고발생 장소
② 사고의 확대 등 위험요인과 구조 활동 장애요인 여부
③ 도로의 상황과 건물상황
④ 요구조자 인적사항

해설
✪ 출동지령을 통하여 확인할 사항
1. 사고발생 장소
2. 사고의 종류 및 개요
3. 도로상황과 건물상황
4. 요구조자의 숫자와 상태
5. 사고의 확대 등 위험요인과 구조 활동 장애요인 여부

12 구조대원의 현장 도착 시 보고사항으로 잘못된 것은?

① 요구조자의 상태
② 주위의 도로상태
③ 응원대의 필요성
④ 확인된 부상자의 수

해설
· 주위의 도로 상태는 출동도중의 조치사항이다.
✪ 현장 도착 시 보고사항
1. 사고발생 장소
2. 사고개요
3. 요구조자의 상태와 숫자
4. 확인된 부상자 수와 그 정도
5. 주위의 위험상태
6. 응원대의 필요성
7. 기타 구조 활동 상 필요한 사항

13 현장 활동에 있어서 “구조방법의 결정원칙”이 아닌 것은?

① 개인적인 추측에 의한 현장판단
② 상태의 긴급성에 맞는 방법
③ 실패의 가능성이 가장 적은 방법
④ 재산 피해가 적은 방법

해설
✪ 구조방법의 결정★☆ 12년 서울 소방장 / 20년 소방교
① 가장 안전하고 신속한 방법
② 상태의 긴급성에 맞는 방법
③ 현장의 상황 및 특성을 고려한 방법
④ 실패의 가능성이 가장 적은 방법
⑤ 재산 피해가 적은 방법

정답 11. ④ 12. ② 13. ①

14 "구조 활동의 순서" 중 가장 우선 조치해야 할 사항은?

① 2차 재해의 발생위험을 제거한다.
② 요구조자의 상태 악화 방지에 필요한 조치를 취한다.
③ 요구조자의 구명에 필요한 조치를 취한다.
④ 현장 활동에 방해되는 각종 장해요인을 제거한다.

해설 ✪ 구조 활동의 순서☆ 20년 소방교 / 20년 소방위
① 현장 활동에 방해되는 각종 장해요인을 제거한다.
② 2차 재해의 발생위험을 제거한다.
③ 요구조자의 구명에 필요한 조치를 취한다.
④ 요구조자의 상태 악화 방지에 필요한 조치를 취한다.
⑤ 구출활동을 개시한다.

15 "현장 장애물 제거 시 유의사항"으로 틀린 것은?

① 필요한 기자재를 준비한다.
② 장애는 주위에서 중심부로 향하여 순차적으로 제거한다.
③ 요구조자의 생명·신체에 영향이 있는 장애를 우선 제거한다.
④ 위험이 적은 장애부터 제거한다.

해설 · 위험이 큰 장애부터 제거한다.
✪ 장애물 제거시의 유의사항 ★☆ 11년 부산 소방교
① 필요한 기자재를 준비한다.
② 대원의 안전을 확보한다.
③ 요구조자의 생명·신체에 영향이 있는 장애를 우선 제거한다.
④ 위험이 큰 장애부터 제거한다.
⑤ 장애는 주위에서 중심부로 향하여 순차적으로 제거한다.

16 구조현장에서 임무부여 사항으로 틀린 것은?

① 명령을 하달할 때에는 모든 대원을 집합시켜 전달한다.
② 중요한 장비의 조작은 해당 장비의 조작법을 숙달한 대원에게 부여한다.
③ 현장 확인 후 구출방법 순서를 결정한 시점에서 대원 전체에게 신속하게 지정한다.
④ 대원에게는 다양한 요소로부터 자신감을 주면서 임무를 부여한다.

해설 현장 확인 후 구출방법 순서를 결정한 시점에서 대원 개개인 별로 명확하게 지정한다.☆ 20년 소방교

정답 14. ④ 15. ④ 16. ③

17 구조장비 선택 시 유의사항으로 틀린 것은?

① 가급적 위험성이 있더라도 성능이 우수한 장비를 선택
② 확실하게 효과를 기대할 수 있는 장비를 선택
③ 급할 때는 가장 능력이 높은 것을 선택
④ 동등의 효과가 얻어지는 경우는 조작이 간단한 것을 선택

해설 ✪ 장비선택 시 유의사항★ ☆ 19년 소방교

1. 절단, 파괴, 잡아당기거나, 끌어올리는 등 구조 활동에 적합한 장비
2. 활동공간이 협소하거나 인화물질의 존재, 감전위험성, 환기 등 현장상황을 고려
3. 급할 때는 가장 능력이 높은 것
4. 동등의 효과가 얻어지는 경우는 조작이 간단한 것을 선택
5. 확실하게 효과를 기대할 수 있는 것을 선택
6. 위험이 적은 안전한 장비를 선택
7. 다른 기관이나 현장 관계자 등이 보유하는 것과 현장에서 조달이 가능한 것으로 효과가 기대되는 것이 있으면 활용을 적극적으로 검토한다.

18 현장응급처치 시 유의사항 중 연결이 잘못된 것은?

① 의식·호흡 및 순환 장해 - 인공호흡
② 쇼크 - 기도확보
③ 골절 - 부목사용
④ 체온유지 - 담요

해설 ✪ 현장응급처치 유의사항

1. 의식·호흡 및 순환 장해시 : 기도확보, 인공호흡, 심폐소생술
2. 외부출혈의 지혈
3. 쇼크시 : 쇼크체위, 신체적·심리적 안정유도
4. 골절 : 부목사용 환부 고정
5. 체위 : 요구조자의 증상악화 방지 및 고통경감 등에 적응한 체위
6. 체온유지(담요, 모포, 방화복 등을 활용)

19 구조현장에서 지휘대 출동요청 기준으로 옳지 않은 것은?

① 사고양상이 2개대 이상의 구조대의 대처를 필요로 하는 경우
② 구급대를 3대 이상 필요로 하는 경우
③ 다수의 사상자가 발생한 경우
④ 소방대원, 의용소방대원, 일반인 및 관계자 등의 부상사고가 발생한 경우

정답 17. ① 18. ② 19. ②

해설 ✪ 지휘대 출동기준★★☆ 12년 전북 소방장, 13년 경남 소방장

1. 사고양상이 2개대 이상의 구조대의 대처를 필요로 하는 경우
2. 다수의 사상자가 발생한 경우
3. 구급대를 2대 이상 필요로 하는 경우
4. 기타 관계기관과 연계하여 활동할 경우
5. 사고양상의 광범위 등으로 정보수집에 곤란을 수반하는 경우
6. 사고양상이 특이하고 고도의 판단을 필요로 하는 경우
7. 경계구역 설정이 필요하다고 판단되는 경우
8. 소방홍보상 필요하다고 판단되는 경우
9. 소방대원, 의용소방대원, 일반인 및 관계자 등의 부상사고가 발생한 경우
10. 제3자의 행위에 의한 중대한 활동장애 및 활동에 따르는 고통 등이 있는 경우
11. 행정적, 사회적 영향이 예상되는 경우
12. 기타 구조활동상 필요하다고 판단되는 경우

20 "구조대 요청사항"이 아닌 것은?

① 요구조자 많거나 현장이 광범위하여 추가 인원이 필요한 경우
② 특수차량 또는 특수장비를 필요로 하는 경우
③ 특수한 지식, 기술을 필요로 하는 경우
④ 광범위한 지역에 부상자 수와 상태를 파악이 필요한 경우

해설 ✪ 구조대 요청 사항★☆ 15년 소방장

① 사고개요, 요구조자의 숫자, 필요한 구조대의 수 및 장비 등을 조기에 판단하고 요청자를 명시하여 요청한다.
② 요청 판단기준
㉠ 요구조자 많거나 현장이 광범위하여 추가 인원이 필요한 경우
㉡ 특수차량 또는 특수장비를 필요로 하는 경우
㉢ 특수한 지식, 기술을 필요로 하는 경우
㉣ 기타 행정직, 사회적 영향으로부터 필요하다고 생각되는 경우

21 "요구조자와의 효과적인 의사전달 요령"으로 옳은 것은?

① 구조대원 개인의 의학적 예단을 설명하는 것이 좋다.
② 호칭은 가능한 한 요구조자의 이름을 부르는 것은 피한다.
③ 대화 시에는 전문용어를 피하고 상대방이 이해할 수 있는 표현을 쓴다.
④ 요구조자와 대화할 때 구조대원의 시선은 요구조자를 피하는 것이 좋다.

해설 ✪ 효과적인 의사전달

1. 요구조자와 대화할 때 구조대원의 시선은 요구조자를 향하여야 한다.
2. 가능한 한 요구조자와 눈높이를 맞추는 것이 좋지만 눈을 빤히 바라보는 것이 민망하다고 생각되면 눈썹 부위에서 턱 사이를 보는 것이 무난하다.
   - 특히 중요한 부분을 이야기 할 때에는 꼭 눈을 맞춰야 한다.
3. 대화 시에는 전문용어를 피하고 상대방이 이해할 수 있는 표현을 쓴다.

정답 20. ④ 21. ③

4. 비속어나 사투리를 사용하지 말고 정중하고 친절하게 응대한다.
5. 호칭을 가능한 한 요구조자의 이름을 부르는 것이 좋다.
6. 요구조자가 자신의 부상정도나 사고 상황에 대하여 궁금해 하는 내용이 있으면 사실대로 말해주는 것이 원칙이나 요구조자가 충격을 받을 수 있는 표현을 피하여야 한다.
   - 구조대원 개인의 의학적 예단을 말하는 것은 절대 금지한다.

22 구조현장에서 "관계자 배려"와 관련된 사항으로 옳은 것은?

① 구조작업에 대한 회의나 브리핑은 가족이 있는 곳에서 진행한다.
② 언제부터 구조작업이 재개된다는 것을 명확히 알려줄 수 없다.
③ 예정된 시간보다 조금 늦게 시작하는 것이 좋다.
④ 희생자의 유족들의 감정에 신경 쓰지 않는 대원은 구조팀에서 제외시키도록 한다.

해설 ✪ 관계자 배려★★ ☆ 11년 부산 소방장, 12년 경북 소방장
① 구조작업에 대한 회의나 브리핑은 가족이 없는 곳에서 진행하고 전담요원이 그 결과만을 설명해주는 것이 좋다.
② 일몰이나 기상악화 등으로 일시 구조작업을 중단하게 되는 경우에도 가족들은 사고현장을 떠나지 않으려는 반응을 보이므로 언제부터 구조작업이 재개된다는 것을 명확히 알려줄 필요가 있다.
③ 또한 구조작업을 재개할 때에는 가급적 예정된 시간보다 조금 빨리 시작하는 것이 조바심을 달래줄 수 있는 방법이 된다.
④ 가족들의 심리상태는 매우 불안정하기 때문에 매우 공손하고 협조적이던 태도가 특별한 이유도 없이 극단적으로 비판적이 되거나 심지어 적대적으로 까지 돌변할 수 있다. 이런 태도는 대부분 수색 2일째에 나타난다.
⑤ 특히 구조현장에서 소리 내어 웃거나 자극적인 농담을 하는 것은 절대로 삼가야 한다. 희생자의 유족이나 친지들의 감정에 신경 쓰지 않는 대원은 구조팀에서 제외시키도록 한다.

23 "통제구역설정"에 대한 설명으로 틀린 것은?

① 구조작업과 관련이 없는 사람들은 현장에서 차단해야 된다.
② 구경군의 현장출입을 통제하여 구조대원들에게 방해가 되지 않도록 해준다.
③ 통제구역의 경계는 구조대원들이 작업하는 데 필요한 공간과 현장의 위험도, 지형을 고려하여 설정한다.
④ Fire Line외에 밧줄, 호스, 기타 주변의 물품을 이용하여 표시해서는 안 된다.

해설 통제구역이 결정되면 Fire Line이나 밧줄, 호스, 기타 주변의 물품을 이용하여 표시하고 사람들이 넘어 오지 못하도록 통제요원을 배치한다.

24 "구조요청의 거절"에 관한 내용으로 틀린 것은?

① 구조요청 거절은 현장상황을 종합적으로 검토하여 범위를 최소화한다.
② 구조거절확인서는 소속 소방관서에 5년간 보관한다.
③ 단순 문 개방 요청은 거절할 수 있다.
④ 주민불편 해소차원의 단순 민원 사항도 거절할 수 있다.

해설 구조거절확인서는 소속 소방관서에 3년간 보관하고 소송 등 분쟁발생 시 근거자료로 활용한다.★
☆ 16년 서울 소방장, 18년 소방교 / 21년 소방장

정답 22. ④ 23. ④ 24. ②

25 "구조 활동상황의 기록"에 관한 설명 중 옳은 것은?

① 구조대원은 근무 중에 감염성 질병에 걸린 요구조자와 접촉한 경우, 그 사실을 안 때부터 24시간 이내에 소방청장 등에게 보고하여야 한다.
② 구조차에 이동단말기가 설치되어 있는 경우에는 이동단말기로 구조 활동일지를 작성할 수 있다.
③ 유해물질 등 접촉관련 '진료 기록부'등은 구조대원이 사망할 때까지 소방공무원인사기록철에 함께 보관하여야 한다.
④ 구조 활동일지는 소속소방관서에 5년간 보관한다.

해설 ✪ 구조활동 상황기록★☆ 15년 소방장, 18년 소방교

1. 구조대원은 '구조활동일지'에 구조활동상황을 상세히 기록하고, 소속 소방관서에 3년간 보관하여야 한다. 다만, 구조차에 이동단말기가 설치되어 있는 경우에는 이동단말기로 구조활동일지를 작성할 수 있다.
2. 구조대원은 근무 중에 위험물·유독물 및 방사성물질에 노출되거나 감염성 질병에 걸린 요구조자와 접촉한 경우에는 그 사실을 안 때부터 48시간 이내에 소방청장에게 보고하여야 한다.
3. 감염성 질병 및 유해물질 등 접촉 보고서를 작성하여 보고하고, '감염성 질병·유해물질 등 접촉 보고서'및 유해물질 등 접촉관련 '진료 기록부'등은 구조대원이 퇴직할 때까지 소방공무원인사기록철에 함께 보관하여야 한다.

26 "장비조작 시 주의사항"으로 구조작업 전의 준비사항으로 잘못된 것은?

① 고속체인톱이나, 헤머드릴 등 회전부분이 있는 장비의 경우 면장갑 착용이 좋다.
② 반지나 시계, 목걸이 등 장신구는 신체에서 제거한다.
③ 분진이나 작은 파편이 발생하는 작업을 수행할 때에는 반드시 보호안경을 착용한다.
④ 엔진동력장비는 오일의 혼합량이 너무 많으면 시동이 잘 걸리지 않는다.

해설 고속체인톱이나, 헤머드릴 등 회전부분이 있는 장비의 경우 실밥이 말려들어갈 수 있으므로 면장갑 은 착용하지 않는 것이 원칙이다.

27 엔진동력장비의 "엔진오일 점검"에 관한사항으로 옳은 것은?

① 2행정기관은 엔진오일을 별도로 주입한다.
② 4행정기관은 엔진오일과 연료를 혼합하여 주입한다.
③ 오일의 양이 적으면 시동 후에도 매연이 심하다.
④ 오일의 혼합량이 너무 많으면 시동이 잘 걸리지 않는다.

해설 ✪ 엔진동력 장비의 경우 엔진오일의 점검에 주의☆ 11년 부산 소방장, 19년 소방장, 21년 소방교
오일의 혼합량이 너무 많으면 시동이 잘 걸리지 않고 시동 후에도 매연이 심하다. 반면 오일의 양이 적으면 엔진에 손상을 입어 기기의 수명이 단축될 수 있다.

정답 25. ② 26. ① 27. ④

28 다음 중 인장강도가 가장 약한 것은?

① 케블라
② 나일론
③ 면
④ 폴리에틸렌

해설 면은 내마모성과 인장강도가 가장 약하며 내열성은 케블라가 가장 높다. ☆ 14년 인천 소방장 / 20년 소방장

29 현재 사용되는 산악용 11㎜ 로프의 인장강도는?

① 1,000kg 내외
② 2,000kg 내외
③ 3,000kg 내외
④ 4,000kg 내외

해설 인장력☆ 13년 소방위
① 구조활동에 있어서 로프에 대원 1인이 매달릴 때 대원의 몸무게와 흔들림에 따른 충격력을 감안하면 130kg 정도의 하중이 걸리며, 두 명의 대원이 활동하면 260kg 정도가 된다.
② 현재 판매되는 산악용 11㎜ 로프의 경우 대부분 3,000kg 내외의 인장강도를 가지며 충격력은 80kg에 대하여 700daN~900daN 정도이다.

30 로프매듭의 강도에서 가장 강한 것은?

① 한겹고정매듭
② 8자 매듭
③ 말뚝매듭
④ 엄지매듭

해설

로프 매듭 부분 강도 저하 ☆ 17년 소방장

로프에 매듭을 하는 경우 매듭부분의 마찰에 의하여 강도가 저하되는 점도 감안하여 사용하여야 한다.

▌매듭과 꺾임에 의한 로프의 장력변화▐

매듭의 종류	매듭의 강도(%)	매듭의 종류	매듭의 강도(%)
매듭하지 않은 상태	100	피셔맨매듭	60~65
8자 매듭	75~80	테이프매듭	60~70
한겹고정 매듭	70~75	말뚝매듭	60~65
이중 피셔맨매듭	65~70	옭매듭(엄지매듭)	60~65

정답 28. ③ 29 ③ 30. ②

31 구조용 로프를 9㎜로 사용할 수 있는 것은?

① 정적 로프
② 동적 로프
③ 개인용 로프
④ 수난구조 로프

해설 로프의 성능기준

구 분	성능기준
개인용 로프	제원 : 9mm 이하 × (20m 이상) 구성 : 보관가방 포함
정적 로프	내용 : 11mm 이상 구성 : 보관가방 포함
동적 로프	내용 : 10.2mm 이상 구성 : 보관가방 포함
수난구조로프	내용 : 11mm 이하 구성 : 보관가방 포함

32 다음 중 "정적(스태틱) 로프"에 대한 설명은?

① 신장율이 7% 이상 정도로서 신축성이 높다.
② 산악 구조활동과 장비의 고정 등에 적합하다.
③ 부드러우면서 여러 가지 색상이 섞인 화려한 문양이다.
④ 마모 내구성이 강하고 파괴력에 견디는 힘이 높다.

해설 ✪ 정적 로프와 동적 로프★★☆ 15년 소방교, 16년 서울 소방교 / 21년 소방장, 소방위

정적(스태틱) 로프	· 신장율이 5% 미만 정도로 하중을 받아도 잘 늘어나지 않는다. · 마모 내구성이 강하고 파괴력에 견디는 힘이 높다. · 유연성이 낮아 조작이 불편하고 추락 시 하중이 그대로 전달되는 결점이 있다. · 뻣뻣하며 검정이나 흰색, 노란색 등 단일 색상으로 만들어져 외형만으로도 비교적 쉽게 구분이 가능하다. ※ 일반 구조활동용으로는 스태틱이나 세미스태틱(Semi-static Rope) 로프가 적합하다.
동적 (다이내믹) 로프	· 신장율이 7% 이상 정도로서 신축성이 높아 충격을 흡수하는 데 유리하므로 자유낙하가 발생할 수 있는 암벽등반에 유리하다. · 산악 구조활동과 장비의 고정 등에 적합하다. · 부드러우면서 여러 가지 색상이 섞인 화려한 문양이다.

정답 31. ③ 32. ④

33 "로프의 관리"에 대한 내용으로 옳지 않은 것은?

① 대부분 로프는 깨끗이 세척해서 뜨거운 햇볕에 잘 말려서 보관해야 한다.
② 정기적으로 로프를 세척하여 이물질을 제거하도록 한다.
③ 부피를 줄이기 위해 좁은 상자나 자루에 오래 방치하는 것도 좋지 않다.
④ 로프를 설치할 때 건물이나 장비의 모서리에 직접 닿지 않도록 한다.

해설
✪ 로프 관리★★★ ☆ 11년 부산 소방장, 13년 울산 소방교, 15년 소방교 / 21년 소방위
- 그늘지고 통풍이 잘되는 곳에 보관하도록 한다.
- 로프를 사리고 끝처리로 너무 단단히 묶어두지 않도록 한다.
- 로프에 계속적으로 하중을 가하여 로프가 늘어나 있는 상태이므로 노화가 빨리 오게 된다.
- 부피를 줄이기 위해 좁은 상자나 자루에 오래 방치하는 것도 좋지 않다.

34 "로프의 교체시기"가 바르게 연결된 것은?

① 가끔 사용하는 로프 : 4년
② 매주 사용하는 로프 : 3년
③ 매일 사용하는 로프 : 2년
④ 스포츠 클라이밍 : 1년

해설
✪ 로프의 교체 시기(대한 산악연맹 권고사항)★ ☆ 15년, 19년 소방교 / 20년 소방장
- 가끔 사용하는 로프 : 4년
- 매주 사용하는 로프 : 2년
- 매일 사용하는 로프 : 1년
- 스포츠 클라이밍 : 6개월
- 즉시 교체하여야 하는 로프
  - 큰 충격을 받은 로프(추락, 낙석, 아이젠)
  - 납작하게 눌린 로프
  - 손상된 부분이 있는 로프

35 로프총(공압식)의 유효사거리는?

① 120m ② 60m
③ 100m ④ 160m

해설

화약식	로프총에 20GA 추진탄을 사용하면 최대사거리는 200m, 유효사거리는 150m이고
공압식	150Mpa 압력에서 최대사거리 120m, 유효사거리 60m 내외이다.

36 로프총 발사 시 가장 이상적인 수평각도는?

① 50° ② 55°
③ 60° ④ 65°

정답 33. ① 34. ① 35. ② 36. ④

해설 ✪ 수평각도는 65°가 이상적이다.

37 로프총 사용 시 유의사항 중 잘못된 것은?

① 즉시 발사할 것이 아니면 장전하여 세워두어야 한다.
② 발사 후에는 탄피를 제거하고 총기 손질에 준하여 약실을 청소한다.
③ 견인탄은 탄두와 날개를 완전하게 결합하고 견인로프가 풀리지 않도록 결착한다.
④ 장전 후에는 총구를 수평면 기준으로 45°이상의 각도를 유지해야 격발이 된다.

해설 ✪ 로프총을 사용 시 유의점★ ☆ 13년 울산 소방교, 19년 소방위

1. 즉시 발사할 것이 아니면 장전하여 두지 말아야 하며, 만약 장전 후 잠시 기다리게 될 경우에는 반드시 안전핀을 눌러둔다.
2. 장전 후에는 총구를 수평면 기준으로 45°이상의 각도를 유지해야 격발이 된다. 총구를 내려서 격발이 되지 않으면 노리쇠만 뒤로 당겨준다. 45°이하의 각도를 유지하고 있는 경우에도 갑작스러운 충격을 받으면 발사될 수도 있음을 유의한다. 부득이 45°이하의 각도로 발사할 필요가 있는 경우에는 총을 뒤집으면 격발이 가능하다.
3. 발사하기 전에 요구조자에게 안내 방송을 하고 착탄 예상지점 주변의 인원을 대피시켜 안전사고가 발생하지 않도록 한다.
4. 견인탄을 장전하지 않았더라도 사람을 향해 공포를 발사하면 안 된다. 추진탄의 압력이나 고압공기에 의해 부상을 입을 우려가 있다. 장기간 사용한 총은 안전핀을 눌러 놓아도 격발장치가 풀려 자동 격발될 수 있다.
5. 견인탄은 탄두와 날개를 완전하게 결합하고 견인로프가 풀리지 않도록 결착한다. 사용한 견인탄은 탄두에 이상이 없는 경우에 날개를 교환하면 재사용할 수 있다.
6. 공압식과 화약식에 사용하는 견인탄은 내경은 같으나 재질과 중량에 차이가 있으므로 교환 사용하지 않도록 한다.
7. 견인로프의 길이는 120m로서 원거리 발사 시에는 로프끝 부분이 로프 홀더에서 이탈하여 견인탄과 함께 끌려갈 우려가 있으므로 로프를 홀더에 집어넣고, 바깥쪽 로프 끝을 홀더 뚜껑에 끼워서 견인로프가 빠지지 않도록 한다.
8. 발사 후에는 탄피를 제거하고 총기 손질에 준하여 약실을 청소한다.

38 공기호흡기 격한 작업 시 호흡량은?

① 20~30L/분
② 50~60L/분
③ 60~70L/분
④ 80~90L/분

해설 ✪ 공기호흡기 호흡량

1. 평균 작업 : 30~40L/분
2. 격한 작업 : 50~60L/분
3. 최고의 격한 작업 : 80L/분

정답 37. ① 38. ②

39 구조용 장비 중 일종의 "확장막대"로 불리는 것은?

① 슬링(Sling)
② 에어백
③ 유압절단기
④ 유압램(Extension Ram)

해설 ✪ 유압램을 확장막대로 부르기도 한다.

40 구조용 장비 중 "킥백(Kick Back)"과 관련 있는 것은?

① 체인톱
② 유압전개시
③ 동력절단기
④ 맨홀구조기구

해설 ✪ 킥백(kick back) 현상★★★ ☆ 13년 울산 소방교
① 킥백은 장비가 갑자기 작업자 방향으로 튀어오르는 현상을 말하며 주로 톱날의 상단부분이 딱딱한 물체에 닿을 때 발생한다.
② 절단은 정확한 자세를 취한다. 정확한 자세로 핸들을 잡고 있으면 킥백현상이 발생할 때 자동적으로 왼손이 체인브레이크를 작동시키게 된다.
③ 조작법이 완전히 숙달되지 않은 대원은 절대로 톱날의 끝 부분을 이용한 절단작업을 하지 않도록 한다.
④ 반드시 체인이 작동하는 상태에서 절단을 시작한다.
⑤ 여러 개의 나뭇가지를 동시에 절단하지 않는다.

41 유압절단기 사용과 관련, 절단이 용이한 날의 각도는?

① 5°~ 10°
② 10°~ 15°
③ 15°~ 20°
④ 20°~ 25°

해설 절단 날이 항상 10°~ 15°각도를 유지하도록 절단하여야 날이 미끄러지지 않고 절단이 용이하다.
☆ 16년 대구 소방교

42 공기호흡기의 압력조정기 고장에 관한 설명으로 틀린 것은?

① 이물질이 막히면 면체 좌측의 바이패스 밸브를 열어 공기를 직접 공급해 줄 수 있다.
② 바이패스 밸브를 사용할 때에는 숨 쉰 후에 열어주고 다음번 숨 쉴 때마다 다시 닫아준다.
③ 바이패스 밸브는 평소 쉽게 열리지 않지만 압력이 걸리면 개폐가 용이하다.
④ 충격이나 이물질로 인해서도 고장이 발생할 수 있다.

정답 39. ④ 40. ① 41. ② 42. ②

해설 ✪ 압력조정기의 고장★★☆ 13년 소방위, 19년 소방교
① 충격이나 이물질로 인해서 고장이 발생할 수 있다.
② 이때에는 면체 좌측의 바이패스 밸브를 열어 공기를 직접 공급해줄 수 있다.
③ 바이패스 밸브는 평소 쉽게 열리지 않지만 압력이 걸리면 개폐가 용이하다.
④ 바이패스 밸브를 사용할 때에는 숨 쉰 후에 닫아주고 다음번 숨 쉴 때마다 다시 열어준다.

43 공기호흡기 유지·관리상 주의사항에 대한 설명으로 바르지 못한 것은?

① 특별한 경우가 아니면 용기내의 공기를 모두 배출시킬 필요는 없다.
② 양압밸브 고장 시 즉시 교체하고 경보기 부분은 분해조정하지 않는다.
③ 공기누설 점검 시 가장 높은 압력에서 압력계 지침이 1분당 10kg/㎠ 이내로 변할 때에는 사용상 큰 지장은 없다.
④ 대부분 부품은 손으로 완전히 결합할 수 있다.

해설 ✪ 고압조정기, 경보기 부분은 분해조정하지 않는다.☆ 16년 서울 소방장, 19년 소방교 / 21년 소방위

44 공기가 충전된 용기의 공기를 배출한 후 다시 새로운 공기를 충전하는 기간은?

① 30일　② 60일
③ 90일　④ 120일

해설 공기가 충전된 용기를 90일 이상 보관하였을 때에는 공기를 배출한 후 다시 새로운 공기를 충전하여 보관한다.☆ 21년 소방위

45 공기호흡기 사용계산식으로, 사용가능 시간은?

★★ 14년 소방장, 15년 소방장, 16년 소방교, 19년 소방교·소방위

실린더 내용적 6L, 충전압 230kg/㎠, 여유압력 50kg/㎠, 분당소모량 35L

① 20분　② 30분
③ 40분　④ 45분

해설 사용가능시간(분) = (용기내용압력 − 여유압력) × 용기용량 / 매분당 호흡량)

46 "잔류전기검지기 작동순서"를 나열한 것으로 옳은 것은?

① 고감도 → 저감도 → 초점감지 → off
② 저감도 → 고감도 → 초점감지 → off
③ 초점감도 → 저감도 → 고감도 → off

정답 43. ② 44. ③ 45. ② 46. ①

④ 초점감도 → 고감도 → 저감도 → off

해설 ✪ 잔류전류검지기 사용방법★ ☆ 14년 경남 소방장, 18년 소방장

① 상단의 링 스위치를 오른쪽으로 1단 돌리면 경보음과 함께 약 3초간 기기 자체 테스트를 실시한다. 자체 테스트가 끝나면 고감도 감지가 가능하다. 스위치를 계속 돌리면 고감도 → 저감도 → 초점감지→ off의 순서로 작동한다.
② 처음에는 고감도로 조정하여 개략적인 위치를 파악하고 이후 단계를 낮춰가면서 누전 부위를 확인한다.
③ 전기가 통하는 부위에 기기가 직접 닿지 않도록 주의한다.
④ 장기간 사용하지 않을 때에는 건전지를 빼 놓는다.

47 "에어백사용법"에 대한 설명으로서 잘못된 것은?

① 커플링으로 공기용기와 압력조절기, 에어백을 연결할 때 가능하면 손으로 연결한다.
② 에어백을 들어 올릴 대상물 밑에 끼워 넣는다.
③ 에어백을 부풀리기 전에 버팀목을 준비해 두어야 한다.
④ 2개의 백을 사용하는 경우 작은 백을 아래에 놓는다.

해설 ✪ 사용법★ ☆ 14년 소방위, 17년 소방장, 19년 소방위

① 커플링으로 공기용기와 압력조절기, 에어백을 연결한다. 이때 스패너나 렌치 등으로 나사를 조이면 나사산이 손상되므로 가능하면 손으로 연결하도록 한다.
② 에어백을 들어 올릴 대상물 밑에 끼워 넣는다. 이때 바닥이 단단한지 확인한다.
③ 공기용기 메인밸브를 열어 압축공기를 압력조절기로 보낸다. 이때 1차 압력계에 공기압이 표시된다.
④ 에어백을 부풀리기 전에 버팀목을 준비해 둔다. 대상물이 들어 올리는 것과 동시에 버팀목을 넣고 높이가 높아짐에 따라 버팀목을 추가한다.
⑤ 압력조절기 밸브를 열어 압축공기를 호스를 통하여 에어백으로 보내준다. 에어백이 부풀어 오르면서 물체를 올려주게 된다. 이때 2차 압력계를 보면서 밸브를 천천히 조작하고 에어백의 균형이 유지되는지를 살핀다. 필요한 높이까지 올라가면 밸브를 닫아 멈추게 한다.
⑥ 2개의 백을 사용하는 경우 작은 백을 위에 놓는다. 아래의 백을 먼저 부풀려 위치를 잡고 균형유지에 주의하면서 두개의 백을 교대로 부풀게 한다. 공기를 제거할 때에는 반대로 한다.

48 "에어백 사용 시 주의사항"에 대한 설명으로 틀린 것은?

① 2개의 에어백을 겹쳐 사용하면 효과가 높아진다.
② 버팀목은 나무 블록이 적합하다.
③ 절대로 에어백만으로 지탱되는 물체 밑에서 작업하지 않도록 한다.
④ 부양되는 물체가 쓰러질 위험이 높기 때문에 3개 이상을 겹쳐서 사용하지 않는다.

해설 ✪ 에어백 사용 시 주의사항★ ☆ 14년 경기 소방교, 15년 소방교, 16년 대구 소방교, 19년 소방위 / 21년 소방장

① 에어백은 단단하고 평탄한 곳에 설치하고 날카롭거나 고온인 물체(100℃ 이상)가 직접 닿지 않도록 한다.
② 에어백은 둥글게 부풀어 오르므로 들어 올리고자 하는 물체가 넘어질 수 있다. 따라서 버팀목 사용은 필수이다. 버팀목은 나무 블록이 적합하며 여러 개의 블록을 쌓아가며 높이를 조절할 수 있도록 만든다.
③ 절대로 에어백만으로 지탱되는 물체 밑에서 작업하지 않도록 한다. 에어백이 필요한 높이까지 부풀어 오르면 공기를 조금 빼내서 에어백과 버팀목으로 하중이 분산되도록 해야 안전하다.
④ 버팀목을 설치할 때 대상물 밑으로 손을 깊이 넣지 않도록 주의한다. 에어백의 양 옆으로 버팀목을 대 주는

정답 47. ④ 48. ①

것이 안전하며 한쪽에만 버팀목을 대는 경우 균형유지에 충분한 넓이가 되어야 한다.
⑤ 2개의 에어백을 겹쳐 사용하면 부양되는 높이는 높아지지만 능력이 증가하지는 않는다. 즉 소형 에어백과 대형 에어백을 겹쳐서 사용하여도 최대 부양능력이 소형 에어백의 능력을 초과하지 못하는 것이다.
⑥ 부양되는 물체가 쓰러질 위험이 높기 때문에 3개 이상을 겹쳐서 사용하지 않는다.
⑦ 에어백의 팽창 능력 이상의 높이로 들어 올려야 하는 경우에는 받침목을 활용한다.

49 동력절단기 작동에 관한 설명으로 옳은 것은?

① 절단 날에 충격이 가해지지 않도록 날의 측면을 이용하여 작업하도록 한다.
② 석재나 콘크리트를 절단할 때에는 많은 분진이 발생하므로 절단부위에 물을 뿌려가며 작업한다.
③ 철재 절단 날은 휘발유, 석유 등에 적셔서 보관한다.
④ 목재용 절단 날을 보관할 때에는 물에 깨끗이 세척하여 보관한다.

해설 ✪ 동력절단기 작업 중 주의사항☆ 16년 대구 소방교, 19년 소방장·소방위, 20년 소방장

1. 비산되는 불꽃에 의한 피해가 없도록 보호 커버를 잘 조정하고 주변 여건에 따라 관창이나 소화기를 준비하여 화재를 방지한다.
2. 주위의 안전을 확인한다.
3. 절단날에 충격이 가해지지 않도록 하고 날의 측면을 이용하여 작업하지 않도록 한다. 특히 철재 절단날은 측면 충격에 약하므로 주의하여야 한다.
4. 석재나 콘크리트를 절단할 때에는 많은 분진이 발생하므로 절단부위에 물을 뿌려가며 작업한다.
5. 엔진이 작동 중인 장비를 로프로 묶어 올리거나 들고 옮기지 않도록 한다.
6. 절단 시 발생하는 불꽃으로 요구조자에게 상해를 입힐 우려가 있을 경우에는 모포 등으로 가려 안전조치 시킨 후 작업에 임한다.
7. 절단 시 조작원은 자기 발의 위치나 자세에 신경을 써야하며, 절단날의 후방 직선상에 발을 위치하지 않도록 주의한다.

※ 일상점검
1. 목재용 절단 날을 보관할 때에는 기름을 엷게 발라둔다.
2. 철재용, 콘크리트용 절단 날에 심하게 물이 묻어 있는 경우에는 폐기하고 너무 장기간 보관하지 않도록 한다. 절단 날에 이상 마모현상이 있을 때는 즉시 교환한다.
3. 철재 절단 날은 휘발유, 석유 등에 접촉되지 않도록 하고 유증기가 발생하는 곳에 보관해서도 안 된다. 접착제가 용해되어 강도가 크게 저하될 수 있다.

50 다음 내용과 관련 있는 장비명은?

> 절단할 때 대상물에 본체 선단부분을 밀착시켜 작업한다. 절단면에는 2개 이상의 톱니가 닿도록 하여 절단한다.

① 동력절단기　　② 체인톱
③ 공기톱　　④ 유압엔진펌프

정답 49. ②　50. ③

해설 ✪ 공기톱 조작방법☆ 19년 소방장

1. 작업 전에 장비의 이상 유무와 안전점검을 철저히 하고 방진안경과 장갑을 착용한다.
   - 지정된 오일을 헨들 밑의 플라스틱 캡을 열고 가득 넣는다.
   - 호스접합부에 먼지나 물 등이 묻어있지 않는가를 확인하고 용기에 결합한다.
   - 사이렌서를 돌려 6각 스페너로 3개의 나사를 풀고 노즈가이드를 통해 절단톱날을 넣은 후 나사를 조여 고정한다. 일반적으로 쇠톱날은 전진 시 절단되도록 장착하지만 공기톱의 경우 톱날 보호를 위해 후진 시 절단되도록 장착한다.
2. 본체에 호스를 접속하고 용기 등 밸브를 전부 연다. 작업시의 공기압력은 10㎏/㎠ 이하를 준수한다. 적정압력은 7kg/㎠ 정도이다.
3. 절단할 때 대상물에 본체 선단부분을 밀착시켜 작업한다. 절단면에는 2개 이상의 톱니가 닿도록 하여 절단한다.

51 "열화상카메라" 사용방법으로 틀린 것은?

① 야간 또는 농연 등으로 시계가 불량한 지역에서 물체의 온도 차이를 감지하여 화면상에 표시한다.

② 야간투시경은 적외선 방사를 이용한 것이라 할 수 있다.

③ 화점 탐지, 인명구조 등에 활용하는 장비이다.

④ 열화상카메라 사용 시 카메라의 뷰파인더는 화면에 표시되지 않는 사각이 많아 시야가 협소하고 또한 원근감이 달라서 안전사고의 위험이 높다.

해설 ✪ 열화상카메라

1. 야간 또는 농연 등으로 시계가 불량한 지역에서 물체의 온도 차이를 감지하여 화면상에 표시함으로서 화점 탐지, 인명구조 등에 활용하는 장비이다.
2. 열화상카메라 사용 시 카메라의 뷰파인더는 화면에 표시되지 않는 사각이 많아 시야가 협소하고 또한 원근감이 달라서 안전사고의 위험이 높다.
3. 따라서 반드시 헬멧을 착용하고 이동할 때에는 뷰파인더에서 눈을 떼고 주변을 확인한 후 발을 높이 들지 말고 바닥에 끌듯이 옮겨서 장애물을 피하도록 한다.

※ 야간투시경은 적외선 파장을 발산하여 측정, 열화상카메라는 동물 등이 방사하는 적외선을 이용한다.

52 "멧돼지에게 마취총 사용 시 주의할 점"으로 틀린 것은?

① 마취총은 블로우건에 비하여 사정거리가 짧다.

② 피하지방 얇은 부위에 쏘는 것이 효과적이다.

③ 마취효과가 나타나려면 5분 정도가 걸리므로 천천히 따라가 마취효과가 나타나면 포획한다.

④ 주사기에 약제를 주입하고 2~3일이 지나면 효과가 떨어지므로 현장에서 조제해 쓰는 것이 효과적이다.

해설 ✪ 마취총(Tranquilizer gun)★ ☆ 18년 소방위

※ 동물에 의한 인명피해의 우려가 있는 동물을 생포하기 위해 사용하며 블로우건에 비하여 마취총은 사정거리가 길고 비교적 정확성도 있으나 유효 사거리 20m 이내에서는 파괴력이 강해서 자칫 동물에 상해를 줄 우려가 있다.

정답 51. ② 52. ①

53 공기톱에 대한 설명으로 틀린 것은?

① 공기톱의 경우 톱날 보호를 위해 전진 시 절단되도록 장착한다.
② 철재나 스텐레스, 비철금속 등을 절단할 수 있다.
③ 절단면에는 2개 이상의 톱니가 닿도록 하여 절단한다.
④ 톱날은 일반 쇠톱에 사용하는 날은 을 사용한다.

해설 일반적으로 쇠톱날은 전진 시 절단되도록 장착하지만 공기톱의 경우 톱날 보호를 위해 후진 시 절단 되도록 장착한다. ☆ 19년 소방장

54 유압전개기 사용상 주요문제점 및 해결방안과 관계있는 것은?

컨트롤 밸브 사이에서 오일이 샐 때

① Lock ling을 풀고 다시 시도한다.
② 유압 오일을 확인하고 양이 부족하면 보충한다.
③ 안전스크류를 조인다.
④ 핸들의 밸브가 잠겨 있는지 확인한다.

해설 컨트롤 밸브 사이에서 오일이 샐 때 ☆ 13년 경남 소방장 / 14년 서울 소방장 / 20년 소방교
- 커플링의 풀림 여부를 확인한다.
- 안전 스크류를 조인다.
- 계속 오일이 새면 씰을 교환한다.

55 "유압엔진펌프 사용상의 주의사항"으로 틀린 것은?

① 가압할 때에는 커플링 측면에 서 있지 않도록 한다.
② 호스를 강제로 구부리지 말도록 한다.
③ 펌프의 압력이나 장비의 이상 유무를 점검할 때에는 반드시 유압호스에 장비를 연결하고 확인한다.
④ 절단기를 작동시킬 때 잠시 전개·절단 작업을 중지하고 대상물의 상태를 확인한 후에 다시 작업하도록 한다.

해설 ✪ 사용상의 주의사항★ ☆ 12년 경북 소방장, 16년 부산 소방교, 20년 소방위
① 펌프의 압력이나 장비의 이상 유무를 점검할 때에는 반드시 유압호스에 장비를 연결하고 확인한다. 커플링의 체크벨브에 이상이 있을 수 있기 때문에 파손 시에는 큰 사고로 이어질 수 있기 때문이다.
② 가압할 때에는 커플링 정면에 서 있지 않도록 할 것.
③ 호스를 강제로 구부리지 말 것. 고압이 걸리게 되므로 작은 손상에도 파열되어 큰 사고가 발생할 위험이 있다.

정답 53. ① 54. ③ 55. ①

④ 전개기나 절단기를 작동시킬 때 대상물에 구조나 형태를 따라서 장비가 비틀어지기도 한다. 유압장비에는 사람이 감당할 수 없는 큰 힘이 작용하므로 무리하게 장비를 바로 잡으려 하지 말고 잠시 전개·절단 작업을 중지하고 대상물의 상태를 확인한 후에 다시 작업하도록 한다.

56 다음 내용과 관련된 장비명은?

> 생존자를 찾을 수 있도록 돕는 장비로 일명 "써치탭(Search TAP)"으로 불린다.

① 매몰자 전파탐지기
② 매몰자 영상탐지기
③ 열화상카메라
④ 매몰자 음향탐지기

해설 써치탭(Search TAP)으로 불리는 매몰자영상탐지기는 지진과 건물붕괴 등 인명 피해가 큰 재난 상황에서 구조자가 생존자를 찾을 수 있도록 돕는 장비로 작은 틈새 또는 구멍으로 카메라와 마이크, 스피커가 부착된 신축봉을 투입하여 공간 내부를 자세히 보기위해 사용할 수 있다.

57 다음 내용과 관련된 장비명은?

> 개인이 휴대하여 실시간으로 방사선율 및 선량을 측정하여 기준 선량 초과 시 경보하여 구조대원의 안전을 확보하기 위한 장비이며, 가장 보편적으로 사용되는 장비이다.

① 방사선 측정기
② 핵종분석기
③ 개인선량계
④ 방사능 오염방지기

해설 방사선 측정기☆ 20년 소방교
개인이 휴대하여 실시간으로 방사선율 및 선량 등을 측정하며 기준선량(율) 초과 시 경보하여 구조대원의 안전을 확보하기 위한 장비이다. (가장 보편적으로 사용되는 장비이다.)
주로 GM관, 비례계수관, 무기섬광체를 많이 사용한다.

58 안전벨트에 관한 설명으로서 틀린 것은?

① 안전을 위하여 5년 정도 사용하면 외관상 이상이 없어도 교체하는 것이 좋다.
② 장비걸이는 보통 10kg 내외의 하중을 지탱하므로 로프나 자기 확보줄을 장비걸이에 연결하지 않도록 한다.
③ 허리 벨트 버클의 끝은 5cm 이상 남겨야 한다.
④ 추락 충격을 받은 다음 박음질 부분이 뜯어졌다면 즉시 수리하여 사용하는 것이 좋다.

해설 ✪ 추락 충격을 받은 다음에는 안전벨트의 여러 부분을 꼼꼼하게 점검해 보고 박음질 부분이 뜯어졌다면 수리하지 말고 폐기하는 것이 좋다. ☆ 21년 소방장

정답 56. ② 57. ① 58. ④

59 다음 내용을 읽고 답하시오.

> 도르래와 쥬마를 결합한 형태의 장비로 도르래의 역회전을 방지할 수 있어 안전하게 작업이 가능하고 힘의 소모를 막을 수 있다.

① 수평2단 도르래 ② 로프꼬임 방지기
③ 정지형 도르래 ④ 그리그리

해설

정지형 도르래 (WALL HAULER) ☆ 18년 소방교	도르래와 쥬마를 결합한 형태의 장비로 도르래의 역회전을 방지할 수 있어 안전하게 작업이 가능하고 힘의 소모를 막을 수 있다. 도르래 부분만 사용할 수도 있고 쥬마, 베이직의 대체 장비로도 사용이 가능하다.

60 "우발적인 급강하 사고를 방지할 수 있기 때문에 최근 구조대에서 사용이 증가"하고 있는 장비는?

① 그리그리(Grigri) ② 퀵 드로(Quick Draw)
③ 스톱하강기 ④ 8자 하강기

해설

스톱하강기 (Stopper)★★ ☆ 18년 소방교	① 스톱은 로프 한 가닥을 이용하여 제동을 걸어준다. ② 하강 스피드의 조절이 용이하다. ③ 우발적인 급강하 사고를 방지할 수 있기 때문에 최근 구조대에서 사용이 증가하고 있는 추세이다. **※ 스톱하강기 사용요령** ① 스톱의 한 면을 열어 로프를 삽입하고 아랫쪽은 안전벨트의 카라비너에 연결한다. ② 오른손으로 아랫줄을 잡고 왼손으로 레버를 조작하면 쉽게 하강속도를 조절할 수 있다. ③ 손잡이를 꽉 잡으면 급속히 하강하므로 주의한다.

61 다음 중 "등반기"에 대한 설명으로 잘못된 것은?

① 등반기, 쥬마, 유마르 등으로 부른다.
② 로프를 활용하여 등반할 때 보조장치로 사용된다.
③ 톱니가 나 있는 캠이 로프를 물고 양 방향으로 움직이게 된다.
④ 로프에 결착하여 수직 또는 수평으로 이동할 수 있도록 고안된 기구이다.

해설 ✪ 등반기★★ ☆ 11년 부산 소방교, 13년 부산 소방장

① 로프를 활용하여 등반할 때 보조장치로 사용되며 로프에 결착하여 수직 또는 수평으로 이동할 수 있도록 고안된 기구이다.
② 톱니가 나 있는 캠이 로프를 물고 역회전을 하지 못함으로서 한 방향으로만 움직이게 된다.
③ 등반기, 쥬마, 유마르 등으로 부르며 등반뿐만 아니라 로프를 이용하여 물건을 당기는 경우 손잡이 역할도 할 수 있어 사용범위가 매우 넓다.

정답 59. ③ 60. ③ 61. ③

④ 손잡이 부분을 제거하여 소형화하고 간편히 사용할 수 있도록 변형된 크롤(Croll), 베이직(Basic) 등 유사한 장비도 있다.

62 'Z자형 도르래 배치법'에 대한 설명으로, 다음 내용을 읽고 답하시오.

> Z자형 도르래로 120kg의 무게를 들어 올릴 때 필요한 힘은?

① 45kg ② 90kg
③ 40kg ④ 15kg

해설 ✪ 도르래 사용★☆ 13년 서울 소방교, 14년 경기 소방교, 서울 소방장 / 21년 소방장
여름철에 계곡의 하천이 범람하여 고립된 피서객이나 맨홀에 추락한 요구조자를 구출하는 경우 등 힘의 작용 방향을 바꾸거나 적은 힘으로 물체를 이동시키기 위해서 도르래를 사용하게 된다.
① 도르래를 사용하는 경우 지지점으로 설정되는 부분의 강도를 면밀히 검토하여 하중을 이길 수 있는지 살펴보고 힘의 균형이 맞도록 설치하여야 한다. 또한 로프가 꼬이지 않도록 작업한다.
② 고정도르래는 힘의 방향만을 바꾸어 주지만 움직도르래를 함께 설치하면 힘의 이득을 얻을 수 있다. 고정도르래 1개와 움직도르래 1개를 설치하면 소요되는 힘은 1/2로 줄어들고 움직도르래의 숫자가 증가함에 따라 더욱 작은 힘으로 물체를 이동시킬 수 있다.
③ 도르래를 설치하여 80kg의 무게를 들어 올린다고 가정하면 필요한 힘의 1/3인 약 26.7kg으로 물체를 이동시킬 수 있다. 물론 장비 자체의 무게 및 마찰력을 제외한 것이다.
④ 이 방법은 특히 'Z자형 도르래 배치법'이라 하여 현장에서 많이 활용하는 방법이다. 도르래는 종류가 많고 활용방법도 비교적 간단하므로 평소 힘의 소모를 막을 수 있는 다양한 설치방법을 익혀 구조 현장에서 즉시 응용할 수 있도록 하여야 한다.

63 주로 암벽 등에서 확보하는 장비로 짧은 거리를 하강할 때 이용되는 것은?

① Grigri ② Huit
③ Stopper ④ Rack

해설 그리그리는 스토퍼와 같이 로프의 역회전을 방지할 수 있는 구조로 주로 확보용 장비이다. 주로 암벽 등에서 확보하는 장비로 사용되며 짧은 거리를 하강할 때 이용되기도 한다.

64 "매듭에서 가장 중요한 조건"으로 옳지 않은 것은?

① 굵고 단단해야 한다.
② 사용 후 간편하게 해체할 수 있어야 한다.
③ 자연적으로 풀리지 않아야 한다.
④ 묶기 쉬워야 한다.

해설 ✪ 매듭의 가장 중요한 조건☆ 18년소방장, 19년 소방장
묶기 쉽고, 자연적으로 풀리지 않고, 사용 후 간편하게 해체할 수 있어야 한다.

정답 62. ③ 63. ① 64. ①

65 "구조활동 현장에서 매듭의 결정사항"으로 옳은 것은?

① 될 수 있으면 매듭의 크기가 큰 방법을 선택한다.
② 매듭의 끝 부분이 빠지지 않도록 주매듭을 묶은 후 옭매듭 등으로 마감해 준다.
③ 매듭의 끝 부분은 최소한 로프 직경의 5배 정도는 남아 있어야 한다.
④ 로프는 매듭 부분의 강도가 강화된다는 사실을 기억한다.

해설 ✪ 구조활동 현장에서 매듭결정☆ 18년 소방장, 19년 소방장

1. 매듭법을 많이 아는 것보다는 잘 쓰이는 매듭을 정확히 숙지하는 것이 더욱 중요하다.
2. 매듭은 정확한 형태를 만들고 단단하게 조여야 풀어지지 않고 하중을 지탱할 수 있다.
3. 될 수 있으면 매듭의 크기가 작은 방법을 선택한다. 매듭부분으로 기구, 장비 등을 통과시켜야 하는 경우가 있기 때문이다.
4. 매듭의 끝 부분이 빠지지 않도록 주매듭을 묶은 후 옭매듭 등으로 마감해 준다. 이때 끝 부분이 빠지지 않도록 충분한 길이를 남겨두어야 하는데 매듭에서 로프 끝까지 11~20cm 정도 남겨두도록 한다.
5. 로프는 매듭 부분의 강도가 저하된다는 사실을 기억한다.

66 "로프매듭의 3가지 형태"으로 틀린 것은?

① 마디짓기 ② 이어매기
③ 옭매듭 ④ 움켜매기

해설 ✪ 로프매듭의 형태☆ 16년 경기 소방장 / 21년 소방교

마디짓기(結節)	로프의 끝이나 중간에 마디나 매듭·고리를 만드는 방법
이어매기(連結·結合·結束)	한 로프를 다른 로프와 서로 연결하는 방법
움켜매기(結着)	로프를 지지물 또는 특정 물건에 묶는 방법

67 다음 내용과 관계있는 것을 고르시오.

로프에 고리를 만들어 카라비너에 걸거나 나무, 기둥 등에 확보하는 등 폭넓게 활용한다.

① 두겹옭매듭 ② 두겹8자매듭
③ 두겹고정매듭 ④ 나비매듭

해설 ✪ 두겹8자매듭(Figure 8 on a bight)★☆ 14년 경남 소방장, 18년 소방위

① 간편하고 튼튼하기 때문에 로프에 고리를 만드는 경우 가장 많이 활용된다.
② 로프에 고리를 만들어 카라비너에 걸거나 나무, 기둥 등에 확보하고자 하는 경우 등에 폭넓게 활용한다.
③ 로프를 두 겹으로 겹쳐서 8자 매듭으로 묶는 방법과 한 겹으로 되감기 하는 방식이 있다.

정답 65. ② 66. ③ 67. ②

68 '매듭의 왕(King of Knots)'이라는 명칭과 관련 있는 것은?

① 옭매듭 ② 8자매듭
③ 줄사다리매듭 ④ 고정매듭

해설 구조활동은 물론이고 어디서든 자주 사용되는 중요한 매듭이어서 '매듭의 왕(King of Knots)'이라고 까지 부른다.

69 다음 내용과 가장 관계 깊은 것은?

> 수직맨홀 등 좁은 공간으로 진입하거나 요구조자를 구출하는 경우 유용하게 활용할 수 있다.

① 줄사다리매듭 ② 세겹고정매듭
③ 두겹고정매듭 ④ 이중8자매듭

해설 ✪ 두겹고정매듭(Bowline on a bight)★★☆ 14년 부산 소방교, 16년 전북 소방장, 17년 소방위
① 로프의 끝에 두 개의 고리를 만들어 활용하는 매듭이다.
② 수직맨홀 등 좁은 공간으로 진입하거나 요구조자를 구출하는 경우 유용하게 활용할 수 있다.
③ 특히 완만한 경사면에서 확보물 없이 3명 이상이 한줄 로프를 잡고 등반하는 경우 중간에 위치한 사람들이 이 매듭을 만들어 어깨와 허리에 걸면 로프가 벗겨지지 않고 활동이 용이하다.

70 다음 중 "마디 짓기"와 관계없는 것은?

① 바른매듭 ② 옭매듭
③ 두겹8자매듭 ④ 줄사다리매듭

해설 바른매듭은 이어매기(연결)이다.★☆ 15년 소방장

71 다음 중 "같은 굵기의 로프를 연결"하기에 적합한 매듭은?

① 한겹매듭 ② 바른매듭
③ 피셔맨매듭 ④ 8자연결매듭

해설 ✪ 바른매듭(맞매듭, Square Knot)★★☆ 13년 울산 소방교, 18년 소방위, 19년 소방위 / 21년 소방교
① 묶고 풀기가 쉬우며 같은 굵기의 로프를 연결하기에 적합한 매듭이다.
② 로프 연결의 기본이 되는 매듭이며 힘을 많이 받지 않는 곳에 사용하지만 굵기 또는 재질이 서로 다른 로프를 연결할 때에는 미끄러져 빠질 염려가 있어 안전을 확보하는 매듭에는 부적합하다.
③ 반드시 매듭부분을 완전히 조이고 끝부분은 옭매듭으로 마감하여야 한다.
④ 짧은 로프가 서로 다른 방향으로 묶이면 로프가 미끄러져 빠지게 되므로 주의해야 한다.

정답 68. ④ 69. ③ 70. ① 71. ②

72 "로프중간에 고리"를 만들 필요가 있는 경우 사용하는 것은?

① 고정매듭 ② 두겹고정매듭
③ 나비매듭 ④ 8자매듭

해설 ✪ 나비매듭★☆ 13년 경기 소방장 / 20년 소방교
① 로프 중간에 고리를 만들 필요가 있을 경우에 사용한다.
② 다른 매듭에 비하여 충격을 받은 경우에도 풀기가 쉬운 것이 장점이다.
③ 중간 부분이 손상된 로프를 임시로 사용하고자 하는 경우에 손상된 부분이 가운데로 오도록 하여 매듭을 만들면 손상된 부분에 힘이 가해지지 않아 응급대처가 가능하다.

73 피셔맨매듭(Fisherman's knot)에 대한 설명으로서 바른 것은?

① 로프의 끝에 두 개의 고리를 만들어 활용하는 방법이다.
② 로프에 마디를 만들어 도르래나 구멍으로부터 로프가 빠지는 것을 방지한다.
③ 유도로프를 결착하는 경우에 활용한다.
④ 힘을 받은 후에는 풀기가 매우 어려워 장시간 고정시켜 두는 경우에 주로 사용한다.

해설 ✪ 피셔맨매듭(Fisherman's knot)★★☆ 14년 부산 소방장·소방교, 18년 소방위, 19년 소방장·소방위
1. 두 로프가 다른 로프를 묶고 당겨서 매듭부분이 맞물리도록 하는 방법이다.
2. 신속하고 간편하게 묶을 수 있으며 매듭의 크기도 작다.
3. 두 줄을 이을 때 연결매듭으로 많이 활용되는 매듭이지만 힘을 받은 후에는 풀기가 매우 어려워 장시간 고정시켜 두는 경우에 주로 사용한다.
4. 매듭 부분을 이중으로 하면(이중피셔맨매듭) 매듭이 더욱 단단하고 쉽사리 느슨해지지 않는다.

74 안전벨트 대용으로 하강 또는 수평도하 등에 사용할 수 있는 매듭은?

① 이중8자매듭 ② 앉아매기
③ 한겹매듭 ④ 절반매듭

해설 ✪ 앉아매기(간이 안전벨트)★☆ 14년 서울 소방장
① 안전벨트 대용으로 하강 또는 수평도하 등에 사용할 수 있는 매듭이다.
② 3m 정도 길이의 로프나 슬링의 끝을 서로 묶어 큰 원을 만들고 허리에 감은 다음, 등 뒤의 로프를 다리사이로 빼내어 카라비너로 연결한다.
③ 로프보다는 슬링을 이용하는 것이 신체에 가해지는 충격을 줄일 수 있다.

75 사고현장에서 "안전밸트가 없는 요구조자의 신체"에 로프를 직접 결착할 수 있는 매듭은?

① 클램하이스트 매듭 ② 감아매기
③ 말뚝매기 ④ 잡아매기

정답 72. ③ 73. ④ 74. ② 75. ④

해설 ✪ 잡아매기★ ☆ 13년 서울 소방장
① 안전밸트가 없을 때 요구조자의 신체에 로프를 직접 결착하는 고정매듭의 일종이다.
② 요구조자의 구출이나 낙하훈련 등과 같이 충격이 심한 훈련이나, 신체에 주는 고통을 완화하기 위하여 사용된다.
③ 긴급한 경우 이외에는 사용하지 않도록 한다.

76 다음 내용과 관계 깊은 것을 찾으시오.

> 감아매기와 같이 자기 제동(self locking)이 되며, 하중이 걸리면 매듭이 고정되고 하중이 걸리지 않으면 매듭을 위 아래로 움직일 수 있다.

① 클램하이스트 매듭
② 세겹고정매듭
③ 앉아매기
④ 잡아매기

해설 ✪ 클램하이스트 매듭(Klemheist Knot)★★ ☆ 14년 소방위
① 감아매기와 같이 자기 제동(self locking)이 되는 매듭이다.
② 주 로프에 보조로프를 3~5회 감고 로프 끝을 고리 안으로 통과시켜 완성한다.
③ 하중이 걸리면 매듭이 고정되고 하중이 걸리지 않으면 매듭을 위 아래로 움직일 수 있다.

77 "관창묶기"에 사용되는 로프매듭의 종류는?

① 고정매듭, 절반매듭　② 말뚝매듭, 한겹매듭
③ 옭매듭, 절반매듭　④ 말뚝매듭, 옭매듭

해설 말뚝매듭, 옭매듭

78 다음 중 로프를 정리하는 방법으로 옳은 것은?

> 무릎이나 팔뚝을 이용하여 로프를 신속히 감아 나가는 방법으로 비교적 짧은 로프를 사릴 때 사용한다.

① 둥글게 사리기　② 나비모양 사리기
③ 8자모양 사리기　④ 어깨사리기

해설 둥글게 사리기
무릎이나 팔뚝을 이용하여 로프를 신속히 감아 나가는 방법으로 비교적 짧은 로프를 사릴 때 사용한다.

정답 76. ①　77. ④　78. ①

79 "현수로프 설치원칙"으로서 옳지 않은 것은?

① 필요하면 현수로프를 보조로프로 고정하여 움직이지 않도록 한다.
② 하강 로프의 길이는 하강지점(지표면)까지 로프가 완전히 닿고 1~2m 정도의 여유가 있어야 한다.
③ 로프 가방(rope bag)을 사용하면 로프가 엉키지 않고 손상을 방지할 수 있다.
④ 로프는 한 겹으로 사용하는 것을 원칙으로 하고 직경 9㎜ 이하의 로프는 반드시 두 겹으로 한다.

해설 로프는 안전을 위하여 두 겹으로 사용하는 것을 원칙으로 하고 특히 직경 9㎜ 이하의 로프는 충격력과 인장강도가 떨어지고 손에 잡기도 곤란하므로 반드시 두 겹으로 한다.☆ 13년 인천 소방장, 15년 소방장

80 "연장로프 설치"에 관한 설명 중 틀린 것은?

① 로프에 걸리는 하중이 작은 경우에는 Z자형 도르래 배치법을 사용한다.
② 횡방향으로 설치하는 로프를 말한다.
③ 연장 로프에 구조대원이나 요구조자가 직접 매달리는 도하로프를 설치할 때는 2단 도르래를 이용한다.
④ 도하훈련, 계곡 등에서의 수평구조, 경사 하강(비상탈출)등의 경우에 활용한다.

해설 ✪ 연장로프(횡단로프) 설치★★☆ 13년 서울 소방교

연장로프는 수평 또는 비스듬히 연장하는 로프, 즉 횡방향으로 설치하는 로프를 말하며 도하훈련, 계곡 등에서의 수평구조, 경사 하강(비상탈출)등의 경우에 활용하는 설치방법이다.

① 인력에 의한 로프 연장
아무런 장비나 도구 없이 로프와 사람의 힘만으로 로프를 연장하는 방법으로 연장 로프에 걸리는 하중이 많지 않은 경우에 사용한다. 당김줄매듭(Trucker's hitch)을 이용하면 작업이 끝난 후에도 매듭을 풀기가 용이하다.

② Z자형 도르래 배치법
로프에 걸리는 하중이 큰 경우에 사용하는 방법으로 감아매기로 고정한 로프를 2개의 도르래로 당겨서 팽팽하게 유지한다.

③ 2단 도르래를 이용하는 방법
2단 도르래를 이용하여 강력한 힘으로 로프를 연장하는 방법이다. 연장로프에 구조대원이나 요구조자가 직접 매달리는 도하로프를 설치할 때 이용한다.

81 "확보기법"에 대한 설명으로 잘못된 것은?

① 구조활동을 하고자 할 때에는 가장 먼저 타인의 확보를 해야 한다.
② 타인의 확보는 8자 하강기, 그리그리, 스톱 등 각종의 확보 기구에 로프를 통과시켜 마찰을 일으키도록 하는 방법이다.
③ 신체를 이용한 확보방법에는 허리, 어깨, 허벅지를 이용한 확보 등이 있다.
④ 지지물을 이용하여 확보한 경우에는 지지점을 향하여 확보자세를 취한다.

정답 79. ④ 80. ① 81. ①

해설 ✪ 자기 확보* ☆ 12년 서울 소방장, 18년 소방교

작업자 자신의 안전을 확보하기 위하여 신체를 어떠한 물체에 묶어 고정하는 것.

① 구조활동을 하고자 할 때에는 가장 먼저 자기확보부터 해야 한다.
② 작업장소의 상황과 이동범위를 고려하여 1m~2m 내외의 로프를 물체에 묶고 끝에 매듭한 후 카라비너를 이용하여 작업자의 안전벨트에 거는 방법을 사용한다.
③ 움직임이 많은 경우에는 미리 안전벨트에 확보줄(데이지 체인 등)을 묶어두었다가 카라비너를 이용해서 필요한 지점에 고정한다.
④ 안전벨트와 확보로프 없이 작업하는 것은 매우 위험한 상황을 초래할 수 있으므로 절대로 피하여야 한다.
※ 간접확보 : 자기 몸이 아닌 어떤 지형지물과 확보물에 의지하는 것을 말한다.

82 도하하는 로프 고정방법으로서 바른 것은?

① 말뚝매기
② 잡아매기
③ 감아매기
④ 앉아매기

해설 ✪ 도하하는 로프는 반드시 2겹으로 설치하고 감아매기로 고정하여 별도의 지지점에 묶어둔다.

83 요구조자를 업고 하강할 때 안전벨트 하단 고리에 결착해서 활용하는 것은?

① 퀵드로
② 슬링
③ 카라비너
④ 스톱하강기

해설 ✪ 일반적으로 하강기는 안전벨트의 하단 고리에 카라비나를 이용해서 결착하지만 요구조자를 업고 하강할 때에는 퀵드로를 이용하는 것이 좋다.

84 아래 지문 중 화학보호복(레벨A) 착용순서로써 두 번째 사항은?

① 성애방지제 도포
② 실린더 개방
③ 등지게 착용
④ 면체 착용

해설 화학보호복 착용순서 ☆ 20년 소방장

① 공기호흡기 실린더를 개방
② 안면 창에 성애방지제를 도포
③ 하의 착용
④ 등지게 착용
⑤ 무전기를 착용
⑥ 공기조절밸브에 호스를 연결
⑦ 면체를 착용
⑧ 헬멧과 장갑 착용
⑨ 보조자를 통해 상의를 착용 후 지퍼를 닫고 공기조절밸브의 작동상태를 확인

정답 82. ③ 83. ① 84. ①

85 "바스켓 들것" 하강요령으로 다음 내용과 관계 깊은 것은?

> 3~4m 내외의 짧은 로프 두개를 준비하여 각각을 절반으로 접고 가운데에 (　　)을 만든다.

① 한겹매듭　　② 바른매듭
③ 옭매듭　　④ 두겹8자매듭

해설 ✪ 3~4m 내외의 짧은 로프 두개를 준비하여 각각을 절반으로 접고 가운데에 두겹8자매듭을 만든다.

86 다음 중 도하방법에 해당되지 않는 것은?

① 수직자세로 건너기　　② 쥬마를 이용한 건너기
③ 엎드려서 건너기　　④ 매달려 건너기

해설 ✪ 도하기법
· 쥬마를 이용한 건너기　· 엎드려서 건너기　· 매달려 건너기

87 "쥬마를 이용한 도하기법"에서 사용 장비와 관계없는 것은?

① 스위벨　　② 베이직
③ 크롤　　④ 미니트랙션

해설 ✪ 필요한 장비로는 도르래, 크롤, 베이직, 미니트랙션, 카르비나, 슬링 등★☆ 14년 부산 소방장

88 도하요령 중에서 "쥬마를 이용해 건너기"에 대한 설명으로 잘못된 것은?

① 슬링의 길이가 너무 길거나 짧으면 활동이 불편하다.
② 고리에 발을 넣었을 때 쥬마 위치가 가슴에 오는 정도가 적당하다.
③ 도르래는 2단 도르래보다는 수평1단 도르래(텐덤)를 사용하는 것이 좋다.
④ 장비 없이 맨손으로 이동하는 방법에 비해 시간을 절약할 수 있다.

해설 ✪ 쥬마를 이용해서 건너기★☆ 13년 부산 소방장, 14년 부산 소방장
쥬마 등반법을 응용해서 수평으로 이동하는 방법이다. 장비 없이 맨손으로 이동하는 방법에 비해 시간을 절약할 수 있다.
① 쥬마에 슬링을 결착하고 슬링의 반대쪽 끝에는 발을 넣을 수 있도록 고리를 만든다.
② 슬링의 길이가 너무 길거나 짧으면 활동이 불편하다. 고리에 발을 넣었을 때 쥬마 위치가 가슴에 오는 정도가 적당하다.
③ 카라비너를 이용해서 도하 로프에 도르래와 크롤 또는 베이직, 미니트랙션 등 역회전 방지 기구를 연결하고 크롤의 끝에 카라비너를 연결한다.
④ 도르래는 1단 도르래 보다는 수평2단 도르래(텐덤)를 사용하는 것이 로프의 꺾임을 완화시킬 수 있어서 이동하기 용이하다.
⑤ 쥬마를 로프에 물리고 슬링의 끝을 크롤에 결착한 카라비너를 통과시킨다.
⑥ 카라비너 또는 퀵 드로를 이용해서 도르래와 안전벨트를 연결하고 로프에 매달린 다음 슬링 끝의 고리에 발을 넣는다.
⑦ 다리를 올리면서 쥬마를 앞으로 밀고 다시 다리를 펴는 동작을 반복하면 수평으로 전진하게 된다.

정답 85. ④　86. ①　87. ①　88. ③

89 독일의 한스 듈퍼(Hans Dulfer)가 개발한 하강법은?

① 일반하강　　② 오버행하강
③ 수직하강　　④ 신체감기하강

해설 독일의 한스 듈퍼(Hans Dulfer)가 개발한 하강법으로 "듈퍼식 하강" 또는 "압자일렌(Abseilen", "S자 하강법" 등으로 부른다.

90 "신체감기하강요령"으로, 내용과 관계있는 것은?

> 먼저 상의 옷깃을 세우고 다리 사이로 로프를 넣은 후 뒤쪽의 로프를 오른쪽 엉덩이 부분에서 앞으로 돌려 가슴부분으로 대각선이 되도록 한다.

① 스톱하강　　② 헬기하강
③ 신체감기하강　　④ 오버행하강

해설 ✪ 신체감기하강★★☆ 20년 소방위
① 기구를 사용하지 않고 신체에 직접 현수로프를 감고 그 마찰로 하강하는 방법이다.
② 긴급한 경우 이외에는 사용하지 않는다.
③ 수직하강보다는 경사면에서 하강할 경우에 활용도가 높다.

91 2~3층 정도의 높이에서 다수의 요구조자를 연속 하강시켜 구출하는 방법은?

① 사다리를 이용한 응급하강　　② 요구조자 인양구출
③ 들것하강　　④ 요구조자 업고하강

해설 ✪ 사다리를 이용한 응급하강★☆ 14년 경남 소방장
2~3층 정도의 높이에서 다수의 요구조자를 연속 하강시켜 구출하는 방법이다. 요구조자의 안전과 원활한 작업을 하기 위해서는 사다리를 지지하는 대원과 로프를 확보하는 대원, 유도하는 대원이 필요하다.
① 요구조자가 있는 창문의 상단위로 가로대가 5개 정도 올라오도록 사다리를 설치하고 확실히 고정한다.
② 로프를 사다리 최하부의 가로대를 통하게 하고 사다리를 거쳐 선단보다 2~3개 밑의 가로대 위에서 뒷면을 통해 로프를 내려 양끝을 바로 매기로 연결한다.
③ 로프에 약 2.5m 간격으로 8자매듭을 만든다.
④ 확보로프의 신축성을 고려하여 안전을 확보하고 1명씩 차례대로 하강시켜 구출 한다. 무리한 속도로 하강시키지 말고 차분하고 안전하게 실시한다.

92 들것을 사용할 수 없는 장소에서 안전벨트 없이 요구조자를 끌어올리거나 매달아 내려 구출할 때 사용하는 방법은?

① 고정매듭　　② 줄사다리매듭
③ 세겹고정매듭　　④ 나비매듭

정답 89. ④　90. ③　91. ①　92. ③

해설 들것을 사용할 수 없는 장소에서 안전벨트 없이 요구조자를 끌어올리거나 매달아 내려 구출할 때 사용하는 방법이다. 경추나 척추손상이 의심되는 요구조자 또는 다발성 골절환자에게는 사용하면 안 된다.

93 **사고 현장에서 요구조자를 구출 및 운반하는 요령으로 잘못된 것은?**

① 요구조자를 새우처럼 구부리게 하는 것은 좋다.
② 긴급이동 시 신체의 일부가 아닌 전체(제2경추)를 잡아당겨야 한다.
③ 요구조자가 바닥에 누워있을 경우 목이나 어깨부위의 옷깃을 잡아끄는 것이 좋다.
④ 요구조자의 구명에 필요한 기본 응급처치를 취하고 구출하는 것을 원칙으로 한다.

해설 요구조자를 긴급히 이동시켜야 하는 경우에는 신체의 일부가 아닌 전체(제2경추)를 잡아당겨야 한다. 요구조자를 새우처럼 구부리게 하는 것은 좋지 않다. 요구조자가 바닥에 누워있을 경우 목이나 어깨부위의 옷깃을 잡아끄는 것이 좋다.

94 **화재현장에서 연기의 이동속도에 대한 내용으로, 수평이동속도는?**

① 0.5～1m/s ② 1m/s
③ 3m/s ④ 4m/s

해설 화재현장에서 연기는 크기 0.1～1.0μ의 고체미립자(주로 탄소입자, 분진)이며 수평으로 0.5～1m/s, 수직으로는 화재초기에 1.5m, 중기 이후에는 3～4m의 속도로 확산된다.

95 **연기 속에서 "산소농도가 9%"일 때 증상으로서 옳은 것은?**

① 어지러움 ② 의식불명
③ 두통 ④ 호흡이 증가

해설 ✪ 산소 부족 시 발생하는 신체적 증상* ☆16년 경기 소방장, 19년 소방장

산소농도	증 상
21 %	–
17 %	산소부족을 보충하기 위해 호흡이 증가하며 근육운동에 장애를 받는 경우도 있다.
12 %	어지러움, 두통, 급격한 피로를 느낀다.
9 %	의식불명
6 %	호흡부전과 이에 동반하는 심정지로 몇 분 이내에 사망한다.

96 **화재현장에서 발생하는 대부분의 사망사고 원인인 일산화탄소에 대한 설명으로 옳지 않은 것은?**

① 환기가 불충분하여 불완전 연소가 일어나는 경우 더욱 대량으로 발생한다.
② 산소와의 친화력이 헤모글로빈의 210배에 이른다.
③ 응급처치는 순수한 고압산소를 투여하는 것이다.
④ 일단 위급한 상황을 넘기더라고 두되나 신경의 이상이 즉시 나타나기 시작한다.

정답 93. ① 94. ① 95. ② 96. ④

해설 ✪ 일산화탄소 중독현상

1. 화재현장에서 발생하는 거의 대부분의 사망사고는 일산화탄소 중독에 의하여 발생한다.
2. 이 무색무취의 가스는 화재 시 거의 반드시 발생하며 환기가 불충분하여 불완전 연소가 일어나는 경우 더욱 대량으로 발생한다.
3. 일산화탄소는 산소와의 친화력이 헤모글로빈의 210배에 이르고 1% 농도에서도 의식을 잃고 사망에 이르는 극히 유독한 기체이다. 일산화탄소의 IDLH는 1,200PPM이다.
4. 일산화탄소의 농도가 500ppm 이상인 경우 위험하며 농도가 1% 이상인 경우에는 아무런 육체적 증상이 없이 의식을 잃고 사망할 수 있으며 그 이하의 농도에서도 장시간 노출되면 안전하지 않다.
5. 흡입된 일산화탄소가 혈액속의 헤모글로빈이 결합되면 이것은 아주 느린 속도로 없어진다.
6. 응급처치는 순수한 고압산소를 투여하는 것이며 일단 위급한 상황을 넘기더라고 두되나 신경의 이상이 3주 이내에 나타나기 시작한다. 따라서 빠른 시간 내에 일산화탄소 중독에서 회복되더라도 다시 연기가 있는 곳에 들어가서는 안 된다.

97 화재현장에서 발생하는 "아황산가스"의 허용용도는?

① 5ppm ② 50ppm
③ 25ppm ④ 0.1ppm

해설 아황산가스의 발생조건은 중질유, 고무, 황화합물 등이며, 허용용도는 5ppm 이다. ☆ 19년 소방장

98 "수직 맨홀 진입"에 대한 설명으로 옳은 것은?

① 대원은 안전로프를 매고 호흡기의 본체를 장착한 후 맨홀을 통과하여 묶어 내려진 면체를 장착하고 진입한다.
② 탈출 시에는 신속히 맨홀 밖으로 나와서 호흡기 본체와 면체를 벗는다.
③ 환기가 곤란한 경우 예비용기를 투입, 신선한 공기를 공급한다.
④ 질식한 요구조자는 공기호흡기를 착용시키고 구출한다.

해설 ✪ 수직맨홀진입 및 구출요령★ ☆ 14년 부산 소방장

① 환기가 곤란한 경우 예비용기를 투입, 신선한 공기를 공급한다.
② 대원은 안전로프를 매고 호흡기의 면체만을 장착한 후 맨홀을 통과하여 묶어 내려진 본체를 장착하고 진입한다.
③ 탈출 시에는 진입의 역순으로 맨홀의 내부에서 호흡기 본체를 벗고 밖으로 나온 후에 면체를 벗는다.
④ 질식한 요구조자는 보조호흡기를 착용시키고 구출한다.

99 "수평갱도 진입"에 대한 설명으로 잘못된 것은?

① 안전요원은 진입한 대원의 이름과 진입시간, 공기호흡기의 잔량 등을 꼼꼼히 기록한다.
② 진입하는 대원은 현장 도면이나 시설의 정보 등을 수집한 다음 구조활동에 임하여야 한다.
③ 현장에 진입하는 대원은 반드시 2인 1조를 편성하여 진입한다.
④ 농연 등에 의한 시야차단, 질식 등의 우려가 높아 환기와 조명에 유의하여야 한다.

해설 수평갱도 진입은 반드시 2인 이상으로 조를 편성한다.

정답 97. ① 98. ③ 99. ③

100 건물내부검색 시 "외부관찰활동"으로 옳은 것은?

① 건물진입 전에는 대원들의 위치선정을 위하여 창문의 위치를 자주 확인하도록 한다.
② 건물진입 후에는 탈출 경로(창문, 출입문, 옥외계단 등)를 미리 정해놓는다.
③ 세심한 현장관찰이 화재의 규모와 건물의 손상 여부, 진입경로 등을 예측할 수 있다.
④ 구조대원들은 도착즉시 화재규모를 판단하고 진압준비를 하도록 한다.

해설 진압대원들이 화재규모를 판단하고 진압준비를 하는 동안 구조대원들은 가능한 한 건물 전체와 그 주변을 검색한다. 구조대원은 건물에 진입하기 전에 선택 가능한 탈출 경로(창문, 출입문, 옥외계단 등)를 미리 정해놓고 건물에 진입한 후에는 창문의 위치를 자주 확인하도록 한다.(대원들의 위치 선정을 위한 기준이 됨)

101 화재현장에서 "질문을 통한 정보 확인 방법"으로 옳지 않은 것은?

① 화재건물을 빠져나온 사람이 있으면 생존해 있을지도 모를 요구조자에 대한 정보를 파악하기 위하여 질문을 한다.
② 이웃 사람들은 거주자들의 방 위치와 복장 등 정보를 다른 사람에게 제공할 수 있다.
③ 요구조자의 숫자와 위치에 대한 정보는 현장지휘관외에는 신변보호를 위해 보안을 지키도록 한다.
④ 전체 건물의 수색이 완료될 때까지 모든 거주자들이 탈출했다고 추측하는 것은 금물이다.

해설 요구조자의 숫자와 위치에 대한 정보는 현장지휘관과 모든 대원들에게 전파하여 검색 활동에 참고하도록 한다.

102 "화재현장의 검색 요령"으로서 옳은 것은?

① 화재가 진압되어 위험 요인이 다소 진정된 후에 진행한다.
② 포복자세로 계단을 오를 때에는 머리, 내려갈 때에는 다리부터 내려가는 것이 안전하다.
③ 먼저 방의 중심부를 검색하고 후미진 곳으로 이동한다
④ 화점 먼 곳에서 검색을 시작해서 진입한 문 쪽으로 되돌아가면서 하나하나 확인한다.

해설 ✪ 1차 검색과 2차 검색★★☆ 12년 소방위, 14년 인천 소방장

1차 검색	① 화재 진행도중 검색작업이 진행되는 것을 말한다. ② <u>포복자세로 계단을 오를 때에는 머리, 내려갈 때에는 다리부터 내려가는 것이 안전하다.</u> ③ 먼저 후미진 곳을 검색하고 방의 중심부로 이동한다. ④ 검색이 진행되는 동안 연기와 화재의 확산을 막기 위해서 불이 붙지 않은 장소의 문은 닫는다. ⑤ 화점 가까운 곳에서 검색을 시작해서 진입한 문 쪽으로 되돌아가면서 확인한다.
2차 검색	① 화재가 진압되어 위험 요인이 다소 진정된 후에 진행한다. ② 다른 생존자를 발견하고 혹시 존재할지도 모르는 사망자를 확인하는 작업이다. ③ 화재진압과 환기작업이 완료되면 2차 검색을 위한 대원들을 진입시킨다. ④ 1차 검색과 마찬가지로 좋은 소식이든 나쁜 소식이든 확인되는 사항이 있으면 즉시 보고한다.

정답 100. ③ 101. ③ 102. ②

103 **고층빌딩의 검색순서로서 바르게 나열된 것은?**

① 바로 위층 – 최상층 – 다른 층 – 불이 난 층
② 최상층 – 다른 층 – 불이 난 층 – 바로 위층
③ 다른 층 – 불이 난 층 – 바로 위층 – 최상층
④ 불이 난 층 – 바로 위층 – 최상층 – 다른 층

해설 고층빌딩의 인명검색순서 : 불이 난 층 – 바로 위층 – 최상층 – 다른 층

104 **검색요령 중 잘못 설명된 것은?**

① 검색인원이 부족하면 복도의 한쪽 면을 따라가며 검색한 후 다른 쪽을 따라 되돌아오며 검색하는 방법을 택한다.
② 첫 번째 방에 들어간 구조대원들은 한쪽으로 방향을 잡고 입구로 다시 돌아 나올 때까지 계속 벽을 따라 진행한다.
③ 처음 들어갔던 입구를 통해 나오는 것은 인명검색의 실패원인이 된다.
④ 요구조자를 발견하여 안전한 곳으로 이동시키거나 다른 요인으로 중도에서 방에서 나와야 할 때에는 들어간 방향을 되짚어 나온다.

해설 구조대원들이 처음 들어갔던 입구를 통해 나오는 것은 성공적인 검색의 아주 중요한 요건이다.

105 **"작은 방을 검색"하는 요령으로서 틀린 것은?**

① 한 대원이 검색하는 동안 다른 대원은 문에서 기다린다.
② 문에서 기다리는 대원에게 검색과정을 계속 보고해야 한다.
③ 검색완료를 표시하면 구조대원이 길을 잃었을 때 찾기 위한 좋은 단서가 될 수 있다.
④ 옆의 방을 검색할 때는 각 대원의 역할을 그대로 진행한다.

해설 옆의 방을 검색할 때는 각 대원의 역할을 바꾸어 진행한다.

106 **문을 개방할 때 주의사항으로 잘못된 것은?**

① 문이 뜨겁다면 방수 개시 준비가 될 때가지 문을 열어서는 안 된다.
② 한쪽 측면에 서서 몸을 낮추고 천천히 문을 열어야 한다.
③ 내부의 열기를 가늠하기 위해서 문의 맨 위쪽과 손잡이를 점검한다.
④ 안쪽으로 문이 잘 열리지 않는다면 강제로라도 신속히 문을 열 필요가 있다.

정답 103. ④ 104. ③ 105. ④ 106. ④

해설 ✪ 문을 개방할 때 주의사항

1. 내부의 열기를 가늠하기 위해서 문의 맨 위쪽과 손잡이를 점검한다. 만약 문이 뜨겁다면 방수 개시 준비가 될 때가지 문을 열어서는 안 된다.
2. 문을 열고자 하는 경우에는 문의 정면에 위치하면 안 된다. 한쪽 측면에 서서 몸을 낮추고 천천히 문을 열어야 한다.
3. 문 뒤에 화재가 발생했다면 몸을 낮춤으로서 열기와 연기가 머리 위로 지나도록 할 수 있다.
4. 안쪽으로 문이 잘 열리지 않는다면 요구조자가 문 안쪽에 쓰러져 있을 가능성이 있기 때문에 발로 차서 강제로 문을 열려고 해서는 안 된다.
5. 문은 천천히 조심스럽게 개방하고 그 앞에 전개되는 현장에 요구조자가 있는지를 확인해야 한다.

107 "구조대원이 갇혔거나 길을 잃었을 경우" 조치할 사항으로서 틀린 것은?

① 혼자서 탈출해야 하는 경우 가장 손쉬운 방법은 호스를 따라서 나가는 것이다.
② 커플링의 결합부위를 찾아서 암 커플링이 향하는 쪽으로 기어 나간다.
③ 의식이 흐려지면 랜턴이 천장을 비추도록 놓고 출입문 가운데나 벽에 누워서 발견되기 쉽게 한다.
④ 비교적 안전하다고 생각되는 장소로 대피해서 인명구조경보기(PASS)를 작동시킨다.

해설 암커플링이 향하는 방향은 관창 쪽이 되어 화점으로 향하게 된다. ☆ 13년 소방위, 14년 소방교 / 21년 소방위

108 구조대원이 착용한 "공기호흡기에 이상발견 시 조치사항"으로서 옳지 않은 것은?

① 당황하게 되면 호흡이 빨라지고 공기소모량이 많아진다.
② 동작을 멈추고 자세를 낮추어 앉거나 포복자세로 엎드린다.
③ 공기가 얼마 남지 않았다면 건너뛰기 호흡법(Skip Breathing)을 활용한다.
④ 양압조정기 손상일 경우 바이패스 밸브를 절대 열지 않도록 한다.

해설 양압조정기의 고장 ☆ 21년 소방위

- 양압조정기가 손상을 입어 공기공급이 중단되었을 경우에는 바이패스 밸브를 열어 면체에 직접 공급 되도록 한다.
- 최근 보급되는 공기호흡기는 면체에 적색으로 표시된 바이배스 밸브가 있다. 바이패스 밸브를 열어 숨을 들이 쉰 후 닫고 다음 번 호흡 시에 다시 열어준다.

109 아파트 화장실에서 실수로 "단순 감금"된 경우, 최우선 진입방법은?

① 관리실 마스터키 사용
② 전문열쇠수리공에게 의뢰
③ 경첩부분 파괴
④ 현관문파괴기, 에어건 이용

정답 107. ② 108. ④ 109. ①

110 **다음 중 자동차사고의 일반적인 특성으로서 옳은 것은?**

① 현장접근이 어렵고, 활동공간이 좁다.
② 출동장애요인이 적다.
③ 사상자가 많이 발생한다.
④ 2차사고 발생위험이 적다.

해설 ✪ 자동차사고의 일반적인 특성
1. 현장접근이 용이하고, 활동공간이 넓다.
2. 출동장애요인이 많다.
3. 2차사고 발생위험이 크다.
4. 사상자가 많이 발생한다.
5. "재난"수준의 대형사고가 발생할 수 있다.

111 **자동차사고에 있어서 현장 도착 전에 파악해야 할 사항은?**

① 도로의 상황(교통량, 도로 폭, 도로 포장여부)
② 지형(높은 곳, 낮은 곳, 지반의 강약, 주변의 가옥밀집도)
③ 철도와 관계된 사고
④ 요구조자의 상황(몇 명, 사상자 여부, 부상자 상태)

해설 ✪ 출동도중에 취할 조치
1. 도로의 상황(교통량, 도로 폭, 도로 포장여부)
2. 지형(높은 곳, 낮은 곳, 지반의 강약, 주변의 가옥밀집도)
3. 철도와 관계된 사고

112 **차량사고 구조활동에 대한 설명으로 옳은 것은?**

① 에어백이 장착된 차량에서 배터리는 +선부터 차단한다.
② 누출된 기체연료 처리는 바람을 등지고 접근하며 낮은 지점 풍하 측에 위치한다.
③ 에어백 장비는 3개의 에어백을 겹쳐 사용하는 것이 효과적이다.
④ 제한속도 60km/h인 직선도로에서 사고지점 후방 75m지점에 유도표지를 설치한다.

해설 ✪ 차량사고 구조활동☆ 18년 소방장 / 20년 소방장
1. 배터리는 - 선부터 제거
2. 구조차량은 높은 지점 풍상 측에 위치
3. 에어백은 2층까지 사용
4. 사고지점에서 15m에 소방차량 주차

정답 110. ③ 111. ④ 112. ④

113 차량사고 시 현장파악에 대한 설명으로서 옳은 것은?

① 구조대원이 현장에 처음 도착하는 순간부터 시작하여야 한다.
② 구조차량 주차는 사고 장소의 전면에 주차하는 것이 좋다.
③ 신속한 구조를 위하여 양방향의 차로 통행로는 통제하는 것이 좋다.
④ 사고 장소에서 가급적 먼 곳에 주차한다.

해설 ✪ 자동차 사고 시 현장파악★★ ☆ 11년 부산 소방장, 12년 경북 소방장
현장파악은 구조대원이 현장에 처음 도착하는 순간부터 시작하여야 한다.
※ 구조차량의 주차
1. 구조대원이나 장비가 쉽게 도달할 수 있을 만큼 가까운 곳에 주차한다.
2. 너무 가까운 곳에 주차하여 구조활동에 장애를 주어서는 안 된다.
3. 구조차량은 지나가는 차량들로부터 현장을 보호하기 위하여 일시적으로나마 방벽 역할을 하고 후속 차량들이 구조차량의 경광등을 보고 사고 장소임을 인식할 수 있도록 사고 장소의 후면에 주차하는 것이 좋다.
4. 교통흐름을 막지 않도록 최소한 한 개 차로의 통행로는 확보하는 것이 좋다.

114 자동차 사고 시 구조차량 주차와 관련하여 다음 (　　) 안에 내용에 들어갈 내용은?

> 제한속도 80km/h인 도로에서 사고가 발생한 경우 사고지점의 후방 (　) 정도에 구조차량이 주차하고 후방으로 (　) 이상 유도표지를 설치한다.

① 15m, 80m
② 30m, 60m
③ 20m, 50m
④ 45m, 80m

해설 제한속도 80km/h인 도로에서 사고가 발생한 경우 사고지점의 후방 15m 정도에 구조차량이 주차하고 후방으로 80m 이상 유도표지를 설치한다. ☆ 17년 소방위

115 자동차 사고현장에서 구조차량 주차요령으로 옳은 것은?

① 구조대원 활동공간을 30m 정도 확보한다.
② 깔대기(칼라콘) 등으로 유도표지를 설치한다.
③ 유도표지의 설치범위는 도로의 제한속도와 반비례한다.
④ 곡선도로인 경우 구조차량은 최소한 곡선구간이 끝나는 지점에는 주차하여야 한다.

정답 113. ① 114. ① 115. ②

해설 ✪ 자동차 사고 시 구조차량 주차요령★★ ☆ 16년 부산 소방교, 17년 소방위, 18년 소방장

직선 도로	구조대원이 활동할 수 있도록 15m 정도의 공간을 확보하고 주차한다. ① 안전을 위하여 깔대기(칼라콘) 등으로 유도표지를 설치하고 경광봉을 든 경계요원을 배치한다. ② 유도표지의 설치범위는 도로의 제한속도와 비례한다. ※ 제한시속 100km인 도로라면 사고 장소에서부터 후면 100m 지점까지, 80km인 도로라면 사고 장소에서부터 후면 80m 정도까지 유도표지를 설치하는 것이 안전하다.
곡선 도로	곡선 부분을 지나서 주차하게 되면 통행하는 차량들이 직선 구간에서는 구조차량을 발견하지 못하고 회전한 직후 구조차량과 마주치게 되므로 추돌사고가 발생할 확률이 높다. 따라서 구조차량은 최소한 곡선구간이 시작되는 지점에는 주차하여야 한다.

116 차량하단부에 요구조자가 깔려있는 상황에서 가장 먼저 조치해야 할 사항은?

① 사고차량 고정　　② 에어백 설치
③ 차량의 이동　　④ 요구조자 주위에 장애물 제거

해설 현장파악이 완료되면 사고차량이 움직이지 않도록 고정한다. 이것은 차량손상의 확대, 요구조자의 부상악화 또는 구조대원의 부상 방지를 위해 반드시 조치해야 할 사항이다. 가장 적절한 고정 방법은 바퀴에 고임목을 설치하고 차량과 지면 사이에는 단단한 버팀목을 대는 것이다. 사고 차량과 지면의 접촉면적을 최대한 넓게 하면 차량의 흔들림은 최소화된다.

117 일반도로 차량사고 시 구조대원이 활동할 수 있는 공간은 얼마인가?

① 10m　　② 15m
③ 20m　　④ 25m

해설 구조대원이 활동할 수 있도록 15m 정도의 공간을 확보하고 주차한다.

118 제한속도 100㎞인 차량사고 현장(직선도로)에 구조대 출동 시 사고차량과 유도표지와의 거리는 몇 미터인가?

① 95m　　② 115m
③ 125m　　④ 135m

해설 제한속도100㎞인 경우 100m + 구조대 공간 15m = 115m ☆ 18년 소방장

119 차량사고 현장의 "에어백 사용요령"으로 잘못된 것은?

① 에어백은 단단한 표면에 놓는다.
② 공기는 신속히 주입하고 지속적으로 균형유지에 주의한다.
③ 에어백을 겹쳐서 사용할 때에는 2층을 초과하지 않도록 한다.
④ 작은 백을 위에 놓고 큰 백을 아래에 놓는다.

정답 116. ①　117. ②　118. ②　119. ②

해설 ✪ 에어백★ ☆ 14년 부산 소방장, 18년 소방장

① 에어백은 단단한 표면에 놓는다.
② 에어백을 겹쳐서 사용할 때에는 2층을 초과하지 않도록 한다. 작은 백을 위에 놓고 큰 백을 아래에 놓는다.
③ 에어백을 사용할 때에는 반드시 충분한 버팀목을 준비해서 에어백이 팽창되는 것과 동시에 측면에서 버팀목을 넣어준다.
④ 공기는 천천히 주입하고 지속적으로 균형유지에 주의한다.
⑤ 날카롭거나 뜨거운 표면에 에어백이 직접 닿지 않게 한다.
⑥ 자동차는 물론이고 어떤 물체든 에어백만으로 지탱해서는 안 된다. 에어백이 필요한 높이까지 부풀어 오르면 버팀목을 완전히 끼우고 공기를 조금 빼내서 에어백과 버팀목으로 하중이 분산되도록 한다.

120 **차량 에어백은 (　)의 속도로 팽창, 배터리 전원차단은 (　)선부터 차단한다.**

① 322km/h, -선　　② 232km/h, -선
③ 152km/h, +선　　④ 112km/h, +선

해설 에어백은 322km/h의 엄청난 속력으로 팽창하면서 요구조자나 구조대원에게 충격을 가할 수 있고 차량은 전원이 제거된 후에도 10초 내지 10분간 에어백을 동작시킬 수 있다. ☆ 18년 소방장 / 20년 소방장

121 **구조를 위해 차량의 문 틈새를 벌려 문을 열고자 할 때 적합한 장비가 아닌 것은?**

① 지렛대　　② 유압스프레더
③ 구조도끼　　④ 헬리건바(Halligan-type bar)

해설 차량 문이 열리지 않으면 대부분의 구조대원은 문손잡이 쪽의 틈새에 전개기를 넣어 벌리려고 시도한다. 그러나 틈새는 매우 좁기 때문에 전개개의 팁을 넣기가 매우 어렵다.

122 **다음은 유리의 특성으로, 강화유리에 대한 설명이 아닌 것은?**

① 충격을 받으면 유리면 전체에 골고루 금이 가도록 열처리되었다.
② 충격을 받으면 전체가 작은 조각들로 분쇄된다.
③ 파괴 장비로는 센터펀치가 활용된다.
④ 충격을 가하면 중간 필름층 때문에 유리가 흩어지지 않고 붙어있게 된다.

해설 ✪ 강화유리 파괴 장비★ ☆ 13년 서울 소방장

<table>
<tr><td rowspan="2">강화
유리</td><td colspan="2">• 열처리된 강화유리는 측면 도어의 유리창과 후면 유리창에 사용된다.
• 충격을 받으면 유리면 전체에 골고루 금이 가도록 열처리되었다.
• 충격을 받으면 전체가 작은 조각들로 분쇄된다.
• 일반 유리와 같이 길고 날카로운 조각들이 생기지 않아 유리파편에 의한 부상 위험이 줄어든다.
• 분쇄된 유리조각에 노출된 피부에 작은 손상이나 눈에 유리조각이 박힐 수도 있다.</td></tr>
<tr><td>파괴
장비</td><td>• 센터 펀치
스프링이 장착된 펀치로 열처리 유리를 파괴할 때 사용한다. 유리창에 펀치 끝을 대고 누르면 안으로 눌려 들어갔다 튕겨 나오면서 순간적인 충격을 주어 유리창을 깨뜨린다.</td></tr>
</table>

정답 120. ① 121. ② 122. ④

123 **"사고차량 전면유리 제거요령"으로서 잘못된 것은?**★☆ 20년 소방장

① 차 유리 절단기를 이용해서 유리창을 톱으로 썰어내듯 절단한다.
② 유리 절단기의 끝 부분으로 전면 유리창의 양쪽 모서리를 내려쳐서 구멍을 뚫는다.
③ 차 위에 올라서서 손으로 유리창을 강하게 눌러 아래로 젖힌다.
④ 유리창을 떼어 안전한 곳에 치우고 창틀에 붙은 파편도 완전히 제거한다.

해설 절대로 절단 과정에서 차 위에 올라서거나 손으로 유리창을 누르지 않도록 주의한다.

124 **다음 중 사고차량의 측면 유리창 제거 요령으로 틀린 것은?**★☆ 20년 소방장

① 센터 펀치를 유리창의 가운데 부분에 대고 누른다.
② 유리가 깨어지면 위쪽에 손을 넣어 차 밖으로 조심스럽게 들어낸다.
③ 구조대원의 손이 유리창 안으로 끼어 들어가지 않도록 조심한다.
④ 깨어진 유리에 손상을 입지 않도록 유리창에 테이프, 끈끈이 스프레이를 뿌린다.

해설 센터 펀치를 유리창의 모서리 부분에 대고 누른다.

125 **"에어매트 낙하요령"에 대한 설명으로 잘못된 것은?**

① 매트 중앙 부분을 착지점으로 겨냥하고 뛰어내린다.
② 고개를 앞으로 숙여서 엉덩이 부분이 먼저 닿도록 한다.
③ 다른 방법으로 구조하는 것이 불가능 할 때나 응급상황에만 사용해야 한다.
④ 직접 사람이 훈련이나 시범을 보일 때는 10m 높이에서 뛰어내릴 수 있다.

해설 훈련이나 시범 시에는 더미나 샌드백을 사용하되 부득이 직접 사람이 훈련이나 시범을 보일 때에라도 4m 이상 높이에서는 뛰어내려서는 안 된다.

126 **다음은 "요구조자 구출"에 대한 설명으로 잘못된 것은?**

① 긴급한 위험요인에 직접 노출된 경우 응급처치에 앞서 이동·구출할 수 있다.
② 외상이 없을 때는 경추 및 척추보호대를 착용을 생략할 수 있다.
③ 구출은 응급처치를 완료하고 환자의 상태가 안정된 후에 실시한다.
④ 구급대원이 현장에 도착하기 전까지는 이동시키지 않는 것이 원칙이다.

해설 외상이 없더라도 경추 및 척추보호대는 착용하여야 한다.

정답 123. ③ 124. ① 125. ④ 126. ②

구출	· 구출 활동은 요구조자에게 접근해서 응급처치를 완료하고 환자의 상태가 안정된 후에 실시한다. · 요구조자를 구출할 때에는 외상이 없더라도 반드시 경추 및 척추보호대를 착용시키는 것이 원칙이다. ※ 다만 위험물질 적재 차량의 화재 사고와 같이 화재나 폭발, 기타 긴급한 위험요인에 직접 노출되어 있는 경우에는 응급처치에 앞서 현장에서 이동·구출하는 예외적인 조치를 취할 수도 있다. · 차량의 구조물과 잔해 등 다른 방해물이 제거되면 환자를 차량으로부터 구급차로 이동시킬 준비를 하고 추가 부상을 입지 않도록 보호한다.

127 "요구조자 구출 3단계 순서"로 옳은 것은?

① 응급처치 - 구출 - 이동 ② 구출 - 이동 - 응급처치
③ 이동 - 응급처치 - 구출 ④ 응급처치 - 이동 - 구출

해설 사고현장 요구조자 구출 3단계 : 응급처치 - 구출 - 이동

128 물에 빠진 사람을 구출하는 방법으로서 옳지 않은 것은?

① 구조대원이 수영해서 구조하는 방법을 우선 선택한다.
② 구조대원은 직접 물에 들어가지 말고 장대나 노 같은 것을 익수자에게 먼저 던져준다.
③ 구출하는 4가지 원칙은 던지고, 끌어당기고, 저어가고, 수영한다.
④ 수영실력이 상당한 구조대원이라 하더라도 맨몸으로 구출한다는 것은 매우 어렵다는 것을 명심해야 한다.

해설 구조대원이 수영해서 구조하는 방법은 최후의 선택방법이다.

129 "인간사슬 구조요령" 중 잘못된 것은?

① 물살이 세거나 수심이 얕아 보트의 접근이 불가능한 장소에서 적합한 방법이다.
② 4~5명 또는 5~6명이 서로의 팔목을 잡아 쇠사슬 모양으로 길게 연결한다.
③ 서로를 잡을 때는 손목이 아니라 각자의 손바닥 위를 잡아야 연결이 끊어지지 않는다.
④ 이동하여야 하는 경우에는 물속에서는 발을 들지 말고 발바닥을 끌면서 이동하여야 한다.

해설 ✪ 서로를 잡을 때는 손바닥이 아니라 각자의 손목 위를 잡아야 연결이 끊어지지 않는다.

130 "인간사슬 구조요령"에 대한 설명으로 옳지 않은 것은?

① 첫 번째 사람이 물이 넓적다리 부근에 오는 곳까지 입수한다.
② 요구조자 가장 가까이 접근하는 사람은 허리정도의 깊이까지 들어가 구조한다.
③ 이때 체중이 가벼운 사람이 사슬의 끝부분에 위치하도록 한다.
④ 인간사슬방법은 하천이나 호수에서는 응용할 수 없다.

해설 ✪ 인간사슬방법은 하천이나, 호수에서도 응용할 수 있다.

정답 127. ① 128. ① 129. ③ 130. ④

131 **"구명보트에 의한 구조요령"으로 잘못된 것은?**

① 보트는 바람을 등지고 요구조자에게 접근하는 것이 좋다.
② 작은 보트로 구조할 때는 좌우 측면으로 끌어올리는 것이 안전하다.
③ 요구조자가 의식이 있고 기력이 충분할 경우 매달고 육지로 운행하는 방안도 강구한다.
④ 요구조자가 격렬하게 허우적거릴 때에는 먼저 구명부환 또는 노 등 붙잡을 수 있는 물체를 건네준다.

해설 ✪ 작은 보트로 구조할 때에 전면이나 후면으로 끌어올리는 것이 안전하다.

132 **수난사고 시 "의식이 있는 사람" 직접 구조요령 중 가장 많이 사용하는 방법은?**

① 가슴 잡이 ② 한 겨드랑이 끌기
③ 두 겨드랑이 끌기 ④ 손목 끌기

해설 ✪ 요구조자 의식이 있을 때 가장 많이 사용되는 방법은 "가슴잡이"이다. ☆ 14년 경기 소방장

133 **"의식이 없는 지친 요구조자"의 구조방법에 해당되는 것은?**

① 요구조자 뒤로 접근, 이때 튜브는 구조대원의 앞에 두고 양 겨드랑이에 끼운다.
② 요구조자 전방으로 접근한 다음 두 사람 사이에 튜브를 한일자로 펼쳐놓는다.
③ 앞에서 튜브를 밀어주는 방법을 사용한다.
④ 튜브가 요구조자의 등 뒤, 어깨 바로 밑 부분으로 가도록 한다.

해설 의식이 없는 지친 요구조자

1. 요구조자 뒤로 접근, 이때 튜브는 구조대원의 앞에 두고 양 겨드랑이에 끼운다.
2. 요구조자의 양 겨드랑이를 아래서 위로 잡아 감고 튜브가 두 사람 사이에 꽉 끼이도록 한다.
3. 요구조자를 뒤로 젖혀 수평자세를 취하도록 한다.
4. 머리를 조심하며 배영의 다리 차기를 이용하여 이동한다.

134 **다음은 의식이 없는 자에 대한 구조요령으로 "한 겨드랑이 끌기"에 대한 설명으로 옳은 것은?**

① 일반적으로 먼 거리를 이동할 때 사용한다.
② 주로 요구조자의 전방으로 접근할 때 사용한다.
③ 구조대원이 두 팔을 모두 사용한다.
④ 구조대원은 오른손으로 요구조자의 오른손을 잡는다.

해설 ✪ 한 겨드랑이 끌기★★ ☆ 14년 소방위

- 구조대원이 요구조자의 후방으로 접근하여 한쪽 손으로 요구조자의 같은 쪽 겨드랑이를 잡는다.
- 이때 구조대원의 손은 겨드랑이 밑에서 위로 끼듯이 잡고 요구조자가 수면과 수평을 유지하도록 하고 횡영 동작으로 이동을 시작한다.
- 일반적으로 먼 거리를 이동할 때에 사용한다.

정답 131. ② 132. ① 133. ① 134. ①

135 "빙상사고 구조요령"으로 옳지 않은 것은?

① 얇은 얼음의 경우 헬리콥터를 이용하여 구조하는 것이 바람직하다.
② 얇은 얼음의 범위가 넓어 접근이 힘든 경우 복식사다리를 이용하는 방법을 강구한다.
③ 두꺼운 얼음일 경우 신속한 접근이 가장 중요하며 반드시 구명로프를 연결한 구명부환 등 구조장비를 휴대하고 접근하여야 한다.
④ 얼음 속으로 잠수하는 경우 반드시 습식 잠수복을 착용해야 한다.

해설 반드시 건식잠수복만을 착용해야 한다.☆ 17년 소방장

136 "잠수물리"에 대한 설명 중 옳지 않은 것은?

① 수중에서는 대기보다 소리가 4배 정도 빠르게 전달된다.
② 수중에서는 빛의 굴절로 물체가 실제보다 25% 정도 가깝고 크게 보인다.
③ 물은 공기보다 약 4배 빨리 열을 전달한다.
④ 바닷물에서는 수심 매 10m(33피트)마다 수압이 1기압씩 증가된다.

해설 물은 공기보다 약 25배 빨리 열을 전달한다.★★★
☆ 13년 경북 소방장, 14년 경기 소방교, 15년 소방장, 16년 경기 소방교, 19년 소방교

137 잠수표의 원리에 대한 설명으로 "핸리의 법칙"과 관계없는 것은?

① 압력 하의 기체가 액체 속으로 용해되는 법칙을 설명하는 것이다.
② 압력이 2배가 되면 2배의 기체가 용해된다는 개념이다.
③ 스쿠버 다이빙 때에 그 압력 하에서 호흡하는 공기 중의 질소가 체내조직에 유입되는 과정과 관계가 있다.
④ 용해되는 압력이 다시 환원되는 압력의 2배를 넘지 않는 한 신체는 감압병으로부터 안전하다.

해설 ✪ 잠수표의 원리★★☆ 12년 부산 소방장, 13년 서울 소방장, 20년 소방위

헨리의 법칙	압력 하의 기체가 액체 속으로 용해되는 법칙을 설명하며 용해되는 양과 그 기체가 갖는 압력이 비례한다는 것이다. 예를 들어 압력이 2배가 되면 2배의 기체가 용해된다. 이 개념은 스쿠버 다이빙 때에 그 압력 하에서 호흡하는 공기 중의 질소가 체내조직에 유입되는 과정과 관계가 있다. 사이다 뚜껑을 열면 녹아있던 기체가 거품이 되어 나오는 것을 보았을 것이다. 사이다는 고압의 탄산가스를 병 속에 유입시킨 것이기 때문이다. 이것은 잠수 후 갑작스런 상승으로 외부 압력이 급격히 저하되어 혈액 속의 질소가 거품의 형태로 변해 감압병의 원인이 되는 원리와 같다.
할덴의 이론	용해되는 압력이 다시 환원되는 압력의 2배를 넘지 않는 한 신체는 감압병으로부터 안전하다는 이론이다. 오늘날 사용되는 미해군 잠수표(테이블)은 이러한 이론에 기초를 둔 것이다. 제한된 시간과 수심으로 정리된 테이블에 따르면 감압병을 일으키는 거품이 형성되지 않는다. 상승속도는 유입되는 질소의 부분압력이 지나치지 않을 정도의 수준에서 지켜져야 한다.

정답 135. ④ 136. ③ 137. ④

138 수심 20m일 경우 공기소모율은?

① 15(L/분) ② 30(L/분)
③ 45(L/분) ④ 60(L/분)

해설 ✪ 수심과 공기소모량의 관계★ ☆ 13년 서울 소방장, 16년 부산 소방교, 19년 소방교, 20년 소방교

수심(m)	절대압력(atm)	소모시간(분)	공기소모율(L/분)
0	1	100	15
10	2	50	30
20	3	33	45
30	4	25	60
40	5	20	75

139 건식 잠수복(Suit) 착용 시기는 수온이 몇℃ 이하로 낮아질 때인가?

① 13℃ ② 23℃
③ 33℃ ④ 43℃

해설 수온이 24℃ 이하에서는 발포고무로 만든 습식잠수복을 착용하고 수온이 13℃ 이하로 낮아지면 건식잠수복을 착용하도록 권장한다.★ ☆ 14년 경남 소방장

140 기본 잠수장비에 속하지 않는 것은?

① 오리발 ② 수경
③ 모자 ④ 시계

해설 기본잠수장비 : 수경, 숨대롱, 오리발, 잠수복, 모자, 신발, 장갑

141 공기통(Tank)에 대한 설명으로서 옳은 것은?

① 수압 검사는 처음 구입 후 10년만에, 이후에는 5년마다, 육안검사는 3년마다 검사하는 것을 권장한다.
② 신규검사 후 10년까지는 3년마다, 10년 경과 후에는 1년마다 검사를 받도록 한다.
③ 장기간 보관할 때 공기통에 공기를 25㎏/㎠으로 압축하여 세워두고,
④ 다음번 사용할 때에는 공기통을 깨끗이 비우고 새로운 공기를 압축하여 사용한다.

해설 ✪ 공기통(Tank)

1. 수압 검사는 구입 후 5년만에, 이후에는 3년마다, 육안검사는 1년마다 검사하는 것을 권장한다.
2. 신규검사 후 10년까지는 5년마다, 10년 경과 후에는 3년마다 검사를 받도록 규정하고 있다.
3. 장기간 보관할 때 공기통에 공기를 50㎏/㎠으로 압축하여 세워둔다.
4. 다음번 사용할 때에는 공기통을 깨끗이 비우고 새로운 공기를 압축하여 사용한다.

정답 138. ③ 139. ① 140. ④ 141. ④

142 옥토퍼스(Octopus)란 무엇인가?

① 비상용호흡기
② 공기통
③ 잠수복
④ 오리발

해설 옥토퍼스(Octopus) : 비상용호흡기

143 다음 내용과 관계가 먼 것은?

> 압력이 높은 해저에서 압력이 낮은 수면으로 상승할 때 호흡을 멈추고 있으면 폐의증세 조직이 파괴된다.

① 부전증
② 재가압 요법을 사용
③ 해저에서는 공기가 없어질 때까지 있어서는 안 된다.
④ 기침, 혈포(血泡), 의식불명

해설 압력이 높은 해저에서 압력이 낮은 수면으로 상승할 때 호흡을 멈추고 있으면 폐의증세 조직이 파괴되는데 이를 공기 색전증이라 한다.☆ 16년 대구 소방교, 17년 소방교

144 비상 시 수영으로 수면 상승하는 방법으로 옳지 않은 것은?

① 보통 15~20m 이내의 수심에서는 용이하게 성공할 수 있다.
② 상승 중에 5m마다 한번씩 호흡기를 빨아본다.
③ 얕은 곳에 올라올수록 상승 속도를 높인다.
④ 올라오는 속도를 빨리하고 싶으면 웨이트 벨트를 풀어버린다.

해설 얕은 곳에 올라올수록 상승 속도를 줄인다. 팔과 다리를 활짝 벌리고 누우면 속도가 줄어든다.

145 수난구조 시 "짝 호흡 상승"에 대한 설명으로 잘못된 것은?

① 먼저 자기 짝에게 공기가 떨어졌으니 짝 호흡 하자는 신호를 보낸다.
② 호흡은 한 번에 두 번씩만 쉰다.
③ 호흡의 속도는 평소보다 약간 느리고 깊이 쉬어야 한다.
④ 가능한 한 상승속도는 정상속도(분당 9m)를 초과하지 않도록 한다.

정답 142. ① 143. ③ 144. ③ 145. ③

해설 ✪ 짝 호흡 상승★

수심이 깊고 짝이 비상용 호흡기를 가지고 있지 않은 경우에 한 사람의 호흡기로 두 사람이 교대로 호흡하면서 상승하는 방법으로 가장 힘들고 위험한 방법이다. 비상 수영 상승을 하기에는 수심이 너무 깊고 짝 호흡을 할 줄 아는 짝이 가까이 있을 경우에만 이 방법을 택한다.

① 먼저 자기 짝에게 공기가 떨어졌으니 짝 호흡 하자는 신호를 보낸다.
② 신호를 받은 즉시 왼손을 뻗어 공기 없는 짝의 어깨나 탱크 끈을 잡고 가까이 끌어당겨서 오른손으로 자신의 호흡기를 건네준다.
③ 호흡기를 건네줄 때는 똑바로 물 수 있도록 해주고 짝이 누름 단추를 누를 수 있도록 호흡기를 잡는다. 이때 공기를 주는 사람이 계속 호흡기를 잡고 있어야 한다.
④ 호흡은 한번에 두 번씩만 쉰다. 호흡을 참고 있는 동안에는 계속 공기를 조금씩 내보내면서 상승한다.
⑤ 호흡의 속도는 평소보다 약간 빠르게 깊이 쉬어야 하며 너무 천천히 하면 기다라는 짝이 급해진다. 가능한 한 상승속도는 정상속도(분당 9m)를 초과하지 않도록 한다.

146 다음 중 "수심 30m"에서 최대잠수가능 시간은?

① 10분　　② 15분
③ 20분　　④ 25분

해설 ✪ 최대 잠수 가능시간

깊이(m)	시간(분)	깊이(m)	시간(분)	깊이(m)	시간(분)
10.5	310	21.0	50	33.5	20
12.2	200	24.4	40	36.5	15
15.2	100	27.4	30	39.5	10
18.2	60	30.0	25	45.5	5

147 다음 (　　) 안에 들어갈 내용은?

> 수심 (　　)지점 이상으로 내려가면 질소마취의 가능성이 커진다.

① 10m　　② 20m
③ 30m　　④ 40m

해설 ✪ 질소마취★ ☆ 14년 경기 소방장, 17년 소방위, 18년 소방교・소방장

수중으로 깊이 내려갈수록 호흡하는 공기의 압력이 증가함에 따라 공기중의 질소 부분압도 증가하는데 이에 따라 고압의 질소가 인체에 마취작용을 일으킨다. 개인에 따라 차이는 있지만 일반적으로 수심 30m지점 이상으로 내려가면 질소마취의 가능성이 커진다.

148 수난구조 시 줄을 이용한 탐색방법으로 다음 내용과 관계 깊은 것은?

> 시야가 좋지 않으며 탐색면적이 좁고 수심이 깊을 때 활용하는 방법이다.

정답 146. ④　147. ③　148. ①

① 원형탐색방법　　② 왕복탐색방법
③ U자 탐색방법　　④ 소용돌이 탐색방법

해설 ✪ 원형탐색(Circling Search)★ ☆ 16년 부산 소방교, 18년 소방위
시야가 좋지 않으며 탐색면적이 좁고 수심이 깊을 때 활용하는 방법이다.
① 인원과 장비의 소요가 적은 반면 탐색할 수 있는 범위가 좁다.
② 탐색 구역의 중앙에서 구심점이 되어 줄을 잡고, 다른 한 사람이 줄의 반대쪽을 잡고 원을 그리며 한바퀴 돌면서 탐색한다.
③ 출발점으로 한바퀴 돌아온 뒤에 중앙에 있는 사람이 줄을 조금 풀어서 더 큰 원을 그리며 탐색하는 방법을 반복한다. 물론 줄은 시야거리 만큼씩 늘려나간다.

149 다음 (　) 안에 들어갈 적당한 것은?★ ☆ 20년 소방장

> 재 잠수란 스쿠버 잠수 후 ( )분 이후에서부터 ( )시간 내에 실행되는 스쿠버 잠수를 말한다.

① 3, 6　　② 6, 10
③ 10, 12　　④ 15, 30

해설 재 잠수란 스쿠버 잠수 후 10분 이후에서부터 12시간 내에 실행되는 스쿠버 잠수를 말한다.

150 다음 중 "표면공급식 잠수"에 대한 설명이 아닌 것은?

① 현장지휘 및 통제가능
② 조류에 영향을 받는다.(최대1노트)
③ 공기공급의 무제한으로 장시간 해저체류가 가능
④ 기동성 저하

해설 양호한 수평이동과 최대 조류 2.5노트까지 작업가능

151 다음 (　) 안에 들어갈 내용을 바르게 나열한 것은?

> 안전정지란 스쿠버잠수 후 상승할 때에 수심 ( )m 지점에서 약 ( )분간 정지하여 상승속도를 완화하는 것을 말한다.

① 5, 5　　② 10, 8
③ 15, 10　　④ 20, 15

해설 안전정지란 스쿠버잠수 후 상승할 때에 수심 5m 지점에서 약 5분간 정지하여 상승속도를 완화하는 것을 말한다.★ ☆ 15년 소방장 / 20년 소방장

정답 149. ③　150. ②　151. ①

152 수중에서 "감압병"을 방지하기 위한 수심의 한계는 몇 m까지인가?

① 10m
② 20m
③ 30m
④ 50m

해설 ✪ 감압병★★ ☆ 12년 경북 소방장, 18년 소방교 · 소방장

① 감압병의 증세는 80% 정도가 잠수를 마친 후 1시간 이내에 나타나며 드물게는 12~24시간 이후에 나타나기도 한다.

② 감압병을 예방하는 방법은 수심 30m 이상 잠수하지 않으며, 상승 시 1분당 9m의 상승 속도를 준수하는 것이다.

153 수중탐색에서 "줄을 사용하는 탐색"형태는?

① 왕복탐색
② 소용돌이탐색
③ U자 탐색
④ 등고선탐색

해설 · 줄을 사용하는 탐색 : 원형탐색, 반원탐색, 왕복탐색, 직선탐색 ☆ 19년 소방장 / 20년 소방위

· 줄을 사용하지 않는 탐색 : 등고선탐색, U자 탐색, 소용돌이 탐색

154 비교적 "큰 물체를 탐색"하는데 적당한 방법은?

① 등고선 탐색
② U자 탐색
③ 소용돌이 탐색
④ 대각선 탐색

해설 소용돌이 탐색★ ☆ 17년 소방교 / 18년 소방위 / 19년 소방장 / 20년 소방위

비교적 큰 물체를 탐색하는데 적합한 방법으로 탐색구역의 중앙에서 출발하여 이동거리를 조금씩 증가시키면서 매번 한 쪽 방향으로 90°씩 회전하며 탐색한다.

155 "바다 수심 30m"에서 다이버는 몇 L의 공기가 필요한가? (단, 수면에서 분당 15L공기 소모)

① 30리터
② 35리터
③ 40리터
④ 60리터

해설 바다에서 수심 매 10m(33피트)마다 수압이 1기압씩 증가되므로 수심 20m에서 다이버는 수면에서 보다 3배나 많은 공기를 호흡에 사용한다는 뜻이다. 즉 다이버가 수면에서 1분에 15L의 공기가 필요하다면 30m에서는 60L의 공기가 필요하다.

정답 152. ③ 153. ① 154. ③ 155. ④

156 **건축 구조물의 재료에 따른 분류로 다음 내용과 관계있는 것은?**

> ㉠ 단열, 방음성이 있고 가벼우며 불연성이다.
> ㉡ 시공이 간편하고 대량 건축이 용이하다.
> ㉢ 강도가 약하다.

① 목재 ② 벽돌
③ 블록 ④ 콘크리트

해설 블록
단열, 방음성이 있고 가벼우며 불연성이다. 시공이 간편하고 대량 건축이 용이하나 강도가 약해 2층 정도가 한계이고 창고, 공장 등 면적이 넓은 건물의 내력벽이나 RC조 건물의 칸막이 벽, 담장 등으로 많이 사용된다.

157 **"화재 시 "콘크리트 변색순서"로 옳은 것은?**

① 붉은색 - 회색 - 황갈색 – 연홍색
② 연홍색 - 붉은색 - 회색 – 황갈색
③ 붉은색 - 회색 - 연홍색 – 황갈색
④ 연홍색 - 붉은색 - 황갈색 – 회색

해설 ✪ 화재가 콘크리트에 미치는 영향☆ 17년 소방위
- 230℃까지는 정상
- 290℃~590℃ : 연홍색이 붉은 색으로 변색
- 590℃~900℃ : 붉은색이 회색으로 변색
- 900℃ 이상 : 회색이 황갈색으로 변색(석회암은 흰색으로 변색)

158 **"철근콘크리트의 성립이유" 중 옳지 않은 것은?**

① 콘크리트는 철근이 부식되는 것을 방지한다.
② 콘크리트와 철근이 강력히 철근의 좌굴(挫屈)을 방지한다.
③ 철근과 콘크리트는 열팽창계수가 거의 같다.
④ 철근콘크리트는 철근에 비해 압축응력에서 큰 차이가 있다.

해설 ✪ 철근콘크리트의 성립이유
1. 콘크리트는 철근이 부식되는 것을 방지한다.
2. 콘크리트와 철근이 강력히 철근의 좌굴(挫屈)을 방지하며 압축응력에도 유효하게 대응한다.
3. 철근과 콘크리트는 열팽창계수가 거의 같다.
4. 내구·내화성을 가진 콘크리트가 철근을 피복하여 구조체는 내구성(耐久性)과 내화성(耐火性)을 가지게 된다.

정답 156. ③ 157. ② 158. ④

159 **"콘크리트에 일정한 하중을 주면 더 이상 하중을 증가시키지 않아도 시간의 흐름에 따라 변형이 더욱 진행되는 현상"을 무엇이라고 하는가?**

① 클리프(Creep)　　② 응력
③ 압축력　　④ 양생

해설 ✪ 콘크리트의 클리프(Creep)
콘크리트에 일정한 하중을 주면 더 이상 하중을 증가시키지 않아도 시간의 흐름에 따라 변형이 더욱 진행되는 현상을 말하며 클리프의 증가원인은 다음과 같다.
· 재령이 적은 콘크리트에 재하시기가 빠를수록
· 물 : 시멘트비 (W/C)가 클수록
· 대기습도가 적은 곳에 콘크리트를 건조상태로 노출시킨 경우
· 양생이 나쁜 경우
· 재하응력이 클수록 증가한다.

160 **"클리퍼의 증가원인"으로 옳은 것은?**

① 재령이 적은 콘크리트에 재하시기가 늦을수록 증가한다.
② 재하응력이 적을수록 증가한다.
③ 물, 시멘트비(W/C)가 적을수록 증가한다.
④ 대기습도가 적은 곳에 콘크리트를 건조상태로 노출시킨 경우 증가한다.

해설 ✪ 콘크리트의 클리프(Creep) 증가원인?
1. 재령이 적은 콘크리트에 재하시기가 빠를수록 증가한다.
2. 물 : 시멘트비(W/C)가 클수록 증가한다.
3. 대기습도가 적은 곳에 콘크리트를 건조상태로 노출시킨 경우 증가한다.
4. 양생이 나쁜 경우 증가한다.
5. 재하응력이 클수록 증가한다.

161 **콘크리트 화재성상에서 압축강도에 대한 설명으로 틀린 것은?**

① 콘크리트는 약 300℃에서 강도가 저하되기 시작한다.
② 힘을 받지 않고 있는 경우에는 강도저하가 덜 일어난다.
③ 응력이 미리 가해진 상태에서는 온도의 영향을 늦게 받는다.
④ 고온에서는 콘크리트의 압축강도가 저하되며 콘크리트중의 철근의 부착강도는 극심하게 저하된다.

해설 ✪ 콘크리트의 화재성상 압축강도의 저하★ ☆ 18년 소방위
콘크리트는 약 300℃에서 강도가 저하되기 시작하는데 힘을 받고 있지 않은 경우에 강도 저하가 더 심하게 일어나며 응력이 미리 가해진 상태에서는 온도의 영향을 늦게 받는다.

정답 159. ①　160. ①　161. ②

162 암벽사고 구조장비 중 유동 확보물로 옳게 짝지어진 것은?

㉠ 너트	㉡ 후렌드	㉢ 피톤	㉣ 하켄

① ㉠ ㉡
② ㉠ ㉢
③ ㉡ ㉢
④ ㉢ ㉣

해설 확보물은 등반자가 추락했을 때 제동시키는 일종의 지지점이다. 암벽에 망치로 두들겨 박은 볼트나 피톤등은 고정확보물이라 하고 바위가 갈라진 틈새에 설치하는 너트나 후렌드류는 유동확보물이라 한다. ☆ 18년 소방교

163 건물 붕괴 예상 시 안전지역 범위 설정은?

① 건물 높이의 1.5배 이상
② 건물 높이의 2배 이상
③ 건물 높이의 2.5배 이상
④ 건물 높이의 3배 이상

해설 붕괴안전지역은 건물 높이의 1.5배 이상으로 한다. 대원은 물론이고 소방차도 이 붕괴 안전지역 밖으로 이동해야 한다. ☆ 13년 경기 소방장, 18년 소방교

164 "손상된 건물의 가스시설 조치사항"으로 옳지 않은 것은?

① 가스누출이 의심되는 곳을 확인할 때는 성냥은 자제한다.
② 가스 누설지역에서는 공기호흡기를 사용하도록 한다.
③ 공기충전기는 누출장소에서 멀리 떨어진 곳에 설치한다.
④ 대형 가스공급관로를 차단할 때는 구조대원이 직접 한다.

해설 구조대원이 직접 대형 공급관로를 차단하지 않도록 한다. 이러한 조치는 반드시 관계전문가가 하도록 한다.

165 철골구조 내화피복 방법으로 다음 내용과 관계있는 것은?

철강재를 철근콘크리트로 피복하는 일반적인 방법

① 건식공법
② spray 공법
③ 현장 타설 공법
④ 내화도료 등을 칠하는 방법

정답 162. ① 163. ① 164. ④ 165. ③

해설

현장 타설 공법	철강재를 철근콘크리트로 피복하는 일반적인 방법
spray 공법	암면, 질석, 석고, 퍼레이트 및 시멘트 등의 혼합물을 강 구조에 뿜어 칠하는 방법
건식공법	벽체의 경우 경량 철골에 석고보드 등 방화 재료를 붙여서 내화구조체를 이루는 방법
내화도료 등을 칠하는 방법	석유화학공장 등의 외부에 노출된 철골이나 체육관 등 대 공간 철재구조물에 사용 방법

166 "붕괴사고 현장 구조의 4단계" 중 3단계에 해당되는 것은?

① 일반적인 잔해제거 ② 정찰
③ 부분 잔해제거 ④ 신속한 구조

해설 1단계(신속한 구조) – 2단계(정찰) – 3단계(부분 잔해 제거) – 4단계(일반적 잔해 제거)
☆ 14년 소방위, 16년 서울 소방장, 20년, 21년 소방교

167 다음의 건물붕괴의 유형 중 "시루떡처럼 겹쳐졌다"표현과 관련 있는 것은?

① 경사형 붕괴 ② 팬케이크형 붕괴
③ V자형 붕괴 ④ 캔틸레버형 붕괴

해설 팬케이크형 붕괴★☆ 11년 부산 소방장
① '시루떡처럼 겹쳐졌다'는 표현으로서 마주보는 두 외벽에 모두 결함이 발생하여 바닥이나 지붕이 아래로 무너져 내리는 경우에 발생한다.
② 팬케이크 붕괴에 의해 형성되는 공간은 다른 경우에 비해 협소하며 어디에 형성될는지 파악하기가 곤란하다.
③ 생존자가 발견될 것으로 예측되는 공간이 거의 생기지 않는 유형이지만 잔해 속에 생존자가 있다고 가정하고 구조활동에 임하여야 한다.

168 건물붕괴의 유형 중 "가장 안전하지 못하고 2차 붕괴에 가장 취약한 유형"은?

① 경사형 붕괴 ② 팬케이크형 붕괴
③ V자형 붕괴 ④ 캔틸레버형 붕괴

해설 캔틸레버형 붕괴 ☆ 14년 서울 소방장, 17년 소방장
① 각 붕괴의 유형 중에서 가장 안전하지 못하고 2차 붕괴에 가장 취약한 유형이다.
② 건물에 가해지는 충격에 의하여 한쪽 벽판이나 지붕 조립부분이 무너져 내리고 다른 한 쪽은 원형을 그대로 유지하고 있는 형태의 붕괴를 말한다.
③ 이때 요구조자가 생존할 수 있는 장소는 각 층들이 지탱되고 있는 끝 부분 아래에 생존공간이 생길 가능성이 많다.

정답 166. ③ 167. ② 168. ④

169 화재 시 경계하여야 할 건물붕괴 징후 가능성이 가장 낮은 것은?

① 철골조 건물에 대량 방수를 하였을 때
② 벽에 버팀목을 대 놓는 등 불안정한 구조로 보강한 흔적 있을 때
③ 삐걱거리거나 갈라지는 소리 등 비정상적 소음이 날 때
④ 석조 벽 사이 모르타르가 약화되어 기울어질 때

해설 ✪ 화재에서 경계하여야 할 건물붕괴 징후★ ☆ 18년 소방위 / 20년 소방교

1. 벽이나 바닥, 천장 그리고 지붕 구조물에 금이 가거나 틈이 있을 때
2. 벽에 버팀목을 대 놓는 등 불안정한 구조를 보강한 흔적이 있을 때
3. 엉성한 벽돌이나 블록, 건물에서 석재가 떨어져 내릴 때
4. 석조 벽 사이의 모르타르가 약화되어 기울어질 때
5. 건축 구조물일 기울거나 비틀어져 보일 때
6. 대형 기계장비나 집기 등 무거운 물체가 있는 아래층의 화재
7. 건축 구조물이 화재에 오랫동안 노출되었을 때
8. 비정상적인 소음(삐걱거리거나 갈라지는 소리 등)이 날 때
9. 건축구조물이 벽으로부터 물러났을 때

170 육체적 탐색방법으로 강당이나 넓은 거실 또는 구획이 없는 사무실에서 효과적인 방법은?

① 원형탐색 ② 선형탐색
③ 주변탐색 ④ 대각선 탐색

해설 넓은 공지(선형탐색)

※ 강당이나 넓은 거실, 구획이 없는 사무실에서는 선형 탐색법을 이용한다.
① 3~4m 간격으로 개활구역을 가로질러 일직선으로 대원들을 펼친다.
② 반대편에 이르기까지 전체 공간을 천천히 진행한다.

171 요구조자 탐색에 있어서 잔해에 터널 뚫기의 적당한 크기는?

① 폭 50cm, 높이가 75cm ② 폭 75cm, 높이가 90cm
③ 폭 90cm, 높이가 100cm ④ 폭 100cm, 높이가 110cm

해설 ✪ 잔해에 터널 뚫기★ ☆ 11년 부산 소방교

터널을 만드는 과정은 느리고 위험하기 때문에 요구조자에게 접근할 다른 수단이 없는 경우에만 선택하도록 한다.

① 터널은 구조대원이 요구조자를 구출하기에 충분한 크기로 뚫어야 한다.
② 폭이 75㎝ 정도이고 높이가 90㎝ 정도인 터널이 굴착과 구조활동에 적당한 크기인 것으로 알려져 있다.
③ 터널에서 갑자기 방향전환을 하게 만드는 것은 좋지 않다.
④ 가능하다면 터널은 벽을 따라서 혹은 벽과 콘크리트 바닥 사이에 만들어져 필요한 프레임을 단순화시키는 것이 좋다.
⑤ 수직 샤프트를 만드는 것도 수직방향, 사선방향으로 접근하기 위한 터널 뚫기의 한 형태이다.
⑥ 이러한 방식의 터널은 표면에서 잔해를 제거한 후 땅을 뚫고 만들게 되며 지하실 벽의 갈라진 틈에 도달하기 위해서 사용된다.

정답 169. ① 170. ② 171. ②

172 붕괴건물의 버팀목과 "지주설치" 요령으로 옳지 않은 것은?

① 같은 크기의 나무기둥은 지주가 짧을수록 더 큰 하중을 견딜 수 있다.
② 사고예방을 위하여 터널 안의 모든 것에 버팀목을 대는 것이 좋다.
③ 같은 단면을 가지는 직사각형 기둥보다는 정방형 기둥이 더 큰 하중을 견딘다.
④ 무거운 것보다는 가벼운 버팀목을 사용하는 것이 더 안전하다.

해설 가벼운 것보다는 무거운 것이 더 안전하다. ☆ 20년 소방위

173 "헬기 안전수칙"으로 잘못된 것은?

① 항상 조종사의 가시권 내에서 타거나 내려야 한다.
② 꼬리부분의 날개에 위험성이 있기 때문에 뒤쪽으로 접근하는 것은 엄금한다.
③ 구조대원의 신호가 있기 전까지는 헬기에 절대 다가가서는 안 된다.
④ 들것이나 우산, 스키 등 긴 물체는 가급적 수평으로 휴대한다.

해설 ✪ 헬기안전수칙

1. 항상 조종사의 가시권내에서 헬기에 타거나 내려야 한다.
2. 조종사의 신호가 있기 전까지는 헬기에 다가가서는 안 된다.
3. 조종사의 허가 없이는 기체 내로 들어가서는 안 되며, 탑승 시에는 머리를 숙인 자세로 올라타고 내려야 한다.
4. 꼬리부분의 날개에 위험성이 있기 때문에 뒤쪽으로 접근하는 것은 엄금한다.
5. 이륙하거나 착륙할 때 모든 사람들은 기체로부터 떨어져 있어야 한다.
6. 모자는 손에 들거나 끈을 단단히 조이고 착용하여야 하며 가벼운 자켓이나 조끼를 입어야 한다. 로터의 하향풍에 모자가 날려서 무의식적으로 이를 잡으려다가 사고가 발생할 수도 있다.
7. 들것이나 우산, 스키 등 긴 물체는 날개에 닿지 않도록 수평으로 휴대한다.

174 헬기활용 인명구조 활동에 대한 설명으로 옳은 것은?

① 추락한 환자의 경우 특별한 외상이 없다면 경추 및 척추 보호대를 착용할 필요는 없다.
② 요구조자가 다수인 경우 노인 및 어린이를 우선하고 중증환자의 순으로 한다.
③ 요구조자가 부상을 입었거나 장거리를 이송해야하는 경우 바스켓 들것을 이용하여 헬기 내부로 인양하는 것을 원칙으로 한다.
④ 요구조자를 들것으로 인양할 때에는 들것과 호이스트(Hoist)의 고리를 연결하는 로프의 길이를 가급적 길게 하는 것이 좋다.

해설 ✪ 헬기활용 인명구조 활동★★ ☆ 13년 울산 소방교

① 추락한 환자의 경우 특별한 외상이 없더라도 경추 및 척추 보호대를 착용시키는 것을 원칙으로 한다.
② 요구조자가 다수인 경우 중증환자를 우선하고 노인 및 어린이의 순으로 하며 기내에 수용 가능한 인원의 결정은 운항지휘자가 한다.
③ 육상에서 요구조자를 인양할 때 단거리일 경우 안전벨트를 착용시켜 인양하거나 구조낭으로 이송할 수도 있지만 요구조자가 부상을 입었거나 장거리를 이송해야하는 경우 바스켓 들것을 이용하여 헬기 내부로 인양하는 것을 원칙으로 한다.

정답 172. ④ 173. ③ 174. ③

④ 요구조자를 들것으로 인양할 때에는 들것과 호이스트(Hoist)의 고리를 연결하는 로프의 길이를 가급적 짧게 하는 것이 좋다. 로프가 너무 길면 호이스트를 모두 감아올려도 들것이 헬기 아래에 위치하게 되어 헬기 내부로 들것을 옮길 수 없는 경우가 발생한다.
⑤ 한 귀퉁이에 로프를 결착하고 지상대원이 들것이 인양되는 속도에 맞추어 서서히 풀어주어 들것의 흔들림이나 회전을 방지하도록 한다.(유도로프)

175 헬리포트가 없는 경우 착륙장 선정 시 고려사항으로서 옳은 것은?

① 수직 장애물이 없는 평탄한 지역(지면경사도 18° 이내)을 선정한다.
② 착륙장소와 장애물과의 경사도가 30° 이내로 이착륙이 가능한 곳을 선정한다.
③ 이착륙 경로(Flight Path) 10m 이내에 장애물이 없어야 한다.
④ 깃발, 연기, 연막탄 등으로 헬기 착륙을 유도한다.

해설 ✪ 헬리포트가 없는 장소에서 착륙장을 선정하는 경우 고려사항
1. 수직 장애물이 없는 평탄한 지역(지면경사도 8°이내)
2. 고압선, 전화선 등 장애물이 없는 곳
3. 착륙장소와 장애물과의 경사도가 12°이내로 이착륙이 가능한 곳을 선정한다.
4. 이착륙 경로(Flight Path) 30m 이내에 장애물이 없어야 한다.
5. 깃발, 연기, 연막탄 등으로 헬기 착륙을 유도한다.
6. 헬기의 바람에 날릴 우려가 있는 물체는 고정시키거나 제거하고 가능하면 먼지가 날지 않도록 표면에 물을 뿌려둔다.
7. 착륙지점 주변의 출입을 금지하며 경계요원을 배치한다.

176 헬기구조에서 환자에 대한 의료적인 문제로 잘못 설명된 것은?

① 일반적으로 1,000ft(300m) 이하 고도에서 환자의 산소공급은 육상에서의 긴급 후송에서와 같이 다룬다.
② 흉부 통증과 기흉(pneumothorax) 환자는 가능한 한 육상으로 이송하도록 한다.
③ 환자의 고통이 심해지고 호흡곤란, 의식 저하 등이 나타나면 고공비행을 해야 한다.
④ 순환기 계통에 영향을 주는 심한 출혈, 심장병, 빈혈 등 환자들을 비행기로 이송할 때에는 세심하게 관찰해야 한다.

해설 사상자를 항공편으로 후송해야 하는 경우 조종사들은 가능한 한 지표 가까이 비행하여야 한다. 환자의 고통이 심해지고 호흡곤란, 경련, 의식 저하 등이 나타나면 저공비행을 해야 한다. 산소공급으로 다소 고통을 완화할 수 있다.

177 헬기 유도요령으로 잘못된 것은?

① 현장에 자동차가 있는 경우 헤드라이트를 이용하여 착륙지점을 비추면 좋다.
② 유도 시에는 바람을 등지고 서서 헬기가 정면에서 바람을 맞을 수 있도록 유도한다.
③ 착륙장소로부터 가까운 곳에 위치하고 헬기에서 잘 관측할 수 있는 곳을 택한다.
④ 현장에서 헬기를 유도하는 요원은 헬멧을 착용하고 보호안경을 착용한다.

정답 175. ④ 176. ③ 177. ③

해설 ✪ 헬기유도

1. 헬기의 착륙을 유도하기 위해서는 수신호를 익혀두어야 한다.
2. 현장에서 헬기를 유도하는 요원은 헬멧을 착용하고 보호안경을 착용한다.
3. 착륙장소로부터 충분히 떨어져있고 헬기에서 잘 관측할 수 있는 곳을 택한다.
4. 유도 시에는 바람을 등지고 서서 헬기가 정면에서 바람을 맞을 수 있도록 유도한다.
5. 야간의 경우 조명은 필수적이다. 조명이 잘 갖추어져 있는 곳은 조종사의 지각을 도와준다.
6. 구조대원 개인적 조명등 사용을 조심하고, 특히 강한 불빛을 헬기 진행방향의 왼쪽으로 비추거나 조종사에게 직접적으로 빛을 비추는 것은 금지해야 한다.
7. 현장에 자동차가 있는 경우 헤드라이트를 이용하여 착륙지점을 비추면 좋다.

178 실종자 탐색 시 항공기로부터 일반적으로 ( )ft 이하, 시속( )마일 이하이다.

① 100ft, 50　　② 200ft, 60

③ 300ft, 60　　④ 400ft, 70

해설 항공기 구조의 비행범위 : 300ft(90m) 이하, 시속 60마일 이하

179 헬기유도 수신호 "공중정지"에 대한 수신호 요령이 맞는 것은?

① 주먹을 쥐고 팔을 머리로 올린다.

② 오른손을 들어 돌린다.

③ 오른손을 뒤로 하고 왼손가락으로 이륙방향 표시

④ 손바닥을 위로 팔을 뻗고 위로 움직임을 반복

해설

엔진시동	이 륙	공중정지	상 승
오른손을 들어 돌린다.	오른손을 뒤로 하고 왼손가락으로 이륙방향 표시한다.	주먹을 쥐고 팔을 머리로 올린다.	손바닥을 위로 팔을 뻗고 위로 움직임을 반복한다.

180 엘리베이터 구조에서 "승장"에 해당되는 것은?

① 레일　　② 도어틀

③ 균형추　　④ 이동케이블

해설 "도어틀"은 승장에 해당된다. ☆ 13년 서울 소방장, 소방위

레 일	카와 균형추의 승강안내를 위한 레일로 각각 승강로 벽에 견고히 부착되어 있다.
로프 (와이어로프)	카와 균형추를 매달고 있는 메인로프, 조속기와 카를 연결하는 조속기로프 등이 있으며, 각각 로프소켓 등으로 고정되어 있다.
균형추	카와 균형추는 로프에 두레박 식으로 연결되어 있다. 승강행정이 높은 것은 로프의 불균형을 시정하기 위해, 균형로프 또는 균형체인을 설치하는 경우도 있다.
이동케이블	승강로 내의 고정배선과 카의 기기를 전기적으로 연결하는 것으로 "테일코드"라고도 부른다.

정답 178. ③　179. ①　180. ②

181 **"엘리베이터 안전장치"에 대한 설명으로 옳지 않은 것은?**

① 와이어로프의 강도는 최대하중의 5배 이상의 안전율로 설치한다.
② 로프가 끊어져도 평소 이동속도의 1.4배 이상에서 작동되는 브레이크 장치로 인해 추락하지는 않는다.
③ 브레이크도 작동하지 않는 최악의 경우에 대비해 충격을 최소화할 수 있는 충격 완화 장치가 있다.
④ 과속, 과주행에 대해서는 이중안전장치가 있다.

해설 와이어로프의 강도는 최대하중의 10배 이상의 안전율로 설치한다. 20년 소방교

182 **엘리베이터 카의 속도를 일정하게 유지하는 장치는?**

① 리미트 스위치　　② 조속기
③ 도어 인터록 스위치　　④ 전자브레이크

해설 조속기는 카의 속도를 일정하게 유지시키기 위한 장치이다.☆ 12년 경북 소방장 / 20년 소방교

183 **조속기는 엘리베이터의 속도가 정격속도의 몇 배를 넘지 않는 범위 내에서 전자브레이크를 작동시키는가?**

① 1.3배　　② 2.3배
③ 3.3배　　④ 4.3배

해설

조속기 (governor) ☆ 12년 부산 소방장, 16년 서울 소방교	엘리베이터의 속도를 항상 감시하고 있다가 속도가 비정상적으로 증가하는 경우, 다음 두 가지 동작으로 속도를 제어한다.	
	제1 동작	엘리베이터의 속도가 정격속도의 1.3배(정격속도가 매분 45m/min 이하의 엘리베이터에 있어서는 매분 63m/min) 넘지 않는 범위 내에서 과속 스위치를 끊어, 전동기회로를 차단함과 동시에 선자브레이크를 작동시킨다.
	제2 동작	정격속도의 1.4배(정격속도가 매분 45m/min 이하의 엘리베이터에 있어서는 매분 68m/min)를 넘지 않는 범위 내에서 비상정지장치를 움직여 확실히 가이드레일을 붙잡아 카의 하강을 제지한다.

184 **엘리베이터 정지 시 "승객이 직접 탈출 가능한 카와 승장의 문턱"과의 거리차이는?**

① 60㎝ 이내　　② 40㎝ 이내
③ 20㎝ 이내　　④ 10㎝ 이내

해설 승장과 카의 높이 차이가 60cm 미만인 경우에는 승객이 직접 탈출할 수 있다.

정답 181. ① 182. ② 183. ① 184. ①

185 승장의 구성요소로서 "인디케이터(indicator)"라고 하는 것은?

① 도어틀
② 승장도어
③ 승장버튼
④ 위치표시기

해설 인디케이터(indicator)란, 위치표시기로서 램프의 점등 또는 디지털 방식으로 카가 위치한 층을 표시한다.

186 빌딩 내에서 화재가 발생한 경우 "엘리베이터 안전수칙"으로 옳지 않은 것은?

① 승강로의 구조상 굴뚝 역할을 하기 때문에 열과 연기의 통로가 될 수 있다.
② 피난 시에는 계단보다는 엘리베이터를 이용해야 신속히 탈출할 수 있다.
③ 빌딩내의 카는 모두 피난 층으로 집합시켜, 도어를 닫고 정지시켜 두는 것이 원칙이다.
④ 비상용 엘리베이터는 소화활동으로 사용할 수도 있다.

해설 소화 작업에 수반하는 전원차단 등으로 승객이 갇히게 될 우려가 있기 때문에 피난 시에는 엘리베이터를 사용하지 않고 계단을 이용해야 한다.

187 지진이 발생한 경우 엘리베이터 안전조치로서 틀린 것은?

① 주행 중인 카는 가장 가까운 층에서 정지, 승객이 피난 후 도어를 닫고 전원스위치를 차단한다.
② 엘리베이터는 지진에 의해 멈추는 수가 있기 때문에, 층간에서 갇히게 되는 것을 방지하기 위해 피난용으로 사용하지는 않는다.
③ 지진 후는 운전재개에 앞서 진도 4정도 이상의 경우는 관리기술자의 이상유무의 확인이 필요하다.
④ 구출 완료 후는 점검·확인이 끝날 때까지 운전을 중지해 둔다.

해설 지진 후는 운전재개에 앞서 진도 3정도 상당의 경우는 관리기술자, 진도 4정도 이상의 경우는 엘리베이터 전문기술자의 점검과 이상유무의 확인이 필요하다.

188 엘리베이터 고장으로 승장도어 및 카도어가 개방되지 않을 때 구출순서는?

㉠ 전원을 차단한다.
㉡ 승객이 카 도어를 연다.
㉢ 구조대원이 마스터키로 승장도어를 연다.
㉣ 카의 정지위치가 60㎝ 벗어나 있으면 사다리, 받침대를 넣어 구출한다.

① ㉠ - ㉡ - ㉢ - ㉣
② ㉠ - ㉢ - ㉡ - ㉣
③ ㉢ - ㉠ - ㉡ - ㉣
④ ㉢ - ㉡ - ㉣ - ㉠

정답 185. ④ 186. ② 187. ③ 188. ②

해설 전원차단-마스터 키로 개방-승객 카도어 개방- 카의 정지위치 60㎝ 벗어나 있으면 사다리, 받침대를 넣어 구출한다.

189 다음 중 "토사붕괴"시 조치사항과 거리가 먼 것은?

① 현장의 지휘장소는 재 붕괴의 염려가 없는 곳을 선택한다.
② 비교적 소규모일 때는 에어백이나 유압장비를 이용한다.
③ 굴착된 토사는 매몰 장소에서 가능한 한 먼 곳으로 운반한다.
④ 부근의 목재, 판넬 등을 활용하여 재 붕괴를 방지할 수 있는 조치를 취한다.

해설 도괴
① 주위에서의 재 붕괴, 미끄러 떨어지는 등 2차 재해발생 방지조치를 취한다.
② 비교적 소규모 또는 경량의 도괴물에는 에어백이나 유압장비를 이용한다.
③ 기타 경우에는 도괴개소의 범위를 확인하고 도괴물에 직접 작용하고 있는 물체와 상부의 장애물을 제거한다.
④ 도괴물을 들어올리거나 제거하는 것은 주위의 상황에 주의하면서 천천히 한다.

190 토사붕괴사고의 주원인이 아닌 것은?

① 균열의 발생과 균열로 움직이는 수압
② 굴착에 따른 흙의 제거로 지하공간의 형성
③ 외력, 지진, 폭발에 의한 진동
④ 물품의 불안정한 적재, 기계의 진동 등

해설 ✪ 붕괴사고의 주원인

사고구분	원 인
토사 붕괴	· 함수량의 증가로 흙의 단위용적 중량의 증가 · 균열의 발생과 균열로 움직이는 수압 · 굴착에 따른 흙의 제거로 지하공간의 형성 · 외력, 지진, 폭발에 의한 진동
건축물 붕괴	· 해체작업 현장에서의 오조작, 점검불량 · 물품의 불안정한 적재, 기계의 진동 등 · 자동차 충돌에 의한 가옥, 담의 도괴

191 굴착공사 시 토사붕괴 방지조치를 해야 하는 굴착의 길이는 얼마 이상인가?

① 1.5m　　② 5.5m
③ 10.5m　　④ 30.5m

해설 굴착공사 시 굴착의 길이가 1.5m을 넘는 경우에는 토사붕괴 방지조치☆ 16년 전북 소방장

정답 189. ② 190. ④ 191. ①

192 **토질에 따른 굴착 깊이와 경사도에 대한 내용으로 다음과 관련 있는 것은?**

> 굴착면의 깊이 5m 미만, 굴착명의 경사 90°

① 암반
② 점토
③ 암반 또는 견고한 점토
④ 폭발 등으로 붕괴하기 쉬운 지역

해설 ✪ 토질에 따른 굴착 깊이

토 질	굴착면의 깊이	굴착명의 경사
암반 또는 견고한 점토	5m 미만	90°
	5m 이상	75°
기타지역	2m 미만	90°
	2m~5m	75°
	5m 이상	60°
모래가 많은 토질	5m 미만 또는 35°	
폭발 등으로 붕괴하기 쉬운 지역	2m 미만 또는 35°	

193 **"인명구조견 능력"에 관한 내용으로 틀린 것은?**

① 냄새를 맡는 능력은 인간의 수천배(3,000~6,000배)이다.
② 사람 냄새를 맡아 추적할 때에 조난자의 냄새를 맡는 거리는 500m~1Km에 달한다.
③ 청각은 8만~10만의 진동음도 감청이 가능하다.
④ 음의 강약에 대해서는 16방향제 구별까지는 가능하다.

해설 ✪ 구조견의 능력

1. 냄새를 맡는 능력은 인간의 수천배(3,000~6,000배)에 이르며, 특히 초산은 4만배 특히 염산은 1백만배로 희석해도 식별할 수 있고, 또한 지방산에 대한 식별력은 보다 뛰어나 인간이 감각하는 1백만분의 1 이하의 농도에서도 판별이 가능하다.
2. 길에 버려진 성냥개비 한 개의 냄새로 버린 사람을 찾아 낼 수 있다. 부유취 냄새로 바람의 방향을 알고 사람 냄새를 맡아 추적할 때에 조난자의 냄새를 맡는 거리는 500m~1Km에 달한다.
3. 청각도 뛰어나 개의 가청 범위도 인간보다도 훨씬 넓다. 인간은 1초에 2만 5천의 진동음 밖에는 듣지 못하는데 비하여 개의 경우는 8만~10만의 진동음도 감청이 가능하다.
4. 음의 강약에 대해서는 인간의 10배나 뛰어나며 음원의 방향정위에 있어서도 인간의 16방향제에 비해 개의 경우는 그 배인 32방향의 구별이 가능하다. 특히 일정 단계의 훈련을 마친 개는 보다 향상된 기능을 갖게 되어 기계나 인간의 힘으로 처리 할 수 없는 어려운 상황에서도 그 뛰어난 능력을 발휘하며 인간에게 도움을 줄 수 있다.

정답 192. ③ 193. ④

194 "구조견 활용 시 고려할 사항"으로 틀린 것은?

① 눈 속 매몰자 구조(눈 아래 약 7m 정도까지 탐색 가능)
② 산악 지대의 행방불명자, 방향 추적으로 구조
③ 구조현장에서는 인명구조 대원보다 후순위 투입
④ 정확한 제보 없는 실종자를 구조견이 찾을 수는 없음

해설 현장에서의 先투입이란 구조대원이 수색한 지역을 구조견이 뒤이어 수색하게 되면 구조대원의 냄새가 지면이나 공중에 남아 유혹취로 작용되어 실종자 수색이 불리해진다.

195 다음 중 LNG와 LPG의 특성 비교한 것으로 옳은 것은?

① LNG는 LPG보다 비중이 높고 취사용으로 사용된다.
② 프로판, 부탄은 LPG의 주성분으로서 비중은 프로판이 높다.
③ LNG 주성분은 메탄이며, 자동차 또는 공업용으로 많이 쓰인다.
④ LPG의 주성분인 프로판은 취사용으로 사용되며, 액화온도는 −42℃이다.

해설 ✪ LNG와 LPG의 특성 비교

구 분	주성분	비 중	액화온도	열량(㎥)	폭발범위	용 도
LNG	메 탄	0.6	−162℃	10,500 kcal	5.3~14.0	취사용
LPG	프로판	1.5	−42℃	24,000 kcal	2.2~9.5	취사용
	부 탄	2.0	−0.5℃	30,000 kcal	1.9~8.5	자동차, 공업용

196 다음 중 가스 상태 분류에서 "용해가스"인 것은?

① 수소
② 아세틸렌
③ 메탄
④ 산화에틸렌

해설 ✪ 가스의 분류

구 분	분 류	성 질	종 류
가스 상태에 따른 분류	압축 가스	상온에서 압축하여도 액화하기 어려운 가스로 임계(기체가 액체로 되기 위한 최고온도)가 상온보다 낮아 상온에서 압축시켜도 액화되지 않고 단지 기체 상태로 압축된 가스를 말함	수소, 산소, 질소, 메탄 등
	액화 가스	상온에서 가압 또는 냉각에 의해 비교적 쉽게 액화되는 가스로 임계온도가 상온보다 높아 상온에서 압축시키면 비교적 쉽게 액화되어 액체상태로 용기에 충전하는 가스	액화암모니아, 염소, 프로판, 산화에틸렌 등
	용해 가스	가스의 독특한 특성 때문에 용매를 추진시킨 다공 물질에 용해시켜 사용되는 가스로 아세틸렌가스는 압축하거나 액화시키면 분해 폭발을 일으키므로 용기에 다공 물질과 가스를 잘 녹이는 용제(아세톤, 디메틸포름아미드 등)를 넣어 용해시켜 충전한다.	아세틸렌

정답 194. ③ 195. ④ 196. ②

197 **다음은 가스용기의 도색방법으로, "몸체도색이 청색"인 것은?**

① 산소 ② 액화탄산가스
③ 수소 ④ 액화석유가스

해설 가스용기의 도색 방법☆ 16년 대구 소방교, 서울 소방교

가스종류	몸체도색		글자색상		띠의 색상 (의료용)
	공업용	의료용	공업용	의료용	
산 소	녹 색		백 색		백 색
수 소	주황색		–		백 색
액화탄산가스	청 색		회 색		백 색
액화석유가스	회 색		–		적 색

198 **"LPG의 누설 시 조치사항"으로 잘못된 것은?**

① LPG는 공기보다 가벼우므로 높은 곳에 창문을 열도록 조치한다.
② 배관에서 누설되면 즉시 용기에서 가까운 밸브를 잠근다.
③ 용기의 안전밸브에서 가스가 누설될 때에는 용기에 물을 뿌려서 냉각시켜야 한다.
④ 용기밸브가 충격에 누설된 경우, 부근의 화기를 멀리하고 즉시 밸브를 잠가야 한다.

해설 LPG는 공기보다 무거워 낮은 곳에 고이게 되므로 특히 주의한다.

199 **다음 중 가스화재 소화요령을 설명한 것으로 옳지 않은 것은?**

① 고정되지 않은 LPG가스용기에는 봉상으로 대량 방수하는 것이 효과적이다.
② LPG가스 화재의 경우 초 순간진화기도 효과를 발휘한다.
③ LNG는 배관망을 통하여 공급된다. 따라서 누설된 LNG가 착화된 경우에는 누설원인을 차단해야 한다.
④ 체류 중인 가스는 작은 불씨에도 폭발할 위험성이 높지만 연소중인 가스는 오히려 폭발 위험이 낮다.

해설 고정되지 않은 가스용기에 봉상으로 대량 방수하면 용기가 쓰러져 더 큰 위험을 불러올 수 있으므로 주의하여야 한다.

200 **"산악기상특성"에 관한 설명으로서 옳지 않은 것은?*** ☆ 14년 서울 소방장

① 고도가 높을수록 산의 기온은 내려가며 50m마다 0.6℃가 내려간다.
② 하루 중 오전 4시에서 6시 사이의 온도가 가장 낮고 오후 2시의 온도가 가장 높다.
③ 같은 온도에서도 추위와 더위를 더 심하게 느끼는 경우를 체감온도라 한다.
④ -10～-25℃ 노출된 피부에서 시간이 경과하면 저체온증에 빠질 위험이 있다.

정답 197. ② 198. ① 199. ① 200. ①

해설 ① 고도가 높을수록 산의 기온은 내려가며 100m마다 0.6℃가 내려가고 하루 중 오전 4시에서 6시 사이의 온도가 가장 낮고 오후 2시의 온도가 가장 높다.
② 영하 10℃에서 풍속이 5㎧일 때 체감온도는 영하 13℃이지만 풍속이 시속 30㎧ 되면 체감온도가 영하 20℃까지 떨어져 강한 추위를 느끼게 된다.
③ 체감온도 10~-10℃에는 추위에 따른 불편함이 늘어나고 긴 옷이나 따뜻한 옷을 착용한다.
④ -10~-25℃ 노출된 피부에서 매우 찬 기운이 느껴지고 시간이 경과하면 저체온증에 빠질 위험이 있으며 -25~-40℃이면 10~15분 사이에 동상에 걸릴 수도 있다.
⑤ 기상청에서 사용하고 있는 체감온도 계산식은 다음과 같다.
· 체감온도(℃)=13.12 + 0.6215 × T − 11.37 × V0.16 + 0.3965 × V0.16 × T

201 통계상으로 눈사태가 가장 많이 일어나는 경사각은?

① 10~30°사이 ② 31~55°사이
③ 56~65°사이 ④ 66~85°사이

해설 ✪ 눈★☆ 13년 경북 소방장
① 평지와는 달리 산에서 눈의 위험성은 적설량(積雪量)을 기준(基準)할 수 없다. 산의 눈은 바람으로 인하여 때로는 지형(地形)을 변화시키고 또 온 산의 등산로(登山路)를 모두 덮기 때문에 평상시에 자주 다니던 산길도 길을 찾지 못하고 조난을 당하는 수가 있다.
② 눈사태는 적설량과 눈의 질(質) 그리고 기온과 지형, 지표면(地表面)의 경사각(傾斜角)에 의해서 일어난다. 통계상으로 눈사태는 경사가 31°~55° 사이에서 제일 많이 발생한다. 등산 또는 비박 시에는 이런 경사가 있는 좁은 골짜기는 피하는 것이 좋다.
③ 눈은 가볍고 사람의 몸은 무거워 저절로 가라앉고 움직이는 동안의 눈은 부드럽지만 눈의 흐름이 정지되는 즉시 콘크리트처럼 단단하게 굳어 빠져나올 수 없게 된다. 산행 시 경사가 급한 곳은 언제고 피하는 것이 좋다. 눈이 50Cm 이상 쌓이면 걷기가 어렵고 그 이상이면 스키를 타지 않는 한 목숨이 위태롭다.

202 산에서 발생하는 "안개"에 대한 특성으로 틀린 것은?

① 산에서 만나는 안개는 입자가 더 크고 짙은 것이 특징이다.
② 산에서 안개를 만나면 신속히 구조활동을 중단하고 하산하여야 한다.
③ 산안개는 바람과 해에 의해 쉬 걷힌다.
④ 이동할 경우 큰 원을 그리며 움직여 결국 출발지점에 도착하는 경우가 있다. 이를 "링반데룽(Ringwanderung)" 또는 "환상방황"이라 한다.

해설 안 개 ☆ 16년 서울 소방장
① 산에서 만나는 안개는 입자가 더 크고 짙은 것이 특징이다. 산에서 안개를 만나면 활동을 중지하고 한 자리에 머물러야 한다. 산안개는 바람과 해에 의해 쉬 걷힌다.
② 산에서 안개가 심하거나 일몰이나 눈이 쌓여 지형을 분간하기 힘든 경우 자신은 어떤 목표물을 향하여 전진하고 있다고 생각하지만 사실은 큰 원을 그리며 움직여 결국 출발지점에 도착하는 경우가 있다. 이를 "링반데룽(Ringwanderung)" 또는 "환상방황"이라 한다.
③ 이때에는 지체 없이 방향을 재확인하고 휴식을 충분히 취하며 안개나 강설이 걷힐 때까지 기다려야 한다.

정답 201. ② 202. ②

203 번개에 대한 설명으로서 잘못된 것은?

① 고적운과 적란운 그리고 태풍이 있을 때 일어난다.
② 번개는 바람이 강하고 기온이 낮은 오전에 많이 발생한다.
③ 양떼구름, 소나기구름 그리고 태풍이 있을 때는 반드시 번개가 있다는 것을 알고 대피하도록 한다.
④ 대피할 때에는 반드시 낮은 곳으로 이동하도록 한다.

해설 통계상으로 번개는 바람이 약하고 기온이 높은 오후에 많이 발생한다.

번 개	① 번개는 고적운과 적란운 그리고 태풍이 있을 때 일어난다. 통계상으로 번개는 바람이 약하고 기온이 높은 오후에 많이 발생한다. ② 양떼구름, 소나기구름 그리고 태풍이 있을 때는 반드시 번개가 있다는 것을 알고 쇠붙이는 몸에서 분리(分離), 절연(絶緣)시키고 쇠붙이가 있는 곳에서 멀리 피하는 것이 안전하다. 대피할 때에는 반드시 낮은 곳으로 이동하고 거기서도 벼락이 치는 각도를 생각해야 한다.

204 안개로 인하여 지형을 분간하지 못하고 계속 같은 장소를 맴도는 현상은?

① 환상방황 ② 격시등반
③ 안개혼미 ④ 수면방황

해설 ✪ 일명 링반데룽(Ringwanderung)이라고도 한다.

205 다음 중 번개가 가장 많이 발생하는 시간은?

① 23시~24시 ② 3시~4시
③ 16시~17시 ④ 15시~16시

해설

발생 순위	많이 발생시간	비 교
1	16시~17시	제일 많다
2	15시~16시	다음으로 많다
3	14시~15시	그 다음 많다
4	23시~24시	적다
5	3시~4시	가장 적다

206 저체온증에 대한 설명으로 틀린 것은?

① 체온이 35℃ 정도 내려가면, 피로감과 사고력이 저하되고 졸음 현상이 나타난다.
② 체온이 30℃ 내외로 떨어지면 경련이 일어나고 혈색이 창백해진다.
③ 추운 겨울에 고산지대에서 젖은 옷을 입고 있을 때만 자주 일어날 수 있는 현상이다.
④ 산악구조대원들 사이에서는 면직물로 된 속옷을 "죽음의 의상"이라고까지 부른다.

정답 203. ② 204. ① 205. ③ 206. ③

해설 ✪ 저체온증★ ☆ 10년 부산 소방장

1. 체온이 35℃ 정도로 내려가면, 피로감과 사고력이 저하되고 졸려오는 현상이 나타나며, 보행이 불규칙하고 말의 표현이 부정확하게 된다.
2. 체온이 30℃ 내외로 떨어지면 경련이 일어나고 혈색이 창백해지면서 근육이 굳어지고 맥박이 고르지 못하면서 의식이 흐려진다. 이때는 매우 위험한 상태가 된다.
3. 저체온증(Hypothermia)은 추운 겨울뿐 아니라 여름철에도 일어날 수 있으며 고산지대가 아닌 평지에서도 등산복이 비바람이나 눈에 젖은 것을 계속입고 있을 때 일어날 수도 있다.
4. 젖은 옷은 마른 옷보다 우리 몸의 열을 240배나 빨리 빼어간다. '체내에서 2g의 수분이 외부로 증발하면 약 1℃의 열이 손실된다.'는 미국 의학계의 보고도 있다.
5. 특히 면직물 소재의 내의(일반적으로 입는 런닝셔츠, 팬티 등)는 젖으면 잘 마르지 않기 때문에 등산용으로는 적합하지 않다. 산악구조대원들 사이에서는 면직물로 된 속옷을 "죽음의 의상"이라고 까지 부른다.

207 미국방화협회(NFPA)의 위험물 표시법에서 "₩"의 의미는?

① 인체와의 유해성 ② 화재와의 위험성
③ 물과의 위험성 ④ 환경의 오염성

해설 도표는 해당 화학물질의 "인체유해성", "화재위험성", "반응성", "기타 중요한 특성"을 나타내고 특별한 위험성이 없는 "0"에서부터 극도의 위험을 나타내는 "4"까지 다섯가지 숫자 등급을 이용하여 각 위험성의 정도를 나타낸다. 마름모형 도표에서 왼쪽은 청색으로 인체유해성을, 위쪽은 적색으로 화재위험성을, 오른쪽은 황색으로 반응성을 나타낸다. 특히 하단부는 주로 물과의 반응을 표시하기 위해 사용되는데 "₩"는 물의 사용이 위험하다는 것을 나타내고 산화성 화학물질은 ○ ×로 표시하기도 한다.

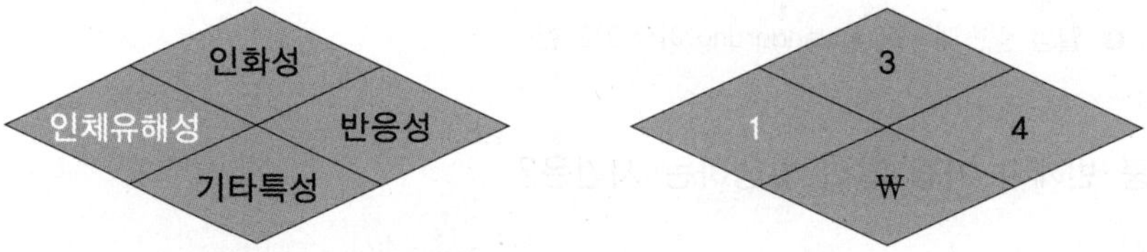

■ NFPA 704 표시법 ■

208 미국 방화협회 표시법에 대한 설명으로 잘못된 것은?

① 고정 설치된 위험물(Fixed Storage)에 대한 표시방법이다.
② 화학약품의 유해성을 확인하고자 하는 목적이다.
③ 마름모 형태의 도표인 위험식별 시스템은 물질의 누출 또는 화재와 같은 비상상태에서 각 화학물질의 고유한 위험과 위험도 순위를 한 눈에 알 수 있게 해 준다.
④ 소방대의 비상작업에 필요한 전술상의 안전조치 수립에 필요한 지침의 역할을 한다.

해설 ✪ 미국방화협회 표시법

① 고정 설치된 위험물(Fixed Storage)에 대한 표시방법이다.
② 마름모 형태의 도표인 위험식별 시스템은 물질의 누출 또는 화재와 같은 비상상태에서 각 화학물질의 고유한 위험과 위험도 순위를 한 눈에 알 수 있게 해 준다.
③ 이 방법은 화학약품의 유해성을 확인하고자 하는 목적이 아니고 소방대의 비상작업에 필요한 전술상의 안전조치 수립에 필요한 지침의 역할과 함께 이 물질에 노출된 사람의 생명보호를 위한 즉각적인 정보를 현

정답 207. ③ 208. ②

장에서 제공해 준다.

④ 또한 위험물질에 대한 전문적인 지식이 부족한 사람이라도 그 특성과 취급상의 위험요인을 한 눈에 파악할 수 있도록 해주는 것이다.

209 다음은 위험물질 표시방법으로 "건강이나 생명에 즉각적으로 위험을 미치는 농도"에 대한 표시는?

① LC　　② TD

③ LD　　④ IDLH

해설 ✪ 위험물질 표시의 이해★☆ 13년 서울 소방교

- LC(Lethal Concentration) : 대기 중 유해물질의 치사 농도(ppm)
- TD(Toxin Dose) : 사망 이외의 바람직하지 않은 독성작용을 나타낼 때의 투여량,
- LD(Lethal Dose) : 실험동물에 대하여 24시간 내 치사율로 나타낼 수 있는 투여량(mg/kg)
  - '경구투여 시 LD50≤25mg/kg(rat)'이라는 의미는 '쥐를 대상으로 실험했을 때 쥐의 몸무게 1kg당 25mg에 해당하는 양을 먹였을 경우 실험대상의 50%가 사망했다'는 의미임.
- IDLH(Immediately Dangerous to Life and Health) : 건강, 생명에 즉각적으로 위험이 미치는 농도
- TLV(Threshold Limit Value), TWA(Time Weighted Average)는 작업장에서 허용되는 농도

210 다음 GHS 표시와 관계있는 것은?

① 산화성　　② 부식성

③ 환경유해성　　④ 독성

해설 ✪ 국내 표시법과 GHS심벌의 비교★☆ 14년 경기 소방교 / 21년 소방장, 소방위

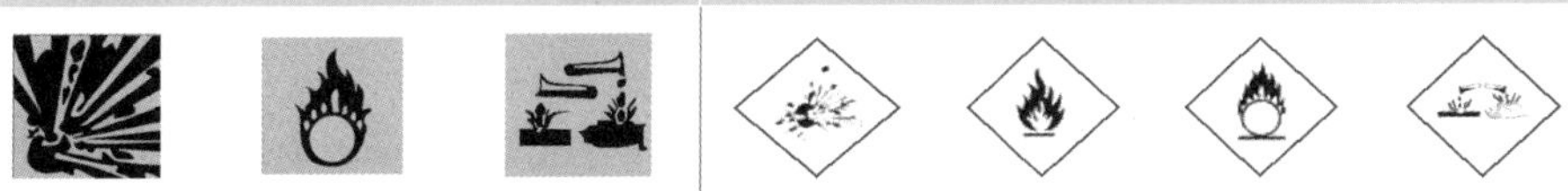

현 행			GHS 표시방법			
폭발성	산화성	부식성	폭발성	인화성	산화성	부식성

현 행			GHS 표시방법				
환경유해성	독성, 변이원성, 발암성	유해성	환경 유해성	독성	발암성, 변이원성, 생식독성	자극성	고압가스

정답 209. ④ 210. ①

211 미국교통국(DOT)의 수송표지의 색상이 가지는 의미를 연결한 것으로 바른 것은?

① 백 색 : 불연성(Non-Flammable)
② 녹 색 : 중독성(Inhalation)
③ 노란색 : 산화성(Oxidizer)
④ 빨간색 : 폭발성(Explosive)

해설 ✪ 각 placard의 색상이 가지는 의미★★☆ 16년 경기 소방장, 17년 소방위, 18년 소방장, 19년 소방장

1. 빨간색 : 가연성(Flammable)
2. 오렌지 : 폭발성(Explosive)
3. 노란색 : 산화성(Oxidizer)
4. 녹 색 : 불연성(Non-Flammable)
5. 파란색 : 금수성(Not Wet)
6. 백 색 : 중독성(Inhalation)

212 유해누출물질 처리에 있어서 물리적 방법이 아닌 것은?

① 흡착
② 소독
③ 희석
④ 폐기

해설 ✪ 화학적 방법 : 흡수, 유화처리, 중화, 응고, 소독☆ 17년 소방교, 19년 소방교 · 소방장
✪ 물리적 방법 : 흡착, 덮기, 희석, 폐기, (밀폐, 격납), (세척, 제거), 흡입, 공기확산

213 "유해물질사고 경계구역 구분"에 있어서 다음 내용과 관계 깊은 것은?

> 제독 · 제염소를 설치하고 모든 인원은 이곳을 통하여 출입하도록 해야 한다.

① 위험지역
② 안전지역
③ 경고지역
④ 준비지역

해설 경고지역(Worm Zonee)☆ 17년 소방장, 19년 소방장 · 소방위, 20년 소방교

- 요구조자를 구조하고 안전조치를 취하는 등 구조활동을 위한 공간으로 노란색으로 표시한다.
- 이 지역 안에 구조활동에 필요한 각종 장비를 설치하고 필요한 지원을 수행힌다.
- 경고지역에는 제독 · 제염소를 설치하고 모든 인원은 이곳을 통하여 출입하도록 해야 한다.
- 제독 · 제염을 마치기 전에는 어떠한 인원이나 장비도 경고지역을 벗어나서는 안 된다.

214 다음 내용과 관계 깊은 것은?

> 소방대원의 경우 헬멧과 방화복, 보안경, 장갑을 착용한 상태

① A급
② B급
③ C급
④ D급

해설 ✪ D급 방호복 ☆ 16년 소방위
호흡보호 장비가 없이 피부만을 보호하는 수준이다. 소방대원의 경우 헬멧과 방화복, 보안경, 장갑을 착용한 상태가 D급에 해당한다. 위험이 없는 Cold zone에서 활동하는 대원만 D급 방호복을 착용한다.

정답 211. ③ 212. ② 213. ② 214. ④

215 **다음은 오염의 형태에 대한 설명으로 (   )안에 들어갈 내용은?**

> 일반적으로 유독물질의 경우 (   )이라는 표현을 사용하고, 방사능 물질의 경우에는 (   )' 이라고 한다.

① 제독, 제염
② 제염, 흡착
③ 소독 제염
④ 제염, 제독

해설 ✪ 오염을 방지하고 정화하는 조치를 제독 또는 제염이라고 한다. 일반적으로 유독물질의 경우 '제독'이라는 표현을 사용하고, 방사능 물질의 경우에는 '제염'이라고 한다.

정답 215. ①

Chapter ⑧

구조현장 안전관리

제1절 안전관리의 기본

1 안전관리의 목표

(1) 소방 안전관리의 특성★★☆ 12년 소방위, 17년 소방장

· 일체성 · 적극성	호스연장 시 호스를 화재건물과 가까이 두고 연장하지 않도록 하는 것은 화재건물의 낙하물체나 고열의 복사열에 의한 호스손상을 방지하여 결과적으로 진압활동이나 인명구조 시 엄호주수가 완전히 이루어질 수 있도록 하기 위한 것이다. 이는 대원 자신의 안전으로 연결되어 소방활동이 적극적으로 실행될 수 있도록 한다. ※ 안전관리의 일체성, 적극성은 효과적인 소방활동을 염두에 둔 적극적인 행동대책이라고 할 수 있다.
· 특이성 · 양면성	① 소방활동은 임무수행과 안전 확보의 양립이 요구되고 있다. ② 위험성을 수반하는 임무수행이 전제된 때에 안전관리 개념이 성립된다. ③ 화재현장의 위험을 확인한 후에 임무수행과 안전 확보를 양립시키는 특이성·양면성이 있다.
· 계속성 · 반복성	① 안전관리에는 끝이 없으므로 반복하여 실행하여야 한다. ② 소방활동의 안전관리는 출동에서 귀소까지 한 순간도 끊임없이 계속된다. ③ 평소의 교육, 훈련이나 기기 점검 등도 안전관리상 중요한 요소이다.

2 안전관리 대책 수립

(1) 조직적 대책☆ 18년 소방장

안전관리의 조직적 대책은 화재출동 및 훈련, 연습 시에 있어서 명령 및 책임체제를 명확히 하고 안전규칙과 활동기준을 정하여 안전대책을 추진하는 것이다.

① 안전관리 담당 부서의 설치

② 안전책임자 및 요원의 제도화

③ 훈련, 연습실시 및 안전관리에 관한 규칙제정 등

(2) 장비적 대책

소방활동의 효율화, 안전화를 추진하기 위하여 소방대가 사용하는 기기, 기자재 등의 적정한 활용, 현장 특성에 맞는 장비개발, 개량에 의한 안전·경량화 등과 적정한 유지관리가 중요하다.

① 개인장구의 정비 : 공기호흡기, 방호복, 안전모, 개인로프, 손전등 등

② 훈련용 안전기구의 정비 : 안전매트, 안전네트, 로프보호대, 훈련용 인형 등

③ **소방용 기구의 점검·정비** : 차량, 통신장비, 진압·구조·구급장비 등

(3) 교육적 대책

안전교육은 '할 수 있다'라는 인식을 몸에 지니고, 반복 숙달로 익숙해진 능력이 안전의식이나 안전행동으로 나타나 실행에 옮길 수 있도록 하는 것이다. 따라서 화재진압 또는 인명구조 등의 교육·훈련과정에서 지속적·반복적인 교육을 실시함으로서 실전에 응용할 수 있도록 세심하고 면밀한 주의가 필요하다.

① **안전관리 교육** : 일상교육, 특별교육, 기관교육

② 소속기관의 안전담당자에 대한 교육

③ **학교연수에 의한 안전교육** : 기본교육, 전문교육

④ **자료의 활용** : 동종·유사사고의 방지를 도모하기 위하여 각종 사고사례를 분석하여 소방활동 자료로서 활용하고 위험예지 훈련 등을 통하여 안전수준의 향상을 기하도록 한다.

> ✪ 위험예지훈련 : 특정한 현장상황을 설정하고 작업 중에 발생할 수 있는 위험요인을 발견·파악하여 그에 따른 대책을 강구함으로서 동일 또는 유사한 상황에서 사전에 위험요인을 제거할 수 있도록 하는 훈련

(4) 안전관리체계 확립

① 현장 활동시의 안전관리체계

㉠ 화재 및 각종 사고현장에서 활동할 때 지휘관은 지휘계통을 확립하고 각자의 책임을 명확히 하여야 한다.

㉡ 현장지휘관은 항상 상황변화를 추측하고 전반적인 상황추이를 냉정히 판단하고 활동환경을 확보하며 부대활동 안전유지에 만전을 기울인 전술을 결정하여야 임무를 다하는 것이다.

㉢ 지휘관은 평소부터 대원에 대하여 기자재 및 장비의 적정한 운용에 대하여 교육을 실시하여 소방활동 시에는 최선의 상태로 활용될 수 있도록 관리를 철저히 해야 한다.

㉣ 혼란한 현장은 사고 발생 위험이 높다. 대원의 행동 파악에 국한하지 말고 활동환경, 기자재 활용 등의 상황을 정확히 파악하여 위험이 예측될 때는 적절한 조치를 강구할 책무가 있다.

㉤ 각 대원은 평소 체력 및 기술 연마를 통하여 어떠한 상황에 직면하여도 적절히 대처할 수 있는 판단력, 행동력을 배양하여 현장활동 시의 안전 확보를 위하여 스스로 노력하여야 한다.

② 훈련·연습 시 안전관리체제

㉠ 각종화재에 대응할 강인한 대원을 육성하기 위하여 활동기술 습득, 지휘능력 향상을 기본으로 실전적 훈련을 추진하는 것이다.

㉡ 훈련·연습은 실제 화재에 있어서 사고를 방지하기 위한 유일한 기회이다.

㉢ 아무리 강도 높은 실전적 훈련이라고 하더라도 실제 화재와는 근본적으로 다른 것이다.

㉣ 훈련에는 자연발생적인 위기감과 긴박감이 없고 만들어진 약속마다의 상황판단과 행동에 한계가 있다.

ⓜ 그래서 실제 화재와 같이 안전한계 최대의 행동은 없고 훈련에 있어서의 안전은 확보되어 있는 것이다.

ⓗ 안전을 보장할 수 없는 위험한 훈련을 하여서는 아니 되며 사고를 발생시키지 않는 것이 전제이다. 훈련에 있어서 부상자가 발생하는 것은 이점에서 예외적인 것이다.

ⓢ 훈련 또는 연습 시에는 계획 단계부터 시설, 장소, 환경 및 기자재 등에 대하여 사전 점검으로 안전여부를 확인하고 지휘체계를 확립하여 안전관리체제를 유지할 수 있도록 하여야 한다.

ⓞ 훈련 또는 연습시의 안전관리 주체는 지휘관과 대원 모두이며 기본적으로는 화재활동시의 지휘체제에 준하여 하는 것이 원칙이다.

ⓙ 사전계획의 단계로부터 안전관리상 문제점을 발견하여 훈련, 연습계획에 덧붙여 실시할 때에는 이 문제점을 제거할 수 있는 조치를 취하고, 훈련의 특성상 문제점을 제거하여서는 소기의 목적을 달성할 수 없는 경우 안전장비를 충분히 활용하고 훈련 단계마다 안전관리 담당자를 배치하여 훈련한다.

ⓒ 훈련 종료 후 문제점을 재검토하여 다음의 훈련 혹은 소방활동 시 안전관리에 반영하여야 한다.

제2절 상황별 현장안전관리

1 위험요인

사고의 일반적 양상은 물건의 충돌 또는 접촉에 의하여 발생하는 것이고, 그 요인은 인적, 물적, 환경적요인 또는 이들 상호간의 불안전한 행위·상대에 있을 때 일어나는 것이다. 이와 같이 볼 때 이론적으로는 이들 위험요인을 사전에 제거하면 사고는 일어나지 않을 것이다.

(1) 사고발생의 기본적 모델

사고발생은 인적·물적·환경적 위험요인에 의하여 발생하거나 이들의 경합에 의하여 발생하고 불가항력에 의한 사고란 거의 없다.

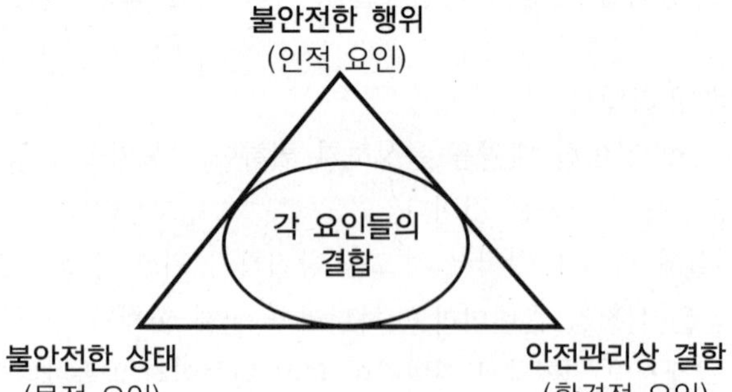

■ 사고발생의 모델 ■

(2) 위험요인 분석

① 인적 요인(불안전한 행위)

구 분	위험요인
모른다.	· 안전행위에 대한 지식부족 – 교육 불충분, 이해 및 기억 불충분, 망각
할 수 없다.	· 능력부족으로 완전하게 실행할 수 없다. – 기능미숙, 작업량과다, 어려움 · 능력은 있지만 완전하게 발휘할 수는 없다. – 심신 부조화, 환경의 불량, 조건의 부적합
하지 않는다.	· 안전행위에 대하여 지식은 있지만 실행하지 않는다. – 상황파악의 오류, 무의식, 고의 · 규율준수에 잘못이 있다. – 무의식(의식저하), 고의, 수줍음

② 물적 요인(불안전한 상태)

구 분	위험요인
장소, 시설 설비, 기자재 장비, 피복	· 상태의 불량 : 강도부족, 강도저하(노화, 부식, 손괴, 소손) · 기능의 불량 : 기능저하, 고장 · 구조의 불비 : 조작, 취급불량 · 흠결 등 : 설계불량, 재질불량

③ 환경적 요인

구 분	위험요인
자연환경 등	· 기후, 기상 등의 불량 : 비, 바람, 서리, 냉해, 연기, 유해가스 등
훈련(작업) 환경	· 정리・정돈의 불량 : 불용품의 방치, 정리・정돈 불량, 흠결 · 형상배치 불량 : 협소, 지형, 요철, 불비, 난잡 · 설비의 불량 : 소음, 조명, 환기, 경보 등

(3) 위험요인 회피 능력배양

위험요인을 피하기 위해서는 대원 스스로 위험한 현상을 관찰하고 위험요인을 예측하여 이에 대한 감수성을 키워야 하며, 다음 능력을 익히고 실천하여야 한다.

① **외적 위험요인 예지능력** : 대원 스스로 과거의 경험과 지식에 의해 오감 등 으로 판단하여 주위에 있는 위험요인을 발견해 내는 능력

② **내적 위험요인 통제능력** : 자기 내면에 있는 위험요인 즉, 자기중심적인 사고나 감정을 올바른 방향으로 통제할 수 있는 능력

③ **실행능력** : 외적・내적 위험요인을 판단하고 이것을 행동으로 실행하는 능력

(4) 건강과 체력의 유지

소방업무는 모든 작업 중에서도 가장 위험하고 가장 힘든 일에 속한다고 할 수 있다. 화재를 진압하고 장애물을 제거하며 무거운 장비를 운반하고 요구조자를 구출하는 등의 소방업무는 강한 근력과 심폐지구력이 필요하다.

이러한 체력단련 프로그램에는 근력강화를 위한 웨이트 트레이닝과 심폐지구력 향상을 위한 유산소 운동, 신체의 유연성을 강화하기 위한 스트레칭 등이 포함되도록 구성하고 일과시간 중에 규칙적으로 시행하여야 한다.

안전관리 10대 원칙☆ 20년 소방위

1. 안전관리는 임무수행을 전제로 하는 적극적 행동대책이다.
2. 화재현장은 항상 위험성이 잠재하고 있으므로 안일한 태도를 버리고 항상 경계심을 게을리 하지 말라.
3. 지휘자의 장악으로부터 벗어난다는 것은 중대한 사고에 연결되는 것이므로 독단적 행동을 삼가고 적극적으로 지휘자의 장악 안에 들어가도록 하라.
4. 위험에 관한 정보는 현장 전원에게 신속하고 철저하게 주지시키도록 하라. 위험을 먼저 안 사람은 즉시 지휘본부에 보고하고 긴급 시는 주위에 전파하여 위험을 사전 방지토록 하라.
5. 흥분, 당황한 행동은 사고의 원인이 되므로 어떠한 상황하에서도 냉정, 침착성을 잃지 않도록 하라.
6. 기계, 장비에 대한 기능, 성능 한계를 명확히 알고 안전조작에 숙달토록 하라.
7. 안전확보의 기본은 자기방어 이므로 자기안전은 자기 스스로 확보하라.
8. 안전확보의 첫 걸음은 완벽한 준비에서 시작된다. 완전한 복장과 장비를 갖추고 안정된 마음으로 정확히 행동에 옮겨라.
9. 안전확보의 전제는 강인한 체력, 기력에 있으므로 평소 체력, 기력 연마에 힘쓰라.
10. 사고사례는 산 교훈이므로 심층 분석하여 행동지침으로 생활화시키도록 하라.

2 구조현장 안전관리

(1) 구조 활동 일반 ☆ 21년 소방장

화재 이외의 구조작업으로는 기계, 건물, 공작물, 전기, 교통사고, 수난, 풍수해 및 산악 등지에서 사고가 발생하며 일반적으로 활동환경이 열악하고 행동장애가 많으므로 2차적인 재해발생에 의한 대원의 부상 위험성이 높다.

① 구조장비의 사용방법을 잘 모르거나 성능한계를 초과하여 사용하면 장비의 오작동, 고장 등으로 사고의 위험이 있으므로 장비의 정확한 작동방법과 제원, 성능을 파악하고 취급에 숙달하여야 한다.

② 윈치 등을 이용하여 로프를 설치하는 경우 로프의 인장력을 초과하여 당기게 되기 쉬우며 이 경우 로프가 절단되거나 지지물의 파손, 붕괴 등 뜻하지 않은 사고가 발생할 우려가 있다. 로프가 지나친 장력을 받지 않도록 주의해야 하며 아울러 지지물 파손 등에 의한 2차 사고를 방지하기 위하여 안전한 장소를 선정한다.

③ 구조활동을 위해 설치한 로프나 와이어, 유압호스 등에 대원이 걸려 넘어지기도 하고, 설치된 장비가 작동하지 않는 경우 오히려 장애물이 될 수도 있음을 주의한다. 특히 야간에는 조명기구를 설치하여 사고방지에 노력한다.

④ 현장에 설치한 장비가 쓰러져 대원이 부상당할 위험이 있으므로 잘 정리 정돈하여 둔다. 장시간 구조활동을 전개할 때에는 피로가 누적되어 주의력이 산만 해지고 장비 등에 걸려 넘어져 부상당할 우려가 있으므로 장시간 작업자는 교대할 수 있도록 조치한다.

(2) 교통사고(자동차 사고)

사고발생에 따라서 차체가 파손, 변형되면 불안정한 상태가 되고 구조활동시는 요구조자의 부상부위 악화방지에도 주의하여야 하므로 신중한 행동이 요구된다. 또한 작업장소가 일반적으로 좁기 때문에 대원행동이 제한되기도 하고 활용할 수 있는 장비가 제한되는 등 활동장애 요인이 많다.

① 출동한 차량은 주행하는 일반차량으로부터 2차적 사고를 방지할 수 있는 장소에 주차하고 작업장소 후면에 경광등 또는 반사 표지판을 설치하여 구조활동 중임을 표시한다.

② 일반차량이 주행하는 도로에서는 작업할 때에는 불의의 접촉사고가 발생하여 부상당할 위험이 높으므로 사고가 발생한 차선 밖으로 나가지 않도록 조심하고 로프 등으로 활동구역을 설정한다.

③ 구조활동 중에 사고차량이 움직이지 않도록 확실히 고정한다.

④ 사고차량으로부터 누설된 연료나 오일에 인화하여 대원 및 요구조자가 화상을 입을 위험이 있으므로 사고차량의 엔진 정지 및 배터리 단자를 제거하는 등의 안전조치를 한다.

⑤ 가스 절단기 등 불꽃이 발생하는 장비를 사용할 때에는 주변의 가연물을 제거하고 소화기 또는 경계관창을 배치하여 화재에 대비토록 한다.

⑥ 파괴된 유리창에 붙어있는 유리조각은 완전히 제거하고 파손된 금속 등 예리한 부분은 안쪽으로 꺾어놓은 후 천 등으로 덮어 활동 중 접촉에 의한 사고방지를 도모한다.

⑦ 화물차의 경우 적재물이 낙하 또는 붕괴하여 대원이 부상을 입거나 활동에 장애를 받을 수 있으므로 사전에 제거, 고정 등 확실한 조치를 취한다.

(3) 수난사고

① 육상에서의 구조

수난사고일지라도 연안이나 하천가, 교량의 하부 등지에서 사고가 발생하면 구조할 수 있는 거점을 육상에서 두게 되지만 발판이 불안정한 장소가 거점이 되는 경우에는 넘어지거나 물속에 빠질 위험이 있다.

㉠ 연안, 방파제 위에서는 발 앞의 울퉁불퉁한 장애물 등의 유무를 확인하여 넘어지거나 빠지지 않도록 주의한다.

㉡ 사다리차를 활용하여 구조할 경우는 회전 등에 의해 대원이 부상당할 위험이 있으므로 평탄하고 지반의 견고한 장소를 선정하여 부서 한다.

㉢ 연안 등에서 요구조자에게 구명부환을 투입하는 경우에는 신체의 균형에 주의하고 안정된 자세로 행하며 필요에 따라 로프로 몸을 확보한다.

㉣ 물속에는 금속 등의 위험한 물품과 부유물 등 행동상 장애물이 있으므로 맨발로 입수하지 않도록 하여 부상방지에 주의한다.

㉤ 익수된 요구조자에게 주의하지 않고 접근하면 물속으로 끌려 들어갈 우려가 있으므로 요구조자의 후면으로부터 신중히 접근한다. 또한 이 경우 구조원은 구명재킷 또는 부환에

확보로프를 연결하여 안전을 확보한다.

② 배에 의한 구조☆ 21년 소방장

작은 선박은 파도의 영향을 받아 크게 동요되고 대원의 이동, 요구조자의 수용 등에서 배의 균형이 깨지면서 대원이나 장비가 물속으로 빠질 위험이 있다.

㉠ 승선하는 대원은 구명조끼를 착용하고, 물속에 빠지는 경우에도 쉽게 신발을 벗고 수영할 수 있도록 간편한 복장을 착용하는 등 사전 대비를 취한다.

㉡ 승선할 때 물 속으로 빠지지 않도록 몸의 균형을 유지하면서 서서히 체중을 이동한다.

㉢ 승선 시 대원이 이동할 때는 자세를 낮추고 지지물을 잡는 등 물 속으로 빠지지 않도록 주의한다.

㉣ 야간과 짙은 안개 속에서는 항해중인 선박과 충돌할 우려가 있으므로 등화 및 확성기 등으로 항해중인 선박에 주의를 환기한다.

㉤ <u>운항 중에는 횡파를 받아 전복할 우려가 있으므로 파도와 직각으로 부딪히지 않도록 항해에 주의한다.</u>

㉥ 작은 선박 위에서 요구조자를 직접 구조하는 경우에는 선수나 선미측에서 신체를 끌어올리고 배의 균형 유지에 주의한다. 상황에 따라 부환 등을 사용한다.

㉦ 배 한척에 요구조자를 인도할 때는 불안정한 측면을 피하여 배 후미에 끌어올린다.

③ 잠수구조 ☆ 21년 소방장

잠수 활동은 물의 속도, 수온, 수심, 수중시계 저하 및 장애물 등에 의해 육체적인 피로, 정신적, 생리적인 부담이 크고 직접 대원의 생명에 관한 위험이 잠재하고 있으므로 대원 상호간에 연계가 필요하다.

㉠ 잠수활동 중에는 활동구역 주변에 경계선을 배치하여 감시를 강화하고 확성기, 부표, 적색등, 기타 등화 등으로 일반 항해선에 잠수활동 중에 있는 것을 주지시키고 활동구역 부근으로 진입하지 않도록 통제한다.

㉡ 잠수대원은 수시로 압력계를 확인하고 스쿠버장비 고장 등 긴급 시에는 짝에게 알려 상대의 호흡기를 사용하여 상호 호흡하거나, 상대방의 비상용 호흡기를 사용하여 규정의 속도로 부상한다.

㉢ 잠수 중 어망 등의 장애물에 걸린 경우에는 동료에게 알리고 냉정히 행동한다. 또한 잠수할 때는 수중의 장애물을 제거할 수 있도록 스쿠버나이프를 반드시 휴대한다.

㉣ 잠수대원은 스쿠버장비를 사용하여 잠수 중 긴급 부상할 때에는 감압증을 방지하기 위하여 반드시 숨을 쉬면서 부상한다.

㉤ 잠수대원이 선박에 접근하는 경우에는 승선원과 연락을 취해 스크류가 정지된 상태임을 확인하여 사고 방지에 유의한다.

㉥ 폐수 등으로 오염된 현장에서 잠수활동을 할 경우는 구조활동 종료 후 맑은 물로 신체를 씻는다.

㉦ 잠수활동 종료 후는 잠수시간, 잠수 심도에 따라 체내가스 감압을 위하여 규정의 휴식시간을 취한다.

ⓞ 잠수대원은 다음과 같은 질병 또는 피로 등 신체적 정신적 이상이 있을 때는 잠수하지 않는다.
ⓐ 중풍, 두통, 소화기계 질환 또는 질환에 의해 몸 조절이 나쁜 자(눈병, 치통 등 국부적인 것도 포함)
ⓑ 외상, 피부병, 기타 피부에 이상이 있는 자
ⓒ 피로가 현저한 자
ⓓ 정신적 부담, 동요 등이 현저한 자

ⓩ 잠수대원은 잠수 중 사고방지를 위한 조치를 숙지할 것
ⓐ 잠수기구 고장에 대응한 조치
ⓑ 잠수 장애의 배제 또는 사고발생시 조치
ⓒ 수압 감압에 대응하는 조치 등

(4) 건물, 공작물

① 공통사항

건물 부대시설 또는 공작물 사고에서 요구조자는 도괴물이나 공작물의 틈에 끼어 탈출이 곤란한 경우가 많이 발생한다. 작업위치도 불안정하고 좁은 장소에서 발생하므로 활동상 장애가 많고 대원의 2차적 사고 발생 위험도 높다.

㉠ 발코니, 베란다 등은 외관상 견고하게 보여도 쉽게 무너지는 경우가 있으므로 진입 전에 갈고리 등으로 끌어당기기도 하고 연장한 사다리를 흔들어서 강도를 확인한다.

㉡ 철제 트랩 등은 부식하여 무너지기 쉽게 되어있는 경우가 있으므로 한 계단씩 강도를 확인하면서 오르내린다. 무거운 장비를 휴대한 경우 가급적 다른 통로를 이용한다.

㉢ 로프 확보지점으로서 활용하는 창틀과 기둥 등은 강도 부족으로 빠지거나 떨어지는 위험이 있으므로 가능한 한 로프를 결속하기 전에 끌어당기는 등 방법으로 강도를 확인한다. 로프의 경유점은 2개소 이상으로 한다.

㉣ 작업장소가 높고 협소한 경우는 대원간에 부딪혀서 추락하거나 로프에 휘감기는 등의 위험이 있으므로 진입하는 대원은 필요한 최소한으로 제한하고 장비를 정리하여 활동공간을 확보한다.

㉤ 좁은 복도와 계단에서 들것을 이용하여 요구조자를 운반할 경우 들것을 놓쳐 발에 떨어뜨리기도 하고 허리에 부딪혀서 부상당할 위험이 있으므로 대원 상호간에 신호를 하고 발 앞을 확인하면서 행동한다.

② 도괴 시

건물, 공작물 도괴현장은 부주의한 파괴나 도괴물을 들어 올릴 때에는 2차적인 도괴와 전체 붕괴 등의 위험성이 있으므로 대원의 구출행동은 신중을 기해야 한다.

㉠ 도괴현장에서는 구조활동 중에 유리조각이나 합석판 등의 예리한 물체에 부상당할 위험이 있으므로 활동 범위 내의 파편 등 날카로운 부분은 구부려 꺾거나 목재, 천 등으로 덮어 둔다.

㉡ 도괴현장에는 못, 볼트 등을 대원이 밟아 찔릴 위험이 있으므로 안전화를 신고 산란물 위를 부주의하게 걷지 않는다.

㉢ 대원이 도괴물 위를 넘어가는 경우 넘어지거나 무너지는 등의 위험이 있으므로 발 앞의 강도, 안정도 등을 확인한 후 체중을 걸친다.

㉣ 도괴물을 파괴하여 제거할 경우 파괴할 때 충격으로 예상외의 장소가 붕괴하여 대원이 부상당할 위험이 있으므로 주위 상황을 확인하면서 서서히 힘을 가한다.

㉤ 모래, 먼지 등이 부유하는 장소에는 눈과 호흡기를 보호하기 위하여 방진안경, 방진마스크 등을 활용한다.

③ 높은 곳에서의 활동

높은 곳에서 활동할 때는 대원이 떨어지거나 파괴물 혹은 기자재 등의 낙하에 의한 대원의 부상위험이 있으므로 안전로프를 결착하여 낙하를 방지하고 아래쪽에는 출입을 규제 하는 등의 안전조치를 취할 필요가 있다.

㉠ 사다리차의 사다리에서 곤도라 등의 불안정한 장소로 옮길 경우 미끄러지기거나 균형을 잃기도 하고 혹은 공포심 등으로 신체가 생각지도 않게 움직여 추락할 위험이 있으므로 로프를 사다리에 묶든지 견고한 지지물에 결속하고 진입할 장소에 설치된 발판의 안정도를 확인한다.

㉡ 높은 곳에 있어서의 구조활동은 일반적으로 활동공간이 좁고 장소가 한정되어 있는 것이 많으므로 낙하위험이 있는 기자재는 로프 등으로 낙하방지 조치를 취한다. 또한 아래쪽의 낙하 예측범위에 경계구역을 설정하고 감시요원을 배치하여 출입을 규제한다.

④ 지하공작물

건물, 공작물 지하부분 및 낮은 곳에 있어서 구조활동은 일반적으로 어둡고 협소하여 활동이 힘들고 큰 장비는 활용이 어려우므로 공간을 고려하여 장비를 선택하여야 한다. 또한 환기가 불충분하거나 유독물질이 체류하는 경우가 많으므로 호흡보호에 만전을 기해야 한다.

㉠ 공사현장에서의 구조활동은 지반, 기자재 등에 걸려 넘어지기도 하고 추락할 위험이 있으므로 주의한다.

㉡ 낮은 곳으로 내리는 구조기자재는 잘못하여 떨어뜨릴 위험이 있으므로 확실히 결속하여 수납 주머니에 넣는 등 낙하에 의한 대원의 부상방지를 도모한다. 또한 수직의 상·하호스 등의 장소에서 작업을 할 경우는 활동장소의 직하에 위치하지 않도록 하고 상호연락을 긴밀히 한다.

㉢ 좁은 계단과 어두운 지하실 내에서는 대원이 넘어지거나 추락할 위험성이 있으므로 갈고리 등을 유효하게 활용하여 안전을 확인한다.

㉣ 현장에서 조달한 기자재, 크레인 등을 활용할 때는 관계자로부터 성능, 강도를 확인한다. 전문적 지식, 기술을 필요로 하는 것은 작업순서와 소방대와의 연계요령을 이해시킨 후 관계자에게 실시한다.

㉤ 폐쇄된 지하공간으로 진입할 때에는 반드시 공기호흡기를 착용한다.

(5) 산소결핍 사고 ☆ 21년 소방장

① 산소가 결핍되어 있는 경우 농도에 따라 다르지만 단 한번만의 호흡으로도 의식을 잃을 수 있으므로 내부 진입 시 반드시 공기호흡기를 장착하고 면체 사이에 틈이 발생하지 않도록 세심한 주의를 기울인다.

② 산소결핍 여부를 측정할 때는 반드시 공기호흡기를 장착하고 맨홀 등의 주변에서 개구부를 향하여 순차적으로 행하고 산소결핍 상태를 나타난 때는 조기에 경계구역을 설정한다.

③ 또한 산소결핍 여부의 측정과 병행하여 가연성 가스의 유무에 대해서도 확인하여 폭발위험이 있을 때는 송풍기 등으로 가연성가스를 제거하면서 구조 활동을 개시한다.

④ 진입대원은 맨홀 등의 입구가 좁은 장소에서 요구조자에게 공기호흡기를 장착시키고 구출하는 경우 보조자와 연계불능 등으로 면체가 이탈하지 않도록 주의한다.

⑤ 좁은 장소에서 여러 개의 로프를 취급하는 경우 로프를 잘못 당기면 진입한 대원이 넘어져 공기호흡기 면체가 벗겨질 우려가 있으므로 구출로프, 확보로프를 목적별로 구분하여 대원별로 지정하는 등 사용로프를 명확히 구별한다.

⑥ 지하수조 내에서는 대원 상호간 또는 장애물 등에 부딪히거나 넘어져 면체가 벗겨져 유독가스를 흡입할 우려가 있으므로 조명기구를 사용하고 대원간 상호 신뢰와 의사전달을 명확히 한다.

⑦ 의식이 혼미한 요구조자는 진입한 대원에 의지하여 돌발적인 행동을 취할 수도 있으므로 면체가 이탈되지 않도록 주의를 기울인다.

(6) 폭발사고

가연성가스 또는 인화성 위험물에 의한 폭발사고는 건물, 공작물 등 파괴와 붕괴에 의하여 강도저하를 일으켜 불안정한 상태인 경우가 많고 대원의 부주의한 행동에 의해 재붕괴 등 2차적인 재해가 발생할 위험성이 있다.

① 폭발에 의해 붕괴된 지붕, 기둥, 교량 등은 갈고리 등으로 강도를 확인하면서 행동한다. 붕괴위험이 있는 기둥 등은 진입하기 전에 제거하거나 로프 등으로 고정한다.

② 구조활동을 위하여 대원이 왕래하는 장소에 유리조각, 철근 등이 돌출하고 있을 때는 장갑을 착용하고 예리한 부분은 갈고리 등으로 제거하든지 구부려 두고 필요에 따라 천 등으로 덮어 조치한다.

③ 폭발사고 현장에는 비산물, 독극물에 의한 부상사고를 방지하기 위하여 방화복·방열복과 방수화를 사용한다.

④ 2차폭발의 우려가 있을 때는 경계구역을 설정하여 인화방지 조치 및 가스의 희석·배출 등 안전조치를 취한다. 경계구역 내로 진입할 때에는 콘크리트 벽체 등을 방패로 하여 조심스럽게 접근하며 필요한 최소한의 인원만 진입하도록 통제한다.

(7) 전기관계 사고

감전사고 또는 전기설비 부근에서 발생한 사고 시에는 구조대원이 넘어지거나 부딪힐 때 전력선에 접촉할 가능성이 매우 높으므로 안전로프 등을 설치하여 전선이나 전기기기에 접근하지 않도록 조치하고 반드시 전원차단 여부를 확인하여야 한다.

① 모든 전선은 전력이 차단된 것이 확인되기 전까지는 통전중인 것으로 가정하고 행동한다.

② 활동장소 부근에 전기설비 통전부가 있는 경우 활동대원이 잘못하여 감전될 우려가 있으므로 관계자 등에게 전원을 차단시키고 절연 고무장갑 등을 착용하며 스위치 등 노출부에 접촉하지 않도록 주의한다.

③ 옥외에서 수직으로 내려간 전선은 통전하고 있는 경우가 있으므로 부주의하게 접근하지 말고 전력회사의 직원에게 전원을 차단시킨 후 행동한다.

④ 통전상태에 있는 요구조자는 전원을 차단한 후 구조한다. 긴급한 경우는 내전의 성능범위 내에서 안전을 확보하여 행동한다.

⑤ 침수된 변전실에서 구조활동을 할 경우는 먼저 전력회사 직원을 통하여 개폐기 등 전원차단을 확인하여야 한다.

⑥ 고압선 주변에서 사다리차를 사용하는 경우 사다리 또는 작업중인 대원이 전선에 접촉할 위험이 있으므로 전력회사에 송전 정지를 요청하고, 사다리 위의 대원과 기관원과의 연락을 긴밀히 하여 전선과 안전거리를 두고 활동한다.

⑦ 철탑, 철주 위에서 발생한 사고 시 등반 전에 고압선, 저압선 모두 송전이 정지되어 있는 것을 확인하고 전선에 접촉하지 않도록 주의한다.

(8) 산악사고

① 공통사항

산악지역 구조활동은 장시간, 장거리 활동으로 체력소모가 많으며 급경사면이나 수풀, 계곡 등에서의 행동으로 위험요인이 많다. 특히 대원의 발 부상은 치명적으로 보행에 곤란을 초래하여 동료 대원에게 부담을 주게 되므로 안전에 충분한 배려가 필요하다.

㉠ 등산길을 선행하는 대원은 후속 대원에게 나뭇가지가 튕기거나 낙석, 붕괴, 낙하 등 위험을 알린다. 수풀에서 행동할 때에는 나뭇가지가 튕겨 되돌아 올 경우를 대비하여 보호안경을 사용한다.

㉡ 등산길에는 계단차이, 요철 등에 주의하고 도로의 가장자리 부분이 붕괴되거나, 발을 잘못 디뎌 추락하는 사고를 방지하기 위하여 등산로 중앙이나 산 쪽으로 보행한다.

㉢ 지지점으로 활용할 나무나 바위 등은 강도를 확인하고 가급적 2개소 이상의 지지점을 확보한다.

㉣ 장시간 활동할 경우는 휴식과 교대를 번갈아 하여 피로경감, 주의력, 집중력 지속에 노력한다.

㉤ 급경사면의 등산길에 낙석위험이 있는 경우는 헬멧 등을 장착함과 동시에 반드시 위쪽에 주

의하면서 행동한다. 또한 낙석이 발생한 때는 큰소리로 아래쪽의 대원에게 알리고 경사면의 직하를 피해 횡방향으로 피한다.

② 여름 산

여름의 산악구조 활동은 겨울철과 비교하여 행동하기 쉽지만 더위와 장시간 활동에 의한 행동으로 피로가 축적되기 쉽고 날씨 급변에 의한 사고의 발생위험이 있다.

㉠ 활동 중 천둥이나 번개가 발생하면 낙뢰사고의 위험이 있으므로 산 정상, 능선에서 곧바로 벗어나고 신체에서 금속물체를 제거하며 가능한 한 건조한 장소에서 낮은 자세를 취한다.

㉡ 직사열광을 받으며 장시간 활동할 경우 열사병 등을 방지하기 위하여 나무그늘 등의 시원한 장소에서 휴식을 취하며 수분을 보급한다.

㉢ 대원은 독사, 곤충 등으로부터 신체를 보호하기 위하여 노출부가 없도록 하고 풀숲과 수림에 들어가지 않도록 한다.

㉣ 여름은 손에 땀이 나서 기자재를 낙하시킬 위험이 있으므로 손에 땀을 닦아 미끄럼 방지에 주의를 한다. 또한 경사면의 위. 아래에 대원이 있는 경우 상호 안전을 확인한다.

③ 겨울 산

겨울의 산악구조 활동은 적설과 결빙으로 활동 중 미끄러져 추락하거나 쌓인 눈이 붕괴되는 등 위험성이 높으므로 장비를 안전하게 설치하고 겨울 산의 기상조건을 충분히 고려, 행동한다.

㉠ 눈이 얼어붙은 등산길에는 크램폰(아이젠) 등으로 미끄럼을 방지하고 상황에 따라서는 대원 상호간 로프로 확보한다.

㉡ 바람, 눈 등으로 시계가 나쁜 경우 아래쪽을 보지 못할 수 있으므로 지형도, 컴퍼스를 활용하여 목표가 된 산의 특징, 지형 등을 비교하여 현재 위치를 확인한다.

㉢ 방한복, 식량, 개인장비 등을 완전히 준비하고 대원의 체력을 고려한 보행속도를 유지하여 대열을 흐트러뜨리지 않는다.

㉣ 겨울산은 청정하여도 햇볕이 미치지 않는 경사면에는 동결되어 있는 곳이 있으므로 보폭을 작게 하여 넘어지거나 추락하지 않도록 주의한다.

㉤ 눈 쌓인 경사면에서 행동할 경우 경사면 전반을 보고 넘는 위치에 감시원을 배치한다. 감시원은 눈이 무너질 위험을 확인하면 경적 등으로 알려 항상 횡 방향으로 퇴로를 확보하여 둔다.

(9) 항공기 사고

항공기 사고는 추락이나 활주로에서의 오버런 등에 의해 기체가 파손되어 불안정한 상태가 되어 있는 것이 많고 부주의하게 행동하면 2차 화재가 발생하기 쉽다. 특히 연료 등의 누출이 있는 경우는 화재발생 위험 제거와 병행하여 구조활동을 실시하여야 한다.

① 소방대가 공항 내에 진입할 때는 반드시 공항 관계자 유도에 따라서 진입하고, 화재발생 위험을 예측하여 풍상, 풍횡 측으로 부서함을 원칙으로 한다.

② 불티를 발하는 기자재는 원칙으로 사용하지 않는다. 부득이 사용할 때에는 소화기를 준비하거

나 경계관창을 배치한다.

③ 기내에서 활동하고 있을 때는 별도의 출입구에 연락원을 배치하여 화재 등 긴급사태 발생에 대비한다.

④ 엔진이 가동 중인 기체에 접근할 때는 급·배기에 의한 사고를 방지하기 위하여 기체에 횡으로 접근한다. 이 경우 기체의 크기에 따라 다르지만 여객기의 경우 엔진꼬리 부분에서 약 50m, 공기 입구에서 약 10m 이상의 안전거리를 확보한다.

⑤ 프로펠러기와 헬리콥터는 엔진가동 중은 물론이고, 정지 중에도 프로펠러와 회전날개로부터 일정거리를 유지하여 행동한다.

⑥ 누출되어 있는 연료와 윤활유가 연소할 우려가 있으므로 고무장갑, 방수화 등으로 신체를 보호한다.

(10) 토사붕괴 사고

> 토사붕괴 사고는 가옥 등이 매몰되는 광범위한 지역이 매몰되는 경우와 굴삭공사 현장 또는 터널 내 등 부분 붕괴사고가 있고 특이한 사례로써 콘크리트 공장의 모래집적 장소에서 놀고 있던 어린이가 생매장된 사례도 있다. 또한 구조활동중 재붕괴의 우려가 크고 토사가 무거워 작업이 진척되지 않아 장시간 걸리기도 하고 활동 장소가 좁아 구조인원이 제한되는 등 2차적인 위험요인이 많이 있다.

① 붕괴된 토사와 나무 위에서는 발이 빠지기도 하고 미끄러져 넘어질 우려가 있으므로 발판을 안정시키면서 행동한다.

② 토사를 제거할 때는 2차 붕괴가능성을 충분히 고려하고 재붕괴 위험이 있는 장소는 말뚝 및 방수시트 등으로 안정을 확보하면서 작업을 개시한다.

③ 활동 중에는 반드시 감시원을 배치하고 대원은 2차적인 토사붕괴 발생에 대비 토사 붕괴 방향과 직각의 방향에서 퇴로를 확보하여 둔다.

④ 유출된 토사 등은 손앞에서부터 순차적으로 제거하여 활동의 장애가 없는 장소에 운반하고 활동공간을 확보하여 행동한다.

⑤ 활동이 상시간에 미칠 경우는 피로누적으로 주의력 산만에 의한 사고를 방지하기 위해 일정 시간을 정해 작업대원을 정기적으로 교체하여 주고 인접 구조대 등에 응원을 요청하여 교대요원을 확보한다.

⑥ 붕괴현장의 토사와 가옥 등은 물을 함유하여 예상 이상으로 무거운 경우가 많으므로 요추 등 손상방지에 주의하여 작업한다.

⑦ 삽과 해머 등을 사용할 때는 파손, 낙하 등의 사고를 방지하기 위해 항상 주위상황을 확인하여 부주의로 떨어뜨리지 않도록 조심한다.

3 안전사고 예방을 위한 현장 활동 요령

(1) 안전관리 예방적 행동

> 안전사고의 예방은 누가 시켜서 어쩔 수 없이 하는 것이 아니라 대원 스스로가 행동으로 예방하여야 하며 요구조자, 동료대원과 자신은 물론 각종장비를 얼마나 잘 관리하고 활용하여 사용하는 것과 사전 위험요인을 제거하고 안전하게 활동하는 습관을 들이느냐에 따라서 사고발생률을 현저하게 줄일 수 있다.

① 일상생활 속 무언의 의사표현

우리가 재난현장에서 같이 활동하는 팀원들끼리의 일상생활 속에서도 운동이나 취미활동을 하고 많은 대화를 함으로써 함께 하는 무의식중에도 호흡을 맞춤으로 현장활동 시에도 서로의 눈빛만으로도 무엇을 원하는지를 확인할 수 있다. 이런 모든 것은 안전사고를 예방할 수 있는 기능을 가지고 있다.

② 장비의 특성 및 사용법 철저 숙지

각종 재난현장에서 사용하는 많은 구조장비들의 특성과 사용법에 대하여 점검시간과 훈련들을 통하여 습득하여야만 실제의 재난현장에서 발생할 수 있는 안전사고를 예방하고 어떤 문제점의 발생 시 그 문제점에 대하여 대처할 수 있는 능력을 보유하게 된다. 이런 돌발적인 문제점에 대하여 대처능력이 없는 경우 갑자기 당황하고 특히 주변에 보는 눈이 많을 경우 더욱 당황하여 장비를 조작하거나 무리하게 작동하여 오히려 안전사고를 발생시키는 원인제공을 하게 된다.

③ 2인 1조 활동 기본적 복수편성 운영

모든 재난현장에서는 1인 행동을 절대 금지하고 최소 2인 1조 단위로 편성 운영하여야만 조원의 부상이나 돌발적인 사고 등으로 문제점이 발생할 때 경미한 것은 스스로 해결할 수도 있고 혼자서 해결이 부득한 경우에는 외부로 지원요청 하는 등으로 조치를 취할 수 있으며 장비의 운반, 관리 등을 원활히 수행하여 할 수 있다.

(2) 안전한 현장활동 - 기본 준수사항

① "사망자" 용어의 사용 금지

㉠ 현행법상 사망에 대한 판정은 의사자격증을 가진 사람이 확인하고 계측기에 의한 사망으로 판정할 수 있는 징후가 일치되어야 만이 사망으로 인정하고 있다.

㉡ 여러 재난현장에서 사고 등으로 사망된 것으로 추정되는 부상자를 발견하여 그에 따른 조치를 하는 경우가 있는데 비록 객관적인 판단에 사망을 한 것으로 추정할 수 있다고 하더라도 모든 응급처치 등을 포함한 일련의 행동은 부상자에 준하여 처치하여야만 추후 발생할 수 있는 그 가족 등으로부터의 이의 제기에 대비할 수가 있다.

② 사고현장에서 부정적 용어 사용금지*

환자의 상태가 어떠한 경우라고 하더라도 현장활동 대원이 요구조자의 생사여부를 판단하여 "요구조자가 사망하였다" "이것은 잘못 되었잖아" 하는 등의 사망을 결정하거나 대원들이 실시한 작업관련 내용에 대하여 부정적인 말투로 진행방법의 견해차이로 나타난 작업에 대하여 들은 외부사람으로 하여금 작업자들이 잘못하였거나 잘못한 것처럼 오해의 소지가 발생하여 추후 법적인 책임소재의 우려도 있으므로 부정적인 용어의 사용을 금하여야 한다.

③ 현장의 물품 접촉금지* ☆ 18년 소방위

㉠ 사고 시 현장 주변에 흩어져 있는 소지품을 통하여 사고자의 신원과 연락처 등을 확인하는 경우가 있다.

㉡ 이러한 경우 소방대원의 복장을 제대로 갖추지 않은 상태에서 행동하거나 사고자의 소지품을 구조차량이나 개인 장비함 등에 보관하게 되면 절도행위로 오인 받을 수도 있으므로 각별히 조심하여야 한다.

㉢ 특히 현금이나 고가의 물품이 사고 장소에 방치된 경우에는 가급적 손대지 않도록 하고 경찰공무원에게 보존을 요청하도록 한다.

■ 현장의 물품은 보존한다. ■

㉣ 화재진압이나 구조활동을 위하여 부득이한 경우에는 사진을 촬영하거나 주위 사람의 확인을 받은 후 이를 안전히 보관하여 경찰공무원이나 관계자에게 인계하도록 한다.

④ 요구조자의 동의(명시적, 묵시적)

㉠ 요구조자에 대한 보호측면과 추후 발생 될 수 있는 구조활동상의 자격시비 등 민,형사상의 문제점을 예방하기 위하여 의식이 있는 경우에는 명시적인 방법으로, 의식이 없는 경우에는 묵시적인 동의를 적용하여 상대의 동의를 구하되 자신의 소속과 자격, 현장상황을 설명하고 요구조자로부터 동의를 얻도록 한다.

㉡ 119신고에 따른 출동의 경우가 아니고 출동이나 귀소 중에 발견하거나 주변의 일반인들에 의하여 구두로 통보되었을 때는 각별한 주의를 하여 위 사항의 선행절차를 거친 후 시행하는 것이 바람직하다.

⑤ 위험지역 이동시 손목 파지법

㉠ 일반적으로 위험지역을 통과하거나 위험한 장소를 혼자서의 힘으로 이동하기 곤란할 때에 서로 손을 잡아 추락이나 부상을 당하지 않도록 보호하면서 이동하는 경우가 있다. 이런 경우 서로의 손을 악수하듯 마주잡는 경우가 흔하다.

㉡ 이러한 손목 자세는 위쪽방향의 사람의 손은 역삼각형 형태이며 아래쪽 방향의 사람의 손은 정삼각형 형태의 자세로 조그만 실수에도 미끄러지듯이 손과 손이 빠져 나간다.

㉢ 이처럼 발생되는 사고를 예방하고 부상을 줄이기 위해서는 악수법이 아닌 손목 파지법을 사용하게 되면 혼자서의 잘못으로 완벽한 보호가 못 되었다고 하더라도 또 한사람의 의지에 의하여 추락을 방지하고 예방할 수가 있다.

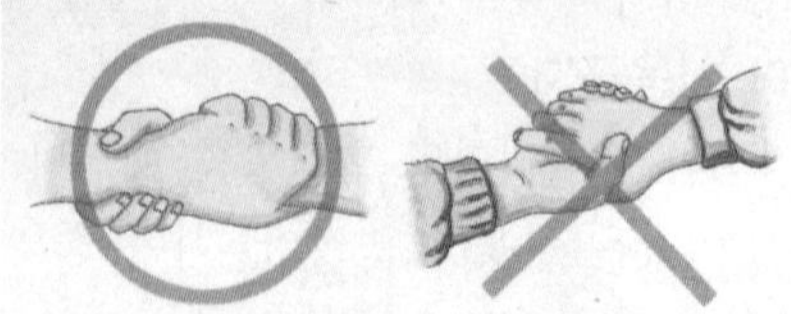

■ 서로 손목을 잡는다. ■

(3) 안전한 현장활동 – 건물 내 진입

① 개인장비착용 철저

㉠ 안전관리의 기본은 대원개개인의 자기관리에 있지만 평소에 자신의 체력과 정신력 및 담력, 구조기술연마에 노력하여야 하지만 현장상황에 따라 적응할 수 있는 복장의 철저한 착용과 적응장비 등의 준비하여야 한다.

㉡ 마모되었거나 노후로 손상된 개인장비는 즉시 교체하여 조그마한 문제가 발생되더라도 현장활동을 하지 못하는 어려움과 자신의 신체에 심한 위험을 초래하는 결과를 초래하게 될 수 있다.

㉢ 사용하는 장비 중 두 사람 이상의 팀이 함께 사용할 때에는 팀원들 스스로 일사불란한 신속한 행동으로 대처하여야 한다.

② 출입문을 열 때의 자세

㉠ 모든 현장에서 출입문 등을 통과하는 경우에는 사고가 발생한 이유를 정확히 확인된 경우를 제외하고는 평소에 문의 온도를 측정하는 습관을 가져야 한다.

㉡ 확인되지 않는 출입문의 개방 시 급격한 공기유입으로 인한 역화(Back Draft)사고나 기타 탈출로의 차단 등으로 인한 안전사고를 대비하여야 한다.

✪ 온도를 측정할 때에도 손바닥을 이용하여 온도를 측정하지 말고 손등을 접촉시키면 불의의 감전사고에도 신체의 반사작용으로 안전하게 보호될 수 있다.

▬ 화재장소에서는 문을 급격히 열지 않는다. ▬

③ 조명기구 사용

㉠ 사고 현장이 어둡거나 야간인 경우에 내부 조명을 위하여 이동식 조명등을 설치하거나 소형 랜턴, 플래시 등을 사용하게 된다. 이때 미리 조명기구를 켜는 것이 아니라 내부가 어두운 것을 확인하고 나서 조명기구의 스위치를 넣는 경우가 대부분이다.

㉡ 그러나 사람의 눈은 명순응 즉 밝음에 적응하는 데는 1~3분 정도가 소요되지만 암순응 즉 어둠에 적응하는 데에는 10~20분 정도의 시간이 소요되기 때문에 위험요인을 쉽게 발견하지 못하게 된다.

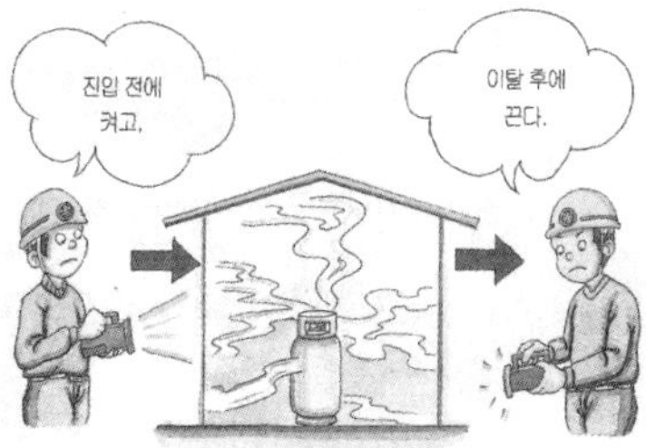

▬ 조명은 현장 진입 전에 켜고 밖으로 나온 후에 끈다. ▬

㉢ 또한 밀폐된 실내에 가스가 체류하고 있으면 이런 조명기구의 스위치 조작 시 발생하는 스

파크에도 점화, 폭발사고를 일으킬 우려가 있다.

㉣ 조명기구의 스위치는 현장에 진입하기 전에 켜고 현장을 이탈한 후에 끄는 것을 원칙으로 한다.

(4) 안전한 현장활동 – 현장활동, 교육 · 훈련시

① 발을 끌면서 이동하기

㉠ 공기호흡기나 기타 호흡장비를 착용하였을 때는 시야가 좁아져서 자신의 발이 어디쯤 있는지 장애물이 어디쯤 있는지 확인하기가 매우 어렵다. 이러한 경우 발을 높이 들고 걷게 되면 장애물에 부딪혀 넘어지거나 맨홀 등에 빠지는 상황이 발생할 수도 있다.

㉡ 시야가 협소하고 조명이 충분하지 못한 경우에는 발을 지면에 밀착시키고 끌듯이 이동하면 안전사고를 예방할 수 있다.

② 복식사다리 이용시의 주의사항

㉠ 복식사다리를 사용하는 경우 반드시 고리를 걸고 로프로 결착한 후에 활동을 하여야 한다.

㉡ 복식사다리가 완전 결착되지 않은 경우 충격이나 상부의 하중으로 인하여 연장된 사다리가 내려오면 사다리에서 활동하는 대원의 추락이나 사다리를 지지하는 대원의 손에 심각한 부상을 입게 된다.

㉢ 평소 훈련 시에 반드시 사다리의 완전 고정상태를 확인하도록 하여 현장활동시의 안전을 도모한다.

③ 셔터 파괴시의 주의사항

㉠ 고정된 셔터를 절단, 제거할 때에 셔터의 좌 · 우측 지지부분의 틈을 파괴하거나 동력절단기 등으로 절단한 후 파손되지 않은 셔터를 절단된 부분인 옆으로 빼는 것을 원칙으로 한다.

㉡ 만약 셔터를 옆으로 빼낼 수 없는 경우에는 셔터 기둥 및 상단몸체의 붕괴에 따른 안전거리를 고려하여 현장에서 활동하는 대원 쪽인 건물 바깥쪽으로 당기지 말고 건물 내로 밀어 안으로 무너지도록 조치한다.

㉢ 부득이 바깥으로 당겨야 할 경우에는 상단몸체가 붕괴될 충분한 안전거리를 확보한 후 작업하여야 하며 안전거리가 확보되지 않으면 상단몸체가 활동 중인 대원을 덮치게 됨을 명심하여야 한다.

④ 로프 하강 시 안전조치

㉠ 로프를 이용한 하강 시 안전벨트와 카라비너, 8자하강기 등의 장비와 로프의 결합은 장비를 당겨 결합여부를 확인하고 건물외벽으로 이탈 전에 상단의 로프와 결착된 장비가 일직선으로 된 후에 건물에서 이탈하게 되면 장비의 노후나 마모로 인한 파손과 충격으로 인한 추락의 위험과 안전사고를 예방할 수 있다.

㉡ 하강을 시작하기 전에는 큰 소리로 "하강준비 끝"이라고 외쳐서 안전요원과 주변의 이목을 집중시키도록 한다.

㉢ 하강지점에는 상층에서 장비나 파손된 유리창 등이 낙하하여 부상을 입을 위험이 상존하기 때문에 하강을 마친 대원은 먼저 신속히 하강지점에서 물러서고 이 후에 로프에서 장비를 빼내야 한다. 이후에 "하강준비 완료"라고 소리처서 다른 대원이 하강을 준비할 수 있

도록 한다.

⑤ 구조 활동 시 이중안전조치 원칙준수

로프를 이용한 횡단 인명구조 활동 시 보조로프를 사용하지 않고 긴급하다는 명분아래 주 로프만으로 사용하여 인명구조활동에 임하는바 주 로프의 결합이나 손상, 파손 등으로 치명적인 안전사고가 발생할 수 있다. 따라서 직접 인명구조에 사용되는 로프는 반드시 2겹으로 설치하고 2개소 이상의 장소에 결착, 고정한다.

⑥ 로프를 이용한 요구조자 결착

단독으로 요구조자를 구출하여 업거나 손으로 붙잡고서 이동하는 경우에 계단이나 사다리를 통하여 탈출하게 되는 경우 요구조자가 등에서 미끄러 내려가거나 추락하는 등의 위험한 상황이 발생할 수 있다. 이런 경우엔 개인로프를 이용한 1인 업어내리기 방법을 이용하면 이동에 용이하고 안전하여 2차 사고를 예방할 수 있다.

⑦ 중량물을 들어 올리는 경우

㉠ 사고 현장에서는 사전 준비 없이 갑자기 무거운 장비를 이동시키거나 장애물을 들어 올리게 되는 경우 등이나 허리에 상당히 심각한 부상을 입을 수 있는 상황을 초래한다.

㉡ 평소 충분한 운동을 체력을 배양하여야 함은 물론이지만 현장에서도 잠깐의 준비운동으로 근육의 긴장을 풀어주어야 한다.

㉢ 허리만 굽혀서 물체를 들어올리지 말고 허리와 무릎을 완전하게 굽혀 앉은 후 팔과 다리의 힘을 이용하여 물체를 들어 올리도록 한다.

㉣ 만약 한 사람이 들기에 너무 크거나 무거우면 다른 사람의 도움을 받아서 들어올리거나 옮겨야 한다.

기출 및 예상문제

01 "소방안전관리의 특성"에서 다음 내용과 관계 깊은 것은?

> 호스연장 시 호스를 화재건물과 가까이 두고 연장하지 않도록 하는 것은 화재건물의 낙하물체나 고열의 복사열에 의한 호스손상을 방지하여 결과적으로 진압활동이나 인명구조 시 엄호주수가 완전히 이루어질 수 있도록 하기 위한 것이다.

① 일체성 ② 특이성
③ 양면성 ④ 반복성

해설 ✪ 소방 안전관리의 특성★★ ☆ 12년 소방위, 16년 부산 소방교, 17년 소방장 / 21년 소방장, 소방위

일체성 적극성	호스연장 시 호스를 화재건물과 가까이 두고 연장하지 않도록 하는 것은 화재건물의 낙하물체나 고열의 복사열에 의한 호스손상을 방지하여 결과적으로 진압활동이나 인명구조 시 엄호주수가 완전히 이루어질 수 있도록 하기 위한 것이다. 이는 대원 자신의 안전으로 연결되어 소방활동이 적극적으로 실행될 수 있도록 한다. ※ 안전관리의 일체성, 적극성은 효과적인 소방활동을 염두에 둔 적극적인 행동대책이라고 할 수 있다.
특이성 양면성	① 소방활동은 임무수행과 안전 확보의 양립이 요구되고 있다. ② 위험성을 수반하는 임무수행이 전제된 때에 안선관리 개념이 성립된다. ③ 화재현장의 위험을 확인한 후에 임무수행과 안전 확보를 양립시키는 특이성·양면성이 있다.
계속성 반복성	① 안선관리에는 끝이 없으므로 반복하여 실행하여야 한다. ② 소방활동의 안전관리는 출동에서 귀소까지 한 순간도 끊임없이 계속된다. ③ 평소의 교육, 훈련이나 기기 점검 등도 안전관리상 중요한 요소이다.

02 "현장안전관리 10대 원칙"에 대한 설명 중 잘못된 것은?

① 안전관리는 임무수행을 전제로 하는 적극적 행동대책이다.
② 위험을 먼저 안 사람은 즉시 지휘본부에 보고한다.
③ 위험에 관한 정보는 지휘자만이 알고 현장 직원에게는 철저히 보안을 지킨다.
④ 안전 확보의 기본은 자기방어이므로 자기안전은 자기 스스로 확보하라.

정답 01. ① 02. ③

해설 ✪ 안전관리 10대 원칙☆ 20년 소방위

1. 안전관리는 임무수행을 전제로 하는 적극적 행동대책이다.
2. 화재현장은 항상 위험성이 잠재하고 있으므로 안일한 태도를 버리고 항상 경계심을 게을리 하지 말라.
3. 지휘자의 장악으로부터 벗어난다는 것은 중대한 사고에 연결되는 것이므로 독단적 행동을 삼가고 적극적으로 지휘자의 장악 안에 들어가도록 하라.
4. 위험에 관한 정보는 현장 전원에게 신속하고 철저하게 주지시키도록 하라. 위험을 먼저 안 사람은 즉시 지휘본부에 보고하고 긴급 시는 주위에 전파하여 위험을 사전 방지토록 하라.
5. 흥분, 당황한 행동은 사고의 원인이 되므로 어떠한 상황에서도 냉정, 침착성을 잃지 않도록 하라.
6. 기계, 장비에 대한 기능, 성능 한계를 명확히 알고 안전조작에 숙달토록 하라.
7. 안전 확보의 기본은 자기방어 이므로 자기안전은 자기 스스로 확보하라.
8. 안전 확보의 첫 걸음은 완벽한 준비에서 시작된다. 완전한 복장과 장비를 갖추고 안정된 마음으로 정확히 행동에 옮겨라.
9. 안전 확보의 전제는 강인한 체력, 기력에 있으므로 평소 체력, 기력 연마에 힘쓰라.
10. 사고사례는 산 교훈이므로 심층 분석하여 행동지침으로 생활화 시키도록 하라.

03 안전관리대책 중 "조직적 대책"에 대한 내용으로 틀린 것은?

① 안전관리 담당 부서의 설치
② 안전책임자 및 요원의 제도화
③ 현장특성에 맞는 장비개발
④ 훈련, 연습실시 및 안전관리에 관한 규칙제정

해설 파손된 금속 등 예리한 부분은 안쪽으로 꺾어 놓아야 한다.

04 잠수구조 시 대원의 안전조치로 잘못된 것은?

① 잠수대원은 스쿠버장비 고장 등 긴급 시에는 짝에게 알려 비상용호흡기를 사용한다.
② 잠수할 때는 수중의 장애물을 제거할 수 있도록 스쿠버나이프를 반드시 휴대한다.
③ 스쿠버장비를 사용하여 잠수 중 긴급 부상할 때는 반드시 호흡을 멈추어야 한다.
④ 잠수대원은 눈병, 치통이 있을 때는 잠수하지 않도록 한다.

해설 잠수 중 긴급 부상할 때는 감압방지를 위해 반드시 숨을 쉬면서 부상한다.

05 작은 선박에서 구조할 때 구조대원의 안전조치로 틀린 것은?

① 야간과 짙은 안개 속에서는 등화 및 확성기 등으로 항해중인 선박에 주의를 환기한다.
② 직접구조 시 반드시 선수나 선미 측에서 신체를 확보하고 배의 균형 유지에 주의한다.
③ 운항 중에는 횡파를 받아 전복 우려가 있으므로 파도와 직각으로 부딪히지 않도록 한다.
④ 단선에 요구조자를 인도할 때 불안정한 측면을 피하여 배 선미에 부서한다.

해설 단선에 요구조자를 인도할 때는 배 후미에서 한다. ☆ 21년 소방장

정답 03. ③ 04. ③ 05. ④

06 **항공기 사고 시 대원의 행동요령으로 잘못된 것은?**

① 프로펠러기와 헬리콥터는 정지 중에도 프로펠러와 회전날개로부터 일정거리를 유지하여 행동한다.
② 엔진이 가동 중인 기체에 접근할 때는 기체에 정면으로 접근한다.
③ 불티를 발생하는 기자재는 원칙으로 사용하지 않는다.
④ 화재발생 위험을 예측하여 풍상, 풍횡 측으로 부서함을 원칙으로 한다.

해설 엔진이 가동 중인 기체에 접근할 때는 기체에 횡으로 접근한다.

07 **사고현장에서 구조대원의 행동요령으로 옳은 것은?**

① 요구조자가 의식이 있는 경우 묵시적 방법으로 상대의 동의를 구할 수 있다.
② 사고자의 소지품을 구조차량이나 개인 장비함에 보관 후 사후 조치한다.
③ 의사의 사망자 판정이 있기 전까지는 모두 부상자에 준하여 처치하여야 한다.
④ 손목 파지법이란 서로 악수하듯이 손을 마주잡는 것을 말한다.

해설
1. 요구조자가 의식이 있는 경우 명시적 방법으로 상대의 동의를 구하여야 한다.
2. 사고자의 소지품은 경찰관 입회하에 확인 후 경찰관에 인계하고 확인서를 받는다.☆ 18년 소방위
3. 악수하듯이 잡는 것은 조그마한 실수에도 미끄러지듯이 손과 손이 빠져나간다.
4. 의사의 판정이 있기까지는 누구도 사망으로 단정해서는 안 된다.

08 **사고현장에서의 조명기구에 대한 설명으로 옳지 않은 것은?**

① 밀폐된 실내에 가스가 체류하고 있으면 조명기구의 스위치 조작 시 발생하는 스파크에도 점화, 폭발사고를 일으킬 우려가 있다.
② 미리 조명기구를 켜는 것이 아니라 내부가 어두운 것을 확인하고 나서 조명기구의 스위치를 넣어야 한다.
③ 사람의 눈은 명순응 즉 밝음에 적응하는 데는 1~3분 정도가 소요된다.
④ 암순응 즉 어둠에 적응하는 데에는 10~20분 정도의 시간이 소요된다.

해설 조명은 현장 진입 전에 켜고 밖으로 나온 후에 끈다.

정답 06. ② 07. ③ 08. ②

09 **안전한 현장활동을 위한 대원의 행동 요령으로 잘못된 것은?**

① 복식사다리를 사용하는 경우 반드시 고리를 걸고 로프를 결착한 후에 활동을 하여야 한다.
② 셔터는 동력절단기 등으로 절단한 후 파손되지 않은 셔터를 절단된 부분인 옆으로 빼는 것을 원칙으로 한다.
③ 시야가 협소하고 조명이 충분하지 못한 경우에는 발을 지면에 밀착시키고 끌듯이 이동하면 사고위험이 있으므로 주의한다.
④ 직접 인명구조에 사용되는 로프는 반드시 2겹으로 설치하고 2개소 이상의 장소에 결착, 고정한다.

해설 시야가 협소하고 조명이 충분하지 못한 경우에는 발을 지면에 밀착시키고 끌듯이 이동하면 안전사고를 예방할 수 있다.

정답 09. ③

Chapter ⑨

119생활안전 및 위험제거

제1절 119생활안전대 업무특성

활동영역의 다양성	생활안전대 업무는 문개방, 장신구 제거를 비롯하여 대형고드름 등 낙하우려 위험물제거・안전조치, 벌집제거 등 피해우려 야생동물 포획 및 퇴치와 같은 구조활동 분야와 급・배수 지원과 오작동 소방시설 처리와 같은 민생지원 분야 등 활동영역이 다양하고 광범위하다.
비긴급성과 잠재적 위험성	목전의 급박한 위험상황은 아니지만 별도의 조치 없이 방치할 경우 긴급한 위험성으로 발전하거나 현재는 소규모 위험성을 내재하고 있으나 이를 제거하지 않으면 준긴급・긴급으로 확대・발전할 수 있다. 특정의 경우 일반인에게는 위험이 되지 않으나 특정인에게는 위험과 위협이 될 수 있는 관계로 생활안전 민원은 민원인의 입장에서 위험, 위협을 판단하여야 할 필요성이 있다.
주민 밀접성	주민의 생활과 활동과정에서 발생하는 사고가 대부분으로 생활안전 사고는 특정지역과 분야에 해당하는 사안이 아닌 어느 곳에서나 불특정 다수에게 발생할 수 있는 사고가 대부분으로 일상생활과 밀접한 경우가 많다.
관련법령의 다양성	동물의 경우 "동물보호법", "야생생물보호 및 관리에 관한 법률" 및 "총포・도검・화약류 등 단속법"등과 관련되는 것을 비롯하여 실종의 경우 "유실물법", "개인정보보호법", "위치정보의 보호 및 이용 등에 관한 법률"등 경찰관련 법령 등 생활안전업무의 다양성만큼이나 관련법령이 다양하여 여러 분야와 부서에 걸쳐있는 업무라 할 수 있다.

제2절 법적 근거

1 119생활안전대 편성운영

(1) 「소방기본법」 제16조의2(소방지원활동)★ ☆ 14년 인천 소방장

소방청장・소방본부장 또는 소방서장은 공공의 안녕질서 유지 또는 복리증진을 위하여 필요한 경우 소방활동 외에 다음 각 호의 활동(이하 "소방지원활동"이라 한다)을 하게 할 수 있다.

- 산불에 대한 예방·진압 등 지원활동
- 자연재해에 따른 급수·배수 및 제설 등 지원활동
- 집회·공연 등 각종 행사 시 사고에 대비한 근접대기 등 지원활동

· 화재, 재난·재해로 인한 피해복구 지원활동
· 그 밖에 행정안전부령으로 정하는 활동

(2) 「119생활안전대 편성 · 운영에 관한 규정」(제정 2017.7.26. 소방청 훈령)

'119생활안전대'란 119생활안전 활동에 필요한 차량 및 장비를 갖추고, 소방공무원, 의무소방원 또는 의용소방대원 등으로 편성된 단위조직으로 규정하고, 소방본부장 또는 소방서장은(이하 "소방본부장 등"이라 한다) 119생활안전서비스를 제공하기 위해 119생활안전대(이하 "생활안전대"라 한다)를 편성하여 운영할 수 있도록 하였다. '119생활안전활동'이란 119에 접수된 출동요청 중에서 위험성은 있으나 긴급을 요하지 않는(준 긴급 또는 잠재 긴급) 구조 및 위험제거 등 생활안전 지원활동으로 정의하고 있다. 즉 119에 접수된 출동 요청 중에서 분초를 다투는 응급한 구조업무는 전문 구조장비 및 인력을 갖춘 '119구조대'에서 수행하도록 하고, 국민의 생명·신체 및 재산에 위해요소는 있으나 처리에 급박성을 요하지 않는 비응급 생활안전 지원 및 위험제거 활동은 '119생활안전대'에서 수행토록 업무수행체계를 이원화함으로써 응급구조 상황 대응능력을 강화하고, 보다 친절하고 효율적인 119생활안전서비스를 제공하도록 하였다.

2 관련규정

가. "119구조·구급에 관한 법률" : 안전사고 및 감염방지, 구조활동의 기록, 구조활동 증명서 발급 등
나. "소방장비관리규칙" : 차량 및 장비유지관리
다. "소방장비조작 및 훈련기준" : 장비교육훈련
라. "야생생물보호 및 관리에 관한 법률" : 유해동물
마. "총포·도검·화약류 등 단속법" : 로프발사총, 마취총, 석궁 등 보관
바. "마약류 관리에 관한 법률" : 동물포획용 마취제, 희석제 사용 및 관리
사. "동물보호법" : 유기동물
아. "유실물법" : 구조된 물품취득 처리
자. "소방기본법"제19조(화재 등의 통지) 및 제59조(과태료) : 허위신고
차. "민원업무처리에 관한 법률" : 구조활동증명서 발급 등
카. "개인정보보호법" : 119신고자에 대한 개인정보 보호
타. "위치정보의 보호 및 이용 등에 관한 법률" : 이동통신 위치조회 등

✪ 대원의 자격기준(119생활안전대 편성운영규정 제5조)
1. 「119구조·구급에 관한 법률 시행령」 제6조제1항에 따른 구조대원
2. 소방공무원, 의무소방원 또는 의용소방대원으로서 중앙 또는 지방소방학교에서 개설·운영하는 119생활안전구조 교육을 이수한 사람
3. 소방공무원, 의무소방원 또는 의용소방대원으로서 생활안전구조와 관련한 자격증(전기, 가스, 소방시설, 위험물, 응급구조, 인명구조 등)을 취득한 사람
4. 그 밖에 소방본부장 등이 소속 소방공무원 및 의무소방원 또는 의용소방대원 중에서 생활안전활동 수행에 적합하다고 인정하는 사람

3 119생활안전대의 활동범위

119에 접수된 출동요청 중에서 비 응급(준긴급·잠재긴급) 생활안전 구조 및 위험제거 등 생활안전 활동영역은 다음과 같다.

> ✪ 출동구역(119생활안전대 편성운영규정 제9조)
> ① 소방서 직할생활안전대의 출동구역은 소방서 관할구역으로 하고, 119안전센터에 설치된 생활안전대의 출동구역은 센터 관할구역으로 한다.
> ② 생활안전대는 제1항에도 불구하고, 지리적 여건이나 관내 소방력 출동상황 등을 고려하여 필요한 경우, 출동구역을 달리 정할 수 있으며, 소방본부장 등의 요청이나 지시에 따라 출동구역 밖으로 출동할 수 있다.

제3절 업무 처리 절차

1 119생활안전대 업무처리절차

(1) 법적 근거 : 119구조·구급에 관한 법률 제22조 (구조구급활동의 기록관리)

(2) 현장기록

① 신고자 : 주민등록번호, 나이, 전화번호, 주소, 직업, 신고사유
② 관계자 : 주민등록번호, 전화번호, 주소, 직업, 관계내용
③ 현장상황 : 현장도착 후 6하 원칙 내용 상세히 기록
④ 활동내용 : 관계자 입회하에 6하 원칙 내용 상세히 기록
⑤ 조치결과 : 조치결과, 인계사항 등 상세히 기록

(3) 전산입력

① 입력 : 복귀 후 교대근무 前까지 → 구조활동 일일 24:00 마감
② 시스템 : 종합방재센터(상황실) 119지령시스템
③ 항목 : 재난 및 안전사고 주요 21개 유형 119개 세부유형별 입력

(4) 기록관리 : 소방관서 3년간 보관 → 전산입력 자동 보관

(5) 업무처리 흐름

출동지령	→	현장도착	→	현장기록	→	전산입력	→	일일마감
방재센터, 소방서		출동대		현장조사기록		전산담당자		119지령시스템

> ✪ 구조활동 시 주의사항(단순 문 개방의 경우 자살, 타살 등 사건 최초 증빙자료로 활용 사례)
> ① 자살, 타살 등의 형사·민사 소송쟁의(訴訟 爭議)의 검증 자료
> ② 사고현장의 최초 목격 진술을 위한 민사(보험)에 대한 증명자료 요구
> ③ 부부싸움, 불륜행각 등 자료 수집을 위한 사적 증빙자료 요구
> ④ 재산상속 등 민사 관련 최초 현장 확인 '구조활동증명'자료 요구

2 구조활동증명서 발급

(1) 법적 근거 :「119구조·구급에 관한 법률 시행규칙」 제19조(구조·구급증명서)

(2) 발급기간 : 즉시

(3) 접수 및 발급기관 : 소방서(민원실), 구조대, 안전센터

(4) 신청대상

① 인명구조, 응급처치 등을 받은 사람(이하 "구조·구급자"라 한다)
② 구조·구급자의 보호자
③ 공공단체 또는 보험회사 등 환자이송과 관련된 기관이나 단체
④ 위 사항에 해당하는 자에게 위임 받은 자

(5) 신청인 확인서류 및 사항

① 신분증(주민등록증, 운전면허증, 여권, 공무원증 등)으로 신원확인
② 위임 등을 증명할 수 있는 서류
③ 구조·구급자의 보험가입을 증명할 수 있는 서류
④ 그 밖에 구조·구급자에 대한 구조·구급활동에 관한 증명자료가 필요함을 입증할 수 있는 서류
⑤ 보호자가 신청할 경우 가족관계증명서, 주민등록표등본 등 요구조자 또는 환자와의 관계를 확인할 수 있는 자료

(6) 발급방법

① 증명원 접수 및 검토의뢰 보고 : 先 검토 / 後 전자결재

> ✪ 119지령시스템 연계 증명원 출력

② 발급대장 기재 後 즉시발급(신청자 인터넷 또는 우편 발급)

(7) 수수료 : 없음

(8) 업무처리 흐름

신청서 작성	➔	접수	➔	검토	➔	결재	➔	증명서 교부
신청인		처리기관(소방관서)		처리기관(소방관서)		처리기관(소방관서)		

3 구조요청거절

(1) **법적 근거** : 119구조구급에 관한법률시행규칙 제11조(구조구급요청의 거절)

(2) **거절요건** : 119신고자에 의한 구조요청 거절에 한함

(3) **구조활동기록** : 종합방재센터(상황실) 119지령시스템 조치결과 '허위'입력

① 신고자 : 주민등록번호, 나이, 전화번호, 주소, 직업, 신고사유
② 관계자 : 주민등록번호, 전화번호, 주소, 직업, 관계내용
③ 현장상황 : 현장도착 후 6하 원칙 내용 상세히 기록
④ 구조거절확인서 작성 및 교부
⑤ 조치결과 : 조치결과, 인계사항 등 상세히 기록

(4) **전산입력**

① 입력 : 복귀 후 교대근무 前 까지 → 구조활동 일일 24:00 마감
② 시스템 : 종합방재센터(상황실) 119지령시스템
③ 항목 : 재난 및 안전사고 주요 21개 유형 119개 세부유형별 입력

(5) **기록관리** : 소방관서 3년간 보관 → 전산입력 및 전자문서 자동보관

(6) **업무처리 흐름**

출동지령	➔	현장도착	➔	요청 거절 확인서 작성	➔	확인서 부본 교부	➔	전산입력 및 결과보고
방재센터, 소방서		출동대		신고자, 출동대		출동대		출동대 ▸ 대응관리과

4 허위 119신고에 대한 과태료부과

(1) **법적 근거 :「소방기본법」 제19조(화재 등의 통지) 및 동법 제59조(과태료)**

(2) **과태료 : 200만원 이하의 과태료 부과**

· 법 제19조 제1항을 위반하여 화재 또는 구조·구급이 필요한 상황을 거짓으로 알린 사람

(3) **예방소방업무처리규정 및 질서위반행위관련 업무처리**

① 소방관련법령 위반사실 확인서 작성 및 부본 교부
② 소방관계법령 위반사실 보고

(4) **구조활동기록** : 종합방재센터(상황실) 119지령시스템 조치결과 '허위'입력

① 신고자 : 주민등록번호, 나이, 전화번호, 주소, 직업, 신고사유
② 관계자 : 주민등록번호, 전화번호, 주소, 직업, 관계내용
③ 현장상황 : 현장도착 후 6하 원칙 내용 상세히 기록
④ 활동내용 : 관계자 입회하에 6하 원칙 내용 상세히 기록
⑤ 조치결과 : 조치결과, 인계사항 등 상세히 기록

(5) 전산입력

① 입력 : 복귀 후 교대근무 前 까지 → 구조활동 일일 24:00 마감
② 시스템 : 종합방재센터(상황실) 119지령시스템
③ 항목 : 재난 및 안전사고 주요 21개유형 119개 세부유형별 입력

(6) 기록관리 : 소방관서 3년간 보관 → 전산입력 자동 보관

(7) 업무처리 흐름

출동지령	→	허위사실확인 공무원증 제시 과태료부과안내	→	확인서 작성 부본교부	→	업무처리 안내 현장기록	→	전산입력 및 결과보고
방재센터, 소방서		출동대		신고자, 출동대		출동대		출동대 ▸ 대응관리과

5 구조된 물건의 처리(동물제외)

(1) 법적근거 : 119구조·구급에 관한 법률 제18조(구조된 물건의 처리)

(2) 처리방법 : 구조된 물건을 자치구청장에게 인계 보관

(3) 현장기록 → 구조활동 전산입력용

① 신고자 : 주민등록번호, 나이, 전화번호, 주소, 직업, 신고사유
② 관계자 : 주민등록번호, 전화번호, 주소, 직업, 관계내용
③ 현장상황 : 현장도착 후 6하 원칙 내용 상세히 기록
④ 활동내용 : 관계자 입회하에 6하 원칙 내용 상세히 기록
⑤ 그 외 사항 사진자료 및 구조활동일지기록
⑥ 조치결과 : 조치결과, 인계사항 등 상세히 기록

(4) 취득물건 현장기록 → 취득보고용

① 일시, 장소, 최초 발견 취득물건의 상태, 취득물건의 구성 등 6하 원칙으로 작성
② 그 외 사항 구조활동일지기록

(5) 전산입력

① 입력 : 복귀 후 즉시
② 시스템 : 종합방재센터(상황실)119지령시스템
③ 항목 : 재난 및 안전사고 주요 21개 유형 119개 세부유형별 입력

(6) 업무처리 흐름

출동 → 구조활동 → 물건발견 및 현장탐문 → 복귀 후 취득보고(구조활동일지 첨부) → 구청 통보 (취득보고 및 구조활동일지 첨부) → 방문 후 인도인계 확인서 작성(수기) → 조치결과(종결) 보고(인도인계 확인서 첨부)

> ✪ 구청 14일 동안 게시판 공고 ➔ 구청 매각처리

취득	➔	보고	➔	관할 자치구 인도인계	➔	확인서 작성	➔	조치결과
현장기록		내부결재		소방 ▸ 자치구		소방 ▸ 자치구		내부결재

6 이동전화 위치정보조회

(1) 법적근거 : 위치정보의 보호 및 이용 등에 관한 법률

(2) 협력기관 : 경찰관서 * 출동대 종합방재센터(상황실) 의뢰 조치

(3) 유선 신고자(요청권자) 확인

① 위치정보 대상자(요구조자) 정보파악

> ✪ 성명, 성별, 신장, 복장, 인상착의, 차량소유 등 사전 확인

② 스마트폰 활용 : 신고자(요청권자) → 대상자(요구조자) 사진전송 → 출동대 활용

(4) 탐문 수색

① 이동전화 위치정보 수동조회시스템에서 출력된 '119이동전화위치정보' 확인(경·위도 좌표를 GIS에 입력하여 기지국 등 위치 파악)
② 위치조회 결과 확인된 이동통신 기지국 주변 탐문 수색
③ 대상자(요구조자)의 이동가능성 등 판단 후 재조회 여부 등 판단
④ 사고상황에 따라 경찰, 해경 등 유관기관 합동수색

> ✪ 출동대 종합방재센터(상황실)로 무선 조치

⑤ 출동대의 추가여부, 일몰 등으로 수색이 불가능한 경우 수색의 중단 및 재개 등 판단

(5) 활동종결

① 요구조자 발견, 연락, 상황의 종결 및 수색의 실효성이 없다고 판단되거나 신고자(요청자)의 수색종료 요구가 있는 경우 등
② 신고자(요청자)에게 경찰관서 미아 또는 실종자 신고 등록지도
③ 관할 경찰관서 위치추적 신고사항 인계 및 순찰시 탐문 의뢰

(6) 현장기록

① 신고자 : 주민등록번호, 나이, 전화번호, 주소, 직업, 신고사유
② 관계자 : 주민등록번호, 전화번호, 주소, 직업, 관계내용
③ 현장상황 : 현장도착 후 6하 원칙 내용 상세히 기록
④ 활동내용 : 관계자 입회하에 6하 원칙 내용 상세히 기록
⑤ 협력기관 : 소속, 계급, 성명, 인원, 전화번호 기록
⑥ 조치결과 : 조치결과, 인계사항 등 상세히 기록

(7) 전산입력

① 입력 : 복귀 후 교대근무 前 까지 → 구조활동 일일 24:00 마감
② 시스템 : 종합방재센터(상황실) 119지령시스템
③ 항목 : 재난 및 안전사고 주요 21개유형 119개 세부유형별 입력

(8) 기록관리 : 소방관서 3년간 보관 → 전산입력 자동 보관

7 동물(유기동물 및 야생유해동물) 구조 및 보호처리

(1) 법적 근거 : 「동물보호법」, 「야생생물보호 및 관리에 관한 법률」

(2) 보호대상

① 「동물보호법」 제14조 관련 유기동물 등
② '멸종위기야생생물' 및 생태계교란야생생물

(3) 현장기록 → 구조활동 전산입력용

① 신고자 : 주민등록번호, 나이, 전화번호, 주소, 직업, 신고사유
② 관계자 : 주민등록번호, 전화번호, 주소, 직업, 관계내용
③ 현장상황 : 현장도착 후 6하 원칙 내용 상세히 기록
※ 동물 종류, 최초 발견상태, 질병 등 특이사항
④ 활동내용 : 관계자 입회하에 6하 원칙 내용 상세히 기록
⑤ 일시, 장소, 최초 발견 취득물건의 상태, 취득물건의 구성 등 6하 원칙으로 작성
⑥ 그 외 사항 사진자료 및 구조활동일지기록

(4) 보호조치

① 유기동물 : 자치구 산업환경과, 지역경제과, 일자리경제과 청소행정과(동물사체) 및 한국동물구조관리협회(서울, 경기지역) 등

② 야생동물 : 자치구 공원녹지과 및 야생생물관리협회 등

(5) 전산입력

① 입력 : 복귀 후 교대근무 前까지 → 구조활동 일일 24:00 마감

② 시스템 : 종합방재센터(상황실) 119지령시스템

③ 항목 : 재난 및 안전사고 주요 21개유형 119개 세부유형별 입력

(6) 업무처리 흐름

출동 → 구조활동 → 동물발견 및 현장탐문 → 관할 자치구 동물보호센터 인계(수기) → 복귀 후 취득보고(구조활동일지 첨부) → 구청통보(취득보고 및 구조활동일지 첨부) → 방문 후 인도인계확인서 작성 → 조치결과(종결)보고(인도인계 확인서 첨부)

포획	➔	사진 등 현장기록	➔	관할 기관 인도인계	➔	인도인계서 작성	➔	조치결과
출동대		출동대		소방 ▸ 관련기관		소방 ▸ 자치구		내부결재(출동대)

제4절 119생활안전대 장비

1 차량기준

생활안전대에서 운영하는 차량 및 보유 장비의 기준은 "119생활안전대 편성·운영에 관한 규정"에서 정하고 있으며, 이 규정에도 불구하고 소방본부장 등은 지역실정을 고려하여 필요한 장비를 추가하거나 제외할 수 있다.

(1) 중형 생활안전차량(2.5t급)

① 제원 : 전장 6,225㎜ 이하, 전폭 2,030㎜ 이하, 전고 2,325㎜ 이하

② 캡일반 : 더블캡을 적용하며 후면 승차실 바닥과 천장높이는 최저 1,450㎜ 이상 확보

③ 적재함 : 길이 3,340㎜ 이하, 넓이 1,920㎜ 이하, 높이 2,500㎜ 이하

④ 승차인원 : 5인승 이상

(2) 소형 생활안전차량(승합 밴 형)

① 제원 : 전장 5,125㎜ 이하, 전폭 1,920㎜ 이하, 전고 1,935㎜ 이하

② 승차인원 : 5인승 이상

(3) 차량 표식 및 도장은 소방청 "소방장비 표준규격"의 '특수소방차'(소방황색) 적용기준을 준용

※ 이 기준은 신규차량 도입 시 적용되고 기존차량 이용 시에는 차량 표식 및 도장 기준만 적용

▌119 생활안전대 장비보유기준▐

<table>
<tr><th>용 도</th><th colspan="8">품 목</th><th>비고</th></tr>
<tr><td rowspan="3">잠금장치 개방 등 생활안전 구조활동</td><td>승강기 마스터키</td><td>만능 문개방기</td><td>해머</td><td>파이프 렌치</td><td>전동 드라이버</td><td>차량 문개방기</td><td>반지 절단기</td><td>공구 세트</td><td rowspan="3"></td></tr>
<tr><td>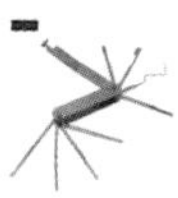</td><td></td><td></td><td></td><td></td><td></td><td></td><td></td></tr>
<tr><td colspan="8">휴대용 유압장비, 접이식(또는 복식)사다리, 마스터키(방, 창문), 안전확보장비(로프, 하강기, 비너, 안전벨트 등)</td></tr>
<tr><td>동물포획</td><td colspan="8">동물포획망(大・中・小), 동물이송함(大・中) 동물포획(집게, 올무, 후크)

벌집 제거 장비, 마취총 등
 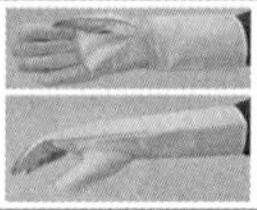  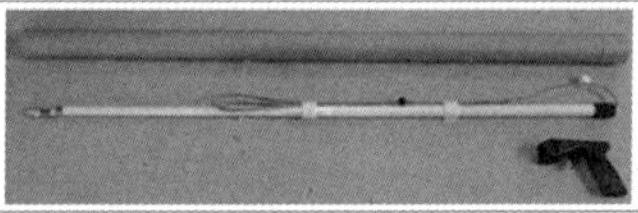</td><td></td></tr>
<tr><td>진압배수</td><td colspan="8">소화기, 이동식 진화기, 동력소방펌프, 수중펌프</td><td></td></tr>
<tr><td>측정점검</td><td colspan="8">잔류전류검지기, 가스검지기, 방사선측정기, 전류전압측정계</td><td></td></tr>
<tr><td>전기통신</td><td colspan="8">이동식 발전기, 휴대용단말기(PDA, 스마트폰), 자동전압조정기, 전선릴</td><td></td></tr>
<tr><td>개인보호 등 기타</td><td colspan="8">「소방장비관리규칙」[별표3] 일상용 보호장비, 디지털카메라, 응급처치용품(기초 인명소생가방 등)</td><td></td></tr>
</table>

제5절 유형별 활동요령

1 이동전화 위치정보조회

"긴급구조를 위한 소방기관의 위치정보 이용 관리 지침(소방청 예규 제29호)" 등에 근거한 이동전화 위치정보 조회요청에 대한 신고접수, 조회승인, 위치조회, 구조수색 및 상황종료 등 단계별 세부 활동요령은 다음과 같다.

(1) 신고접수

▌이동전화 위치정보조회 신고접수 절차(요약)▌**

접수방법		· 119신고를 통해 접수
접수 절차	요청권자 확인	· 개인정보주체(본인) · 배우자 및 2촌 이내 친족(민법 제767조) · 미성년자의 후견인 ※ 요청권자가 적법하지 않은 경우 적법한 요청권자가 신고하도록 유도하고, 요청권자의 적법여부 확인이 필요할 때에는 경찰 등 유관기관을 통하여 확인
	위치조회 필요상황	· 소방기관의 구조·구급 등이 필요한 상황 · 조난, 자살기도 등 급박한 위험상황에 노출된 상황 · 위험상황에 처할 가능성이 농후하여 사전대응을 위해 위치조회가 필요한 상황 · 요청권자 외 3자 신고의 위치조회가 불가피 하다고 판단되는 특별한 상황
	고지사항 안내	· 허위신고 시 과태료 부과사항 · 위치조회와 조회결과의 활용 등
	요구조자 정보파악	· 구조수색에 필요한 요구조자의 인상착의 및 구체적 신상정보 등
접수거부		· 경찰 등 타기관의 고유사무로 다른 법률이 정하는 바에 따라 위치조회가 가능한 사항 · 긴급구조가 필요한 급박한 위험사항이라고 볼 수 없는 상황 등

(2) 조회승인

'위치정보제공 요청서 및 관리대장'을 작성, 결재를 득한다.

(3) 위치조회

이동전화 위치정보 조회시스템을 이용하여 시스템에서 출력된 '119이동전화위치정보'를 확인(경·위도 좌표를 GIS에 입력하여 기지국 등 파악)하며, 조회에 성공하면 출동대 편성의 조치를 취한다. 조회결과 위치가 타 시·도인 경우 관할 시·도 본부 또는 소방서에 이첩한다.

(4) 구조수색

출동대 편성은 조난사고, 자살 관련, 정신지체자의 실종, 납치·유괴 등 형사사건 관련 등 상황에 따라 출동대를 조정해서 편성할 수 있으며 수색활동 내용 등은 아래와 같다.

▌이동전화 위치정보조회 수색활동 내용(요약)▐

구 분	내 용
수색활동	① 요구조자의 사진, 인상착의 등 수색에 필요한 정보확인 ② 사고상황에 따라 경찰, 해경 등 유관기관 합동수색 ③ 위치조회결과 확인된 기지국 반경을 중심으로 수색 ④ 요구조자의 이동가능성 등 판단 후 재조회 여부 등 판단 ⑤ 출동대의 추가 출동여부 등 판단 ⑥ 요청자 등이 수색에 동참할 것을 희망하는 경우 출동대와 합류하여 조회된 위치 공개 ⑦ 일몰 등으로 수색이 불가능할 경우 수색의 중단 및 재개여부 등 판단 ⑧ 수색의 방법, 절차 등은 현장상황에 따라 출동대장이 판단
상황종결	① 원칙적으로 현장도착한 출동대장의 판단에 의함 ② 요구조자 발견, 연락, 긴급상황의 종결 등 ③ 경찰 등 타 기관 고유사무로 소방기관의 수색 필요성이 없어 관련기관에 전체 상황을 인계하는 경우 ④ 기타 수색의 실효성이 없다고 판단되는 경우 등

출동대에서 요구조자의 이동전화를 통해 통화를 시도하는 경우 요구조자의 이동전화 신호음에 따라 요구조자의 상황을 판단할 수도 있다.

① "휴대폰이 꺼져 있습니다." 라는 멘트가 나오는 경우는,
- 요구조자가 본인의지에 의하여 종료버튼을 눌러서 휴대폰을 꺼놓은 상태이다.

② 신호음이 10회 정도 울리다가 "전화를 받을 수 없습니다"라는 음성메시지로 넘어가는 경우는,
- 요구조자가 종료버튼을 누르지 않은 상태로 휴대폰 배터리를 분리해 놓거나 배터리가 방전된 상태이고,
- 신호음 1회에 약 2초 정도의 시간이 소요되며, 컬러링의 경우 약 20~30초 내외의 시간이 경과한 이후 "전화를 받을 수 없습니다." 라는 음성메시지로 넘어간다.

③ 신호음이 20회 정도 울리다가 "전화를 받을 수 없습니다"라는 음성메시지로 넘어가는 경우는,
- 요구조자의 휴대폰이 정상적인 상황에서 요구조자가 휴대폰을 받지 않은 상태이며,
- 신호음 1회에 약 2초 정도의 시간이 소요되며 컬러링의 경우 약 50~70초 내외의 시간이 경과된 이후 "전화를 받을 수 없습니다." 라는 음성메시지로 넘어간다.

출동대는 수색진행, 종결 등 상황을 종합상황실로 보고하고, 긴급구조 목적 외 허위신고로 확인된 경우 현장적발・보고한다.

2 출입문 강제개방

(1) 잠금장치의 구조 및 작동원리

① 현관(방화문)용

흔하게 볼 수 있는 것으로 아파트 등 주택 현관(방화문)에 가장 많이 설치된 잠금장치이다.

※ 잠금장치의 내부구조는 방문용과 같다
단, 캐치와 날름쇠가 이중으로 부착됨

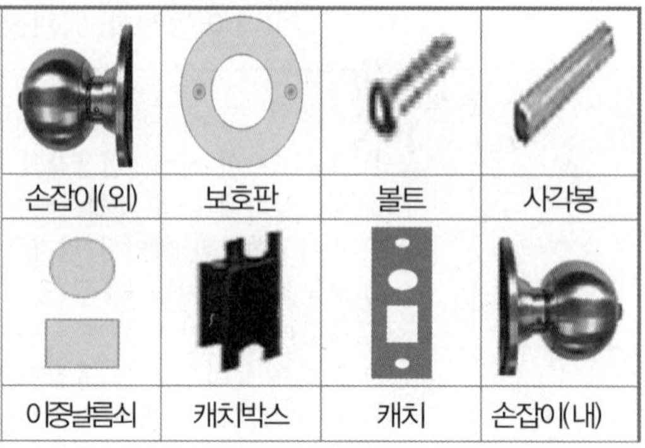

㉠ 현관(방화문)용은 방문용에 비하여

ⓐ 손잡이 부분의 목이 두껍고 넓으며,

ⓑ 방문용은 날름쇠가 한 개이나, 현관용은 날름쇠가 2개이고,

ⓒ 방문용은 열쇠가 없어도 잠글 수 있고, 현관용은 열쇠가 없으면 잠글 수 없다.

㉡ 작동원리

ⓐ 실린더(현관정)의 손잡이를 제거하면 우측의 그림과 같이 방화문 내부의 잠금장치가 노출된다.

ⓑ 내부 잠금장치의 중앙부에 있는 홈을 좌, 우측으로 돌리면 원형날름쇠가 작동 하고, 중앙 홈을 기준으로 상, 하에 있는 반원형 홈을 좌, 우로 돌리면 삼각날름쇠가 작동한다.

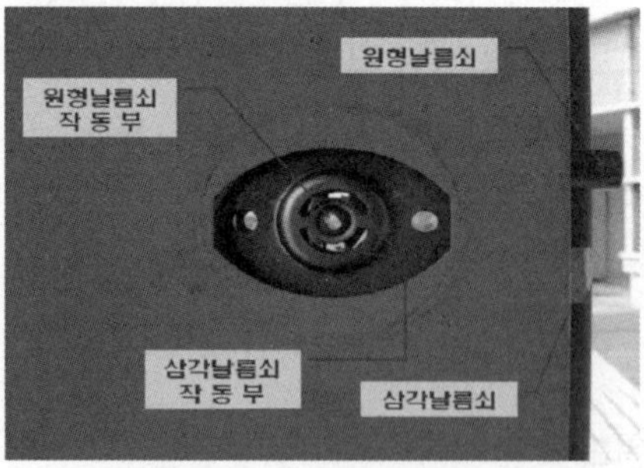

■ 방화문 잠금장치(내부) ■

② 보조 잠금장치

현관문의 실린더(주키)키와 같이 주로 많이 사용되며 밖에서 보조키가 보이지 않는 경우도 있다. 바깥에서 열 수 있는 열쇠구멍과 안쪽의 손잡이가 달려 있는 구조로 유리문 키와는 달리 복잡한 구조로 되어 있으며 문 안쪽부분에 별도의 잠금장치가 붙어 있다.

㉠ 형 태

■ 보조 잠금장치 ■

원형의 키 뭉치 만 노출되어 있다. 원형, 일자형 등의 형태로 된 열쇠를 이용하여 내부의 잠금장치를 작동시켜 출입문을 열고 닫을 수 있다.

방화문의 내측 면에 잠금장치의 본체가 부착, 설치되어 있다.

㉡ 특 징

보조키 단독으로만 사용하는 경우는 거의 없으며, 보통 현관문 주키(실린더)와 같이 설치하여 사용한다.

㉢ 작동원리

외부에서 키 뭉치를 탈락시켜 제거하면 키 뭉치자리에 원형의 구멍이 보이고 이 구멍 내부에 문 안쪽 잠금장치의 홈이 보인다. 내부 잠금장치의 홈을 돌리면 날름쇠가 작동하여 문을 개방할 수 있게 된다.

■ 보조 잠금장치 내부 ■

③ 주 잠금장치용 디지털 도어록

디지털 도어록은 크게 "주키 방식"과 "보조키 방식"으로 나누며, 장비에 따라 개방 요령도 차이가 나게 된다.

㉠ 형 태

현관문용 화문의 내부에 정착되어 있고, 방화문의 외부면에는 번호판(지문인식기 등), 내부면에는 배터리케이스와 잠금 레버 등이 있다.

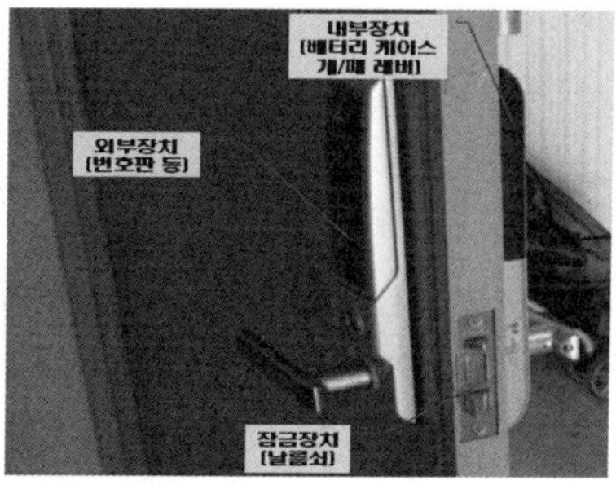

■ 디지털 도어록 ■

ⓛ 특 징

잠금장치는 두개의 날름쇠(사각날름쇠, 삼각날름쇠)로 이루어져 있으며 일반적인 현관문 도어록(현관정)과 비슷하나 약간의 차이가 있다.

ⓒ 작동원리

사각날름쇠는 일반적인 현관문 도어록(현관정)의 "원형날름쇠"에 해당하는 부분으로써 번호판, 지문인식기, 카드 등을 통한 전자장치의 구동 또는 내부의 ON/OFF 버튼에 의해 작동하게 된다. 삼각날름쇠는 일반적인 현관문 도어록(현관정)과 마찬가지로 문이 잠긴 상태에서도 문개방 손잡이에 의해 작동하게 된다.

④ 보조 잠금장치용 디지털 도어록

㉠ 형 태

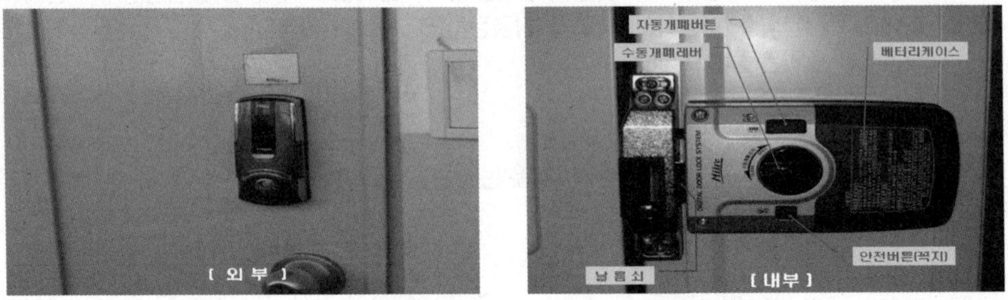

■ 보조잠금장치용 디지털 도어록 ■

ⓛ 특 징

외부에는 번호판, 지문인식기, 카드인식기 등 전자도어록을 작동시키기 위한 외부장치가 부착되어 있으며, 내부에는 배터리케이스, 개/폐 레버 등이 있는 잠금장치가 방화문에 부착되어 있다.

ⓐ 내부에 부착되어 있는 잠금장치는 일반적인 보조키의 잠금장치와 모양, 부착방법 등이 비슷하다.

ⓑ 보조키 방식 디지털 도어록 단독으로만 설치되지는 않으며, 일반 보조키를 대책 보강 하기위한 경우가 많으므로 현관문용 도어록 (현관정)과 같이 설치되어 있다.

ⓒ 작동원리

외부에서 번호판의 조작 등으로 날름쇠를 작동시켜 문을 개방할 수 있으며, 내부의 잠금장치에 있는 수동개폐레버와 자동개폐버튼을 이용하여 열고 닫을 수 있다.

문을 잠근 상태에서 안전버튼을 누르면, 보조키의 "꼭지"를 누른 것 과 같이 외부에서 번호판을 조작하여도 열수 없게 된다.

ⓔ 기 타

보조키 방식의 디지털 도어록은 방화문용 도어록(현관정)과 같이 설치되어 있으므로 현관정의 개방작업도 함께 이루어져야 문을 개방 할 수 있다.

디지털 도어록은 문을 닫으면 자동으로 잠기게 되는 특성상, 주간에는 디지털 도어록만 잠기고, 현관정은 잠그지 않은 상태에서 외출하는 사람들이 많으나, 야간에는 디지털 도어록과 현관정 모두가 잠겨져 있다고 가정을 하고 작업을 하여야 한다.

⑤ 방문용

방문용 잠금장치(door lock)는 손잡이를 돌려서 개폐하는 방식으로 주로 원형으로 열쇠뭉치의 손잡이가 많이 보급되어 있지만, 고급 아파트나 기존 주택의 리모델링 수요가 늘어나면서 종류나 모양도 다양해졌다.

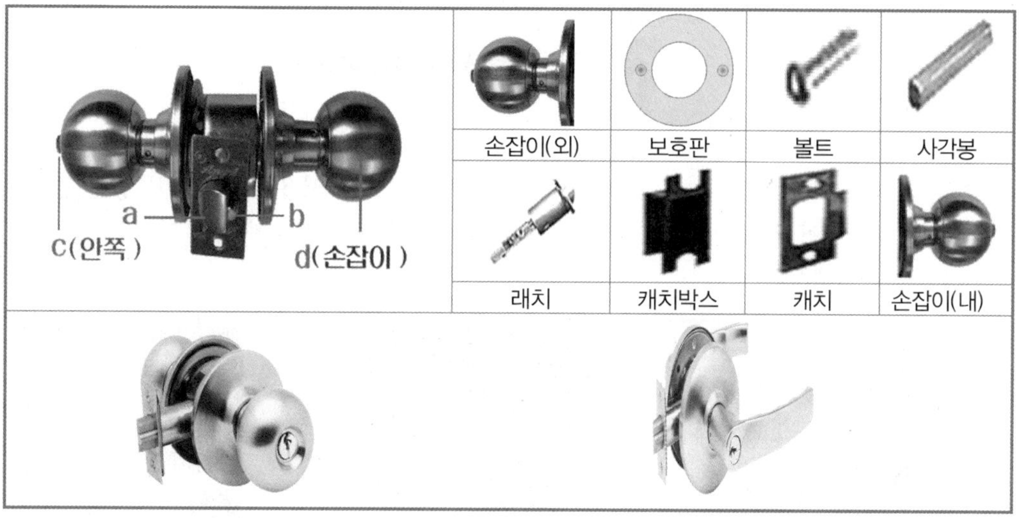

■ 방문용 잠금장치 ■

일반적인 개방원리는 원형의 손잡이(d 또는 c)를 잡고 돌려보면 돌리는 방향으로 a와 b가 동시에 들어가고 개방되는 원리로 평상시 a부분이 들어가면서 문이 열리고, 열쇠 또는 손잡이의 c(잠금장치)를 눌러 잠그는 구조로 주로 방문용은 나무문에 많이 사용되고 있다.

⑥ 유리문용

상가건물 등의 현관 출입문과 점포들의 스테인리스 문에 주로 사용한다. 바깥에서 열 수 있는 열쇠 구멍과 안쪽의 손잡이가 달려 있는 단순한 구조로 되어 있으며, 최근 들어 보조키 형태로 문의 잠김을 풀기 어려운 제품들이 설치되고 있는 추세이다.

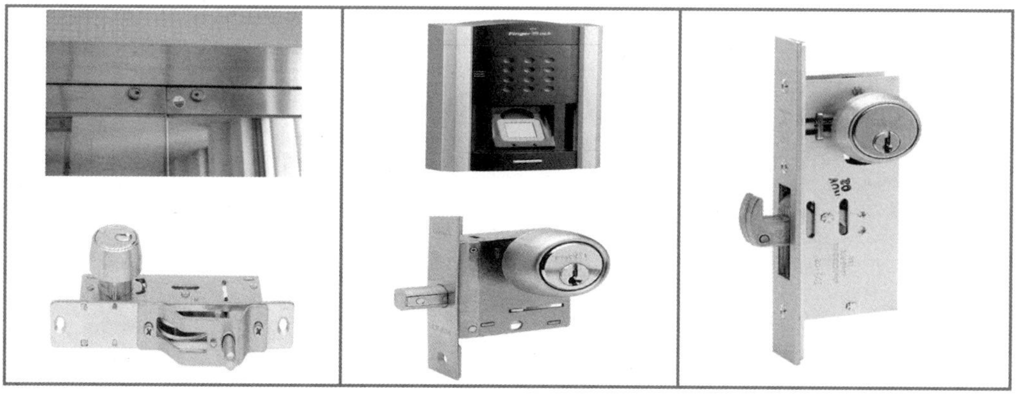

■ 유리문용 잠금장치 ■

3 잠금개방(해정) 방법

(1) 방화문 해정기 활용

방화문 해정기는 긴급상황 발생 시 방화문 강제개방용으로 사용되며 해정기 중간 몸체 내 해정 공구가 결합되어 있고 화재현장에서 파괴기구로 병행사용이 가능하다.

① 현관문 강제개방

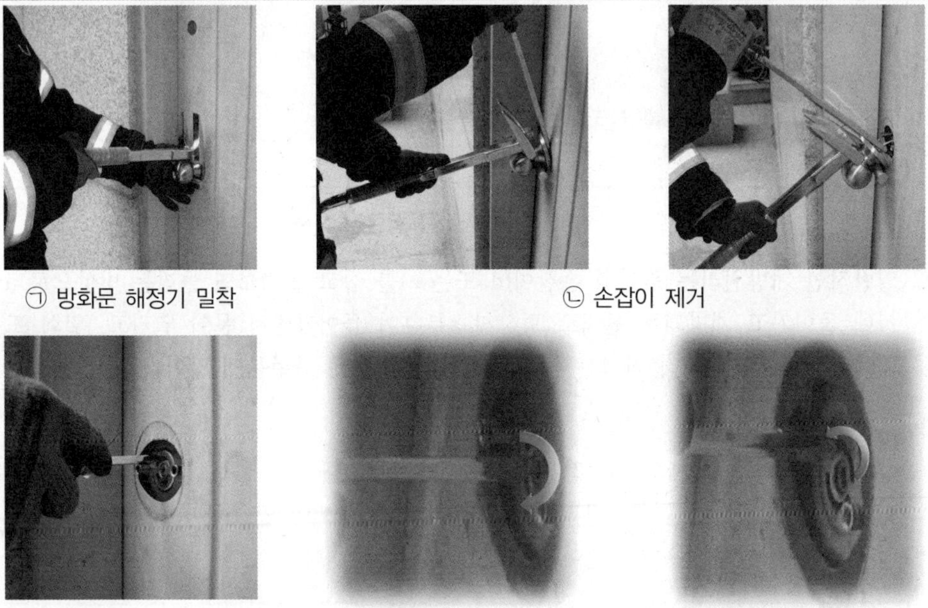

㉠ 방화문 해정기 밀착

㉡ 손잡이 제거

㉢ 1차 잠금 걸쇠 해정

㉣ 2차 잠금 걸쇠 해정

■ 방화문 해정기를 활용한 강제개방 ■

② 보조 잠금장치 개방

㉠ 개방 전

㉡ 방화문 해정기 밀착

㉢ 방화문 해정기 당김

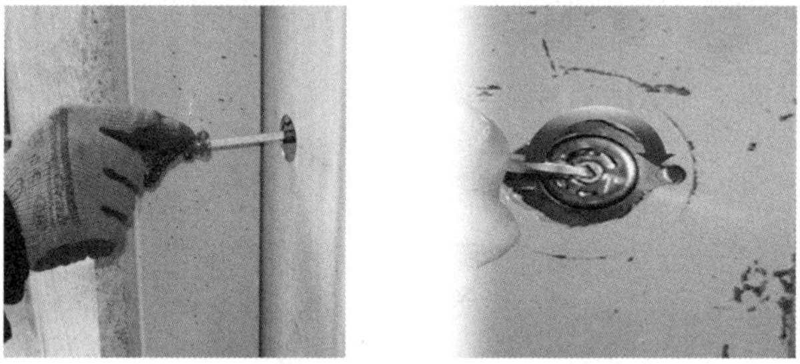

㉣ 잠금장치 걸쇠해정

■ 방화문 해정기를 활용한 보조 잠금장치 개방 ■

✪ 보조 잠금장치 개방요령

① 보조키 뭉치의 둘레를 감싸고 있는 원형링 부분과 방화문의 사이에 방화문 해정기의 보조키 걸이부분을 손도끼, 망치, 파이프렌치 등을 이용 타격을 가하여 삽입 시킨다.

② 방화문 해정기의 손잡이를 잡고 상, 하, 또는 좌, 우로 빠르게 젖혀서 보조키의 키뭉치를 이탈시킨다.

③ 보조키 키뭉치가 이탈된 방화문의 안쪽 구멍에 일자드라이버를 삽입하여 돌려 개방한다.

④ 만약 보조키의 홈부분이 회전되지 않을 경우, 열림 방지장치(꼭지)가 눌려있는 경우 도어오프너, 드라이버 등을 사용하여 보조키를 안쪽으로 쳐내서 키 박스를 완전 이탈시킨다.

※ 도어오프너 등의 장비가 없을 경우에는 지렛대를 키 구멍에 대고 도끼로 타격을 하여 키 박스를 이탈시킨다.

✪ 보조 잠금장치 강제 개방(방법 1)

내부 잠금장치가 돌아가지 않을 경우에는 안전버튼(꼭지)이 눌려 있는 상태이므로 도어오프너를 사용하여 내부 잠금장치를 타격하여 실내 쪽으로 이탈시킨다.

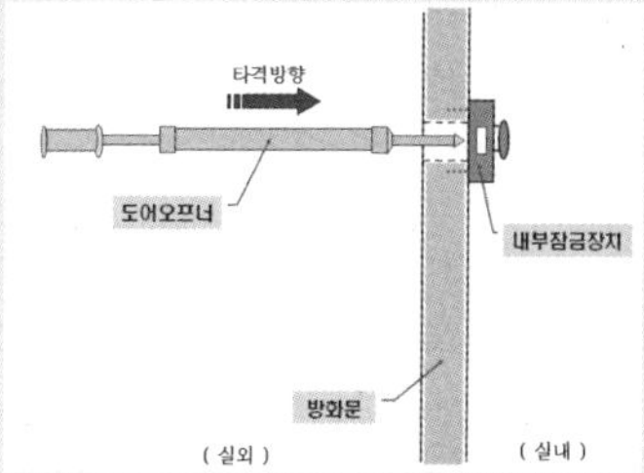

✪ 보조 잠금장치 강제 개방(방법 2)

도어오프너가 없을 때에는 배척(지렛대)을 보조키 키홀 안에 대고 도끼나 해머로 타격하여 내부 잠금장치를 이탈시킨다.

※ 화재 등의 긴급 상황에서 꼭지가 눌렸을 때는 내부에 요구조자가 있는 것으로 판단하고 신속한 문개방 작업을 실시한다.

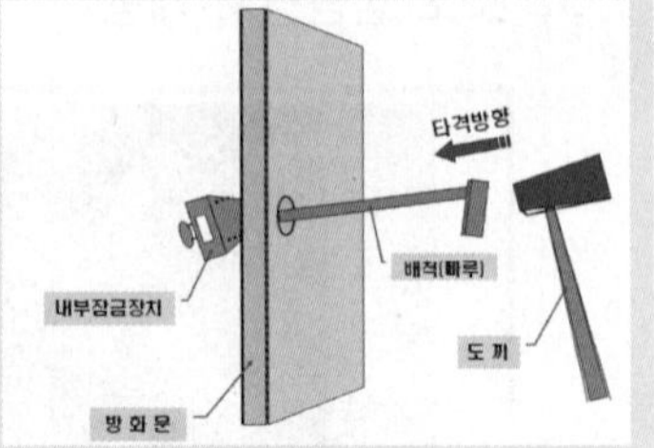

✪ 주 디지털 도어록 강제 개방(방법 3)

① 방화문 해정기, 도끼, 지렛대(배척) 등 기타 장비를 활용하여 디지털 도어록의 외부장치(번호판)를 제거한다. 외부장치를 뜯어낼 때에는 외부장치와 내부장치를 고정하는 볼트(보통4~6개) 부위를 집중 공략하여 제거한다.

② 외부장치를 제거하면 그림과 같이 방화문 속에 장착된 잠금장치가 노출된다.

③ 노출된 잠금장치의 사각날름쇠 작동부의 홈을 돌린 후 삼각날름쇠 작동부의 홈을 돌리면서 문을 개방한다.

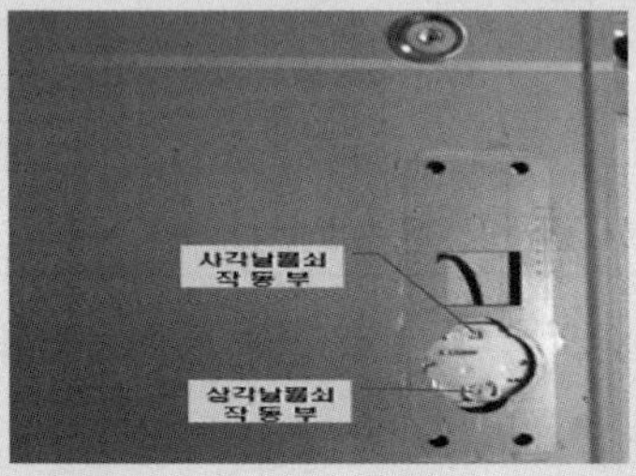

※ 주키 방식의 디지털 도어록에서는 배척(지렛대), 일자(-)드라이버 등을 이용하여 방화문과 문틀 사이를 벌려 날름쇠를 제거하는 고전적인 방법도 신속하고 효과적일 수 있다. 하지만, 문 옆에 벽이 있거나 장애물 등으로 인한 작업반경의 제한으로 배척(지렛대)을 사용할 수 없는 경우가 많이 있다. 또 최근에는 배척(지렛대)을 이용한 절도사건이 증가함에 따라, 날름쇠 부분의 방화문과 문틀의 날개부분에 Door Cap이라는 특수재질의 보조장치를 설치함으로써 배척(지렛대)이나 드라이버 등을 사용하여도 벌어지지 않는 경우가 많으므로 위의 방법을 이해하고 숙달할 필요가 있다.

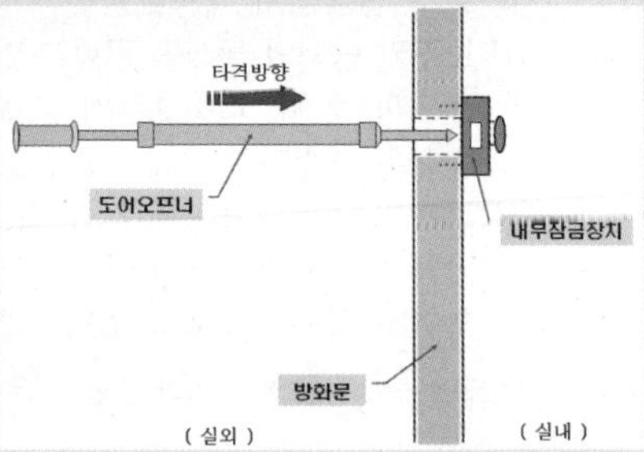

✪ 보조 디지털 도어록 강제 개방(방법 4)

① 방화문 해정기, 도끼 등을 이용하여 디지털 도어록의 외부장치(번호판)을 뜯어내어 제거 한다.

② 외부장치를 제거하면, 보조키 구멍이 보이고 내부장치와 연결되었던 케이블도 보인다.

③ 도어오프너를 사용하거나 배척(지렛대)을 구멍 속 내부장치에 대고 도끼, 해머 등을 이용, 타격하여 내부장치를 탈락시킨다.

④ 내부장치의 탈락이 확인되면 문을 개방한다.

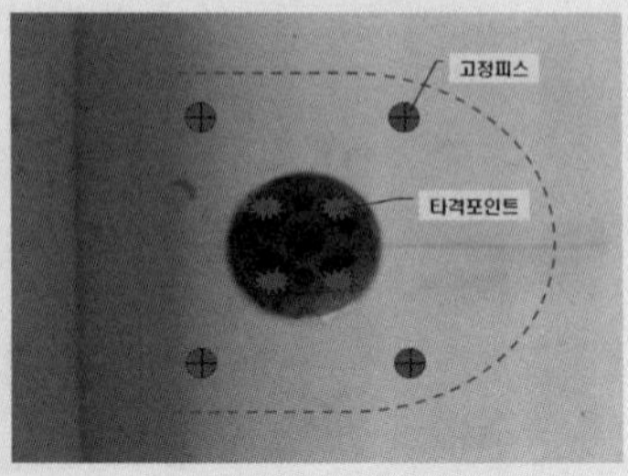

- 외부장치를 제거하면 사진과 같이 방화문 속에 장착된 잠금장치가 노출된다.
- 노출된 잠금장치의 사각날름쇠 작동부의 홈을 돌린 후 삼각날름쇠 작동부의 홈을 돌리면서 문을 개방한다.

※ 보조키 방식의 디지털 도어록은 방화문용 도어록(현관정)과 같이 설치되어 있으므로 현관정의 개방작업도 함께 이루어져야 문을 개방할 수 있다. 디지털 도어록은 문을 닫으면 자동으로 잠기게 되는 특성상, 주간에는 디지털 도어록만 잠기고, 현관정은 잠그지 않은 상태에서 외출하는 사람들이 많으나, 야간에는 디지털 도어록과 현관정 모두가 잠겨져 있다고 가정을 하고 작업을 할 필요가 있다.

(2) 도어오프너 활용

도어오프너는 화재사고 등 긴급상황 발생 시 방화문 강제개방용으로 사용되며 화재시 파괴기구로 병행사용이 가능하고, 몸체, 펀치 결합나사, 해정 팁으로 구성되어 있다.

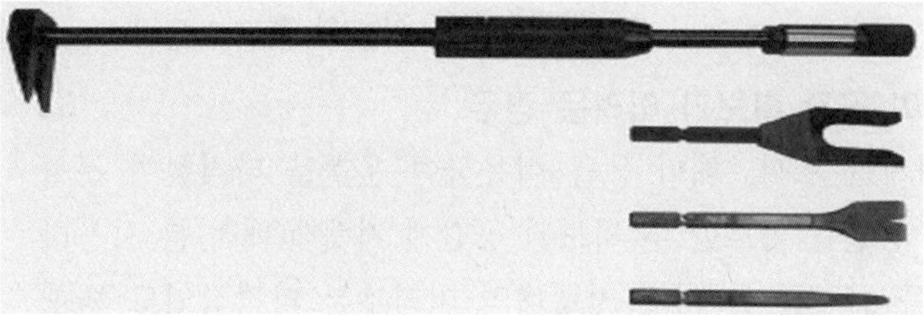

■ 도어오프너 ■

(3) 지렛대(배척) 활용

■ 지렛대(배척) ■

① 안으로 열리는 문(매립형)

㉠ 개방(지렛대) 작업을 할 곳에 문틀과 약간의 벽이 있으며 안으로 여는 구조로 되어 있다. 립(Lip)이 없는 방화문으로 작업방법은 립(Lip)형태의 개방방법과 같다.

㉡ 지렛대(배척)를 사용하는 방법에는 여러 가지가 있을 수 있지만, 기본적으로 지렛대(배척)만을 사용한 작업보다는 다른 여러 장비를 응용하여 작업을 실시하는 것이 보다 더 효율적일 수 있다.

■ 안쪽열기 ■

㉢ 도끼, 해머 등을 이용하여 지렛대의 머리부분을 타격함으로써 지렛대가 방화문과 문틀사이에 잘 들어가도록 한다. 2인 1조의 작업이 이루어져야 하며, 도끼의 타격과 지렛대의 벌림 동작을 변갈아 가며 실시한다.

㉣ 지렛대가 어느 정도 방화문과 문틈으로 들어갔다고 판단되면 타격작업은 중지하고 작업자의 위치도 변경해 가면서 작업을 할 수 있다.

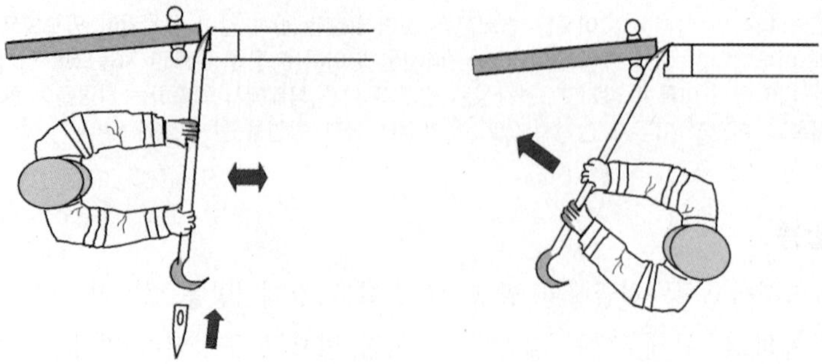

■ 지렛대 활용 작업(1) ■

② 방화문과 문틈이 공간 확보가 어려운 경우

어려운 작업이지만 도끼, 해머 등을 이용하여 문틀을 타격하여 문틀을 찌그러뜨려 공간을 확보한 후 확보된 공간에 지렛대(배척)를 사용하여 벌림 작업을 실시한다. 이때 지렛대의 머리부분 타격작업도 병행하여 지렛대가 더 쉽게 들어가도록 할 수도 있다. 점차 주변으로 서서히 틈을 벌려 나가면서 작업을 한다.

■ 벽 밀착형 ■

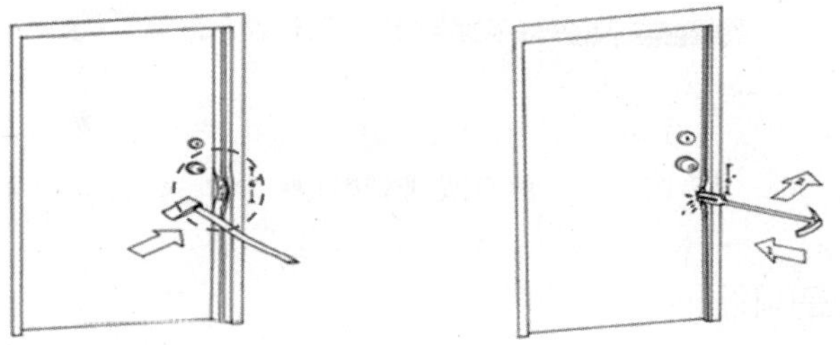

■ 지렛대 활용 자업(2) ■

③ 밖으로 열리는 문(립-바깥열기)

벽과 방화문이 평면이고 방화문이 밖으로 열리며 립(Lip)이 보일 때 도끼나 지렛대(배척)로 립(Lip)을 제거해야 한다. 방화문의 재질은 철재이며 두께가 1.5mm 정도 이므로 도끼나 지렛대로 벌리는 것이 가능하다. 립(Lip)과 기둥의 틈을 벌려서 문을 개방하기 위해서는 도어록을 중심으로 위 아래로 15cm씩 합쳐서 30cm 정도는 벌려주어야 작업이 쉽다. 방화문의 틈을 벌릴 때 가능하면 안쪽까지 깊게 작업하여야 하며 처음에는 조금씩 벌려 점차로 넓고 깊게 작업을 해야 한다.

■ 바깥열기 ■

㉠ 방화문 립(Lip) 제거

ⓐ 도끼로 지렛대(배척)의 머리부분을 타격하여 지렛대를 문틈 속으로 넣는다.

ⓑ 지렛대(배척)와 도끼를 이용하여 타격과 벌림 작업을 반복하여 실시한다.

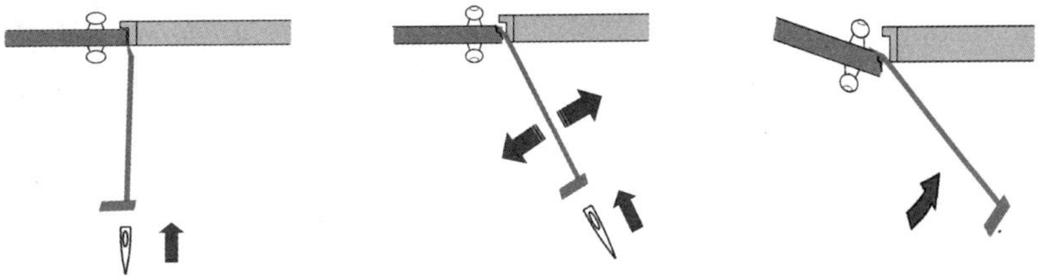

■ 지렛대 활용 작업(3) ■

㉡ 변형된 지렛대(ㄱ자형 배척)를 활용한 벌림 및 개방

문이 열리는 방향에 벽이나 장애물로 인하여 작업에 장애를 받을 때 사용할 수 있다.

ⓐ 도끼로 "변형된 지렛대"의 머리부분을 타격하여 지렛대를 틈 속으로 넣는다.

ⓑ 지렛대와 도끼를 이용하여 타격과 벌림 작업을 반복하여 실시한다.

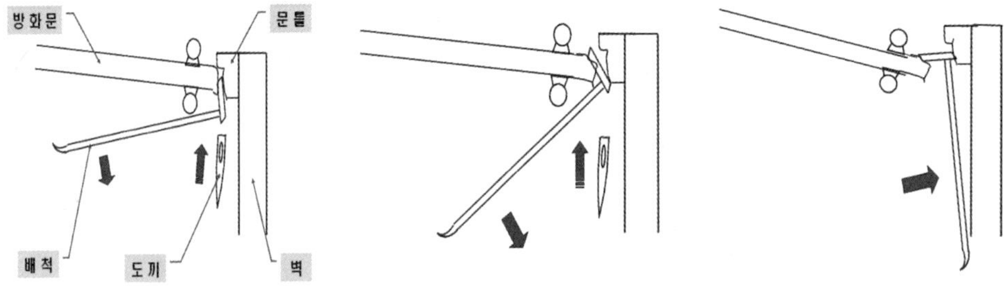

■ 지렛대 활용 작업(4) ■

4 동물 포획 및 퇴치

(1) 벌떼(집) 퇴치

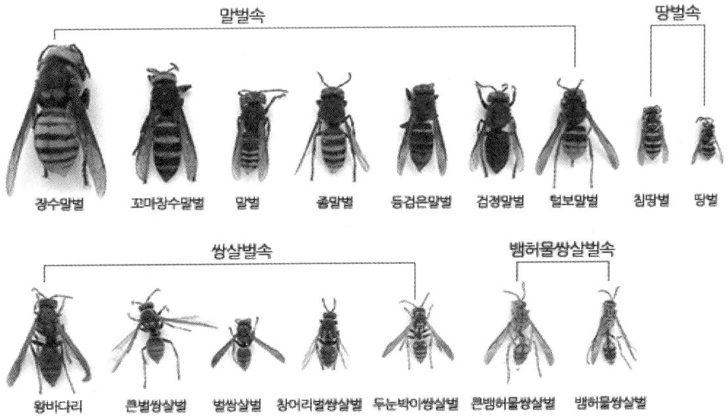

① 벌(집)의 종류와 특성

말 벌	썩은 나무속, 덩굴, 나뭇가지, 땅속, 처마, 차양 밑에 서식하며, 장수말벌, 말벌, 검정말벌은 개체수는 적으나 공격성, 독성이 강하며 벌집의 형태는 종형태(Bell-shaped)를 갖추고 있다. 털보말벌, 황말벌, 꼬마장수말벌은 개체수가 많고 공격성, 독성이 강하며 벌집의 형태는 구형태(Ball-shaped)를 갖추고 있다.	
땅 벌	땅속에 여러 층의 집을 짓고 살며, 입구는 작으나 내부 벌집이 큰 경우가 많다. 옷 속으로 파고들며 공격성, 독성이 강하다. 나무의 진이나 썩은 과일의 즙을 빨기도 한다.	
쌍살벌 (바다리)	나무의 줄기, 돌틈, 건물 처마밑 등에 서식하며, 말벌과 생김새가 비슷하나 말벌보다 몸이 더 가늘고 첫째 배 마디가 자루처럼 되어 있다. 쌍살벌에 쏘이면 사람에 따라 쇼크, 호흡곤란 등으로 심각해 지는 경우도 있다. 나무껍질로 만든 섬유질로 만든 집에서 단체생활을 하고, 천적으로는 장수말벌, 사마귀 등이 있다. 비행할 때에는 뒷다리를 길게 늘어뜨리고 날아다니는 것이 특징이다.	

② 벌떼(집) 장소별 처리방법

㉠ 베란다 천정 및 처마 밑

벌집 형태와 종류에 관계없이 안전복장 및 장비 착용 후 최대한 접근하여 채집망과 벌떼(집) 부착면을 빈틈없이 밀착하여 일시에 제거한다. 벌떼(집) 제거 후 부착면에 남아있는 벌집의 잔해물까지 긁어내기 등으로 제거하고, 벌떼(집)의 재생성을 막기 위해 살충제 살포, 세척 등으로 마무리 한다.

㉡ 지붕, 천장 속(와가, 함석지붕 등)

벌떼(집)에 의한 위해여부를 판단하고 관계자와 제거여부를 협의한다. 위해가 있을 것으로 판단하여 제거 요청 또는 협의할 때 지붕, 천장 등 시설물 파괴에 관한 사항은 반드시 거주자(관계인)의 동의하에 실시한다.

내부의 벌집 형태에 따라 채집망, 살충제, 접착스프레이 등 적정 방법으로 신속히 제거하고, 벌떼(집) 제거 후 부착면에 남아있는 벌집의 잔해물까지 긁어내기 등으로 제거하고, 벌떼(집)의 재생성을 막기 위해 살충제 살포, 세척 등으로 마무리 한다.

㉢ 나무가지

벌떼(집)의 위치(고, 저), 벌집 고정형태(1개 가지 또는 여러개의 가지)를 사전에 충분히 관찰하여 확인하고 높은 곳에 위치할 경우 대원의 안전 확보 후 최대한 접근하여 채집망 사용이 가능할 때에는 채집망으로 벌떼(집)을 감싸고 나뭇가지를 전, 후로 절단하여 제거한다. 채집망 사용이 불가능할 때에는 살충제, 접착스프레이 또는 소방펌프차 주수 등으로 제거하고, 벌떼(집) 제거후 부착면에 남아있는 벌집의 잔해물까지 긁어내기 등으로 제거하고, 벌떼(집)의 재생성을 막기 위해 살충제 살포, 세척 등으로 마무리한다.

㉣ 땅 속

땅속에 집을 만드는 벌은 땅벌, 장수말벌로 독성 및 공격성이 가장 강하므로 특히 현장 상황 및 구조 파악에 주력하고, 다른 경우보다 안전통제 구역을 넓게 설정하여 주변 확산이 되지 않도록 경계한다.

안전복장에 대한 철저한 마감처리 및 주활동 대원에 대한 엄호를 철저히 하고, 출입구가 1개소일 경우(땅벌) 입구를 봉쇄할 수 있는 물질을 준비(실리콘, 진흙 등)하고 살충제(등유 등) 주입 후 입구를 봉쇄조치 한다. 출입구가 개방된 형태(장수말벌)의 경우는 채집망, 살충제, 접착스프레이 등 적정 방법으로 신속히 제거하고, 벌떼(집) 제거후 부착면에 남아 있는 벌집의 잔해물까지 긁어내기 등으로 제거하고, 벌떼(집)의 재생성을 막기 위해 살충제 살포, 세척 등으로 마무리 한다.

③ 벌떼(집) 제거활동 안전사항

㉠ 벌집제거를 위한 출동은 주변 주민의 안전을 확보한 후 진입한다.

㉡ 현장통제선내에서의 행동은 신중하게 접근하고 침착하게 행동한다.

㉢ 대원의 안전확보 및 벌떼(집) 제거 장비를 확보한다.

ⓐ 복장 : 방화복, 기동화, 헬멧, 가죽장갑 착용 후 방충복을 추가로 착용하여 벌떼로부터 완벽하게 차단될 수 있도록 준비한다.

ⓑ 장비 : 채집망, 살충제, 훈연기, 절단기 등 제거장비를 확보한다.

㉣ 벌집제거를 위해 진입하는 대원은 2인1조 이상을 기본으로 하고, 나무 등 높은 장소에서의 추락방지 조치 및 주 활동대원 엄호 등 안전확보에 철저를 기한다.

㉤ 벌에 쏘여 호흡곤란 등 중증 전신 증상을 일으킬 것을 대비하여 적응 비상약품 등을 갖춘다.

㉥ 벌의 특성(주광성-야간행동 부자연)을 활용하여 채집망을 이용하여 제거한다.

㉦ 작업공간이 협소하여 부득이 불꽃을 이용한 제거 작업에는 연소가능성을 염두에 두고 작업을 하며, 이때는 거주자의 동의하에 실시한다. 또한 화열의 내부집적을 고려하여 소화기나 소방차를 대기시키고 작업종료 후 최종 확인을 실시한다.

(2) 동물포획 및 안전조치

① 생태적, 환경적 영향으로 멧돼지의 도심출현으로 주민을 위협하는 등 동물을 포획하거나 안전하게 조치해야 하는 현장대원은 각종 동물의 습성을 이해하고 동물의 위험한 돌발 행동에 대처할 필요가 있다.

② 애완동물이라 하더라도 모든 동물은 위해를 끼칠 수 있으므로 현장대응하는 대원은 보호장비를 갖추고 포획한 동물은 함부로 다루어서는 아니 되며, 포획과정에서 동물을 학대해서도 아니 된다.

③ 포획할 때에는 포획할 동물이 위협적인지, 병(광견병 등)에 걸려 있는지, 겁을 먹고 있는지 등 상태를 파악하고 행동한다.

④ 포획방법은 상황에 맞는 안전한 방법을 선택하되, 동물에 따라 마취총을 이용하거나 포획할 동물의 이동로(골목길 등)를 차단하여 그물을 이용하여 포획할 수도 있고, 좁은 골목길에서는 대형 뜰채를 이용하여 안전하게 포획할 수도 있다.

⑤ 경우에 따라서 위험한 동물을 반드시 포획해야 할 때 야생동물이 자주 다니는 길에 올무를 설치하여 포획할 수도 있을 것이다. 그러나 올무를 사용하는 것은 동물이 죽을 수도 있음을 염두에 두어야 한다.

⑥ 포획한 동물은 도망갈 수 없도록 잠금장치가 있는 안전한 틀에 보관하고, 간단한 욕구처치(물이나 먹을 것 등)를 할 수도 있을 것이다. 포획한 동물을 관련 단체 등에 인계할 때 에는 인도인계 확인서를 작성하고 종결처리 한다.

※ 특히 "야생생물보호 및 관리에 관한 법령"에서 정하고 있는 유해야생동물과 그 종류는 아래와 같다.

✪ 유해야생동물

1. 장기간에 걸쳐 무리를 지어 농작물 또는 과수에 피해를 주는 참새, 까치, 어치, 직박구리, 까마귀, 갈까마귀, 떼까마귀
2. 일부지역에 서식밀도가 너무 높아 농·림·수산업에 피해를 주는 꿩, 멧비둘기, 고라니, 멧돼지, 청설모, 두더지, 쥐류 및 오리류(오리류 중 원앙이, 원앙사촌, 황오, 알락쇠오리, 호사비오리, 뿔쇠오리, 붉은가슴흰죽지는 제외한다)
3. 비행장 주변에 출현하여 항공기 또는 특수건조물에 피해를 주거나, 군 작전에 장애를 주는 조수류(멸종위기 야생동물은 제외한다)
4. 민가 주변에 출현하여 인명·가축에 위해를 주거나 위해 발생의 우려가 있는 멧돼지 및 맹수류(멸종위기생동물은 제외한다)
5. 분묘를 훼손하는 멧돼지
6. 전주 등 전력시설에 피해를 주는 까치
7. 일부지역에 서식밀도가 너무 높아 분변(糞便) 및 털 날림 등으로 문화재 훼손이나, 건물 부식 등의 재산상 피해를 주거나 생활에 피해를 주는 집비둘기

※ "야생생물 보호 및 관리에 관한 법률시행규칙" 제4조 관련 [별표 3]

▌생태계 교란 야생동물▐

구 분	종 명
포유류	1. 뉴트리아 Myocastor coypus
양서류·파충류	1. 황소개구리 Rana catesbeiana 2. 붉은귀거북속 전종 Trachemys spp.
어 류	1. 파랑볼우럭(블루길) Lepomis macrochirus 2. 큰입배스 Micropterus salmoides

※ "야생생물 보호 및 관리에 관한 법률시행규칙" 제3조 관련 [별표 2]

㉠ 멧돼지

ⓐ 멧돼지 출현으로 현장에 출동한 대원은 주민의 안전을 확보하고 구청(공원녹지과) 및 경찰에 통보하면 각 구청 유해조수포획허가권자와 연락하여 허가권자가 직접 경찰서에서 본인 소유의 총기를 수령하여 유해멧돼지를 사살하게 된다.

ⓑ 멧돼지를 발견하여 서로 주시하는 경우에는 뛰거나 소리 지르기보다는 침착하게 움직이지 않는 상태에서 멧돼지의 눈을 똑바로 쳐다본다(뛰거나 소리치면 멧돼지가 오히려 놀라 공격할 수 있다). 멧돼지를 보고 소리를 지르거나 달아나려고 등(뒷면)을 보이는 등 겁먹은 모습을 보이면 야생동물은 직감적으로 겁을 먹은 것으로 알고 공격하는 경우가 있다.

ⓒ 멧돼지는 날카로운 견치를 가지고 있어서 부상을 당하면 상대를 가리지 않고 반격을 하는 습성이 있다. 총을 맞은 멧돼지라 하더라도 네 다리가 땅에서 떨어지기 전에는 죽지

않은 것으로 판단하고 접근하는데 신중해야 한다.(갑자기 일어나서 사람을 공격할 수 있다.)

㉡ 고라니

고라니는 단독생활을 하며 대개 새벽과 해질녘에 가장 활동이 많다. 물을 좋아하며 수영을 잘한다. 겁이 많은 동물로 포획 과정에서 부상을 입을 수 있고, 포획하거나 부상을 당한 고라니는 수건으로 눈을 가려 날뛰는 것을 방지하고 안정시킨다.

㉢ 너구리

자신이 거주하는 굴은 직접 파기도 하고 바위틈을 이용하기도 하며 여우나 오소리가 만들어 놓은 굴에 그냥 들어가기도 한다. 날카로운 이빨, 발톱을 가지고 있어 신중하게 포획하고 광견병에 감염된 너구리가 있을 수 있으므로 조심해야 한다.

㉣ 오소리

강한 발톱을 가진 앞발로 구멍을 파서 생활하는 특징을 가지고 있다. 오소리를 만날 수 있는 경우는 드문 일이지만 산에 먹이가 없을 경우는 민가 주변에 내려오는 경우도 있으며 너구리와 외형은 유사하다. 체구는 작지만 매우 사나운 동물로 포획시 안전장비를 확실하게 하고 조심성을 요한다.

㉤ 독수리, 매(맹금류)

맹금류는 대부분 천연기념물로 지정돼 있거나 멸종위기종으로 보호하고 있다. 날카로운 부리와 발톱을 보면 쉽게 맹금류라는 것을 알 수 있다. 모포나 그물을 이용하여 안전하게 포획한 다음 눈을 가려서 안정시킨다.

㉥ 개

주인을 알아보지 못하고 물었거나, 눈이 충혈 되었거나, 침을 흘리고 이유 없이 으르렁거리면 광견병을 의심한다. 포획시 마취총 사용을 권장하고 특히 대형 개는 순하게 보여도 경계를 늦추지 말아야 한다. 물린 사람은 신속히 병원에서 광견병 검사를 받아야 한다.

㉦ 고양이

고양이가 막다른 길에 몰리면 사람 쪽으로 도망가는 과정에서 사람과 부딪혀 고양이의 날카로운 발톱에 부상을 당할 수 있으므로 도망칠 공간을 열어주고 포획 작업을 하는 방법을 생각할 필요가 있다. 새끼 고양이라 하더라도 물릴 수 있으므로 두꺼운 장갑을 착용하고 포획한다.

㉧ 뱀

ⓐ 절대로 손으로 잡으려고 하지 말고 뱀 잡는 집게를 이용하여 포획하고 포획한 뱀은 이중으로 그물망에 보관한다.

ⓑ 독이 있는 독사 종류의 뱀과 무독성 뱀을 구분할 줄 알아야 한다. 뱀에 물리면 물린 부위에서 신체 중심부 쪽으로 근위부 정맥을 지혈하고 신속하게 병원으로 이송 한다.

ⓒ 이때 물린 뱀이 독사인지 확인하고 물린 사람은 신체활동을 최소화하여 뱀의 독이 심장으로 가는 시간을 늦춘다. 물린 피부를 절개 하거나 입으로 독을 빨아내는 행동을 하지 않는다.

ⓓ 우리나라에 서식하는 뱀 중에서 칠점사(까치살모사)는 물려서도 안되고, 천연기념물이므로 죽이거나 잡아서도 안 된다.

ⓔ 몸집이 다른 독사의 2배 정도 크고, 살모사와 달리 둥근 반점이 아닌 굵은 줄무늬이며 결정적으로 눈 위에 흰줄이 없다. 신경독으로써 물리면 5분~1시간 이내에 90% 사망한다. (이빨에 스치는 것 제외). 물리면 대처가 불가능하고 즉사한다.

ⓕ 살모사(까치독사)는 길이에 비해 몸이 두꺼운 편이고 혀는 검고 꼬리는 노란색이다. 출혈독이며 2~10시간 이내에 극심한 통증을 수반하며 사람을 사망하게 한다. 둥근 반점이 있고 눈 위에 흰줄이 있다.

ⓖ 불독사(쇠살모사)는 출혈독이며 2~10시간 이내에 극심한 통증을 수반하며 사람을 사망하게 한다. 색상이 또렷하지 않는 것도 있으며 혀는 빨간색이다. 독성은 살모사(까치독사)와 동일하다. 전국 야산 밑의 개울가의 수풀에 주로 서식한다.

ⓗ 유혈목이(꽃뱀, 화사)는 비교적 온순하고 사람을 보면 미리 피하지만 궁지에 몰리면 코브라처럼 몸을 일으켜 세우고 몸을 납작하게 만들기도 한다. 최근 어금니에 출혈독을 가진 것으로 판명이 났고, 물리면 독사만큼 위험하다.

PART 01 구조개론 등

기출 및 예상문제

01 “119생활안전대 업무특성”으로 틀린 것은?

① 긴급성과 잠재적 위험성 ② 활동영역의 다양성
③ 주민 밀접성 ④ 관련법령의 다양성

해설 119 생활안전대 업무특성
① 활동영역의 다양성
② 비긴급성과 잠재적 위험성
③ 주민 밀접성
④ 관련법령의 다양성

02 119생활안전대 대원의 자격기준으로 틀린 것은?

① 일반직공무원으로서 응급구조사 자격을 취득한 사람
② 구조대원
③ 의무소방원으로서 소방학교에서 119생활안전구조 교육을 이수한 사람
④ 의용소방대원으로서 위험물 자격증을 취득한 사람

해설 ✪ 대원의 자격기준(119생활안전대 편성운영규정 제5조)
1. 「119구조 · 구급에 관한 법률 시행령」 제6조제1항에 따른 구조대원
2. 소방공무원, 의무소방원 또는 의용소방대원으로서 중앙 또는 지방소방학교에서 실시하는 생활안전활동과 관련된 교육을 받는 사람
3. 소방공무원, 의무소방원 또는 의용소방대원으로서 생활안전구조와 관련한 자격증(전기, 가스, 소방시설, 위험물, 응급구조, 인명구조 등)을 취득한 사람
4. 그 밖에 소방본부장 등이 소속 소방공무원 및 의무소방원 또는 의용소방대원 중에서 생활안전활동 수행에 적합하다고 인정하는 사람

03 소방기본법에서 근거하는 “소방지원활동”으로 볼 수 없는 것은?

① 산불에 대한 예방·진압 등 지원활동
② 집회·공연 등 각종 행사 시 사고에 대비한 근접대기 등 지원활동
③ 위급한 현장에서의 구조활동
④ 화재, 재난·재해로 인한 피해복구 지원활동

정답 01. ① 02. ① 03. ③

해설 ✪ 「소방기본법」 제16조의2(소방지원활동)* ☆ 14년 인천 소방장
① 산불에 대한 예방·진압 등 지원활동
② 자연재해에 따른 급수·배수 및 제설 등 지원활동
③ 집회·공연 등 각종 행사 시 사고에 대비한 근접대기 등 지원활동
④ 화재, 재난·재해로 인한 피해복구 지원활동
⑤ 그 밖에 행정안전부령으로 정하는 활동

04 "휴대폰이 꺼져있습니다"라는 멘트가 나오는 경우와 관계 깊은 것은?

① 요구조자가 본인의지에 의하여 종료버튼을 눌러서 휴대폰을 꺼놓은 상태
② 요구조자가 종료버튼을 누르지 않은 상태로 휴대폰 배터리를 분리해 놓거나 배터리가 방전된 상태이고
③ 요구조자의 휴대폰이 정상적인 상황에서 요구조자가 휴대폰을 받지 않은 상태이며
④ 요구조자의 휴대폰이 작동불능 상태라서 요구조자가 받을 수 없는 상태

해설 ✪ 생활안전대의 주요 활동은 구조활동과 민생지원으로 구분할 수 있는데 ①은 민생지원 사항이다.** ☆ 14년 경기 소방장

05 구조활동증명서 발급기간은 접수한 날로부터 며칠 이내인가?

① 7일 ② 5일
③ 3일 ④ 즉시

해설 ✪ 구조활동증명서 발급
① 법적 근거 : 「119구조구급에 관한 법률 시행규칙」 제19조(구조구급증명서)
② 발급기간 : 즉시
③ 접수 및 발급기관 : 소방서(민원실), 구조대, 안전센터

06 구조활동증명서 신청대상자가 아닌 것은?

① 구조·구급자의 보호자
② 사고현장 최초신고자
③ 공공단체 또는 보험회사 등 환자이송과 관련된 기관이나 단체
④ 인명구조, 응급처치 등을 받은 사람

해설 ✪ 신청대상
① 인명구조, 응급처치 등을 받은 사람(이하 "구조·구급자"라 한다)
② 구조·구급자의 보호자
③ 공공단체 또는 보험회사 등 환자이송과 관련된 기관이나 단체
④ 위 사항에 해당하는 자에게 위임 받은 자

정답 04. ① 05. ④ 06. ②

07 "이동전화위치정보 조회"를 요청할 수 있는 자가 아닌 것은?

① 개인정보주체(본인)　② 4촌 이내 친족
③ 미성년자 후견인　④ 배우자

해설

요청권자 확인	· 개인정보주체(본인) · 배우자 및 2촌 이내 친족(민법 제767조) · 미성년자의 후견인 ※ 요청권자가 적법하지 않은 경우 적법한 요청권자가 신고하도록 유도하고, 요청권자의 적법여부 확인이 필요할 때에는 경찰 등 유관기관을 통하여 확인

08 다음 내용을 읽고 관계 깊은 것을 찾으시오.

> 나무껍질로 만든 섬유질로 만든 집에서 단체생활을 하고, 천적으로는 장수말벌, 사마귀 등이 있다. 비행할 때에는 뒷다리를 길게 늘어뜨리고 날아다니는 것이 특징이다.

① 여왕벌　② 쌍살벌
③ 땅벌　④ 말벌

해설 ✪ 쌍살벌(바다리)
나무의 줄기, 돌틈, 건물 처마밑 등에 서식하며, 말벌과 생김새가 비슷하나 말벌보다 몸이 더 가늘고 첫째 배마디가 자루처럼 되어 있다. 쌍살벌에 쏘이면 사람에 따라 쇼크, 호흡곤란 등으로 심각해지는 경우도 있다. 나무껍질로 만든 섬유질로 만든 집에서 단체생활을 하고, 천적으로는 장수말벌, 사마귀 등이 있다. 비행할 때에는 뒷다리를 길게 늘어뜨리고 날아다니는 것이 특징이다.

09 동물포획에 대한 내용으로 설명이 잘못된 것은?

① 맹금류는 모포나 그물을 이용하여 안전하게 포획한 다음 눈을 가려서 안정시킨다.
② 불독사(쇠살모사)는 출혈독이며 2~10시간 이내에 극심한 통증을 수반하며 사람을 사망하게 한다.
③ 멧돼지를 발견하여 서로 주시하는 경우에는 뛰거나 소리를 지르고 멧돼지의 눈을 똑바로 쳐다보지 않는다.
④ 개는 주인을 알아보지 못하고 물었거나, 눈이 충혈 되었거나, 침을 흘리고 이유 없이 으르렁거리면 광견병을 의심한다.

해설 멧돼지를 발견하여 서로 주시하는 경우에는 뛰거나 소리 지르기보다는 침착하게 움직이지 않는 상태에서 멧돼지의 눈을 똑바로 쳐다본다(뛰거나 소리치면 멧돼지가 오히려 놀라 공격할 수 있다). 멧돼지를 보고 소리를 지르거나 달아나려고 등(뒷면)을 보이는 등 겁먹은 모습을 보이면 야생동물은 직감적으로 겁을 먹은 것으로 알고 공격하는 경우가 있다.

정답 07. ② 08. ② 09. ③

Chapter ⑩

119구조 · 구급에 관한 법률

제1절 총 칙

제1조 【목적】

이 법은 화재, 재난·재해 및 테러, 그 밖의 위급한 상황에서 119구조·구급의 효율적 운영에 관하여 필요한 사항을 규정함으로써 국가의 구조·구급 업무 역량을 강화하고 국민의 생명·신체 및 재산을 보호하며 삶의 질 향상에 이바지함을 목적으로 한다.

[시행령] 제1조 (목적)

이 영은 「119구조·구급에 관한 법률」에서 위임된 사항과 그 시행에 필요한 사항을 규정함을 목적으로 한다.

[시행규칙] 제1조 (목적)

이 규칙은 「119구조·구급에 관한 법률」 및 같은 법 시행령에서 위임된 사항과 그 시행에 필요한 사항을 규정함을 목적으로 한다.

제2조 【정의】

이 법에서 사용하는 용어의 뜻은 다음과 같다.

① "구조"란 화재, 재난·재해 및 테러, 그 밖의 위급한 상황(이하 "위급상황"이라 한다.)에서 외부의 도움을 필요로 하는 사람(이하 "요구조자"라 한다)의 생명, 신체 및 재산을 보호하기 위하여 수행하는 모든 활동을 말한다.
② "119구조대"란 탐색 및 구조 활동에 필요한 장비를 갖추고 소방공무원으로 편성된 단위조직을 말한다.
③ "구급"이란 응급환자에 대하여 행하는 상담, 응급처치 및 이송 등의 활동을 말한다.
④ "119구급대"란 구급활동에 필요한 장비를 갖추고 소방공무원으로 편성된 단위조직을 말한다.
⑤ "응급환자"란 「응급의료에 관한 법률」 제2조제1호의 응급환자를 말한다.
⑥ "응급처치"란 「응급의료에 관한 법률」 제2조제3호의 응급처치를 말한다.
⑦ "구급차 등"이란 「응급의료에 관한 법률」 제2조제6호의 구급차 등을 말한다.
⑧ "지도의사"란 「응급의료에 관한 법률」 제52조의 지도의사를 말한다.
⑨ "119항공대"란 항공기, 구조·구급 장비 및 119항공대원으로 구성된 단위조직을 말한다.
⑩ "119항공대원"이란 구조·구급을 위한 119항공대에 근무하는 조종사, 정비사, 항공교통관제사, 운항관리사, 119구조·구급대원을 말한다.

⑪ "119구조견"이란 위급상황에서 「소방기본법」 제4조에 따른 소방활동의 보조를 목적으로 소방기관에서 운용하는 개를 말한다.
⑫ "119구조견대"란 위급상황에서 119구조견을 활용하여 「소방기본법」 제4조에 따른 소방활동을 수행하는 소방공무원으로 편성된 단위조직을 말한다.

제3조 【국가 등의 책무】

① 국가와 지방자치단체는 119구조·구급(이하 "구조·구급"이라 한다)과 관련된 새로운 기술의 연구·개발 및 구조·구급서비스의 질을 향상시키기 위한 시책을 강구하고 추진하여야 한다.
② 국가와 지방자치단체는 구조·구급업무를 효과적으로 수행하기 위한 체계의 구축 및 구조·구급장비의 구비, 그 밖에 구조·구급활동에 필요한 기반을 마련하여야 한다.
③ 국가와 지방자치단체는 국민이 위급상황에서 자신의 생명과 신체를 보호 할 수 있는 대응능력을 향상시키기 위한 교육과 홍보에 적극 노력하여야 한다.

[시행규칙] 제2조 (기술경연대회)

① 소방청장·소방본부장 또는 소방서장(이하 "소방청장 등"이라 한다)은 「119구조·구급에 관한 법률」(이하 "법"이라 한다) 제3조제1항에 따른 구조·구급 기술의 개발·보급을 위하여 기술경연대회를 개최할 수 있다.
② 제1항에 따른 기술경연대회의 운영에 필요한 구체적인 사항은 소방청장이 정한다.

제4조 【국민의 권리와 의무】

① 누구든지 위급상황에 처한 경우에는 국가와 지방자치단체로부터 신속한 구조와 구급을 통하여 생활의 안전을 영위할 권리를 가진다.
② 누구든지 119구조대원·119구급대원·119항공대원(이하 "구조·구급대원"이라 한다)이 위급상황에서 구조·구급활동을 위하여 필요한 협조를 요청하는 경우에는 특별한 사유가 없으면 이에 협조하여야 한다.
③ 누구든지 위급상황에 처한 요구조자를 발견한 때에는 이를 지체 없이 소방기관 또는 관계 행정기관에 알려야 하며, 119구조대·119구급대·119항공대(이하 "구조·구급대"라 한다)가 도착할 때까지 요구조자를 구출하거나 부상 등이 악화되지 아니하도록 노력하여야 한다.

제5조 【다른 법률과의 관계】

구조·구급활동에 관하여 다른 법률에 특별한 규정이 있는 경우를 제외하고는 이 법에서 정하는 바에 따른다.

제2절 구조 · 구급 기본계획 등

제6조 【구조 · 구급 기본계획 등의 수립 · 시행】

(1) 소방청장은 제3조의 업무를 수행하기 위하여 관계 중앙행정기관의장과 협의하여 대통령령으로 정하는 바에 따라 구조·구급 기본계획(이하 "기본계획"이라 한다)을 수립·시행하여야 한다.

(2) 기본계획에는 다음 각 호의 사항이 포함되어야 한다.
① 구조·구급서비스의 질 향상을 위한 정책의 기본방향에 관한 사항
② 구조·구급에 필요한 체계의 구축, 기술의 연구개발 및 보급에 관한 사항
③ 구조·구급에 필요한 장비의 구비에 관한 사항
④ 구조·구급 전문 인력 양성에 관한 사항
⑤ 구조·구급활동에 필요한 기반조성에 관한 사항
⑥ 구조·구급의 교육과 홍보에 관한 사항
⑦ 그 밖에 구조·구급업무의 효율적 수행을 위하여 필요한 사항

(3) 소방청장은 기본계획에 따라 매년 연도별 구조·구급 집행계획(이하 "집행계획"이라 한다)을 수립·시행하여야 한다.

(4) 소방청장은 제1항 및 제3항에 따라 수립된 기본계획 및 집행계획을 관계 중앙행정기관의 장, 특별시장·광역시장·특별자치시장·도지사·특별자치도지사(이하 "시·도지사"라 한다)에게 통보하고 국회 소관 상임위원회에 제출하여야 한다.

(5) 소방청장은 기본계획 및 집행계획을 수립하기 위하여 필요한 경우에는 관계 중앙행정기관의 장 또는 시·도지사에게 관련 자료의 제출을 요청할 수 있다. 이 경우 자료제출을 요청받은 관계 중앙행정기관의 장 또는 시·도지사는 특별한 사유가 없으면 이에 따라야 한다.

[시행령] 제2조 (구조 · 구급 기본계획의 수립 · 시행) ☆ 18년 소방교

① 「119구조·구급에 관한 법률」(이하 "법"이라 한다) 제6조제1항에 따른 구조·구급 기본계획(이하 "기본계획"이라 한다)은 법 제27조제1항에 따른 중앙 구조·구급정책협의회(이하 "중앙 정책협의회"라 한다)의 협의를 거쳐 <u>5년마다 수립하여야 한다.</u>

② 기본계획은 계획 시행 전년도 8월 31일까지 수립하여야 한다.

③ 소방청장은 구조·구급 시책상 필요한 경우 중앙 정책협의회의 협의를 거쳐 기본계획을 변경할 수 있다.

④ 소방청장은 제3항에 따라 변경된 기본계획을 지체 없이 관계 중앙행정기관의 장, 특별시장·광역시장·특별자치시장·도지사·특별자치도지사(이하 "시·도지사"라 한다)에게 통보하고 국회 소관 상임위원회에 제출하여야 한다.

[시행령] 제3조 (구조 · 구급 집행계획의 수립 · 시행)☆ 18년 소방교

① 법 제6조제3항에 따른 구조 · 구급 집행계획(이하 "집행계획"이라 한다)은 중앙 정책협의회의 협의를 거쳐 계획 시행 전년도 10월 31일까지 수립하여야 한다.

② 집행계획에는 다음 각 호의 사항이 포함되어야 한다.

1. 기본계획 집행을 위하여 필요한 사항
2. 구조 · 구급대원의 안전사고 방지, 감염 방지 및 건강관리를 위하여 필요한 사항
3. 그 밖에 구조 · 구급활동과 관련하여 중앙 정책협의회에서 필요하다고 결정한 사항

> **제7조【시 · 도 구조 · 구급 집행계획의 수립 · 시행】**
>
> ① 소방본부장은 기본계획 및 집행계획에 따라 관할 지역에서 신속하고 원활한 구조 · 구급활동을 위하여 매년 특별시 · 광역시 · 특별자치시 · 도 · 특별자치도(이하 "시 · 도"라 한다) 구조 · 구급 집행계획(이하 "시 · 도 집행계획"이라 한다)을 수립하여 소방청장에게 제출하여야 한다.
>
> ② 소방본부장은 시 · 도 집행계획을 수립하기 위하여 필요한 경우에는 해당 특별자치도지사 · 시장 · 군수 · 구청장(자치구의 구청장을 말한다. 이하 같다)에게 관련 자료의 제출을 요청할 수 있다. 이 경우 자료제출을 요청받은 해당 특별자치도지사 · 시장 · 군수 · 구청장은 특별한 사유가 없으면 이에 따라야 한다.
>
> ③ 시 · 도 집행계획의 수립시기 · 내용, 그 밖에 필요한 사항은 대통령령으로 정한다.

[시행령] 제4조 (시 · 도 구조 · 구급 집행계획의 수립 · 시행)* ☆ 14년 소방위

① 법 제7조제1항에 따른 특별시 · 광역시 · 특별자치시 · 도 · 특별자치도(이하 "시 · 도"라 한다) 구조 · 구급 집행계획(이하 "시 · 도 집행계획"이라 한다)은 법 제27조제2항에 따른 시 · 도 구조 · 구급정책협의회(이하 "시 · 도 정책협의회"라 한다)의 협의를 거쳐 계획 시행 전년도 12월 31일까지 수립하여야 한다.

② 시 · 도 집행계획에는 다음 각 호의 사항이 포함되어야 한다.

1. 기본계획 및 집행계획에 대한 시 · 도의 세부 집행계획
2. 구조 · 구급대원의 안전사고 방지, 감염 방지 및 건강관리를 위하여 필요한 세부 집행계획
3. 법 제26조제1항의 평가 결과에 따른 조치계획
4. 그 밖에 구조 · 구급활동과 관련하여 시 · 도 정책협의회에서 필요하다고 결정한 사항

제3절 구조대 및 구급대 등의 편성 운영

제8조【119구조대의 편성과 운영】 ☆ 18년 소방교

① 소방청장·소방본부장 또는 소방서장(이하 "소방청장등"이라 한다)은 위급상황에서 요구조자의 생명 등을 신속하고 안전하게 구조하는 업무를 수행하기 위하여 대통령령으로 정하는 바에 따라 119구조대(이하 "구조대"라 한다)를 편성하여 운영하여야 한다.
② 구조대의 종류, 구조대원의 자격기준, 그 밖에 필요한 사항은 대통령령으로 정한다.
③ 구조대는 행정안전부령으로 정하는 장비를 구비하여야 한다.

[시행령] 제5조 (119구조대의 편성과 운영)

① 법 제8조제1항에 따른 119구조대(이하 "구조대"라 한다)는 다음 각 호의 구분에 따라 편성·운영한다.

1. 일반구조대 : 시·도의 규칙으로 정하는 바에 따라 소방서마다 1개 대(隊) 이상 설치하되, 소방서가 없는 시·군·구(자치구를 말한다. 이하 같다)의 경우에는 해당 시·군·구 지역의 중심지에 있는 119안전센터에 설치할 수 있다.
2. 특수구조대 : 소방대상물, 지역 특성, 재난 발생 유형 및 빈도 등을 고려하여 시·도의 규칙으로 정하는 바에 따라 다음 각 목의 구분에 따른 지역을 관할하는 소방서에 다음 각 목의 구분에 따라 설치한다. 다만, '라' 목에 따른 고속국도구조대는 제3호에 따라 설치되는 직할구조대에 설치할 수 있다.
   가. 화학구조대 : 화학공장이 밀집한 지역
   나. 수난구조대 : 「내수면어업법」 제2조제1호에 따른 내수면지역
   다. 산악구조대 : 「자연공원법」 제2조제1호에 따른 자연공원 등 산악지역
   라. 고속국도구조대 : 「도로법」 제10조제1호에 따른 고속국도(이하 "고속국도"라 한다)
   마. 지하철구조대 : 「도시철도법」 제3조제3호가목에 따른 도시철도의 역사(驛舍) 및 역무시설
3. 직할구조대 : 대형·특수 재난사고의 구조, 현장 지휘 및 지원 등을 위하여 소방청장 또는 소방본부에 설치하되, 소방본부에 설치하는 경우에는 시·도의 규칙으로 정하는 바에 따른다.
4. 테러대응구조대 : 테러 및 특수재난에 전문적으로 대응하기 위하여 소방청 또는 시·도 소방본부에 설치하는 것을 원칙으로 하되, 시·도 소방본부에 설치하는 경우에는 시·도의 규칙으로 정하는 바에 따른다.

② 구조대의 출동구역은 행정안전부령으로 정한다.
③ 소방청장·소방본부장 또는 소방서장(이하 "소방청장 등"이라 한다)은 여름철 물놀이 장소에서의 안전을 확보하기 위하여 필요한 경우 민간 자원봉사자로 구성된 구조대(이하 "119시민수상구조대"라 한다)를 지원할 수 있다.* ☆ 19년 소방교
④ 119시민수상구조대의 운영, 그 밖에 필요한 사항은 시·도의 조례로 정한다.

[시행규칙] 제3조 (119구조대에서 갖추어야 할 장비의 기준)

① 「119구조・구급에 관한 법률 시행령」(이하 "영"이라 한다) 제5조에 따른 119구조대(이하 "구조대"라 한다) 중 소방본부 및 소방서(119안전센터를 포함한다)에 설치하는 구조대에서 법 제8조제3항에 따라 갖추어야 하는 장비의 기본적인 사항은 「소방력 기준에 관한 규칙」 및 「소방장비관리규칙」에 따른다.
② 소방청에 설치하는 구조대에서 법 제8조제3항에 따라 갖추어야 하는 장비의 기본적인 사항은 제1항을 준용한다.
③ 제1항과 제2항에서 규정한 사항 외에 구조대가 갖추어야 하는 장비에 관하여 필요한 사항은 소방청장이 정한다.

[시행규칙] 제4조 (인명구조견의 운영)

① 소방청장 등은 각종 재난현장에서 구조 활동을 보다 효율적으로 수행할 수 있도록 인명구조견을 운영할 수 있다.
② 소방청장은 우수한 인명구조견의 육성・보급을 위하여 인명구조견 양성・훈련시설을 설치・운영할 수 있다.
③ 제1항과 제2항에 따른 인명구조견의 운영 및 육성・보급에 필요한 사항은 소방청장이 정한다.

[시행규칙] 제5조 (구조대의 출동구역)

① 영 제5조제2항에 따른 구조대의 출동구역은 다음 각 호와 같다.
  1. 소방청에 설치하는 직할구조대 및 테러대응구조대 : 전국
  2. 시・도 소방본부에 설치하는 직할구조대 및 테러대응구조대 : 관할 시・도
  3. 소방청 직할구조대에 설치하는 고속국도구조대 : 소방청장이 한국도로공사와 협의하여 정하는 지역
  4. 그 밖의 구조대 : 소방서 관할 구역
② 구조대는 제1항에도 불구하고 다음 각 호의 어느 하나에 해당하는 경우에는 소방청장의 요청이나 지시에 따라 출동구역 밖으로 출동할 수 있다.
  1. 지리적・지형적 여건상 신속한 출동이 가능한 경우
  2. 대형재난이 발생한 경우
  3. 그 밖에 소방청장이나 소방본부장이 필요하다고 인정하는 경우

[시행령] 제6조 (구조대원의 자격기준)

① 구조대원은 소방공무원으로서 다음 각 호의 어느 하나에 해당하는 자격을 갖추어야 한다.
  1. 소방청장이 실시하는 인명구조사 교육을 받았거나 인명구조사 시험에 합격한 사람
  2. 국가・지방자치단체 및 「공공기관의 운영에 관한 법률」 제4조에 따른 공공기관의 구조 관련

분야에서 근무한 경력이 2년 이상인 사람

3. 「응급의료에 관한 법률」 제36조에 따른 응급구조사 자격을 가진 사람으로서 소방청장이 실시하는 구조업무에 관한 교육을 받은 사람

② 제1항제1호에 따른 인명구조사 교육의 내용, 인명구조사 시험 과목·방법, 같은 항 제3호에 따른 구조업무에 관한 교육의 내용, 그 밖에 필요한 사항은 소방청장이 정한다.

③ 소방청장은 제1항 및 제2항에 따른 교육과 인명구조사 시험을 「소방공무원법」 제15조제1항 또는 제2항에 따라 설치된 소방학교 또는 교육훈련기관에서 실시하도록 할 수 있다.

제9조 【국제구조대의 편성과 운영】

① 소방청장은 국외에서 대형재난 등이 발생한 경우 재외국민의 보호 또는 재난발생국의 국민에 대한 인도주의적 구조 활동을 위하여 국제구조대를 편성하여 운영할 수 있다.
② 소방청장은 외교부장관과 협의를 거쳐 제1항에 따른 국제구조대를 재난발생국에 파견할 수 있다.
③ 소방청장은 제1항에 따른 국제구조대를 국외에 파견할 것에 대비하여 구조대원에 대한 교육훈련 등을 실시할 수 있다.
④ 소방청장은 제1항에 따른 국제구조대의 국외재난대응능력을 향상시키기 위하여 국제연합 등 관련 국제기구와의 협력체계 구축, 해외재난정보의 수집 및 기술연구 등을 위한 시책을 추진할 수 있다.
⑤ 소방청장은 제2항에 따라 국제구조대를 재난발생국에 파견하기 위하여 필요한 경우 관계 중앙행정기관의 장 또는 시·도지사에게 직원의 파견 및 장비의 지원을 요청할 수 있다. 이 경우 관계 중앙행정기관의 장 또는 시·도지사는 특별한 사유가 없으면 요청에 따라야 한다.
⑥ 제1항부터 제5항까지의 규정에 따른 국제구조대의 편성, 파견, 교육 훈련 및 국제구조대원의 귀국 후 건강관리와 그 밖에 필요한 사항은 대통령령으로 정한다.
⑦ 제1항에 따른 국제구조대는 행정안전부령으로 정하는 장비를 구비하여야 한다.

[시행령] 제7조 (국제구조대의 편성과 운영)

① 소방청장은 법 제9조제1항에 따라 국제구조대를 편성·운영하는 경우 인명 탐색 및 구조, 응급의료, 안전평가, 시설관리, 공보연락 등의 임무를 수행할 수 있도록 구성하여야 한다.

② 소방청장은 구조대의 효율적 운영을 위하여 필요한 경우 국제구조대를 제5조제1항제3호에 따라 소방청에 설치하는 직할구조대에 설치할 수 있다.

③ 국제구조대의 파견 규모 및 기간은 재난유형과 파견지역의 피해 등을 종합적으로 고려하여 외교부장관과 협의하여 소방청장이 정한다.

④ 제1항부터 제3항까지에서 규정한 사항 외에 국제구조대의 편성·운영에 필요한 사항은 소방청장이 정한다.

[시행령] 제8조 (국제구조대원의 교육·훈련)

① 소방청장은 법 제9조제3항에 따른 교육훈련에 다음 각 호의 내용을 포함시켜야 한다.

1. 전문 교육훈련 : 붕괴건물 탐색 및 인명구조, 방사능 및 유해화학물질 사고 대응, 유엔재난평가조정요원 교육 등
2. 일반 교육훈련 : 응급처치, 기초통신, 구조 관련 영어, 국제구조대 윤리 등

② 소방청장은 국제구조대원의 재난대응능력을 높이기 위하여 필요한 경우에는 국외 교육훈련을 실시할 수 있다.

[시행령] 제9조 (국제구조대원의 건강관리)

① 소방청장은 국제구조대원을 파견하기 전에 감염병 등에 대비한 적절한 조치를 하여야 한다.
② 소방청장은 철수한 국제구조대원에 대하여 부상, 감염병, 외상 후 스트레스 장애 등에 대한 검진을 하여야 한다.

[시행규칙] 제6조 (국제구조대에서 갖추어야 할 장비의 기준)

① 법 제9조제7항에 따라 국제구조대는 다음 각 호의 장비를 갖추어야 한다.
1. 구조 및 인양 등에 필요한 일반구조용 장비
2. 사무통신 및 지휘 등에 필요한 지휘본부용 장비
3. 매몰자 탐지 등에 필요한 탐색용 장비
4. 화학전 또는 생물학전에 대비한 화생방 대응용 장비
5. 구급활동에 필요한 구급용 장비
6. 구조 활동 중 구조대원의 안전 및 숙식 확보를 위하여 필요한 개인용 장비

② 제1항에 따른 장비의 구체적인 내용에 관하여 필요한 사항은 소방청장이 정한다.

제10조【119구급대의 편성과 운영】

① 소방청장은 위급상황에서 발생한 응급환자를 응급처치하거나 의료기관에 긴급히 이송하는 등의 구급업무를 수행하기 위하여 대통령령으로 정하는 바에 따라 119구급대(이하 "구급대"라 한다)를 편성하여 운영하여야 한다.
② 구급대의 종류, 구급대원의 자격기준, 이송대상자, 그 밖에 필요한 사항은 대통령령으로 정한다.
③ 구급대는 행정안전부령으로 정하는 장비를 구비하여야 한다.

[시행령] 제10조 (119구급대의 편성과 운영)

① 법 제10조제1항에 따른 119구급대(이하 "구급대"라 한다)는 다음 각 호의 구분에 따라 편성·운영한다.
1. 일반구급대 : 시·도의 규칙으로 정하는 바에 따라 소방서마다 1개 대 이상 설치하되, 소방서가 설치되지 아니한 시·군·구의 경우에는 해당 시·군·구 지역의 중심지에 소재한 119안전센터에 설치할 수 있다.
2. 고속국도구급대 : 교통사고 발생 빈도 등을 고려하여 소방청, 소방본부 또는 고속국도를 관할하는 소방서에 설치하되, 시·도 소방본부 또는 소방서에 설치하는 경우에는 시·도의 규칙으로

정하는 바에 따른다.

② 구급대의 출동구역은 행정안전부령으로 정한다.

제13조의2 (119구급상황관리센터의 설치 및 운영)

① 법 제10조의2제1항에 따른 119구급상황관리센터(이하 "구급상황센터"라 한다)에는 다음 각 호의 어느 하나에 해당하는 자격을 갖춘 사람을 배치하여 24시간 근무체제를 유지하여야 한다.
 1. 「의료법」 제2조제1항에 따른 의료인
 2. 「응급의료에 관한 법률」 제36조제2항에 따라 1급 응급구조사 자격을 취득한 사람
 3. 「응급의료에 관한 법률」 제36조제3항에 따라 2급 응급구조사 자격을 취득한 사람
 4. 「응급의료에 관한 법률」에 따른 응급의료정보센터(이하 "응급의료정보센터"라 한다)에서 2년 이상 응급의료에 관한 상담 경력이 있는 사람

② 소방청장은 법 제10조의2제2항제4호에 따른 119구급이송 관련 정보망을 설치하는 경우 다음 각 호의 정보가 효율적으로 연계되어 구급대 및 구급상황센터에 근무하는 사람에게 제공될 수 있도록 하여야 한다.
 1. 「응급의료에 관한 법률」 제27조제2항제3호에 따라 응급의료정보센터가 제공하는 「응급의료에 관한 법률 시행령」 제24조제1항 각 호의 정보
 2. 구급대의 출동 상황, 응급환자의 처리 및 이송 상황

③ 구급상황센터에 근무하는 사람은 이송병원 정보를 제공하려면 제2항제1호에 따른 정보를 활용하여 이송병원을 안내하여야 한다.

④ 소방본부장은 구급상황센터의 운영현황을 파악하고 응급환자 이송정보제공 체계를 효율화하기 위하여 매 반기별로 소방청장에게 구급상황센터의 운영상황을 종합하여 보고하여야 한다.

⑤ 구급상황센터의 설치·운영에 관한 세부사항은 구급상황센터를 소방청에 설치하는 경우에는 소방청장이, 시·도 소방본부에 설치하는 경우에는 시·도의 규칙으로 정한다. 다만, 시·도 소방본부에 설치하는 구급상황센터의 설치·운영에 관한 세부사항 중 필수적으로 배치되는 인력의 임용,보수 등의 인사에 관한사항은 소방청장이 정하는 바에 따른다.

[시행규칙] 제7조 (119구급대에서 갖추어야 할 장비의 기준)

① 영 제10조에 따른 119구급대(이하 "구급대"라 한다) 중 소방본부 및 소방서(119안전센터를 포함한다)에 설치하는 구급대에서 법 제10조 제3항에 따라 갖추어야 하는 장비의 기본적인 사항은 「소방력 기준에 관한 규칙」 및 「소방장비관리규칙」에 따른다.

② 소방청에 설치하는 구급대에서 법 제10조제3항에 따라 갖추어야 하는 장비의 기본적인 사항은 제1항을 준용한다.

③ 제1항에서 규정한 사항 외에 구급대가 갖추어야 하는 장비에 관하여 필요한 사항은 소방청장이 정한다.

[시행규칙] 제8조 (구급대의 출동구역)

① 영 제10조제2항에 따른 구급대의 출동구역은 다음 각 호와 같다.
  1. 일반구급대 및 소방서에 설치하는 고속국도구급대 : 구급대가 설치 되어 있는 지역 관할 시·도
  2. 소방청장 또는 시·도 소방본부에 설치하는 고속국도구급대 : 고속국도로 진입하는 도로 및 인근 구급대의 배치 상황 등을 고려하여 소방청장 또는 소방본부장이 관련 시·도의 소방본부장 및 한국도로공사와 협의하여 정한 구역

② 구급대는 제1항에도 불구하고 다음 각 호의 어느 하나에 해당하는 경우에는 소방청장의 요청이나 지시에 따라 출동구역 밖으로 출동할 수 있다.
  1. 지리적·지형적 여건상 신속한 출동이 가능한 경우
  2. 대형재난이 발생한 경우
  3. 그 밖에 소방청장이나 소방본부장이 필요하다고 인정하는 경우

[시행령] 제11조 (구급대원의 자격기준)

구급대원은 소방공무원으로서 다음 각 호의 어느 하나에 해당하는 자격을 갖추어야 한다. 다만, 제4호에 해당하는 구급대원은 구급차 운전과 구급에 관한 보조업무만 할 수 있다.
  1. 「의료법」 제2조제1항에 따른 의료인
  2. 「응급의료에 관한 법률」 제36조제2항에 따라 1급 응급구조사자 격을 취득한 사람
  3. 「응급의료에 관한 법률」 제36조제3항에 따라 2급 응급구조사 자격을 취득한 사람
  4. 소방청장이 실시하는 구급업무에 관한 교육을 받은 사람

[시행령] 제12조 (응급환자의 이송 등)

① 구급대원은 응급환자를 의료기관으로 이송하기 전이나 이송하는 과정에서 응급처치가 필요한 경우에는 가능한 범위에서 응급처치를 실시하여야 한다.

② 소방청장은 구급대원의 자격별 응급처치 범위 등 현장응급처치 표준지침을 정하여 운영할 수 있다.

③ 구급대원은 환자의 질병내용 및 중증도(重症度), 지역별 특성 등을 고려하여 소방청장 또는 소방본부장이 작성한 이송병원 선정지침에 따라 응급환자를 의료기관으로 이송하여야 한다. 다만, 환자의 상태를 보아 이송할 경우에 생명이 위험하거나 환자의 증상을 악화시킬 것으로 판단되는 경우로서 의사의 의료지도가 가능한 경우에는 의사의 의료지도에 따른다.

④ 제3항에 따른 이송병원 선정지침이 작성되지 아니한 경우에는 환자의 질병내용 및 중증도 등을 고려하여 환자의 치료에 적합하고 최단시간에 이송이 가능한 의료기관으로 이송하여야 한다.

⑤ 구급대원은 이송하려는 응급환자가 감염병 및 정신질환을 앓고 있다고 판단되는 경우에는 시·군·구 보건소의 관계 공무원 등에게 필요한 협조를 요청할 수 있다.

⑥ 구급대원은 이송하려는 응급환자가 자기 또는 타인의 생명·신체와 재산에 위해(危害)를 입힐 우

려가 있다고 인정되는 경우에는 환자의 보호자 또는 관계 기관의 공무원 등에게 동승(同乘)을 요청할 수 있다.

⑦ 소방청장은 제2항에 따른 현장응급처치 표준지침 및 제3항에 따른 이송병원 선정지침을 작성하는 경우에는 보건복지부장관과 협의하여야 한다.

> [시행령] 제11조 【119구조 · 구급대의 통합 편성과 운영】
>
> 소방청장 등은 제8조제1항 및 제10조제1항에도 불구하고 구조 · 구급대를 통합하여 편성 · 운영할 수 있다.

[시행령] 제14조 (119구조구급센터의 편성과 운영)

① 소방청장 등은 효율적인 인력 운영을 위하여 필요한 경우에는 법 제11조에 따라 구조대와 구급대를 통합하여 119구조구급센터를 설치할 수 있다.

② 소방본부 또는 소방서에 119구조구급센터를 설치할 때에는 시 · 도의 규칙으로 정하는 바에 따른다.

> 제12조 【항공구조구급대의 편성과 운영】
>
> ① 소방청장 또는 소방본부장은 초고층 건축물 등에서 요구조자의 생명을 안전하게 구조하거나 도서 · 벽지에서 발생한 응급환자를 의료기관에 긴급히 이송하기 위하여 119항공대를 편성하여 운영한다.
>
> ② 항공대의 편성과 운영, 업무 및 항공대원의 자격기준 그 밖에 필요한 사항은 대통령령으로 정한다.
>
> ③ 항공대는 행정안전부령으로 정하는 장비를 구비하여야 한다.

[시행령] 제15조 (항공구조구급대의 편성과 운영)

① 소방청장은 법 제12조제1항에 따른 항공구조구급대를 제5조 제1항제3호에 따라 소방청에 설치하는 직할구조대에 설치할 수 있다.

② 소방본부장은 시 · 도 규칙으로 정하는 바에 따라 항공구조구급대를 편성하여 운영하되, 효율적인 인력 운영을 위하여 필요한 경우에는 소방본부에 설치하는 직할구조대에 설치할 수 있다.

[시행령] 제16조 (항공구조구급대의 업무)

항공구조구급대는 다음 각 호의 업무를 수행한다.

1. 인명구조 및 응급환자의 이송(의사가 동승한 응급환자의 병원 간 이송을 포함한다)
2. 화재 진압
3. 장기이식환자 및 장기의 이송
4. 항공 수색 및 구조 활동
5. 공중 소방 지휘통제 및 소방에 필요한 인력 · 장비 등의 운반
6. 방역 또는 방재 업무의 지원

7. 그 밖에 재난관리를 위하여 필요한 업무

[시행규칙] 제9조 (항공구조구급대에서 갖추어야 할 장비의 기준)

① 법 제12조제3항에 따라 소방본부에 설치하는 항공구조구급대에서 갖추어야 할 장비의 기본적인 사항은 「소방력 기준에 관한 규칙」 및 「소방장비관리규칙」에 따른다.
② 법 제12조제3항에 따라 소방청에 설치하는 항공구조구급대에서 갖추어야 할 장비의 기본적인 사항은 제1항을 준용하되, 항공구조구급대에 두는 항공기(이하 "항공기"라 한다)는 3대 이상 갖추어야 한다.
③ 제1항 및 제2항에서 규정한 사항 외에 항공구조구급대가 갖추어야 하는 장비에 관하여 필요한 사항은 소방청장이 정한다.

[시행규칙] 제10조 (항공구조구급대의 출동구역)

① 항공구조구급대의 출동 구역은 다음 각 호에 따른다.
 1. 소방청에 설치된 경우 : 전국
 2. 소방본부에 설치된 경우 : 관할 시·도
② 소방청장 또는 소방본부장은 제1항에도 불구하고 대형재난 등이 발생하여 항공기를 이용한 구조·구급활동이 필요하다고 인정되는 경우에는 해당 소방본부장에게 출동구역 밖으로의 출동을 요청할 수 있다.
③ 제2항에 따른 요청을 받은 소방본부장은 특별한 사유가 없으면 제2항의 요청에 따라야 한다.

[시행령] 제17조 (항공구조구급대원의 자격기준)

항공구조구급대원은 제6조에 따른 구조대원의 자격기준 또는 제11조에 따른 구급대원의 자격기준을 갖추고, 소방청장이 실시하는 항공 구조·구급과 관련된 교육을 마친 사람으로 한다.

[시행령] 제18조 (항공기의 운항 등)

① 항공구조구급대의 항공기(이하 "항공기"라 한다)는 조종사 2명이 탑승하되, 해상비행·계기비행(計器飛行) 및 긴급 구조·구급 활동을 위하여 필요한 경우에는 정비사 1명을 추가로 탑승시킬 수 있다.
② 조종사의 비행시간은 1일 8시간을 초과할 수 없다. 다만, 구조·구급 및 화재 진압 등을 위하여 필요한 경우로서 소방청장 또는 소방본부장이 비행시간의 연장을 승인한 경우에는 그러하지 아니하다.
③ 조종사는 항공기의 안전을 확보하기 위하여 탑승자의 위험물 소지 여부를 점검하여야 하며, 탑승자는 항공구조구급대원의 지시에 따라야 한다.
④ 항공기의 검사 등 유지·관리에 필요한 사항은 소방청장이 정한다.
⑤ 소방청장 및 소방본부장은 항공기의 안전운항을 위하여 운항통제관을 둔다.

[시행령] 제19조 (119항공기사고조사단)

① 소방청장 또는 시・도지사는 항공기 사고(「항공・철도 사고조사에 관한 법률」 제3조제2항 각 호에 따른 항공사고는 제외한다)의 원인에 대한 조사 및 사고수습 등을 위하여 각각 119항공기사고조사단(이하 이 조에서 "조사단"이라 한다)을 편성・운영할 수 있다.

② 조사단의 편성・운영, 그 밖에 필요한 사항은 소방청의 경우에는 소방청장이 정하고, 시・도의 경우에는 해당 시・도의 규칙으로 정한다.

제4절 구조・구급활동 등

제13조 【구조・구급활동】

① 소방청장은 위급상황이 발생한 때에는 구조・구급대를 현장에 신속하게 출동시켜 인명구조 및 응급처치, 그 밖에 필요한 활동을 하게 하여야 한다.

② 누구든지 제1항에 따른 구조・구급활동을 방해하여서는 아니 된다.

③ 소방청장 등은 대통령령으로 정하는 위급하지 아니한 경우에는 구조・구급대를 출동시키지 아니할 수 있다.

[시행령] 제20조 (구조・구급요청의 거절)* ☆ 14년 경기・경남 소방장, 18년 소방위

① 구조대원은 법 제13조제3항에 따라 다음 각 호의 어느 하나에 해당하는 경우에는 구조출동 요청을 거절할 수 있다. 다만, 다른 수단으로 조치하는 것이 불가능한 경우에는 그러하지 아니하다.

1. <u>단순 문 개방의 요청을 받은 경우</u>
2. <u>시설물에 대한 단순 안전조치 및 장애물 단순 제거의 요청을 받은 경우</u>
3. <u>동물의 단순 처리・포획・구조 요청을 받은 경우</u>
4. <u>그 밖에 주민생활 불편해소 차원의 단순 민원 등 구조활동의 필요성이 없다고 인정되는 경우</u>

② 구급대원은 법 제13조제3항에 따라 구급대상자가 다음 각 호의 어느 하나에 해당하는 비응급환자인 경우에는 구급출동 요청을 거절할 수 있다. 이 경우 구급대원은 구급대상자의 병력・증상 및 주변 상황을 종합적으로 평가하여 구급대상자의 응급 여부를 판단하여야 한다.

1. <u>단순 치통환자</u>
2. <u>단순 감기환자. 다만, 섭씨 38도 이상의 고열 또는 호흡곤란이 있는 경우는 제외한다.</u>
3. <u>혈압 등 생체징후가 안정된 타박상 환자</u>
4. <u>술에 취한 사람. 다만, 강한 자극에도 의식이 회복되지 아니하거나 외상이 있는 경우는 제외한다.</u>
5. <u>만성질환자로서 검진 또는 입원 목적의 이송 요청자</u>
6. <u>단순 열상(裂傷) 또는 찰과상(擦過傷)으로 지속적인 출혈이 없는 외상환자</u>
7. <u>병원 간 이송 또는 자택으로의 이송 요청자. 다만, 의사가 동승한 응급환자의 병원 간 이송은 제</u>

외한다.

③ 구조·구급대원은 법 제2조제1호에 따른 요구조자(이하 "요구조자"라 한다) 또는 응급환자가 구조·구급대원에게 폭력을 행사하는 등 구조·구급활동을 방해하는 경우에는 구조·구급활동을 거절할 수 있다.

④ 구조·구급대원은 제1항부터 제3항까지의 규정에 따라 구조 또는 구급 요청을 거절한 경우 구조 또는 구급을 요청한 사람이나 목격자에게 그 내용을 알리고, 행정안전부령으로 정하는 바에 따라 그 내용을 기록·관리하여야 한다.

[시행령] 제21조 (응급환자 등의 이송거부)

① 구급대원은 응급환자 또는 그 보호자[응급환자의 의사(意思)를 확인할 수 없는 경우만 해당한다]가 의료기관으로의 이송을 거부하는 경우에는 이송하지 아니할 수 있다. 다만, 응급환자의 병력·증상 및 주변 상황을 종합적으로 평가하여 즉시 필요한 응급처치를 받지 아니하면 생명을 보존할 수 없거나 심신상의 중대한 위해를 입을 가능성이 있다고 인정할 만한 상당한 이유가 있는 경우에는 환자의 이송을 위하여 최대한 노력하여야 한다.

② 구급대원은 제1항에 따라 응급환자를 이송하지 아니하는 경우 행정안전부령으로 정하는 바에 따라 그 내용을 기록·관리하여야 한다.

[시행규칙] 제11조 (구조·구급요청의 거절)

① 영 제20조제1항에 따라 구조요청을 거절한 구조대원은 별지 제1호서식의 구조 거절 확인서를 작성하여 소속 소방관서장에게 보고하고, 소속 소방관서에 3년간 보관하여야 한다.

② 영 제20조제2항에 따라 구급요청을 거절한 구급대원은 별지 제2호서식의 구급 거절·거부 확인서(이하 "구급 거절·거부 확인서"라 한다)를 작성하여 소속 소방관서장에게 보고하고, 소속 소방관서에 3년간 보관하여야 한다.

[시행규칙] 제12조 (응급환자 등의 이송 거부)

① 구급대원은 영 제21조제1항에 따라 응급환자를 이송하지 아니하는 경우 구급 거절·거부 확인서를 작성하여 이송을 거부한 응급환자 또는 그 보호자(이하 "이송거부자"라 한다)에게 서명을 받아야 한다. 다만, 이송거부자가 2회에 걸쳐 서명을 거부한 경우에는 구급 거절·거부 확인서에 그 사실을 표시하여야 한다.

② 구급대원은 이송거부자가 제1항 단서에 따라 서명을 거부한 경우에는 이를 목격한 사람에게 관련 내용을 알리고 구급 거절·거부 확인서에 목격자의 성명과 연락처를 기재한 후 목격자에게 서명을 받아야 한다.

③ 제1항 및 제2항의 규정에 따라 구급 거절·거부 확인서를 작성한 구급대원은 소속 소방관서장에게 보고하고, 구급 거절·거부 확인서를 소속 소방관서에 3년간 보관하여야 한다.

제14조【유관기관과의 협력】

① 소방청장 등은 구조·구급활동을 함에 있어서 필요한 경우에는 시·도지사 또는 시장·군수·구청장에게 협력을 요청할 수 있다.
② 시·도지사 또는 시장·군수·구청장은 특별한 사유가 없으면 제1항의 요청에 따라야 한다.

제15조【구조·구급활동을 위한 긴급조치】

① 소방청장 등은 구조·구급활동을 위하여 필요하다고 인정하는 때에는 다른 사람의 토지·건물 또는 그 밖의 물건을 일시사용, 사용의 제한 또는 처분을 하거나 토지·건물에 출입할 수 있다.
② 소방청장 등은 제1항에 따른 조치로 인하여 손실을 입은 자가 있는 경우에는 대통령령으로 정하는 바에 따라 그 손실을 보상하여야 한다.

[시행령] 제22조 (손실보상)

① 소방청장 등은 법 제15조제1항에 따른 조치로 인한 손실을 보상 할 때에는 손실을 입은 자와 먼저 협의하여야 한다.
② 제1항에 따른 손실보상에 관한 협의는 법 제15조제1항에 따른 조치가 있는 날부터 60일 이내에 하여야 한다.
③ 소방청장 등은 제2항에 따른 협의가 성립되지 아니하면「공익사업을 위한 토지 등의 취득 및 보상에 관한 법률」제51조에 따른 관할 토지수용위원회에 재결(裁決)을 신청할 수 있다.
④ 제3항에 따른 재결에 관하여는「공익사업을 위한 토지 등의 취득 및 보상에 관한 법률」제83조부터 제87조까지의 규정을 준용한다.

제16조【구조된 사람과 물건의 인도·인계】

① 소방청장 등은 제13조제1항에 따른 구조활동으로 구조된 사람(이하 "구조된 사람"이라 한다) 또는 신원이 확인된 사망자를 그 보호자 또는 유족에게 지체 없이 인도하여야 한다.
② 소방청장 등은 제13조제1항에 따른 구조·구급활동과 관련하여 회수된 물건(이하 "구조된 물건"이라 한다)의 소유자가 있는 경우에는 소유자에게 그 물건을 인계하여야 한다.
③ 소방청장 등은 다음 각 호의 어느 하나에 해당하는 때에는 구조 된 사람, 사망자 또는 구조된 물건을 특별자치도지사·시장·군수·구청장(「재난 및 안전관리 기본법」제14조 또는 제16조에 따른 재난안전대책본부가 구성된 경우 해당 재난안전대책본부장을 말한다. 이하 같다)에게 인도하거나 인계하여야 한다.
  1. 구조된 사람이나 사망자의 신원이 확인되지 아니한 때
  2. 구조된 사람이나 사망자를 인도받을 보호자 또는 유족이 없는 때
  3. 구조된 물건의 소유자를 알 수 없는 때

[시행규칙] 제13조 (구조된 사람과 물건의 인도·인계)

① 소방청장 등이 법 제16조제3항에 따라 특별자치도지사·시장·군수·구청장(「재난 및 안전관리

기본법」 제14조 또는 제16조에 따른 재난안전대책본부가 구성된 경우에는 해당 재난안전대책본부장을 말한다. 이하 같다.)에게 구조된 사람, 사망자 및 구조·구급활동과 관련하여 회수된 물건을 인도하거나 인계하는 경우에는 명단(신원을 확인할 수 없는 경우에는 인상착의를 기재할 수 있다.) 또는 목록을 작성하여 확인한 후 함께 인도하거나 인계하여야 한다.

② 제1항에 따른 인도·인계는 구조·구급상황이 발생한 지역을 관할하는 특별자치도지사·시장·군수·구청장에게 하되, 관할 특별자치도지사·시장·군수·구청장이 분명하지 아니할 때에는 구조·구급상황 발생 현장에서 인도·인계하기 쉬운 지역의 특별자치도지사·시장·군수·구청장에게 한다.

제17조【구조된 사람의 보호】

제16조제3항에 따라 구조된 사람을 인도받은 특별자치도지사·시장·군수·구청장은 구조된 사람에게 숙소·급식·의류의 제공과 치료 등 필요한 보호조치를 취하여야 하며, 사망자에 대하여는 영안실에 안치하는 등 적절한 조치를 취하여야 한다.

제18조【구조된 물건의 처리】

① 제16조제3항에 따라 구조된 물건을 인계받은 특별자치도지사·시장·군수·구청장은 이를 안전하게 보관하여야 한다.
② 제1항에 따라 인계받은 물건의 처리절차와 그 밖에 필요한 사항은 대통령령으로 정한다.

[시행령] 제23조 (구조된 물건의 처리)

① 특별자치도지사·시장·군수·구청장(「재난 및 안전관리 기본법」 제14조 또는 제16조에 따른 재난안전대책본부가 구성된 경우에는 해당 재난안전대책본부장을 말한다. 이하 같다)은 법 제18조제2항에 따라 구조·구급과 관련하여 회수된 물건(이하 "구조된 물건"이라 한다)을 인계받은 경우 인계받은 날부터 14일 동안 해당 지방자치단체의 게시판 및 인터넷 홈페이지에 공고하여야 한다.

② 특별자치도지사·시장·군수·구청장은 구조된 물건의 소유자 또는 청구권한이 있는 자(이하 "소유자등"이라 한다)가 나타나 그 물건을 인계할 때에는 소유자등임을 확인할 수 있는 서류를 제출하게 하거나 구조된 물건에 관하여 필요한 질문을 하는 등의 방법으로 구조된 물건의 소유자등임을 확인하여야 한다.

③ 특별자치도지사·시장·군수·구청장은 구조된 물건이 멸실·훼손될 우려가 있거나 보관에 지나치게 많은 비용이나 불편이 발생할 때에는 그 물건을 매각할 수 있다. 다만, 구조된 물건이 관계 법령에 따라 일반인의 소유 또는 소지가 제한되거나 금지된 물건일 때에는 관계 법령에 따라 이를 적법하게 소유하거나 소지할 수 있는 자에게 매각하는 경우가 아니면 매각할 수 없다.

④ 제3항에 따라 구조된 물건을 매각하는 경우 매각 사실을 해당 지방자치단체의 게시판 및 인터넷 홈페이지에 공고하고, 매각방법은 「지방자치단체를 당사자로 하는 계약에 관한 법률」의 규정을 준용하여 경쟁입찰에 의한다. 다만, 급히 매각하지 아니하면 그 가치가 현저하게 감소될 염려가 있는 구조된 물건은 수의계약에 의하여 매각할 수 있다.

제19조 【가족 및 유관기관의 연락】

① 구조·구급대원은 제13조제1항에 따른 구조·구급활동을 함에 있어 현장에 보호자가 없는 요구조자 또는 응급환자를 구조하거나 응급처치를 한 후에는 그 가족이나 관계자에게 구조 경위, 요구조자 또는 응급환자의 상태 등을 즉시 알려야 한다.

② 구조·구급대원은 요구조자와 응급환자의 가족이나 관계자의 연락처를 알 수 없는 때에는 위급상황이 발생한 해당 지역의 특별자치도지사·시장·군수·구청장에게 그 사실을 통보하여야 한다.

③ 구조·구급대원은 요구조자와 응급환자의 신원을 확인할 수 없는 경우에는 경찰관서에 신원의 확인을 의뢰할 수 있다.

제20조 【구조·구급활동을 위한 지원요청】

① 소방청장 등은 구조·구급활동을 함에 있어서 인력과 장비가 부족한 경우에는 대통령령으로 정하는 바에 따라 관할구역 안의 의료기관, 「응급의료에 관한 법률」 제44조에 따른 구급차등의 운용자 및 구조·구급과 관련된 기관 또는 단체(이하 이 조에서 "의료기관등"이라 한다)에 대하여 구조·구급에 필요한 인력 및 장비의 지원을 요청할 수 있다. 이 경우 요청을 받은 의료기관등은 정당한 사유가 없으면 이에 따라야 한다.

② 제1항의 지원요청에 따라 구조·구급활동에 참여하는 사람은 소방청장 등의 조치에 따라야 한다.

③ 제1항에 따라 지원활동에 참여한 구급차등의 운용자는 소방청장 등이 지정하는 의료기관으로 응급환자를 이송하여야 한다.

④ 소방청장 등은 행정안전부령으로 정하는 바에 따라 제1항에 따른 지원요청대상 의료기관등의 현황을 관리하여야 한다.

⑤ 소방청장 등은 제1항에 따라 구조·구급활동에 참여한 의료기관등에 대하여는 그 비용을 보상할 수 있다.

[시행령] 제24조 (구조·구급활동을 위한 지원요청)

① 법 제20조제1항에 따른 구조·구급에 필요한 인력과 장비의 지원을 요청할 때에는 모사전송·전화 등의 신속한 방법으로 하여야 한다.

② 제1항 외에 의료기관에 대한 지원 요청에 필요한 사항은 보건복지부장관과 협의하여 소방청장이 정하고, 구조·구급과 관련된 기관 또는 단체에 대한 지원 요청에 관하여 필요한 사항은 관할 구역의 구조·구급과 관련된 기관 또는 단체의 장과 협의하여 소방본부장 또는 소방서장이 정한다.

[시행규칙] 제14조 (구급활동 지원)

소방청장 등은 법 제20조제1항에 따라 지원을 요청받은 의료기관에 소속된 의사가 구급활동을 지원(자원봉사인 경우를 포함한다)하는 경우에는 법 제10조의2제1항에 따른 구급상황관리센터나 구급차에 배치하여 응급처치를 지도하게 하거나 직접 구급활동을 하게 할 수 있다.

[시행규칙] 제15조 (구조 · 구급활동 지원요청대상 의료기관등의 현황관리)

① 소방청장 등은 법 제20조제2항에 따라 관할구역 안의 의료기관 및 구조·구급과 관련된 관 또는 단체의 현황을 관리하기 위하여 별지 제3호서식의 구조·구급 지원요청 관리대장을 작성·관리하여야 한다.

② 제1항에 따른 구조·구급 지원요청 관리대장은 전자적 처리가 불가능한 특별한 사유가 없으면 전자적 처리가 가능한 방법으로 작성·관리하여야 한다.

[시행규칙] 제16조 (구조 · 구급활동에 필요한 조사)

소방청장 등은 구조·구급업무의 원활한 수행을 위하여 교통, 지리, 그 밖에 필요한 사항을 조사할 수 있다.

제21조 【구조 · 구급대원과 경찰공무원의 협력】

① 구조·구급대원은 범죄사건과 관련된 위급상황 등에서 구조·구급활동을 하는 경우에는 경찰공무원과 상호 협력하여야 한다.

② 구조·구급대원은 요구조자나 응급환자가 범죄사건과 관련이 있다고 의심할 만한 정황이 있는 경우에는 즉시 경찰관서에 그 사실을 통보하고 현장의 증거보존에 유의하면서 구조·구급활동을 하여야 한다. 다만, 생명이 위독한 경우에는 먼저 구조하거나 의료기관으로 이송하고 경찰관서에 그 사실을 통보할 수 있다.

제22조 【구조 · 구급활동의 기록관리】

① 소방청장 등은 구조·구급활동상황 등을 기록하고 이를 보관하여야 한다.

② 구조·구급활동상황일지의 작성·보관 및 관리, 그 밖에 필요한 사항은 행정안전부령으로 정한다.

[시행규칙] 제17조 (구조활동상황의 기록관리)

① 구조대원은 법 제22조에 따라 별지 제4호서식의 구조활동일지에 구조활동상황을 상세히 기록하고, <u>소속 소방관서에 3년간 보관</u>하여야한다. 다만, 구조차에 이동단말기가 설치되어 있는 경우에는 이동단말기로 구조활동일지를 작성할 수 있다.

② 소방본부장은 구조활동상황을 종합하여 <u>연 2회 소방청장에게 보고</u>하여야 한다.

[시행규칙] 제18조 (구조활동상황의 기록관리)

① 구급대원은 법 제22조에 따라 별지 제5호서식의 구급활동일지(이하 "구급활동일지"라 한다)에 구급활동상황을 상세히 기록하고, <u>소속 소방관서에 3년간 보관</u>하여야 한다.

② 구급대원이 응급환자를 의사에게 인계하는 경우에는 구급활동일지(이동단말기로 작성하는 경우에는 전자적 파일이나 인쇄물을 말한다)에 환자를 인계받은 의사의 서명을 받고, 구급활동일지(이동

단말기에 작성한 경우에는 전자 파일이나 인쇄물을 말한다) 1부를 그 의사에게 제출하여야 한다.

③ 구급대원은 구급출동하여 심폐정지환자를 발견한 경우 또는 중증외상환자, 심혈관질환자 및 뇌혈관질환자를 의료기관으로 이송한 경우에는 소방청장이 정하는 바에 따라 구급활동에 관한 세부 상황표를 작성하고 소속 소방관서에 3년간 보관한다.

④ 소방본부장은 구급활동상황을 종합하여 연 2회 소방청장에게 보고하여야 한다.

[시행규칙] 제19조 (구조·구급증명서)

① 다음 각 호의 어느 하나에 해당하는 자가 구조대나 구급대에 의한 구조·구급활동을 증명하는 서류를 요구하는 경우에는 별지 제7호서식의 구조·구급증명 신청서(전자문서로 된 신청서를 포함한다)를 작성하여 소방청장 등에게 신청하여야 한다.

1. 인명구조, 응급처치 등을 받은 사람(이하 "구조·구급자"라 한다)
2. 구조·구급자의 보호자
3. 공공단체 또는 보험회사 등 환자이송과 관련된 기관이나 단체
4. 제1호부터 제3호까지에 해당하는 자의 위임을 받은 자

② 소방청장 등은 제1항에 따라 구조·구급증명 신청을 받은 경우에는 다음 각 호의 서류 중 관련 서류를 통하여 신청인의 신원 등을 확인한 후 별지 제8호서식의 구조·구급증명서를 발급하여야 한다.

1. 주민등록증, 운전면허증, 여권, 공무원증 등 본인을 확인할 수 있는 신분증
2. 위임 등을 증명할 수 있는 서류
3. 구조·구급자의 보험가입을 증명할 수 있는 서류
4. 그 밖에 구조·구급활동에 관한 증명자료가 필요함을 입증할 수 있는 서류

③ 구조·구급자의 보호자가 제1항에 따른 구조·구급증명을 신청하는 경우에는 소방청장 등은 「전자정부법」 제36조제1항에 따른 행정정보의 공동이용을 통하여 주민등록표 등본 또는 가족관계증명서를 확인하여 보호자임을 확인하여야 한다. 다만, 신청인이 확인에 동의하지 아니하는 경우에는 그 서류를 첨부하도록 하여야 한다.

제23조【구조·구급대원에 대한 안전사고방지대책등 수립·시행】

① 소방청장은 구조·구급대원의 안전사고방지대책, 감염방지대책, 건강관리대책 등(이하 "안전사고방지대책등"이라 한다)을 수립·시행하여야 한다.

② 안전사고방지대책등의 수립에 관하여 필요한 사항은 행정안전부령으로 정한다.

[시행령] 제25조 (안전사고방지대책)

① 소방청장은 법 제23조제1항에 따라 구조·구급대원의 안전사고방지를 위하여 안전관리 표준지침을 마련하여 시행하여야 한다.

② 제1항의 안전관리 표준지침은 구조활동과 구급활동으로 구분하되 유형별 안전관리 기본수칙과 행동매뉴얼을 포함하여야 한다.

[시행령] 제26조 (감염관리대책)☆ 16년 부산 소방교

① 소방청장 등은 구조·구급대원의 감염 방지를 위하여 구조·구급대원이 소독을 할 수 있도록 소방서별로 119감염관리실을 1개소 이상 설치하여야 한다.
② 구조·구급대원은 근무 중 위험물·유독물 및 방사성물질(이하 "유해물질등"이라 한다)에 노출되거나 감염성 질병에 걸린 요구조자 또는 응급환자와 접촉한 경우에는 그 사실을 안 때부터 48시간 이내에 소방청장에게 보고하여야 한다.
③ 제2항에 따른 보고를 받은 소방청장 등은 유해물질등에 노출되거나 감염성 질병에 걸린 요구조자 또는 응급환자와 접촉한 구조·구급대원이 적절한 진료를 받을 수 있도록 조치하고, 접촉일부터 15일 동안 구조·구급대원의 감염성 질병 발병 여부를 추적·관리하여야 한다. 이 경우 잠복기가 긴 질환에 대해서는 잠복기를 고려하여 추적관리 기간을 연장할 수 있다.
④ 제1항에 따른 119감염관리실의 규격·성능 및 119감염관리실에 설치하여야 하는 장비 등 세부 기준은 소방청장이 정한다.

[시행규칙] 제20조 (감염성 질병 및 유해물질 등 접촉보고서)

구조·구급대원이 영 제26조제2항에 따라 근무 중 위험물·유독물 및 방사성물질에 노출되거나 감염성 질병에 걸린 요구조자 또는 응급환자와의 접촉 사실을 소방청장 등에게 보고하는 경우에는 별지 제9호서식의 감염성 질병 및 유해물질 등 접촉 보고서를 작성하여 보고하여야 한다.

[시행규칙] 제21조 (검진기록의 보관)* ☆ 14년 부산 소방장

소방청장 등은 다음 각 호의 자료를 구조·구급대원이 퇴직할 때까지 「소방공무원임용령 시행규칙」 제17조에 따른 소방공무원인사기록철에 함께 보관하여야 한다.
1. 제20조에 따른 감염성 질병·유해물질 등 접촉 보고서 및 영 제26조 제3항에 따른 진료 기록부
2. 영 제27조제1항에 따른 정기건강검진 결과서 및 같은 조 제5항에 따른 진료 기록부
3. 그 밖에 구조·구급대원의 병력을 추정할 수 있는 자료

[시행령] 제27조 (건강관리대책)

① 소방청장 등은 소속 구조·구급대원에 대하여 연 2회 이상 정기건강검진을 실시하여야 한다. 다만, 구조·구급대원이 「국민건강보험법」 제52조에 따른 건강검진을 받은 경우에는 1회의 정기건강검진으로 인정할 수 있다.
② 신규 채용된 소방공무원을 구조·구급대원으로 배치하는 경우에는 공무원 채용신체검사 결과를 1회의 정기건강검진으로 인정할 수 있다.
③ 소방청장 등은 제1항에 따른 정기건강검진의 결과 구조·구급대원으로 부적합하다고 인정되는 구조·구급대원에 대해서는 구조·구급대원으로서의 배치를 중지하고 건강 회복을 위하여 필요한 조치를 하여야 한다.
④ 구조·구급대원은 구조·구급업무 수행으로 인하여 신체적·정신적 장애가 발생하였다고 판단하는 경우에는 그 사실을 해당 소방청장 등에게 보고하여야 한다.

⑤ 제4항에 따른 보고를 받은 소방청장 등은 해당 구조·구급대원이 의료인의 진료를 받을 수 있도록 조치하여야 한다.
⑥ 구조·구급대원의 정기건강검진 항목은 행정안전부령으로 정한다.

[시행규칙] 제22조 (구조·구급대원의 정기건강검진항목)

영 제27조제6항에 따른 구조·구급대원의 정기건강검진 항목은 별표와 같다.

[시행규칙] 제23조 (구급차 등의 소독)

소방청장은 주 1회 이상 구급차 및 응급처치기구 등을 소독하여야 한다.

제24조【구조·구급활동으로 인한 형의 감면】

다음 각 호의 어느 하나에 해당하는 자가 구조·구급활동으로 인하여 요구조자를 사상에 이르게 한 경우 그 구조·구급활동 등이 불가피하고 구조·구급대원 등에게 중대한 과실이 없는 때에는 그 정상을 참작하여 「형법」 제266조부터 제268조까지의 형을 감경하거나 면제할 수 있다.
1. 제4조제3항에 따라 위급상황에 처한 요구조자를 구출하거나 필요한 조치를 한 자
2. 제13조제1항에 따라 구조·구급활동을 한 자

제5절 보 칙

제25조【구조·구급대원의 전문성 강화 등】

① 소방청장은 국민에게 질 높은 구조와 구급서비스를 제공하기 위하여 전문 구조·구급대원의 양성과 기술향상을 위하여 필요한 교육훈련 프로그램을 운영하여야 한다.
② 구조·구급대원은 업무와 관련된 새로운 지식과 전문기술의 습득 등을 위하여 행정안전부령으로 정하는 바에 따라 소방청장이 실시하는 교육훈련을 받아야 한다.
③ 소방청장은 구조·구급대원의 전문성을 향상시키기 위하여 필요한 경우 제2항에 따른 교육훈련을 국내외 교육기관 등에 위탁하여 실시할 수 있다.
④ 제2항 및 제3항에 따른 교육훈련의 방법·시간 및 내용, 그 밖에 필요한 사항은 행정안전부령으로 정한다.

[시행규칙] 제24조 (구조대원의 교육훈련)

① 법 제25조에 따른 구조대원의 교육훈련은 일상교육훈련, 특별구조훈련 및 항공구조훈련으로 구분한다.
② 일상교육훈련은 구조대원의 일일근무 중 실시하되, 구조장비 조작과 안전관리에 관한 내용을 포함하여 구조대의 실정에 맞도록 소방청장 등이 정한다.

③ <u>구조대원은 연간 40시간 이상 다음 각 호의 내용을 포함하는 특별구조훈련을 받아야 한다.</u>

1. 방사능 누출, 생화학테러 등 유해화학물질 사고에 대비한 화학구조훈련
2. 하천[호소(湖沼)를 포함한다], 해상(海上)에서의 익수・조난・실종 등에 대비한 수난구조훈련
3. 산악・암벽 등에서의 조난・실종・추락 등에 대비한 산악구조훈련
4. 그 밖의 재난에 대비한 특별한 교육훈련

④ <u>구조대원은 연 40시간 이상</u> 다음 각 호의 내용을 포함하는 항공구조훈련을 받아야 한다.

☆ 17년 소방위

1. 구조・구난(救難)과 관련된 기초학문 및 이론
2. 항공구조기법 및 항공구조장비와 관련된 이론 및 실기
3. 항공구조활동 시 응급처치와 관련된 이론 및 실기
4. 항공구조활동과 관련된 안전교육

[시행규칙] 제25조 (항공구조구급대 소속 조종사 및 정비사에 대한 교육훈련)

① 법 제25조에 따른 교육훈련 중 항공구조구급대 소속 조종사 및 정비사에 대한 교육훈련은 다음 각 호의 구분에 따른다.

1. 조종사
   가. 비행교육훈련
      1) 기종전환교육훈련(신규임용자 포함)
      2) 자격회복훈련
      3) 기술유지비행훈련
   나. 조종전문교육훈련
      1) 해상생환훈련
      2) 항공안전관리교육
      3) 계기비행훈련
      4) 비상절차훈련
      5) 항공기상상황관리교육
      6) 그 밖의 항공안전 및 기술향상에 관한 교육훈련
2. 정비사
   가. 해상생환훈련
   나. 항공안전관리교육
   다. 항공정비실무교육
   라. 그 밖의 항공안전 및 기술향상에 관한 교육훈련

② 제1항에 따른 교육훈련의 세부사항은 소방청장이 정한다.

[시행규칙] 제26조 (구급대원의 교육훈련)

① 법 제25조에 따른 구급대원의 교육훈련은 일상교육훈련 및 특별교육훈련으로 구분한다.
② 일상교육훈련은 구급대원의 일일근무 중 실시하되, 구급장비 조작과 안전관리에 관한 내용을 포함하여 구급대의 실정에 맞도록 소방청장 등이 정한다.
③ 구급대원은 연간 40시간 이상 다음 각 호의 내용을 포함하는 특별교육훈련을 받아야 한다.
 1. 임상실습 교육훈련
 2. 전문 분야별 응급처치교육
 3. 그 밖에 구급활동과 관련된 교육훈련
④ 소방청장 등은 구급대원의 교육을 위하여 소방청장이 정하는 응급처치용 실습기자재와 실습공간을 확보하여야 한다.
⑤ 소방청장은 구급대원에 대한 체계적인 교육훈련을 실시하기 위해 소방공무원으로서 다음 각 호의 어느 하나에 해당하는 자격을 갖춘 사람 중 소방청장이 정하는 교육과정을 수료한 사람을 구급지도관으로 선발할 수 있다.
 1. 「의료법」 제2조 제1항에 따른 의료인
 2. 「응급의료에 관한 법률」 제36조 제2항에 따라 1급 응급구조사 자격을 취득한 사람
⑥ 제1항부터 제5항까지에서 규정한 사항 외에 구급대원의 교육훈련 및 구급지도관의 선발·운영 등에 필요한 세부적인 사항은 소방청장이 정한다.

> 제26조【구조·구급활동의 평가】
>
> ① 소방청장은 매년 시·도 소방본부의 구조·구급활동에 대하여 종합 평가를 실시하고 그 결과를 시·도 소방본부장에게 통보하여야 한다.
> ② 소방청장은 제1항에 따른 종합평가결과에 따라 시·도 소방본부에 대하여 행정적·재정적 지원을 할 수 있다.
> ③ 제1항에 따른 평가방법 및 항목, 그 밖에 필요한 사항은 대통령령으로 정한다.

[시행령] 제28조 (구조·구급활동의 평가)

① 법 제26조에 따른 시·도 소방본부의 구조·구급활동에 대한 종합평가(이하 "종합평가"라 한다)는 다음 각 호의 평가항목 중 구조·구급 환경 특성에 맞는 평가항목을 선정하여 실시하여야 한다.
 1. 구조·구급서비스의 품질관리
 2. 구조·구급대원의 전문성 수준
 3. 구조·구급대원에 대한 안전사고방지대책, 감염방지대책, 건강관리대책
 4. 구조·구급장비의 확보 및 유지·관리 실태
 5. 관계 기관과의 협력체제 구축 실태
 6. 그 밖에 소방청장이 정하는 평가에 필요한 사항
② 종합평가는 서면평가와 현장평가로 구분하여 실시하되, 서면평가는 모든 시·도 소방본부를 대상으로 실시하고, 현장평가는 서면평가 결과에 따라 필요한 시·도 소방본부를 대상으로 실시한다.
③ 소방본부장은 종합평가를 위하여 시·도 집행계획의 시행 결과를 다음 해 2월 말일까지 소방청장

에게 제출하여야 한다.

제27조 【구조 · 구급정책협의회】

① 제3조제1항에 따른 구조·구급관련 새로운 기술의 연구·개발 등과 기본계획 및 집행계획에 관하여 필요한 사항을 관계 중앙행정기관 등과 협의하기 위하여 소방청에 중앙 구조·구급 정책협의회를 둔다.
② 시·도 집행계획의 수립·시행에 필요한 사항을 해당 시·도의 구조·구급관련기관 등과 협의하기 위하여 시·도 소방본부에 시·도 구조·구급 정책협의회를 둔다.
③ 제1항 및 제2항에 따른 구조·구급정책협의회의 구성·기능 및 운영, 그 밖에 필요한 사항은 대통령령으로 정한다.

[시행령] 제29조 (중앙 정책협의회의 구성 및 기능)

① 중앙 정책협의회는 위원장 및 부위원장 각 1명을 포함한 20명 이내의 위원으로 구성한다.
② 중앙 정책협의회 위원장은 소방청 차장이 되고, 부위원장은 민간위원 중에서 호선(互選)한다.
③ 위원은 다음 각 호의 사람 중에서 소방청장이 임명하거나 위촉한다.
  1. 관계 중앙행정기관 소속 고위공무원단에 속하는 일반직공무원(이에 상당하는 특정직·별정직 공무원을 포함한다) 중에서 소속 기관의 장이 추천하는 사람
  2. 긴급구조, 응급의료, 재난관리, 그 밖에 구조·구급업무에 관한 학식과 경험이 풍부한 사람
④ 위촉위원의 임기는 2년으로 한다.
⑤ 중앙 정책협의회의 효율적인 운영을 위하여 중앙 정책협의회에 간사 1명을 두며, 간사는 소방청 구조·구급업무를 담당하는 소방공무원 중에서 소방청장이 지명한다.
⑥ 중앙 정책협의회는 다음 각 호의 사항을 협의·조정한다.
  1. 기본계획 및 집행계획의 수립·시행에 관한 사항
  2. 기본계획 변경에 관한 사항
  3. 종합평가와 그 결과 활용에 관한 사항
  4. 구조·구급과 관련된 새로운 기술의 연구·개발에 관한 사항
  5. 그 밖에 구조·구급업무와 관련하여 위원장이 회의에 부치는 사항

[시행령] 제30조 (중앙 정책협의회의 운영)

① 중앙 정책협의회의 정기회의는 연 1회 개최하며, 임시회의는 위원장이 필요하다고 인정하거나 위원이 소집을 요구할 때 개최한다.
② 중앙 정책협의회의 회의는 재적위원 과반수의 출석으로 개의(開議)하고, 출석위원 과반수의 찬성으로 의결한다.
③ 중앙 정책협의회의 회의에 출석한 위원에게는 예산의 범위에서 수당과 여비를 지급할 수 있다. 다

만, 공무원인 위원이 그 소관 업무와 직접적으로 관련되어 출석하는 경우에는 그러하지 아니하다.

④ 중앙 정책협의회의 업무를 효율적으로 운영하기 위하여 필요하면 중앙 정책협의회의 의결을 거쳐 분과위원회를 둘 수 있다.

⑤ 제1항부터 제4항까지에서 규정한 사항 외에 중앙협의회 운영에 필요한 사항은 중앙 정책협의회의 의결을 거쳐 위원장이 정한다.

[시행령] 제31조 (시·도 정책협의회의 구성 및 기능)

① 시·도 정책협의회는 위원장 및 부위원장 각 1명을 포함한 15명 이내의 위원으로 구성한다.

② 시·도 정책협의회 위원장은 소방본부장이 되고, 부위원장은 위원 중에서 호선한다.

③ 위원은 다음 각 호의 사람 중에서 시·도지사가 임명하거나 위촉한다.

1. 해당 시·도의 구조·구급업무를 담당하는 소방정(消防正) 이상 소방공무원
2. 해당 시·도의 응급의료업무를 담당하는 4급 이상 일반직공무원(이에 상당하는 특정직·별정직 공무원을 포함한다)
3. 긴급구조, 응급의료, 재난관리, 그 밖에 구조·구급업무에 관한 학식과 경험이 풍부한 사람
4. 「재난 및 안전관리기본법」 제3조제7호에 따른 긴급구조기관과 긴급구조활동에 관한 응원(應援) 협정을 체결한 기관 및 단체를 대표하는 사람

④ 위촉위원의 임기는 2년으로 한다.

⑤ 시·도 정책협의회의 효율적인 운영을 위하여 시·도 정책협의회에 간사 1명을 두며, 간사는 소방본부의 구조·구급업무를 담당하는 소방공무원 중에서 소방본부장이 지명한다.

⑥ 시·도 정책협의회는 다음 각 호의 사항을 협의·조정한다.

1. 시·도 집행계획 수립에 관한 사항
2. 시·도 집행계획 시행 결과 활용에 관한 사항
3. 시·도 종합평가 결과 활용에 관한 사항
4. 그 밖에 구조·구급업무와 관련하여 위원장이 회의에 부치는 사항

[시행령] 제32조의4 (민감정보 및 고유식별정보의 처리)

소방청장 등은 다음 각 호의 사무를 수행하기 위하여 불가피한 경우「개인정보 보호법」 제23조에 따른 건강에 관한 정보나 같은 법 시행령 제19조에 따른 주민등록번호, 여권번호, 운전면허의 면허번호 또는 외국인등록번호가 포함된 자료를 처리할 수 있다.

1. 법 및 이 영에 따른 구조·구급활동에 관한 사무
2. 법 제22조에 따른 구조·구급활동의 기록 관리에 관한 사무

제6절 벌 칙

제28조【벌칙】

정당한 사유 없이 제13조제2항을 위반하여 구조·구급활동을 방해한 자는 5년 이하의 징역 또는 1천만원 이하의 벌금에 처한다.

제29조【벌칙】

정당한 사유 없이 제15조제1항에 따른 토지·물건 등의 일시사용, 사용의 제한, 처분 또는 토지 건물에 출입을 거부 또는 방해한 자는 300만원 이하의 벌금에 처한다.

제30조【과태료】 ★☆ 19년 소방위

① 제4조제3항을 위반하여 위급상황을 소방기관 또는 관계 행정기관에 거짓으로 알린 자에게는 500만원 이하의 과태료를 부과한다.
② 제1항에 따른 과태료는 대통령령으로 정하는 바에 따라 소방청장 등 또는 관계 행정기관의 장이 부과·징수한다.

[시행령] 제33조 (과태료의 부과기준)

법 제30조제1항에 따른 과태로의 부과기준은 별표와 같다.

과태료의 부과기준(제33조 관련)

(일반기준)

1. 과태료 부과권자는 위반행위자가 다음의 어느 하나에 해당하는 경우에는 제2호에 따른 과태료 금액의 2분의 1의 범위에서 그 금액을 줄여 부과할 수 있다.
   다만, 과태료를 체납하고 있는 위반행위자에 대해서는 그러하지 아니하다.
① 「질서위반행위규제법 시행령」 제2조의2제1항 각 호의 어느 하나에 해당하는 경우
② 위반행위를 자수한 경우
③ 위반 이후 위반상태를 시정하거나 해소하기 위해 노력한 경우
④ 그 밖에 위반행위의 정도, 위반행위의 동기와 그 결과 등을 고려하여 과태료를 줄일 필요가 있다고 인정되는 경우
2. 위반행위의 횟수에 따른 과태료의 부과기준은 최근 1년간 같은 위반행위로 과태료를 부과 받은 경우에 적용한다. 이 경우 위반행위에 대하여 과태료 부과처분을 한 날과 다시 같은 위반행위를 적발한 날을 기준으로 하여 위반 횟수를 계산한다.

(개별기준)

위반행위	근거법조문	과태료 금액(단위 : 만원)		
		1회 위반	2회 위반	3회 이상 위반
법 제4조제3항을 위반하여 구조·구급활동이 필요한 위급상황을 거짓으로 알린 경우	법 제30조 제1항	200	400	500
법 제4조제3항을 위반하여 구조·구급활동이 필요한 위급상황인 것으로 거짓으로 알려 구급차등으로 이송되었으나 이송된 의료기관으로 부터 진료를 받지 않은 경우	법 제30조 제1항	500		

PART 01 구조개론 등

기출 및 예상문제

01 소방항공기 조종사의 비행시간은 하루에 몇 시간까지 가능한가?

① 2시간 ② 3시간
③ 4시간 ④ 8시간

해설 소방항공기 조종사의 1일 가능 비행시간 : 8시간

02 구조구급요청의 거절사유에 해당하는 것은?

① 섭씨 38도의 고열환자 ② 외상이 있는 만취자
③ 호흡곤란을 겪고 있는 자 ④ 응급환자의 병원 간 이송

해설

구조요청 거절사유	① 단순 문 개방의 요청을 받은 경우 ② 시설물에 대한 단순 안전조치 및 장애물 단순 제거의 요청을 받은 경우 ③ 동물의 단순 처리·포획·구조 요청을 받은 경우 ④ 그 밖에 주민생활 불편해소 차원의 단순 민원 등 구조활동의 필요성이 없다.

✪ 구급요청 거절★★★☆ 14년 경기 소방장, 경남 소방장, 18년 소방위

1. 단순 치통환자
2. 단순 감기환자. 다만, 섭씨 38도 이상의 고열 또는 호흡곤란이 있는 경우는 제외한다.
3. 혈압 등 생체징후가 안정된 타박상 환자
4. 술에 취한 사람. 다만, 강한 자극에도 의식이 회복되지 아니하거나 외상이 있는 경우는 제외한다.
5. 만성질환자로서 검진 또는 입원 목적의 이송 요청자
6. 단순 열상(裂傷) 또는 찰과상(擦過傷)으로 지속적인 출혈이 없는 외상환자
7. 병원 간 이송 또는 자택으로의 이송 요청자. 다만, 의사가 동승한 응급환자의 병원 간 이송은 제외한다.

03 다음 ( ) 안에 들어갈 내용은?

> 항공구조구급대의 항공기는 조종사 ( )명이 탑승하되, 해상비행·계기비행(計器飛行) 및 긴급 구조·구급 활동을 위하여 필요한 경우에는 ( ) 1명을 추가로 탑승시킬 수 있다.

① 2, 정비사 ② 1, 조종사
③ 2, 조종사 ④ 1, 정비사

정답 01. ④ 02. ④ 03. ①

해설 항공구조구급대의 항공기(이하 "항공기"라 한다)는 조종사 2명이 탑승하되, 해상비행 · 계기비행(計器飛行) 및 긴급 구조 · 구급 활동을 위하여 필요한 경우에는 정비사 1명을 추가로 탑승시킬 수 있다.

04 구조대원은 연간 몇 시간 이상 특별구조훈련을 받아야 하는가?

① 10시간 ② 20시간
③ 30시간 ④ 40시간

해설 구조대원의 특별구조훈련은 연간 40시간 이상 이수하여야 한다. ☆ 17년 소방위

05 구조구급 중앙정책협의회 구성 및 기능으로 틀린 것은?

① 위원장 및 부위원장 각 1명을 포함한 20명 이내의 위원으로 구성한다.
② 위촉위원의 임기는 2년으로 한다.
③ 중앙 정책협의회에 간사 1명을 두며, 간사는 소방청의 구조 · 구급업무를 담당하는 소방공무원 중에서 소방청장이 지명한다.
④ 중앙 정책협의회 위원장은 소방청 차장이 되고, 부위원장은 담당과장이 된다.

해설 중앙 정책협의회 위원장은 소방청 차장이 되고,부위원장은 민간위원 중에서 호선(互選)한다.

06 "위급상황을 소방기관에 거짓으로 알린 자"에 대한 과태료는?

① 100만원 이하
② 300만원 이하
③ 500만원 이하
④ 1000만원 이하

해설 위급상황을 소방기관 또는 관계 행정기관에 거짓으로 알린 자는 500만원 이하의 과태료를 부과한다.
☆ 19년 소방위

07 구조구급 기본계획 등의 수립 · 시행권자는?

① 대통령 ② 행정안전부장관
③ 소방청장 ④ 시도지사

해설 소방청장은 제3조의 업무를 수행하기 위하여 관계 중앙행정기관 의장과 협의하여 대 통령령으로 정하는 바에 따라 구조 · 구급 기본계획을 수립 · 시행하여야 한다.

정답 04. ④ 05. ④ 06. ③ 07. ③

08 다음 중 구조구급기본계획 수립, 시행은 몇 년마다 수립하는가?

① 2년 ② 3년
③ 5년 ④ 10년

해설 계획수립은 5년마다 수립하고 기본계획 시행은 전년도 8월 31까지 수립하여야 한다. ☆ 18년 소방교

09 구조구급 기본계획에 포함되어야 할 사항이 아닌 것은?

① 장비의 구비에 관한 사항
② 교육과 홍보에 관한 사항
③ 기술의 연구개발 및 보급에 관한 사항
④ 정부행사 인력지원에 관한 사항

해설 ✪ 기본계획에 포함되어야 할 사항

1. 구조·구급서비스의 질 향상을 위한 정책의 기본방향에 관한 사항
2. 구조·구급에 필요한 체계의 구축, 기술의 연구개발 및 보급에 관한 사항
3. 구조·구급에 필요한 장비의 구비에 관한 사항
4. 구조·구급 전문인력 양성에 관한 사항
5. 구조·구급활동에 필요한 기반조성에 관한 사항
6. 구조·구급의 교육과 홍보에 관한 사항
7. 그 밖에 구조·구급업무의 효율적 수행을 위하여 필요한 사항

10 "구조구급기본계획의 수립·시행"에 대한 설명 중 잘못된 것은?

① 시도구급대책협의회와 사전협의를 거쳐야 한다.
② 집행계획은 시행 전년도 10월 31일까지 수립하여야 한다.
③ 5년마다 수립하여야 한다.
④ 기본계획은 계획 시행 전년도 8월 31일까지 수립하여야 한다.

해설 중앙행정기관의 장과 협의하여야 한다. ☆ 18년 소방교

11 시·도 구조·구급 집행계획의 수립·시행 내용이 아닌 것은?

① 기본계획 및 집행계획은 시행 전년도 12월 31일까지 수립하여야 한다.
② 구조구급대원의 안전사고방지, 감염방지 및 건강관리
③ 구조구급에 필요한 장비의 구비에 관한 사항
④ 구조구급활동과 관련하여 시도 정책협의회에서 필요하다고 결정한 사항

정답 08. ③ 09. ④ 10. ① 11. ③

해설 · 장비구비에 관한사항은 집행계획이 아니고 기본계획에 포함된 사항임.

✪ 시·도 구조·구급 집행계획의 수립·시행★ ☆ 14년 소방위, 18년 소방교

① 구조구급 집행계획은 시·도 구조·구급정책협의회의 협의를 거쳐 계획 시행 전년도 12월 31일까지 수립하여야 한다.

② 시·도 집행계획에는 다음 각 호의 사항이 포함되어야 한다.

1. 기본계획 및 집행계획에 대한 시·도의 세부 집행계획
2. 구조·구급대원의 안전사고 방지, 감염 방지 및 건강관리를 위하여 필요한 세부 집행계획
3. 법 제26조제1항의 평가 결과에 따른 조치계획
4. 그 밖에 구조·구급활동과 관련하여 시·도 정책협의회에서 필요하다고 결정한 사항

12 감염관리실 설치 기준은?

① 소방센터별 1개소 이상
② 소방서별 2개소 이상
③ 소방서별 1개소 이상
④ 소방센터별 2개소 이상

해설 소방청장 등은 구조·구급대원의 감염 방지를 위하여 구조·구급대원이 소독을 할 수 있도록 소방서 별로 119 감염관리실을 1개소 이상 설치하여야 한다.

13 다음 중 특수구조대의 종류가 아닌 것은?

① 특수대응구조대
② 화학구조대
③ 고속국도구조대
④ 지하철구조대

해설 · 119구조대 종류 : 일반구조대, 특수구조대, 직할구조대, 테러대응구조대
· 특수구조대 종류 : 화학구조대, 수난구조대, 산악구조대, 고속국도구조대, 지하철구조대 ☆ 17년 소방위

14 구조대의 출동구역은 시도관할로 제한되어있으나 출동구역 밖으로 출동할 수 없는 경우는?

① 환자 보호자의 요청에 의한 경우
② 지리적·지형적 여건상 신속한 출동이 가능한 경우
③ 소방본부장의 지시에 의한 경우
④ 대형재난이 발생한 경우

해설 ✪ 관할구역을 벗어날 수 있는 경우

1. 지리적·지형적 여건상 신속한 출동이 가능한 경우
2. 대형재난이 발생한 경우
3. 그 밖에 소방청장이나 소방본부장이 필요하다고 인정하는 경우

정답 12. ③ 13. ① 14. ①

15 구조대원이 될 수 있는 자격이 아닌 것은?

① 구조 관련 분야에서 근무한 경력이 2년 이상인 사람
② 인명구조사 시험에 합격한 사람
③ 소방공무원 5년 이상 근무자
④ 응급구조사 자격을 가진 사람으로서 구조업무에 관한 교육을 받은 사람

해설 ✪ 구조대원 자격기준
1. 소방청장이 실시하는 인명구조사 교육을 받았거나 인명구조사 시험에 합격한 사람
2. 국가 · 지방자치단체 및 「공공기관의 운영에 관한 법률」 제4조에 따른 공공기관의 구조 관련 분야에서 근무한 경력이 2년 이상인 사람
3. 「응급의료에 관한 법률」 제36조에 따른 응급구조사 자격을 가진 사람으로서 소방청장이 실시하는 구조업무에 관한 교육을 받은 사람

16 "119구급상황관리센터"에 배치할 수 있는 자가 아닌 것은?

① 간호사
② 응급구조사
③ 소방공무원 5년 이상 근무한 후 응급구조사 2급 교육수료자
④ 응급의료정보센터에서 2년 이상 응급의료상담 경력자

해설 구급상황관리센터근무자 : 의료인, 응급구조사, 2년 이상 상황관리센터 근무자

17 응급환자 이송거부 확인서는 소방관서에 몇 년간 보관하여야 하는가?

① 1년 ② 3년
③ 5년 ④ 영구

해설 이송거부 확인서는 소방관서에 3년간 보관

18 "구급활동일지"에 대한 내용으로서 잘못된 것은?

① 구급차에 이동단말기가 설치되어 있는 경우에는 이동단말기로 구급활동일지를 작성할 수 있다.
② 소속 소방관서에 3년간 보관하여야 한다.
③ 환자를 인계받은 의사의 서명을 받고, 구급활동일지 1부를 그 의사에게 제출하여야 한다.
④ 소방본부장은 구급활동상황을 종합하여 연 1회 소방청장에게 보고하여야 한다.

해설 연 2회 소방청장에게 보고한다.

정답 15. ③ 16. ③ 17. ② 18. ④

19 **구조구급증명서 발급 대상이 아닌 것은?**

① 응급처치를 받은 사람 ② 구조구급자의 가족
③ 보험회사 ④ 환자이송관련 기관

해설 구조구급자의 보호자

20 **구조구급대원 건강검진기록의 보관기간은?**

① 3년 ② 퇴직 시까지
③ 5년 ④ 10년

해설 ✪ 구조구급대원 검진기록의 보관★ ☆ 14년 부산 소방장
소방청장 등은 다음 각 호의 자료를 구조·구급대원이 퇴직할 때까지 소방공무원인사기록철에 함께 보관하여야 한다.
① 감염성 질병·유해물질 등 접촉 보고서 및 진료 기록부
② 정기건강검진 결과서 및 진료 기록부
③ 그 밖에 구조·구급대원의 병력을 추정할 수 있는 자료

21 **구조구급대원에 대한 건강검진 실시 기간은?**

① 연 1회 이상 ② 연 2회 이상
③ 2년 1회 이상 ④ 3년 1회 이상

해설 구조구급대원에 대한 건강검진은 연 2회 이상 정기건강검진 실시하여야 한다.

22 **시·도 구조구급대이 활동 평가대상이 아닌 것은?**

① 구조구급서비스의 품질관리
② 대원에 대한 감염방지대책
③ 구조구급출동 건수
④ 관계 기관과의 협력체제 구축 실태

해설 ✪ 구조구급평가항목
1. 구조·구급서비스의 품질관리
2. 구조·구급대원의 전문성 수준
3. 구조·구급대원에 대한 안전사고방지대책, 감염방지대책, 건강관리대책
4. 구조·구급장비의 확보 및 유지·관리 실태
5. 관계 기관과의 협력체제 구축 실태
6. 그 밖에 소방청장이 정하는 평가에 필요한 사항

정답 19. ② 20. ② 21. ② 22. ③

23 항공구조구급대 업무가 아닌 것은?

① 장기이식환자 및 장기의 이송
② 항공 수색 및 구조 활동
③ 보호자 동승한 응급환자의 병원 간 이송
④ 방역 또는 방재 업무의 지원

해설 ✪ 항공구조구급대 업무

1. 인명구조 및 응급환자의 이송(의사가 동승한 응급환자의 병원 간 이송을 포함한다)
2. 화재 진압
3. 장기이식환자 및 장기의 이송
4. 항공 수색 및 구조 활동
5. 공중 소방 지휘통제 및 소방에 필요한 인력·장비 등의 운반
6. 방역 또는 방재 업무의 지원
7. 그 밖에 재난관리를 위하여 필요한 업무

정답 23. ③

Memo

구급

PART 1

응급의료 개론 및 장비운영

CHAPTER 1 응급의료 개론
CHAPTER 2 대원의 안녕
CHAPTER 3 감염예방 및 개인보호 장비
CHAPTER 4 해부 생리학
CHAPTER 5 무선통신체계 및 기록
CHAPTER 6 환자 들어올리기와 이동
CHAPTER 7 응급의료장비 사용법

Chapter 1

응급의료 개론

학습 목표

- 응급의료체계의 구성요소를 이해할 수 있다.
- 우리나라와 외국의 응급의료체계를 알 수 있다.
- 응급구조사의 역할과 법적 책임을 알 수 있다.

제1절 응급의료체계

1 응급환자의 정의☆ 18년 소방교

「응급의료에 관한 법률」에 명시된 응급환자의 정의는 "질병, 분만, 각종 사고 및 재해로 인한 부상이나 기타 위급한 상태로 인하여 즉시 필요한 응급처치를 받지 아니하면 생명을 보존할 수 없거나 심신상의 중대한 위해가 초래될 가능성이 있는 환자 또는 이에 준하는 자로서 보건복지가족부령이 정하는 자"를 말한다.

2 응급의료 및 응급처치의 정의☆ 18년 소방교

응급의료	응급환자가 발생한 때부터 생명의 위험에서 회복되거나 심신상의 중대한 위해가 제거되기까지의 과정에서 응급환자를 위하여 하는 상담·구조·이송·응급처치 및 진료 등의 조치
응급처치	응급의료행위의 하나로서 응급환자의 기도를 확보하고 심장박동의 회복, 그 밖에 생명의 위험이나 증상의 현저한 악화를 방지하기 위하여 긴급히 필요로 하는 처치

3 응급의료서비스의 체계

(1) 정 의

응급의료체계란 응급상황이 발생했을 때 응급환자를 치료하기 위하여 필요한 인력, 장비 등을 효과적으로 조직하여 운영하는 것을 말한다.

(2) 운영상 필수 요소

1989년 보사부 산하 응급의료체계 구축위원회에서는 우리나라 응급의료 구축을 위한 초안 작성 시 1973년 미국에서 설정한 15개 요소를 기본요소로 고려하였으며, 이를 바탕으로 법률과 제도를 지속적으로 정비하여 응급의료체계를 발전시키고 있다.

✪ 응급의료체계 운영상 필수요소

① 응급의료체계에 필요한 인원
② 응급의료종사자의 교육과 훈련
③ 서로의 연락에 필요한 통신
④ 환자의 이송
⑤ 응급의료병원
⑥ 중환자실
⑦ 경찰이나 소방 같은 공공안전부서
⑧ 일반인의 참여
⑨ 응급의료에 관한 접근
⑩ 환자의 병원 간 이송
⑪ 표준화된 의무기록
⑫ 대중홍보 및 교육
⑬ 응급의료체계의 평가
⑭ 대량재해의 대책
⑮ 각 체계간의 상호협조

(3) 인 력

일반인	응급환자가 발생하였을 때에 대부분 근처에 있는 일반인이 처음으로 환자를 접촉하게 되므로, 일반인에게 기본적인 응급처치법을 교육시키고 응급의료체계를 이용하는 방법을 교육시키고 있다.
최초 반응자	전문적인 응급구조사와는 달리 응급처치에 관한 단기간의 교육을 받고 일상 업무에 종사하면서 응급환자가 발생하였을 때에는 응급구조사가 현장에 도착할 때까지 응급처치를 시행하는 요원(경찰, 소방, 보건교사, 안전요원 등)을 말한다.
응급간호사	응급환자의 특수성으로 인하여 간호 분야에서도 전문성이 요구되고 있으며, 응급실내에서의 간호활동 뿐만 아니라 현장처치에서도 응급간호사가 일부 역할을 수행하고 있다.
응급구조사	· 국내에서는 응급구조사를 1급과 2급으로 구분하고 있다. · 2급 응급구조사는 기본 심폐소생술, 응급환자의 척추나 팔다리의 고정, 환자 이동과 이송 등에 필요한 기본적인 의료행위만을 수행하게 된다. · 1급 응급구조사는 대학이나 대학교의 응급구조학과를 졸업하거나 보건복지가족부장관이 인정하는 외국의 응급구조사 자격인정을 받은 경우, 그리고 2급 응급구조사로서 3년 이상의 실무경험이 있어야만 응시자격을 갖는데, 현장이나 이송과정에서 기도삽관, 인공호흡기 사용, 수액요법 등과 같은 제반 응급처치를 할 수 있다.
구급상황요원	119구급상황관리센터에서 구급대 출동지시, 응급처치 안내 및 의료상담을 수행하는 요원이다.
응급의학 전문의	모든 응급환자에게 포괄적이고 효과적인 응급치료를 제공하는 전문 의료인으로서, 의료적인 처치 이외에도 전문요원의 교육, 응급의료체계의 구성과 운영방법 등에 대한 제반 업무를 수립하고 평가하는 모든 과정을 담당한다.
지도의사	구급차등의 운용자는 관할 시·도에 소재하는 응급의료기관에 근무하는 전문의 중에서 1인 이상을 지도의사로 선임 또는 위촉하여야 한다. · 응급환자가 의료기관에 도착하기 전까지 행하여진 응급의료에 대한 평가 · 응급구조사의 자질향상을 위한 교육 및 훈련 · 이송중인 응급환자에 대한 응급의료 지도

(4) 장 비

응급의료 장비	응급처치에 필수적인 의료장비를 비롯하여 환자를 이송하는 중에도 사용할 수 있는 각종 중환자 처치장비를 포함한다. 응급구조사의 처치능력에 따라서 준비할 장비도 달라진다.
통신장비	통신장비는 전화, 무선 단파 방송, 인터폰, 무선전화 등을 이용하게 되는데, 환자나 보호자, 응급의료정보센터, 병원, 구급차, 각종 사회 안전조직과 긴밀하게 연락할 수 있어야 하며, 특히 신속한 연락을 위하여 통신장비는 필수적이다. 과거에는 무선통신을 주로 이용하다가 최근에는 전 세계적으로 휴대용 전화기를 주로 이용하고 있으므로 재난 등의 비상사태에 대비하여 두 가지 모두 갖추는 것이 바람직하다.
구급차	구급차의 종류도 단순히 환자 이송만을 하는 종류에서부터 중환자 처치, 수술 등을 병원 밖에서도 할 수 있는 특수 차량 등 용도에 따라서 다양하고, 구급차 이외에도 헬기나 일반 비행기 등의 항공이송수단도 이용된다. 현재 국내에서는 구급차 내에서 응급처치가 가능하도록 충분한 장비를 가진 중환자용구급차(M-ICU), 특수구급차 그리고 사설구급차량으로 많이 이용하는 단순이송을 위한 일반구급차 등 3가지로 분류되고 있다.  ▬ 중환자용구급차 ▬  ▬ 특수구급차(소방) ▬

✪ 응급구조사의 자격★★

1급 응급구조사 응시자격	① 대학 또는 전문대학에서 응급구조학을 전공하고 졸업한 사람 ② 보건복지부장관이 인정하는 외국의 응급구조사 자격인정을 받은 사람 ③ 2급 응급구조사로서 응급구조사의 업무에 3년 이상 종사한 사람
2급 응급구조사 응시자격	① 보건복지부장관이 지정하는 응급구조사 양성기관에서 대통령령으로 정하는 양성과정을 마친 사람 ② 보건복지부장관이 인정하는 외국의 응급구조사 자격인정을 받은 사람

✪ 응급구조사의 업무★★★ ☆ 14년 경기 소방교

1급 응급구조사의 업무범위	① 심폐소생술의 시행을 위한 기도유지(기도기의 삽입, 기도삽관, 후두마스크 삽관 등을 포함한다.) ② 정맥로의 확보 ③ 인공호흡기를 이용한 호흡의 유지 ④ 약물투여 : 저혈당성 혼수 시 포도당의 주입, 흉통 시 니트로글리세린의 혀 아래(설하) 투여, 쇼크 시 일정량의 수액투여, 천식발작 시 기관지확장제 흡입 ⑤ 2급 응급구조사의 업무
2급 응급구조사의 업무범위	① 구강 내 이물질의 제거 ② 기도기(airway)를 이용한 기도유지 ③ 기본 심폐소생술 ④ 산소투여 ⑤ 부목, 척추고정기, 공기 등을 이용한 사지 및 척추 등의 고정 ⑥ 외부출혈의 지혈 및 창상의 응급처치 ⑦ 심박, 체온 및 혈압 등의 측정 ⑧ 쇼크방지용 하의 등을 이용한 혈압의 유지

	⑨ 자동제세동기를 이용한 규칙적 심박동의 유도 ⑩ 흉통 시 니트로글리세린의 혀 아래(설하) 누여 및 천식발작시 기관지확장제 흡입 (환자가 니트로글리세린을 휴대하고 있는 경우에 한함)

✪ 구급차에 갖추어야 하는 의료장비 · 구급의약품 및 통신장비의 기준*

1. 특수 구급차(제38조 2항 관련)

구분	장비 분류	장 비
환자 평가용 의료 장비	신체 검진	① 환자감시장치(환자의 심전도, 혈중산소포화도, 혈압, 맥박, 호흡 등의 측정이 가능하고 모니터로 그 상태를 볼 수 있는 장치) ② 혈당측정기 ③ 체온계(쉽게 깨질 수 있는 유리 등의 재질로 되지 않은 것) ④ 청진기 ⑤ 휴대용 혈압계 ⑥ 휴대용 산소포화농도 측정기
응급 처치용 의료 장비	기도 확보 유지	① 후두경 등 기도삽관장치(기도삽관튜브 등 포함) ② 기도확보장치(구인두기도기, 비인두기도기 등)
	호흡 유지	① 의료용 분무기(기관제 확장제 투여용) ② 휴대용 간이인공호흡기(자동식) ③ 성인용 · 소아용 산소 마스크(안면용 · 비재호흡 · 백밸브) ④ 의료용 산소발생기 및 산소공급장치 ⑤ 전동식 의료용 흡인기(흡인튜브 등 포함)
	심장 박동 회복	자동제세동기(자동심장충격기, Automated External Defibrillator)
	순환 유지	정맥주사세트
	외상 처치	① 부목(철부목, 공기 또는 진공부목 등) 및 기타 고정장치(경추 · 척추보호대 등) ② 외상처치에 필요한 기본 장비(압박붕대, 일반거즈, 반창고, 지혈대, 라텍스장갑, 비닐장갑, 가위 등)
구급 의약품	의약품	① 비닐 팩에 포장된 수액제제(생리식염수, 5% 포도당용액, 하트만용액 등) ② 에피네프린(심폐소생술 사용용도로 한정한다) ③ 아미오다론(심폐소생술 사용용도로 한정한다) ④ 주사용 비마약성진통제 ⑤ 주사용 항히스타민제 ⑥ 니트로글리세린(설하용) ⑦ 흡입용 기관지 확장제
	소독제	① 생리식염수(상처세척용) ② 알콜(에탄올) 또는 과산화수소수 ③ 포비돈액
통신 장비		다음의 어느 하나의 장비를 갖추어야 한다. 다만, 「119구조 · 구급에 관한 법률」에 따른 119구조대 및 119구급대의 구급차에 대해서는 소방관계 법령에서 따로 정할 수 있다. ① 법 제15조에 따라 구축한 응급의료정보통신망 ② 「전파법」에 따라 할당받은 주파수를 사용하는 기간통신서비스의 이용에 필요한 무선단말기기

2. 일반 구급차

구분	장비 분류	장 비
환자 평가용 의료 장비	신체 검진	① 체온계(쉽게 깨질 수 있는 유리 등의 재질로 되지 않은 것) ② 청진기 ③ 휴대용 혈압계 ④ 휴대용 산소포화농도 측정기
응급 처치용 의료 장비	기도 확보 유지	기도확보장치(구인두기도기, 비인두기도기 등)
	호흡 유지	① 성인용·소아용 산소 마스크(안면용·비재호흡·백밸브) ② 의료용 산소발생기 및 산소공급장치 ③ 전동식 의료용 흡인기(흡인튜브 등 포함)
	순환 유지	정맥주사세트
	외상 처치	외상처치에 필요한 기본 장비(압박붕대, 일반거즈, 반창고, 지혈대, 라텍스장갑, 비닐장갑, 가위 등)
구급 의약품	의약품	① 비닐 팩에 포장된 수액제제(생리식염수, 5% 포도당용액, 하트만용액 등) ② 에피네프린(심폐소생술 사용용도로 한정한다) ③ 아미오다론(심폐소생술 사용용도로 한정한다)
	소독제	① 생리식염수(상처세척용) ② 알콜(에탄올) 또는 과산화수소수 ③ 포비돈액

※ 선박 및 항공기에 갖추어야 하는 의료장비·구급의약품 및 통신장비의 기준은 보건복지부장관이 따로 정하여 고시한다.

4 응급의료의 운영체계

(1) 전반적인 개요

응급환자의 평가와 치료단계는 병원 전 처치단계, 응급실 단계, 수술실/중환자실 단계로 나눌 수 있다.** 이를 세분하면 환자의 평가단계에서 치료완료 및 연구 분석 단계까지를 표시할 수 있다.

응급의료체계의 진행단계

① 목격자에 의한 환자발견과 기본 응급조치
② 응급전화에 의한 응급의료체계의 가동
③ 응급의료요원에 의한 현장 처치
④ 응급의료종사자에 의한 전문 인명소생술과 이송
⑤ 응급실에서의 응급처치
⑥ 병실에서의 지속적인 전문처치
⑦ 응급의료체계의 문제점 파악 및 평가
⑧ 문제점 보완 및 개선계획 수립
⑨ 응급의료정책의 전환 및 부서별 교육

(2) 세부 사항

응급환자 발생빈도	외국의 통계에 의하면 응급환자 발생률은 연간 인구 100명당 도심지역에서는 4건, 시외지역에서는 6건으로 보고되고 있으며, 1개의 응급의료정보센터가 담당할 수 있는 주민의 수는 100만 명이 적당하다고 보고되고 있다. 즉 연간 1개의 응급의료정보센터가 해결할 수 있는 응급환자 발생은 6만건 정도가 적당하다.	
응급처치의 시간척도★ 20년 소방장	출동시간	응급환자의 발생 신고로부터 전문 치료팀이 출동을 시작할 때까지 소요되는 시간
	반응시간	전문 치료팀과 장비가 대기 장소에서 출발하여 환자가 있는 장소까지 도착하는 데 소요된 시간
	현장처치	현장에서 환자를 이동시킬 수 있도록 안정시키는 데 소요되는 시간
의료지시	의료행위의 최종 책임자는 의사로 되어 있으므로 응급구조사의 치료행위 는 모두 의사들이 규정해 주어야 한다. ① 간접의료지시 응급구조사는 상황에 따른 사전 훈련과 지침서에 따라서 응급치료를 할 수 있으며, 이는 의사의 직접적인 지시 없이 치료하는 것이다. 또한 활동 중에 일어난 상황들을 모두 기록하고 녹음으로 남겨서 이를 검토하여 교정할 부분을 찾아내어 새로운 지침서 작성에 반영하는 것도 간접의료 지시의 한 형태이다. ② 직접의료지시 지침서로 규정된 이외의 응급처치는 의사와의 무선 통화를 통하여 직접 지시를 받아야 시행한다.	
구조 활동	응급활동을 수행하는 응급구조사도 기본적인 구조 활동을 숙지해야 하며, 자신의 안전을 확보한 후에 치료를 위한 응급활동이 이루어져야 한다.	
중증도 분류	응급환자의 위급한 정도를 손쉽게 판단하기 위해서는 여러 가지의 기준치가 필요하고, 이것을 객관적인 환자이송의 기준으로 이용해야 한다.	
적정진료 평가	응급구조사의 활동지침으로 되어 있는 각종 현장처치의 지침서 개발, 검토, 교정 등에 응급의료진이 적극적으로 참여하여 문제점을 개선하게 된다. 응급실에서도 각종 응급 임상검사의 정확도와 소요시간, 환자의 전문적 처치에 소요된 시간 등을 분석하고, 의료 인력의 활동을 검사하여 지적되는 모든 문제점을 보완하는 것이 필요하다.	
인명 소생술	기본 인명소생술과 전문 인명소생술로 나누어 교육하고 있다. 기본 인명소생술은 응급의료체계에 종사하는 사람 중 비교적 간단한 환자의 이송만을 담당하는 인력의 필수 교육과정으로 일반인에게도 교육하여 치료의 효과를 상승시키고 있다.	

(3) 우리나라 응급의료체계 관련부서

보건복지부	응급의료에 관한 주요 정책을 수립하고 평가하며, 지원하는 대부분의 행정업무를 주관한다. 보건의료정책실에서 실제 업무를 수행하고 있다.
소방청	응급환자의 이송, 현장 및 이송 중의 응급처치, 응급상황실 등의 운영을 맡고 있다.
응급의료기관	의료기관 중 종합병원 이상의 큰 규모를 응급의료기관으로 분류하여 응급실을 운영하고 있다. 응급의료기관은 다시, 중앙응급의료센터, 권역별 응급의료센터, 전문 응급의료센터, 지역별 응급의료센터, 지역별 응급의료기관으로 분류되어 있다.
응급의료지원센터	응급의료를 효율적으로 제공할 수 있도록 응급의료자원의 분포와 주민의 생활권을 감안하여 지역별로 응급의료지원센터를 설치·운영한다.
대한응급의학회	응급의학 전문의들로 구성된 학술의료단체로서 응급의료에 관한 정책자문을 하며, 주요 과제에 대한 공동연구를 수행하고 실제적인 자료를 수집하고 평가한다.

한국보건산업진흥원	보건의료에 대한 각종 정책에 대한 연구 및 평가 사업을 시행하고 있으며, 대부분은 보건복지가족부와 같은 정부의 연구지원금으로 운영된다.
기 타	한국응급구조학회, 대한응급구조사협회, 대한심폐소생협회 등이 있다.

5 우리나라 응급의료 발전과정

① 우리나라는 1979년 대한의사협회가 주관하여 서울지역에 병·의원을 분류하여 야간응급환자 신고센터를 정하고 각 병원의 구급차를 이용하여 환자를 이송한 것을 응급의료체계의 첫 시작으로 보고 있다.

② 소방에서는 1982년 일부 소방서에 119구급대를 설치하여 구급업무를 실시하였고, 1983년 12월 31일에 소방법을 개정하여 구급업무를 소방의 기본업무로 법제화 하였다.

③ 1988년 교통사고 사망자 수가 1만 명이 되자 보건사회부 중심으로 1989년 응급의료체계구축 위원회가 형성되고, 체계의 구축안이 나오게 되었으며, 1990년 5월 응급의료체계 구축 추진 기본계획을 마련하여 우리나라의 응급의료서비스 체계 발전의 시발점이 되었다.

④ 1991년 4월 응급의료체계 관리·운영에 관한 규정이 새로 공포되고, 1994년 응급의료에 관한 법률이 제정되어 1995년 1월부터 시행함으로써 응급의료체계 발전이 본격화되었다.

년 도	주요 업무
1979	야간응급환자 신고센터 운영(대한의사협회 주관)
1982	소방에서 119구급대 운영
	야간 구급환자 신고센터 운영지침(내무부와 보건사회부 주관)
1987	응급의료체계의 구축을 가시화(대통령 공약사업)
1990	응급실 운영지침(보건사회부 주관)
1991	응급의료관리 규칙(보건사회부 주관) 응급 응급의료지원센터 추진 및 응급의료기관 지정(보건사회부 주관)
1994	응급의료에 관한 법률 국회통과
1995	응급의료에 관한 법률 시행 응급구조사 양성 시작
1996	응급의학전문의 제도 인가
2000	응급의료에 관한 법률 재개정(응급의료기관의 재분류, 응급의료위원회의 운영, 권역응급의료센터 및 전문응급의료센터 신설 등)
2003	응급의료기금의 확대로 응급의료체계 활성화
2005	5년마다 응급의료기본계획 수립(보건복지부)
2011	119구조구급에 관한 법률 제정

우리나라 응급의료체계

1. 응급의료체계 시작 초기에는 응급환자 신고 및 이송이 119와 129로 이원화 되었으나 국민들의 혼동과 불편을 덜기 위해 응급환자 신고 및 이송은 119번호로 일원화하였으며 129는 1339(응급의료정보센터)로 번호를 바꾸어 응급처치 상담 및 병원정보제공의 업무를 담당하다가 2012년 소방의 119구급상황관리센터(구급상황센터)로 통합되었다.
2. 응급의료기관은 현재 국립의료원에 중앙응급의료센터가 설치되어 있으며, 응급의료의 중심적 역할을 담당할 권역응급의료센터가 전국에 20개소 지정되었고, 응급의료지원센터를 권역응급의료센터 등으로 이전하여 전국 36개소 지정되었고 응급의료지원센터를 권역응급의료센터 등으로 이전하여 전국 17개소에서 운영하고 있다.
3. 우리나라 구급차의 출동체계는 응급환자의 중증도에 관계없이 출동하고 있는 실정이나, 보건복지부와 소방청의 협의를 거쳐 통합 상황실을 운영함으로서 효율적인 응급의료정보관리를 통해 구급차별 기능에 따른 이원화된 출동체계로의 개선을 추진하고 있다.

6 선진국의 응급의료 체계

(1) 구급차 단계별 출동체계의 유형

일원화된 출동체계	응급환자의 중증도에 관계없이 1가지 유형의 구급차만 운용한다. (선진국 : 특수구급차, 후진국 : 일반구급차)
혼합형의 출동체계	일반구급차가 현장에 도착, 중증으로 판단되면 특수구급차를 요청한다.
이원화된 출동체계	전화상담원에 의해 경증은 일반구급차, 중증은 특수구급차를 출동시키며, 혼합형의 출동체계와 유사하다.

(2) 외국의 응급의료 체계

① 미국의 응급의료체계(※ 각 주마다 응급의료체계 운영방법이 다르다.)

※ NHTSA(National Highway Traffic Safety Administration)에서 권장한 업무범위이다.

㉠ Emergency Medical Responder : 구급대원 보조역할(주로 운전요원 등)

기도와 호흡	· 입인두(구인두)를 이용한 기도기 삽입 · BVM과 같은 양압환기구 사용 · 상기도 흡인 · 산소치료를 돕는 행위
약물 투여	위험물질이 있는 현장에서 동료 또는 자신의 안전을 위해 unit dose auto-injectors 사용하여 응급약물 투여
심정지 처치	자동제세동기 사용

㉡ Emergency Medical Technician : 우리나라의 구급대원 수준

기도와 호흡	· 입인두(구인두)와 코인두(비인두)를 이용한 기도기 삽입 · 수동 조작 환기와 자동 환기와 같은 양압환기구 사용

약물 투여	·환자가 갖고 있는 약(처방된) 복용 돕기 ·의료지도를 통해 다음과 같은 일반약품 투여 – 저혈당 의심 환자에게 구강용 글루코즈 – 허혈성으로 인한 흉통의심환자에게 아스피린
외상처치	골절부위 안정을 위한 공기를 이용한 항쇼크의류 적용

㉢ Advanced Emergncy Medical Technician : 전문응급구조사

기도와 호흡	·기관내를 제외한 기도기 삽입 ·이미 삽관된 환자의 기관 기관지 흡입
약물 투여	·원위부(사지) 정맥주사 확보 및 유지 ·소아환자에게 골내주사 확보 및 유지 ·정맥을 통한 수액 투여(단, 약품을 함유하고 있지 않은 수액) ·허혈성으로 인한 흉통의심환자에게 설하용 니트로글리세린 투여 ·아나필라시스환자에게 에피네프린(피하 또는 근육내) 투여 ·저혈당환자에게 글루카곤 투여 ·저혈당환자에게 I.V를 통해 50% 포도당 투여 ·호흡곤란 환자에게 베타 작용제(beta agonists) 투여 ※ 베타 작용제란 천식 및 만성기관지염 치료약으로 쓰임 ·마약과용(약물중독)이 의심되는 환자에게 마약길항제 투여 ※ 마약길항제로 naloxone(narcan)이 있다. ·통증을 줄이기 위해(진통효과를 위해) 아산화질소 투여

㉣ Paramedic

기도와 호흡	·기관내 삽관 ·경피 윤상갑상막절개(윤상갑상근 절개술) 실시 ※ 윤상갑상막절개란 상부기도폐쇄의 응급치료로 공기구멍을 확보하기 위해 피부와 윤상갑상막을 통하여 하는 절개 ※ 여기서 경피란 주사바늘이나 승인된 기구를 이용한 것을 말하며 칼을 이용한 수술적인 의미는 아니다. ·흉막공간 감압시술 ·위장관 감압(비위관 또는 구위관 삽입)
약물 투여	·골내 캐뉼러(배관) 삽입 ·승인된 처방약 주사 또는 경구 투여 ·수액과 약물투여를 위해 이식중심정맥관과 유치카테터 사용 ·정맥을 통한 약물 투여 ·혈액 또는 혈액제품(생성물) 주입 유지
심혈관계 처치	·심장율동전환, 수동제세동, 경피심박조율 실시

운영

병원 전 단계에서는 일반적으로 EMT(3단계)에 의해서 운영되는데 일반구급차에는 EMT-B나 EMT-I가 탑승하고 특수구급차에는 EMT-P가 탑승한다. '911'로 응급신고가 접수되면 전화상담원은 경찰업무 및 소방업무로 구분하여 즉시 출동지령을 하게 된다.

② 프랑스의 응급의료체계

㉠ 여러 부서가 합동으로 참여하는 다중방식이다.

㉡ 지방자치단체장이 주체가 된다.

㉢ 응급의료체계는 소방대(국영), SAMU(국영), 사설구급차, 사설의료진(General Practitioner), 사설항공기 서비스 등으로 구성되어 있다.

㉣ 파리, 마르세이유에는 소방조직에 의사가 복무하고 있다.

ⓐ SAMU : 전국에 105개의 SAMU와 350개의 SMUR(Mobile ICU)가 있다.

- 1개씩의 정보센터와 인구 20~200만 정도를 대상으로 운영되며 1개의 SAMU당 4~5개의 SMUR로 구성되어 있다. 전국에 정보센터는 98개가 있는데 국립병원에 소속되어 있다.
- 대부분의 의료진은 마취과 전문의로서 1개의 SAMU에 전문의 4~5명, 전공의 7~12명(전문의 : 의과대학 7년 + Gp과정 2년 + 마취과 수련과정 5년)으로 구성된다.

ⓑ 소방대 : 대부분 SAMU와 협동하는 응급의료체계로 경증환자를 이송하는 업무를 주로 한다.(파리, 마르세이유는 제외)

ⓒ 사설의료진 : 의대 졸업 후 2년간의 Gp과정 이수한 자로 구성되며 환자의 자택으로 출동하여 간단한 응급처치 및 투약으로 임무는 종료되고 입원이 필요할 경우 사설구급차, 소방구급차에 요청을 한다.

- SAMU의 경우 1회 출동에 운전사, 간호사, 의사가 출동하여 ALS 시행 후 병원에 도착하여 응급실을 경유하지 않고 곧장 수술실이나 중환자실로 입원시킨다.
- SMUR이 현장 도착 후 경증환자이면 소방대 및 사설의료진을 호출하여 인계한다. 이 경우 전문의가 SAMU의 소속 병원으로 이송을 원하면 이송하지만 응급의료수가가 너무 비싸서 환자가 피하는 경우가 많다.
- SMUR는 전문의료진이 출동하나 의사가 부족한 경우는 전공의가 출동(약 50%)하기도 한다.

③ 영국의 응급의료체계

㉠ 의료보험 연합회와 의료보험관리공단을 통합한 NHS(National Health Service)로부터 재정적인 지원을 받으며 각 지역별로 별도의 공단(NHS thrust)으로 조직되어 운영된다.

㉡ 응급의료 지령실(999)은 30~50만 명을 관장하는 NHS thrust별로 1개 소씩 설치되어 있으며 전화상담원과 전문(응급구조사)요원이 상주하고 있다.

㉢ 응급구조사의 훈련은 NHSTD(National Health Service Training Directorate)가 담당한다.

ⓐ 응급처치보조원(ambulance care assistant) : 초급응급구조사로 9주간의 교육과정과 12개월간의 현장실습을 한다.

ⓑ 초급응급구조사의 교육내용 : 구급차를 안전하게 운행할 수 있는 주행법(경찰의 운전지침에 따라서 훈련), 부목고정, 척추고정, 환자구출과 구조, 보조기구를 이용한 기본인명소생술, 외상, 심정지, 출산 등에 대한 응급처치법 등이다.

ⓒ 고급응급구조사 : 1년 이상의 현장 경험과 초급응급구조사 자격이 있는 자로 160시간 이상의 교육을 이수하여야 한다.

ⓔ 병원 전 단계는 응급구조사에 의해 운영되며 중환자의 경우 교통체증이 심한 지역에서는 오토바이를 이용하여 고급응급구조사가 가장 빨리 현장으로 출동하고 도심 외곽지역이나 농촌에서는 헬리콥터를 이용한 항공이송이 보편화되어 있다.

④ 일본의 응급의료체계

㉠ 업무범위

Standard First Aid Class(SFAC)	Emergency Life-Saving Technician
· 기본소생술 · 산소 투여 · 구인두 기도기 사용 · 기본 생체징후 평가 · 제세동기 사용 · 이물질로 인한 기도폐쇄에 후두경 사용 · MAST 사용 · 자동 소생기 사용	· 입기관 삽관 ※ 단, 262시간 추가교육과 30회 이상 임상실습 후 허용 · 에피네프린 투여 ※ 단, 220시간 추가 교육 후 허용

㉡ Doctor Cars
현장 심정지환자 소생율을 높이기 위해 중증환자 처치 시설이 구비되어 있다.
파라메딕이나 간호사, 그리고 전문구급대원으로 구성
모든 대원은 화재진압과 구급차량 운전을 할 수 있어야 한다.

㉢ 구급차의 수는 인구 4만 명당 1대의 비율로 배치되고 있으며, 모든 구급차는 특수구급차이며, 1대에 3명의 의료요원(구급구명사, 구급대원 2명)이 탑승한다.

㉣ 지령실은 모두 소방서에 위치(119), 인구 100~150만 명을 기준으로 1개의 소방지령실을 운영한다.

㉤ 응급의료기관은 인구 100~150만 명 단위로 구급구명센터(3차 응급센터)가 1개씩 있으며, 이를 중심으로 종합병원의 응급실 및 야간 진료의료기관을 운영하고 있다.

㉥ 현재 120여 개의 구급구명센터가 있으며, 40명 이상의 전문의료진을 갖춘 독립형 구급구명센터는 8개가 운영되고 있다.

㉦ 응급의학 지도전문의가 있는 구급구명센터에서 3년 이상 근무하며 교육과정을 이수하면 응급의학인정의 자격시험에 응시할 수 있으며, 인정의 자격을 취득한 후 10년이 경과하면 지도전문의 시험에 응시할 자격이 주어진다.

7 응급구조사의 법적책임 ☆ 16년 경기 소방장

(1) 치료기준

응급구조사는 주어진 상황에서 적절한 행동을 할 의무가 있으며, 반대로 일부 행동은 삼가야 할 의무를 가지게 된다. 일반적으로 응급구조사는 그의 행위나 활동이 타인에게 해를 줄 가능성이 있다면 타인의 안전에 관해 우선적으로 관심을 가져야 한다. 응급구조사가 응급환자에게 적절한 치료를 위하여 행동해야만 하는 방식을 치료기준이라고 한다.

▌법적 책임을 나타내는 사항▐ ☆ 17년 소방장

분 류	내 용	분 류	내 용
치료기준	사회의 관행으로 정해진 기준	면책의 양식	응급구조사의 법규
	법률에 의한 기준		의료행위의 면책
	전문적 또는 제도화된 기준		면허 또는 증명의 효과
과실주의	유기	책 임	호출에 응답할 의무
동의의 법칙	묵시적 동의	의무기록과 보고	특수상황에서의 보고
	미성년자 치료에 있어서의 동의		범죄에 관한보고
	정신질환의 동의		사망자에 대한 사항
	치료 거부권		

① 사회관행으로 정해진 기준

일반적으로 사회에서 이루어지는 관행은 응급처치의 기준을 결정하는데 중요한 요소가 될 수 있다. 사회의 관행에 의해서 정해진 치료기준이란, 유사한 훈련과 경험을 가진 분별력 있는 사람이 유사한 상황에서 장비를 이용하여 동일한 장소에서 어떻게 행동했을까? 하는 것을 판단하는 기준을 말한다.

② 법률에 의해 정해진 기준

일반적인 관행 외에도 응급의료의 기준은 법규, 법령, 조례 또는 판례에 의하여 정해져 있으므로 응급구조사는 해당 범위 내에서 응급의료행위를 하여야 한다. 응급의료에 관한 법령에서는 1급과 2급 응급구조사의 업무범위를 정해 놓고 있다.

③ 전문적 또는 제도화된 기준

㉠ 전문적 기준은 응급의료에 관련된 조직과 사회에서 널리 인정된 학술적인 사항에 의한 기준을 말한다.

㉡ 제도화된 기준은 특수한 법률과 응급구조사가 속해 있는 단체에서의 권장사항에 의한 기준을 말한다.

따라서 전문적 또는 제도화된 기준을 준수하려면 첫째, 응급구조사는 그들이 속한 조직이 공포한 기준에 익숙해야 한다. 둘째, 응급구조사가 속해 있는 조직이 합리적이고 현실적인 기준을 제정하도록 노력하여야 하며, 응급구조사에 불합리한 측면을 부과하지 않도록 하여야 한다.

(2) 과실주의

① 과실주의는 법적 책임의 기본이다. 한 개인이 응급처치를 할 의무가 있어서 해당되는 응급처치를 시행했을 때, 처치기준을 따르지 않아서 상해가 빚어지면 법적 과실이 인정된다.

② 응급구조사의 부주의한 행동에 대하여 법적 문제가 제기된 경우, 그 사실이 진술되고 조사되기 전에는 일방적으로 한 개인에게 책임이 있다고 판결 내릴 수는 없다. 응급구조사의 행위는

적절한 치료기준과 비교된 후 판단되어야 한다.

③ 응급구조사는 과거력(이전에 있던 질병)에 대해서는 책임이 없다. 그러나 응급구조사가 치료기준을 위반함으로써 환자의 상태를 악화시킨 사항에 대해서는 책임이 있다고 판결이 될 수 있다.

④ 과실에 대한 민법적 판단은 행동기준에 대한 개인의 행위를 재물의 손실로서 평가하는 제도이다. 한 개인이 부당한 손해 및 상해를 받게 되거나, 기왕의 상태가 악화되는 경우 상해나 악화를 유발한 사람은 상해 받은 사람에게 보상하여야 할 것이다.

> **유 기**
> 환자에게 적절한 치료를 계속 제공하지 못한 것을 유기라고 정의한다. 유기는 응급구조사가 법적으로나 도덕적으로 범하지 말아야 할 가장 중대한 행위이다.☆ 20년, 21년 소방교

(3) 동의의 법칙*

① 고시된 동의(명시적 동의)* ☆ 15년 소방교, 18년 소방위

㉠ 응급구조사가 제공하는 환자치료에 대해 그 내용을 알고 이해하며, 동의한다는 환자의 표현을 말한다. 즉, 고시된 동의는 그 환자가 합리적인 결정을 하도록 필요한 모든 사실을 설명한 후에 환자로부터 얻는 동의이다.

> ✪ 고시되어야 할 중요한 내용으로는**
> 1. 환자에게 발생하거나 발생 가능한 진단명
> 2. 응급검사 및 응급처치의 내용
> 3. 응급의료를 받지 않을 경우의 예상결과 또는 예후
> 4. 기타 응급환자가 설명을 요구하는 사항 등

㉡ 환자가 동의하기 이전에 절차와 범위를 충분히 이해해야 한다. 또한 환자는 그러한 판단을 내릴 만큼 충분한 정신적 혹은 육체적 능력을 갖고 있어야 한다.

㉢ 응급구조사가 직면하는 상황의 대부분은 환자에게서 문서화된 동의를 얻어낸다는 것이 현실적으로 어렵다. 그러나 문서화된 동의 대신에 구두 동의는 얻을 수 있을 것이다. 구두 동의는 증명되기는 어렵지만, 법적으로 유효하며 구속력을 갖는다.

② 묵시적 동의* ☆ 17년 소방장, 18년 소방위

㉠ 즉시 응급처치가 절실하게 필요한 사람으로 그들이 할 수 있다면, 응급처치에 동의했을 것이라고 추정한다.

㉡ 법률적으로 사망이나 영구적인 불구를 방지하기 위하여 긴급한 응급처치를 필요로 하는 환자는 그에 대한 치료와 이송에 동의해야 한다는 입장이다.

㉢ 이러한 묵시적 동의는 긴급한 상황에만 국한된다. 무의식환자와 쇼크, 뇌 손상, 알코올이나 약물중독 등의 피해자들이 그 실례이다.

㉣ 일반적으로 묵시적 동의는 환자가 의식불명 또는 망상에 빠져 있거나, 신체적으로 동의할 수 없는 경우에 적용된다.

㉤ 환자의 동의를 구할 수 없으나 책임을 질만한 보호자나 친척이 있는 경우에는 그들에게

허락을 얻어내는 것이 바람직하다. 대부분의 경우, 법률은 배우자나 친척 등에게 동의가 불가능한 환자를 대신하여 동의할 수 있는 권리로 인정하고 있다.

③ 미성년자 치료에 있어서의 동의

㉠ 법률은 미성년자가 응급처치에 대해서 유효한 동의를 할 만한 판단력을 갖추지 못했다고 인정한다. 그 예로 민법은 행위무능력자의 범주에 미성년자를 포함하고 있으며 미성년자에 대한 동의권은 부모나 후견인에게 주어진다.

㉡ 이러한 규정에도 불구하고 미성년자가 하는 동의는 개개인의 나이와 성숙도에 따라서 일부는 유효하기도 하다. 긴급한 응급상황이 존재한다면 미성년자를 치료하는 것에 대한 동의는 묵시적일 수 있으나, 가능하면 친권자나 후견인의 동의를 구해야 한다.

④ 정신질환자의 동의

㉠ 정신적으로 무능한 사람은 치료를 받는데 있어서, 응급처치의 필요성에 대한 어떠한 정보가 제공되었다 하더라도 동의할 수 없다. 그러나 한 개인이 법에 의해서 심신상실로 법원에 의해 금치산자로 선고되지 않았다면 그의 능력에는 의문의 여지가 많다.

㉡ 금치산자로 결정이 내려진 경우에는 친권자나 후견인 같은 사람이 환자를 대신하여 동의권을 갖는 경우가 대부분이다. 많은 상황에서 응급구조사는 착란상태에 빠져 있거나 정신적 결함이 있는 환자를 만나게 된다. 이러한 증상은 환자가 실제적으로 동의를 할 수 있는지의 여부를 결정하는데 반드시 고려되어야 한다. 긴급한 응급상황이라면 묵시적 동의가 적용되어야 한다.

⑤ 치료 거부권

㉠ 환자는 응급의료인의 치료행위에 대해 치료 거부권을 갖는다. 환자가 치료나 이송을 거부하는 경우에 응급구조사는 매우 난처한 상황에 처하게 된다. '법적으로 고소당할 위험을 무릅쓰고 환자를 돌볼 것인가?', 아니면 '환자를 방치하여 악화되는 위험에 빠뜨려서 과실이나 유기로 고소될 것인가?' 등의 혼란스러운 상황에 직면할 수 있다.

㉡ 한 개인이 치료를 거부할 때, 응급구조사는 그의 정신상태가 온전한가의 여부를 판단하려고 시도해야 한다. 의심스러운 경우에는 정신적 결함이 있다고 간주하여 치료를 시행하는 것이 최선의 방법이다. 환자를 유기함으로써 상태가 악화되도록 하는 결정을 내리는 것보다는 처치를 시행하는 것이 법적 관점에서 더 유리하다.

㉢ 환자가 치료받기를 거부하는 모든 경우에, 응급구조사는 인내와 차분한 설득을 통하여 상황을 해결할 수 있어야 한다. 그러나 완고하게 거부하는 경우, 거부하는 사람(부모, 후견인, 보호자 등)에게 거부를 자인한다는 내용의 공식문서에 서명을 하도록 하는 것이 필요하다. 이러한 서약서는 일반적인 보고서와 응급구조사가 기재하는 보고서와 함께 보관되어야 한다.

(4) 면책의 양식*

① 과실에 대한 법의 입장은 부주의한 행동이나 다른 행위의 결과로 상해를 받은 사람에게 보상하는 책임으로부터 면책을 해주는 제한된 상황이 있다. 면책양식의 대부분은 면책이 적용되는 개인의 특수상황에 근거한다.

> ✪ 미국의 경우, 1965년 플로리다 주에서 제정한 '선한 사마리아인의 법'은 현장에서 응급환자를 돕는 사람이 성심껏 응급처치를 하는 과정에서 발생하는 실수나 소홀에 대하여는 법적 책임을 지지 않도록 보장한다.

② 선한 사마리아인의 법은 일상적이고 합리적이며 분별력 있는 사람이 취할 수 있는 행동을 행한 경우에 한하며, 또한 제공된 응급처치에 대해 무보수인 경우에만 적용된다. 선한 사마리아인의 법은 근무태만이나 업무상 과실로 인한 환자의 피해에 대해서는 그 책임을 면해주지 않는다.

③ 우리나라 응급의료에 관한 법률에서도 이와 유사한 면책을 구체적으로 언급하고 있다. 응급의료에 관한 법률 제63조에서 '응급의료종사자가 응급환자에게 발생된 생명의 위험, 심신상의 중대한 위해 또는 증상의 현저한 악화를 방지하기 위하여 긴급히 제공되는 응급의료로 인하여 응급환자가 사상에 이른 경우 응급의료행위가 불가피하고 응급의료행위자에게 중대한 과실이 없는 때에는 그 정상을 참작하여 형법 제268조의 형을 감경하거나 면제할 수 있다'고 기술하고 있다.

> ✪ 형법 제268조 : 업무상 과실 또는 중대한 과실로 인하여 사람을 사상에 이르게 한 자는 5년 이하의 금고 또는 2천만원 이하의 벌금에 처한다.
> ✪ 응급의료에 관한 법률 제5조의 2항에서는 "선의의 응급의료에 대한 면책"에 관하여 명시하여 응급처치 제공자의 응급의료 행위를 보장함으로써 환자의 생명과 건강을 보호할 수 있도록 하고 있다.

(5) 책 임

정부기관의 응급의료 종사자는 관할 구역 내에서 호출에 응답할 의무가 있지만 자원봉사자나 개인 의료기관의 응급의료 종사자는 호출에 대한 의무가 공시되거나 또는 면허의 조건으로 명시되지 않은 한 호출에 반드시 응답할 의무가 없다. 그러나 일단 어느 형태의 응급의료 업무에 의해서든 응답이 이루어진 후에는 모든 유형의 응급요원에게 치료기준과 행위의 의무에 대한 원칙은 동일하게 적용된다.

(6) 기록과 보고

① 의료 책임에 대한 응급구조사의 최상의 방어는 교육, 충분한 처치, 고도로 숙련된 기술, 그리고 철저한 문서의 기록 등이다. 훌륭한 응급의료서비스를 제공하는 것 다음으로 성실하게 기록된 문서는 소송에 대한 최선의 보호책이 될 수 있다.

② 대부분의 의학계와 법조계 전문인은 응급의료 상황에 대한 완전하고 정확한 기록이 법적인 분쟁에 대한 중요한 보호막이라고 믿고 있다. 완전한 기록이 없거나 또는 기록이 불완전하다면, 응급구조사가 그 사건을 증언해야 할 때에 당시 상황이나 활동을 기억에만 의존해야 한다. 사람의 기억에 대한 신뢰도가 낮으므로 법적인 피해를 당하게 될 수 있다.

③ 기록과 보고에 관련한 2가지 중요한 원칙은 첫째, 보고서로 기록되어 있지 않은 행위는 행해진 것이 아니다. 둘째, 불완전하고 정확하지 않은 기록은 불완전하거나 비전문적인 의료의 증거라는 것이다. 모든 사고와 환자에 대하여 정확한 기록과 보고서를 작성하여 보관함으로써 이

러한 법적 문제로부터 보호받을 수 있다.

㉠ 특별히 보고가 요구되는 사항
   ⓐ 아동학대
   ⓑ 중대한 범죄행위에 의한 손상
   ⓒ 약물에 관련된 손상
   ⓓ 그 외에 보고해야 할 것들(자살기도, 교사상, 전염병, 성폭행 등)

㉡ 범죄 현장
   ⓐ 범죄가 일어났을 가능성을 예시하는 증거가 있다면 응급구조사는 즉시 수사기관에 연락한다.
   ⓑ 현장에서 범죄행위가 진행 중이 아니라면 수사기관이 도착하기 전이라도 환자에게 필요한 응급처치를 시행하고 병원으로 이송해야 한다.
   ⓒ 응급처치가 시행되는 동안에 구급대원은 불가피하게 필요한 것 이상으로 범죄현장을 훼손하지 말아야 한다.

㉢ 사망한 경우**
   ⓐ 특별한 경우가 아니면 응급구조사는 사망선고를 임의로 내려서는 안 된다. 생명이 유지되거나 환자가 소생할 수 있는 기회가 있다면 응급구조사는 현장에서 또는 의료기관으로 이송 중에 생명보존을 위한 모든 노력을 다해야만 한다.
   ⓑ 때때로 사망이 명백한 경우
   - 사후강직이 시작되었거나
   - 목이 절단되어 있거나
   - 신체가 불에 완전히 탔거나
   - 신체의 일부가 소실된 광범위한 머리 손상인 경우 등

   이 경우 응급구조사에게 요구되는 유일한 응급조치는 시체를 보존하고 당시의 상태를 기록하는 것이다.

Chapter 2

대원의 안녕

학습 목표

- 응급구조사에게 발생하는 직업상의 스트레스를 이해하고 관리할 수 있어야 한다.
- 개인안전을 위한 현장 안전수칙을 알아야 한다.

1 응급처치 시 정신적인 스트레스

(1) 죽음과 임종

① 현장에 도착하면 죽어 있거나 죽기 직전에 의식이 명료한 상태의 환자를 경험할 수 있다. 이런 경우 응급처치를 해도 환자가 사망에 이르게 되고 소방대원은 환자와 가족 그리고 본인의 정서반응에 대해 알고 있어야 한다.

▌죽음에 대한 정서반응▐ ☆ 18년 소방교

부 정	죽어가고 있는 환자의 첫 번째 정서반응으로 의사의 실수라 믿으며 기적이 일어나길 바란다.
분 노	초기의 부정반응에 이어지는 것이 분노이다. 이 반응은 말이나 행동을 통해 격렬하게 표출될 수 있다. 소방대원은 이런 감정을 이해해 줄 필요는 있으나 신체적인 폭력에 대해서는 단호하게 대처해야 한다. 또한 경청과 대화를 통해 공감대를 형성하는 것도 좋은 방법이다.
협 상	'그래요. 내가, 하지만...' 이란 태도를 나타낸다. 매우 고통스럽고 죽을 수도 있다는 현실은 인정하지만 삶의 연장을 위해 다양한 방법으로 협상하고자 한다.
우 울	현실에 대한 가장 명백하고 일반적인 반응이다. 환자는 절망감을 느끼고 우울증에 빠지게 된다.
수 용	환자가 나타내는 가장 마지막 반응이다. 환자는 상황을 현실로 받아들이고 그들이 할 수 있는 최선을 다하려고 노력한다. 이 기간 동안 가족이나 친구의 적극적이고 많은 도움이 필요하다.

② 위의 단계는 정형화된 것이 아니며 환자와 가족은 한 단계 이상의 반응을 보이기도하며 전혀 반응을 보이지 않을 때도 있다. 하지만 죽음을 앞둔 많은 환자와 가족들은 "죽음에 대한 정서반응" 중 한 단계 이상의 반응을 보이고 있다. 죽음과 임종환자의 응급처치는 최소화하고 그 대신 정서적인 지지가 더 필요하다.

죽음이나 임종을 앞둔 일반적인 응급처치
1. 환자와 가족의 죽음에 대한 다양한 반응(분노, 절망 등)을 미리 예상해야 한다.
2. 경청과 대화를 통해 공감대를 형성한다.
3. 거짓으로 환자를 안심시키면 안 되며 무뚝뚝하거나 냉철함 없이 솔직하게 환자를 대해야 한다.
4. 처치자의 전문적인 지식이나 기술 이상의 의학적인 견해를 말해서는 안 된다.
5. 부드럽고 조용한 목소리로 눈을 맞춘 상태에서 말해야 한다.
6. 적절한 신체적인 접촉은 환자를 안심시킬 수 있다.

(2) 기타 상황

① 대형사고
② 유아와 아동
③ 중 상
④ 학대와 방임
⑤ 동료의 죽음과 사고

스트레스의 전조징후
1. 식욕저하
2. 설명할 수 없는 분노
3. 불면증/악몽
4. 집중력 저하
5. 주위 사람들에 대한 과민반응
6. 판단력 저하
7. 성욕 저하
8. 늘어난 혼자만의 시간
9. 의욕상실
10. 죄책감

(3) 스트레스 관리

① 신체활동을 늘린다(산책, 달리기, 헬스클럽 이용 등).
② 식생활을 조절한다.
③ 요가, 명상 등 정서적 안정을 돕는 활동을 한다.
④ 근무 시간표를 조정한다.

2 개인 안전

(1) 현장 안전

현장에 도착해서 제일 우선적으로 해야 하는 것은 현장이 안전한지를 확인하는 것이다. 만약, 구급대원이 현장에서 다치거나 치명적인 손상을 입는다면 응급처치 자체를 제공할 수 없기 때문에 구급대원의 안전이 우선적으로 확보되어야 한다. 현장 안전을 위해서는 첫 번째, 출동 중에 현장에 위험물이나 위험가능성이 있는지 판단할 줄 알아야 한다.

① 위험 물질

▎위험물질에 대한 처치 단계▎

단 계	처 치
최초 반응자	위험물질의 위험성을 인지하고 알리며 필요하다면 지원을 요청한다.
최초 대응자	위험물로부터 사람과 재산을 보호한다. 위험물로부터 안전한 거리에 위치한다. 확대를 저지한다.
전문 처치자	위험물 유출을 막거나 봉합, 정지시킨다. 처치자에 대한 활동을 명령하거나 협조해준다.

㉠ 위험물질은 여러 형태의 유독가스, 부식성 액체, 독성 가루 등이 있다.

㉡ 어떤 형태이든 개인 안전을 위한 보호 장비를 착용해야 하며 개인 건강에 영향을 줄 수 있다.

㉢ 이러한 영향은 현장에서 또는 후에 나타날 수 있다. 예를 들면, 부식제 접촉은 바로 그 자리에서 결과가 나타나지만 4염화탄소(드라이클리닝 약품)에 노출되면 나중에 간질환이 발생할 수 있다.

㉣ 위험물질은 산업 현장, 탱크로리 심지어 부엌 등 우리 주변 어디에서나 볼 수 있다.

㉤ 현장 위험물질이 있다고 판단된다면 우선 안전거리를 유지하고 바람을 등지거나 높은 지대에 위치해 있어야 한다.

㉥ 위험물질이 어떤 것인지 관계자나 표시된 글을 통해 알아보아야 한다. 위험물임을 확인하면 출입을 통제하고 위험물 제거반의 지원을 요청한다.

㉦ 만약 개인 안전장비를 착용하지 않았다면 현장에 들어가거나 위험물에 노출된 환자를 처치해서는 안 된다.

② 구조상황

㉠ 상황에 맞는 개인 안전장비를 착용한다. - 가운, 방화복, 헬멧, 보안경, 장갑 등

㉡ 상황에 대한 전반적인 평가를 실시한다. - 위험물질, 자원, 추가 자원 필요성 등

㉢ 구조 계획을 세운다.
항상 안전을 우선적으로 생각하고 환자와 대원 사이 또는 대원들 간에 서로 소리(말)를 통해 의사소통을 하며 조직적으로 구조해야 한다.

㉣ 주위 변화에 주의를 기울인다.
폭동 현장이나 계곡 등 주위 변화가 일어 날 수 있는 구조 현장에서는 변화에 대한 주의를 기울여야 한다.

㉤ 안전한 구조를 위해 적절한 인원 및 장비를 사용해야 한다.
안전한 구조를 위해 추가 인원 및 장비를 요청해야 한다.

(2) 폭 력

① 폭력으로 인해 환자가 발생된 현장이라면 주의해야 하며 필요하다면, 경찰에 협조를 요청해야 한다.

② <u>만약, 경찰이 도착하지 않은 상태라면 안전한 거리를 유지하고 기다려야 한다.</u>

③ 현장 안전이 확인되면 구급처치를 실시하고 누가 피해자고 가해자인지 판단하는 일에 참견하거나 판단해서는 안 된다.
④ 또한, 고함, 깨지거나 부서지는 소리 등 폭력이 다시 발생할 수 있으므로 주의를 기울여야 하며 현장을 떠날 때까지 경찰이 있어줄 것을 요청해야 한다.
⑤ 폭력 위험은 구급차 내에서 발생할 수도 있으므로 필요하다면 경찰을 동승한 상태로 병원으로 이송해야 한다.

✪ 폭력 현장에서 주의사항
1. 폭력 현장이나 가능성이 있는 현장 진입에 앞서 경찰에 도움을 요청해야 한다.
2. 현장이 안전하지 않다면 진입해서는 안 된다.
3. 항상 연락을 할 수 있게 무전기 및 휴대폰을 휴대하고 있어야 한다.
4. 고함, 부딪치거나 깨지는 소리 등 폭력 가능성을 나타내는 소리에 주의를 기울인다.
5. 만약, 처치 중 현장에 다시 폭력 가능성이 보이면 현장 안전 평가를 다시 실시하고 적절한 행동을 취해야 한다.

Chapter ③

감염예방 및 개인보호 장비

학습 목표

- 감염에 관한 개념을 이해하고 정의할 수 있다.
- 개인별 위생과 감염관리를 할 수 있다.
- 소독과 멸균에 관한 개념을 이해하고 정의할 수 있다.
- 위험물 사고현장에서 안전대응을 할 수 있다.
- 현장 활동 후 개인장비 관리와 수행할 활동을 알 수 있다.

1 감염예방의 정의

감염은 혈액의 포함여부와 관련 없이 혈액, 체액, 분비물(혈액이 포함되지 않은 땀은 제외)에 의해 전파될 수 있다. 감염예방은 감염되었거나 감염되었을지도 모르는 환자로부터 감염원이 전파될 가능성을 줄이기 위함으로 모든 환자 처치 시 적용되는 것으로 환자의 진단명이나 감염 상태 등에 상관없이 적용한다. 감염예방을 위해서는 항상 개인보호 장비인 일 방향 휴대용 마스크, 장갑, 가운 등을 착용해야 한다.★ ☆ 19년 소방교

2 감염예방을 위한 처치★ ☆ 13년 소방위 · 서울, 경북, 인천 소방장 · 울산 소방교

(1) 현장 도착 전 예방법

① 주요 전염질환에 대한 사전지식 습득★

▌전염질환의 특징▐ ★★ ☆ 16년, 18년, 19년 소방장

질 병	전염 경로	잠복기
AIDS	HIV에 감염된 혈액, 성교, 수혈, 주사바늘, 모태감염	몇 개월 또는 몇 년
수두	공기, 감염부위의 직접 접촉	11~21일
풍진	공기, 모태감염	10~12일
간염	혈액, 대변, 체액, 오염된 물질	유형별로 몇 주~몇 개월
뇌수막염(세균성)	입과 코의 분비물	2~10일
이하선염	침 또는 침에 오염된 물질	14~24일

폐렴(세균성, 바이러스성)	입과 코의 분비물	며칠
포도상구균 피부질환	감염부위와의 직접 접촉 또는 오염된 물질과의 접촉	며칠
결핵(TB)	호흡기계 분비(비말 등) 공기	2~6주
백일해	호흡기계 분비물, 공기	6~20일

㉠ B형 간염(Hepatitis B)☆ 18년 소방장 · 소방위

B형 간염(HBV)은 간에 직접적인 영향을 미치는 치명적인 바이러스로 피나 체액에 의해 전파된다. 또한, 몇 년간 몸에 잠복해 있다가 발병되거나 전파되기도 한다.

- 주요 증상 및 징후 : 피로감 – 오심 – 식욕부진 – 복통 – 두통 – 열 – 황달
- 예방책 : 개인 보호 장비 착용, B형 간염 예방접종

㉡ 결핵(Tuberculosis)☆ 18년 소방장

약에 대한 내성이 쉽게 생기며 몸이 약해지면 다시 재발하는 질병으로 가래나 기침에 의한 호흡기계 분비물(비말 등)로 공기 전파된다.

- 주요 증상 및 징후 : 열 – 기침 – 도한(Night sweats) – 체중 감소
- 예방책 : 특수 마스크(기침환자 처치 전에는 결핵여부에 상관없이 착용)

㉢ AIDS(Acquired Immune Deficiency Syndrome)★☆ 13년 소방교, 18년 소방장 · 소방위

피부접촉, 기침, 재채기, 식기 도구의 공동사용으로는 감염되지 않으나 감염자의 혈액 또는 체액에 접촉 시 감염될 수 있다.

ⓐ 정액을 포함한 성관계, 침, 혈액, 소변 또는 배설물

ⓑ 감염된 주사바늘

ⓒ 감염된 혈액이나 혈액제제 특히, 눈 · 점막 · 개방성 상처 등을 통해 감염

ⓓ 수직감염, 출산, 모유수유

- 인체면역결핍바이러스(HIV)

인체의 면역기능을 파괴하며 후천성면역결핍증(AIDS)을 일으키는 바이러스이다. 이 바이러스는 일단 사람의 몸속에 침입하면 면역을 담당하는 T세포를 찾아내어 그 세포 안에서 증식하면서 면역세포를 파괴한다. 또 인간의 생체 면역세포들을 지속적으로 파괴하여 인간의 면역능력을 떨어트림으로써 결국에는 사망에 이르게 한다. AIDS감염자는 건강한 사람에게는 해롭지 않은 바이러스, 박테리아, 기생충 그리고 균류에 의해서도 질병이 유발되기도 한다. HIV 보균자 모두 AIDS로 발전되는 것은 아니나 다른 사람에게 전파시킬 수 있다는 점이 문제가 된다.

- 증상 및 징후

1. 감염 초기인 급성 감염기에는 특별한 증상이 별로 없다. 개인에 따라서 감기나 독감 · 메스꺼움 · 설사 · 복통 같은 증상이 나타날 수 있으나 특별한 치료 없이도 대부분 호전되므로 감기에 걸렸다가 나은 것으로 생각할 수 있다.
2. 급성 감염기 이후 8~10년 동안은 일반적으로 아무 증상이 없으며 외관상으로도 정상인과 같다. 이때를 무증상 잠복기라고 하는데, 증상은 없어도 바이러스는 활동하고 있으므로 체내 면역체계가 서서히 파괴되면서 남에게 바이러스를 옮길 수 있다.

3. 오랜 잠복기 이후 AIDS로 이행하는 단계가 되면 발열・피로・두통・체중감소・식욕부진・불면증・오한・설사 등의 증상이 지속적으로 나타나고, 이 단계에서 면역력이 더욱 떨어지면 아구창・구강백반・칸디다질염・골반감염・부스럼 등의 다양한 피부질환이 나타난다.
4. AIDS단계인 감염 말기가 되면 정상인에게 잘 나타나지 않는 각종 바이러스나 진균, 기생충 및 원충 등에 의한 기회감염이 나타나며 카포지육종(kaposis sarcoma, 피부에 생기는 악성 종양) 및 악성 임파종과 같은 악성종양이나 치매 등에 걸려 결국 사망하게 된다.

② 개인 보호 장비 착용

보호 안경	환자의 혈액과 체액이 눈으로 튀는 것으로부터 보호하기 위해 착용해야 한다. 단순 보호안경과 마스크와 같이 있는 보호안경형이 있다
장 갑	환자 처치 전 착용해야 하며 절대 재사용해서는 안 된다. 한 명의 환자를 처치하는 중에도 다른 부분을 처치 시에는 새 장갑을 착용해야 한다. 만약 처치 중 찢어지거나 구멍이 나면 조심스럽게 벗은 후 손을 씻고 새 장갑을 착용해야 한다.
가 운	혈액 및 체액이 튀는 것을 방지하기 위해 착용하며 일반적으로 출산이나 외상환자 처치 시에 입는다. 가능하다면 1회용을 사용해야 하며 오염되었을 때에는 버리고 새로운 가운을 입어야 한다.
마스크	1회용 수술용 마스크를 착용해야 하며 결핵과 같이 공기매개감염증이 있는 환자의 경우는 공기매개 전파를 예방할 수 있는 특수 마스크를 사용하도록 한다.

※ 보호 장비는 언제든지 사용할 수 있도록 비치, 처치자 뿐만 아니라 옆의 보조역할 수행자 모두 착용해야 한다.

(2) 현장 도착 후 예방법

① 기본 예방법* ☆ 15년 소방교, 18년 소방위, 19년 소방교

㉠ 날카로운 기구를 사용할 경우에는 손상을 당하지 않도록 주의한다.

㉡ 바늘 끝이 사용자의 몸 쪽으로 향하지 않도록 한다.

㉢ 사용한 바늘은 다시 뚜껑을 씌우거나, 구부리거나, 자르지 말고 그대로 주사바늘통에 즉시 버린다.

㉣ 부득이 바늘 뚜껑을 씌워야 할 경우는 한 손으로 조작하여 바늘 뚜껑을 주사바늘에 씌운 후 닫도록 한다.

㉤ 주사바늘, 칼날 등 날카로운 기구는 구멍이 뚫리지 않는 통에 모은다.

㉥ 심폐소생술 시행 시 반드시 일 방향 휴대용 마스크를 이용하며 직접 접촉을 피한다.

㉦ 피부염이나 피부에 상처가 있는 처치자는 환자를 직접 만지거나 환자의 검체를 맨손으로 접촉하지 않도록 한다.

㉧ 장갑은 한 환자에게 사용하더라도 오염된 신체부위에서 깨끗한 부위로 이동할 경우 교환해야 한다.

② 전파경로에 따른 예방법★★☆ 20년 소방장

질병은 병원체, 박테리아, 바이러스와 같은 미생물에 의해 야기되며 크게 직접전파와 간접전파로 나눌 수 있다.

직접전파	수혈, 개방성 상처와의 접촉, 눈과 입의 점막을 통한 접촉으로 이뤄진다.
간접전파	주사바늘과 같은 오염물질 또는 호흡기를 통한 비말흡입에 의해 전파된다.

▌전파경로에 따른 원인과 예방법▐ ★☆ 16년 부산 소방장

전파경로	원 인	관련질환(병명)	예방법
공기에 의한 전파	공기 중의 먼지와 함께 떠다니다가 흡입에 의해 감염이 발생한다.	홍역, 수두, 결핵	환자 이동을 최소화하고 이동이 불가피할 경우에는 환자에게 수술용 마스크를 착용하도록 한다.
비말에 의한 전파	감염균을 가진 큰 입자(5㎛)가 기침이나 재채기, 흡입(suction) 시 다른 사람의 코나 점막 또는 결막에 튀어서 단거리(약 1m 이내)에 있는 사람에게 감염을 유발시킨다.	뇌수막염, 폐렴, 패혈증, 부비동염, 중이염, 백일해, 이하선염, 인플루엔자, 인두염, 풍진, 결핵, 코로나19 ☆ 11년 부산 소방장	환자와 1m 이내에서 접촉할 경우는 마스크를 착용한다.
접촉에 의한 전파	직접 혹은 간접 접촉에 의해 감염된다.	소화기계, 호흡기계, 피부 또는 창상의 감염이나 다제 내성균이 집락된 경우, 오랫동안 환경에서 생존하는 장감염, 장출혈성 대장균(O157 : H7), 이질, A형 간염, 로타 바이러스, 피부감염 : 단순포진 바이러스, 농가진, 농양, 봉소염, 욕창, 이 기생충, 옴, 대상포진, 바이러스성 출혈성 결막염	㉠ 장갑 착용 및 손 위생 ㉡ 처치 후 소독비누로 손을 씻거나 물 없이 사용하는 손 소독제를 사용한다. ㉢ 가운은 멸균될 필요는 없으며 깨끗하게 세탁된 가운이면 된다. 가운을 입어야 하며 입었던 가운으로 인해 주위 환경이 오염되지 않도록 한다. ㉣ 환자 이동시 주위 환경을 오염시키지 않도록 주의한다. ㉤ 환자가 사용했던 물건이나 만졌던 것 그리고 재사용 물품은 소독한다.

(3) 환자처치 후 예방법

① 손 위생★

감염예방 및 전파차단에 가장 간단하면서도 중요한 일이 손 씻기로 대부분의 <u>오염물질은 비누로 손을 씻을 경우 10~15초 사이에 피부로부터 떨어져 나간다.</u>

✪ 감염예방을 위한 손씻기 요령
1. 장갑 착용여부와 상관없이 환자 처치 후에는 꼭 손을 씻어야 한다.
2. 장갑을 벗는 즉시 손을 씻는다. 이때, 손의 장신구(반지, 시계, 팔찌 등)가 있다면 빼낸 후 씻어야 한다.
   - 거품을 충분히 낸 후 손가락 사이와 접히는 부위를 포함해 세심하게 문지른다.
   - 손톱아래는 솔을 이용해 이물질을 제거한다.
   - 반드시 흐르는 물을 이용해서 손목과 팔꿈치 아래까지 씻는다.
   - 가능한 1회용 수건을 이용해 물기를 완전히 제거한다.
   - 물과 비누가 없는 경우에는 손 소독제를 이용해 임시 세척을 하고 나중에 꼭 물과 비누를 이용해 손을 씻는다.
   - 평상시에는 일반 비누를 이용하여 손 씻기를 해도 무관하나 전염병 발생 등 감염관리상의 문제가 발생 시에는 손 소독제를 사용하도록 한다.

② 처치 기구 및 환경관리*

일반적으로 혈압기의 커프와 청진기 같이 단순 피부접촉기구들은 소독을 해야 하며 개방상처나 점막 접촉기구들은 반드시 멸균처리 해야 한다. 가능하다면 1회용 기구를 사용해야 하며 1회용기구는 절대로 재사용해서는 안 된다.

㉠ 혈액이나 분비물, 체액, 배설물로 오염된 것은 피부나 점막이 오염되지 않도록 적당한 방법으로 씻는다.

㉡ 재사용 물품은 장갑을 착용 후 피, 점액, 조직물 등 오염물질을 세척하고 소독 및 멸균처리를 해야 한다.

㉢ 1회용 물품은 감염물 폐기물통에 버려야 한다.

㉣ B형 간염(HBV)나 HIV(인체면역결핍바이러스)환자에게 사용한 1회용 기구는 이중 백을 이용해 밀봉 후 폐기해야 한다.

㉤ 시트 – 혈액, 배설물, 분비물, 체액 등으로 오염된 것은 따로 분리하여 피부나 점막이 오염되지 않도록 운반 및 처리한다.

㉥ 가운, 옷 – 체액에 오염되면 비닐 백에 담아 오염되었음을 표시한 후 뜨거운 물에 25분 이상 단독 세탁을 해야 한다.

㉦ 구급차 내 바닥, 침상, 침상 난간 등 주위 환경을 깨끗이 청소하고 1회/주 이상 정기적으로 소독한다.

㉧ 마지막으로 처치자는 위의 모든 행동을 마친 후 뜨거운 물로 샤워를 해야 한다.

3 소독과 멸균

(1) 용어의 정의★ ☆ 12년 경북 소방장, 16년 경기 소방교,/ 19년, 21년 소방장

세 척	대상물로부터 모든 이물질(토양, 유기물 등)을 제거하는 과정으로 소독과 멸균의 가장 기초단계이다. 일반적으로 물과 기계적인 마찰, 세제를 사용한다.
소 독	생물체가 아닌 환경으로부터 세균의 아포를 제외한 미생물을 제거하는 과정이다. 일반적으로 액체 화학제, 습식 저온 살균제에 의해 이루어진다.
멸 균	물리적, 화학적 과정을 통하여 모든 미생물을 완전하게 제거하고 파괴시키는 것을 말하며 고압증기멸균법, 가스멸균법, 건열멸균법, H_2O_2 Plasma 멸균법과 액체 화학제 등을 이용한다.
살균제	미생물 중 병원성 미생물을 사멸시키기 위한 물질을 말한다. 이 중 피부나 조직에 사용하는 살균제를 피부소독제(antiseptics)라 한다.
화학제	진균과 박테리아의 아포를 포함한 모든 형태의 미생물을 파괴하는 것으로 화학멸균제(Chemical sterilant)라고도 하며, 단기간 접촉되는 경우 높은 수준의 소독제로 작용할 수 있다.

(2) 소 독

① 소독 수준★

물체의 표면에 있는 미생물 및 세균의 아포를 사멸하는데 있어 그 능력별 수준을 다음과 같이 나눌 수 있다.

높은 수준의 소독	노출시간이 충분하면 세균 아포까지 죽일 수 있고 모든 미생물을 파괴할 수 있는 소독수준이다.
중간 수준의 소독	결핵균, 진균을 불활성화 시키지만, 세균 아포를 죽일 수 있는 능력은 없다.
낮은 수준의 소독	세균, 바이러스, 일부 진균을 죽이지만, 결핵균이나 세균 아포 등과 같이 내성이 있는 미생물은 죽이지 못한다.

② 소독효과의 영향인자들

㉠ 소독제의 농도

㉡ 미생물 오염의 종류와 농도

㉢ 유기물의 존재

㉣ 접촉 시간

㉤ 물리적·화학적 요인

㉥ 생막(biofilm)의 존재

4 감염 관리

(1) 건강 검진★☆ 21년 소방장

신규채용 시 건강검진	① 감염성 질환 여부와 감수성 여부를 확인 ② 필요 시 발령 전에 적절한 예방접종을 받을 수 있도록 조치
정기적 신체검진	① 매년 2회씩 모든 응급구조사를 대상으로 건강검사를 실시 ② 감염성 질환이 있는지, 감염성 질병에 대한 감수성 여부를 확인한 후 필요에 따라 예방접종이나 치료

(2) 예방접종☆ 21년 소방장, 소방위

① 감염 질환에 노출되기 전, 정기적인 신체검진이나 신입직원 채용 검진을 통하여 노출되기 쉬운 감염질환으로부터 감염을 예방하기 위해 예방접종을 실시하는 것이 효율적이다.

> ✪ 예방 접종 시 고려사항
> 1. 백신을 맞지 않은 사람에게 발생할 수 있는 결과
> 2. 주로 접촉하는 환자 및 주변 환경의 종류
>
> ✪ 예방접종 종류
> 1. 파상풍(매 10년마다)
> 2. B형 간염, 독감(매년)
> 3. 소아마비, 풍진, 홍역, 볼거리

② 몇몇 예방접종은 부분적인 예방역할만 하므로 풍진, 홍역, 볼거리에 대해서는 자체 면역 정도를 검사해야 한다.

③ 결핵피부반응 검사는 1회/년 이상 실시해야 한다.

④ 예방접종 후에는 항체가 있다 하더라도 개인안전조치 및 보호 장비를 꼭 착용해야 한다.

(3) 감염노출 후 처치

① 주사바늘에 찔린 경우

② 잠재적인 전염성 물체에 의해 베인 경우

③ 혈액 또는 기타 잠재적인 감염성 물체가 눈, 점막 또는 상처에 튄 경우

④ 포켓마스크나 one-way valve가 없이 구강 대 구강 인공호흡을 실시한 경우

⑤ 처치자가 느끼기에 심각하다고 판단되는 기타 노출 등

> ✪ 감염노출 후 처치지가 실시해야 하는 사항으로는★☆ 17년 소방위 / 21년 소방장, 소방위
> · 피부에 상처가 난 경우는 즉시 찔리거나 베인 부위에서 피를 짜내고 소독제를 바른다.
> · 점막이나 눈에 환자의 혈액이나 체액이 노출된 경우는 노출부위를 흐르는 물이나 식염수로 세척하도록 한다.
> · 기관의 감염노출 관리 과정에 따라 보고하고 적절한 조치를 받도록 한다.
> · 필요한 처치 및 검사를 48시간 이내에 받을 수 있도록 한다.

5 위험물사고현장 구급 활동

위험물사고는 인위적 사고로 최근에 사회적 문제로 대두되고 있으며 위험물이 누출될 수 있는 장소로는 생산소에서 시작하여 마지막으로 폐기되는 장소까지 다양하다.

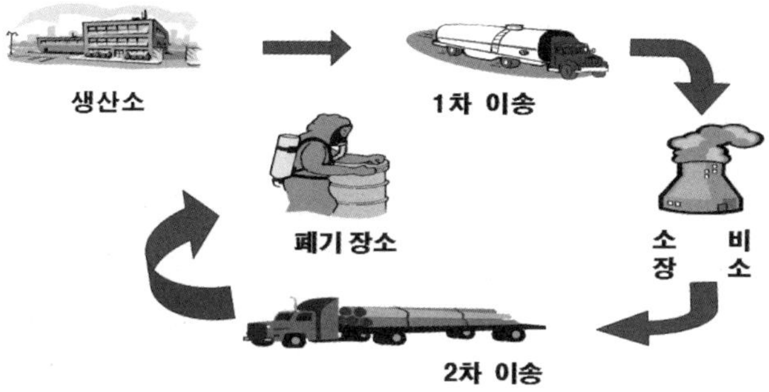

■ 위험물 경로 ■

화학물질과 물리적 위험물질에 대한 주의는 현장활동 안전을 위해 반드시 선행되야 하는데 구급대원의 경우 위험물 누출사고로 인한 환자가 발생한 경우 위험물질이 정확이 무엇인지 파악하기도 전에 응급처치 및 이송을 하는 경우가 종종 발생한다. 이를 방지하고 위해서는 대응계획, 훈련, 사고현장 통제 등이 사전에 교육되어야 한다.

(1) 안전한 대응

위험물사고현장 초기에 대응팀이 부상당하는 이유는 위험물이 무엇인지 인지하지 못한 상태에서 진입하기 때문인데 사고 구역의 용도, 용기 모양, 표시나 색깔, 플래카드/라벨, 사고지역 환자의 공통 증상 및 징후 등을 파악하고 정확하게 평가하는 것이 중요하다.

위험물질 현장에 들어갈 때에는 고지대에서 바람을 등지고 접근해야 하며 보호복을 착용하지 않은 구급대원의 경우 안전구역에서 대기해야 한다. 이는 가스와 증기 그리고 액체 등이 고이거나 확산으로 위험한 지역이 되기 때문이다. 만약 건물내부에서 발생된 경우에는 환기구 주변을 피해야 한다. 많은 위험물질들은 대부분 무색, 무취, 무미한 성질을 가지고 있으므로 냄새가 안나고 눈에 안보인다고 현장에 진입하는 것은 매우 위험하다. 예를 들면 황화수소(H_2S)의 경우 후각신경을 마비시켜 냄새를 인지할 수 없게 만든다.

① 사고 현장 안전계획

각각의 사고에는 사고유형별 안전계획에 의해 현장활동을 진행해야 하며 현장대원들은 이를 숙지해야 한다. 사고유형별 안전계획에는 다음과 같은 사항이 포함되어야 한다.

㉠ 사고지역 및 주변지형(고지대/저지대/수로/강 등), 위험물질 노출가능 지역
㉡ 사고현장 내 물리적·화학적 위험물질 파악
㉢ 기상 상황(현재부터 작업완료 날까지) 및 초기 현장상황
㉣ 현장 대응조직 구성 (사고관리 체계)
㉤ 현장 통제범위 설정 및 개인안전 보호장비 등급 결정
㉥ 환자 및 장비 제독에 필요한 물품 정의

ⓢ 사고 구역 내 활동 중인 각각의 팀의 역할 분담
ⓞ 공기오염 측정 장비, 대피안내 과정 및 대피 경로

② 안전 브리핑

안전 브리핑은 사고현장 진입 전에 수행되어야 하며 진입대원뿐 아니라 추후 투입되어야 하는 팀도 받아야 한다. 브리핑에서 다뤄야 하는 사항으로는 다음과 같다.

㉠ 예상되는 위험물질과 노출 시 증상 및 징후
㉡ 현장에서의 작업 계획, 커뮤니케이션 시스템
㉢ 응급상황의 징후 및 대피로
㉣ 제독 계획

(2) 현장 활동★☆ 18년 소방위

현장 활동 전에 구급대원은 현장 평가와 정보수집을 통해 위험요소를 최대한 예방하는 자세를 취해야 한다.

▌현장도착 직후 해야 할 일▐

현장 평가 요소	정보 수집 사항
· 연기 및 증기, 고여 있는 액체가 있는지 · 눈·코·피부 자극 증상 · 차량 및 저장물 표시 및 방사선 표시	· 사고유형 및 신고자 번호 · 위험물 성분 및 물질형태, 노출경로 · 환자수와 증상

현장은 크게 3부분-오염구역/오염 통제구역/안전 구역으로 나뉘어지며 개인보호장비가 없거나 위험물질 대응교육 및 훈련을 받지 않은 구급대원이라면 안전구역에서 구조대원이 제독을 끝마친 환자가 나올 때까지 대기해야 한다.

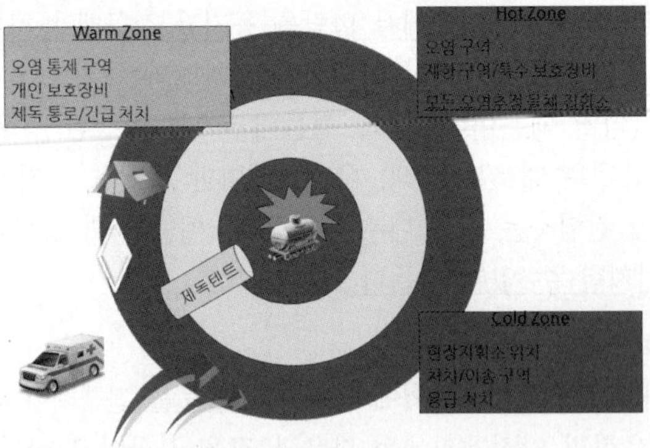

■ 위험물사고현장 구역 분류 ■

① 오염 구역(Hot zone)에서의 구급활동

오염구역에서 개인보호장비를 착용한 상태에서 환자를 평가하고 처치하는 것은 어려우므로 오염구역에서의 환자처치는 다음과 같이 제한될 수밖에 없다. 이때 중요한 사항은 환자이동으로 인한 오염구역 확장을 주의해야 한다.

㉠ 빠른 환자 이동(단, 척추손상 환자 시 빠른 척추고정 적용)

㉡ 오염된 의복과 악세사리를 현장에서 가위를 이용해 제거 후 사용한 의료기구 및 의복은 현장에 남겨두고 환자만 이동한다.(의복 및 의료기구는 오염되었다는 가정 하에 실시한다.)

㉢ 들것에 시트를 2장 준비 또는 이불을 가져가 옷을 제거한 환자의 신체를 덮어 주어야 한다.

㉣ 환자의 추가 호흡기계 오염을 방지하기 위해서 독립적 호흡장치(SCBA) 사용

㉤ 양압환기가 필요한 환자의 경우 산소저장낭이 달린 BVM 사용

② 오염 통제구역(Warm zone)에서의 구급활동

㉠ 오염 통제구역은 오염구역과 안전구역 사이에 위치해 있으며 과 같이 제독 텐트 및 필요 시 펌프차량 등이 위치해 오염을 통제하는 구역이다. 이 구역 역시 오염 가능성이 있는 곳으로 적정 장비 및 훈련을 받은 최소인원으로 구성되어 제독활동을 진행해야 한다.

㉡ 오염구역 활동이 끝난 후에는 대원들은 제독활동을 해야 하며 환자들은 오염구역에서 제독텐트에 들어가기 전에 전신의 옷과 악세사리를 벗어 비닐백에 담아 밀봉 후 다시 드럼통에 담아 이중으로 밀봉해야 한다.(이때, 유성펜을 이용해 비닐백 위에 이름을 적는다.)

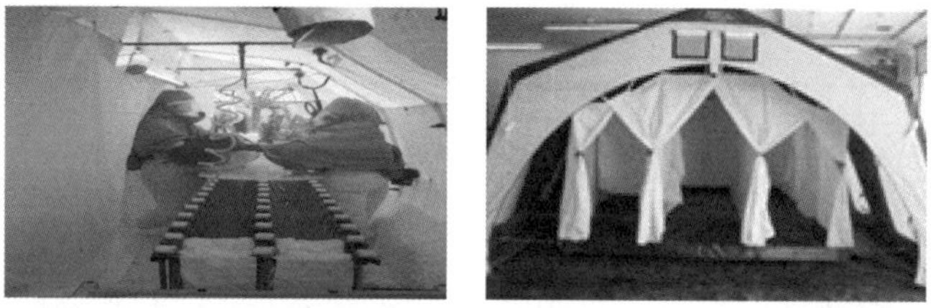

■ 제독 텐트 ■

■ 제독 활동 ■

■ 드럼통 ■

㉢ 제독 텐트는 좌·우로 남녀를 구분하여 처치하며 보통 가운데 통로는 대원들이 사용한다.

㉣ 텐트 내부는 호스를 이용해 물이나 공기 또는 약품으로 제독활동을 하며 텐트 출구쪽에는 1회용 옷과 슬리퍼 또는 시트가 준비되어 있다.

㉤ 오염통제구역 내 구급처치는 기본인명소생술로 기도, 호흡, 순환(지혈), 경추 고정, CPR, 전신중독 평가 및 처치가 포함된다.

㉥ 정맥로 확보 등과 같은 침습성 과정은 가급적 제독 후 안전구역에서 실시해야 하며 오염통제구역에서 사용한 구급장비는 안전구역에서 사용해서는 안 된다.

③ 안전구역(Cold zone)에서의 구급활동

안전구역은 현장지휘소 및 인력·자원 대기소 등 현장활동 지원을 하는 구역으로 구급대원이 활동하는 구역이기도 하다. 대량환자의 경우 Triage를 통해 환자를 분류한 후 우선순위에 따

라 병원으로 이송해야 한다.

(3) 귀소 후 활동

현장 활동 후에는 차량, 장비, 구급대원의 2차 감염을 방지하기 위해 다음과 같은 후속조치가 취해져야 한다.

① 차량은 물과 비누를 이용해 세차 후 제독이 되었는지 확인 또는 의뢰
② 병원이송 후 바로 귀소 후 샤워 및 모든 의류는 단독 세탁 후 제독 여부 확인
③ 1회용 장비가 아닌 경우 제독 및 잔류오염 측정 후 장비 재사용 고찰
④「위험물질 접촉보고서」작성·보고 후 보충이 필요한 물품 파악 및 구비

요 약

▌감염 방지와 개인보호 장비▐

현장 확인

↓

필요한 개인보호 장비 형태 결정

↓

공기매개 병원체	모든 현장처치 시 장갑 착용	혈액매개 병원체
마스크(특수마스크)착용 필요시 환자에게 착용		보호안경, 마스크(가운) 착용

↓

구출·구조 시 불침투성 장갑 착용

↓

장갑이 찢어지거나 다른 환자처치 시 새 장갑 착용

↓

처치 후 안전한 장갑제거와 처치

↓

손 씻기와 손 소독

Chapter 4

해부생리학

학습 목표

- 인체의 각 기관계 별 해부학적 구조와 기본용어를 알 수 있다.
- 인체의 각 기관계 별 생리학적 기능을 이해할 수 있다.

1 인체 기본 해부학

인체의 외형묘사를 위해서는 국소 해부학 용어를 알아야 하는데 이는 환자에 대해 정확하고 간결하게 묘사하기 위해 사용된다. 응급의료진 간에 대화 및 기록에 유용하다.

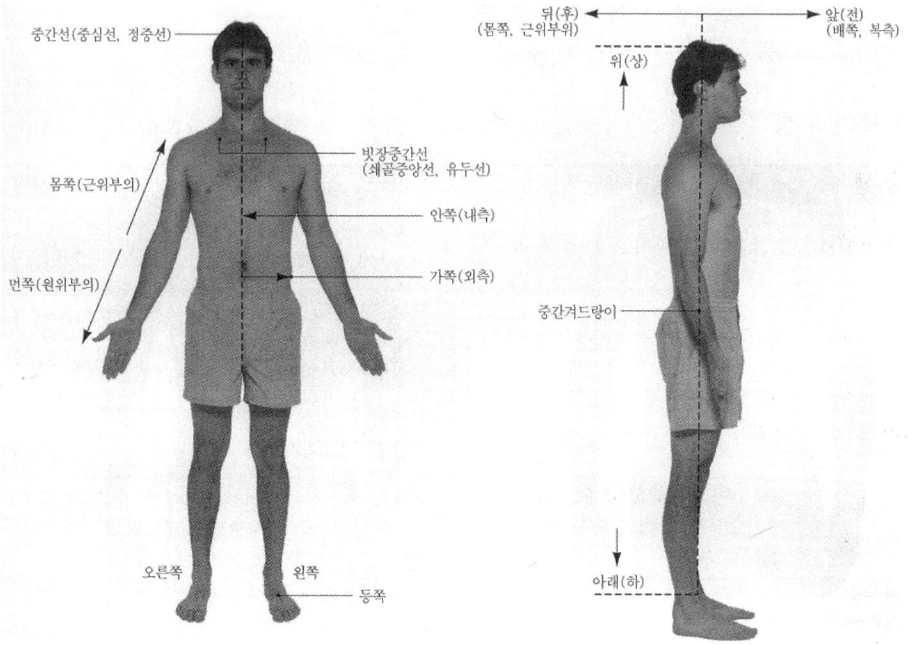

■ 해부학적 자세 및 방향 ■

(1) 기본 용어★ ☆ 13년 경남 소방위, 경북 소방교

해부학적 자세	전면을 향해 서있는 자세로 손바닥은 앞으로 향하고 양팔은 옆으로 내린 상태
중간선	코에서 배꼽까지 수직으로 내린 선으로 인체를 좌우로 나눈다.
앞/뒤	중앙겨드랑이선으로 인체를 나누어 앞과 뒤를 구분한 것이다.
위/아래	위와 아래를 나타낸다.
안쪽/가쪽	중간선에 가까이 있는지 멀리 있는지를 나타낸다.
양쪽	중간선의 좌·우 모두에 위치해 있을 때를 말한다.(귀, 눈, 팔 등)
몸쪽/먼쪽	몸통에 가까이 있는지 멀리 있는지를 나타낸다.

(2) 인체 부위

① 머리(head) : 얼굴, 머리뼈, 뇌
② 목(neck)
③ 몸통(torso) : 가슴, 배, 골반

✪ 배는 배꼽을 중심으로 수직선과 수평선으로 4등분으로 나누어 우상복부(RUQ), 좌상복부(LUQ), 우하복부(RLQ), 좌하복부(LLQ)로 나뉜다.

④ 팔(upper extremities) : 어깨, 팔, 팔꿈치, 손목, 손
⑤ 다리(lower extremities) : 넙다리, 무릎, 종아리, 발

(3) 환자자세의 유형★★★ ☆ 13년 경기 소방장, 14년 경남 소방장, 16년 강원 소방교, 19년 소방교

구 분	환자자세	기대효과	자세유형
바로누운자세	얼굴을 위로 향하고 누운 자세	· 신체의 골격과 근육에 무리한 긴장을 주지 않는다.	
옆누운자세	좌우측면으로 누운 자세	· 혀의 이완 방지 · 분비물의 배출이 용이 · 질식방지에 효과적	
엎드린자세	얼굴을 아래로 향하고 누운 자세	· 의식이 없거나 구토환자의 경우 질식방지에 효과적이다.	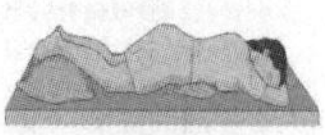
트렌델렌버그자세	등을 바닥에 대고 누워, 침상다리쪽을 45°높여 머리가 낮고 다리가 높은 자세	· 중요한 장기로 혈액을 순환시켜 증상악화방지 및 하지출혈을 감소시킨다.	
변형된 트렌델렌버그자세	머리와 가슴은 수평 되게 유지하고 다리를 45°로 올려주는 자세	· 정맥 귀환량을 증가시켜 심박출력을 강화하는 데 효과가 있기 때문에 쇼크자세로 사용된다.	
앉은자세	윗몸을 45~60°세워서 앉은 자세	· 흉곽을 넓히고 폐의 울혈완화 및 가스교환이 용이하여 호흡상태 악화를 방지한다.	

2 인체 해부생리학

(1) 근골격계★ ☆ 13년 경기 소방장, 16년 부산 소방교, 19년 소방장

인체는 심장, 간, 허파, 뇌, 콩팥 등 많은 기관으로 나뉘고 이러한 기관은 수많은 세포로 구성되어 있다. 각 기관은 다양한 기능을 가진 다른 유형의 세포로 구성되어 있다.

> ✪ 예를 들면 허파는 산소와 이산화탄소를 교환하는 세포, 기도를 구성하는 세포, 공기 중 이물질을 제거하기 위한 점액 생산을 돕는 세포 등으로 구성되어 있다. 세포는 산소를 소비하고 이산화탄소를 생산한다. 인체의 계통은 아래와 같이 크게 8가지로 분류할 수 있다. 3가지 주요 기능은 ㉠ 외형 유지 ㉡ 내부 장기 보호 ㉢ 신체의 움직임을 가능하게 해주는 것이다.

① 근골계

우리 몸은 206개의 뼈로 구성되어 있다.

㉠ 머리뼈는 뇌를 보호하기 위해 몇 개의 뼈들로 구성되어 있다. 얼굴을 구성하는 뼈로는 눈확(orbit)은 눈을 보호하고 아래턱뼈과 위턱뼈는 치아를 지지해 주고, 코뼈는 코를 지지해 주고, 광대뼈는 얼굴형을 나타내 준다.

㉡ 척추는 머리에서 골반까지 연결되어 있으며 척수를 보호하는 역할을 한다. 소아 척추는 33(소아32~34)개의 척추골로 구성되어 있고 5부분[목뼈(7개), 등뼈(12개), 허리뼈(5개), 엉치뼈(1개, 소아5개), 꼬리뼈(1개, 소아3~5개)]로 나눌 수 있다. 성인은 엉치뼈 5개와 꼬리뼈 4개가 각각 하나로 합쳐져 26개가 된다.

등뼈는 갈비뼈가 지지해주고 엉치뼈(천추)와 꼬리뼈(미추)는 골반이 지지해 주기 때문에 지지물이 없는 목뼈와 허리뼈보다는 손상이 적다. 1~10번째 갈비뼈는 복장뼈의 전방부에 연결되어 있고 나머지는 복장뼈와 연결되어 있지 않아 뜬갈비뼈라고 부른다.★ ☆ 13년 경기 소방교·소방장

㉢ 복장뼈은 복장뼈자루, 복장뼈체, 칼돌기로 구성되어 있다.

㉣ 골반은 엉덩뼈와 궁둥뼈, 두덩뼈로 이루어져 있고 두덩뼈 전방에 그리고 꼬리뼈 후방에 연결되어 있다. 골반의 엉덩뼈능선은 옆에서 촉지할 수 있으며 궁둥뼈는 밑에서 촉지 할 수 있다.

㉤ 넙다리는 관골구라고 불리는 골반과 넙다리뼈의 연결부위로부터 시작된다.

㉥ 무릎관절은 넙다리뼈 말단부위와 무릎뼈 그리고 정강뼈 윗부분으로 이루어져 있다.

㉦ 다리는 정강뼈과 가쪽에 종아리뼈로 이루어져 있다. 종아리뼈의 먼쪽에는 가쪽복사뼈가 있고 정강뼈 먼쪽에는 안쪽복사뼈가 있다. 이 두 가지는 다리와 발목뼈의 연결부위인 발목관절을 나타내기도 한다. 발꿈치뼈는 발 뒷부분에 위치해 있으며 몸쪽의 발목뼈와 발가락뼈와 연결된 발허리뼈는 발 가운데를 형성한다. 발가락은 엄지를 시작으로 첫 번째, 두 번째 발가락 등으로 나뉜다.

㉧ 팔은 어깨에서 시작하며 어깨는 어깨뼈, 빗장뼈 그리고 견봉으로 구성되어 있다. 위팔뼈머리는 어깨관절 안에 위치해 있으며 위팔뼈는 팔의 몸쪽을 형성한다.

㉨ 팔꿉관절은 위팔뼈 먼쪽과 두개의 아래팔인 노뼈(엄지선을 따른 가쪽)와 자뼈(새끼선을 따른 안

쪽)로 연결되어 구성된다. 팔꿉관절 뒷부분에 만져지는 것은 자뼈의 팔꿈치머리부분이다.

ⓩ 손목은 노뼈과 자뼈의 먼쪽과 손목뼈의 먼쪽으로 구성되어 있다. 손목뼈는 손바닥뼈를 구성하는 수근골과 중수지골로 연결되어 있다. 손가락은 엄지손가락부터 첫 번째, 두 번째 손가락 등으로 불린다.

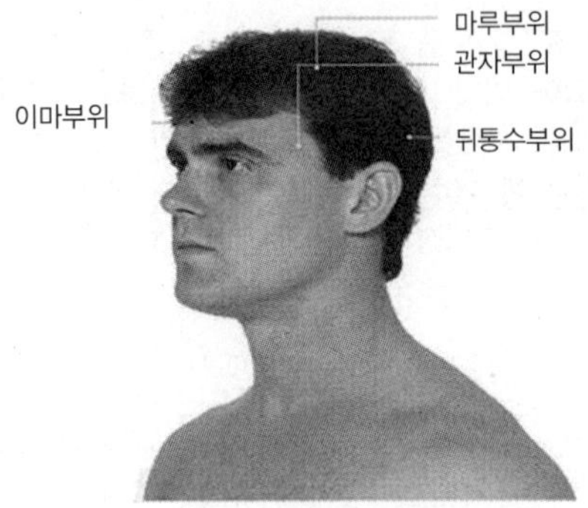

■ 머리뼈 ■

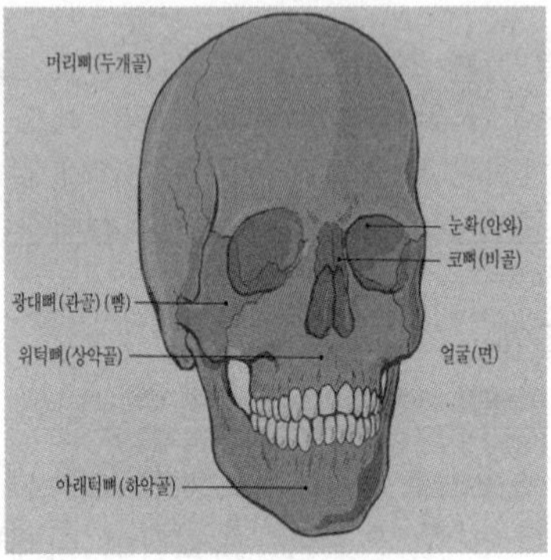

■ 머리뼈와 안면부 ■

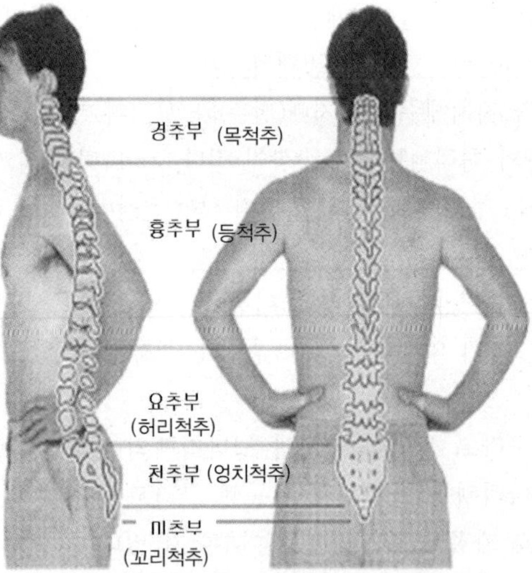

■ 척추의 구분 ■

② 관절, 연결조직 그리고 근육

㉠ 관절은 뼈와 뼈가 연결된 곳으로 인대로 불리는 강력한 연결조직이 지지하고 있다. 관절의 2가지 유형으로는 엉덩이와 같은 절구관절과 손가락 관절과 같은 타원관절이 있다.

㉡ 근육은 힘줄로 뼈에 붙어 있고 관절을 이용해 움직일 수 있다.

㉢ 인체를 움직이는 근육은 뇌의 통제에 따라

ⓐ 팔다리, 가슴 복벽과 같이 자의적으로 움직일 수 있는 골격근육 또는 수의근이 있고 그렇지 않은 불수의근 또는 내장근육이 있다.

ⓑ 골격근육은 골격 덩어리를 이루고 팔다리, 가슴 복벽을 이룬다.

ⓒ 내장근육은 동맥과 장벽과 같은 관모양의 구조물을 이루고 뇌의 통제를 받지 않는다. 그 대신 열, 냉 그리고 긴장과 같은 자극에 반응한다.

※ 예를 들면 식도관을 통한 음식물에 자극을 받아 움직인다. 다른 형태의 근육으로는 오직 심장에만 있는 심장근육이 있다.

ⓓ 심장근육은 의식에 의해 통제할 수 없는 불수의근 형태로 신경자극 없이 독자적으로 수축할 수 있는 능력이 있다.

※ 이러한 심장근육은 심장마비나 심근경색(저관류로 심장근육괴사)으로 손상 받는다. 심장근육은 짧은 시간동안의 혈류량 감소만을 견딜 수 있고 수축과 심장을 통해 피를 뿜어내는 기능은 영구적인 장애를 초래할 수 있다.

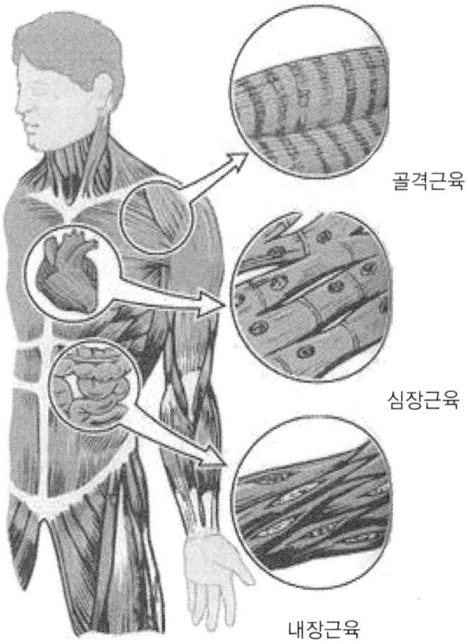

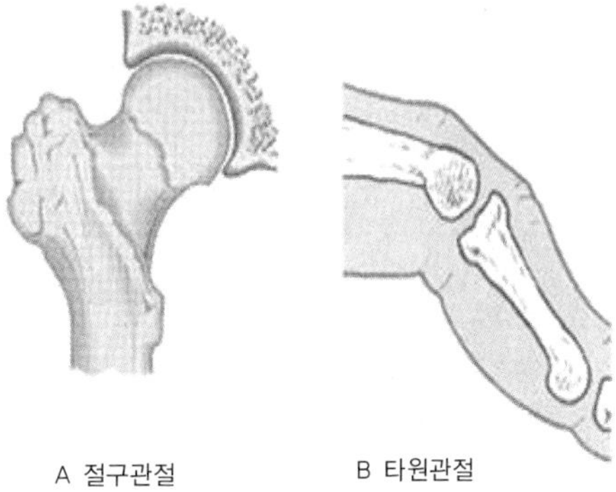

A 절구관절　　B 타원관절

(2) 호흡기계

근골격계가 인체의 뼈대를 이룬다면 호흡기계는 세포에 꼭 필요한 산소를 공급해 주는 역할을 하고 있다.

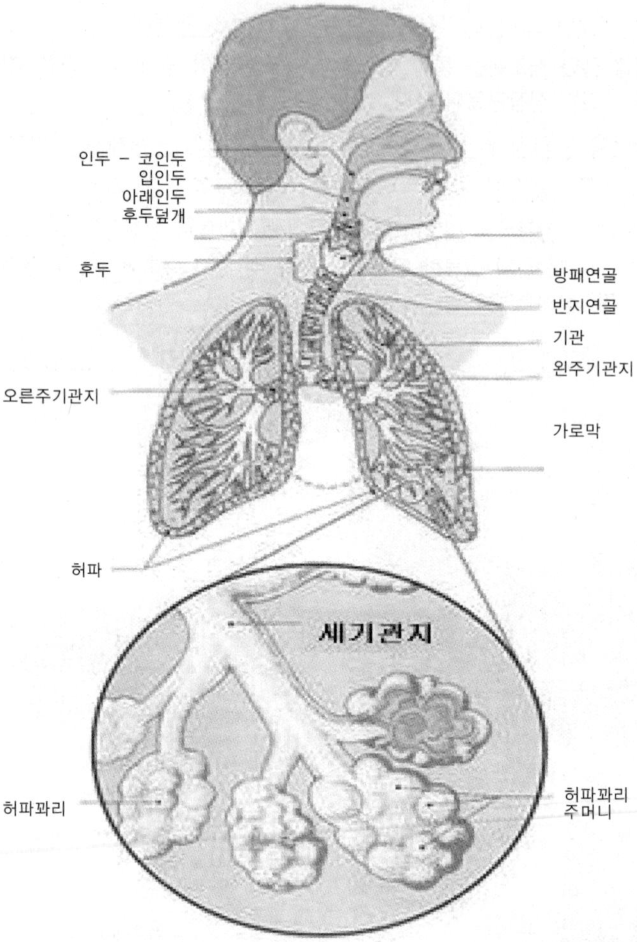

■ 호흡기계 ■

① **호흡기계 해부학**☆ 17년 소방장, 19년 소방교

외부에서 산소를 포함한 공기를 호흡함으로써 허파꽈리에서 혈관으로부터 가스를 교환하는 역할을 한다.

㉠ 호흡경로를 기도라고 하며 기도유지는 환자처치에 있어 기본으로 중요하다.

㉡ 공기는 입과 코로 들어오며 기도는 공기 중에 이물질을 걸러주고 가습·가온 해 준다.

㉢ 그 다음 인두를 거쳐 후두인두, 기관이나 식도로 이동한다.

㉣ 인두 아래에는 잎모양의 후두덮개가 있어서 음식물이 후두와 기관으로 넘어오는 것을 막는다.

ⓜ 공기는 후두로부터 기관을 통과해 커다란 두개의 기관지를 지나 허파로 들어온다.
ⓑ 공기는 더 작게 나뉜 기관지를 지나 포도송이 모양의 허파꽈리에서 가스교환이 이루어진다.

※ 소아의 호흡기계와 성인과 몇 가지 다른 점

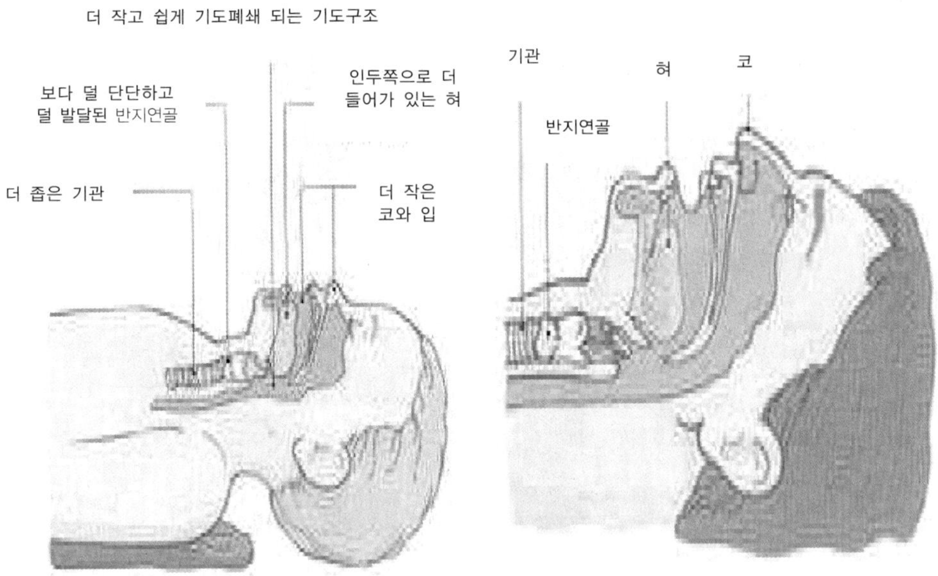

■ 소아의 호흡기계 ■

㉠ 입과 코가 작아 쉽게 폐쇄될 수 있다.
- 상대적으로 혀가 차지하는 공간이 크다.

㉡ 나이가 어린 소아일수록 비강호흡을 한다.
- 코가 막혔을 때 입으로 숨을 쉬는 것을 모른다.

㉢ 기관과 반지연골이 연하고 신축성이 있다.
- 따라서 부드럽게 기도를 개방해야 하며 머리를 중립으로 또는 약간 신전해야 한다.

㉣ 머리가 크기 때문에 쉽게 뒤로 넘어가거나 앞으로 떨어질 수 있다.
- 계속적인 관찰이 필요하다.

ⓜ 기관이 좁아 부종으로 쉽게 폐쇄된다.

ⓑ 가슴벽이 연약해 호흡할 때 가로막에 더욱 의존하는 경향이 있다.

② 호흡기계 생리학★ ☆ 13년 소방위, 16년 부산 소방교, 21년 소방교

㉠ 호흡의 주요 근육 : 가로막, 늑간근육

㉡ 들숨은 능동적 과정으로 가로막과 늑간근의 수축으로 이루어진다.

✪ 두 근육이 수축하면 가로막은 아래로 내려가고 갈비뼈는 위와 밖으로 팽창한다. 이러한 행동은 더 많은 공기가 들어 올 수 있도록 가슴을 팽창시키는 과정이다.

㉢ 날숨은 수동적인 과정으로 가로막과 늑간근의 이완으로 나타난다.

✪ 두 근육이 이완되면 가로막은 올라가고 갈비뼈는 아래로 내려오면서 수축한다. 이러한 행동은 허파에서 공기를 내보내려 가슴을 수축시키는 과정이다.

㉣ 공기는 허파꽈리로 들어오고 허파꽈리와 주위 모세혈관 사이에서는 가스교환이 이루어진다. 비정상적인 호흡은 질병이나 상해로 호흡기계가 충분한 산소를 공급하지 못하거나 효과적으로 이산화탄소를 이동시키지 못할 때 일어난다.

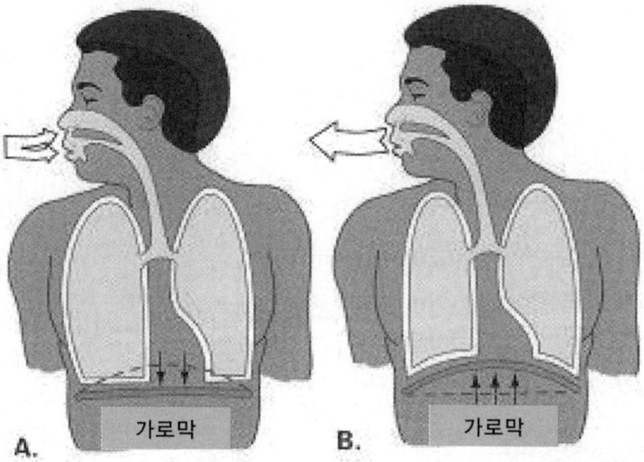

▬ 호흡의 진행 ① 들숨 ② 날숨 ▬

③ 호흡평가 내용

㉠ **분당 호흡수** : 연령에 따라 다양하며 성인은 분당 12~20회, 소아는 분당 15~30회, 영아는 분당 25~50회 호흡한다. ☆ 21년 소방교

㉡ 호흡의 규칙성

㉢ 호흡의 질 : 즉, 호흡음, 가슴 팽창정도, 호흡양상(어려움), 호흡음이 가슴 좌・오른 모두 똑같은지, 가슴이 적절하게 팽창되는지, 호흡하는데 힘들어하지 않는지 살펴본다.

㉣ 호흡의 깊이 : 허파에 들어오고 나가는 공기량을 결정하고 허파꽈리에서의 충분한 가스교환을 할 수 있는 양이어야 한다. 얕은 호흡은 비정상적인 호흡으로 이러한 증상 및 징후를 평가하는 것은 구급대원의 중요한 역할 중 하나이다.

④ 비정상적인 호흡의 증상 및 징후

㉠ 너무 빠르거나 느린 호흡

㉡ 불규칙한 호흡

㉢ 비정상적인 호흡 양상

ⓐ 호흡음이 비대칭적이거나 미약 또는 없음

ⓑ 비대칭적 또는 부적절한 가슴 팽창

ⓒ 호흡보조근 사용 등 힘들게 호흡함(특히, 소아인 경우)

㉣ 얕은 호흡
㉤ 피부 : 청색증, 창백, 차갑고 축축한 피부
㉥ 고통스러운 호흡, 헐떡거림, 불규칙한 호흡은 심장마비 전에 종종 나타난다.
㉦ 빗장뼈 윗부분, 갈비뼈 사이 등 피부 견인

⑤ 소아 : 성인과 다른 비정상적인 호흡양상이 다음과 같이 있다.

느린맥	허파꽈리에 불충분한 산소가 공급되는 징후로 저산소증을 의미한다.
비익 확장	비정상적인 호흡을 알 수 있는 중요한 징후이다.
널뛰기 호흡	정상적으로는 가슴과 배가 동시에 팽창·수축되어야 하나 반대로 되는 경우를 말한다. 이는 날숨이 빨라질 때 생기는 비효율적인 호흡이다.
피부견인	갈비뼈 사이나 아래, 빗장뼈 위 그리고 복장뼈 아랫부분의 피부나 조직에서 관찰되며 성인보다 소아에게 더 잘 나타난다.
※ 시끄러운 호흡음(고음 또는 그렁거리는 소리)	

(3) 순환계

순환계는 3가지 주요 요소(심장, 혈관, 혈액)로 구성되어 있으며 인체의 모든 부분에 혈액을 공급하는 기능을 갖고 있다.
혈액은 허파로부터의 산소, 소화기계로부터의 영양 그리고 세포의 생산·노폐물을 이송하는 역할을 하고 있다.

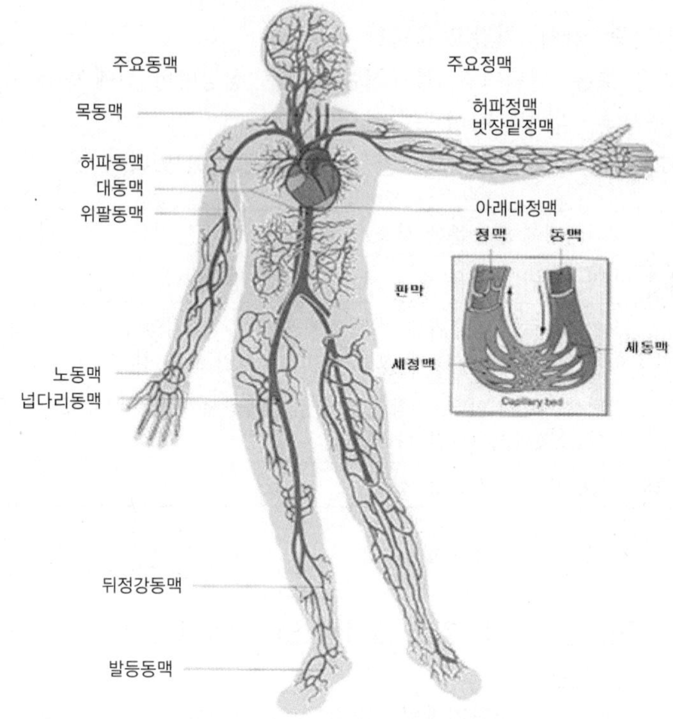
주요동맥
주요정맥
목동맥
허파정맥
빗장밑정맥
허파동맥
대동맥
위팔동맥
아래대정맥
정맥
동맥
판막
세정맥
세동맥
Capillary bed
노동맥
넙다리동맥
뒤정강동맥
발등동맥

■ 순환계 ■

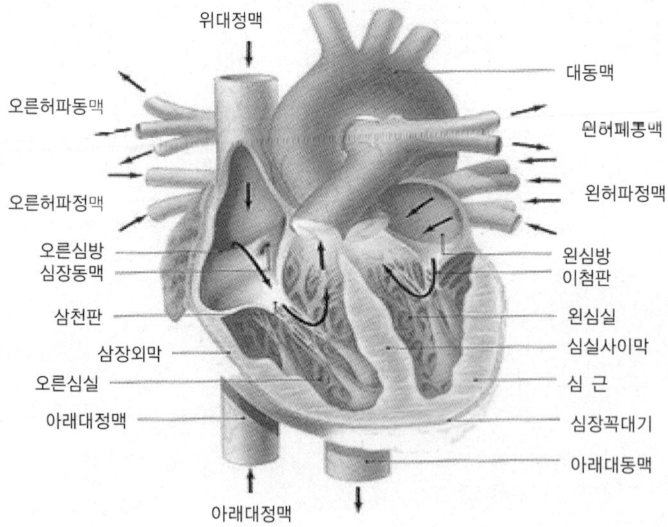
위대정맥
대동맥
오른허파동맥
왼허페동맥
오른허파정맥
왼허파정맥
오른심방
심장동맥
왼심방
이첨판
삼천판
왼심실
삼장외막
심실사이막
오른심실
심 근
아래대정맥
심장꼭대기
아래대동맥
아래대정맥

■ 심장 구조 ■

① 심장

순환계의 중심으로 주먹크기의 근육조직이다.

㉠ 가슴 아래 복장뼈 중앙에 위치해 있으며 2개의 심방과 2개의 심실로 구성되어 있다.

㉡ 기능적으로 오른심방과 오른심실은 정맥혈을 받아들여 산소교환을 위해 허파로 혈액을 보내는 기능을 맡고 있다.

㉢ 왼심방은 허파로부터 혈액을 받아들이고 왼심실은 높은 압력으로 전신에 혈액을 제공한다.

㉣ 심방과 심실사이에는 판막이 있어 혈액의 역류를 막아준다.

㉤ 심박동은 심장 전도계에 의해 조절되며 전기적 자극에 의해 이뤄진다.

㉥ 심장박동조절부위라는 특수 세포조직은 심박동수를 조절하며 정상 심장은 오른심방에 있는 굴심방결절에 의해 60~100회/분 심박동수를 보인다. 굴심방결절에 의해 생성된 전기자극은 심방과 심실근육을 수축시킨다.

㉦ 심장은 심전도계의 전기자극에 의해 수축하는 심장근육으로 구성되어 있으며 불수의근으로 주변 심장근육세포의 수축을 야기하는 전기자극을 전달하기도 한다.

㉧ 전도계와 심박출기능은 밀접하게 관련되어 있어서 만약 전도계가 제대로 기능을 수행하지 못하면 심박출기능은 떨어지거나 심지어 멈출 수도 있다.

㉨ 많은 심장응급환자는 전도계 문제를 호소하며 정상 리듬이 아닌 경우를 부정맥이라 하고 ECG(심전도)를 통해 심장을 관찰한다.

> ✪ 치명적인 부정맥으로 심실세동이 있는데 이는 정상 심장기능역할을 상실한 상태로 조절되지 않은 전기자극은 심장근육을 미미하게 수축시켜 결과적으로 인체에 혈액을 공급시키지 못한다. 심실세동의 효과적인 치료방법으로는 제세동기를 통한 전기 자극이 있다.

② 혈관계★ ☆ 19년 소방장

혈액에 있는 산소와 영양 그리고 세포 생성물을 신체 구석구석 운반하는 역할을 하고 있다.

㉠ 동맥은 심장으로부터 조직으로 혈액을 이동시키며 오른심실에서 허파로 혈액을 이동시키는 허파동맥을 제외하고는 모든 동맥은 산소가 풍부한 혈액으로 되어 있다. 또한 동맥은 탄력있는 불수의근으로 두꺼운 벽을 갖고 있다.

㉡ 대동맥은 인체 내에 가장 큰 동맥으로 모든 동맥은 대동맥으로부터 혈액을 공급받는다. 대동맥의 첫 번째 분지는 심장에 혈액을 공급하는 심장동맥이다. 이 혈관이 좁아지거나 막히면 심장마비나 심근경색과 같은 응급상황이 나타난다.

목동맥	목에 위치하며 뇌와 머리에 혈액을 공급한다. 목 중앙선에서 옆으로 촉지할 수 있다.
위팔 동맥	어깨와 팔꿈치 사이에 안쪽 중앙선에서 촉지 할 수 있으며 영·유아 CPR에 주로 사용된다. 또한 혈압을 제기 위해 커프를 감는 부위이기도 하다.
노동맥	엄지에서 손목으로 올라오는 부위에서 촉지 된다.
넙다리 동맥	다리의 주요 동맥으로 엉덩뼈동맥으로부터 분지되어 다리에 혈액을 공급한다. 아랫배와 넙다리 사이 접히는 부분에서 촉지 할 수 있다.
정강동맥과 발등동맥	이 두개의 동맥은 발의 혈액순환을 평가하는데 사용된다. 정강동맥은 발목의 안쪽 복사뼈 뒷부분에서 촉지 할 수 있고 발등동맥은 발등에서 촉지할 수 있다.

㉢ 동맥은 점점 가늘어지는데 이를 세동맥이라 하며 더욱 작아진 것을 모세혈관이라 한다.

㉣ 모세혈관은 얇은 벽을 가진 혈관으로 세포에서 이산화탄소를 받고 산소와 영양분을 공급해 주는 역할을 하고 있다. 모세혈관은 정맥계와 동맥계로 연결되어 있다.

㉤ 정맥은 심장으로 혈액을 다시 이동시키는 역할을 하고 있으며 왼심방으로 혈액을 공급하는 허파정맥을 제외하고는 산소교환이 필요한 혈액을 이동시킨다. 정맥은 낮은 압력을 받으며 얇은 벽으로 구성되어 있으며 낮은 압력으로 인해 혈액의 역류를 막는 판막을 갖고 있다. 세정맥은 심장으로 혈액을 운반하는 큰정맥으로 흘러간다. 이 혈액은 오른심방으로 혈액을 운반하는 위·아래대정맥으로 최종적으로 흘러간다.

③ 혈액*

혈구와 혈장으로 구성되어 있다.

적혈구	산소를 운반하는 역할을 한다.
백혈구	인체면역체계에서 중요한 역할을 한다.
혈소판	혈액응고에 필수요소이다.
혈장	끈적거리는 노란색 액체로 조직과 세포에 필요한 당과 같은 영양성분을 포함하고 있다.

④ 맥박과 혈압* ☆ 15년 소방장

환자평가에서 중요한 활력징후 요소로 맥박은 왼심실의 수축정도를 알 수 있고 주요 맥박점에서 촉지 될 수 있다. 맥박을 기록할 때에는 위치와 분당 맥박수 그리고 강도를 적어야 한다. 혈압은 동맥벽에 미치는 압력으로 혈압계를 이용한 위팔동맥측정으로 알 수 있다. 수축기압은 왼심실의 수축으로 생기고 이완기압은 왼심실이 이완되었을 때 측정된다.

⑤ 관류* ☆ 19년 소방장

조직으로의 혈액순환을 관류라고 한다. 원활한 혈액순환을 위해서는 심장, 혈관, 혈액의 3가지 요소가 제 기능을 해야 한다. 만약 한 부분이 제 기능을 수행하지 못하면 저관류라 하며 조직은 산소공급을 받지 못하고 폐기물도 버리지 못한다. 저관류 상태를 쇼크라 하고 기본 증상과 징후는 다음과 같다.

의식변화	불안감과 흥분
말초혈관 순환장애	허약감, 무력감, 차고 끈적거리고 창백한 피부, 영·유아에게서의 모세혈관 재충혈 지연
생체징후 변화	빠른맥(초기), 빠른호흡, 얕고 불규칙하며 힘든 호흡, 저혈압(후기)
기타	산동, 심한 갈증, 오심/구토, 저체온, 창백한 피부, 입술이나 안구결막에 청색증

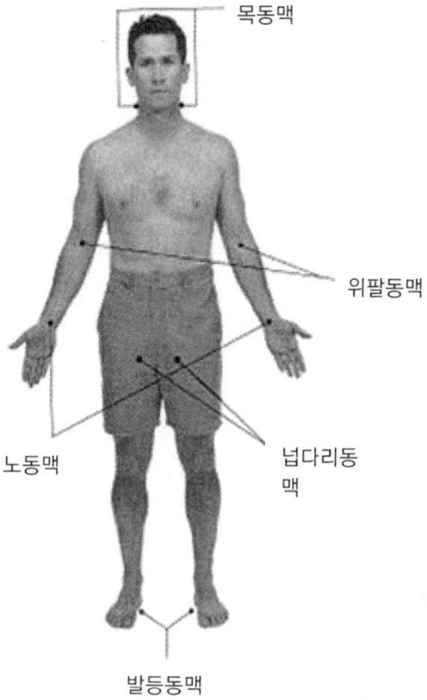

(4) 신경계*

자발적·비자발적 모든 행동을 조절하는 기능과 환경이나 감각에 반응하는 역할을 하고 있다. 신경계는 크게 중앙신경계와 말초신경계로 나눌 수 있다.

① 중추신경계

뇌	머리뼈 내에 위치해 있으며 호흡과 같은 기본적인 기능뿐만 아니라 생각과 기억과 같은 고도의 기능을 담당
척수	뇌에서 등으로 내려가며 척주의 척추에 의해 보호되고 있다. 척수는 뇌로부터의 메시지를 인체에 전달하는 역할을 하는데 이러한 메시지는 수의근의 움직임을 관장하는 말초신경계에 지시한다. 반대로 척수는 인체로부터의 메시지를 뇌로 전달하는 역할을 하기도 한다.

② 말초신경계

운동신경	뇌와 척수로부터 몸의 움직임을 지시하는 정보를 전달
감각신경	몸으로부터의 정보를 척수와 뇌로 정보를 전달

③ 자율신경계

중추신경계와 말초신경계의 일부분으로 구성되어 있어 쇼크와 같은 스트레스를 받으면 맥박이 빨라지는 것과 같은 인체반응을 나타낸다.

(5) 내분비계

호르몬이라 불리는 화학물질을 생산해 신체 변화를 야기시킨다. 내분비계는 뇌의 시상하부, 뇌하수체, 갑상샘, 부갑상샘, 부신 그리고 인슐린을 생산하는 이자로 구성되어 있다. 여성의 난소와 남성 고환의 일부 세포 역시 내분비계 조직으로서 역할을 한다. 인체 내 호르몬의 영향은 성장, 생식, 혈당조절 등 다양하다.

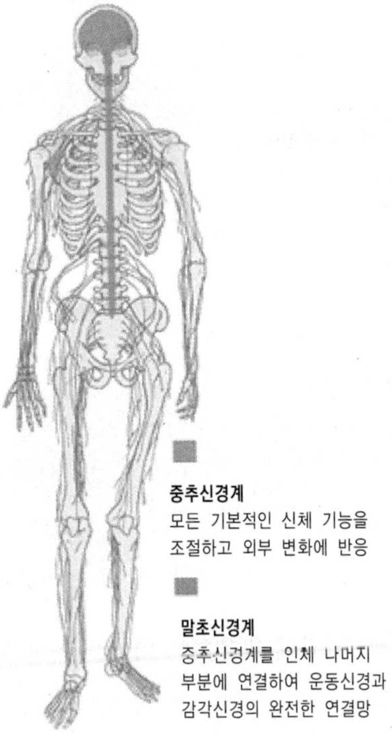

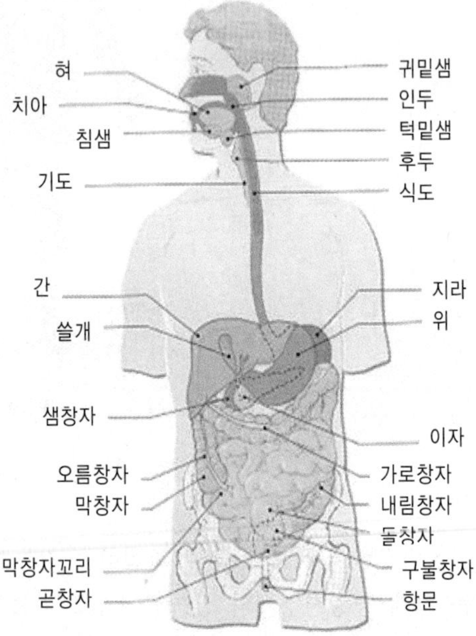

(6) 위장계

음식물을 소화시키는 기관으로 입에서 씹으면서 처음 소화되고 식도를 거쳐 위, 작은창자, 큰창자을 거치게 된다. 음식물이 소화되면 영양분은 위와 장의 주변 혈관에 의해 흡수되고 남은 찌꺼기는 직장을 통해 배설된다. 간, 쓸개, 이자 기관은 소화를 돕는 화학물질을 분비한다.

(7) 비뇨생식기계

생식기관과 소변을 생산·배출하는 기관으로 구성되어 있다. 이 기관들은 배와 골반 내에 위치해 있으며 콩팥은 피를 걸러내고 소변을 생산한다. 소변은 요관을 거쳐 방광에 쌓이고 요도를 거쳐 몸 밖으로 나오게 된다. 여성생식기는 몸 안에 있는 반면 남성생식기는 몸밖에 위치해 있다.

(8) 피 부

피부는 외부로부터 신체를 보호하는 역할을 하며 냉각 · 온각 · 통각 · 촉각 · 압각의 5가지 감각을 갖고 있다. 외부온도의 변화에 따라 혈관수축·땀 등으로 체온을 유지하기도 한다. 피부는 3개의 기본 층으로 구성되어 있다.

표피	가장 바깥에 있는 층으로 피부색을 결정하는 색소를 갖고 있다.
진피	표피아래층으로 여러 기능을 수행하는 혈관, 신경, 땀샘, 털주머니 그리고 지방분비선을 갖고 있다.
피하조직	진피아래층으로 충격을 흡수하고 조직을 보호하는 지방조직으로 구성되어 있다.

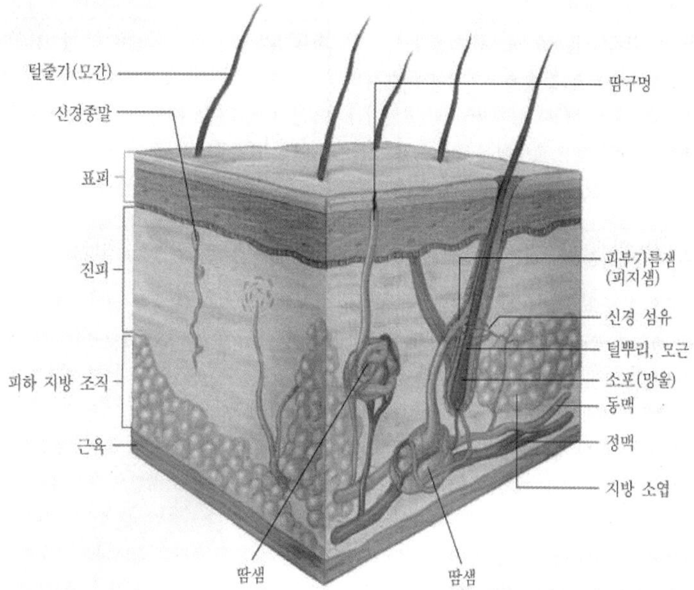

요 약

주요 신체 조직

근골격계	
· 뼈 · 인대	· 근육 · 건

호흡계	
· 코와 입 · 후두덮개 · 기관지	· 인두 · 후두와 기관 · 허파

순환계	
· 심장 · 혈액	· 혈관

신경계	
· 뇌 · 신경	· 척수

비뇨생식기계	
· 콩팥 · 요관 · 남·여 생식기관	· 요도 · 방광

위장계	
· 입 · 위 · 이자 · 쓸개	· 식도 · 장 · 간

내분비계	
· 샘	· 호르몬

피부	
· 표피 · 피하조직	· 진피

Chapter 5

무선통신체계 및 기록

학습 목표

- 응급의료체계에서 구급대원간의 의사소통을 할 수 있다.
- 통신체계를 이해하고 이송 중 무선통신을 할 수 있다.
- 업무 수행 후 기록지 작성을 할 수 있다.
- 중증도 별 환자를 분류할 수 있다.
- START분류법을 적용할 수 있다.

1 의사소통

(1) 일반적인 사항*

① 환자에게 처치자 자신에 대해 소개한다.

환자를 처음 대면 시에 소방대원인지, 구급대원인지 소개한다. 그와 동시에 현장을 파악하고 환자의 이름 및 요구사항을 물어본다.

② 눈을 맞추고 몸짓을 이용한다.

㉠ 환자의 반대편에서 자세를 낮추어 눈을 맞추는 것은 환자의 문제와 환자에 대해 관심이 있다는 것을 나타내기도 한다.

㉡ 아이의 경우에 자세를 낮추어 눈높이를 맞추는 것은 특히 중요하다.

㉢ 환자의 손을 잡는 행동, 등을 가볍게 두드리는 행동 등은 대화를 좀 더 부드럽게 진행시킬 수 있다. 하지만 환자가 신체접촉을 피하거나 싫어한다면 실시해서는 안 된다.

③ 가능하다면 환자에게 직접 얘기한다.

환자의 의식이 명료하며 대화에 기꺼이 응한다면 친구나 환자 주변인이 아닌 환자에게 직접 얘기해야 한다.

④ 말투나 톤에 주의해야 한다.

㉠ 가능하다면 간결하고 분명한 어조로 대화를 해야 하며 전문용어는 피하도록 한다.

㉡ 저자세나 고자세는 피해야 하며 긴급한 상황이 아니라면 환자평가나 인터뷰를 서둘러서는 안 된다.

㉢ 환자가 이해를 못한다면 다시 쉬운 말로 설명해 줘야 한다. "아프세요?"라는 질문보다는 '어디가 아픈지, 어떻게 아픈지'를 물어봐야 한다.

⑤ 애매한 대답이나 추측성 발언은 피해야 한다.

대부분의 환자는 소방대원의 말을 신뢰하기 때문에 환자 질문에 대한 답을 모른다면 정직하게 대답해야 한다.

⑥ 경청해야 한다.
환자의 말에 주의를 기울여야 한다. 환자의 말을 이해하지 못한다면 들은 내용을 다시 말하거나 질문해야 한다.

⑦ 침착하고 전문가적인 행동을 한다.
㉠ 응급상황에서 처치자의 행동은 환자, 가족 그리고 동료들의 행동에 영향을 미친다.
㉡ 흥분은 쉽게 다른 사람에게도 전달되므로 침착하고 전문가적인 자세로 임해야 한다.
㉢ 말과 행동에 있어 전문적인 책임감을 가져야 환자를 안심시킬 수 있다.

(2) 의식장애 환자

① 질문은 간단하고 분명하게 해야 하며 대답을 할 수 있는 충분한 시간을 주어야 한다.
② 환자 처치를 하기 전 충분한 설명을 하고 가능하다면 처치자의 신체를 빌어 행동을 보여주는 방법도 있다.

(3) 폭력적인 환자★★☆ 17년 소방장

① 폭력으로 인해 대화가 불가능할 수 있으며 눈을 맞추거나 신체접촉과 같은 행동은 오히려 환자를 흥분시킬 수 있다.
② 처치자 안전을 우선적으로 확보해야 하며 환자에게서 떨어져 있어야 한다. 또한 통로(문)와 가까이 있어야 하고 통로를 환자가 막아서지 않도록 주의해야 한다.
③ 다른 기관에서의 협조자(경찰)가 오기 전에는 환자를 처치하거나 진입해서는 안 된다.

(4) 소아 환자★

① 응급 상황에서의 소아는 두려움, 혼란, 고통을 호소하는데 낯선 사람과 기구들은 이를 더욱 가중시킨다.
② 소아의 경우 환자 평가 및 처치 동안 부모가 가급적 곁에 있어야 하며 부모는 소아가 안정감을 갖도록 침착하고 조용한 분위기를 만들어야 한다.
③ 가능하다면 아이를 부모가 직접 안거나 무릎 위에 앉히도록 하고 아이와 대화하기 전에는 항상 자세를 낮추어 눈높이를 맞추어야 한다.
④ 쉽고 간결한 말을 이용하며 처치 전에 처치자 자신이나 기구를 직접 만져 보게 하는 등 충분한 설명을 해야 한다.
⑤ 아동에게 고통을 주는 처치를 하기 전에 '아프지 않다'라는 거짓말을 해서는 안 되며 이해한다는 것을 행동이나 말로 표현해야 한다.

(5) 노인 환자

① 노인환자의 경우 즉각적인 반응이나 대답을 할 수 없으므로 한 번에 하나의 질문을 하고 대답할 여유를 주어야 한다.

② 나이로 인해 시력이나 청력에 문제가 있다고 가정해서 큰 소리로 말해서는 안 되며 천천히 분명하게 말해야 한다.

③ 또한 안경을 착용하고 있지 않다면 안경을 쓰는지 쓴다면 안경을 쓰도록 도와줘야 한다. 이는 환자를 안심시키며 대화를 촉진시킬 수 있다.

(6) 청력 장애 환자

① 환자가 입술을 읽을 수 있게 반대편에 마주서야 한다.

② 글을 써서 대화를 나눌 수 있다.

③ 많은 청력 장애 환자들은 수화를 할 수 있기 때문에 가족이나 수화를 할 수 있는 사람을 통해 대화를 나눌 수 있다.

(7) 시력 장애 환자

① 시력장애 환자를 평가하고 처치하는 동안에는 모든 행동에 대해 설명해줘야 한다.

② 기억해야 할 사항은 시력 장애 환자는 청력에 문제가 없음으로 목소리를 높여서는 안 된다는 점이다.

③ 시각장애 안내견이 있다면 환자와 가능하면 같이 있도록 도와줘야 하는데 이는 환자에게 안도감과 편안함을 동시에 줄 수 있다.

(8) 외국인 환자

① 한국말을 못하거나 이해하지 못하는 환자를 대할 때에는 통역을 해 줄 수 있는 주위 친구나 관계자가 있는지 알아본다.

② 통역자가 있다면 반드시 통역내용이 다 맞는다고 판단해서는 안 되고 통역자가 없다면 의료센터나 통역가능기관과 무전을 통한 방법도 있다.

2 무선통신 체계

▌통신 체계 요소▐ *

기지국	소방서 내 상황실에 위치해 있으며 20watts로 20km 거리까지 전파 가능하다.
차량용 무전기	기지국과 같은 20watts이나 기지국보다 낮은 위치에서 전파거리가 짧아진다.
휴대용 무전기	개인 휴대용으로 간편하고 4watts로 4km 거리까지 전파 가능하다.
원격 기지국	보통 산이나 아파트 옥상에 설치되며 기지국에서 원격 기지국까지는 RD(Ring Dial)선으로 연결되어 있다. 원격 기지국은 전파장애가 있는 음영지역 내 원활한 무선통신을 돕는다.
휴대용 전화기	휴대용 전화기는 광범위하게 이용할 수 있으며 원거리 지역이나 병원과의 직접 통화가 가능하다. 현재 구급차, 구조차 내에 비치되어 있다.

(1) 일반원칙★★☆ 19년 소방교

① 무전기가 켜져 있는지 확인하고 소리도 적당하게 조정한다.
② 가능하다면 창문을 닫아 외부 소음을 줄인다.
③ 처음 무전을 시작할 때 잘 들리는지 확인한다.
④ 송신기 버튼을 누른 후 약 1초간 기다리고 말을 한다. 이는 첫 내용이 끊기는 것을 예방해준다.
⑤ 무전기는 입에서부터 약 5~7cm 정도 간격을 두고 입에서 45° 방향에 위치시킨다.
⑥ 다른 기관이나 사람과의 무전을 원할 때에는 "(다른 기관이나 사람), 여기(본인이나 소속기관)"라고 시작한다. 예를 들면 "상황실, 여기 구조하나(구조대장)"라고 하면 된다.
⑦ 무전을 받을 때에는 "여기 (본인이나 소속기관)"라고 하면 된다.
⑧ 말은 천천히, 간결하게 그리고 분명하게 끊어서 말을 해야 한다.
⑨ 항상 간결하게 말해야 하며 30초 이상 말을 해야 한다면 중간에 잠깐 무전을 끊어 다른 무전기 사용자가 응급 상황을 말할 수 있게 해줘야 한다.
⑩ 서로 약속된 무전약어를 사용해야 한다.
⑪ 불필요한 말은 생략한다.
⑫ 무전내용은 모든 기관원들이 듣는 다는 것을 명심해서 욕설이나 개인에 관련된 내용을 말해서는 안 된다.
⑬ 환자에 대해 평가결과를 말해야지 진단을 내려서는 안 된다. 예를 들어 "환자가 가슴통증 호소"라고 해야지 "환자가 심장마비 증상을 보임"이라고 하면 안 된다.

(2) 통신과 이송

상황실은 일반인의 신고를 첫 번째로 받는 곳으로 상황실 직원은 정보수집이나 신고자에게 구급차가 도착하기 전까지의 적절한 행동요령 등을 말할 수 있도록 훈련받아야 한다. 상황실은 출동차량에 계속적으로 정보를 제공해줘야 하며 구급대원 역시 다음과 같은 목적으로 상황실과 무전을 취해야 한다.

① 출동안내를 받기 위해서
② 현장 도착시간을 줄이기 위해 도로상황이나 지름길을 안내 받기 위해서
③ 현장 도착을 알리고 필요 시 추가 지원을 요청하기 위해서
④ 현장에서의 이동을 알리고 환자 수, 이송 병원을 알리기 위해서
⑤ 병원 도착시간을 알리고 이송 후 출동대기 가능성을 알리기 위해서
⑥ 본서나 파출소에 도착한 시간을 안내

(3) 이송 중 통신방법★

이송 전에 이송할 기관에 환자의 상태를 알리는 것은 중요하다. 이는 도착 전에 필요한 인원 및 장비를 준비할 수 있게 해주기 때문이다.

① 본인의 소속기관
② 환자 나이와 성별
③ 환자의 주 호소
④ 현 증상과 관련 있는 병력

⑤ 주요 과거 병력
⑥ 환자 의식상태
⑦ 생체징후 및 환자 평가 내용
⑧ 제공한 응급처치 내용
⑨ 응급처치 후 환자 상태
⑩ 이송할 기관에 도착할 예정 시간

✪ 위의 통신내용은 간결해야 하며 환자 처치를 우선적으로 실시한 후에 해야 한다. 만약 계속적인 처치가 필요한 환자이며 이송할 기관과 통신할 시간이 없다면, 상황실에 도움을 요청해 상황실에서 통신하도록 해야 한다. 이송 중에 환자 상태가 악화되거나 호전되는 변화가 있다면 반드시 이송할 기관과 상황실에 알려야 한다.

(4) 이송 후 통신

이송할 기관에 도착한 후에는 구두 상으로 환자상태에 대한 정보를 알려줘야 한다. 이는 이송 중 통신내용에 대해 모든 의료진이 알고 있다고 할 수 없기 때문이다.

① 환자의 주 호소
② 현 증상과 관련 있는 병력 및 주요 정보
③ 이송 중 처치내용 및 그에 따른 환자 상태
④ 이송 중 환자의 생체 징후
의료진의 질문에 대답할 준비를 해야 하며 환자를 인계한 후에는 작성한 구급 일지 1부를 의료기관에 제출해야 한다.

3 기록지

기록지 작성은 의무사항으로 구급활동일지, 이송 거절 · 거부 확인서, 심폐정지환자 응급처치 세부상황표, 119구조 · 구급대 강력사건 현장임장 상황표, 피해자 응급이송 중 질문표, 구조거절 확인서, 유해물질 등 접촉보고서가 있다. 기록지 작성은 정확하게 해야 하며 빠지는 부분이 없어야 한다.

(1) 작성해야 하는 이유*

① 신고에 따른 진행과정에 대해 법적인 문서가 된다.
② 환자 처치 및 이송에 대해 체계적으로 실시되었음을 나타낼 수 있다.
③ 앞으로의 응급의료체계 발전을 위해 필요하다.
④ 연구 및 통계에 자료를 제공할 수 있다.

의료 기능	① 기록의 주 기능은 양질의 응급처치제공을 위함이다. 환자상태를 평가하고 주 호소, 생체징후, 처치내용 등을 기록해야 한다. ② 병원에서는 환자의 처음 상태와 이송 중 처치내용 그리고 현 상태 등을 기록지를 통해 알 수 있다.

법적 기능	① 구급기록지가 법적문서로 쓰이는 경우는 다음과 같다. ㉠ 환자가 범죄현장과 관련이 있는 경우 ㉡ 법적 소송이 제기 되었을 경우 ② 구급기록지는 판결에 영향을 미치는 중요한 증거 자료가 될 수 있으므로 정확하고 간결하게 신고를 받은 순간부터 이송을 마칠 때까지 기록해야 한다.
행정적 기능	환자의 유형별, 지역별로 통계를 내어 필요한 인원 및 장비를 재배치 할 수 있다. 또한, 환자평가와 처치내용을 재평가해서 추가적인 구급교육을 제공해야 한다.
교육연구 기능	기록지를 분석해서 환자 처치나 의약품이 어떠한 것이 효과적인지 결정해서 구급활동의 질을 향상시킨다.

(2) 법적인 문제점

① 비밀성

의료 상 비밀유지는 기본으로 알 권한이 없는 사람에게 전달하거나 얘기해서는 안 된다. 보험회사, 경찰 등 의료진이 아닌 사람에게는 적절한 법적 절차를 거쳐 제공하면 된다. 환자가 자살을 시도했거나 전염성 질환이 있다면 배우자, 가족 등에 알려야 한다.

② 이송·처치거부 환자

㉠ 성인은 치료를 거부할 권리가 있지만 주의해야 할 사항이 있다.

ⓐ 치료를 거부할 수 있는 나이가 되었는지?

ⓑ 알코올이나 약물중독 상태는 아닌지?

ⓒ 정확한 판단을 할 수 있는 의식상태 인지?

㉡ 위의 사항을 점검한 후 "이송 거절·거부 확인서"를 작성해야 한다. 환자가 이송해야 할 상태이면 왜 처치·이송이 필요한지 설명하고 설득해 보고 상황실에 그 사실을 알려야 한다.

(3) 위조·변조

① 기록지는 신고에 따른 행동이나 상황을 기록한 것으로 때때로 잘못 기록되어 질 수 있다.

② 해야 할 일을 하지 않거나 잘못 행해질 때 문제점이 발생한다.

③ 보통 잘못을 숨기거나 부정확한 정보를 제공하게 된다.

④ 기록지를 위조·변조하는 행위는 중대한 결과를 초래할 수 있다. 이는 환자가 불필요한, 부적절한 그리고 위험한 처치를 받을 수도 있으며 구급대원 자신도 법적인 책임을 져야 하기 때문이다.

⑤ 위조·변조는 해서는 안되며 만약 기록이 잘못 되었다면 소속기관 및 이송할 기관에 알려야 한다.

(4) 특수 상황

① 전염질환에 직업상 노출

② 현장 활동 중 손상

③ 아동 또는 노인 학대

④ 법적 보호가 필요한 환자

(5) 대형사고

① 현장 확인

현장에 처음 도착하면 전반적인 현장 확인이 필요하다. 이는 사고의 전반적인 파악으로 환자 평가나 처치에 앞서 우선적으로 해야 할 일이다. 이를 통해 대량 환자에 필요한 적절한 자원의 신속한 도움을 요청해야 한다.

✪ 최초 도착 시 차량 배치요령★★ ☆ 11년 부산 소방교 / 20년 소방교

1. 도로 외측에 정차시켜 교통장애를 최소화하도록 하며, 도로에 주차시켜야 할 때에는 차량주위에 안전표지판을 설치하거나 비상등을 작동시킨다.
2. 구급차량의 전면이 주행차량의 전면을 향한 경우에는 경광등과 전조등을 끄고 비상등만 작동시킨다.
3. 사고로 전기줄이 지면에 노출된 경우에는 전봇대와 전봇대를 반경으로 한원의 외곽에 주차시킨다.
4. 차량화재가 있는 경우에는 화재차량으로부터 30m 밖에 위치시킨다.
5. 폭발물이나 유류를 적재한 차량으로부터는 600~800m 밖에 위치한다.
6. 화학물질이나 유류가 누출되는 경우에는 물질이 유출되어 흘러내리는 방향의 반대편에 위치시킨다.
7. 유독가스가 누출되는 경우에는 바람을 등진 방향에 위치시킨다.

끊어진 전선
전선이 끊어졌거나, 전신주가 파손된 사고현장
위험구역 : 손상된 전신주 옆 전신주를 중심으로 원을 그린 외곽에 주차한전에서 전기를 끊을 때까지 또는 전문구조팀이 전선을 고정시킬 때까지 위험구역 밖에 있어야 한다.

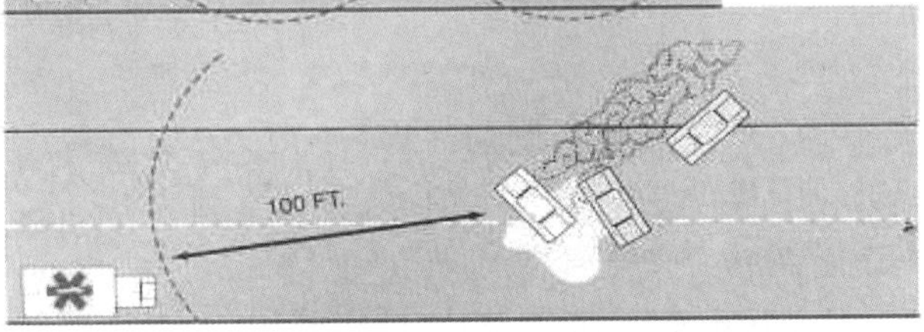

연소 중인 차량
위험물(화학물, 폭발물)을 실은 차량이 아니라면 구급차량은 30m 밖에 바람을 등지고 주차시켜야 한다.

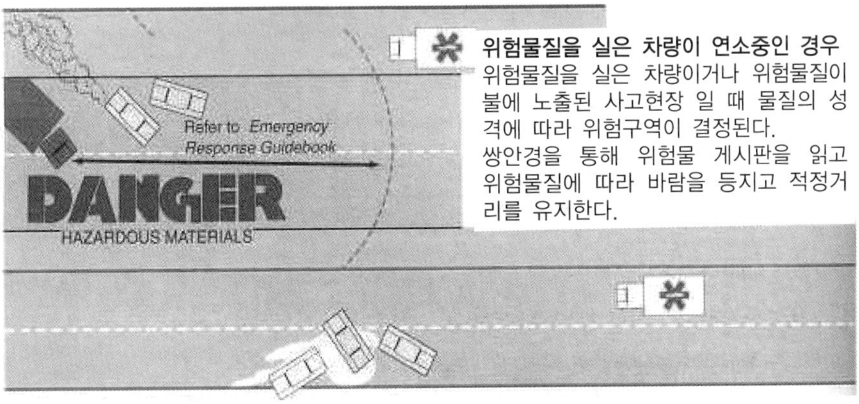

위험물질을 실은 차량이 연소중인 경우
위험물질을 실은 차량이거나 위험물질이 불에 노출된 사고현장 일 때 물질의 성격에 따라 위험구역이 결정된다.
쌍안경을 통해 위험물 게시판을 읽고 위험물질에 따라 바람을 등지고 적정거리를 유지한다.

연료누출
연료가 누출된 지대보다 높은 곳에 구급차를 세워야 하나 높은 지대가 없다면 가능한 멀리 위치해야 한다. 또한 구급차 옆에 누출된 물질이 올 수 있는 하수구(도랑)는 피해야 한다. 구급차 촉매장치(catalytic converter)는 537.7℃ 이상에서 발화되므로 주의해야 한다.

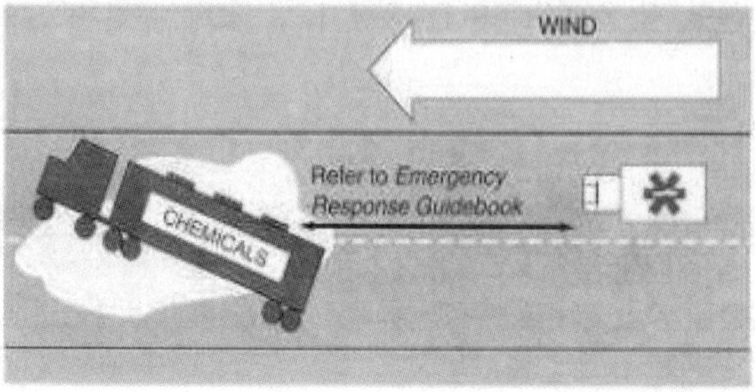

위험물질
위험한 화학물질의 누출은 건강에 영향을 미치므로 냄새유무와 상관없이 바람을 등지고 주차시켜야 한다. 위험물질이 확인되었다면 전문가의 조언을 구해 행동을 해야 하는데 위험물질이 아니면 15m, 위험물질(폭발물 등)이라면 최고 600m밖에 주차시켜야 한다.

■ 위험구역 ■

② 무선통신

㉠ 현장에 처음 도착한 대원은 요점만 간결하게 상황실에 보고해야 한다.

㉡ 보고내용에는 상황의 위급한 정도와 추가 지원 요청 사항이 포함되어야 한다.

㉢ 현장지휘대장은 무전을 통해 자신의 현장직위를 밝히고 위치(현장지휘소)를 알려야 한다.

㉣ 지원 요청 시에는 인원수, 장비, 현장 접근 방법(경로), 대기 장소, 도착 후 업무 등을 얘기해 주어야 한다.

③ 구급 기능

㉠ 현장 확인 - 안전거리를 유지하고 현장 안전 확인

㉡ 인원/장비 배치 - 환자 수 및 상황에 따른 적절한 인원 및 구급차 배치

㉢ 구조대 투입 - 요구조자 구출을 위한 구조대 투입

㉣ 환자 분류 - 즉각적인 이송 및 처치에 따른 환자 분류

㉤ 응급 처치 - 환자 상태에 따른 응급 처치 제공

㉥ 이송 - 현장 진·출입 통제관의 도움으로 거리, 경로, 우선순위 결정

㉦ 회복/대기소 - 구조·구급대원의 휴식, 음식물 제공

④ 환자 중증도 분류 4가지* ☆ 16년 서울 소방교, 대구 소방교, 17년 소방장, 19년 소방교

긴급 환자 (적색)	생명을 위협할만한 쇼크 또는 저산소증이 나타나거나 임박한 경우, 만약 즉각적인 처치를 행할 경우에 환자는 안정화될 가능성과 소생 가능성이 있는 경우	
응급 환자 (황색)	손상이 전신적인 증상이나 효과를 유발하지만, 아직까지 쇼크 또는 저산소증 상태가 아닌 경우, 전신적 반응이 발생하더라도 적절한 조치를 행할 경우 즉각적인 위험 없이 45~60분 정도 견딜 수 있는 상태	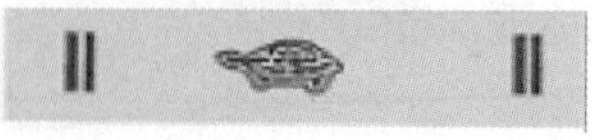
비응급 환자 (녹색)	전신적인 위험 없이 손상이 국한된 경우 ; 최소한의 조치로도 수 시간 이상 아무 문제가 없는 상태	

지연 환자 (흑색)	대량 재난시에 임상적 및 생물학적 사망이 명확히 구분되지 않는 상태와, 자발 순환이나 호흡이 없는 모든 무반응의 상태를 죽음으로 생각한다. 몇몇 분류에서는 어떤 처치에도 불구하고 생존 가능성이 희박한 경우를 포함	

⑤ START 분류법** 신속한 분류 및 처치를 위해 사용☆ 17년, 20년 소방위 / 21년 소방장, 소방위

㉠ 우선 걸을 수 있는 환자는 지정된 장소로 이동하라고 말한다.

㉡ 남아 있는 환자에 대해 의식, 호흡, 맥박을 확인하여 분류한다.

ⓐ 긴급 환자 - 의식 장애, 호흡수 30회/분 이상, 노뼈동맥 촉진 불가능

ⓑ 응급 환자 - 의식 명료, 호흡수 30회/분 이하, 노뼈동맥 촉진 가능

ⓒ 지연 환자 - 기도 개방 후에도 무호흡, 무맥

㉢ 지정된 장소로 온 환자들을 다시 평가하면서 분류한다.

⑥ START분류법의 환자평가 항목*☆ 12년 부산 소방장, 13년 서울 소방장

신속, 간결 일관성 있는 분류를 위해 환자평가는 RPM을 기본으로 한다.

㉠ Respiration : 호흡

㉡ Pulse : 맥박

㉢ Mental Status : 의식 수준

- 지정된 곳(구급차 또는 근처 건물 등)으로 모인 환자는 의식이 있으며, 지시를 따를 수 있고 걸을 수 있으므로 뇌로의 충분한 관류와 호흡 · 맥박 · 신경계가 적절히 작용한다는 것을 알 수 있다. 따라서 비응급 환자로 분류한다.
- 지정된 곳으로 가지 못하는 환자는 긴급, 응급, 지연환자로 분류된다.

⑦ 남아 있는 환자 중에서 우선순위를 분류**☆ 15년 소방교, 18년 소방교

의식 장애가 있는 환자를 우선으로 START분류법을 이용해 신속하게 분류해야 한다. 분류하는 도중에는 환자 상태에 따라 아래의 3가지 처치만을 제공하고 다른 환자를 분류해야 한다.

㉠ 기도 개방 및 입인두 기도기 삽관

㉡ 직접 압박

㉢ 환자 상태에 따른 팔다리 거상

호흡 확인	호흡이 없는 환자가 기도개방처치로 호흡을 한다면 긴급환자, 그래도 호흡이 없다면 지연환자로 분류한다. 호흡수가 분당 30회 이상이면 긴급환자, 30회 이하라면 응급환자로 분류한다.
맥박 확인	환자 상태가 무의식, 무호흡, 무맥이라면 지연환자로 분류하고 호흡은 없고 맥박이 있다면 긴급환자로 분류한다. 호흡과 맥박이 모두 있는 환자라면 다음 환자로 넘어가야 한다.
의식수준	의식이 명료하다면 응급환자로 의식장애가 있다면 긴급환자로 분류한다.
지정된 장소에 모인 환자	걸을 수 있다고 해서 모두 비 응급 환자라 분류해서는 안 되며 그 중에서도 의식장애, 출혈, 쇼크 전구증상 있는 환자가 있을 수 있다. 따라서 START분류법에 의해 호흡, 맥박, 의식 수준을 평가해 재분류해야 한다.

Chapter 6

환자 들어올리기와 이동

학습 목표

- 안전한 환자 이동방법을 알 수 있다.
- 신체역학을 이해할 수 있다.
- 들 것 등의 환자 이동장비를 사용할 수 있다.
- 환자 이송시 손상에 따라 환자의 자세를 적용할 수 있다.

1 환자 들어올리기와 이동전 계획

(1) 신체 역학적 들어올리기★★★ ☆ 12년 서울 소방장, 14년 경기 소방교, 19년, 21년 소방교

인체역학이란 신체를 적절히 사용함으로써 부상을 방지하며 들어올리고 운반하기를 용이하게 하는 것이다.

① 물체의 무게가 얼마나 되는지, 들어올리는 데 도움이 필요한지를 먼저 생각한다.

② 계획을 세우고 나서, 들어올리고 운반할 계획을 동료와 서로 의논하라. 환자를 편안하게 하기 위해, 그리고 자신들의 안전을 위해 운반 과정동안 계속하여 대화하도록 한다.

③ 물체를 가능한 한 몸 가까이 붙여야 한다. 인체 역학상 이렇게 함으로써 들어올리는 동안 허리보다는 다리를 사용할 수 있게 된다. 몸에서 멀어질수록 부상의 가능성은 높아진다.

④ 들어올릴 때 등을 일직선으로 유지하고 다리, 엉덩이의 근육을 이용한다. 허리 근육은 다리 근육보다 약하기 때문이다.

⑤ 다리를 약간 벌리고 발끝을 밖으로 향하게 한다. 슬리퍼 등과 같은 것은 안 되며 안전화를 착용해야 한다.

⑥ 들어올릴 때 몸을 틀거나 비틀지 말아야 하며 다른 동작을 하게 되면, 부상의 원인이 될 수 있다.

⑦ 갑작스런 움직임은 피해야 한다.

⑧ 한 손으로 들어올릴 때는 한쪽으로 몸을 굽히는 것을 피해야 한다. 허리를 항상 일직선을 유지하도록 한다.

(2) 들어올리기와 잡기★★ ☆ 19년 소방교

① 가능한 들어 올리는 물체에 가깝게 접근해 다리를 약간 벌려 고정시킨 후 앉는다.

② 허리는 고정시키고 손으로 손잡이 부분을 잡고 들어올린다.

③ 양손은 약 20~30cm 떨어져 손바닥과 손가락으로 손잡이 부분을 충분히 감싼다. 손잡이는 같은 높이여야 하며 손이 미끄럽거나 기구가 젖어 있지 않은지 확인해야 한다.

(3) 다양한 방법

한 손 운반	4명 이상의 대원이 들것을 이용해 각각의 네 모서리를 잡고 이동시킬 때와 한 손으로 장비를 운반할 때 사용된다. ※ 주의할 점 · 들어 올릴 때와 내릴 때는 양 손을 이용해야 한다. · 한 명의 구령에 의해 실시해야 한다. · 한 쪽으로 기울어지지 않도록 해야 한다.
계단 에서 운반	· 의자형(계단용) 들것을 이용해야 하며 이동전에 계단에 장애물이 있다면 제거한 후에 이동해야 한다. · 3인 이상의 대원이 있다면 이동하는 대원 2명 외에 나머지 대원은 뒷걸음으로 계단을 내려가는 대원의 뒤에서 등을 받치고 계단의 시작과 끝을 알려 주는 역할을 실시해 주어야 한다.
손을 뻗고 당기는 법	· 허리를 고정시킨다. · 손을 뻗을 때 몸을 뒤트는 행동은 피해야 한다. · 어깨 높이 이상으로 손을 뻗을 때에는 허리를 과신전해서는 안 된다. · 물체와 38~50cm 이상 떨어져 있으면 안 되며 가급적이면 물체에 가깝게 접근해야 한다. · 잡아당기는 것보다 가급적이면 미는 동작을 사용한다. · 밀 때에는 손뿐만 아니라 상체의 무게를 이용해야 한다. · 허리를 고정한 후에 실시해야 한다. · 물체가 낮다면 무릎을 꿇고 실시해야 한다. · 머리보다 높은 물체를 밀거나 당기는 것은 피해야 한다.
통나무 굴리기 방법	들것으로 환자를 옮길 때 주로 사용되며 척추의 움직임을 최소화하기 위해서 3~4명이 한 팀을 이루어 실시해야 한다. 통나무 굴리기 방법으로는 그림과 같으며 다음 사항을 유의하여야 한다. · 등은 일직선상을 유지한다. · 환자를 굴릴 때 손과 어깨를 사용한다. · 허리를 지렛대 역할로 사용하는 것은 피한다.

※ 통나무 굴리기 방법

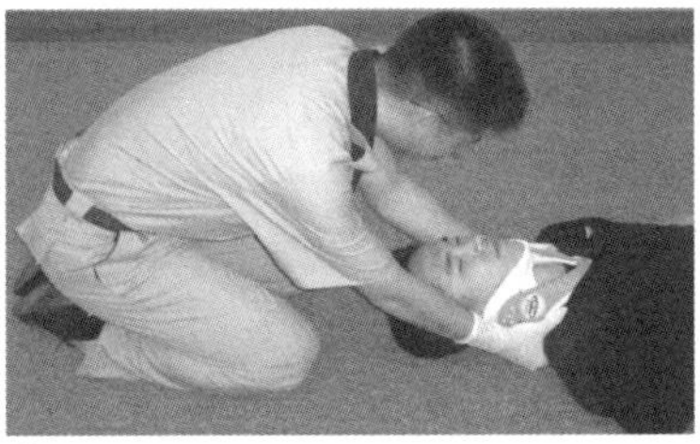

① 손으로 머리를 계속 고정

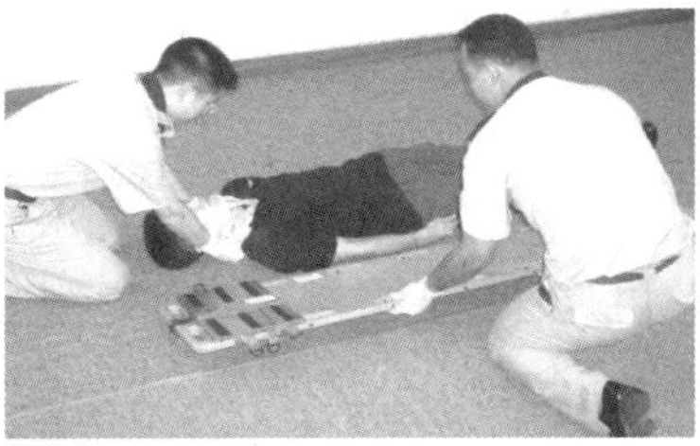

② 긴 척추고정판 준비

③ 환자의 어깨, 허리, 엉덩이, 다리부분을 잡고 돌릴 준비

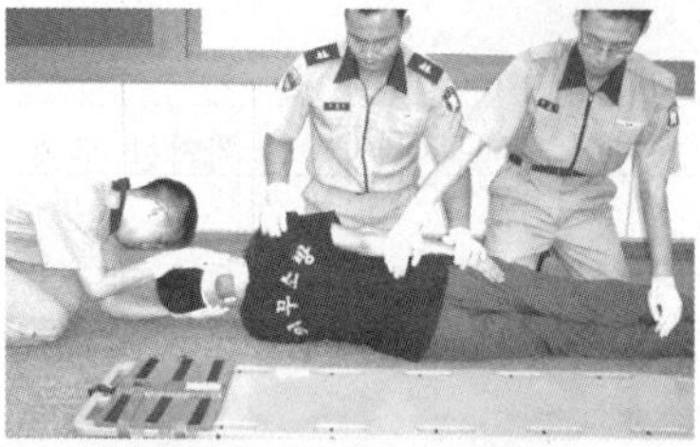

④ 동시에 돌려 일직선유지

⑤ 다리부분의 보조자가 고정판을 준비

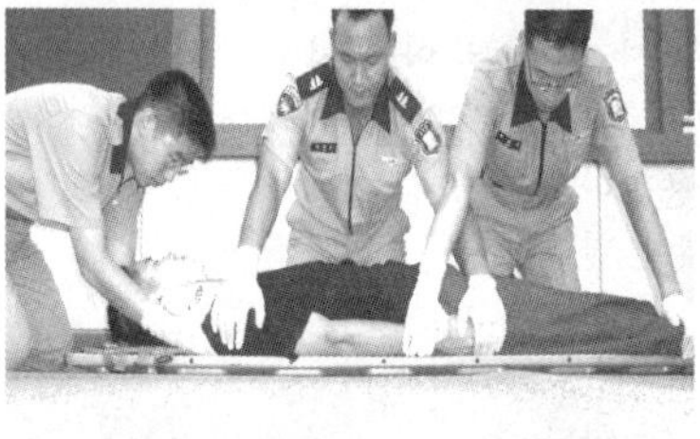

⑥ 고정판위에 동시에 내려놓기

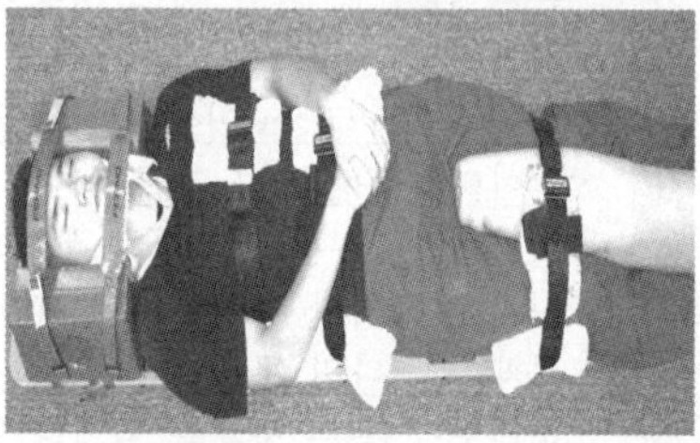

⑦ 머리와 몸 전체를 안전하게 고정

2 환자 안전

(1) 긴급이동★☆ 13년 서울 소방교, 19년 소방교

① 환자나 대원에게 즉각적인 피해를 줄 수 있는 위험한 환경일 때
② 화재, 화재 위험, 위험물질이나 폭발물질, 고속도로, 환자의 자세나 위치가 손상을 증가시킬 때
③ 다른 위급한 환자에게 접근할 때
④ 고정 장치를 이용할 시간이 없을 때
⑤ 척추손상을 초래할 수 있어 위급한 경우에만 사용
⑥ 만약 시간이 허용된다면 척추 고정을 실시한 후에 이동
⑦ 이동 방법으로는 1인 환자 끌기, 담요 끌기 등이 있다.

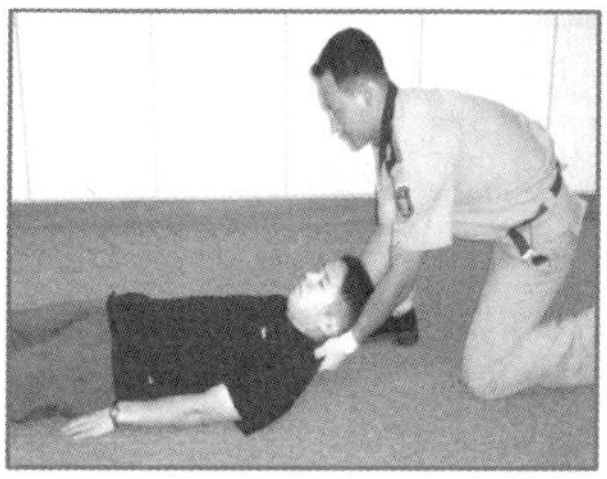
■ 옷 끌기 ■

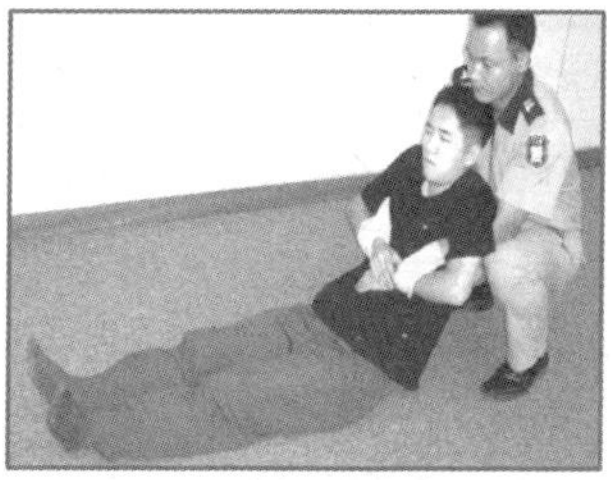
■ 경사 끌기 ■

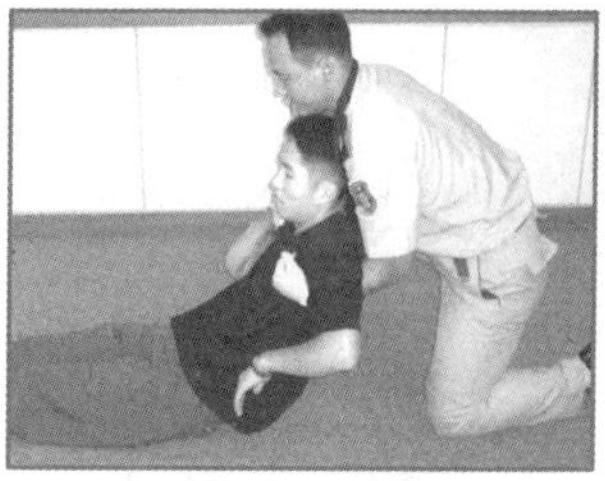
■ 어깨 끌기 ■

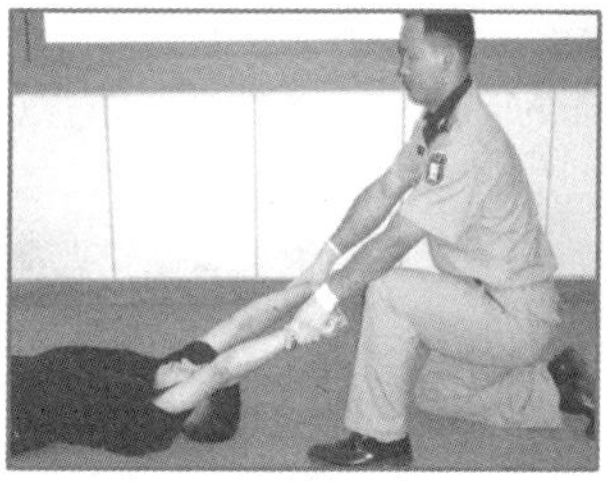
■ 팔 끌기 ■

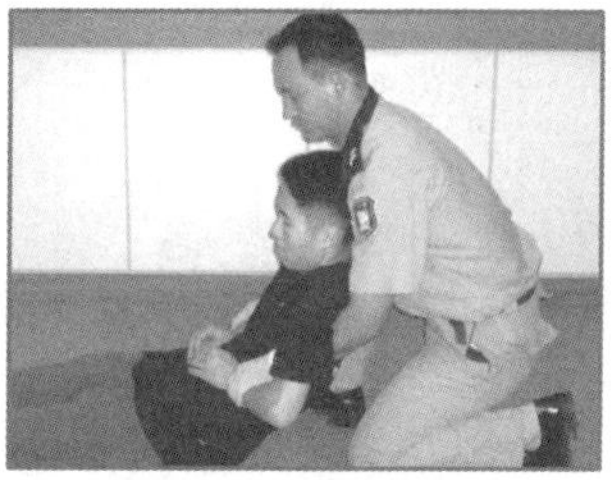
■ 팔과 팔 끌기 ■

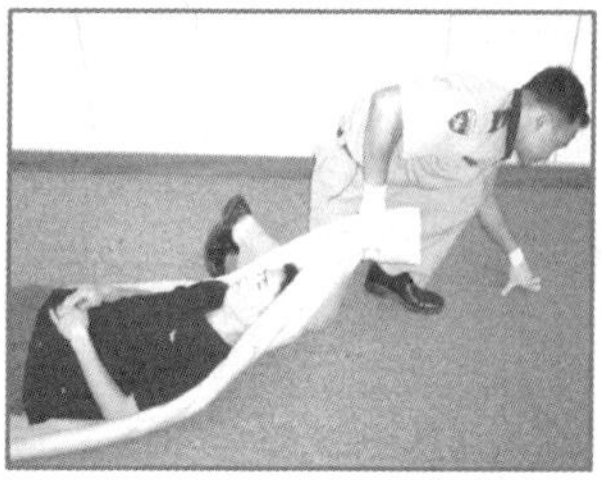
■ 담요 끌기 ■

(2) 응급이동

환자의 상태가 즉각적인 이송이나 응급처치를 요하는 경우에 사용하는 것으로 쇼크, 가슴손상으로 인한 호흡곤란 등이 있다.

① 긴급 이동과 차이점은 척추손상에 대한 예방조치를 할 수 있다는 점이다.

② 긴급구출은 차량사고에서 짧은 척추고정판이나 조끼형 구조장비로 고정시킬 충분한 시간이 없을 때 사용된다.

③ 보통 척추손상 의심환자를 차량 밖으로 구조하는 데 약 10분 정도 걸리는 것을 1~2분으로 단축시킬 수 있다.

※ 이 방법은 척추 손상 위험이 높다

④ 긴급구출은 3명 이상의 대원이 한 팀으로 하여야 하고, 긴 척추 보호대에 눕혀 차량 밖으로 이동 후 고정한다.

(3) 비 응급 이동

충분한 평가와 처치를 실시한 후에 이동하는 것으로 다음과 같은 원칙이 있다.

① 계속적인 처치와 추가적 손상 및 악화를 예방한다.
② 환자 이동에 따른 구급대원 손상가능성을 최소화시킨다.
③ 이동 계획 시간을 갖고 적절한 장비를 선택한 후 실시해야 한다.
④ 만약 이동경로에 장애물이 있다면 이동전에 제거해야 한다.
⑤ 가능하다면 가벼운 장비를 사용해야 한다.

직접 들어올리기	척추 손상이 없는 환자에게만 사용할 수 있다.
무릎-겨드랑이 들기법	두 명의 대원이 척추손상이 없는 환자를 이동할 때 사용하는 방법 ※ 호흡곤란 환자는 피한다.
앙와위 환자이동	침대에 누워있는 환자를 주 들것으로 옮길 때 사용되며 시트를 당기거나 손을 이용할 수 있다.
시트 끌기	침대 높이에서 환자를 이동할 때 주로 사용 ※ 무거운 환자인 경우에는 침대와 주 들것을 고정시킨 후 이동

■ 직접 들어올리기 ■

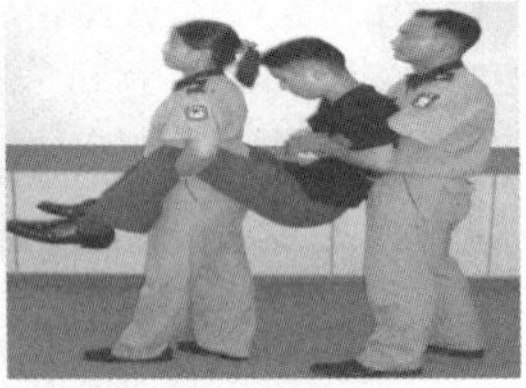

■ 무릎/겨드랑이 들기법 ■

3 환자 이동 장비

(1) 환자 이동 장비를 사용하기 전에 유의해야 할 사항

① 가급적이면 가벼운 이동장비를 사용한다.
② 구급차 내에 주 들것보다는 이동용 접이식 들것이 훨씬 가볍다.
③ 가능하다면 환자를 직접 이동하는 것보다 장비를 이용해 이동해야 한다.
④ 들것을 들어 올릴 때에는 최소한 2인 이상이 필요하다.
⑤ 가능하다면 많은 인원이 동시에 들어 올리는 것이 좋다.
⑥ 2인이 들어 올릴 때에는 서로 키가 비슷하고 같은 힘을 주어야 한다.
⑦ 가능하다면 환자의 다리가 진행방향으로 가도록 이동한다.

(2) 주 들것 사용 시 유의사항☆ 20년 소방교

구급차량 내에 비치되어 있는 들것으로 상체를 올릴 수 있다. 주 들것의 높이에 맞게 2인이 들어 올리는 연습이 필요하다.

① 환자는 주 들것에 항상 안전하게 고정되어야 한다.

※ 환자의 손이 고정되어 있지 않다면 주 들것 밖으로 나와 있어 무언가를 잡을 수 있다.

② 가능하다면 주 들것의 바퀴를 이용해 환자를 이동시킨다.

※ 환자의 다리가 진행방향으로 먼저 와야 하며 대원 모두 진행방향을 향해 위치해야 한다. 바닥이 고르지 못한 지역은 주 들것이 기울 수 있으므로 주의해야 한다.

③ 바닥이 고르지 못하다면 4명의 대원이 주 들것의 네 모서리에 위치해 환자를 이동시킨다.

④ 대원이 2명이라면 한명은 머리 쪽, 다른 한명은 다리 쪽에서 이동시켜야 하며 대원은 서로 마주보아야 한다.

※ 뒤로 걷는 대원은 어색할 수 있으나 환자 안전을 위해서는 실시해야 하며 대원 간의 상호 대화가 필요하다.

⑤ 주 들것이 구급차 내에 고정되었는지 이송 전에 확인해야 한다.

(3) 보조 들것(접이식)

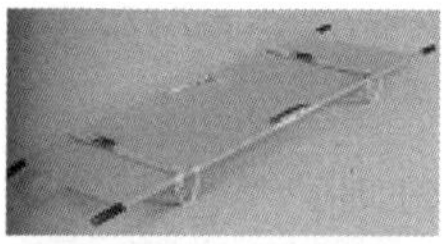

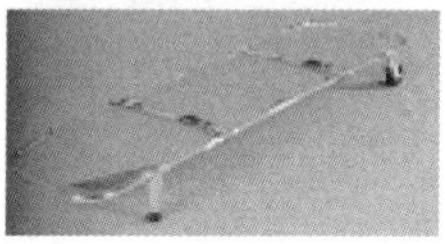

① 보조 들것으로는 알루미늄형, 텐트형, 중량의 플라스틱형, 코트형・천형 등이 있다.

② 대부분의 장비는 접이식이며 쉽게 적재할 수 있고 세척할 수 있다.

③ 보조 들것은 주 들것을 사용할 수 없는 장소에서 환자를 이동시킬 때 그리고 다수의 환자가 발생했을 때 사용된다.

※ 대부분 바퀴가 없기 때문에 환자 무게에 맞는 충분한 이동대원이 있어야 한다는 단점이 있다.

(4) 의자형(계단용) 들것* ☆ 15년 소방교

① 계단용으로 환자를 앉은 자세로 이동시킬 때 사용된다.

② 좁은 복도나 작은 승강기 그리고 좁은 공간에 유용하며 호흡곤란 환자를 이동시키기에 좋다.

※ 척추손상이나 하체손상 환자 그리고 기도유지를 못하는 의식장애 환자에게 사용해서는 안 된다.

③ 계단을 내려올 때에는 환자의 다리가 먼저 진행방향으로 와야 하며 다리 측을 드는 대원의 가슴과 환자의 다리가 수평을 이루어야 한다.

(5) 분리형 들것☆ 16년 부산 소방장 / 20년 소방교

① 주로 운동 중 사고나 골반측 손상에 사용되며 알루미늄이나 경량의 철로 만들어졌다.

② 들것을 2부분이나 4부분으로 나누어 앙와위 환자를 움직이지 않고 들것에 고정시켜 이동시킬 수 있다.

※ 등 부분을 지지해 주지 못하기 때문에 척추손상환자의 경우는 사용해서는 안 된다.

(6) 척추 고정판

① 구급차에 항시 비치되어 있어야 하는 장비로 목뼈나 척추손상 의심환자를 고정할 때 사용된다.

② 긴 척추고정판은 나무, 알루미늄, 플라스틱 중합체로 만들어지며 누워있거나 서 있는 환자에게 사용된다.

③ 끈과 머리고정 장치도 쉽게 탈·부착할 수 있다.

④ 짧은 척추고정판, 구출고정장치(조끼형구출장치)는 차량사고와 같이 앉아 있는 자세의 척추손상 의심 환자를 고정시키는 데 사용된다.

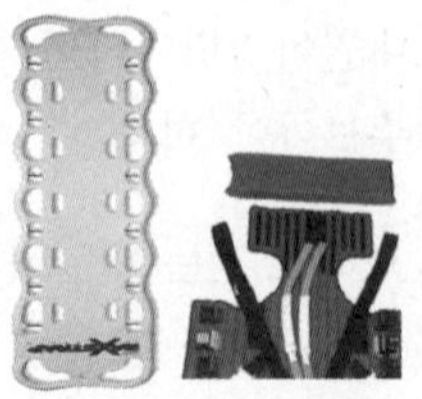

■ 긴 척추고정판·구출고정대 ■

※ 이 기구들은 앉아 있는 환자를 긴 척추고정판 위의 앙와위로 자세를 변경하는 데 사용된다.

(7) 바스켓형 들것★☆ 19년 소방위

① 플라스틱 중합체나 금속테두리에 철망으로 만들어졌다.

② 주로 고지대·저지대 구출용과 산악용으로 사용되며 긴 척추고정판으로 환자를 고정한 후에 바스켓형에 환자를 결착시킨다.

③ 플라스틱 재질은 자외선에 노출되면 변형될 수 있기 때문에 직사광산을 피해 보관해야 한다.

(8) 가변형 들것☆ 17년 소방장

① 좁은 곳을 통과할 때 유용하며 천이나 유연물질로 만들어져 있다.

② 손잡이는 세 군데 혹은 네 군데에 있으며 보관할 때 쉽게 접히거나 말린다.

③ <u>척추손상 의심 환자를 1인이 운반할 때에는 적절하지 않다.</u>

4 환자 자세★★☆ 13년 경북 소방교, 14년 경남 소방장

이동 장비를 이용해 환자를 운반하기 위해서는 적절한 자세가 필요하다. 환자의 자세를 선정할 때에는 환자가 가장 편안함과 희망하는 자세를 청취하여 주호소 및 다음에 기술한 증상을 관찰하고 종합적으로 판단하는 것이 매우 중요하다.

· 의식의 상태
· 호흡의 상태
· 순환의 상태
· 얼굴색의 상태
· 피부 체온의 상태
· 메스꺼움 또는 구토의 유무
· 손상(출혈)의 부위
· 마비의 유무
· 통증의 상태
· 응급처치 진행 중의 상태

※ 환자자세의 종류와 적용에 관한 기본사항☆ 16년 경기 소방장

① 머리나 척추 손상이 없는 무의식환자는 좌측위나 회복자세를 취해준다. 이 자세들은 환자의 구강내 이물질이나 분비물을 쉽게 제거할 수 있다. 또한 구급차 내 이송 중 환자와 구급대원이 마주볼 수 있는 자세이기 때문에 환자처치가 용이하다.

② 호흡곤란이나 가슴통증 호소 환자는 환자가 편안해 하는 자세를 취해주는 것이 좋다. 보통은 좌위나 앉은 자세를 취해준다.

③ 머리나 척추 손상이 의심되는 환자는 긴 척추고정판으로 고정시킨 후 이송해야 한다. 필요 시 환자의 구강 내 이물질이나 분비물을 제거하기 위해서는 왼쪽으로 보드를 약간 기울일 수 있다.

④ 쇼크환자는 다리를 20~30cm 올린 후 앙와위로 이송한다. 머리, 목뼈, 척추손상 환자에게 시행해서는 안 된다.

⑤ 임신기간이 6개월 이상인 임부는 좌측위로 이송해야 한다. 만약 긴 척추고정판(spine board)으로 고정시킨 임부라면 베게나 말은 수건을 벽면과 임부 사이에 넣어 좌측위를 취해준다.

⑥ 오심/구토 환자는 환자가 편안해 하는 자세로 이송한다. 보통은 회복자세를 취해주며 만약, 좌위나 반좌위를 취한 환자라면 기도폐쇄를 주의하고 의식저하 환자는 회복자세로 이송해야 한다.

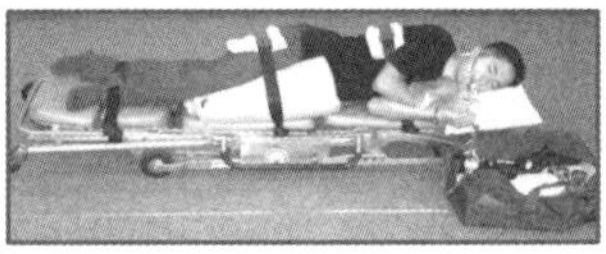
■ 머리, 척추 손상 없는 무의식 ■

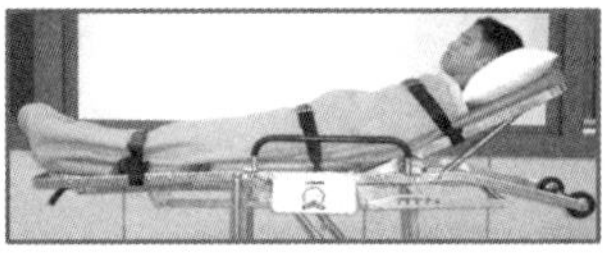
■ 호흡곤란, 가슴통증 환자 ■

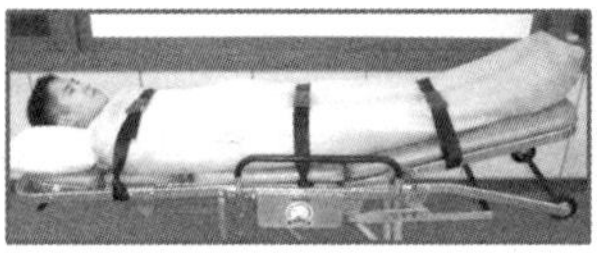
■ 쇼크(저관류) 환자 ■

Chapter 7

응급의료장비 사용법

학습 목표

- 입인두기도기 등의 기도확보유지 장비를 사용할 수 있다.
- 흡인기 등의 호흡유지 장비를 사용할 수 있다.
- 심장충격기 등의 순환유지 장비를 사용할 수 있다.
- 들것 등의 이송 장비를 사용할 수 있다.
- 척추고정판 등의 다양한 외상처치 장비를 사용할 수 있다.

제1절 호흡유지 장비

기능별	장비명	구분
호흡유지	백밸브마스크(성인용, 소아용, 영아용), 포켓마스크, 비강캐뉼라, 안면마스크(성인용, 소아용), 비재호흡마스크(성인용, 소아용), 자동식 산소소생기(고정용, 휴대용), 충전식흡인기, 네블라이저	기본장비
	지속양압환기장치(CPAP)	선택장비

1 흡인기* ☆ 11년 부산 소방교, 15년 소방교, 16년 경기 소방장

의식이 없는 환자의 구강 또는 비강 내 타액, 분비물 등 이물질을 신속하게 흡인하기 위한 기구이며 작동원리에 따라 전지형(충전식)과 수동형으로, 사용범위에 따라 고정식, 이동식으로 분류할 수 있다.

충전식 흡인기 ☆ 13년 경북 소방장, 17년 소방교	① Suction Unit ② 제원 - 흡인압력 : 300mmHg 이상 - 사용압력 : 80~200mmHg 이상 - 구성 : 흡인팁, 흡인튜브, 흡인통, 건전지, 본체 등  ③ 사용법 - 기계 전원을 켠다. - 흡인튜브를 흡인관에 끼운다. - 환자의 입가장자리에서 귓볼까지의 길이를 측정하여 흡인튜브의 적절한 깊이를 결정한다. - 흡인 전에 환자에게 산소를 공급한다. - 수지교차법으로 입을 벌린 후 흡인튜브를 넣는다. - 흡인관을 꺽어서 막고 흡인기를 측정한 깊이까지 입안으로 넣는다. - 흡인관을 펴서 흡인한다.(단, 흡인시간은 15초를 초과하지 않는다.) - 흡인 후에는 흡인튜브에 물을 통과시켜 세척하고 산소를 공급한다.
수동형 응급 흡인기	① 용도 : 전지나 전기 연결 없이 한 손으로 간단히 조작할 수 있다. ② Res- Q- Vac Emergency Suction, 고무공 등 ③ 구성 : 본체, 흡인통, 흡인관 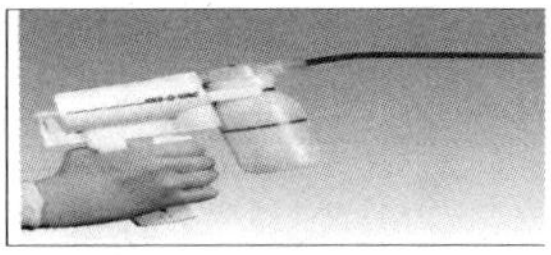 ④ 단점 - 흡인력이 약하고 오물 수집통이 작다. - 환자 구강 내에 흡인도관을 삽입하면서 수동 펌프질하는 것이 어렵다.

코삽입관 ★	용도	비강용 산소투여 장치로 환자의 거부감을 최소화 시켰으며 낮은 산소를 요구하는 환자에게 사용된다. 환자의 코에 삽입하는 2개의 돌출관을 통해 환자에게 산소를 공급하며 유량을 분당 1~6L로 조절하면 산소농도를 24~44%로 유지할 수 있다.
	구분	성인용, 소아용
	주의사항	· 유량속도가 많아지면 두통이 야기될 수 있다. · 장시간 이용 시 코 점막 건조를 예방하기 위해 가습산소를 공급한다. · 비강내 손상이 있는 환자에게는 사용을 억제하고 다른 기구를 사용한다.
단순 얼굴 마스크 ☆ 14년 경기 소방장	용도	입과 코를 동시에 덮어주는 산소공급기구로 작은 구멍의 배출구와 산소가 유입되는 관 및 얼굴에 고정시키는 끈으로 구성되어 있다. 6~10L의 유량으로 흡입 산소농도를 35~60%까지 증가시킬 수 있다.
	특징	· 성인용, 소아용으로 구분 · 이산화탄소 배출구멍이 있으나 너무 작아 불편감을 호소하기도 한다. · 얼굴에 완전히 밀착되지 않아 충분한 산소가 공급되지 않을 수 있다. · 이산화탄소 잔류로 인해 산소공급량은 높을수록 효과적이다.
비재 호흡 마스크	용도	심한 저산소증 환자에게 고농도의 산소를 제공하기에 적합
	특징	· 체크(일방향) 밸브가 달려 있다. · 산소저장낭이 달려있어 호흡 시 100%에 가까운 산소를 제공할 수 있다. · 산소 저장낭을 부풀려 사용하고 최소 분당 10~15L 유량의 산소를 투여하면 85~100%의 산소를 공급할 수 있다. · 얼굴밀착의 정도에 따라 산소농도가 달라진다.

벤튜리 마스크 ☆ 18년 소방교 / 20년 소방위	용도	특수한 용도로 산소를 제공할 경우에 사용되며 표준 얼굴 마스크에 연결 된 공급배관을 통해 특정 산소 농도를 공급해 주는 호흡기구
	규격	24%, 28%, 31%, 35%, 40%, 50%(53%)
	특징	· 일정한 산소가 공급될 때 공기의 양도 일정하게 섞여 들어가는 형태 · 만성폐쇄성폐질환(COPD)환자에게 유용 · 분당 산소 유입량은 2~8L

2 포켓 마스크(Pocket Mask) ☆ 17년 소방장

용도	입대 입 인공호흡 시 환자와 직접적인 신체접촉을 피할 수 있으며, 산소튜브가 있어 충분한 산소를 보충하면서 인공호흡을 할 수 있다. 유아에 사용할 때는 마스크를 거꾸로 하여 기저부가 코 위에 놓이도록 사용한다.
사용법	· 포켓 마스크에 일방형 밸브를 연결한다. · 포켓 마스크를 환자 얼굴에 밀착시켜 뾰족한 쪽이 코로 가도록 한다. · 일방형 밸브를 통해 환기한다. · 소아는 포켓 마스크를 거꾸로 밀착시켜 뾰족한 끝이 턱으로 가도록 한다.

3 백-밸브 마스크 소생기(BVM) ★★☆ 13년 경기 소방장, 14년 경남 소방장, 19년 소방교

용도	보유 산소장비 없이 즉각적인 초기 환기를 제공할 수 있다.
구성	안면마스크, 인공호흡용 백, 밸브, 산소저장백
사용법	· 마스크와 백밸브를 연결한다. · 마스크의 첨부가 콧등을 향하게 하여 비강과 구강을 완전히 덮는다. · 마스크와 밸브의 연결부에 엄지와 검지로 C자형의 형태로 고정하고 나머지 세손가락으로 E자 형태로 하악을 들어올려 기도유지를 한다. · 다른 손으로 백을 잡고 1회에 400~600ml로 짜서 환기시킨다.
특징	· 산소를 추가 투여하지 않은 상태로 21%정도의 산소 공급 · 분당 10~15L의 산소를 공급할 경우(산소저장주머니 없이 40~60% 산소 공급) · 산소저장주머니 연결 후 분당 10~15L의 산소를 공급할 경우 거의 100%의 산소 공급 · 영아, 소아, 성인용으로 구분 · 과압방지용 밸브가 있음

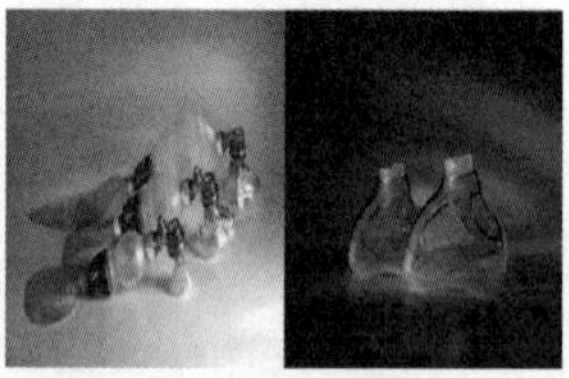

4 자동식 산소소생기

용도	무호흡/호흡곤란 환자에게 자동 또는 수동으로 산소를 공급
종류	압력방식과 부피/시간방식
특징	① 자동과 수동선택이 가능하다. ② 과압방지 장치가 있음(50~60cmH_2O) ③ 환자에게 고농도(100%) 산소공급 가능 ④ 종류(압력과 부피)별 차이점이 있음 · 압력방식은 유량설정이 높으면 산소가 과다공급될 수 있음 · 부피/시간방식은 분당 호흡수 조절이 가능 · 두 종류 완전밀착이 안될 경우 지속적 공급 또는 불충분한 산소공급이 이루어질 수 있음

제2절 기도확보 유지 장비

기도유지기의 일차적 기능은 혀에 의한 상기도 패쇄를 예방하여 기도를 유지하는 것이다. 일반적으로 입인두 기도유지기와 코인두 기도유지기가 많이 사용되며 숙달된 응급구조사는 식도위관기도 유지기 등도 사용한다.

(1) 입인두 기도기★★☆ 14년 경남 소방장, 16년 소방교, 18년 소방교

용도	무의식 환자의 기도유지를 위해 사용
크기 선정	· 입 가장자리에서부터 귀볼까지 · 입 중심에서부터 하악각까지
규격	55, 60, 70, 80, 90, 100, 110, 120 mm
재질	PVC
사용법	· 크기 선정법에 따라 크기를 선택한다. · 환자의 입을 수지교차법으로 연다. · 기도기 끝이 입천장을 향하도록 하여 구강내로 삽입한다. · 입천장에 닿으면 180도 회전시켜서 후방으로 밀어 넣는다. · 입 가장자리에서 입안으로 넣은 후 90° 회전시키는 방법도 있다. · 기도기 플랜지가 환자의 입술이나 치아에 걸려 있도록 한다. · 입 정중앙에 위치하도록 한다.(필요하다면 테이프로 고정) 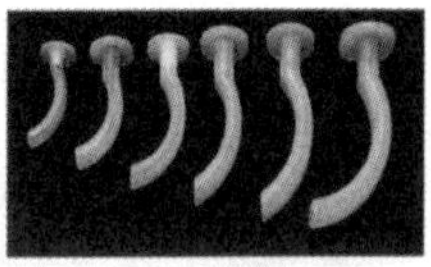
주의 사항	· 의식이 있고, 반혼수 상태 환자에게는 부적절(구토유발 및 제거행동) · 크기가 크거나 작으면 후두개 압박이나 성대경련과 같이 오히려 기도유지가 안되거나 기도 폐쇄를 유발할 수 있다. · 구토 반사가 있으면 제거해야 한다. · 구토에 의해 위 내용물에 의한 흡인을 방지할 수 없다.

(2) 코인두 기도기★★ ☆ 14년 경남 소방장, 16년 소방교, 18년 소방교

용도	의식이 있는 환자에게 일시적으로 기도를 확보해 주기 위한 기구로 입인두 기도기를 사용할 수 없을 때 사용
크기 선정	· 길이 : 코 끝에서 귓불 끝까지의 길이 · 크기 : 콧구멍보다 약간 작은 것
규격	4, 5, 5.5, 6, 6.5, 7.5 mm
재질	PVC
사용법	· 크기 측정을 통한 적정한 기도기를 선택한다. · 기도기에 반드시 윤활제를 묻힌다.(비출혈 방지) · 삽입 전에 무엇을 하는지를 환자에게 설명해 준다. · 기도기 끝의 단면이 비중격으로 가도록 하여 코로 집어넣는다. · 플랜지가 피부에 오도록 하여 부드럽게 밀어 넣는다. · 기도기를 집어넣는 동안 막히는 느낌이 들면 반대쪽 비공으로 집어넣는다. 

(3) 후두마스크 기도기★ ☆ 16년 소방교, 18년 소방교

용도	기본 기도기(입 · 코인두 기도기)보다 기도 확보가 효과적이며 후두경을 사용하지 않고 기도를 확보할 수 있다. 기관내 삽관보다 환자에게 비침습적이고 적용이 쉬우므로 병원전 처치에 효과적이다.
특징	· 병원 전 심정지 환자나 외상환자(경추손상 등) 기도확보 시 매우 유용 · 성문 내 삽관(기관삽관)보다 삽입법이 용이 · 일회용이 아닌 멸균재사용이 가능(약 40회)
단점	· 기도확보 후 흔들림에 의한 빠지는 사례가 있으므로 고정에 유의해야 한다. · 성문 내 튜브와 달리 기관과 식도가 완벽하게 분리되지 않아 폐로 위내용물 흡인이 발생할 수 있다. · 마스크에서 공기 누출이 큰 경우는 양압환기가 불충분해진다. · 높은 압력($20cmH_2O$이상)으로 양압환기를 하면 위장으로 공기가 늘어갈 수 있다.
삽입 순서★ ☆ 19년 소방장	· 외상환자는 그대로 비외상환자는 적정한 기도유지 자세를 취한다. · 튜브에서 공기를 뺀 후 마스크를 입천정에 밀착시킨다. · 입천장을 따라 저항이 느껴질 때까지(상부 식도괄약근위) 삽입한다. · 후두마스크 커프에 맞는 공기를 주입한다. · BVM으로 양압환기시킨다. · 시진/청진으로 올바른 환기가 되는지 확인한다. · 고정기로 고정한다. 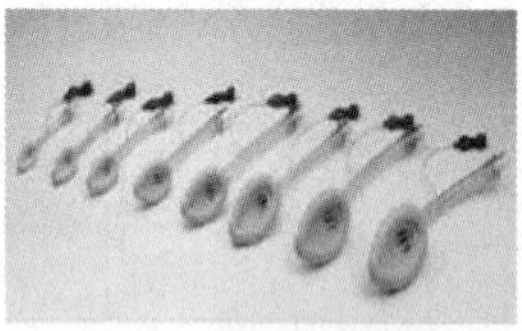

(4) 후두튜브(LT)

용도	후두마스크와 동일하게 기본 기도기보다 기도 확보가 쉽고 콤비튜브 형태 기도기로 환자에게 적용시간이 짧고 어려운 기도확보 장소에서도 빠르게 적용 가능
특징	후두마스크와 동일 • 병원 전 심정지 환자나 외상환자(경추손상 등) 기도확보 시 유용 • 성문 내 삽관(기관삽관)보다 삽입방법이 용이 • 일회용이 아닌 멸균재사용이 가능
단점	• 기도확보 후 흔들림에 의한 빠지는 사례가 발생하므로 고정에 주의한다. • 성문 내 튜브와 달리 기관과 식도가 완벽하게 분리되지 않아 폐로 위내용물 흡인이 발생할 수 있다. • 마스크에서 공기 누출이 큰 경우는 양압환기가 불충분해진다. • 커프가 얇아 찢어지기 쉬우므로 반드시 수지교차로 입을 벌린 후 삽입한다.
삽입 순서	• 외상환자는 그대로 비외상환자는 적정한 기도유지 자세를 취한다. • 튜브에서 공기를 뺀 후 마스크를 입천정에 밀착시킨다. • 해부학적인 구도에 따라 자연스럽게 충분히 삽입한다.(상부 식도 괄약근) • 후두튜브에 맞는 공기를 주입한다. • BVM으로 양압환기시킨다. • 시진/청진으로 올바른 환기가 되는지 확인한다. • 고정기로 고정한다.(전용고정기가 별도로 있으나 다른 고정기로도 가능) 

제3절 순환유지 장비

1 자동심폐소생술기

① 건강한 구급대원이라도 평균 5분 이상 심폐소생술을 시행하기 힘들다.
② 구급차로 이송중일 때는 거의 시행이 불가능하다.
③ 주변상황이나 응급구조사의 상태에 관계없이 정확히 심폐소생술을 시행할 수 있다.

✪ 구급대원이 부족한 우리나라 현실에서는 장비의 설치 및 구급차의 적재공간의 이유들로 사용이 극히 드물다.

용도	압축공기 형태는 주로 병원 내 안정적인 산소 공급이 가능한 곳에서는 장시간의 심폐소생술을 효과적으로 적용가능하나 구급차 및 헬리콥터 내에서는 산소탱크 용적에 따라 시간제한을 받는다. 
종류	압축공기(산소)용, 전기충전용

2 자동 심장충격기* ☆ 14년 인천 소방장

용도	·심전도를 모르는 현장 응급처치자나 응급구조사가 제세동을 시행할 수 있도록 제세동기내에 심전도를 인식하고 제세동을 시행할 것을 지시해줄 수 있는 프로그램이 내장되어 있다. ·겔로 덮인 큰 접착성 패드를 환자의 가슴에 부착하여 심폐소생술을 멈추는 시간을 최소화하며 연속적으로 제세동할 수 있으며 심실세동 및 무맥성 심실빈맥 외에는 제세동하지 않도록 도안된 장비이다.
사용법 ☆ 17년 소방교	·환자의 무의식, 무호흡 및 무맥박을 확인한다(도움요청 포함). ·전원버튼을 눌러 자동 제세동기를 켠다. ·자동 제세동기를 켜고 일회용 전극을 환자와 자동 제세동기에 연결한다. ·모든 동작을 중단하고 분석단추를 누른다. ·제세동을 시행하라는 말과 글이 나오면 환자와의 접촉금지를 확인한 후 제세동 버튼을 누른다. ·제세동을 시행한 후 즉시 2분간 심폐소생술을 시행한다. ·2분마다 심장의 상태를 재분석 한다. 

제4절 환자이송 장비(들것)

종류 구분	주들것	가변형 들것* ☆ 16년 부산 소방장
용도	<u>구급차에 환자를 옮겨 싣고 내리는 데 필요한 장비</u>	<u>다발성 외상환자처럼 환자 움직임을 최소화하여 이동 가능</u>
특징	·바퀴가 있어 환자를 쉽게 이동할 수 있다. ·상체의 높이 조절이 가능하다. ·구급차에 환자를 안정적으로 옮기거나 내릴 때 사용된다. ·엘리베이터에 탑재가 가능하도록 의자형태로 변형가능하다. ·운반자의 체력을 최소화할 수 있다. ·무게중심이 위에 있어 급회전 시 전복될 수 있다. ·바퀴가 너무 작아 작은 걸림돌에도 넘어질 수 있다. 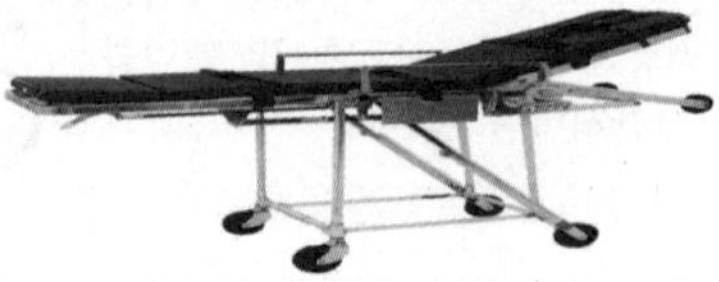	·알루미늄 재질로 된 경우 체온을 급격하게 떨어트릴 수 있다. ·양쪽으로 분리하여 사용할 수 있어 환자이송 시 2차 손상을 방지할 수 있다. ·들것 중앙이 개방되어 척추고정 능력이 매우 적다.(외상환자에게는 이송용 들것으로 부적합) ·들것 중앙이 개방되어 있으며, X-선 투시도 가능하다. ·다발성 외상환자를 긴 척추 고정판에 옮길 때 유용하다. 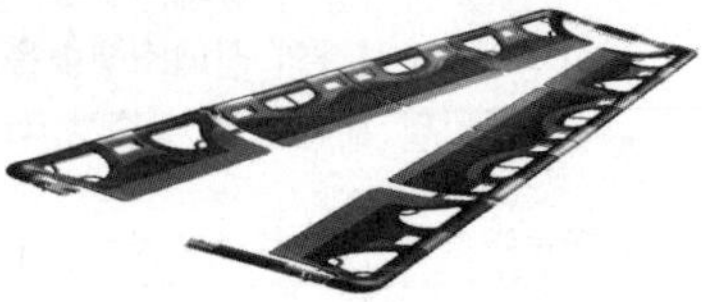

종류 / 구분	바구니형 들것*	가변형 들것*
용도	구조대에서 주로 사용되며 바구니 모양의 환자 이동장비	유연성 있는 재질로 만들어져 제한된 공간에서 유용
특징	· 형태 : 바구니 모양 · 종류 : 일체형, 분리형 · 수직구조 및 수평구조용으로 적합 · 수평구조 시 분리형인 경우 연결부위를 반드시 추가 결착 필요 · 눈판 및 얼음구조 시 유용 · 척추손상 환자는 단독사용보다 긴척추고정판에 1차 고정 후 사용 	· 유연한 재질의 천, 고무 등으로 제작된다. · 손잡이가 다리를 제외한 2면 또는 3면에만 있다. · 좁은 계단 및 공간이동시에 유용하다. · 단독으로는 척추고정이 안 된다. · 긴척추고정판을 들것 중앙에 삽입하여 수직 및 수평구조를 할 수 있도록 만든 제품도 있다. 

종류 / 구분	접이식 들것(보조들것)	계단형 들것
용도	주들 것 외에 추가 환자 이송 시 사용되는 장비	의자형태로 만들어 계단 이송 시 효과적
특징	· 다수 환자 발생 시에 간이 침상으로 사용이 가능하다. · 재질에 따라 척추고정이 되는 들것도 있다. · 접어서 보관하므로 휴대가 쉽다. 	· 계단을 내려올 때 사용되는 장비이다. · 궤도형으로 수직으로 힘을 주어야 움직인다. · 척추고정이 안 된다. · 들것 자체로 구급차에 옮길 수가 없으므로 가변형 들것을 사용하는 것이 바람직하다. · 엘리베이터가 없는 빌라 및 아파트에 사용이 유용하다. · 바퀴가 있어 앉은 채로 이동이 가능하다. 

제5절 외상처치 장비(부목)

척수손상은 여러 신경계통의 기능마비를 유발하거나, 영구마비를 일으킬 수 있으므로 외상초기에 척추고정을 시행하여 척수손상이 악화되거나 발생되는 것을 방지하여야 한다. 척추고정의 시작은 경추고정으로부터 시작한다.

목뼈보호대*		
용도	환자를 구출하거나 이송하기 전에 목고정장비	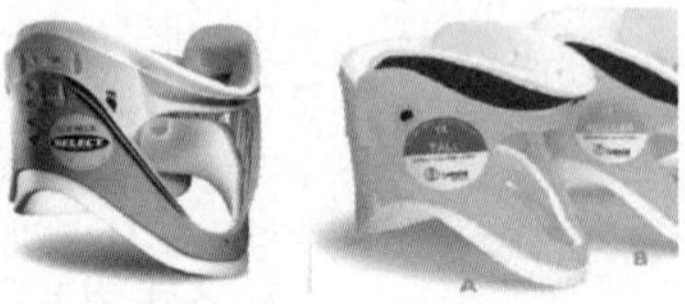
종류	일체형, 조립형, 조절형	
특징	방사선 투과 가능한 특수 재질	
사용 방법	① 경추고정 장비의 형태를 만든다. ② 환자의 크기에 맞는 적절한 고정장비를 선택한다. - 머리를 중립자세로 유지하고 어깨에서 하악까지의 높이를 측정 ③ 머리와 경부를 고정한 채 경추고정장비를 착용시킨다.	

머리 고정장비		
용도	목뼈보호대만으로는 경추의 완전한 고정이 불가능하다. 머리 고정장비를 긴 척추고정판 등과 함께 사용하여 완벽한 경추고정을 유지하여 이송 시 안전을 확보할 수 있다. 환자가 소리를 들을 수 있도록 구멍을 냈으며 가볍고 보수가 용이하다.	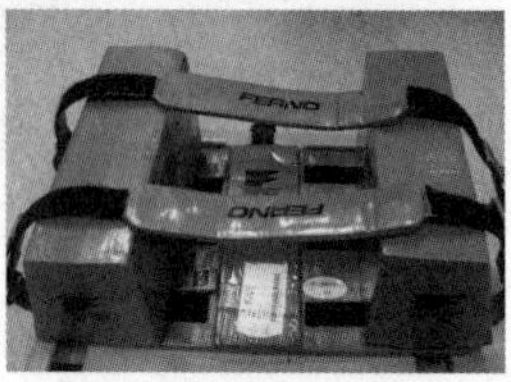

종류 / 구분	철사부목☆ 18년 소방교	패드(성형) 부목☆ 16년 소방교, 18년 소방교
용도	손상 부위에 따라 철사를 구부려 사용할 수 있는 부목으로 긴뼈골절이나 관절부위 손상이 의심되는 부위에 따라 모양 변형이 가능	단순하게 성인 신체의 긴뼈 골절시에 사용하도록 만들어진 부목으로 현장에서 신속하게 고정이 가능
특징	· 신체에 적합하도록 변형이 가능하다. · 철사그대로 사용하기보다 착용감을 위해 붕대로 감아주면 더 좋다. · 큰 관절이나 근육이 손상된 경우 다른 부목으로 추가 고정해주면 좋다. 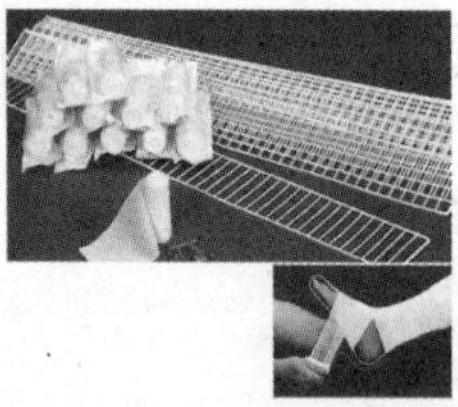	· 대, 중, 소로 구분 · 사지골절에 사용하기가 적합. · 결착형태가 벨크로 되어있어 신속결착이 가능하나 관리가 필요 · X-ray촬영이 가능 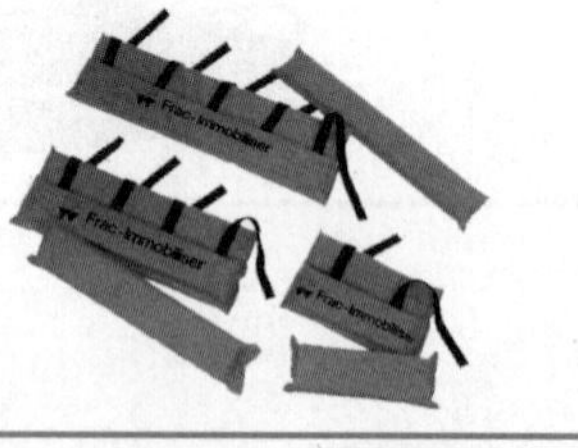

구분 / 종류	공기부목* ☆ 18년 소방교	진공부목 ☆ 18년 소방교	긴 척추고정판* ☆ 13년 경북 소방교
용도	부목에 공기를 불어넣어 골절부위를 고정하는 장비	공기부목과 반대로 공기를 제거하여 고정하는 장비	들것으로 오인하는 경우가 많지만 척추손상이 의심되는 환자를 고정하는 전신용 부목

특징	· 비닐 재질로 되어 있어 골절 부위의 관찰이 가능하다. · 출혈이 있는 경우 지혈효과가 있다. · 온도와 압력의 변화에 예민하다. · 부목 압력을 수시로 확인하여야 한다.(압력은 부목 가장자리를 눌러 양쪽 벽이 닿을 정도) · 개방성 골절이 있는 환자에게 적용해서는 안 된다. 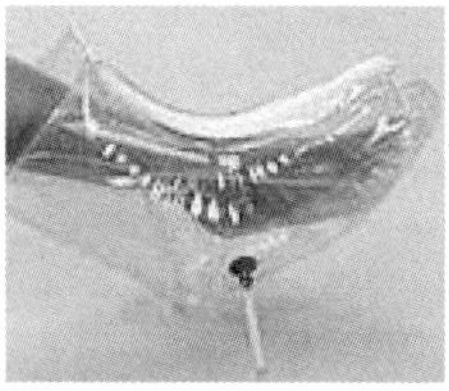	· 공기를 제거하면 특수 소재 알갱이들이 단단해지면서 고정된다. · 변형된 관절 및 골절에 유용하다. · 외형이 찢기거나 뚫리면 부목의 기능을 하지 못하므로 주의해야 한다. · 전신진공부목은 척추고정이 안 된다. · 사용하기 전 알갱이를 고루 펴서 적용한다. · 진공을 시키면 형태가 고정되므로 "C"나 "U" 모양으로 적용한다. · 진공으로 부피가 감소하며 느슨해진 고정끈을 재결착해야 한다. 	· 재질이 미끄러우므로 장축이동이 가능 · 가슴, 배, 다리 고정끈 결착 확인 · 구조현장 및 부력이 있어 수상구조 시 유용 · 들것대용으로도 사용이 가능하여 수직 및 수평구조 시 사용 · 임신 말기 환자의 경우 좌측위로 고정판이 왼쪽으로 기울어지게 해야 한다.(대정맥 압박 방지) 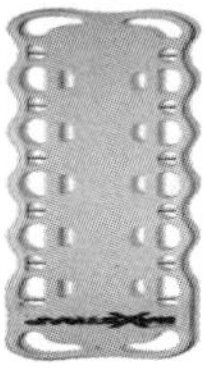

기출 및 예상문제

01 응급의료 개념 및 정의에 대한 설명으로 잘못된 것은?

① 응급의료란 응급환자를 위하여 하는 상담, 구조, 이송, 응급처치 및 진료 등의 조치를 말한다.
② 즉시 필요한 응급처치를 받지 아니하면 생명을 보존할 수 없는 환자를 말한다.
③ 응급의료종사자에는 치과의사, 한의사, 간호사, 약사, 응급구조사가 포함된다.
④ 생명의 위험이나 증상의 현저한 악화를 방지하기 위하여 긴급히 필요로 하는 처치이다.

해설

응급의료	응급환자가 발생한 때부터 생명의 위험에서 회복되거나 심신상의 중대한 위해가 제거되기까지의 과정에서 응급환자를 위하여 하는 상담・구조・이송・응급처치 및 진료 등의 조치
응급처치	응급의료행위의 하나로서 응급환자의 기도를 확보하고 심장박동의 회복, 그 밖에 생명의 위험이나 증상의 현저한 악화를 방지하기 위하여 긴급히 필요로 하는 처치

※ 응급환자의 정의는 즉시 필요한 응급처치를 받지 아니하면 생명을 보존할 수 없거나 심신상의 중대한 위해가 초래될 가능성이 있는 환자를 말한다. ☆ 18년 소방장

02 환자처치에 대한 기록과 관련하여 특별히 보고가 요구되는 사항이 아닌 것은?

① 부인학대
② 자살기도
③ 약물에 관련된 손상
④ 성폭행

해설 ✪ 특별히 보고가 요구되는 사항
① 아동학대
② 중대한 범죄행위에 의한 손상
③ 약물에 관련된 손상
④ 그 외에 보고해야 할 것들(자살기도, 교사상, 전염병, 성폭행 등)

03 2급 응급구조사 업무범위에 속하는 것은?

① 구강 내 이물질의 제거
② 인공호흡기를 이용한 호흡의 유지
③ 심폐소생술의 시행을 위한 기도유지
④ 정맥로의 확보

정답 01. ③ 02. ① 03. ①

해설 ✪ 응급구조사의 업무★★ ☆ 14년 경기 소방교

① 1급 응급구조사의 업무범위
ⓐ 심폐소생술의 시행을 위한 기도유지(기도기의 삽입, 기도삽관, 후두마스크 삽관 등을 포함한다.)
ⓑ 정맥로의 확보
ⓒ 인공호흡기를 이용한 호흡의 유지
ⓓ 약물투여 : 저혈당성 혼수 시 포도당의 주입, 흉통 시 니트로글리세린의 혀 아래(설하) 투여, 쇼크 시 일정량의 수액투여, 천식발작 시 기관지확장제 흡입
ⓔ 2급 응급구조사의 업무

② 2급 응급구조사의 업무범위
ⓐ 구강내 이물질의 제거
ⓑ 기도기(airway)를 이용한 기도유지
ⓒ 기본 심폐소생술
ⓓ 산소투여
ⓔ 부목, 척추고정기, 공기 등을 이용한 사지 및 척추 등의 고정
ⓕ 외부출혈의 지혈 및 창상의 응급처치
ⓖ 심박, 체온 및 혈압 등의 측정
ⓗ 쇼크방지용 하의 등을 이용한 혈압의 유지
ⓘ 자동제세동기를 이용한 규칙적 심박동의 유도
ⓙ 흉통 시 니트로글리세린의 혀 아래(설하) 누여 및 천식발작시 기관지확장제 흡입 (환자가 니트로글리세린을 휴대하고 있는 경우에 한함)

04 특수구급차에 설치하여야 할 구급의약품"으로 옳은 것은?

① 에피네프린
② 아미오다론
③ 니트로글리세린(설하용)
④ 비닐 팩에 포장된 수액제제

해설 ✪ 특수구급차 구급의약품

일반구급차	특수구급차
① 비닐 팩에 포장된 수액제제(생리식염수, 5% 포도당용액, 하트만용액 등) ② 에피네프린, 아미오다론(심폐소생술 용도 한정)	① 비닐 팩에 포장된 수액제제(생리식염수, 5% 포도당용액, 하트만용액 등) ② 에피네프린, 아미오다론(심폐소생술 용도 한정) ③ 주사용 비마약성 진통제, 주사용 항히스타민제 ④ 니트로글리세린(설하용), 흡입용 기관지 확장제

05 다음 중 "묵시적 동의" 내용이 아닌 것은?

① 응급의료를 받지 않을 경우 예상되는 사실을 환자에게 설명한 후 얻는 동의다.
② 긴급한 상황에만 국한된다.
③ 무의식환자와 쇼크, 뇌 손상, 알코올 피해자 등이 해당된다.
④ 환자가 의식불명 또는 망상에 빠져 있거나, 신체적으로 동의할 수 없는 경우에 적용된다.

정답 04. ③ 05. ①

해설 ✪ 묵시적 동의★☆ 15년 소방교, 17년 소방장, 18년 소방위

① 즉시 응급처치가 절실하게 필요한 사람으로 그들이 할 수 있다면, 응급처치에 동의했을 것이라고 추정한다.
② 법률적으로 사망이나 영구적인 불구를 방지하기 위하여 긴급한 응급처치를 필요로 하는 환자는 그에 대한 치료와 이송에 동의해야 한다는 입장이다.
③ 이러한 묵시적 동의는 긴급한 상황에만 국한된다. 무의식환자와 쇼크, 뇌 손상, 알코올이나 약물중독 등의 피해자들이 그 실례이다.
④ 일반적으로 묵시적 동의는 환자가 의식불명 또는 망상에 빠져 있거나, 신체적으로 동의할 수 없는 경우에 적용된다.
⑤ 환자의 동의를 구할 수 없으나 책임을 질만한 보호자나 친척이 있는 경우에는 그들에게 허락을 얻어내는 것이 바람직하다. 대부분의 경우, 법률은 배우자나 친척 등에게 동의가 불가능한 환자를 대신하여 동의할 수 있는 권리로 인정하고 있다.

06 "1급 응급구조사 자격"에 해당되지 않는 것은?

① 4년제 대학에서 응급구조학을 전공하고 졸업한 사람
② 전문대학에서 응급구조학을 전공하고 졸업한 사람
③ 보건복지부장관이 인정하는 외국의 응급구조사 자격을 받은 사람
④ 2급 응급구조사로서 응급구조사의 업무에 5년 이상 종사한 사람

해설 ✪ 응급구조사의 자격

① 1급 응급구조사가 응시자격
1. 대학 또는 전문대학에서 응급구조학을 전공하고 졸업한 사람
2. 보건복지부장관이 인정하는 외국의 응급구조사 자격인정을 받은 사람
3. 2급 응급구조사로서 응급구조사의 업무에 3년 이상 종사한 사람

② 2급 응급구조사 자격
1. 보건복지부장관이 지정하는 응급구조사 양성기관에서 대통령령으로 정하는 양성과정을 마친 사람
2. 보건복지부장관이 인정하는 외국의 응급구조사 자격인정을 받은 사람

07 "사망이 명백한 경우"라고 판단할 수 있는 것 중 틀린 것은?

① 사후강직이 시작되었다.
② 목이 절단되어 있다.
③ 신체가 불에 완전히 탔다.
④ 신체의 일부가 소실된 광범위한 하체 손상인 경우

해설 ✪ 때때로 사망이 명백한 경우

① 사후강직이 시작된 경우
② 목이 절단되어 있는 경우
③ 신체가 불에 완전히 탄 경우
④ 신체의 일부가 소실된 광범위한 머리 손상인 경우

정답 06. ④ 07. ④

08 폭력현장에서의 주의사항 중 잘못된 것은?

① 폭력 현장은 진입에 앞서 경찰에 도움을 요청해야 한다.
② 현장이 안전하지 않더라도 진입은 계속해야 한다.
③ 항상 연락을 할 수 있게 무전기 및 휴대폰을 휴대하고 있어야 한다.
④ 고함, 부딪치거나 깨지는 소리 등 폭력 가능성을 나타내는 소리에 주의를 기울인다.

해설 ✪ 폭력 현장에서 주의사항★
① 폭력 현장이나 가능성이 있는 현장 진입에 앞서 경찰에 도움을 요청해야 한다.
② 현장이 안전하지 않다면 진입해서는 안 된다.
③ 항상 연락을 할 수 있게 무전기 및 휴대폰을 휴대하고 있어야 한다.
④ 고함, 부딪치거나 깨지는 소리 등 폭력 가능성을 나타내는 소리에 주의를 기울인다.
⑤ 만약, 처치 중 현장에 다시 폭력 가능성이 보이면 현장 안전 평가를 다시 실시하고 적절한 행동을 취해야 한다.

09 미성년자 치료에 있어서 동의에 관한 내용으로서 틀린 것은?

① 법률은 미성년자가 응급처치에 대해서 유효한 동의를 할 만한 판단력을 갖추지 못했다고 인정한다.
② 미성년자에 대한 동의권은 부모나 후견인에게 주어진다.
③ 긴급한 응급상황이 존재하더라도 미성년자를 치료는 명시적이라야 한다.
④ 미성년자가 하는 동의는 나이와 성숙도에 따라서 일부 유효하기도 하다.

해설 ✪ 미성년자 치료에 있어서의 동의
① 법률은 미성년자가 응급처치에 대해서 유효한 동의를 할 만한 판단력을 갖추지 못했다고 인정한다. 그 예로 민법은 행위무능력자의 범주에 미성년자를 포함하고 있으며 미성년자에 대한 동의권은 부모나 후견인에게 주어진다.
② 이러한 규정에도 불구하고 미성년자가 하는 동의는 개개인의 나이와 성숙도에 따라서 일부는 유효하기도 하다. 긴급한 응급상황이 존재한다면 미성년자를 치료하는 것에 대한 동의는 묵시적일 수 있으나, 가능하면 친권자나 후견인의 동의를 구해야 한다.

10 죽음이나 임종을 앞둔 환자의 일반적인 응급처치로서 잘못된 것은?

① 부드럽고 조용한 목소리로 눈을 맞춘 상태에서 말해야 한다.
② 거짓으로 일단 환자를 안심 시켜야 한다.
③ 적절한 신체적인 접촉은 환자를 안심시킬 수 있다.
④ 경청과 대화를 통해 공감대를 형성한다.

정답 08. ② 09. ② 10. ②

해설
✪ 죽음이나 임종을 앞둔 일반적인 응급처치
① 환자와 가족의 죽음에 대한 다양한 반응(분노, 절망 등)을 미리 예상해야 한다.
② 경청과 대화를 통해 공감대를 형성한다.
③ 거짓으로 환자를 안심시키면 안 되며 무뚝뚝하거나 냉철함 없이 솔직하게 환자를 대해야 한다.
④ 처치자의 전문적인 지식이나 기술 이상의 의학적인 견해를 말해서는 안 된다.
⑤ 부드럽고 조용한 목소리로 눈을 맞춘 상태에서 말해야 한다.
⑥ 적절한 신체적인 접촉은 환자를 안심시킬 수 있다.

11 스트레스 관리방법으로 잘못된 것은?

① 신체활동을 줄이도록 한다.
② 요가, 명상 등 정서적 안정을 돕는 활동을 한다.
③ 식생활을 조절한다.
④ 근무시간표를 가능하면 바꾸도록 한다.

해설
✪ 스트레스 관리
① 신체활동을 늘린다. : 산보, 달리기, 헬스클럽 이용 등
② 식생활을 조절한다. : 건강에 좋고 5가지 영양이 골고루 들어있는 음식을 섭취한다. 설탕, 카페인, 알코올 함유 음식은 줄이고 지방질 음식섭취는 피하며 탄수화물 섭취를 늘린다.
③ 요가, 명상 등 정서적 안정을 돕는 활동을 한다.
④ 근무 시간표를 조정한다. : 스트레스를 증가시킨다면 근무시간표를 가능하면 바꾸도록 한다. 예를 들면, 바쁜 부서에 있는 경우 좀 더 한가한 부서로 이동해 친구와 가족 간의 시간을 늘리는 것도 도움이 된다.

12 현장응급처치 과정에 있어서 다음 내용과 관계있는 것은?

> 환자를 이동시킬 수 있도록 안정시키는 데 소요되는 시간

① 출동시간　　② 현장처치시간
③ 환자반응시간　　④ 환자평가시간

해설

응급처치의 시간척도★ ☆ 20년 소방장	① 출동시간 : 응급환자의 발생 신고로부터 전문 치료팀이 출동을 시작할 때까지 소용되는 시간 ② 반응시간 : 전문 치료팀과 장비가 대기 장소에서 출발하여 환자가 있는 장소까지 도착하는 데 소요된 시간 ③ 현장 처치 시간 : 현장에서 환자를 이동시킬 수 있도록 안정시키는 데 소요되는 시간

13 죽음에 대한 정서적 반응에서 "초기의 부정반응"에 이어지는 것은?

① 협상　　② 분노
③ 절망　　④ 수용

정답 11. ①　12. ②　13. ②

해설 ✪ 죽음에 대한 정서적 반응☆ 18년 소방교

부정 - 분노 - 협상 - 절망 - 수용

분 노	초기의 부정반응에 이어지는 것이 분노이다. 이 반응은 말이나 행동을 통해 격렬하게 표출 될 수 있다. 소방대원은 이런 감정을 이해해 줄 필요는 있으나, 신체적인 폭력에 대해서는 단호하게 대처해야 한다. 또한 경청과 대화를 통해 공감대를 형성하는 것도 좋은 방법이다.

14 폭력적인 환자와의 의사소통방법으로 잘못된 것은?

① 눈을 맞추어 대화를 하는 것이 중요하다.

② 신체접촉과 같은 행동은 오히려 환자를 흥분시킬 수 있다.

③ 환자에게서 떨어져 있어야 한다.

④ 협조자(경찰)가 오기 전에는 환자를 처치하거나 진입해서는 안 된다.

해설 ✪ 폭력적인 환자★★☆ 16년 경북 소방교

① 폭력으로 인해 대화가 불가능할 수 있으며 눈을 맞추거나 신체접촉과 같은 행동은 오히려 환자를 흥분시킬 수 있다.

② 처치자 안전을 우선적으로 확보해야 하며 환자에게서 떨어져 있어야 한다. 또한 통로(문)와 가까이 있어야 하고 통로를 환자가 막아서지 않도록 주의해야 한다.

③ 다른 기관에서의 협조자(경찰)가 오기 전에는 환자를 처치하거나 진입해서는 안 된다.

15 다음 중 공기로 감염되지 않은 것은?★☆ 16년, 18년, 19년 소방장

① 풍진 ② 결핵

③ 수두 ④ 뇌수막염

해설 ✪ 뇌수막염은 입과 코의 분비물로 전염되며 잠복기는 2~10일이다.

16 감염예방을 위한 "현장도착 후 기본예방법"으로 틀린 것은?

① 부득이 바늘 뚜껑을 씌워야 할 경우는 한 손으로 조작하여 바늘 뚜껑을 씌우도록 한다.

② 바늘 끝이 사용자의 몸 쪽으로 향하지 않도록 해야 한다.

③ 심폐소생술 시행 시 반드시 양 방향 휴대용 마스크를 이용하며 직접 접촉을 피한다.

④ 장갑은 한 환자에게 사용하더라도 오염된 신체부위에서 깨끗한 부위로 이동할 경우 교환해야 한다.

해설 ✪ 현장도착 후 기본예방법★★ ☆ 15년 소방교, 18년 소방위, 19년 소방교, 20년 소방교

① 날카로운 기구를 사용할 경우에는 손상을 당하지 않도록 주의한다.

② 바늘 끝이 사용자의 몸 쪽으로 향하지 않도록 한다.

③ 사용한 바늘은 다시 뚜껑을 씌우거나, 구부리거나, 자르지 말고 그대로 주사바늘통에 즉시 버린다.

정답 14. ① 15. ④ 16. ③

④ 부득이 바늘 뚜껑을 씌워야 할 경우는 한 손으로 조작하여 바늘 뚜껑을 주사바늘에 씌운 후 닫도록 한다.
⑤ 주사바늘, 칼날 등 날카로운 기구는 구멍이 뚫리지 않는 통에 모은다.
⑥ 심폐소생술 시행 시 반드시 일 방향 휴대용 마스크를 이용하며 직접 접촉을 피한다.
⑦ 피부염이나 피부에 상처가 있는 처치자는 환자를 직접 만지거나 환자의 검체를 맨손으로 접촉하지 않도록 한다.
⑧ 장갑은 한 환자에게 사용하더라도 오염된 신체부위에서 깨끗한 부위로 이동할 경우 교환해야 한다.

17 다음 용어의 정의에 있어서 다음 내용에 알맞은 것은?

생물체가 아닌 환경으로부터 세균의 아포를 제외한 미생물을 제거하는 과정이다.

① 화학제　② 세척
③ 멸균　④ 소독

해설 ✪ 소독★★ ☆ 12년 경북 소방장 / 19년, 21년 소방장
생물체가 아닌 환경으로부터 세균의 아포를 제외한 미생물을 제거하는 과정이다. 일반적으로 액체 화학제, 습식 저온 살균제의 의해 이루어진다.

18 다음 중 "간접전파"에 해당되는 것은? ☆ 20년 소방장

① 수혈
② 개방성 상처와의 접촉
③ 눈과 입의 점막을 통한 접촉
④ 호흡기를 통한 비말흡입

해설 질병은 병원체, 박테리아, 바이러스와 같은 미생물에 의해 야기되며 크게 직접전파와 간접전파로 나눌 수 있다.

직접전파	수혈, 개방성 상처와의 접촉, 눈과 입의 점막을 통한 접촉으로 이뤄진다.
간접전파	주사바늘과 같은 오염물질 또는 호흡기를 통한 비말흡입에 의해 전파된다.

19 다음 중 "비말에 의해 전파"되는 병명이 아닌 것은?

① 뇌수막염　② 중이염
③ 홍역　④ 풍진

정답 17. ④　18. ④　19. ③

해설 전파경로에 따른 원인과 예방법*

전파경로	원 인	관련질환(병명)	예방법
비말에 의한 전파	감염균을 가진 큰 입자(5㎛)기침이나 재채기, 흡입(suction) 시 다른 사람의 코나 점막 또는 결막에 튀어서 단거리(약 1m 이내)에 있는 사람에게 감염을 유발시킨다.	뇌수막염, 폐렴, 패혈증, 부비동염, 중이염, 백일해, 이하선염, 인플루엔자, 인두염, 풍진, 결핵, 코로나 19 ☆ 11년 부산 소방장	환자와 1m 이내에서 접촉할 경우는 마스크를 착용한다.

20 AIDS의 감염경로로서 옳은 것은?

① 피부접촉 ② 기침
③ 재채기 ④ 체액접촉

해설 피부접촉, 기침, 재채기, 식기도구의 공동사용으로는 감염되지 않는다. ☆ 18년 소방장

21 위험물질 사고현장에서 "오염구역 구급활동"으로 틀린 것은?

① 사용한 의료기구 및 의복은 오염되지 않더라도 현장에 남겨두고 환자만 이동한다.
② 들것에 시트를 2장 준비 또는 이불을 가져가 옷을 제거한 환자의 신체를 덮어 주어야 한다.
③ 빠른 환자 이동(단, 척추손상 환자 시 빠른 척추고정 적용)
④ 환자의 추가 호흡기계 오염을 방지하기 위해서 독립적 호흡장치(SCBA) 사용

해설 ✪ 오염 구역(Hot zone)에서의 구급활동 ☆ 18년 소방위
오염구역에서 개인보호장비를 착용한 상태에서 환자를 평가하고 처치하는 것은 어려우므로 오염구역에서의 환자처치는 다음과 같이 제한될 수밖에 없다. 이때 중요한 사항은 환자이동으로 인한 오염구역 확장을 주의해야 한다.
㉠ 빠른 환자 이동(단, 척추손상 환자 시 빠른 척추고정 적용)
㉡ 오염된 의복과 악세사리를 현장에서 가위를 이용해 제거 후 사용한 의료기구 및 의복은 현장에 남겨두고 환자만 이동한다.(의복 및 의료기구는 오염되었다는 가정 하에 실시한다.)
㉢ 들것에 시트를 2장 준비 또는 이불을 가져가 옷을 제거한 환자의 신체를 덮어 주어야 한다.
㉣ 환자의 추가 호흡기계 오염을 방지하기 위해서 독립적 호흡장치(SCBA) 사용
㉤ 양압환기가 필요한 환자의 경우 산소저장낭이 달린 BVM 사용

22 감염질환 및 예방에 대한 설명으로 틀린 것은?

① 감염예방은 환자의 진단명이나 감염상태 등에 상관없이 적용한다.
② 환자에게 사용한 주사바늘의 뚜껑을 부득이 씌워야 할 경우 한 손으로 조작하여 씌운 후 닫도록 한다.
③ B형 간염은 몇 년간 몸에 잠복해 있다가 발병되거나 전파되기도 한다.
④ AIDS는 약에 대한 내성이 쉽게 생기며 가래나 기침에 의한 호흡기계 분비물로 공기전파 된다.

정답 20. ④ 21. ① 22. ④

해설 AIDS는 피부접촉, 기침, 재채기, 식기 도구의 공동사용으로는 감염되지 않으나 감염자의 혈액 또는 체액에 접촉 시 감염될 수 있다. ☆ 20년 소방교

23 다음 중 10년마다 예방접종이 필요한 것은?

① B형간염 ② 파상풍
③ 소아마비 ④ 독감

해설 ✪ 예방접종 종류
① 파상풍(매 10년 마다)
② B형 간염, 독감(매년)
③ 소아마비, 풍진, 홍역, 볼거리

24 "감염노출 후 처치자가 실시해야 할 사항"으로 잘못된 것은?

① 피부에 상처가 난 경우는 즉시 찔리거나 베인 부위의 피를 막고 소독제를 바른다.
② 필요한 처치 및 검사를 이틀 이내에 받을 수 있도록 한다.
③ 기관의 감염노출 관리 과정에 따라 보고하고 적절한 조치를 받는다.
④ 점막이나 눈에 환자의 혈액이나 체액이 노출된 경우는 노출부위를 흐르는 물이나 식염수로 세척하도록 한다.

해설 ✪ 감염노출 후 처치지가 실시해야 하는 사항☆ 17년 소방위 / 21년 소방장, 소방위
① 피부에 상처가 난 경우는 즉시 찔리거나 베인 부위에서 피를 짜내고 소독제를 바른다.
② 점막이나 눈에 환자의 혈액이나 체액이 노출된 경우는 노출부위를 흐르는 물이나 식염수로 세척하도록 한다.
③ 기관의 감염노출 관리 과정에 따라 보고하고 적절한 조치를 받도록 한다.
④ 필요한 처치 및 검사를 48시간 이내에 받을 수 있도록 한다.

25 호흡기 계통에 대한 설명 중 옳은 것은?

① 공기는 허파꽈리로 들어오고 허파꽈리와 주위 모세혈관 사이에서는 가스교환이 이루어진다.
② 들숨은 수동적 과정으로 가로막과 늑간근의 이완으로 나타난다.
③ 두 근육이 수축하면 갈비뼈는 아래로 내려가고 가로막은 위와 밖으로 팽창한다.
④ 날숨은 능동적 과정으로 가로막과 늑간근의 수축으로 이루어진다.

해설 ✪ 호흡기계 생리학★☆ 13년 소방위, 16년, 21년 소방교
① 호흡의 주요 근육 : 가로막, 늑간근육
② 들숨은 능동적 과정으로 가로막과 늑간근의 수축으로 이루어진다.
- 두 근육이 수축하면 가로막은 아래로 내려가고 갈비뼈는 위와 밖으로 팽창한다. 이러한 행동은 더 많은 공기가 들어 올 수 있도록 가슴을 팽창시키는 과정이다.

정답 23. ② 24. ① 25. ①

③ 날숨는 수동적인 과정으로 가로막과 늑간근의 이완으로 나타난다.
- 두 근육이 이완되면 가로막은 올라가고 갈비뼈는 아래로 내려오면서 수축한다. 이러한 행동은 허파에서 공기를 내보내려 가슴을 수축시키는 과정이다.

④ 공기는 허파꽈리로 들어오고 허파꽈리와 주위 모세혈관 사이에서는 가스교환이 이루어진다.

※ 비정상적인 호흡은 질병이나 상해로 호흡기계가 충분한 산소를 공급하지 못하거나 효과적으로 이산화탄소를 이동시키지 못할 때 일어난다.

26 인체기능의 역할 중 "자율신경계"에 대한 설명으로 가장 올바른 것은?

① 자율신경계는 쇼크와 같은 인체반응을 나타낸다.
② 말초신경계는 뇌와 척수로 구성되어 있다.
③ 중추신경계는 뇌와 척수로부터 나온 신경섬유로 운동, 감각신경으로 나눈다.
④ 중추신경계와 호흡기계로 나눌 수 있다.

해설 ✪ 자율신경계★
중추신경계와 말초신경계의 일부분으로 구성되어 있어 쇼크와 같은 스트레스를 받으면 맥박이 빨라지는 인체 반응을 나타낸다.

27 인체 해부학적 기본용어에서 "앞/뒤"란 무엇인가?

① 중앙겨드랑이선으로 인체를 나누어 앞과 뒤를 구분한 것이다.
② 코에서 배꼽까지 수직으로 내린 선으로 인체를 좌우로 나눈다.
③ 중앙선에 가까이 있는지 멀리 있는지를 나타낸다.
④ 몸통에 가까이 있는지 멀리 있는지를 나타낸다.

✪ 기본 용어★ ☆ 13년 경남 소방위 · 경북 소방교

해부학적 자세	전면을 향해 서있는 자세로 손바닥은 앞으로 향하고 양팔은 옆으로 내린 상태
중간선	코에서 배꼽까지 수직으로 내린 선으로 인체를 좌우로 나눈다.
앞/뒤	중앙겨드랑이선으로 인체를 나누어 앞과 뒤를 구분한 것이다.
위/아래	위와 아래를 나타낸다.
안쪽/가쪽	중앙선에 가까이 있는지 멀리 있는지를 나타낸다.
양쪽	중앙선의 좌·우 모두에 위치해 있을 때를 말한다.(귀, 눈, 팔 등)
몸쪽/먼쪽	몸통에 가까이 있는지 멀리 있는지를 나타낸다.

28 감염예방을 위한 손 씻기 요령으로 틀린 것은?

① 오염물질은 비누로 손을 씻을 경우 10~15초 사이에 피부로부터 떨어져 나간다.
② 손톱아래는 솔을 이용해 이물질을 제거한다.
③ 장갑 착용여부와 상관없이 환자 처치 후에는 꼭 손을 씻어야 한다.

정답 26. ① 27. ① 28. ④

④ 반드시 흐르는 물을 이용해서 손목 아래까지 씻는다.

해설 ✪ 반드시 흐르는 물을 이용해서 손목에서 팔꿈치 아래까지 씻는다.* ☆ 13년 부산 소방장

29 "구급대원 개인보호 장비"와 관계없는 것은?

① 보호안경
② 마스크
③ 모자
④ 가운

해설 · 개인보호 장비 착용 : 보호안경, 장갑, 가운, 마스크

30 다음은 "근골격계"에 대한 설명으로 잘못된 것은?

① 우리 몸은 206개의 뼈로 구성되어있고 성인의 척추는 26개이다.
② 척추는 머리에서 골반까지 연결되어 있으며 척수를 보호하는 역할을 한다.
③ 근골격계의 3가지 주요기능은 외형유지, 내부 장기보호, 감염방지이다.
④ 넙다리는 관골구라고 불리는 골반과 넙다리뼈의 연결부위로부터 시작된다.

해설 근골격계의 3가지 주요기능은 외형유지, 내부 장기보호, 신체의 움직임이다.

31 소아의 호흡기계에 대한 설명이 아닌 것은?

① 상대적으로 혀가 차지하는 공간이 작다.
② 기관과 반지연골이 연하고 신축성이 있다
③ 가슴벽이 연약해 호흡할 때 가로막에 더욱 의존하는 경향이 있다.
④ 코가 막혔을 때 입으로 숨을 쉬는 것을 모른다.

해설 ✪ 상대적으로 혀가 차지하는 공간이 크다.

32 환자와의 "의사소통방법"으로서 잘못된 것은?

① 눈을 맞추고 몸짓을 이용한다.
② 환자에게 처치자 자신에 대해 소개한다.
③ 가능하다면 친구나 환자 주변인을 통해서 얘기한다.
④ 침착하고 전문가적인 행동을 한다.

정답 29. ③ 30. ③ 31. ① 32. ③

해설

✪ 의사소통

① 환자에게 처치자 자신에 대해 소개한다.
② 눈을 맞추고 몸짓을 이용한다.
③ 가능하다면 환자에게 직접 얘기한다.
④ 말투나 톤에 주의해야 한다.
⑤ 애매한 대답이나 추측성 발언은 피해야 한다.
⑥ 경청해야 한다.
⑦ 침착하고 전문가적인 행동을 한다.

33 "소아환자에 대한 의사소통내용"으로 틀린 것은?

① 처치 동안 부모가 가급적 곁에 있어야 한다.
② 고통을 주는 처치를 하기 전에 '아프지 않다'라는 말로 안심시킨다.
③ 아이와 대화하기 전에는 항상 자세를 낮추어 눈높이를 맞추어야 한다.
④ 처치자 자신이나 기구를 직접 만져 보게 한다.

해설

✪ 소아 환자

① 응급 상황에서의 소아는 두려움, 혼란, 고통을 호소하는데 낯선 사람과 기구들은 이를 더욱 가중시킨다.
② 소아의 경우 환자 평가 및 처치 동안 부모가 가급적 곁에 있어야 하며 부모는 소아가 안정감을 갖도록 침착하고 조용한 분위기를 만들어야 한다.
③ 가능하다면 아이를 부모가 직접 안거나 무릎 위에 앉히도록 하고 아이와 대화하기 전에는 항상 자세를 낮추어 눈높이를 맞추어야 한다.
④ 쉽고 간결한 말을 이용하며 처치 전에 처치자 자신이나 기구를 직접 만져 보게 하는 등 충분한 설명을 해야 한다.
⑤ 아동에게 고통을 주는 처치를 하기 전에 '아프지 않다'라는 거짓말을 해서는 안 되며 이해한다는 것을 행동이나 말로 표현해야 한다.

34 환자를 "이송 중에 무선통신방법"에 대한 설명으로 바르지 못한 것은?

① 환자의 나이와 성별
② 환자의 주 호소
③ 이송할 기관에 도착할 예정 시간
④ 환자의 이름

해설

✪ 이송 중 통신방법

이송 전에 이송할 기관에 환자의 상태를 알리는 것은 중요하다. 이는 도착 전에 필요한 인원 및 장비를 준비할 수 있게 해주기 때문이다.

① 본인의 소속기관
② 환자 나이와 성별
③ 환자의 주 호소
④ 현 증상과 관련 있는 병력
⑤ 주요 과거 병력
⑥ 환자 의식상태
⑦ 생체징후 및 환자 평가 내용
⑧ 제공한 응급처치 내용
⑨ 응급처치 후 환자 상태

정답 33. ② 34. ④

⑩ 이송할 기관에 도착할 예정 시간

※ 위의 통신내용은 간결해야 하며 환자 처치를 우선적으로 실시한 후에 해야 한다. 만약 계속적인 처치가 필요한 환자이며 이송할 기관과 통신할 시간이 없다면, 상황실에 도움을 요청해 상황실에서 통신하도록 해야 한다. 이송 중에 환자 상태가 악화되거나 호전되는 변화가 있다면 반드시 이송할 기관과 상황실에 알려야 한다.

35 무선통신의 일반적인 원칙으로 옳은 것은?

① 송신기 버튼을 누른 후 즉시 말을 한다.
② 무전기는 입에 바싹 붙이고 입에서 45° 방향에 위치시킨다.
③ 서로 약속된 무전약어를 사용해야 한다.
④ 환자에 대해 "환자가 심장마비 증상을 보임"이라고 환자평가 보다는 진단을 내려야 한다.

해설 ✪ 무선통신 일반원칙* ☆ 19년 소방교

① 무전기가 켜져 있는지 확인하고 소리도 적당하게 조정한다.
② 가능하다면 창문을 닫아 외부 소음을 줄인다.
③ 처음 무전을 시작할 때 잘 들리는지 확인한다.
④ 송신기 버튼을 누른 후 약 1초간 기다리고 말을 한다. 이는 첫 내용이 끊기는 것을 예방해 준다.
⑤ 무전기는 입에서부터 약 5~7cm 정도 간격을 두고 입에서 45° 방향에 위치시킨다.
⑥ 다른 기관이나 사람과의 무전을 원할 때에는 "(다른 기관이나 사람), 여기 (본인이나 소속기관)"라고 시작한다. 예를 들면 "상황실, 여기 구조하나(구조대장)"라고 하면 된다.
⑦ 무전을 받을 때에는 "여기 (본인이나 소속기관)"라고 하면 된다.
⑧ 말은 천천히, 간결하게 그리고 분명하게 끊어서 말을 해야 한다.
⑨ 항상 간결하게 말해야 하며 30초 이상 말을 해야 한다면 중간에 잠깐 무전을 끊어 다른 무전기 사용자가 응급 상황을 말할 수 있게 해줘야 한다.
⑩ 서로 약속된 무전약어를 사용해야 한다.
⑪ 불필요한 말은 생략한다.
⑫ 무전내용은 모든 기관원들이 듣는 다는 것을 명심해서 욕설이나 개인에 관련된 내용을 말해서는 안 된다.
⑬ 환자에 대해 평가결과를 말해야지 진단을 내려서는 안 된다. 예를 들어 "환자가 가슴통증 호소"라고 해야지 "환자가 심장마비 증상을 보임"이라고 하면 안 된다.

36 "의무기록지" 기능의 내용으로 맞지 않는 것은?

① 기록의 주 기능은 양질의 응급처치제공을 위함이다.
② 환자가 법적 소송이 제기된 경우 법적 문서로 쓰인다.
③ 환자의 유형별, 지역별로 통계를 내어 필요한 인원 및 장비를 재배치할 수 있다.
④ 기록지를 분석해서 환자에 대한 임상적 자료로 활용토록 보건복지부로 통보한다.

해설 의무기록지를 보건복지부에서 임상자료로 활용하는 것은 협조사항이지 통보할 의무는 없다.

정답 35. ③ 36. ④

37 "구급차 현장 최초 도착 시 배치요령"으로 틀린 것은?

① 구급차량의 전면이 주행차량의 전면을 향한 경우에는 경광등과 전조등을 켜고 비상등은 끄도록 한다.
② 차량화재가 있는 경우에는 화재차량으로부터 30m 밖에 위치시킨다.
③ 폭발물이나 유류를 적재한 차량으로부터 600~800m 밖에 위치한다.
④ 사고로 전기줄이 지면에 노출된 경우에는 전봇대와 전봇대를 반경으로 한원의 외곽에 주차시킨다.

해설 ✪ 최초 도착 시 차량 배치요령★★☆ 11년 부산 소방교 / 20년, 21년 소방교

① 도로 외측에 정차시켜 교통장애를 최소화하도록 하며, 도로에 주차시켜야 할 때에는 차량 주위에 안전표지판을 설치하거나 비상등을 작동시킨다.
② 구급차량의 전면이 주행차량의 전면을 향한 경우에는 경광등과 전조등을 끄고 비상등만 작동시킨다.
③ 사고로 전기줄이 지면에 노출된 경우에는 전봇대와 전봇대를 반경으로 한원의 외곽에 주차시킨다.
④ 차량화재가 있는 경우에는 화재차량으로부터 30m 밖에 위치시킨다.
⑤ 폭발물이나 유류를 적재한 차량으로부터는 600~800m 밖에 위치한다.
⑥ 화학물질이나 유류가 누출되는 경우에는 물질이 유출되어 흘러내리는 방향의 반대편에 위치시킨다.
⑦ 유독가스가 누출되는 경우에는 바람을 등진 방향에 위치시킨다.

38 "건물붕괴현장에서 부상자 증 심각한 호흡부전에 따른 저산소증이 관찰"되었다. 응급환자 분류표상 옳은 것은?

① 사망 - 흑색
② 응급환자 - 황색
③ 비 응급환자 - 녹색
④ 긴급환자 - 적색

해설 ✪ 응급환자 분류표★★★☆ 14년 인천 소방장, 17년 소방장, 19년 소방교

긴급 환자 (적색)	생명을 위협할만한 쇼크 또는 저산소증이 나타나거나 임박한 경우, 만약 즉각적인 처치를 행할 경우에 환자는 안정화될 가능성과 소생 가능성이 있는 경우
응급 환자 (황색)	손상이 전신적인 증상이나 효과를 유발하지만, 아직까지 쇼크 또는 저산소증 상태가 아닌 경우, 전신적 반응이 발생하더라도 적절한 조치를 행할 경우 즉각적인 위험 없이 45~60분 정도 견딜 수 있는 상태
비응급 환자 (녹색)	전신적인 위험 없이 손상이 국한된 경우 : 최소한의 조치로도 수 시간 이상 아무 문제가 없는 상태
지연 환자 (흑색)	대량 재난 시에 임상적 및 생물학적 사망이 명확히 구분되지 않는 상태와, 자발 순환이나 호흡이 없는 모든 무반응의 상태를 죽음으로 생각한다. 몇몇 분류에서는 어떤 처치에도 불구하고 생존 가능성이 희박한 경우를 포함

정답 37. ① 38. ④

39 "START 중증도 분류법"에 대한 설명으로서 바르지 못한 것은?

① 의식 장애, 호흡수 30회/분 이상, 노뼈동맥 촉진 불가능일 경우 응급환자로 분류한다.
② 우선 걸을 수 있는 환자는 지정된 장소로 이동하라고 말한다.
③ 기도 개방 후에도 무호흡, 무 맥박이면 지연 환자로 분류한다.
④ 지정된 장소로 온 환자들을 다시 평가하면서 분류한다.

해설 ✪ START 중증도 분류법★★☆ 17년 소방위, 18년 소방교, 20년 소방교, 소방위 / 21년 소방장, 소방위
① 우선 걸을 수 있는 환자는 지정된 장소로 이동하라고 말한다.
② 남아 있는 환자에 대해 의식, 호흡, 맥박을 확인하여 분류한다.
㉠ 긴급 환자 - 의식 장애, 호흡수 30회/분 이상, 노뼈동맥 촉진 불가능
㉡ 응급 환자 - 의식 명료, 호흡수 30회/분 이하, 노뼈동맥 촉진 가능
㉢ 지연 환자 - 기도 개방 후에도 무호흡, 무맥
③ 지정된 장소로 온 환자들을 다시 평가하면서 분류한다.

40 "START분류법에서 환자평가항목"이 아닌 것은?

① 의식상태 ② 혈압
③ 호흡 ④ 맥박

해설 ✪ START분류법의 환자평가 항목★☆ 13년 서울 소방장, 18년 소방교
신속, 간결 일관성 있는 분류를 위해 환자평가는 RPM을 기본으로 한다.
① Respiration : 호흡 ② Pulse : 맥박 ③ Mental Status : 의식 수준

41 지정된 곳으로 가지 못한 의식장애가 있는 환자를 우선으로 중증도 분류(START)법을 이용하여 분류하는 도중에는 3가지 처치만을 제공하고 다른 환자를 분류해야 하는 것으로 바른 것은?

가. 기도개방 및 입인두 기도기 삽관	나. 직접압박
다. 다발성 손상	라. 중증의 화상
마. 팔다리 거상	

① 가, 나, 다 ② 가, 나, 라
③ 나, 다, 마 ④ 가, 나, 마

해설 ✪ 남아 있는 환자 중에서 우선순위를 분류★★☆ 15년 소방교, 16년 소방교, 18년 소방교, 20년 소방교
① 지정된 곳(구급차 또는 근처 건물 등)으로 모인 환자
· 비응급환자로 분류
② 지정된 곳으로 가지 못하는 환자 = 남아 있는 환자
· 긴급, 응급, 지연환자로 분류

정답 39. ① 40. ② 41. ④

③ 의식 장애가 있는 환자를 우선으로 START분류법을 이용해 신속하게 분류해야 한다. 분류하는 도중에는 환자 상태에 따라 아래의 3가지 처치만을 제공하고 다른 환자를 분류해야 한다.
- 기도 개방 및 입인두 기도기 삽관
- 직접 압박
- 환자 상태에 따른 팔다리 거상

42 "환자자세 유형"에 있어서 다음 내용과 관계있는 것은?

> 정맥 귀환량을 증가시켜 심박출력을 강화하는 데 효과가 있기 때문에 쇼크자세로 사용된다.

① 옆누운 자세
② 앉은 자세
③ 엎드린 자세
④ 변형된 트렌델렌버그 자세

해설

변형된 트렌델렌버그자세	머리와 가슴은 수평 되게 유지하고 다리를 45°로 올려주는 자세	• 정맥 귀환량을 증가시켜 심박출력을 강화하는 데 효과가 있기 때문에 쇼크자세로 사용된다.	

43 "환자에게 적절한 치료를 계속 제공하지 못한 것은?

① 태만
② 유기
③ 면책
④ 거절

해설 ✪ 유기

환자에게 적절한 치료를 계속 제공하지 못한 것을 유기라고 정의한다. 유기는 응급구조사가 법적으로나 도덕적으로 범하지 말아야 할 가장 중대한 행위이다. ☆ 20년, 21년 소방교,

정답 42. ④ 43. ②

44 "신체역학에 따른 환자들어올리기" 내용 설명이 잘못된 것은?

① 들어 올릴 때 등을 일직선으로 유지하고 다리, 엉덩이의 근육을 이용한다.
② 다리를 약간 벌리고 발끝을 밖으로 향하게 한다.
③ 들것을 들어 올릴 때 양손의 간격은 20~30㎝ 떨어져 잡는다.
④ 물체를 가능한 한 몸에서 멀리하도록 한다.

해설 ✪ 신체 역학적 들어올리기★★★ ☆ 12년 서울 소방장, 14년 경기 소방교, 19년 소방교
인체역학이란 신체를 적절히 사용함으로써 부상을 방지하며 들어올리고 운반하기를 용이하게 하는 것이다.
① 물체의 무게가 얼마나 되는지, 들어올리는데 도움이 필요한지를 먼저 생각한다.
② 계획을 세우고 나서, 들어 올리고 운반할 계획을 동료와 서로 의논하라. 환자를 편안하게 하기 위해, 그리고 자신들의 안전을 위해 운반 과정동안 계속하여 대화하도록 한다.
③ 물체를 가능한 한 몸 가까이 붙여야 한다. 인체 역학상 이렇게 함으로써 들어올리는 동안 허리보다는 다리를 사용할 수 있게 된다. 몸에서 멀어질수록 부상의 가능성은 높아진다.
④ 들어올릴 때 <u>등을 일직선으로 유지하고 다리, 엉덩이의 근육을 이용</u>한다.
⑤ 다리를 약간 벌리고 발끝을 밖으로 향하게 한다.
⑥ 들어올릴 때 몸을 틀거나 비틀지 말아야 하며 다른 동작을 하게 되면, 부상의 원인이 될 수 있다.
⑦ 갑작스런 움직임은 피해야 한다.
⑧ 한 손으로 들어올릴 때는 한쪽으로 몸을 굽히는 것을 피해야 한다. 허리를 항상 일직선을 유지하도록 한다.
✪ 들어올리기와 잡기
① 가능한 들어 올리는 물체에 가깝게 접근해 다리를 약간 벌려 고정시킨 후 앉는다.
② 허리는 고정시키고 손으로 손잡이 부분을 잡고 들어올린다.
③ <u>양 손은 약 20~30cm 떨어져 손바닥과 손가락으로 손잡이 부분을 충분히 감싼다.</u> 손잡이는 같은 높이여야 하며 손이 미끄럽거나 기구가 젖어 있지 않은지 확인해야 한다.

45 "환자긴급이동"에 대한 설명으로 틀린 것은?

① 쇼크, 가슴손상으로 인한 호흡곤란 환자에게 사용하는 것이다.
② 환자나 대원에게 즉각적인 피해를 줄 수 있는 위험한 환경일 때
③ 이동 방법으로는 1인 환자 끌기, 담요 끌기 등이 있다.
④ 고정 장치를 이용할 시간이 없을 때

해설 환자긴급이동 ☆ 13년 서울 소방교, 19년 소방교
① 환자나 대원에게 즉각적인 피해를 줄 수 있는 위험한 환경일 때
② 화재, 화재 위험, 위험물질이나 폭발물질, 고속도로, 환자의 자세나 위치가 손상을 증가시킬 때
③ 다른 위급한 환자에게 접근할 때
④ 고정 장치를 이용할 시간이 없을 때
⑤ 척추손상을 초래할 수 있어 위급한 경우에만 사용
⑥ 만약 시간이 허용된다면 척추 고정을 실시한 후에 이동
⑦ <u>이동 방법으로는 1인 환자 끌기, 담요 끌기 등이 있다.</u>

정답 44. ④ 45. ①

46 다음 중 "의자형(계단형) 들것"에 대한 설명으로 잘못된 것은?

① 계단용으로 환자를 앉은 자세로 이동시킬 때 사용된다.
② 좁은 복도나 작은 승강기 그리고 좁은 공간에 유용하며 호흡곤란 환자를 이동시키기에 좋다.
③ 척추손상이나 하체손상 환자 그리고 기도유지를 못하는 의식장애 환자에게 적합하다.
④ 계단을 내려올 때에는 환자의 다리가 먼저 진행방향으로 와야 한다.

해설 ✪ 의자형(계단형) 들것★ ☆ 15년 소방교
① 계단용으로 환자를 앉은 자세로 이동시킬 때 사용된다.
② 좁은 복도나 작은 승강기 그리고 좁은 공간에 유용하며 호흡곤란 환자를 이동시키기에 좋다.
· 척추손상이나 하체손상 환자 그리고 기도유지를 못하는 의식장애 환자에게 사용해서는 안 된다.
③ 계단을 내려올 때에는 환자의 다리가 먼저 진행방향으로 와야 하며 다리 측을 드는 대원의 가슴과 환자의 다리가 수평을 이루어야 한다.

47 들것의 종류 중 다음 내용과 관계가 깊은 것은?

유연성 있는 재질로 만들어져 제한된 공간에서 유용

① 분리형 들것
② 의자형 들것
③ 가변형 들것
④ 척추 고정판 들것

해설 ✪ 가변형 들것☆ 16년 부산 소방장, 17년 소방장
· 유연한 재질의 천, 고무 등으로 제작된다.
· 손잡이가 다리를 제외한 2면 또는 3면에만 있다.
· 좁은 계단 및 공간이동시에 유용하다.
· 단독으로는 척추고정이 안된다.
· 긴척추고정판을 들것 중앙에 삽입하여 수직 및 수평구조를 할 수 있도록 만든 제품도 있다.
※ 16년 부산시험에는 분리형 들것 출제됨

정답 46. ③ 47. ③

48 "긴 척추고정판"에 대한 설명으로 잘못된 것은?

① 척추손상이 의심되는 환자를 고정하는 전신용 부목이다.
② 구조현장 및 부력이 있어 수상구조 시 유용하다.
③ 들것대용이나 수직 및 수평구조 시 사용이 불가능하다.
④ 임신 말기 환자의 경우 좌측위로 고정판이 왼쪽으로 기울어지게 해야 한다.

해설 ✪ 긴 척추고정판★☆ 13년 경북 소방교

용도	들것으로 오인하는 경우가 많지만 척추손상이 의심되는 환자를 고정하는 전신용 부목
특징	· 재질이 미끄러우므로 장축이동이 가능 · 가슴, 배, 다리 고정끈 결착 확인 · 구조현장 및 부력이 있어 수상구조 시 유용 · 들것대용으로도 사용이 가능하여 수직 및 수평구조시 사용 · 임신 말기 환자의 경우 좌측위로 고정판이 왼쪽으로 기울어지게 해야 한다. (대정맥 압박 방지)

49 환자자세에 대한 내용으로 잘못된 것은?

① 머리나 척추 손상이 없는 무의식환자는 좌측위나 회복자세를 취해준다.
② 머리나 척추 손상이 의심되는 환자는 긴 척추고정판으로 고정시킨 후 이송해야 한다.
③ 쇼크환자는 다리를 20~30cm 올린 후 반좌위로 이송한다.
④ 임신기간이 6개월 이상인 임부는 좌측위로 이송해야 한다.

해설 ✪ 환자 자세★★☆ 13년 경북 소방교, 14년 경남 소방장, 16년 경기 소방장

① 머리나 척추 손상이 없는 무의식환자는 좌측위나 회복자세를 취해준다. 이 자세들은 환자의 구강내 이물질이나 분비물을 쉽게 제거할 수 있다. 또한 구급차 내 이송 중 환자와 구급대원이 마주볼 수 있는 자세이기 때문에 환자처치가 용이하다.
② 호흡곤란이나 가슴통증 호소 환자는 환자가 편안해 하는 자세를 취해주는 것이 좋다. 보통은 좌위나 앉은 자세를 취해준다.
③ 머리나 척추 손상이 의심되는 환자는 긴 척추고정판으로 고정시킨 후 이송해야 한다. 필요 시 환자의 구강내 이물질이나 분비물을 제거하기 위해서는 왼쪽으로 보드를 약간 기울일 수 있다.
④ 쇼크환자는 다리를 20~30cm 올린 후 앙와위로 이송한다. 머리, 목뼈, 척추손상 환자에게 시행해서는 안 된다.
⑤ 임신기간이 6개월 이상인 임부는 좌측위로 이송해야 한다. 만약 긴 척추고정판(spine board)으로 고정시킨 임부라면 베게나 말은 수건을 벽면과 임부사이에 넣어 좌측위를 취해준다.
⑥ 오심/구토 환자는 환자가 편안해 하는 자세로 이송한다. 보통은 회복자세를 취해주며 만약, 좌위나 반좌위를 취한 환자라면 기도폐쇄를 주의하고 의식저하 환자는 회복자세로 이송해야 한다.

정답 48. ③ 49. ③

50 "포켓마스크" 사용방법으로 틀린 것은?

① 무호흡환자에게 사용되며 산소를 연결하여 사용할 수 없다.
② 삼각형 부분이 코로 오도록 환자의 입에 포켓마스크를 씌운다.
③ 대부분 일방향 밸브가 부착되어 환자의 날숨, 구토물 등으로부터의 감염방지의 역할을 한다.
④ 마스크 측면에 달린 끈은 1인 응급처치 시 환자의 머리에 고정시키고 가슴압박을 할 수 있기에 유용하다.

해설 ✪ 구강 대 마스크법★ ☆ 16년 경기 소방장, 17년 소방장
① 포켓마스크는 무호흡 환자에게 사용되는 입대 마스크법의 일종으로, 휴대 및 사용하기에 용이하며 대부분 산소연결구가 부착되어 산소를 연결하여 사용시 50%의 산소 공급율을 보인다.
② 포켓마스크는 대부분 일방향 밸브가 부착되어 환자의 날숨, 구토물 등으로부터의 감염방지의 역할을 하며, 마스크부분이 투명하여 환자의 입과 코에서 나오는 분비물을 볼 수 있다.
③ 마스크 측면에 달린 끈은 1인 응급처치 시 환자의 머리에 고정시키고 가슴압박을 할 수 있기에 유용하다. 하지만 인공호흡 시에는 손으로 포켓마스크를 얼굴에 밀착하여 고정시켜야 한다.

51 "주 들것 사용 시 유의사항"으로 잘못 설명된 것은?

① 환자의 다리가 진행방향으로 먼저 와야 하며 대원 모두 진행방향을 향해 위치해야 한다.
② 가능하다면 주 들것의 바퀴를 이용하기 보다는 직접 들어서 이동하는 것이 안전하다.
③ 바닥이 고르지 못하다면 4명의 대원이 주 들것의 네 모서리에 위치해 환자를 이동시킨다.
④ 대원이 2명이라면 한명은 머리 쪽, 다른 한명은 다리 쪽에서 이동시켜야 하며 대원은 서로 마주보아야 한다.

해설 ✪ 가능하다면 주 들것의 바퀴를 이용해 환자를 이동시킨다. ★ ☆ 20년 소방교

정답 50. ① 51. ②

52 **환자가 내쉰 공기를 다시 흡입할 수 있으므로 마스크 내 이산화탄소 축적을 방지하려면, 최소 6L/분 이상 산소를 공급하여야 하는 산소공급용 기구로 올바른 것은?**

① 비재호흡마스크(Nonebreathing Mask)
② 단순 얼굴 마스크(Simple Oxygen Mask)
③ 벤튜리 마스크(Venturi Mask)
④ 백-밸브 마스크(Bag-Valve Mask)

해설

단순 얼굴 마스크* (☆ 14년 경기 소방장)	용도	입과 코를 동시에 덮어주는 산소공급기구로 작은 구멍의 배출구와 산소가 유입되는 관 및 얼굴에 고정시키는 끈으로 구성되어 있다. 6~10L의 유량으로 흡입 산소농도를 35~60%까지 증가시킬 수 있다.
	특징	· 성인용, 소아용으로 구분 · 이산화탄소 배출구멍이 있으나 너무 작아 불편감을 호소하기도 한다. · 얼굴에 완전히 밀착되지 않아 충분한 산소가 공급되지 않을 수 있다. · 이산화탄소 잔류로 인해 산소공급량은 높을수록 효과적이다.

53 **"충전식 흡인기" 사용법에 대한 설명으로 바르지 못한 것은?**

① 흡인압력은 300mmHg 이상, 사용압력은 80~200mmHg 이상이다.
② 흡인관을 바르게 펴서 흡인기를 측정한 깊이까지 입안으로 넣는다.
③ 흡인관을 펴서 흡인한다.(단, 흡인시간은 15초를 초과하지 않는다.)
④ 흡인튜브의 깊이는 환자의 입가장자리에서 귓볼까지의 길이를 측정한다.

해설 충전식 흡인기 사용법☆ 16년 소방장, 17년 소방교

- 기계 전원을 켠다.
- 흡인튜브를 흡인관에 끼운다.
- 환자의 입가장자리에서 귓볼까지의 길이를 측정하여 흡인튜브의 적절한 깊이를 결정한다.
- 흡인 전에 환자에게 산소를 공급한다
- 수지교차법으로 입을 벌린 후 흡인튜브를 넣는다.
- 흡인관을 꺾어서 막고 흡인기를 측정한 깊이까지 입 안으로 넣는다.
- 흡인관을 펴서 흡인한다(단, 흡인시간은 15초를 초과하지 않는다).
- 흡인 후에는 흡인튜브에 물을 통과시켜 세척하고 산소를 공급한다.

54 **"자동제세동기 사용방법"에 대한 설명으로서 옳은 것은?**

① 심폐소생술 실시 후 2분간 제세동 시행
② 제세동 시행 2분 후 심폐소생술 실시
③ 심폐소생술 2분간 실시 후 즉시 제세동 시행
④ 제세동 시행 후 즉시 2분간 심폐소생술 실시

정답 52. ② 53. ② 54. ④

해설 자동 제세동기 사용법★ ☆ 14년 인천 소방장, 17년 소방교

- 환자의 무의식, 무호흡 및 무맥박을 확인한다.(도움요청 포함)
- 전원버튼을 눌러 자동 제세동기를 켠다.
- 자동 제세동기를 켜고 일회용 전극을 환자와 자동 제세동기에 연결한다.
- 모든 동작을 중단하고 분석단추를 누른다.
- 제세동을 시행하라는 말과 글이 나오면 환자와의 접촉금지를 확인한 후 제세동 버튼을 누른다.
- 제세동을 시행한 후 즉시 2분간 심폐소생술을 시행한다.
- 2분마다 제세동이 재분석한다.

55 다음 중 부목에 대한 설명으로 잘못된 것은?

① 철사부목은 큰관절이나 근육이 손상된 경우 다른 부목으로 추가 고정해주면 좋다.
② 패드부목은 사지골절에 사용하기가 적합하다.
③ 출혈 시 경성부목을 사용한다.
④ 개방성 골절이 있는 환자에게 공기부목을 사용해서는 안 된다.

해설 • 공기부목은 출혈이 있는 경우에는 지혈효과가 있다. ☆ 13년 경북 소방교 / 18년 소방교

56 고정 장비인 "목뼈보호대"에 관한 설명으로 옳지 않은 것은?

① 머리를 중립자세로 유지하고 어깨에서 하악까지의 높이를 측정
② 머리와 경부를 고정한 채 경추고정장비를 착용시킨다.
③ 턱 끝에서 흉골 절흔까지의 길이를 측정하여 목뼈보호대를 선택한다.
④ 방사선 투과 가능한 특수재질을 사용한다.

해설

목뼈보호대★	
용도	환자를 구출하거나 이송하기 전에 목 고정장비
종류	일체형, 조립형, 조절형
특징	방사선 투과 가능한 특수 재질
사용방법	① 경추고정 장비의 형태를 만든다. ② 환자의 크기에 맞는 적절한 고정장비를 선택한다. - 머리를 중립자세로 유지하고 어깨에서 하악까지의 높이를 측정 ③ 머리와 경부를 고정한 채 경추고정장비를 착용시킨다.

57 다음 중 "보유산소장비 없이 즉각적인 초기 환기를 제공"할 수 있는 것은?

① 백-밸브 마스크 소생기
② 입(코)인두 기도기
③ 포켓마스크
④ 비재호흡마스크

정답 55. ③ 56. ③ 57. ①

해설 BVM : 보유산소장비 없이 즉각적인 초기 환기를 제공★ ☆ 14년 경남 소방장, 19년 소방교

특징	· 산소를 추가 투여하지 않은 상태로 21%정도의 산소 공급 · 분당 10~15L의 산소를 공급할 경우(산소저장주머니 없이 40~60% 산소 공급) · 산소저장주머니 연결 후 분당 10~15L의 산소를 공급할 경우 거의 100%의 산소 공급 · 영아, 소아, 성인용으로 구분 · 과압방지용 밸브가 있음

58 만성폐쇄성폐질환(COPD) 환자에게 유용한 것은?

① 백-밸브 마스크 소생기
② 벤튜리 마스크
③ 포켓마스크
④ 비재호흡마스크

해설

벤튜리 마스크 ☆ 18년 소방교 / 20년 소방위	용도	특수한 용도로 산소를 제공할 경우에 사용되며 표준 얼굴 마스크에 연결 된 공급배관을 통해 특정 산소 농도를 공급해 주는 호흡기구
	규격	24%, 28%, 31%, 35%, 40%, 50%(53%)
	특징	· 일정한 산소가 공급될 때 공기의 양도 일정하게 섞여 들어가는 형태 · 만성폐쇄성폐질환(COPD)환자에게 유용 · 분당 산소 유입량은 2~8L

59 다음 들것에 대한 설명으로 관계 깊은 것은?

> 추가 환자 이송 시 사용되는 장비이며, 다수 환자 발생 시에 간이 침상으로 사용이 가능하다.

① 바구니형 들것
② 가변형 들것
③ 접이식 들것
④ 분리형 들것

해설 접이식 들것(보조들것)
- 주들 것 외에 추가 환자 이송 시 사용되는 장비
- 다수 환자 발생 시에 간이 침상으로 사용이 가능하다.
- 재질에 따라 척추고정이 되는 들것도 있다
- 접어서 보관하므로 휴대가 쉽다.

정답 58. ② 59. ③

구급

구급활동의 기록

2

PART

CHAPTER 1 구급활동의 기록
CHAPTER 2 구급활동일지 작성요령
CHAPTER 3 심폐정지환자 응급처치
CHAPTER 4 중증외상환자 응급처치
//////////

Chapter ❶

구급활동의 기록

구급대원은 구급활동일지(이하 "구급활동일지"라 한다)에 구급활동상황을 상세히 기록하고, 소속 소방관서에 3년간 보관하여야 한다. 또한 구급대원이 응급환자를 의사에게 인계하는 경우에는 구급활동일지(이동단말기로 작성하는 경우를 포함한다)에 환자를 인계받은 의사의 서명을 받고, 구급활동일지(이동단말기에 작성한 경우에는 전자적 파일이나 인쇄물을 말한다) 1부를 그 의사에게 제출하여야 한다.

1 작성대상

○ 119구급대원이 출동한 모든 환자(이송 및 미이송 모두 포함)
- 구급활동일지
- 심폐정지환자 응급처치 세부상황표
- 중증외상환자 응급처치 세부상황표
- 심뇌혈관질환자 응급처치 세부상황표작성시 주의사항

2 작성 시 주의사항(공통사항)

○ 작성 기준에 해당하는 모든 환자에 대하여 구급활동일지 및 해당 환자(심정지, 중증외상, 심·뇌혈관계) 응급처치 세부상황표를 작성함.

※ 해당여부에 대한 기준이 모호한 경우 일단 작성 후 수정함.

○ 모든 항목에 대하여 완결성 있도록 작성함.
- 해당하는 항목이 있는 경우 [ ]안에 √로 정확하게 체크
- 의문점이 있거나 불명확한 경우는 의료지도를 통해 확인하여 작성하거나 수정함.
- 해당하는 항목이 보기에 없는 경우, 가장 유사한 항목에 기입하거나 기타 항목에 직접 해당 내용을 작성함.
- 목격자 또는 보호자에게 심정지 관련한 내용을 취득하여 작성함(심폐정지환자 응급처치 세부상황표)
- 자동심장충격기나 심전도 감시장치 등을 통해 얻은 심전도는 세부상황표 뒷면을 이용하여

첨부하도록 함(심폐정지환자 응급처치 세부상황표)

○ 모든 시간은 24시간제로 작성함.

- 예시 : 오후 2시 → 14:00, 23:59분 이후 자정은 00:00표기, 24:00(×) 12:00(×)

○ 모든 시각의 기록은 최초에 출동시각을 기록한 시계를 기준으로 하여 기록함.

○ 각 항목의 '기타'란은 체크하지 않는 것을 원칙으로 하고, 유사항목도 없어 불가피하게 체크할 경우에는 그 내용을 상세히 기재함.

○ 의료기관에 구급활동일지 부본을 제출하거나 단말기에 작성하여 전송하는 경우 제출한 다음에는 변경이 불가능하므로 제출하기 전에 기재 사항을 정확하게 작성한다. ⇒ 피소되었을 경우 '허위공문서 작성 및 행사'를 면할 수 없음.

○ 구급활동일지는 미이송한 경우에도 환자이송 란을 제외한 부분을 모두 기재 할 수 있도록 함.

■ 119구조·구급에 관한 법률 시행규칙 [별지 제5호서식] <개정 2019. 1. 1.>

소방서 119구급대(안전센터)
전화) -

구 급 활 동 일 지

결재	119구급대장(센터장)

차량번호		구분	[ ]특수일반 [ ]특수전문 [ ]헬기 [ ]펌뷸런스 [ ]기타

구급 출동

신고 일시	. . . :	신고자	전화번호	신고방법	[ ]일반전화 [ ]휴대전화 [ ]기타( )
출동 시각	:	환자 인적 사항	성명 / 나이 세 / 성별 [ ]남 [ ]여 / 생년월일		
			주소 (Tel)		
현장 도착	:		직업	[ ]영아 [ ]유아 [ ]학생 [ ]주부 [ ]자영업 [ ]직장인 [ ]무직 [ ]기타( ) [ ]외국인(국적 :)	
환자 접촉	:	보호자 등	성명 / 관 계 / 전화번호		
거리	km	환자발생 위치			
현장 출발	:	환자 발생 장소(택일)	[ ]집 [ ]집단거주시설 [ ]도로 [ ]도로외 교통지역 [ ]오락/문화 시설 [ ]학교/교육시설 [ ]운동시설 [ ]상업시설 [ ]의료관련시설 [ ]공장/산업/건설시설 [ ]일차산업장 [ ]바다/강/산/논밭 [ ]기타( )		
병원 도착	:	환자 증상 (복수 선택 가능)	■ 통증([ ]두통 [ ]흉통 [ ]복통 [ ]요통 [ ]분만진통 [ ]그 밖의 통증)		
귀소 시각	:		■ 외상([ ]골절 [ ]탈구 [ ]염좌 [ ]열상 [ ]찰과상 [ ]타박상 [ ]절단 [ ]압궤손상 [ ]화상)		
출동 유형	[ ]정상 [ ]오인 [ ]거짓 [ ]취소 [ ]기타		[ ]의식장애 [ ]기도이물 [ ]기침 [ ]호흡곤란 [ ]호흡정지 [ ]심계항진 [ ]가슴불편감 [ ]심정지 [ ]경련/발작 [ ]실신 [ ]오심 [ ]구토 [ ]설사 [ ]변비 [ ]배뇨장애 [ ]객혈 [ ]토혈 [ ]혈변 [ ]비출혈 [ ]질출혈 [ ]그 밖의 출혈 [ ]고열 [ ]저체온증 [ ]어지러움 [ ]마비 [ ]전신쇠약 [ ]정신장애 [ ]그 밖의 이물질 [ ]기타( )		

환자 발생 유형

[ ]질 병	병 력 ([ ]없음 [ ]미상)	[ ]고혈압 [ ]당뇨 [ ]뇌혈관질환 [ ]심장질환 [ ]폐질환 [ ]결핵 [ ]간염 [ ]간경화 [ ]알레르기 [ ]암(종류 :) [ ]신부전(투석여부 :) [ ]기타( )
[ ]질병외	[ ]교통사고 사상자	[ ]운전자 [ ]동승자 [ ]보행자 [ ]자전거 [ ]오토바이 [ ]그 밖의 탈 것( ) [ ]미상
	[ ]그 외 외상 (택일)	[ ]낙상 [ ]추락 [ ]그 밖의 둔상 [ ]열상 [ ]자상 [ ]관통상 [ ]기계 [ ]농기계
	[ ]비외상성 손상 (택일)	[ ]중독 [ ]익수 ■ 질식([ ]연기흡입 [ ]외력에 의한 압박 [ ]이물질에 의한 기도막힘) ■ 화상([ ]화염 [ ]고온체 [ ]전기 [ ]물) [ ]화학물질 [ ]동물/곤충 [ ]자연재해 [ ]온열손상 [ ]한랭손상 [ ]성폭행 [ ]상해 [ ]기타( )
	범죄의심	[ ]경찰통보 [ ]경찰인계 [ ]긴급이송 [ ]관련기관 통보
[ ]기타	[ ]임산부 [ ]단순주취 [ ]기타( )	

환자 평가

의식상태	1차 (:)[ ]A [ ]V [ ]P [ ]U	2차 (:)[ ]A [ ]V [ ]P [ ]U
동공반응	좌 [ ]정상 [ ]축동 [ ]산동 [ ]측정불가	[ ]반응 [ ]무반응 [ ]측정불가
	우 [ ]정상 [ ]축동 [ ]산동 [ ]측정불가	[ ]반응 [ ]무반응 [ ]측정불가

활력 징후 [ ] 불가 [ ] 거부	시각	혈압	맥박	호흡	체온	SpO_2	혈당체크
	:	/ mmHg	회/min	회/min	℃	%	mg/dL
	:	/ mmHg	회/min	회/min	℃	%	mg/dL

사고부위(복수선택 가능)

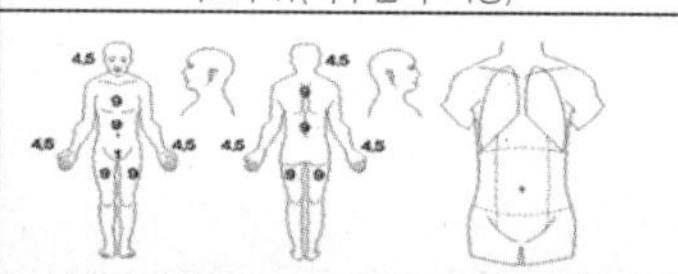

환자분류: [ ]응급 [ ]준응급 [ ]잠재응급 [ ]대상 외 [ ]사망([ ]추정)

구급대원 평가소견: ◦주 호소 : ◦발생시간([ ]추정) : :

응급처치 (복수 선택가능)

- ■ 기도확보: [ ]도수조작 [ ]기도유지기(airway) [ ]기도삽관(Intubation) [ ]성문외 기도유지기(supraglottic airway) [ ]흡인기 [ ]기도폐쇄처치
- ■ 산 소투여 : L/min([ ]비관 [ ]안면마스크 [ ]비재호흡마스크 [ ]BVM [ ]산소소생기 [ ]포켓마스크 [ ]네뷸라이저 [ ]기타)
- ■ CPR([ ]실시 [ ]거부 [ ]DNR [ ]유보) [ ]ECG ■ AED([ ]Shock [ ]Monitoring) [ ]기타( )
- ■ 순환보조([ ]정맥로 확보 [ ]수액공급(cc) 확보) [ ]약물투여( ) ■ 고정([ ]경추 [ ]척추 [ ]부목 [ ]머리)
- ■ 상처처치([ ]지혈 [ ]상처드레싱) [ ]분만 [ ]보온([ ]온 [ ]냉)

의료 지도

의료지도	[ ]연결 [ ]미연결	요청시간 :	요청방법 [ ]일반전화 [ ]휴대전화([ ]음성 [ ]화상) [ ]무전기 [ ]기타( )
의료지도 기관	[ ]소방 [ ]병원 [ ]기타( )	의료 지도 내용	[ ]응급처치: [ ]airway [ ]Intubation [ ]supraglottic airway [ ]ECG [ ]AED [ ]CPR [ ]IV [ ]BVM [ ]산소투여 [ ]고정 [ ]상처처치 [ ]혈당체크 [ ]보온 [ ]기타( )
의료지도 의사	성명		[ ]약물투여: [ ]N/S [ ]D/W [ ]NTG [ ]기관지확장제 [ ]에피네프린 [ ]아미오다론 [ ]기타( ) [ ]병원선정 [ ]환자평가 [ ]CPR유보·중단 [ ]이송거절 [ ]이송거부 [ ]기타( )

환자 이송

	이송 기관명		도착시간 (km)	의료기관 등 선정자	재이송 사유	환자 인수자
1차		[ ]관할 [ ]타시·도	: (km)	[ ]구급대 [ ]119상황실 [ ]구급상황센터 [ ]환자/보호자 [ ]기타( )	■ 병상 부족([ ]응급실 [ ]수술실 [ ]입원실 [ ]중환자실) [ ]전문의 부재 [ ]의료장비 고장 [ ]주취자 등 [ ]환자/보호자의 변심 [ ]1차 응급처치 [ ]기타( )	[ ]의 사 [ ]간호사 [ ]응급구조사 [ ]기 타
2차		[ ]관할 [ ]타시·도	: (km)	[ ]구급대 [ ]119상황실 [ ]구급상황센터 [ ]환자/보호자 [ ]기타( )	■ 병상 부족([ ]응급실 [ ]수술실 [ ]입원실 [ ]중환자실) [ ]전문의 부재 [ ]의료장비 고장 [ ]주취자 등 [ ]환자/보호자의 변심 [ ]1차 응급처치 [ ]기타( )	[ ]의 사 [ ]간호사 [ ]응급구조사 [ ]기 타

연계 이송 [ ] 소방 활동 [ ] ※ 본 구급대는 환자의 추가 손상 및 악화(사망 등) 방지를 위해 응급처치에 적합하고 최단시간 이내에 이송이 가능한 ______병원으로 이송을 권유 하였으나 ______씨가 원하는 ______병원으로 이송함에 따라 발생하는 민사·형사상 책임을 지지 않습니다. 위 내용을 고지합니다. (서명 또는 인)

미이송: [ ]취소 ■ 타차량([ ]병원차 [ ]경찰차 [ ]자가용 [ ]택시 [ ]헬기) [ ]환자 없음 [ ]현장처치 [ ]이송거부 [ ]이송거절 [ ]경찰인계 [ ]이송 불필요 [ ]사망 [ ]기타( )

출동 인원

의 사	소속 :	성명 :	(서명 또는 인)		
구급대원(1)	[ ]1급 [ ]2급 [ ]간호사 [ ]구급교육 [ ]기타	계급	소방	성명	(서명 또는 인)
구급대원(2)	[ ]1급 [ ]2급 [ ]간호사 [ ]구급교육 [ ]기타	계급	소방	성명	(서명 또는 인)
운전요원	[ ]1급 [ ]2급 [ ]간호사 [ ]구급교육 [ ]기타	계급	소방	성명	(서명 또는 인)
기 타	[ ]1급 [ ]2급 [ ]간호사 [ ]구급교육 [ ]기타			성명	(서명 또는 인)

장애요인: [ ]없음 [ ]장거리 이송 [ ]보호자 요구 [ ]원거리 병원 [ ]원거리 출동 [ ]만취자 [ ]폭행 [ ]언어폭력 [ ]환자 과체중 [ ]기관협조 미흡 [ ]환자위치 불명확 [ ]교통정체 [ ]폭우 [ ]폭설 [ ]기타( )

일련번호 | 재난번호 | 뒷장이 동시에 기록되도록 제작

210mm×297mm[백상지(80g/㎡) 또는 중질지(80g/㎡)]

Chapter 2 구급활동일지 작성요령

구급활동일지의 각 항목은 다음과 같은 지침에 따라 작성한다.

1 구급차 차량정보

■ 119구조·구급에 관한 법률 시행규칙 [별지 제5호서식]

<table>
<tr><td colspan="3">소방서 119구급대(안전센터)
전화) -</td><td colspan="2" rowspan="1">구급활동일지</td><td rowspan="2">결재</td><td>119구급대장(센터장)</td></tr>
<tr><td>차량
번호</td><td></td><td>구분</td><td>[ ]특수일반 [ ]특수전문</td><td>[ ]헬기 [ ]펌뷸런스 [ ]기타</td><td></td></tr>
</table>

① 구급차 정보

○ 소속 소방서[119구급대(안전센터)]의 이름 및 전화번호를 정확하게 기재한다.

○ 구급대로 운영하는 경우에도 배치된 안전센터를 표기하도록 한다.

○ 결재란의 경우 구급대로 운영하는 지역은 119구급대장, 미운영하는 지역은 안전센터장이 결재하도록 한다. 예) 안전센터장이 없는 경우 부서의장이 결재

② 구급차 차량번호·구분

○ 당해 구급차 차량번호 및 특수일반, 특수전문(전문구급차로 지정된 구급차), 헬기, 펌뷸런스, 기타 중 해당하는 부분에 ✔로 체크한다.

코드 및 표기 방법	[ ]특수일반	[ ]특수전문	[ ]헬기	[ ]펌뷸런스	[ ]기타

2 구급출동

<table>
<tr><td rowspan="12">구급
출동</td><td rowspan="2">신고 일시</td><td rowspan="2">20 . . .
:</td><td>신고자</td><td>전화번호</td><td></td><td>신고방법</td><td colspan="4">[ ]일반전화 [ ]휴대전화 [ ]기타( )</td></tr>
<tr><td rowspan="3">환자
인적
사항</td><td>성명</td><td></td><td>나이</td><td>세</td><td>성별</td><td>[ ]남[ ]여</td><td>생년월일</td></tr>
<tr><td>출동 시각</td><td>:</td><td>주소</td><td colspan="7">(Tel)</td></tr>
<tr><td>현장 도착</td><td>:</td><td>직업</td><td colspan="5">[ ]영아[ ]유아[ ]학생[ ]주부[ ]자영업[ ]직장인[ ]무직[ ]기타( )</td><td colspan="2">[ ]외국인(국적 :)</td></tr>
<tr><td>환자 접촉</td><td>:</td><td>보호자 등</td><td>성명</td><td></td><td>관 계</td><td></td><td>전화번호</td><td colspan="2"></td></tr>
<tr><td>거리</td><td>km</td><td colspan="2">환자발생 위치</td><td colspan="6"></td></tr>
<tr><td>현장 출발</td><td>:</td><td rowspan="2">환자 발생
장소(택일)</td><td colspan="7" rowspan="2">[ ]집 [ ]집단거주시설 [ ]도로 [ ]도로외 교통지역 [ ]오락/문화 공공시설 [ ]학교/교육시설 [ ]운동시설
[ ]상업시설 [ ]의료관련시설 [ ]공장/산업/건설시설 [ ]일차산업장 [ ]바다/강/산/논밭 [ ]기타( )</td></tr>
<tr><td>병원 도착</td><td>:</td></tr>
<tr><td>귀소 시각</td><td>:</td><td rowspan="2">환자 증상
(복수 선택
가능)</td><td colspan="7" rowspan="2">■ 통증([ ]두통 [ ]흉통 [ ]복통 [ ]요통 [ ]분만진통 [ ]그 밖의 통증)
■ 외상([ ]골절 [ ]탈구 [ ]염좌 [ ]열상 [ ]찰과상 [ ]타박상 [ ]절단 [ ]압궤손상 [ ]화상)
[ ]의식장애 [ ]기도이물 [ ]기침 [ ]호흡곤란 [ ]호흡정지 [ ]심계항진 [ ]가슴불편감 [ ]심정지 [ ]경련/발작 [ ]실신
[ ]오심 [ ]구토 [ ]설사 [ ]변비 [ ]배뇨장애 [ ]객혈 [ ]토혈 [ ]혈변 [ ]비출혈 [ ]질출혈 [ ]그 밖의 출혈 [ ]고열 [ ]저체온증 [ ]어지러움 [ ]마비 [ ]전신쇠약 [ ]정신장애 [ ]그 밖의 이물질 [ ]기타( )</td></tr>
<tr><td>출동 유형</td><td>[ ]정상[ ]오인
[ ]거짓[ ]취소
[ ]기타</td></tr>
</table>

① 신고일시

○ 환자 또는 보호자가 구급차 출동을 요청한 최초 신고시간을 기재한다.(상황실 수보내용을 이용)

☞ 출동지령서에 신고접수일시와 출동지령일시 시간차가 생기는 경우에는 구급일지 좌측 빈 공란에 출동지령일시 기재 (단, 전산 입력 시에는 출동지령일시를 기재하지 않도록 함)

○ 표기방법 : YYYY. MM. DD. HH:MM (예 : 2016. 01. 01. 00 : 00)

○ 모든 시각은 24시간 기준으로 기록한다.

☞ 예) 정오는 12:00, 23:59분 후 자정은 24:00(×)아니고 00:00(○)임.

② 출동시각

○ 안전센터에서 구급차가 출동한 실제 시각을 기록한다.

○ 최초 출동시각을 기록한 시계로 다음의 모든 시각을 측정한다.

○ 모든 시각은 24시간 기준으로 기록한다.

③ 현장도착

○ 구급차량이 주차할 수 있는 위치에 주차하기 위해 도달한 시간 또는 구급대원이 환자에게 접촉하기 위하여 구급차에서 내린 시각을 기재한다.

○ 최초 출동시각을 기록한 시계로 다음의 모든 시각을 측정한다.

○ 모든 시각은 24시간 기준으로 기록한다.

④ 환자접촉

○ 현장 도착 후 차량에서 도보 등으로 이동, 환자를 인지하고 시진·문진·촉진 등 직접적으로 환자를 접촉한 시각을 기재한다.(환자접근이 어려운 환경에서 환자의 상태를 원거리에서 확인하였어도 직접적인 환자상태 확인을 시행하지 않은 경우는 제외)

○ 최초 출동시각을 기록한 시계로 다음의 모든 시각을 측정한다.

○ 모든 시각은 24시간 기준으로 기록한다.

⑤ 거리

○ 안전센터에서 환자 발생 지역까지 구급차로 이동한 거리를 기재한다.

○ 구급차 귀소 등 운행 중 구급출동을 받은 경우는 받은 시점 구급차 위치에서 환자 발생 지역까지 이동한 거리를 기재한다.

⑥ 현장출발

○ 현장에서 구급차가 출발한 시각을 기재한다.

○ 최초 출동시각을 기록한 시계로 다음의 모든 시각을 측정한다.

○ 모든 시각은 24시간 기준으로 기록한다.

⑦ 병원도착

○ 병원에 구급차가 도착한 시각을 기재한다.

○ 최초 출동시각을 기록한 시계로 다음의 모든 시각을 측정한다.

○ 모든 시각은 24시간 기준으로 기록한다.

⑧ 귀소시각

○ 구급차가 센터에 다시 복구한 시각을 기재한다.

○ 최초 출동시각을 기록한 시계로 다음의 모든 시각을 측정한다.

○ 모든 시각은 24시간 기준으로 기록한다.

⑨ 출동유형

○ 현장 출동의 유형을 기록한다.

○ 당해 해당하는 부분에 ✔로 체크한다.

코드 및 표기 방법	☞[ ]정상 : 화재, 구조, 구급(환자 미발생, 이송거절·거부, 다중출동, 현장처치 등) 등 현장에서의 직접적인 구급활동을 목적으로 정상 출동한 경우 ☞[ ]거짓 : 당초부터 환자가 없었음에도 거짓 또는 허위로 신고한 것으로 판단되는 경우 ※ 119구조구급에 관한 법률 제4조 제3항을 위반하여 200만원 이하의 과태료 부과대상이 되는 경우 ☞[ ]오인 : 사고 또는 피해자가 있다고 신고자가 잘못보거나 잘못 생각한 경우 ☞[ ]취소 : 센터를 출발하여 현장에 도착하기 전 신고를 취소하거나 다른 차량 등을 이용하여 이미 이송한 경우 ☞[ ]기타 : 민원이나 대민봉사 등 직접적인 구급활동이 아닌 목적 외로 출동하는 경우 ※ 예) 구급차 소독, 캠페인, 각종 훈련, 지리조사, 교육 등

3 신고자, 환자 인적사항

<table>
<tr><td rowspan="10">구급
출동</td><td rowspan="2">신고 일시</td><td rowspan="2">20 . . .
:</td><td>신고자</td><td>전화번호</td><td></td><td colspan="2">신고방법</td><td colspan="5">[ ]일반전화 [ ]휴대전화 [ ]기타( )</td></tr>
<tr><td rowspan="3">환자
인적
사항</td><td>성명</td><td></td><td>나이</td><td>세</td><td>성별</td><td>[ ]남[ ]여</td><td>생년월일</td><td colspan="2"></td></tr>
<tr><td>출동 시각</td><td>:</td><td>주소</td><td colspan="8">(Tel)</td></tr>
<tr><td>현장 도착</td><td>:</td><td>직업</td><td colspan="6">[ ]영아[ ]유아[ ]학생[ ]주부[ ]자영업[ ]직장인[ ]무직[ ]기타( )</td><td colspan="2">[ ]외국인(국적 :)</td></tr>
<tr><td>환자 접촉</td><td>:</td><td>보호자 등</td><td>성명</td><td></td><td>관 계</td><td colspan="2"></td><td colspan="2">전화번호</td><td colspan="2"></td></tr>
<tr><td>거리</td><td>km</td><td colspan="2">환자발생 위치</td><td colspan="8"></td></tr>
<tr><td>현장 출발</td><td>:</td><td rowspan="2">환자 발생
장소(택일)</td><td colspan="9" rowspan="2">[ ]집 [ ]집단거주시설 [ ]도로 [ ]도로외 교통지역 [ ]오락/문화 공공시설 [ ]학교/교육시설 [ ]운동시설
[ ]상업시설 [ ]의료관련시설 [ ]공장/산업/건설시설 [ ]일차산업장 [ ]바다/강/산/논밭 [ ]기타( )</td></tr>
<tr><td>병원 도착</td><td>:</td></tr>
<tr><td>귀소 시각</td><td>:</td><td rowspan="2">환자 증상
(복수 선택
가능)</td><td colspan="9" rowspan="2">■ 통증([ ]두통 [ ]흉통 [ ]복통 [ ]요통 [ ]분만진통 [ ]그 밖의 통증)
■ 외상([ ]골절 [ ]탈구 [ ]염좌 [ ]열상 [ ]찰과상 [ ]타박상 [ ]절단 [ ]압궤손상 [ ]화상)
[ ]의식장애 [ ]기도이물 [ ]기침 호흡곤란(급성[ ] 만성[ ]) [ ]호흡정지 [ ]심계항진 [ ]심정지 [ ]경련 [ ]발작 [ ]실신
[ ]오심/구토 [ ]설사 [ ]변비 [ ]배뇨장애 [ ]객혈 [ ]토혈 [ ]비출혈 [ ]질출혈 [ ]그 밖의 출혈 [ ]고열
[ ]저체온증 [ ]어지러움 [ ]편마비 [ ]사지마비 [ ]전신쇠약 [ ]정신장애 [ ]그 밖의 이물질 [ ]기타( )</td></tr>
<tr><td>출동 유형</td><td>[ ]정상[ ]오인
[ ]거짓[ ]취소
[ ]기타</td></tr>
</table>

① 신고자-전화번호

○ 구급출동을 최초로 신고한 사람이나 직접 방문한 경우 신고한 사람의 전화번호를 기재한다.

○ 지령정보를 참고하거나 또는 직접 확인하여 기록한다.

② 신고자-신고방법

○ 구급차 출동을 요청한 신고 수단을 기재한다.

○ 지령정보를 참고하거나 또는 직접 확인하여 기록한다.

○ 당해 해당하는 부분에 ✔로 체크한다.

코드 및 표기 방법	[ ]일반전화 [ ]휴대전화 [ ]기타( )

③ 환자 인적사항-성명, 나이, 성별, 생년월일

○ 환자 성명을 직접 확인하거나 보호자에게 확인하여 기록한다.

○ 환자가 성명을 직접 응답할 수 없는 의학적 상태이고, 신고자나 보호자가 없는 경우에는 신분증 등을 확인한다.

○ 환자의 나이를 만 나이로 기록한다. (출생 일자를 이용한 만 나이 계산법)

☞ 예) · 생일이 지난 경우 : 만 나이=현재 연도-출생연도

· 생일이 지나지 않은 경우 : 만 나이=현재연도-출생연도-1

○ 환자의 성별은 문진에 의하고, 구급대원이 판명할 수 없는 경우 의료기관으로 이송 후 의사의 판단에 의한다.

○ 모든 이송환자의 주민번호 앞자리에 등재된 생년월일을 정확히 기록한다. (신분증 등 확인)

④ 환자 인적사항-주소

○ 환자의 실제 거주지 주소 및 전화번호(휴대폰 번호 가능)를 기록한다.

○ 환자의 실제 거주지 주소와 주민등록된 주소가 상이한 경우, 주민등록된 주소를 기재하도록 한다.

○ 환자의 주소는 최소한 도로명(동, 리) 단위까지 기록하도록 한다.

⑤ 환자 인적사항-직업

○ 환자가 주로 경제적 수입을 얻고 있는 직업을 한 가지 선택하여 표기한다.

코드 및 표기 방법	☞[ ]영아 : 만 1세 미만의 어린이 ☞[ ]유아 : 만 1세로부터 초등학교 취학 전 ☞[ ]학생 : 초등학생부터 대학생까지 ☞[ ]주부 : 다른 가족을 위한 가사노동을 하는 경우 ☞[ ]자영업 : 영리를 목적으로 하는 각종 산업을 독립적으로 영위하는 사람 ☞[ ]직장인 : 규칙적으로 직장을 다니면서 급료를 받아 생활하는 사람 ☞[ ]무직 : 다른 가족을 위한 가사노동에 종사하지 않으면서 명확한 수입을 얻는 경제활동에 종사하지 않는 경우 ☞[ ]기타( )

⑥ 환자 인적사항-외국인

○ 환자가 외국인인 경우에 ✔로 표기하고, 국적을 확인하여 기록한다.

○ 외국인의 국적을 한글로 명확히 기록한다.

⑦ 보호자 등-성명, 관계, 전화번호

○ 보호자 성명 및 환자와의 관계를 파악하여 구체적으로 기록한다.

☞ 예) 남편, 아내, 아들, 딸, 친구, 사촌, 형, 동생, 누나 등등..

○ 보호자와 직접 접촉할 수 있는 전화번호(핸드폰 등)를 확보하여 기재하도록 한다.

4 환자발생장소, 환자증상

<table>
<tr><td rowspan="10">구급
출동</td><td rowspan="2">신고 일시</td><td rowspan="2">20 . . .
:</td><td>신고자</td><td>전화번호</td><td colspan="2"></td><td colspan="2">신고방법</td><td colspan="3">[ ]일반전화 [ ]휴대전화 [ ]기타( )</td></tr>
<tr><td rowspan="3">환자
인적
사항</td><td>성명</td><td></td><td>나이</td><td>세</td><td>성별</td><td>[ ]남[ ]여</td><td>생년월일</td><td></td></tr>
<tr><td>출동 시각</td><td>:</td><td>주소</td><td colspan="7">(Tel)</td></tr>
<tr><td>현장 도착</td><td>:</td><td>직업</td><td colspan="6">[ ]영아[ ]유아[ ]학생[ ]주부[ ]자영업[ ]직장인[ ]무직[ ]기타( )</td><td>[ ]외국인(국적 :)</td></tr>
<tr><td>환자 접촉</td><td>:</td><td>보호자 등</td><td>성명</td><td></td><td colspan="2">관 계</td><td></td><td>전화번호</td><td></td></tr>
<tr><td>거리</td><td>km</td><td colspan="2">환자발생 위치</td><td colspan="6"></td></tr>
<tr><td>현장 출발</td><td>:</td><td colspan="2" rowspan="2">환자 발생
장소(택일)</td><td colspan="6" rowspan="2">[ ]집 [ ]집단거주시설 [ ]도로 [ ]도로외 교통지역 [ ]오락/문화 공공시설 [ ]학교/교육시설 [ ]운동시설
[ ]상업시설 [ ]의료관련시설 [ ]공장/산업/건설시설 [ ]일차산업장 [ ]바다/강/산/논밭 [ ]기타( )</td></tr>
<tr><td>병원 도착</td><td>:</td></tr>
<tr><td>귀소 시각</td><td>:</td><td colspan="2" rowspan="2">환자 증상
(복수 선택 가능)</td><td colspan="6" rowspan="2">■ 통증([ ]두통 [ ]흉통 [ ]복통 [ ]요통 [ ]분만진통 [ ]그 밖의 통증)
■ 외상([ ]골절 [ ]탈구 [ ]염좌 [ ]열상 [ ]찰과상 [ ]타박상 [ ]절단 [ ]압궤손상 [ ]화상)
[ ]의식장애 [ ]기도이물 [ ]기침 호흡곤란(급성[ ] 만성[ ]) [ ]호흡정지 [ ]심계항진 [ ]심정지 [ ]경련 [ ]발작 [ ]실신
[ ]오심/구토 [ ]설사 [ ]변비 [ ]배뇨장애 [ ]객혈 [ ]토혈 [ ]비출혈 [ ]질출혈 [ ]그 밖의 출혈 [ ]고열
[ ]저체온증 [ ]어지러움 [ ]편마비 [ ]사지마비 [ ]전신쇠약 [ ]정신장애 [ ]그 밖의 이물질 [ ]기타( )</td></tr>
<tr><td>출동 유형</td><td>[ ]정상[ ]오인
[ ]거짓[ ]취소
[ ]기타</td></tr>
</table>

① 환자 발생 위치

○ <u>환자 발생 위치의 주소를 기재하며, 최소한 시·군·구 까지는 확인해야 한다.</u>

○ <u>주소가 불분명할 경우 도로명, 거리, 건물명칭 등으로 기재하도록 한다.</u>

○ 환자인적사항 란의 주소와 발생장소가 동일한 경우에는 환자발생 위치 란에 "상동"으로 기재할 수 있다.

② 환자 발생 장소

○ 해당 발생 장소의 분류를 반드시 한 가지만 선택하여 ✔로 체크하도록 한다.

<table>
<tr><td>코드 및
표기 방법</td><td>☞[ ]집 : 개인주택마당, 개인주택 진입도로, 개인주택 차고, 개인 주택 내 수영장, 농가, 아파트, 이동 주택단지, 주택구내, 하숙집, 주택 내(아파트 내) 테니스코트 등의 운동시설, 아파트 내 놀이터에서 환자가 발생한 경우
☞[ ]집단거주시설 : 양로원, 고아원, 기숙사, 군 관련시설(캠프, 훈련시설 등), 교도소 등 집단으로 거주하는 시설을 말함
☞[ ]도로 : 일반도로, 고속도로
☞[ ]도로외 교통지역 : 인도, 지하철(승하차장, 역 내 계단 포함), 정거장, 정류장, (아파트)주차장, 군사훈련장, 유기 또는 방치된 주택, 철로 등
☞[ ]오락/문화 공공시설 : 동물원, 영화관, 동사무소, 유원지, 온천, 공원 등 오락·문화용도 및 공공을 위한시설
☞[ ]학교/교육시설 : 학교 및 학원, 유치원, 놀이방, Day Care Center 등 교육관련 시설
☞[ ]운동시설 : 운동장, 헬스장, 보트장 등 취미나 체력단련 등을 위한 시설
☞[ ]상업시설 : 가게, 백화점, 슈퍼마켓 등 상업(상품을 사고파는)이 이루어지는 장소
☞[ ]의료관련시설 : 의료인이 공중 또는 특정 다수인을 위하여 의료나 조산업무 등을 행하는 장소(병원, 의원, 조산소, 요양병원 등)
☞[ ]공장/산업/건설시설 : 공사 중인 건물, 폐허, 공장, 광산 및 채석장, 석유 및 가스 추출 장비, 조선소, 발전소, 기타 명시된 산업 및 건설 지역
☞[ ]일차산업장 : 농림수산업 및 동물사육(목축업) 등 직접 자연에 적용하는 산업장
☞[ ]바다/강/산/논밭
☞[ ]기타 : 종교시설 등 해당하는 분류가 없는 경우 또는 분류가 불명확한 경우에 표시하고 구체적으로 기록(예 : 지하 1층 000술집 내, 1층 00옷가게 앞 인도)</td></tr>
</table>

③ 환자 증상

○ 환자가 호소하는 증상을 ✔로 체크하여 모두 기록한다. ※ 복수 선택 가능

코드 및 표기 방법	■ 통증 ☞ [ ]두통 [ ]흉통 [ ]복통 [ ]요통 [ ]분만진통 : 환자의 호소에 따라 ✔로 표시 ☞ [ ]그 밖의 통증 : 해당 부위를 구체적으로 기술 (예 : 오른쪽 옆구리, 뒷목, 오른팔 하부, 목 안쪽, 삼킬 때 등) ■ 외상 : 해당 증상에 따라 ✔로 표시 ☞ [ ]골절 : 외부의 힘에 의해 뼈의 연속성이 완전 혹은 불완전하게 소실된 상태 ☞ [ ]탈구 : 관절을 구성하는 뼈마디·연골·인대 등의 조직이 정상적인 운동범위를 벗어나 위치가 바뀌는 상태 ☞ [ ]염좌 : 갑작스러운 충격이나 운동으로 근막이나 인대가 상하거나 타박상으로 피하 조직이나 장기가 상한 상태 ☞ [ ]열상 : 피부가 찢어져서 생긴 상처 ☞ [ ]찰과상 : 무엇에 스치거나 문질려서 살갗이 벗어진 상처 ☞ [ ]타박상 : 둔중한 물체에 의한 타격·충돌 등에 의해서 일어나는 외상 ☞ [ ]절단 : 자르거나 베어서 끊어진 상태 ☞ [ ]압궤손상 : 압력에 의해 신체조직, 혈관, 신경 등이 손상을 입는 것 (=압착손상) ☞ [ ]화상 : 불이나 뜨거운 물, 화학물질 등에 의해 피부 및 조직이 손상된 것 [ ]의식장애 : 호흡, 맥박이 있으나 의식이 비정상으로 변한 상태가 지속되는 것 [ ]기도이물 : 이물질에 의해 호흡곤란이 발생한 것. 의식이 있을 수도 있고 없을 수도 있음 ※ 음식물에 의한 경우에 호흡곤란이 없이 통증만 있다면 '[ ]그 밖의 통증'에 부위를 기록할 것 호흡곤란(급성[ ] 만성[ ]) : 정상 호흡을 하는 것에 장애가 있는 것. 환자가 직접 호흡이 어렵다고 호소하는 것, 급성, 만성으로 구분 ※ 폐질환(COPD등)등에 의한 호흡곤란일 경우 만성으로 구분, 명확한 판단이 어려울 경우 급성 [ ]호흡정지 : 호흡이 없음. 또는 의식이 없는 환자에서 매우 느린 심호흡 (agonal broathing)이 있는 경우 [ ]심계항진 : 가슴이 두근 거림. 의식이 없는 경우는 해당하지 않음 [ ]심정지 : 불렀을 때 반응이 없고 호흡이 없으며 만질 수 있는 맥박이 없는 것, 또는 AED로 명확하게 확인된 심정지 [ ]경련 : 대원이 직접 경련 증상을 관찰하거나, 현장에 있던 사람이 목격한 경우에만 해당(대부분의 경련환자는 자신이 경련한 것을 기억하지 못하기 때문에 환자의 진술에 의존하지 말 것) ※ 경련인지 아닌지 불명확한 의식 소실이 있었다면 아래의'[ ]실신'에 기록할 것 [ ]발작 : 불특정한 신체 증상이 갑자기 발생하였다가 갑자기 사라지는 경우. 경련 제외 [ ]실신 : 의식을 잃었으나 곧(수 분 이내에) 정상으로 돌아온 경우 ※'의식장애'와 구분할 것 [ ]오심/구토 : 울렁거리거나 토할 것 같은 느낌이 있는 경우 또는 실제 토한 경우 [ ]설사 : 변이 무르고 물기가 많은 상태로 배설되는 상태 [ ]변비 : 배변 시 무리한 힘이 필요하거나 대변이 과도하게 딱딱하게 굳은 경우 [ ]배뇨장애 : 배뇨통, 잔뇨감, 빈뇨, 혈뇨가 있는 것

[ ]객혈 : 기침 시 피가 남. 가래에 피가 섞임, 아주 선홍색의 피를 다량 토하면서 호흡곤란이 동반된 경우
[ ]토혈 : 피를 토함. 객혈과 구분할 것. 기침과 무관함. 오심/구토, 혈변이 동반될 수 있음
[ ]비출혈 : 코피. 외상성/비외상성 포함
[ ]질출혈 : 여성에서 질 혹은 그 인근에서 발생한 출혈. 외상성/비외상성 포함. 혈뇨와 구분
[ ]그 밖의 출혈 : 부위를 기록.(예 : 뒤통수, 왼발등, 오른 엄지발가락, 앞가슴, 왼쪽 눈썹위 등) 특히 모든 외상성 열상에서 표시
[ ]고열 : 정상체온(36.5~37.5℃)을 넘는 높은 체온이 측정된 것 또는 환자가 오한, 발열감, 더위를 호소하는 것. 의식 장애를 동반할 수 있음
[ ]저체온 : 정상체온(36.5~37.5℃)에 미치지 못하는 낮은 체온이 측정된 것 또는 환자가 심한 떨림과 추위를 호소하는 것. 국소적인 손상(동상, 동창 등..)이 발생한 것. 의식장애가 있을 수 있음
[ ]어지러움 : 본인이나 주위가 도는 느낌, 의학적 관점에서는 지구 중력 하에서 자신이나 주위의 사물이 정지해 있음에도 불구하고 움직임을 느끼는 모든 증상을 통칭
[ ]편마비 : 편측(한쪽)의 상하지 또는 얼굴부분의 근력 저하가 나타난 상태
[ ]사지마비 : 신체의 특정 부위에 운동이 불가능한 것(☞ 예 : 팔을 들 수 없다. 얼굴을 찡그릴 수 없다. 물을 마실 때 입의 한쪽으로 흐른다. 한쪽 다리를 들 수 없다. 등)
[ ]전신쇠약 : 특정부위가 아닌 전신에 기운이 없고 활발하게 움직일 수 없는 경우. 의식이 없는 경우는 해당하지 않음
[ ]정신장애 : 정신과 병력이 유무에 상관없이 망상, 헛소리, 난폭한 행동, 자살시도 등 비정상적으로 보이는 언어 또는 행동상의 증상이 있는 것 또는 급격히 이러한 증상이 심해진 것
[ ]그 밖의 이물질 : 기도 외의 이물질에 의한 증상(예 : 눈에 약품이 튐, 귀에 벌레가 들어감, 생선가시가 걸림, 상처부위에 이물질이 박혀있음 등)
[ ]기타 : 위에 해당하지 않는 모든 증상. 구체적으로 기록

5 환자발생유형

<table>
<tr><td rowspan="6">환자 발생 유형</td><td>[ ]질 병</td><td colspan="2">병력
([ ]없음 [ ]미상)</td><td>[ ]고혈압 [ ]당뇨 [ ]뇌혈관질환 [ ]심장질환 [ ]폐질환 [ ]결핵 [ ]간염 [ ]간경화 [ ]알레르기
[ ]암(종류 :) [ ]신부전증(투석여부 :) [ ]기타( )</td></tr>
<tr><td rowspan="4">[ ]질병외</td><td>[ ]교통사고</td><td>사상자</td><td>[ ]운전자 [ ]동승자 [ ]보행자 [ ]자전거 [ ]오토바이 [ ]그 밖의 탈 것( ) [ ]미상</td></tr>
<tr><td>[ ]사고부상</td><td>원인
(택일)</td><td>[ ]낙상 [ ]추락 ■화상([ ]화염 [ ]고온체 [ ]전기 [ ]물 [ ]화학물질 [ ]햇빛)
[ ]열상 [ ]자상 [ ]그 밖의 둔상 [ ]관통상 [ ]익수 [ ]성폭행 [ ]질식
[ ]동물/곤충 [ ]자연재해 [ ]기계 [ ]농기계 [ ]상해 [ ]기타( )</td></tr>
<tr><td colspan="2">[ ]비외상성 손상(택일)</td><td>[ ]중독 [ ]연기흡입 [ ]목맴・목졸림 [ ]익수 [ ]질식 [ ]온열손상 [ ]한랭손상 [ ]기타( )</td></tr>
<tr><td colspan="2">범죄의심</td><td>[ ]경찰통보 [ ]긴급이송 [ ]경찰인계 [ ]관련기관 통보</td></tr>
<tr><td>[ ]기 타</td><td colspan="3">[ ]임산부 [ ]단순주취 [ ]기타( )</td></tr>
</table>

① 환자 발생 유형

○ 환자의 유형에 따라 다음의 순서대로 ✔로 체크하여 기록한다.

<table>
<tr><td rowspan="7">코드 및
표기 방법</td><td>[ ]질병</td><td>⇨</td><td>병력</td><td></td><td>[ ]없음 [ ]미상</td><td>⇨</td><td>[ ]</td></tr>
<tr><td rowspan="4">[ ]질병 외</td><td rowspan="3">⇨</td><td rowspan="3">병력</td><td rowspan="3">⇨</td><td>[ ]교통사고</td><td>⇨</td><td>사상자</td></tr>
<tr><td>[ ]사고부상</td><td>⇨</td><td>원인</td></tr>
<tr><td>[ ]비외상성 손상</td><td>⇨</td><td>원인</td></tr>
<tr><td>⇨</td><td>범죄의심</td><td></td><td></td><td></td><td></td></tr>
<tr><td>[ ]기타</td><td>⇨</td><td></td><td></td><td></td><td></td><td></td></tr>
<tr><td colspan="7">☞[ ]질병 : 외부의 힘 또는 물질에 의하지 않는 것
☞[ ]질병 외 : 외부의 힘 또는 물질에 의한 것. 사고, 부상, 외상, 손상, 익수, 이물, 의학적 처치 등 질병 외의 모든 것
※ 비외상성 손상에 체크하는 경우 중증외상에 해당하지 않음
☞[ ]기타 : 임산부, 단순주취 등 질병(외) 범주에 속하지 않는 유형</td></tr>
</table>

② 환자발생유형-병력

○ 모든 환자의 과거 병력을 조사하여 ✔로 체크하여 기록한다. ※ 복수 선택 가능

코드 및 표기 방법	[ ]고혈압 [ ]당뇨 [ ]뇌혈관질환 [ ]심장질환 [ ]폐질환 [ ]결핵 [ ]간염 [ ]간경화 [ ]알레르기( ) [ ]암(종류 :) [ ]신부전(투석여부 :) [ ]기타( )

○ 치료에 상관없이 진단받은 경우(들은 적 있는 경우)에는 모두 기록한다.

☞ '알레르기', '암', '기타'에 해당하는 경우는 ( )에 해당 물질이나 병명을 자세히 기록

☞ '신부전'에 해당하는 경우는 투석여부를 기록

○ 병력 정보가 없는 경우는 '[ ]없음'에 체크하도록 하며, 환자가 의식이 없는 등 이유로 조사가 불가능한 경우는 '[ ]미상' 또는' 기타'란에 조사 불가(Non-Exam) 사유를 기재한다.

③ 환자발생유형-질병 외 (대분류)

○ '질병 외' 환자에서 당해 해당하는 경우를 구분하여 기록한다

코드 및 표기 방법	☞[ ]교통사고 : 모든 운송수단(동력기가 달린 탈 것, 배, 비행기, 기차 등)에 의한 손상환자 ☞[ ]사고부상 : 교통사고가 아닌 다른 원인에 의한 손상, 중독 ☞[ ]비외상성 손상 : 위에 해당하지 않는 경우. 자세히 기록

④ 환자발생유형-질병 외-교통사고-사상자

○ 교통사고 당시 환자의 위치를 파악하여 해당항목에 ✔로 체크한다.

코드 및 표기 방법	☞[ ]운전자 ☞[ ]동승자 ☞[ ]보행자 ☞[ ]자전거 ☞[ ]오토바이 ☞[ ]그 밖의 탈 것( ) : 자동차, 자전거, 오토바이가 아닌 경운기, 삼륜차 등 ☞[ ]미상 : 알 수 없는 경우

⑤ 환자발생유형-질병 외-사고부상-원인

○ 교통사고가 아닌 '질병 외' 환자 중 당해 분류에 따라 하나를 선택하여 기록한다.

코드 및 표기 방법	[ ]낙상 : 넘어짐 [ ]추락 : 높은 곳에서 떨어짐 ■ 화상 ☞[ ]화염 : 불꽃에 의한 손상 ☞[ ]고온체 : 뜨거운 액체 또는 고체에 접촉하는 경우 ☞[ ]전기 : 전기에 의한 화상, 감전 ☞[ ]물 : 물에 의한 화상 ☞[ ]화학물질 : 화학물질에 의한 화상 ☞[ ]햇빛 : 썬텐 등 간접적인 열원에 의한 손상 [ ]열상 : 날카로운 물질에 의해 발생한 절단, 베임 등 [ ]그 밖의 둔상 : 부딪치거나 맞는 것과 같은 손상 [ ]관통상 : 뾰족한 물체에 의한 조직의 찔림, 뚫림 손상 [ ]익수 : 물에 빠진 것 [ ]성폭행 : 성적인 행위로 남에게 육체적 손상 및 정신·심리적 압박을 주는 물리적 강제력 [ ]질식 : 연기, 목맴 등 호흡 장애가 유발된 것 [ ]동물/곤충 : 동물 및 곤충에 의한 교상 포함(벌,뱀,헤파리,개,멧돼지,기타) [ ]자연재해 : 태풍, 홍수 등 자연재해에 의한 손상 [ ]기계 : 산업시설 등 기계에 의한 손상 [ ]농기계 : 농기계에 의한 손상 [ ]상해 : 타인에 의해 몸에 상처를 내어 해를 입은 경우 [ ]기타(　　) : 위의 어느 사항에도 해당하지 않는 경우, 자세히 기록

⑥ 환자발생유형-질병 외-비외상성 손상

○ 중증외상에 해당되지 않으며, 외관상으로 부상이 보이지 않는 경우 '비외상성 손상' 환자 중 당해 분류에 따라 하나를 선택하여 기록한다.

코드 및 표기 방법	☞[ ]중독 : 알콜중독, 연탄가스 및 약품 등 화학물질을 섭취, 흡입, 흡수한 것 ☞[ ]연기흡입 ☞[ ]목맴·목졸림 ☞[ ]익수 ☞[ ]질식 ☞[ ]온열손상 : 열사병, 열탈진, 열경련, 열실신, 열부종, 기타 중 선택 ☞[ ]한랭손상 : 저온환경 등에 노출되어 입은 손상(동상, 저체온증 등) ☞[ ]기타 : 위의 어느 사항에도 해당하지 않는 경우, 자세히 기록

⑦ 환자발생유형-질병 외-범죄의심

○ 모든 환자에게 확인하며, 범죄가 의심되는 경우 행한 조치 내용을 기록한다. ※ 복수 선택 가능

☞ 아동학대 또는 노인학대 중 방임에 의한 경우는 '질병 외'가 아닌 '질병'으로 분류되기도 함.

코드 및 표기 방법	[ ]경찰통보 [ ]긴급이송 [ ]경찰인계 [ ]관련기관 통보

⑧ 환자발생유형-기타

○ 질병 또는 질병 외에 해당하지 않는 환자로 다른 발생 요인이 없는 임산부 및 단순한 주취환자를 선택 기록하거나, 기타 항목에 없는 발생유형의 내용을 기록한다.

코드 및 표기 방법	[ ]임산부 [ ]단순주취 [ ]기타( )

6 환자평가

<table>
<tr><td rowspan="8">환자 평가</td><td>의식상태</td><td colspan="7">[ ]A [ ]V [ ]P [ ]U</td><td>사고부위(복수선택 가능)</td></tr>
<tr><td rowspan="2">동공반응</td><td>좌</td><td colspan="3">[ ]정상 [ ]축동 [ ]산동</td><td colspan="3">[ ]반응 [ ]무반응 [ ]측정불가</td><td rowspan="6">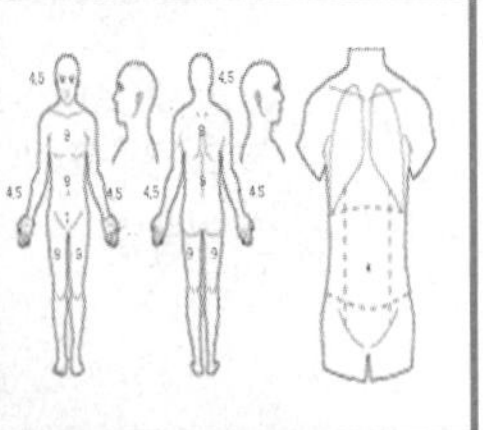</td></tr>
<tr><td>우</td><td colspan="3">[ ]정상 [ ]축동 [ ]산동</td><td colspan="3">[ ]반응 [ ]무반응 [ ]측정불가</td></tr>
<tr><td rowspan="3">활력 징후
[ ] 불가
[ ] 거부</td><td>시각</td><td>혈압</td><td>맥박</td><td>호흡</td><td>체온</td><td>SpO₂</td><td>혈당체크</td></tr>
<tr><td>:</td><td>/ mmHg</td><td>회/min</td><td>회/min</td><td>℃</td><td>%</td><td>mg/dL</td></tr>
<tr><td>:</td><td>/ mmHg</td><td>회/min</td><td>회/min</td><td>℃</td><td>%</td><td>mg/dL</td></tr>
<tr><td>환자 분류</td><td colspan="7">[ ]응급 [ ]준응급 [ ]잠재응급 [ ]대상 외 [ ]사망([ ]추정)</td></tr>
<tr><td>구급대원 평가 소견</td><td colspan="8">◦주 호소 : ◦발생시간([ ]추정) : :</td></tr>
</table>

① 환자평가-의식상태

○ 모든 환자에게 측정하는 것이 원칙이다.

코드 및 표기 방법	[ ]A : 명료한 상태. 시간, 공간, 사람에 대한 정상적 반응 [ ]V : 말소리가 나야만 반응하는 경우 [ ]P : 통증자극에만 반응이 있음 [ ]U : 통증자극에도 반응이 없음

② 환자평가-동공반응

○ 모든 환자에게 측정하는 것이 원칙이며, 좌·우를 각각 기록한다.

○ 동공반응은 동공크기와 대광반사를 평가한다.

코드 및 표기 방법	※ 다음은 환자 동공의 크기에 대한 기록임 ☞[ ]정상 : 동공크기가 정상(2~4 mm)임 ☞[ ]축동 : 동공크기가 2 mm미만 ☞[ ]산동 : 동공크기가 4 mm초과 ※ 다음은 환자 동공의 대광반사에 대한 기록임 ☞[ ]반응 : 빛을 직접 비추었을 때 동공의 크기가 줄어듦 ☞[ ]무반응 : 빛을 직접 비추었을 때 동공 크기에 변화가 없음 ☞[ ]측정불가 : 시각장애 및 환자가 협조하지 않고 외상이나 기타사유로(측정 부위의 부종 또는 출혈 등) 측정이 불가피한 경우(동공반응 포함)
측정방법	① 환자의 양쪽 눈을 동시에 개안시키고, 양측의 동공크기를 비교 한다 ② 펜 라이트를 이용하여 환자의 얼굴 밖에서 비추면서 빛에 대한 동공의 대광반사(수축반사)를 관찰 한다

③ 환자평가-활력징후

○ 모든 환자에게 측정하는 것이 원칙이다. (비 응급 환자일 경우에도 반드시 측정, 기록)

○ 현장 도착하여 최초 1회, 병원 도착 직전 마지막 1회는 반드시 기록한다.
(단, 현장에서 병원도착까지 이송 소요시간이 5분 이내일 경우 최초 1회만 측정할 수 있다)

○ 이송 중 활력징후를 여러 번 실시했을 경우에는 구급활동일지 별도의 빈 공란에 기록하도록 한다.

코드 및 표기 방법	☞[ ]불가 : 현장상황이 매우 위험하여 대피가 우선인 경우, 사지 절단 등 측정 부위에 심각한 훼손이 있는 경우 ☞[ ]거부 : 환자가 활력징후 측정을 거부한 경우 ☞시각 : 매회 활력징후 측정 시각을 24시간제로 기록 출동시간을 기록한 시계를 기준으로 함 ☞혈압 : 자동 또는 수동혈압계 이용하여 측정한 혈압을 기록 ☞맥박 : 환자의 분당 맥박수(회/분) ☞호흡 : 환자의 분당 호흡수(회/분) ☞체온 : 환자의 체온(℃) ☞SpO2 : 환자의 동맥혈 산소포화도로 감지기에 나타난 숫자를 기록 ☞혈당체크 : 환자의 혈당

④ 환자평가-환자분류

○ 환자의 상태 평가결과를 종합하여 기록한다.

코드 및 표기 방법	[ ]응급 : 불안정한 활력징후에 하나라도 해당되는 경우, 주증상의 흉통/의식장애/호흡곤란/호흡정지/심계항진/심정지/마비에 해당하는 경우, 심각한 기전에 의한 중증외상환자인 경우, 수분 이내에 신속한 처치가 필요하다고 구급대원이 판단한 경우 [ ]준응급 : 위의 항목에 해당하지 않으나 수 시간 이내에 처치가 필요한 경우 [ ]잠재응급 : 위의 두 항목에 해당하지 않으나 응급실 진료가 필요한 모든 환자 [ ]대상 외 : 응급환자 이송이 아닌 경우. 외래방문, 예약환자 등의 경우에 해당 [ ]사망([ ]추정) : 사후 강직, 시반, 두부 절단, 체간 절단 또는 부패의 명백한 사망의 징후가 있거나 강력히 의심되는 경우. 심정지 환자에서 이러한 징후가 없는 경우는 해당하지 않음

⑤ 환자평가-구급대원 평가소견

○ 환자에 대한 구급대원 종합 평가소견을 형식에 따라 기술하고 필요에 따라 구급대원 판단 하에 주변상황, 목격자 진술 등을 추가로 기록한다.

☞ 필요시 구급활동일지의 빈 여백 및 단말기의 메모란 이용

○ 주 호소는 반드시 기록한다.

○ 증상의 발생시간(추정인 경우[ ]추정에 체크)은 반드시 기록한다.

⑥ 환자평가-사고부위(복수선택가능)

○ 사고부위(그림)에서 사고환자의 손상부위를 필기구로 표시한다.

○ 성인 화상환자의 경우 사고부위(그림)에 반드시 손상부위를 표시한다.

☞ 필요시 소아 화상환자의 경우 별도로 사고부위(그림)를 그려서 손상부위를 표시함.

7 응급처치

응급 처치 (복수 선택가능)	■기도확보:[ ]도수조작 [ ]기도유지기(airway) [ ]기도삽관(Intubation) [ ]성문외 기도유지기(supraglottic airway) [ ]흡인기 [ ]기도폐쇄처치 ■산소투여 : L/min([ ]비관 [ ]안면마스크 [ ]비재호흡마스크 [ ]BVM [ ]산소소생기 [ ]포켓마스크 [ ]기타) [ ]네뷸라이저 ■CPR([ ]실시 [ ]거부 [ ]실시중거부 [ ]DNR [ ]유보) [ ]ECG ■AED([ ]Shock [ ]Monitoring) [ ]기타( ) ■순환보조([ ]정맥로 확보 [ ]수액공급(cc) 확보) [ ]약물투여( ) ■고정([ ]경추 [ ]척추 [ ]부목 [ ]머리) ■상처처치([ ]지혈 [ ]상처드레싱) [ ]분만 [ ]보온([ ]온 [ ]냉)

① 응급처치

○ 구급대원이 시행한 모든 구급처치 항목을 성공여부에 상관없이 기록한다.
※ 복수 선택 가능

○ 약물을 투여한 경우, 투여 약물명을 상세히 기록한다.

○ 아래의 몇 가지 항목은 기록 시 주의할 것.

표기방법 및 주의할 점	■ 기도확보 : 기도가 유지되지 않는 환자(의식이 없거나, 기도에 이물이 있는 경우 등) 에서 시행한 술기 ※ 복수 선택 가능 ☞ [ ]성문외 기도유지기(supraglottic airway) : 후두마스크(LMA), King airway, I-gel, 기타 중 선택 ■ 산소투여 : 산소 투여량과 경로를 기록 ※ 복수 선택 가능 ☞ [ ]비관 : 환자 콧구멍에 삽입하기 위해 2개의 짧은 관이 있으며 저농도의 산소를 전달하는 장비 ☞ [ ]안면마스크 : 환자의 입과 코를 완전히 덮는 중간 농도의 산소를 전달하며 양측에 구멍이 열려있는 장비 ☞ [ ]비재호흡마스크 : 마스크와 저장주머니 사이에 일방 판막이 있어 환자의 호기 호흡동안 저장주머니의 산소와 혼합되지 않아 고농도의 산소를 전달하기 위한 장비 ☞ [ ]BVM : 고정용적 - 자가팽창 주머니가 있어 충분한 일회호흡량과 산소를 전달하기 위한 장비 ☞ [ ]산소소생기 : 의식이 있고, 호흡을 하는 환자에게 고농도의 산소를 마스크를 이용하여 산소의 유량을 조절하여 주는 장비로 차량고정식과 이동식으로 구분 ☞ [ ]포켓마스크 : 산소연결관이 있는 마스크로 입 대 입 호흡을 하기 위해 사용하는 장비 [ ]네블라이져 : 약물을 작은 입자형태로 뿜어내어 폐 깊숙이 전달하기 위한 기구 ※ 산소투여 밖으로 이동(산소투여 용량 세부사항이 아님) ■ CPR : 주 증상에 심정지, 호흡정지 환자에서 심폐소생술 시행 여부 기록 시행하지 않은 경우에는 아무것도 체크하지 말 것 ☞ [ ]거부 : CPR실시 전 보호자가 단순히 거부한 경우 ☞ [ ]실시 중 거부 : CPR실시 중 보호자가 거부한 경우 ☞ [ ]DNR : 병원에서 심폐소생술에 대해 설명을 듣고 거부동의서 등을 작성한 것을

문서 또는 표식으로 확인한 경우에만 해당

☞ [ ]유보 : 사망이 명백한 환자에 대해 소생술을 제공하지 않는 경우(사후경직, 시반, 중요한 신체(두부 및 몸통)의 분리, 뇌실질의 탈출, 부패된 환자 및 심폐소생술을 시행하는 구급대원에게 심각한 손상이 발생할 수 있는 위험 상황

☞ [ ]ECG : 12유도 심전도를 시행하였거나 심전도 감시를 이용한 경우, 심정지, 호흡정지 환자에서 AED를 적용한 것은 제외

■ AED : 심정지, 호흡정지 환자에서 AED 적용 내용에 대한 기록

☞ [ ]Shock : 심정지, 호흡정지 환자에게 shock을 적용한 경우

☞ [ ]Monitoring : 심정지, 호흡정지 환자에서 AED를 적용하였으나, shock을 주는 리듬에 해당하지 않아 모니터링만 했던 경우나 기타 심전도 모니터가 필요한 환자에게 심장충격기를 사용하여 심전도 모니터링을 한 경우

8 의료지도

<table>
<tr><td rowspan="3">의료
지도</td><td>의료지도</td><td colspan="2">[ ]연결 [ ]미연결</td><td>요청시간</td><td>:</td><td>요청방법</td><td>[ ]일반전화 [ ]휴대전화([ ]음성 [ ]화상) [ ]무전기 [ ]기타( )</td></tr>
<tr><td>의료지도
기관</td><td colspan="2">[ ]소방 [ ]병원
[ ]기타( )</td><td rowspan="2">의료
지도
내용</td><td colspan="3" rowspan="2">[ ]응급처치:[ ]airway [ ]Intubation [ ]supraglottic airway [ ]ECG [ ]AED [ ]CPR [ ]IV
[ ]BVM [ ]산소투여 [ ]고정 [ ]상처처치 [ ]혈당체크 [ ]보온 [ ]기타( )
[ ]약물투여:[ ]N/S [ ]D/W [ ]NTG [ ]기관지확장제 [ ]에피네프린 [ ]아미오다론 [ ]기타( )
[ ]병원선정 [ ]환자평가 [ ]CPR유보·중단 [ ]이송거절 [ ]이송거부 [ ]기타( )</td></tr>
<tr><td>의료지도
의사</td><td>성명</td><td></td></tr>
</table>

① 의료지도

○ 의료지도와 관련하여 해당 내용을 기록한다.

○ 의료지도 요청시간, 요청방법, 의료지도기관은 연결 여부에 상관없이 요청을 했다면 기록한다.

○ 의료지도기관은 의료지도 의사의 소속기관이 아닌 수행 장소를 기록한다.

○ 단, 의료지도의사 성명은 의료지도를 요청하여 연결된 경우에만 기록한다.

○ 의료지도내용은 성공 여부에 상관없이 의료지도를 받아 시행한 내용을 모두 기록한다. ※ 복수 선택 가능

코드 및 표기 방법	[ ]응급처치 : [ ]airway [ ]Intubation [ ]supraglottic airway [ ]ECG [ ]AED [ ]CPR [ ]IV [ ]BVM [ ]산소투여 [ ]고정 [ ]상처처치 [ ]혈당체크 [ ]보온 [ ]기타( ) [ ]약물투여 : [ ]N/S [ ]D/W [ ]NTG [ ]기관지확장제 [ ]에피네프린 [ ]아미오다론 [ ]기타( ) [ ]병원선정 [ ]환자평가 [ ]CPR유보·중단 [ ]이송거절 [ ]이송거부 [ ]기타( )

9 환자이송

<table>
<tr><td rowspan="3">환자
이송</td><td colspan="3">이송 기관명</td><td>도착시간
(㎞)</td><td>의료기관 등 선정자</td><td>재이송 사유</td><td colspan="2">환자 인수자</td></tr>
<tr><td>1차</td><td></td><td>[ ]관할
[ ]타시도</td><td>:
(㎞)</td><td>[ ]구급대 [ ]119상황실
[ ]구급상황센터[ ]환자/보호자
[ ]기타( )</td><td>■병상 부족([ ]응급실 [ ]수술실 [ ]입원실 [ ]중환자실)
[ ]전문의 부재 [ ]환자/보호자의 변심
[ ]의료장비 고장 [ ]1차 응급처치
[ ]주취자 등 [ ]기타( )</td><td>[ ]의 사
[ ]간호사
[ ]응급구조사
[ ]기 타</td><td></td></tr>
<tr><td>2차</td><td></td><td>[ ]관할
[ ]타시도</td><td>:
(㎞)</td><td>[ ]구급대 [ ]119상황실
[ ]구급상황센터[ ]환자/보호자
[ ]기타( )</td><td>■병상 부족([ ]응급실 [ ]수술실 [ ]입원실 [ ]중환자실)
[ ]전문의 부재 [ ]환자/보호자의 변심
[ ]의료장비 고장 [ ]1차 응급처치
[ ]주취자 등 [ ]기타( )</td><td>[ ]의 사
[ ]간호사
[ ]응급구조사
[ ]기 타</td><td></td></tr>
<tr><td>연계
이송</td><td>[ ]</td><td>소방
활동</td><td>[ ]</td><td colspan="5">※ 본 구급대는 환자의 추가 손상 및 악화(사망 등) 방지를 위해 응급처치에 적합하고 최단시간 이내에 이송이 가능한 ____병원으로 이송을 권유하였으나 ____씨의 원하는 대로 ____병원으로 이송함에 따라 발생하는 민사·형사상 책임을 지지 않습니다. 위 내용을 고지합니다. (서명 또는 인)</td></tr>
<tr><td>미이송</td><td colspan="8">[ ]취소[ ]다른차량[ ]환자 없음[ ]현장처치[ ]이송거부[ ]이송거절[ ]경찰인계[ ]이송 불필요[ ]사망[ ]기타( )</td></tr>
</table>

① 환자 이송

○ 환자 이송에 관한 사항을 항목에 따라 기록한다.

○ 환자가 이송된 이송기관명을 기록한다.

코드 및 표기 방법	[ ]관할 : 의료기관 위치가 관할인 경우 [ ]타 시·도 : 관할 외 행정구역의 의료기관인 경우

○ 환자 이송 도착시간은 [구급출동-병원도착]과 같은 시각으로 기록한다.

☞ 출동시간 측정한 시계와 같은 시계로 측정하며 24시간제로 기록함.

○ 환자를 이송한 의료기관에서 재 이송한 사유에 해당하는 항목을 모두 기록한다. ※ 복수 선택 가능

코드 및 표기 방법	■ 병상 부족 ([ ]응급실 [ ]수술실 [ ]입원실 [ ]중환자실) [ ]전문의 부재 [ ]환자/보호자의 변심 [ ]의료장비 고장 [ ]1차 응급처치 [ ]주취지 등 [ ]기타( )

○ 환자인수자를 구분하여 ✔로 체크하여 기록하고, 인수자의 서명을 성명표시로 받도록 한다.

☞ 구조구급활동정보시스템 입력 시 환자인수자란에 성명을 기재하도록 되어 있음.

코드 및 표기 방법	☞ [ ]의 사 ☞ [ ]간호사 ☞ [ ]응급구조사 ☞ [ ]기 타 : 인수자(성명)

② <u>연계 이송 : 구급차, 헬기, 선박, 기타(4항목)</u>

○ 다중출동으로 출동 중 귀소 및 현장에 도착하여 활동은 하였으나 환자를 이송하지 않은 구급차, 또는 헬기·선박·기타에 인계한 경우. 단, 미이송 사유로 선·후착대 모두 이송하지 않은 경우 미이송으로 간주하고 미이송 항목을 선택, 기록한다.

○ 연계 이송 체크 시 미이송 항목은 작성하지 않도록 하고, 평가소견란 등에 현장 상황을 자세

히 기록한다.

○ 헬기에서 구급대 이송

③ 소방 활동

○ 화재출동, 구조관련(벌집제거, 가스누출, 동물구조, 위치추적, 시건 개방, 안전조치, 신변확인 등)활동 및 훈련, 교육, 캠페인, 대민지원, 근접배치, 순찰 등 상황에 맞게 선택·기록한다.

④ 미이송

○ 미이송인 경우 그 사유를 구분하여 해당 항목에 ✔로 체크하여 기록한다.

○ 이송거부 또는 이송거절의 경우 반드시 별지 제2호 서식의 확인서를 작성한다.

○ 해당 항목 선택 우선(기타 항목 등 직접 입력은 최소화 하고 코드 체크 후 세부항목 선택은 단말기 또는 시스템 상에서 선택, 기록한다.)

코드 및 표기 방법	☞ [ ]취소 : 취소, 상황실 귀소 또는 취소지령 ☞ [ ]다른차량 : 경찰차, 자가용, 택시, 병원차, 헬기 ☞ [ ]환자 없음 : 미발생의 경우 ☞ [ ]현장처치 : 현장 처치만으로 증상이 호전된 경우 ☞ [ ]이송거부 : 환자 등(가족, 만취자, 보호자, 기타)이 이송을 원하지 않음 ☞ [ ]이송거절 : 이송의 필요성이 없어 구급대원이 이송하지 않음 ☞ [ ]경찰인계 : 경찰관에게 인계한 경우 ☞ [ ]이송 불필요 : 환자회복, 단순주취, 노숙인, 보호자인계, 자체처리, 단순거동불편 등 ☞ [ ]사망 : 명백한 사망의 징후가 있는 경우 ☞ [ ]기타 : 허위, 기타(사유기재)

10 이송자

이송자	의사	소속 : 성명 : (서명 또는 인)				
	구급대원(1)	[ ]1급 [ ]2급 [ ]간호사 [ ]구급교육 [ ]기타	계급		성명	(서명 또는 인)
	구급대원(2)	[ ]1급 [ ]2급 [ ]간호사 [ ]구급교육 [ ]기타	계급		성명	(서명 또는 인)
	운전요원	[ ]1급 [ ]2급 [ ]간호사 [ ]구급교육 [ ]기타	계급		성명	(서명 또는 인)
장애요인	[ ]없음[ ]장거리이송([ ]보호자요구[ ]원거리병원)[ ]원거리출동[ ]만취자[ ]폭행[ ]언어폭력[ ]환자과체중[ ]기관 협조미흡[ ]환자위치불명확[ ]교통정체[ ]폭우[ ]폭설[ ]기타( )					
일련번호	-	재난번호	-			

뒷장이 동시에 기록되도록 제작

210mm×297mm[백상지(80g/㎡) 또는 중질지(80g/㎡)]

① 이송자

○ 환자 이송에 참여한 사람에 대한 정보를 기록한다.

○ 이송자 중 구급대원(1)은 전문자격증(응급구조사 1급, 2급, 간호사 등)이 상위인 대원을 기록한다.

○ 이송자 중 구급대원(2)은 전문자격증(응급구조사 1급, 2급, 간호사 등)이 차상위인 대원을 기록한다.

코드 및 표기 방법	- 의사 : 소속, 성명을 문자로 기록하고 서명을 받음 - 구급대원 및 운전요원 : 다음의 해당 항목을 빠짐없이 기록하고 각각의 서명을 받음 (1) 자격 : [ ]1급 [ ]2급 [ ]간호사 [ ]구급교육 [ ]기타 (2) 계급 (3) 성명

11 장애요인

이송자	의사	소속 : 성명 : (서명 또는 인)				
	구급대원(1)	[ ]1급 [ ]2급 [ ]간호사 [ ]구급교육 [ ]기타	계급		성명	(서명 또는 인)
	구급대원(2)	[ ]1급 [ ]2급 [ ]간호사 [ ]구급교육 [ ]기타	계급		성명	(서명 또는 인)
	운전요원	[ ]1급 [ ]2급 [ ]간호사 [ ]구급교육 [ ]기타	계급		성명	(서명 또는 인)
장애요인	[ ]없음[ ]장거리이송([ ]보호자요구[ ]원거리병원)[ ]원거리출동[ ]만취자[ ]폭행[ ]언어폭력[ ]환자과체중[ ]기관 협조미흡 [ ]환자위치불명확[ ]교통정체[ ]폭우[ ]폭설[ ]기타( )					
일련번호	-	재난번호	-			

뒷장이 동시에 기록되도록 제작

210mm×297mm[백상지(80g/㎡) 또는 중질지(80g/㎡)]

① 장애요인

○ 구급활동 중 해당 이송건의 구급대 활동 장애요인을 모두 선택한다.

※ 복수 선택 가능

○ 장애요인이 없는 경우에도 없음에 체크한다.

코드 및 표기 방법	☞ [ ]없음 ☞ [ ]장거리이송 : 현장에서 이송병원까지 소요시간이 30분 이상 소요되는 것을 말함 [ ]보호자 요구인지 [ ]원거리 병원인지 해당 항목에 ✔로 체크함. ☞ [ ]원거리출동 : 출동에서 환자 접촉한 소요시간이 30분 이상 소요되는 것을 말함 ☞ [ ]만취자 : 본인 스스로 기동이 불가능한 상태 또는 음주상태로 비이상적 언행을 하는 자를 말함 ☞ [ ]폭행 : 직·간접적인 신체접촉 몸싸움, 구타 등을 말함 ☞ [ ]언어폭력 : 성추행, 욕설, 협박 등을 말함 ☞ [ ]환자 과체중 : 90kg 이상인 자를 말함 ☞ [ ]기관협조 미흡 ☞ [ ]환자위치 불명확 ☞ [ ]교통정체 ☞ [ ]폭우 ☞ [ ]폭설 ☞ [ ]기타( ) : 위의 어느 사항에도 해당하지 않는 경우, 자세히 기록

12 일련번호

이송자	의사	소속 : 성명 : (서명 또는 인)				
	구급대원(1)	[ ]1급 [ ]2급 [ ]간호사 [ ]구급교육 [ ]기타	계급		성명	(서명 또는 인)
	구급대원(2)	[ ]1급 [ ]2급 [ ]간호사 [ ]구급교육 [ ]기타	계급		성명	(서명 또는 인)
	운전요원	[ ]1급 [ ]2급 [ ]간호사 [ ]구급교육 [ ]기타	계급		성명	(서명 또는 인)
장애요인	[ ]없음[ ]장거리이송([ ]보호자요구[ ]원거리병원)[ ]원거리출동[ ]만취자[ ]폭행[ ]언어폭력[ ]환자과체중 [ ]기관 협조미흡[ ]환자위치불명확[ ]교통정체[ ]폭우[ ]폭설[ ]기타( )					

일련번호	-	재난번호	

뒷장이 동시에 기록되도록 제작

210mm×297mm[백상지(80g/㎡) 또는 중질지(80g/㎡)]

① 일련번호

○ 구조구급활동정보시스템 구급보고서 번호 정보를 참고하여 기재하도록 한다.

② 재난번호

○ 긴급구조표준에서 해당 재난에 부여해주는 고유 번호를 기록한다.
(단, 단말기의 경우 자동으로 표출 됨)

■ 119구조·구급에 관한 법률 시행규칙 [별지 제6호서식]

(앞쪽)

심폐정지환자 응급처치 세부상황표

구급활동기록지 일련번호 :

결재	119구급대장(센터장)

심정지 상황	심폐정지 발생시간(추정) 20 . . . :		
	발생장소	[ ]공공장소	[ ]도로/고속도로 [ ]공공건물(학교, 공공기관 등) [ ]여가시설(공원, 경기장, 공연장, 극장, 해변, 유원지 등) [ ]산업시설(공장, 공사장, 창고 등) [ ]상업시설(상점, 식당, 술집, 호텔 등) [ ]교통시설(철도역사,지하철역사,버스정류장,공항,버스내,열차내,비행기내 등) [ ]기타( )
		[ ]비공공장소	[ ]집(주차장, 마당 포함) [ ]집단거주시설(기숙사, 군대 등) [ ]요양기관(양로원, 요양원) [ ]의료기관 [ ]농장
		[ ]구급차 안	[ ]기타 ( )
		[ ]미상	
	발견자	환자와의 관계	[ ] 일반인: [ ]가족 [ ]행인(주위 사람) [ ]동료(친구) [ ]기타( ) [ ] 근무 중 관련 종사자: [ ]의료인 [ ]소방공무원 [ ]경찰 [ ]보건교사 [ ]체육시설안전담당자 [ ]인명구조원 [ ]여객/운송 사업용 자동차의 운전자 [ ]산업안전보건교육 대상자 [ ]관광산업 종사자 중 의료, 안전관련 담당자 [ ] 근무 중이 아닌 관련 종사자: [ ]소방공무원 [ ]의료인 [ ] 미상
		심정지 목격 여부	[ ]미상 [ ]목격되지 않음 [ ]목격함 ■목격(추정)시각(:)
		심정지 상태 확인	[ ]의식 [ ]호흡 [ ]맥박 [ ]AED를 이용한 심전도 (중복 표기)
		처치 내용	■ 심폐소생술 실시 여부 [ ]미상 [ ]심폐소생술 시행 않음 [ ]심폐소생술 시행함 ■ 심폐소생술 시작(추정)시각 ■ 자동심장충격기 부착 여부 [ ]미상 [ ]자동심장충격기 부착하지 않음 [ ]자동심장충격기 부착함 ■ 제세동 실시 여부 [ ]미상 [ ]제세동 실시하지 않음 [ ]제세동 실시함
		구급차 도착전 지도	[ ]없음 [ ]구급대원 [ ]소방상황실 [ ]기타( )
심폐소생술 및 제세동	구급대 심폐소생술 실시여부	[ ]아니요	■ 심폐소생술 유보 사유 [ ]명백한 사망(머리, 체간(體幹)의 절단, 부패 등) [ ]DNR 처방 보유 [ ]보호자 거부 [ ]의료지도 [ ]기타( )
		[ ]예(심폐소생술 시작 시각 :)	■ 심폐소생술 시행 처치(중복 표기) [ ]기도확보 [ ]호흡확보 [ ]흉부압박 [ ]기계식 압박장치 사용(장치 종류 :) [ ]기타 처치( )
	구급대 심장충격기 사용여부	[ ]비부착	
		[ ]부착함(AED 이용 심전도 리듬 확인시각 :) * AED 이용 심전도 출력물 뒷면 첨부	■ 확인장소 [ ]현장 [ ]구급차 내 [ ]기타( ) ■ AED 이용 심전도 소견(심정지 발생시 최초 소견) [ ]감시하지 않음 [ ]심실세동(VF) [ ]무맥성 심실빈맥(Pulseless VT) [ ]불명료한 제세동 가능 리듬 [ ]기타( ) [ ]무맥성 전기활동(PEA) [ ]무수축 (Asystole) [ ]불명료한 제세동 불가능 리듬 [ ]서맥(Bradycardia) [ ]미상
	구급대 제세동	[ ]실시 않음	■ 제세동 미실시 이유 [ ]미적응증 [ ]기기상태 불량 [ ]가족 거부 [ ]기타( )
		[ ]실시함 (실시 횟수 : 회)	■ 최초 제세동 실시 시각 : ■ 심전도 리듬 [ ]VF [ ]Pulseless VT [ ]불명료한 제세동 가능 리듬 ■ 제세동 실시 결과 [ ]제세동 리듬 지속 [ ]제세동 리듬 제거
	전문기도유지술	[ ]실시하지 않음 [ ]Intubation [ ]성문외 기도유지기(supraglottic airway) [ ]기타( )	
소생술 중지	심폐소생술 중지	■ 중지 시각 : ■ 중지 이유 [ ]자발순환 회복 [ ]병원 인계 [ ]명백한 사망 [ ]보호자 거부 [ ]의료지도 [ ]기타( )	
	병원 도착전 자발순환 회복	[ ]없음	[ ]있음(자발순환 회복 시각 :) ■ 회복장소 [ ]현장 [ ]구급차 내 [ ]기타( ) [ ] 재 심정지(시각 :) ■ 장소 [ ]현장 [ ]구급차 내 [ ]기타( ) [ ] 추가 자발순환회복(시각 :) ■ 장소 [ ]현장 [ ]구급차 내 [ ]기타( )
의료지도	[ ]요청하지 않음	[ ]요청 실패 [ ]통신 실패 [ ]지도의사 부재 [ ]지도 거부 [ ]기타( )	[ ]요청함 ■ 의료지도의사 소속 [ ]소방상황실 [ ]이송병원 [ ]의료지도위탁병원 [ ]기타( ) ■ 의료지도 내용(중복 표기) [ ]환자평가 [ ]현장처치 [ ]병원선정 [ ]CPR유보·중단 [ ]기타( ) ■ 의료지도 내용·처치(중복 표기) [ ]기도확보([ ]airway [ ]Intubation [ ]supraglottic airway [ ]기타) [ ]산소투여 [ ]BVM [ ]CPR [ ]ECG [ ]AED [ ]약물투여 [ ]순환보조([ ]정맥로 확보 [ ]MAST) [ ]고정([ ]경추고정 [ ]척추고정 [ ]부목고정) [ ]상처처치([ ]지혈 [ ]상처드레싱) [ ]혈당체크 [ ]보온 [ ]기타(안위 도모 및 안정 포함) ■ 지도사항 수행 [ ]예 [ ]아니요 ■ 지도사항 미수행 시 사유 [ ]병원 도착 [ ]환자 거부 [ ]장비 부재/고장 [ ]숙련도 부족 [ ]기타( )
병원 사전 연락	[ ]아니요	[ ]연락 실패	[ ]예
담당자	[ ]의사 [ ]간호사 [ ]1급 응급구조사 [ ]2급 응급구조사	계급 :	성명 : (서명 또는 인)

210mm×297mm[백상지(80g/㎡) 또는 중질지(80g/㎡)]

Chapter 3

심폐정지환자 응급처치

○ 세부 상황표의 각 항목은 다음과 같은 지침에 따라 작성한다.

1 일반정보

<table>
<tr><td rowspan="2">심폐정지환자 응급처치 세부 상황표</td><td rowspan="3">결재</td><td>119구급대장(센터장)</td></tr>
<tr><td rowspan="2"></td></tr>
<tr><td>구급활동일지 일련번호 :</td></tr>
</table>

① 구급활동일지 일련번호

○ 심폐정지환자 응급처치 세부 상황표에 구급활동일지 상의 일련번호를 기입하도록 한다.

○ 구조구급활동정보시스템 보고번호 정보를 참고하여 기재하도록 한다.

○ 결재란의 경우 구급대로 운영하는 지역은 119구급대장, 미운영하는 지역은 안전센터장이 결재하도록 한다.

2 심정지 상황

<table>
<tr><td rowspan="11">심정지 상황</td><td colspan="7">심폐정지 발생시간(추정) 20 . . . :</td></tr>
<tr><td rowspan="2">발생장소</td><td colspan="3">[ ]공공장소</td><td colspan="2">[ ]비공공장소</td><td>[ ]구급차 안</td><td>[ ]미상</td></tr>
<tr><td colspan="3">[ ]도로/고속도로 [ ]공공건물(학교, 공공기관 등)
[ ]여가시설(공원, 경기장, 공연장, 극장, 해변, 유원지 등)
[ ]산업시설(공장, 공사장, 창고 등)
[ ]상업시설(상점, 식당, 술집, 호텔 등)
[ ]교통시설(철도역사,지하철역사,버스정류장,공항,버스내,열차내,비행기내 등)
[ ]기타( )</td><td colspan="2">[ ]집(주차장, 마당 포함)
[ ]집단거주시설(기숙사, 군대 등)
[ ]요양기관(양로원, 요양원)
[ ]의료기관
[ ]농장</td><td>[ ]기타
( )</td><td></td></tr>
<tr><td rowspan="8">발견자</td><td rowspan="2">환자와의 관계</td><td>[ ] 일반인</td><td colspan="2">[ ] 근무 중 관련 종사자</td><td colspan="2">[ ] 근무 중이 아닌 관련 종사자</td><td>[ ] 미상</td></tr>
<tr><td>[ ]가족
[ ]행인(주위 사람)
[ ]동료(친구)
[ ]기타( )</td><td colspan="2">[ ]의료인 [ ]소방공무원 [ ]경찰 [ ]보건교사
[ ]체육시설안전담당자 [ ]인명구조원
[ ]여객/운송 사업용 자동차의 운전자
[ ]산업안전보건교육 대상자
[ ]관광산업 종사자 중 의료, 안전관련 담당자</td><td colspan="2">[ ]소방공무원
[ ]의료인</td><td></td></tr>
<tr><td>심정지 목격 여부</td><td colspan="6">[ ]미상 [ ]목격되지 않음 [ ]목격함 ▪목격(추정)시각(:)</td></tr>
<tr><td>심정지 상태 확인</td><td colspan="6">[ ]의식 [ ]호흡 [ ]맥박 [ ]AED를 이용한 심전도 (중복 표기)</td></tr>
<tr><td rowspan="3">처치 내용</td><td colspan="6">▪ 심폐소생술 실시 여부
[ ]미상 [ ]심폐소생술 시행 않음 [ ]심폐소생술 시행함 ▪ 심폐소생술 시작(추정)시각</td></tr>
<tr><td colspan="6">▪ 자동심장충격기 부착 여부 [ ]미상 [ ]자동심장충격기 부착하지 않음 [ ]자동심장충격기 부착함</td></tr>
<tr><td colspan="6">▪ 제세동 실시 여부 [ ]미상 [ ]제세동 실시하지 않음 [ ]제세동 실시함</td></tr>
<tr><td>구급차 도착전 지도</td><td colspan="6">[ ]없음 [ ]구급대원 [ ]소방상황실 [ ]기타( )</td></tr>
</table>

① 심폐정지 발생시간(추정)

심정지상황	심폐정지 발생시간(추정) 20 . . . :

○ 심정지가 발생했을 것으로 추정하는 일시를 기록한다.
○ 심정지가 발생일시를 추정할 수 있다면 추정시각을 알 수 있는 수준까지 조사한다.
○ 추정시간은 발견자나 이야기를 전해들은 제3자의 발언을 근거로 기록하며, 근거가 없을 경우 마지막 발견시간을 조사하며 추정할 수 있는 가장 가까운 시간을 기록한다.
○ 근거가 없을 경우 마지막 목격시간(Last Normal Time)을 조사하여 기록한다.
※ 해당년도는 알지만 월·일·시 등을 알 수 없는 경우 : 미상 99로 표시
(예 : 해당년도+ 99월 99일 99시 99분 기록)
○ 위의 경우에 해당하지 않을 경우 미상 처리한다.
○ 조사대상 : 가족이나 목격자 진술

② 발생장소

심정지상황	발생장소	[ ]공공장소	[ ]비공공장소	[ ]구급차 안	[ ]미상
		[ ]도로/고속도로 [ ]공공건물(학교, 공공기관 등) [ ]여가시설(공원, 경기장, 공연장, 극장, 해변, 유원지 등) [ ]산업시설(공장, 공사장, 창고 등) [ ]상업시설(상점, 식당, 술집, 호텔 등) [ ]교통시설(철도역사, 지하철역사, 버스정류장, 공항 등) [ ]기타( )	[ ]집(주차장, 마당 포함) [ ]집단거주시설(기숙사, 군대 등) [ ]요양기관(양로원, 요양원) [ ]의료기관 [ ]농장	[ ]기 타 ( )	

○ 심정지 환자 발생장소를 파악하여 ✔로 체크한다.
○ 최대한 공공장소, 비공공장소 구분에 맞춰 조사하도록 함.

표기방법 및 유의할 점	[ ]공공장소 ☞[ ]도로/고속도로 ☞[ ]공공건물 (학교, 공공기관 등) ☞[ ]여가관련장소(공원, 경기장, 공연장, 극장, 해변, 유원지 등) ☞[ ]산업시설(공장, 공사장, 창고 등) ☞[ ]상업시설(상점, 식당, 술집, 호텔, 휴게소 등) ☞[ ]터미널(철도역사, 지하철역사, 버스정류장, 공항 등) ☞[ ]기타 공공장소( ) : 인도, 철도, 교회 경로당, 육교 등.. ※ 자세히 기록 [ ]비공공장소 : 일반적으로 생활을 하는 공간인 경우를 분류함. ☞[ ]집(주차장, 마당 포함) ☞[ ]집단거주시설(기숙사, 군대, 감옥 등) ☞[ ]요양기관(양로원, 요양원 등) : 양로시설, 노인요양시설 등등.. ☞[ ]의료기관 : 의료인이 공중 또는 특정 다수인을 위하여 의료, 조산의 업을 하는 곳. 종합병원, 병원, 치과병원, 한방병원, 요양병원, 의원, 치과의원, 한의원, 조산원 ☞[ ]농장 [ ]구급차 안 [ ]기타( ) : 공공장소, 비공공장소로 구분이 안 되는 경우 ※ 자세히 기록 예) 한강다리 밑, 산, 강, 계곡, 하천, 바다, 저수지, 묘지 등

	※ 예외 : 한강/저수지 유원지는 여가관련장소 [ ]미상 : 발생장소를 알 수 없는 경우
조사대상	가족이나 목격자 진술 및 환자 위치

③ 발견자-환자와의 관계

<table>
<tr><td rowspan="2">심정지상황</td><td rowspan="2">발견자</td><td rowspan="2">환자와의 관계</td><td>[ ] 일반인</td><td>[ ] 근무 중 관련 종사자</td><td>[ ] 근무 중이 아닌 관련 종사자</td><td>[ ]미상</td></tr>
<tr><td>[ ]가족
[ ]행인(주위 사람)
[ ]동료(친구)
[ ]기타(　　　)</td><td>[ ]의료인 [ ]소방공무원 [ ]경찰 [ ]보건교사
[ ]체육시설안전담당자 [ ]인명구조원
[ ]여객/운송 사업용 자동차의 운전자
[ ]산업안전보건교육 대상자
[ ]관광산업 종사자 중 의료, 안전관련 담당자</td><td>[ ]소방공무원
[ ]의료인</td><td></td></tr>
</table>

○ 해당 환자의 심 정지를 발견/목격한 사람의 자격 · 관계를 확인하여 기록한다.

표기방법 및 유의할 점	[ ] 일반인 : 세부항목까지 조사함. ☞[ ]가족 ☞[ ]행인(주위사람) : 지나가던 사람 등이 환자와 개인적 친분이 없는 사람 예) 요양원 관계자, 주변인, 사우나 주인, 신고자 ☞[ ]동료(친구) ☞[ ]기타(　　) [ ] 근무 중 관련 종사자 : 환자가 발생한 현장에 최초로 도착하여 응급처치를 수행할 수 있는 직종의 사람으로서, 응급의료에 관한 법률 제14조 규정에 따른'구조 및 응급처치교육'대상자 중 일부를 말함. ☞[ ]의료인 ☞[ ]소방공무원 ☞[ ]경찰 ☞[ ]보건교사 ☞[ ]체육시설 안전담당자 ☞[ ]인명구조원 ☞[ ]여객/운송사업용 자동차의 운전자 ☞[ ]산업안전보건교육 대상자 ☞[ ]관광사업 종사자 중 의료, 안전관련 담당자 [ ]근무 중이 아닌 다음 직종 : 위에 속하지 않는 직종 또는 비근무중인 위의 직종(가족, 동료에 우선하여 체크) ☞[ ]소방공무원 ☞[ ]의료인 ☞[ ]미상
조사대상	*조사대상 : 가족이나 목격자 진술

④ 발견자 - 심정지 목격여부(심정지 목격시각)

심정지상황	발견자	심정지 목격 여부	[ ]미상	[ ]목격되지 않음	[ ]목격함	▪목격(추정)시각(:)

○ 타인이 심 정지를 목격하거나 심정지가 생겼다는 이야기를 전해들은 경우 혹은 모니터 하는 중 심정지가 감시된 경우를 파악하여 ✔로 체크하고 심정지가 목격된 시간을 기록한다.

○ 목격된 상황과 목격되지 않은(발견됨) 상황을 구분해서 기록한다.

○ 조사대상 : 가족이나 목격자 진술(환자위치)

표기방법 및 유의할 점	☞[ ]미상 ☞[ ]목격되지 않음 : 목격된 것이 아니라 발견된 것으로 간주. 예) 외출 후 돌아와 보니 목욕탕에 쓰러져 있었음. ☞[ ]목격됨 : 예) 목욕탕에서 쓰러지는 소리가 들려 곧바로 가보니 환자가 쓰러져 있었음. 119 구급대로 이송 중 모니터링에서 심정지 발생을 발견함. ☞[ ]목격(추정)시각(:) : 심정지 목격됨에 해당하는 경우 심정지 목격시간에 관련된 정보를 수집하여 기록함.(미상일 경우 99:99 기록)

⑤ 발견자 - 심정지 상태 확인(중복표기)

심정지상황	발견자	심정지 상태 확인 (중복 표기)	[ ]의식	[ ]호흡	[ ]맥박	[ ]AED를 이용한 심전도

○ 환자가 병원 전 단계 당시에 심 정지 상태라고 판단한 객관적인 근거를 확인하여 심 정지 진단의 정확성을 분석한다. ※ 복수 선택 가능

○ 심정지의 정의는 의식, 맥박, 호흡이 모두 없는 경우이다.

표기 방법	☞[ ]의식 ☞[ ]호흡 ☞[ ]맥박 ☞[ ]AED를 이용한 심진도
조사대상/조사주체	조사대상 : 환자/ 조사주체 : 발견자

⑥ 발견자 역할-처치내용

심정지상황	발견자	처치내용	▪발견자 심폐소생술 실시 여부 [ ]미상 [ ]심폐소생술 시행 않음 [ ]심폐소생술 시행함 ▪ 심폐소생술 시작(추정)시각
			▪발견자 자동심장충격기 부착 여부 [ ]미상 [ ]자동심장충격기 부착하지 않음 [ ]자동심장충격기 부착함
			▪발견자 제세동 실시 여부 [ ]미상 [ ]제세동 실시하지 않음 [ ]제세동 실시함

○ 응급의료체계에 속하지 않은 사람에 의해 심정지 환자에게 심폐소생술 및 자동심장충격기 부착, 제세동 시행되는 것을 파악하여 기록한다.

○ 심폐소생술이 실시된 추정 시각을 기재한다.

○ 응급구조사, 의사, 간호사가 현장에서 CPR, 자동심장충격기 사용 및 제세동을 했더라도 응급의료체계(우리나라의 경우 119 구급대 또는 병원 내 CPR팀)에 속하지 않은 경우 일반인이

CPR, 자동심장충격기 사용 및 제세동을 한 것으로 처리함.

표기 방법 및 유의할 점	■발견자 심폐소생술 실시 여부 [ ]미상 [ ]심폐소생술 시행하지 않음 : 심폐소생술 유보 사유를 기록함. [ ]심폐소생술 시행함 : 흉부압박 또는/그리고 호흡보조를 실시한 경우를 말함. ※ 시작시각과 시행처치를 기록함. ☞■심폐소생술 시작(추정)시각 : HHMM (미상일 경우 99:99) ■발견자 자동심장충격기 부착여부 [ ]미상 [ ]자동심장충격기 부착하지 않음 [ ]자동심장충격기 부착함 : 자동심장충격기(AED)를 적용한 경우는 자동심장충격기 적용으로 심전도 분석을 시행한 것으로써, 제세동(쇽) 시행 여부와는 상관없음. ■발견자 제세동 실시여부 [ ]미상 [ ]제세동 실시하지 않음 [ ]제세동 실시함 : 자동심장충격기(AED)를 부착하고 자동심장충격기의 명령에 따라 제세동(쇽)을 실시한 것임.
조사대상	가족이나 목격자 진술 및 환자(위치)

⑦ 발견자 역할–구급차 도착전 지도

심정지상황	발견자역할	구급차 도착 전 지도	[ ]없음	[ ]구급대원	[ ]소방상황실	[ ]기타(　　　)

○ 구급차 도착 전까지 발견/목격자가 처치지도를 받았는지 여부를 확인하고 지도를 한 기관에 ✔로 체크한다.

표기 방법	[ ]없음 [ ]구급대원 [ ]소방상황실 : 119구급상황관리센터를 포함한다. [ ]기타(　　　) : 위에 해당하지 않는 경우, 구체적으로 기록
조사대상	가족이나 목격자 진술

3 심폐소생술 및 제세동

<table>
<tr><td rowspan="10">심폐소생술
및
제세동</td><td rowspan="2">구 급 대
심폐소생술
실시여부</td><td colspan="3">[ ]아니요</td><td colspan="2">[ ]예(심폐소생술 시작 시각 :)</td></tr>
<tr><td colspan="3">■ 심폐소생술 유보 사유
[ ]명백한 사망(머리, 체간(體幹)의 절단, 부패 등)
[ ]DNR 처방 보유 [ ]보호자 거부
[ ]의료지도 [ ]기타( )</td><td colspan="2">■ 심폐소생술 시행 처치(중복 표기)
[ ]기도확보 [ ]호흡확보
[ ]흉부압박
[ ]기계식 압박장치 사용(장치 종류 :)
[ ]기타 처치( )</td></tr>
<tr><td rowspan="4">구 급 대
심장충격기
사용여부</td><td>[ ]비부착</td><td colspan="4">[ ]부착함(AED 이용 심전도 리듬 확인시각 :) * AED 이용 심전도 출력물 뒷면 첨부</td></tr>
<tr><td rowspan="3"></td><td colspan="4">■ 확인장소 [ ]현장 [ ]구급차 내 [ ]기타( )</td></tr>
<tr><td colspan="4">■ AED 이용 심전도 소견(심정지 발생시 최초 소견)</td></tr>
<tr><td>[ ]감시하지 않음
[ ]심실세동(VF)
[ ]무맥성 심실빈맥(Pulseless VT)
[ ]불명료한 제세동 가능 리듬</td><td colspan="2">[ ]기타( )
[ ]무맥성 전기활동(PEA)
[ ]무수축 (Asystole)
[ ]불명료한 제세동 불가능 리듬</td><td>[ ]서맥(Bradycardia)
[ ]미상</td></tr>
<tr><td rowspan="2">구급대
제세동</td><td colspan="2">[ ]실시 않음</td><td colspan="3">[ ]실시함 (실시 횟수 : 회)</td></tr>
<tr><td colspan="2">■ 제세동 미실시 이유
[ ]미적응증 [ ]기기상태 불량
[ ]가족 거부 [ ]기타( )</td><td colspan="3">■ 최초 제세동 실시 시각 :
■ 심전도 리듬 [ ]VF [ ]Pulseless VT [ ]불명료한 제세동 가능 리듬
■ 제세동 실시 결과 [ ]제세동 리듬 지속 [ ]제세동 리듬 제거</td></tr>
<tr><td>전문기도유지술</td><td colspan="5">[ ]실시하지 않음 [ ]Intubation [ ]성문외 기도유지기(supraglottic airway) [ ]기타( )</td></tr>
</table>

① 구급대 심폐소생술 실시여부

<table>
<tr><td rowspan="2">심폐
소생술 및
제세동</td><td rowspan="2">구 급 대
심폐소생술
실시여부</td><td>[ ]아니요</td><td>[ ]예(심폐소생술 시작 시각 :)</td></tr>
<tr><td>■ 심폐소생술 유보 사유
[ ]명백한 사망(머리, 체간(體幹)의 절단, 부패 등)
[ ]DNR 처방 보유 [ ]보호자 거부
[ ]의료지도 [ ]기타( )</td><td>■ 심폐소생술 시행 처치(중복 표기)
[ ]기도확보 [ ]호흡확보
[ ]흉부압박
[ ]기계식 압박장치 사용(장치 종류 :
[ ]기타 처치( )</td></tr>
</table>

○ 119구급대의 병원전 심정지 환자에게 시행한 심폐소생술 여부를 파악하여 기록한다.

○ 응급구조사, 의사, 간호사가 현장에서 CPR를 했더라도 응급의료체계(우리나라의 경우 119구급대 또는 병원 내 CPR팀)에 속하지 않은 경우 일반인이 CPR로 처리한다.

<table>
<tr>
<td>표기 방법 및
유의할 점</td>
<td>[ ]아니요 : 119구급대의 병원전 심정지 환자에게 심폐소생술이 시행되지 않은 경우 ✔로 체크하고 심폐소생술 유보 사유를 기록함.
■ 심폐소생술 유보 사유
☞[ ]명백한 사망(두부, 체간의 절단, 부패 등) : 다른 선택사항에 우선함.
※ 예) 교통사고 환자의 두개골 파열에 의한 뇌조직 유출로 의료지도 후 심폐소생술 유보 → “명백한 사망”으로 기록
☞[ ]DNR 처방 보유 : 다른 선택사항에 우선함.
※ 예) 심정지 발생 환자가 DNR 처방 보유하였으며, 환자의 보호자들이 CPR을 거부하여 의료지도 후 심폐소생술 유보 → “DNR 처방 보유”로 기록
☞[ ]보호자 거부
☞[ ]의료 지도
☞[ ]기타 (   ) : 위에 해당하지 않는 모든 사유. 구체적으로 기록
[ ]예 : 119 구급대에 의해 심폐소생술이 시행된 경우 ✔로 체크하고 시작시각과 시행처치를 기록함.
(심폐소생술 시작 시각   :   ) : 미상일 경우 99:99로 기록
■ 심폐소생술 시행 처치(중복표기) : 구급대의 병원전 심정지 환자에게 CPR이 시행된 경우 처치 종류를 기록함. ※ 복수 선택 가능
☞[ ]기도확보 : jaw thrust, head tilt, chin lift의 방법 등을 사용한 경우와 눈에 보이는 이물질을 제거한 경우
☞[ ]호흡확보 : 입 대 입, 코 대 입, ambu bagging, 전문기도유지술 등을 포함함.
☞[ ]흉부압박
☞[ ]기계식 압박 장치 사용(장치 종류 :   )
☞[ ]기타처치(   ) : 위에 해당하지 않는 모든 처치. 구체적으로 기록</td>
</tr>
</table>

② 구급대 심장충격기 사용여부

<table>
<tr>
<td rowspan="4">심폐
소생술
및 제세동</td>
<td rowspan="4">구 급 대
심장충격기
사용여부</td>
<td>[ ]비부착</td>
<td colspan="3">[ ]부착함(AED 이용 심전도 리듬 확인시각   :   ) * AED 이용 심전도 출력물 뒷면 첨부</td>
</tr>
<tr>
<td rowspan="3"></td>
<td colspan="3">■ 확인장소   [ ]현장   [ ]구급차 내   [ ]기타(   )</td>
</tr>
<tr>
<td colspan="3">■ AED 이용 심전도 소견(심정지 발생시 최초 소견)</td>
</tr>
<tr>
<td>[ ]감시하지 않음
[ ]심실세동(VF)
[ ]무맥성 심실빈맥(Pulseless VT)
[ ]불명료한 제세동 가능 리듬</td>
<td>[ ]기타(   )
[ ]무맥성 전기활동(PEA)
[ ]무수축 (Asystole)
[ ]불명료한 제세동 불가능 리듬</td>
<td>[ ]서맥(Bradycardia)
[ ]미상</td>
</tr>
</table>

○ 119구급대에 의해 심정지 환자에게 자동심장충격기(AED) 적용 여부 파악 및 심전도 분석을 시행하여 리듬 확인시각 및 장소, 심전도 리듬 종류를 기록한다.

※ 기타 심전도 모니터나 자동심장충격기의 3극 유도로 측정한 심전도 감시는 해당하지 않음.

○ 용어 정의(설명)

- 자동심장충격기(AED)적용 : 자동심장충격기의 패드를 붙여 심전도 분석을 시행한 것을 말함.
- 심실세동, 무맥성 심실빈맥, 불명료한 제세동 가능리듬 : 자동심장충격기 명령에 따라 병원 전 제세동을 시행한 경우.
- 무맥성 전기활동, 무수축, 서맥, 불명료한 제세동 불가능리듬 : 적용하였으나 제세동 불가능 리듬인 경우.

<table>
<tr><td>표기 방법</td><td>[ ]비부착 : 기타 심전도 감시 장치나 심장충격기의 3극 유도를 부착한 경우에 해당함.
[ ]부착함 : ※ 심전도 리듬 확인시각 및 장소, 심전도 소견을 기록함.
* AED 이용 심전도 출력물 뒷면 첨부
(AED 이용 심전도 리듬 확인 시각 :) : 시작 시각 미상일 경우 99:99로 기록
■ 확인장소 : 구급대에 의해 자동심장충격기 이용하여 최초 심전도 리듬확인이 실시된 장소
☞[ ]현장
☞[ ]구급차 내
☞[ ]기타 ( )
■ AED 이용 심전도 소견(심정지 발생시 최초 소견) : 구급대에 의해 심정지 환자에게 병원 도착 전 자동심장충격기를 이용하여 확인된 심전도 리듬을 기록함.
☞[ ]감시하지 않음 : 병원전 자동심장충격기(AED)의 패드를 부착하지 않거나, 적용하지 않은 경우
☞[ ]심실세동(VF)
☞[ ]무맥성 심실빈맥(pulseless VT)
☞[ ]불명료한 제세동 가능 리듬 (unknown shockable rhythm)
☞[ ]무맥성 전기활동(PEA)
☞[ ]무수축(asystole)
☞[ ]서맥(bradycardia)
☞[ ]불명료한 제세동 불가능 리듬 (unknown unshockable rhythm)
☞[ ]기타 : 위에 해당하지 않는 리듬 종류 기록
☞[ ]미상 : 병원 전 자동심장충격기(AED) 적용 여부를 알 수 없는 경우</td></tr>
</table>

③ 구급대 제세동

<table>
<tr><td rowspan="2">심폐
소생술
및 제세동</td><td rowspan="2">구급대
제세동</td><td>[ ]실시 않음</td><td>[ ]실시함 (실시 횟수 : 회)</td></tr>
<tr><td>■ 제세동 미실시 이유
[ ]미적응증 [ ]기기상태 불량
[ ]가족 거부 [ ]기타( )</td><td>■ 최초 제세동 실시 시각 :
■ 심전도 리듬 [ ]VF [ ]Pulseless VT
[ ]불명료한 제세동 가능 리듬
■ 제세동 실시 결과 [ ]제세동 리듬 지속
[ ]제세동 리듬 제거</td></tr>
</table>

○ 119구급대에 의해 심정지 환자에게 자동심장충격기(AED) 적용하여 제세동(쇽)의 실시 여부를 기록한다.

표기 방법 및 유의할 점	[ ]실시 않음 : ※ 제세동 미실시 이유를 추가로 기록함. ■ 제세동 미실시 이유 : 구급대에 의해 제세동 미실시된 이유를 기록함 ☞[ ]미적응증 : 구급대에 의해 심정지 환자에게 자동심장충격기(AED)가 적용되지 않거나, 적용하였으나 제세동 시행 불가능 리듬인 경우 ☞[ ]AED 기기상태 불량 ☞[ ]가족거부 ☞[ ]기타(　　　) [ ]실시함 : ※ 제세동 실시 횟수 및 최초 제세동 실시 시각, 실시 결과를 추가로 기록함. (실시 횟수　　회) : 자동심장충격기(AED)를 부착하고 자동심장충격기의 명령에 따라 제세동(쇽)을 실시하며 횟수를 기록함. (미상일 경우 99로 기록) ■ 최초 제세동 실시 시각(:) : 구급대에 의해 자동심장충격기 이용 제세동이 실시된 최초 시각을 기록함. (미상일 경우 99:99로 기록) ■ 심전도 리듬 [ ]VF [ ]Pulseless VT [ ]불명료한 제세동 가능 리듬 ■ 제세동 실시 결과 : 구급대에 의해 심정지 환자에게 자동심장충격기(AED) 적용하여 제세동이 실시된 이후 심전도 리듬을 기록함. ☞[ ]제세동 리듬 지속 : 여러번 제세동이 실시된 경우 ※ 제세동 1번 시행한 경우 : 제세동 시행 직후의 리듬을 분석하여 입력함. ☞[ ]제세동 리듬 제거

④ 전문기도유지술

심폐소생술 및 제세동	전문기도유지술	[ ]실시하지 않음 [ ]Intubation [ ]성문외 기도유지기(supraglottic airway) [ ]기타(　　　)

○ 119구급대에 의해 심정지 환자에게 수행된 전문기도유지술을 기록한다.

표기 방법	[ ]실시하지 않음 [ ]Intubation [ ]성문외 기도유지기(supraglottic airway) [ ]기타 (　　　)

4 소생술 중지

소생술중지	심폐소생술 중지	■ 중지 시각　　:			
		■ 중지 이유 [ ]자발순환 회복 [ ]병원 인계 [ ]명백한 사망 [ ]보호자 거부 [ ]의료지도 [ ]기타(　　　)			
	병원 도착전 자발순환 회복	[ ]없음	[ ]있음(자발순환 회복 시각　:)	[ ] 재 심정지(시각 :)	[ ] 추가 자발순환회복(시각 :)
			■ 회복장소 [ ]현장 [ ]구급차 내 [ ]기타(　)	■ 장소 [ ]현장 [ ]구급차 내 [ ]기타(　)	■ 장소 [ ]현장 [ ]구급차 내 [ ]기타(　)

① 심폐소생술 중지 시각 및 이유

○ 119구급대에 의해 시행되던 심폐소생술이 중지된 시각 및 이유를 파악하여 기록한다.

○ 단, 심폐소생술을 시행하여 종료된 경우에만 입력한다.

표기 방법	■ 중지 시각 : ■ 중지 이유(최종 중지 사유) ☞[ ]자발순환 회복 ☞[ ]환자의 병원 인계 ☞[ ]명백한 사망 ☞[ ]보호자의 거부 ☞[ ]의료 지도 ☞[ ]기타 ( )

② 병원 도착 전 자발순환 회복

○ 119구급대에 의해 심전도 모니터링상 확인된 심정지 환자의 병원 도착 전 자발순환 회복 여부를 파악하여 회복 시각 및 장소를 기록한다.

표기 방법 및 유의할 점	[ ]없음 [ ]있음 : 자발순환 회복 시각 및 장소를 추가로 기록함.(최초 회복) (자발순환 회복 시각 :) : 심정지 환자의 병원 도착전 자발순환이 회복된 경우 시각을 기록.(미상일 경우 99:99로 기록) ■ 회복 장소 : 119 구급대에 의해 심전도 모니터링상 확인된 자발순환 회복 장소를 기록. ☞[ ]현장 ☞[ ]구급차 내 ☞[ ]기타( ) ※ 위 내용을 바탕으로 재 심정지 및 추가 자발순환 회복 등을 기록 2차, 3차 회복과 심정지 발생시 빈공간을 이용하여 작성

5 의료지도

의료지도	[ ]요청하지 않음	[ ]요청 실패	[ ]요청함
		[ ]통신 실패 [ ]지도의사 부재 [ ]지도 거부 [ ]기타(______)	■ 의료지도의사 소속 [ ]소방상황실 [ ]이송병원 [ ]의료지도위탁병원 [ ]기타(________________) ■ 의료지도 내용(중복 표기) [ ]환자평가 [ ]현장처치 [ ]병원선정 [ ]CPR유보・중단 [ ]기타(_____) ■ 의료지도 내용·처치(중복 표기) [ ]기도확보([ ]airway [ ]Intubation [ ]supraglottic airway [ ]기타 ______) [ ]산소투여 [ ]BVM [ ]CPR [ ]ECG [ ]AED [ ]약물투여 [ ]순환보조([ ]정맥로 확보 [ ]MAST) [ ]고정([ ]경추고정 [ ]척추고정 [ ]부목고정) [ ]상처처치([ ]지혈 [ ]상처드레싱) [ ]혈당체크 [ ]보온 [ ]기타(안위 도모 및 안정 포함) ■ 지도사항 수행 [ ]예 [ ]아니요 ■ 지도사항 미수행 시 사유 [ ]병원 도착 [ ]환자 거부 [ ]장비 부재/고장 [ ]숙련도 부족 [ ]기타( )

① 의료지도 요청

○ 119구급대에 의해 병원 도착 전 시행된 의료지도 요청 여부를 파악하여 지도의사 소속, 지도내용 및 현장처치 등을 파악하여 기록한다.

○ 단, 구급대에 의해 의료지도 요청되었으나 실패한 경우에는 그 사유를 기록한다.

표기 방법 및 유의할 점	[ ]요청하지 않음 [ ]요청 실패 : 구급대에 의해 의료지도가 요청되었으나 실패한 경우 해당됨. ※ 의료지도 요청 실패 사유에 대해 추가로 기록함. ☞[ ]통신 실패 ☞[ ]지도의사 부재 ☞[ ]지도 거부 ☞[ ]기타( ) [ ]요청함 : 지도의사 소속 및 지도내용, 지도사항 수행 여부, 미수행시 그 사유에 대해 추가로 기록함. ■ 의료지도의사 소속 : 의료지도가 요청된 지도의사의 소속을 체크. ☞[ ]소방상황실(119구급상황관리센터 포함) ☞[ ]이송병원 ☞[ ]의료지도 위탁병원 ☞[ ]기타( ) ■ 의료지도 내용 : 의료지도의사의 지도내용 및 세부사항 기록. ※ 복수 선택 가능 ☞[ ]환자평가 ☞[ ]현장처치 ☞[ ]병원선정 ☞[ ]CPR유보중단 ☞[ ]기타( ) ■ 의료지도 내용・처치 : 의료지도의사의 현장처치에 대한 지도내용 및 세부사항 기록. 구급대원이 실제로 수행한 처치가 아니라 지도의사의 지도내용 기술하도록 함. ※ 복수 선택 가능. ☞[ ]기도확보 [ ]airway [ ]Intubation [ ]supraglottic airway [ ]기타( ) ☞[ ]산소투여 ☞[ ]BVM ☞[ ]CPR ☞[ ]ECG ☞[ ]AED ☞[ ]약물투여 ☞[ ]순환보조 [ ]정맥로 확보 [ ]MAST ☞[ ]고정 [ ]경추고정 [ ]척추고정 [ ]부목고정 ☞[ ]상처처치 [ ]지혈 [ ]상처드레싱 ☞[ ]혈당체크 ☞[ ]보온 ☞[ ]기타 (안위도모・안정 포함) ■ 지도사항 수행 : 지도의사의 의료지도 사항 수행 여부를 기록. ☞[ ]예 ☞[ ]아니오 ■ 지도사항 미수행 사유 : 지도의사의 의료지도 사항 미수행시 사유를 입력. ☞[ ]병원도착

	☞[ ]환자거부 ☞[ ]장비부재/고장 ☞[ ]숙련도 부족 ☞[ ]기타(　　)

6 병원 사전 연락 및 담당자

병원 사전 연락	[ ]아니요	[ ]연락 실패	[ ]예	
담 당 자	[ ]의사 [ ]간호사 [ ]1급 응급구조사 [ ]2급 응급구조사	계급 :	성명 :	(서명 또는 인)

210mm×297mm[백상지(80g/㎡) 또는 중질지(80g/㎡)]

① 병원 사전 연락

○ 119 구급대의 병원 사전 연락 여부를 파악하여 기록한다.

표기 방법	[ ]아니오 [ ]연락실패 : 병원 연락을 시도하였으나 실패한 경우 기입함. [ ]예

② 담당자

○ 심폐정지환자 응급처치 세부상황표를 기입한 119구급대 담당자의 자격과 성명을 기록한다.

○ 해당하는 자격 항목에 ✔로 체크하고, 계급과 성명, 서명을 기입한다.

표기 방법	[ ]의사	[ ]간호사	[ ]1급 응급구조사	[ ]2급 응급구조사
	계급 :	성명 :	(서명 또는 인)	

7 심전도 및 AED 기록지 사본(뒷면)

□ 작성 시 주의사항

○ 자동심장충격기의 패드를 부착하여 측정한 심전도를 부착하도록 한다.

○ 기타 심전도 모니터나 자동심장충격기의 3극 유도를 통해 측정한 심전도는 유효하지 않다.

○ 정확한 날짜, 시간이 포함 되어 있어야 한다.

○ 전산에 입력 시에는 스캔하여 그림형태로 하고, 스캔한 그림이 판독 가능해야 한다.

○ 세부상황표 일지에 부착 시에는 심전도 원본을 분석하여 부착해야 한다.

① Code Summary

1	Code Summary – 필수

○ 심전도 상태와 요약서(코드 서머리)를 부착한다.
(지원하지 않는 기기는 수기작성)

② 최초 심전도 분석 시 심전도 기록

2	최초 분석리듬(최소 6초간) – 필수

○ 자동심장충격기가 제세동 가능리듬인지를 분석하는 동안의 심전도를 기록한다.

○ 표기방법 : 최소 6초간(20 cm)의 심전도 분석 과정의 AED를 부착한다.

③ 제세동 가능 리듬, 전후 3초간 심전도 기록

3	제세동 또는 흉부압박 등(등록정보에 따라 작성자의 수정보완 가능)

○ 제세동 가능 리듬인 경우 제세동 시행 전후의 심전도를 기록한다.

○ 표기방법 : 자동심장충격기에서 제세동 가능리듬을 분석한 경우 또는 구급대원이 판단하는 경우, 제세동 시행 전 3초(10 cm), 시행 후 3초(10 cm)의 연속적인 심전도를 부착한다.

④ 제세동 불가능 리듬, 2분간 심폐소생술 후 심전도 기록

4	제세동 또는 흉부압박 등(등록정보에 따라 작성자의 수정보완 가능)

○ 제세동 불가능 리듬인 경우 첫 2분간 5주기의 심폐소생술 시행한 후 다시 검사한 심전도를 기록한다.

○ 표기방법 : 자동심장충격기에서 제세동 불가능 리듬을 분석한 경우 또는 구급대원이 판단하는 경우, 심정지 지침에 따라 첫 2분간 5회의 심폐소생술을 시행한 후 다시 분석한 심전도를 최소 6초간 그림 형태로 부착한다.

⑤ 기타 심전도

5	병원 이송 중 리듬(최소 6초간) – 필수(등록정보에 따라 작성자의 수정보완 가능)

6	병원도착 전 리듬 – 필수(등록정보에 따라 작성자의 수정보완 가능)

○ 병원 이송 및 도착 전 리듬 등 기타 이상의 경우에 해당하지 않은 특정한 상황의 심전도를 기록한다.

○ 표기방법 : 특정한 현장상황의 해당 시점 심전도를 최소 6초간 부착한다.

☞ 특정한 현장상황 : 초기 2분간 심폐소생술 이후의 심전도 변화, 가슴압박 중 검사한 심전도, 이송 중 검사한 심전도, 자발순환이 돌아온 경우의 심전도 등을 기술함.

○ 심전도 및 AED 기록지 사본 작성요령 세부 설명

1. 구급활동일지와 세부상황표에 아래와 같은 해당 내용이 빠짐없이 적정하게 기술되어 있어야 함. ① 심정지 발생(추정)시각 ② 심정지 발생 상황 ③ 이전 병력 ④ 상황실 CPR 지도 여부 ⑤ 현장 도착 시 일반인 CPR 여부 ⑥ 심정지 확인 방법 ⑦ 최초 ECG ⑧ 현장 CPR 처치내용
2. 현장 초기 AED 심전도 부착시 코드 서머리 부착하며 코드 서머리 기능을 지원하지 않는 기기의 경우 다음사항을 수기로 작성함. ① 심장충격기 사용시작 시각 ② 1차(최초) 리듬분석 시각 ③ 제세동 가능 여부 판독 시각 ④ 흉부압박 시작 시각 ⑤ shock 실시한 경우 shock 실시 시각 등

   ※ 기타 구급대원이 필요하다 판단되는 내용을 여백을 활용하여 추가 기록 가능
3. 다음 주요사건이 반드시 포함될 수 있도록 하며 총 20 cm 가량의 길이로 기록지 부착

   ① 최초분석리듬 ② 흉부압박 실시 리듬 ③ 병원 이송 중 상태 리듬

   ④ 병원 도착 전 상태 리듬 ⑤ 제세동 실시 리듬(제세동 가능 리듬이 있을 경우만 해당)

   ※ 리듬 상부에 출력되는 사용일시를 반드시 포함하여 등록 (미출력 장비는 간략히 시간 기재)

   ※ 잘 모를 경우 전체의 코드 서머리와 서머리 이벤트에 해당하는 모든 심전도를 등록
4. 시간경과에 따라 상황 기술(예 : 현장도착, 분석, 현장출발, 이송 중, CPR 중 등)
5. 패치를 부착할 수 없는 경우(훼손이 심한 경우, 기타 패치를 부착할 경우 훼손 될 수 있다 판단되는 경우)에는 객관적 증빙자료(사진 등) 및 상황 기술하여 등록 할 것.

   (구급일지, 세부상황표에"사진 등록"등 EKG 자료대신 증빙자료 등록여부 표기)
6. 미이송의 경우에도 코드 서머리와 최초 분석리듬을 반드시 첨부

중증외상환자 응급처치 세부상황표

소방서	구급대/안전센터	결재	119구급대장(센터장)
구급활동일지 일련번호			
지령분류	[ ] 구급 [ ] 구조 [ ] 화재 [ ] 기타		

외상 환자 중증도 평가 기준	**1단계. 생리학적 소견**	**2단계. 신체검사 소견**	**3단계. 손상기전**
	[ ]의식수준 V 이하 [ ]수축기혈압 < 90mmHg [ ]분당호흡수 10 미만 또는 29 초과 [ ] 그 외 구급대원 판단 [ ] 다음에 해당 (55세 이상, 10세 이하, 두부 외상 환자에서 항응고 치료/출혈성 질환에 해당, 화상과 외상이 동반, 임신 20주 이상, [ ] 기타(　　　)	[ ]관통 또는 자상 (머리/목/가슴/배/상완/대퇴부) [ ]흉곽의 불안정 또는 변형 (동요가슴) [ ]두 개 이상의 근위부 긴뼈 골절 [ ]압궤/벗겨진/썰린/맥박이 소실된 사지 [ ]손목 또는 발목 상부의 절단 [ ]골반골 골절 [ ]두개골의 열린 또는 함몰 골절 [ ]외상성 마비	[ ]추락 (성인 6m 이상/ 소아 3m 이상) [ ]고위험 교통사고 ■ 차량전복/차체 내부 30cm 이상 안으로 밀림/45cm 이상 차체 찌그러짐 ■ 자동차에서 튕겨져 나감 ■ 동승자의 사망 [ ]자동차 대 보행자/자전거 사고 ■ 충돌후 나가떨어짐/치임/30km/h 이상 [ ]30km/h 이상 속도의 오토바이 사고

중증외상 발생 시각	20__년____월____일____시____분 (정확한 시각을 모를 경우 추정하여 작성)		
구급처치 시작 시각	20__년____월____일____시____분	**발생 환자 수** ____명	**이송 환자 수** ____명
중증외상 목격 여부	[ ]목격됨 [ ]목격되지 않음 [ ]미상	**구급처치 전 구조작업**	[ ]시행됨 [ ]시행되지 않음 [ ]미상
의도성 추정	[ ]비의도성 [ ]자해/자살 의심 [ ]폭력/타살 의심 [ ]기타 (　　　) [ ]미상		
손상 기전	[ ]운수사고([ ]자동차 탑승자 [ ]오토바이 탑승자 [ ]자전거 탑승자 [ ]보행자 [ ]기타운송수단(　　　)) [ ]추락 및 미끄러짐(높이 ___ m) [ ]둔상 [ ]관통상 [ ]기계 [ ]화상/일사병/한랭손상/연기흡입 [ ]익수/질식/목맴/목졸림 [ ]중독 및 화학물질 [ ]기타(　　　) [ ]미상		

환자 정보 [ ] 파악불가 ([ ]만취 자 [ ]언어 폭력 [ ]소아[ ]기타)	심정지/호흡정지 상황	[ ]예 [ ]아니오 [ ]미상	**명백한 사망 (사후경직/시반/체간절단 등)**	[ ]예 [ ]아니오 [ ]미상
	약물	예 ([ ]협조 가능 [ ]협조 불가능) [ ]아니오 [ ]미상	**음주**	예 ([ ]협조 가능 [ ]협조 불가능) [ ]아니오 [ ]미상
	GCS 의식 상태 — 현장도착	[ ]확인안함 E　M　V	**병원도착**	[ ]확인안함 E　M　V
	평가시 참고 — 개안반응 E	4 자발적으로 눈뜸 3 큰소리에 눈뜸 2 통증자극에 눈뜸 1 반응없음		
	평가시 참고 — 운동반응 M	6 지시에따름 5 통증부위지적 4 통증회피 3 굴곡반응 2 신전반응 1 반응없음		
	평가시 참고 — 언어반응 V	5 지남력정상 4 혼돈된 언어 3 부적절한 단어 2 이해불명 소리 1 반응없음 Ve 기관삽관		
	주외상 부위 (복수선택 가능)	[ ]①머리 [ ]②목 [ ]③가슴 [ ]④배 [ ]⑤등 [ ]⑥비뇨생식기 [ ]⑦상지 [ ]⑧하지 [ ]⑨전신 [ ]⑩기타		

중증외상 판정	[ ] 중증외상으로 판정 [ ] 중증도 기준상 중증외상에 해당하지 않으나 현장에서 시행한 신체검진 상 중증외상 가능성이 있음 [ ] 중증도 기준상 중증외상에 해당하나 현장에서 시행한 신체검진 상 중증외상 가능성이 낮음 (아래 작성 불필요)

외상 처치 ([ ] 처치불가 ([ ]만취 자 [ ]언어 폭력 [ ]소아[ ]기타))

기도 확보	■필요하지 않음 [ ]의식수준 V 이상 [ ]대화가능 [ ]적절한 기도의 개방성		
	■필요함 [ ]심정지/호흡정지 [ ]의식저하 (P 이하 또는 GCS<8) [ ]상하악골/기관/후두 골절 [ ]기도폐쇄 [ ]기타 (　　　)		
	■수행 여부 [ ]수행 [ ]미수행 ■ 미수행 사유 [ ]소생술유보 [ ] 환자 거부 [ ]물품부재 [ ] 기타 (　　　)		
	■기본기도유지술 [ ]구인두기도유지기 [ ]비인두기도유지기 [ ]기도폐쇄처치 ■전문기도유지술 [ ] 기도삽관 (시도 ___회, [ ]성공 [ ]실패) [ ] 성문위기도유지기 ([ ]I-gel [ ]LMA [ ]King [ ]기타(__) (시도 ___회, [ ]성공 [ ]실패)	**처치 후 적정 기도개방 및 유지**	[ ]성공 [ ]실패
경추 척추 고정	■필요하지 않음 [ ] 적응증 없음	■필요함 [ ]고 위험 손상 기전 ■고속충돌 사고(80km/hr) ■자전거/오토바이 사고(30km/hr) ■전복/튕겨져나감 ■다이빙 ■1m 이상 또는 5 계단 이상의 추락 [ ]의식소실 및 의식변화 [ ]중독 가능성 (알콜/약물 등) [ ]척추 가운데 통증/압통 존재 [ ]신경학적 결손 (운동/감각이상) [ ]기타 구급대원 판단 (　　　)	■ 수행 여부 [ ]수행 [ ]미수행 [ ]통나무굴리기 [ ]경추고정 [ ]척추고정 [ ]머리고정 ■ 미수행 사유 [ ]소생술유보 [ ]물품부재 [ ] 환자/보호자 거부 [ ] 기타 (　　)
호흡 보조	■필요하지 않음 [ ]의식수준 V 이상 [ ]정상호흡수 (10회- 20회) [ ]산소포화도 ≥ 94% [ ]과도한 호흡 노력 없음		
	■필요함 [ ]무호흡 [ ]비정상 호흡수(분당<10) [ ]비정상 호흡수(분당>29) [ ]과도한 호흡노력 [ ]산소포화도 < 94% [ ]청색증 [ ]기타 (　)		
	■수행 여부 [ ]수행 [ ]미수행 ■ 미수행 사유 [ ]소생술유보 [ ] 환자 거부 [ ]물품부재 [ ] 기타 (　　　)		
	■산소투여 [ ]비관 [ ]안면마스크 [ ]비재호흡마스크 ■양압환기 [ ]구강대구강인공호흡 [ ]포켓마스크 [ ]BVM [ ]산소소생기	**산소 유량** L/min	**처치전 산소포화도** % **처치후 산소포화도** %
순환 보조	■필요하지 않음 [ ]의식수준 V 이상 [ ]수축기혈압 90mmHg이상 [ ]정상 분당 맥박수 (60회이상, 100회미만)		
	■필요함 [ ]수축기혈압 < 90mmHg [ ]심각한 출혈 의심 [ ]기타 (　　　)		
	■수행 여부 [ ]수행 [ ]미수행 ■ 미수행 사유 [ ]소생술유보 [ ] 환자 거부 [ ]물품부재 [ ] 기타 (　　　)		
	[ ]정맥로 확보 (시도 ____회, [ ] 성공 [ ] 실패) [ ]수액투여 ([ ]생리식염수 [ ]기타 (____))	**투여 수액량** mL	**처치전 수축기혈압** mmHg **처치후 수축기혈압** mmHg

그외 외상 처치	개방성기흉 의심 [ ]아니오 [ ]예	삼면 밀봉 드레싱 [ ]시행 [ ]미수행	**미수행사유**	[ ]소생술유보[ ]물품부재 [ ]환자거부 [ ]기타 (　　)
	심한외부출혈 [ ]아니오 [ ]예	거즈 압박 지혈 [ ]시행 [ ]미수행	**미수행사유**	[ ]소생술유보[ ]물품부재 [ ]환자거부 [ ]기타 (　　)
	골반골 골절 의심 [ ]아니오 [ ]예	골반고정장치 [ ]시행 [ ]미수행	**미수행사유**	[ ]소생술유보[ ]물품부재 [ ]환자거부 [ ]기타 (　　)
	사지절단 [ ]아니오 [ ]예	세척 후 냉장이송 [ ]시행 [ ]미수행	**미수행사유**	[ ]소생술유보[ ]물품부재 [ ]환자/보호자 거부 [ ]절단물 압궤/소실 [ ]기타(　　)

이송	헬기 이송	**[ ] 필요하지 않음**	[ ]이송예상 시간 1시간 미만 [ ]이송예상 거리 30km 미만 [ ]기타 (　　　)		
		[ ] 필요함	[ ]이송예상 시간 1시간 이상 [ ]이송예상 거리 30km 이상 [ ]기타 (　　　)		
		헬기이송요청	[ ]요청하지 않음 [ ]연락실패 [ ]요청함	**이송 불가 사유**	[ ]날씨 [ ]헬기부재/고장 [ ]이착륙 문제 [ ]기타 (　　　)
		헬기이송시행	[ ]이송불가 [ ]이송시행		
	이송 병원	**사전 연락**	[ ]아니요 [ ]연락 실패 [ ]예		
		이송병원 수준	[ ]권역외상센터 [ ]권역응급의료센터 [ ]지역응급의료센터 [ ]지역응급의료기관 [ ]응급의료기관외		
		지역응급의료기관 이하로 이송시 사유			
담 당 자	[ ]의사 [ ]간호사 [ ]1급 응급구조사 [ ]2급 응급구조사	계급 : ________	성명 : ________(서명 또는 인)		

210mm×297mm[보존용지(2종) 70g/㎡]

Chapter ④

중증외상환자 응급처치

○ 구급활동일지상 질병 외 환자이면서 손상기전이 “교통사고, 55세 이상의 낙상, 추락, 열상, 자상, 그 밖의 둔상, 관통상, 기계, 농기계” 중 하나라도 해당되는 경우에 구급대원이 외상환자 중증도 평가 기준을 확인 후 선정하여 세부 상황표의 각 항목을 다음과 같은 지침에 따라 작성한다.

1 일반정보

	소방서	구급대/안전센터	결재	119구급대장(센터장)
구급활동일지 일련번호				
지령분류	[ ] 구급 [ ] 구조 [ ] 화재 [ ] 기타			

① 소방서 및 구급대/안전센터란에 소속 소방서와 구급대/안전센터명을 정확하게 기재한다.

② 구급활동일지 일련번호란은 구조구급활동정보시스템 구급보고서 번호 정보를 참고하여 해당되는 구급활동일지 일련번호를 기재하도록 한다.

③ 지령분류의 경우 상황실에서 지령한 구급차의 출동유형에 해당 되는 것에 표시한다.

④ 결재란의 경우 구급대로 운영하는 지역은 119구급대장, 미운영하는 지역은 안전센터장이 결재하도록 한다.

⑤ 그 외의 기타사항은 구급활동일지의 내용과 동일하도록 한다.

2 외상환자 중증도 평가기준

○ 중증외상 평가기준 작성시 “생리학적소견 〉 신체검사 소견 〉 손상기전 〉 그 외 구급대원 판단”의 순서로 우선순위로 선택하며, 다른 항목의 소견과 중복되지 않도록 한다.

예) 의식수준이 P이면서 머리 관통상이 있을 경우, 생리학적 소견란의 의식수준 V 이하만 선택한다.

○ 같은 소견 항목 안에서 해당사항이 하나 이상일 경우에는 중복 선택하여 기록한다.

예) 의식수준이 V이면서 수축기혈압이 80mmHg 인 경우, 생리학적 소견란의 의식수준 V 이하와 수축기혈압〈 90mmHg 둘 다 선택하여 기록한다.

	1단계. 생리학적 소견	2단계. 신체검사 소견	3단계. 손상기전
외상 환자 중증도 평가 기준	[ ]의식수준 V 이하 [ ]수축기혈압 < 90mmHg [ ]분당호흡수 10 미만 또는 29 초과 [ ] 그 외 구급대원 판단 [ ] 다음에 해당 (55세 이상, 10세 이하, 두부 외상 환자에서 항응고 치료/출혈성 질환에 해당, 화상과 외상이 동반, 임신 20주 이상, [ ]기타(　　)	[ ]관통 또는 자상 (머리/목/가슴/배/상완/대퇴부) [ ]흉곽의 불안정 또는 변형 (동요가슴) [ ]두 개 이상의 근위부 긴뼈 골절 [ ]압궤/벗겨진/썰린/맥박이 소실된 사지 [ ]손목 또는 발목 상부의 절단 [ ]골반골 골절 [ ]두개골의 열린 또는 함몰 골절 [ ]외상성 마비	[ ]추락 (성인 6m 이상/ 소아 3m 이상) [ ]고위험 교통사고 ■ 차량전복/차체 내부 30cm 이상 안으로 밀림/45cm 이상 차체 찌그러짐 ■ 자동차에서 튕겨져 나감 ■ 동승자의 사망 [ ]자동차 대 보행자/자전거 사고 ■ 충돌후 나가떨어짐/치임/30km/h 이상 [ ]30km/h 이상 속도의 오토바이 사고

① 생리학적 소견

○ 구급활동일지 환자 평가란을 참고하여 다음에 해당하는 곳에 표시하여 기록한다.

- 의식수준 V 이하
- 수축기혈압 〈 90mmHg
- 분당 호흡수 10 미만 또는 29 초과

※ 참고자료

의식수준	[ ]A : 명료한 상태. 시간, 공간, 사람에 대한 정상적 반응 [ ]V : 말소리가 나야만 반응하는 경우 [ ]P : 통증자극에만 반응이 있음 [ ]U : 통증자극에도 반응이 없음
정상 혈압 범위	120/80mmHg (성인기준)
정상 호흡수 범위	12~20회/분 (성인기준)

② 신체검사 소견

○ 환자평가 신체검사 소견상 해당하는 곳에 표시하여 기록한다.

○ 사전적 의미

가. 관통 또는 자상(머리, 목, 가슴, 배, 상완, 대퇴부)
- 관통상 : 총탄 따위가 몸을 꿰뚫고 나간 상처
- 자상 : 칼 따위의 날카로운 것에 찔려서 입은 상처

나. 흉곽의 불안정 또는 변형 (동요가슴)
- 연가양 흉부(flail chest)를 말하며 연속된 늑골이 두 군데 이상 골절되어 숨을 들어쉴 때는 가슴이 들어가고 숨을 내쉴 때는 가슴이 올라오는 기이성 운동이 관찰되는 현상

다. 두 개 이상의 근위부 긴뼈 골절
- 근위부 긴뼈 : 상완골, 대퇴골

라. 압궤/벗겨진/썰린/맥박이 소실된 사지
- 압궤 : 압력에 의해 신체조직, 혈관, 신경 등이 손상을 입는 것.

마. 손목 또는 발목 상부의 절단
- 손목 또는 발목을 기준으로 근위부 절단

바. 골반골 골절

- 현장에서 확인이 어렵지만 골반부위 염발음이 있거나 골절이 추정되는 경우

사. 두개골의 열린 또는 함몰 골절

아. 외상성 마비

- 외상으로 인하여 경・척추등의 손상을 받아, 사지등의 마비 증상이나 감각저하를 호소하는 경우(질병으로 인한 디스크 등 증상은 아닌지 구분이 필요함.)

③ 손상기전

○ 현장 평가 및 신고자, 목격자의 진술을 토대로 다음에 해당되는 곳에 표시하여 기록한다.

가. 추락 (성인 6m / 소아 3m)

나. 고위험 교통사고

- 차량전복/ 차체 내부 30cm 이상 안으로 밀림 / 45cm 이상 차체 찌그러짐
- 자동차에서 튕겨져 나감
- 동승자의 사망

다. 자동차 대 보행자/자전거 사고

- 충돌 후 나가떨어짐
- 치임
- 30km/h 이상의 속도에서의 사고

라. 30km/h 이상 속도의 오토바이 사고

※ 유의점 : 환자의 증상이 경증일지라도 증상과 관련 없이 위의 사고기전에 해당 되면 표시하여 기록한다.

④ 그 외 구급대원 판단

○ 생리학적 소견, 신체검사 소견, 손상기전에 모두 해당하지 않으나 아래항목 중 해당 항이 있는 경우 표시하고, 구급대원 판단 상 중증 외상환자로 의심 되는 다른 소견이 있는 경우 기타 란에 표시 후 상세히 기록한다.

가. 위험한 나이 : 성인 55세 이상, 소아 10세 이하

나. 두부 외상 환사에서 항응고 질환/출혈성 질환에 해당

다. 화상과 외상이 동반된 경우

마. 임신 20주 이상

바. 기타

3 중증외상환자 기본정보

중증외상 발생 시각	20 년 월 일 시 분 (정확한 시각을 모를 경우 추정하여 작성)				
구급처치 시작 시각	20 년 월 일 시 분	발생 환자 수	____명	이송 환자 수	____명
중증외상 목격 여부	[ ]목격됨 [ ]목격되지 않음 [ ]미상	구급처치 전 구조작업	[ ]시행됨 [ ]시행되지 않음 [ ]미상		
의도성 추정	[ ]비의도성 사고 의심 [ ]자해/자살 의심 [ ]폭력/타살 의심 [ ]기타 ( ) [ ]미상				

① 중증외상 발생시각
- ○ 환자본인 및 목격자/보호자의 내용을 토대로 중증외상이 발생한 시각을 기록하며 정확한 시각을 모를 경우 추정되는 시각을 기록한다.
- ○ 모든 시각은 24시간 기준으로 기록

② 구급처치 시작 시각
- ○ 현장도착 및 환자접촉 시각이 아닌 구급대가 환자 곁에서 실제 구급처치를 시작하는 순간의 시각을 기록한다.(반드시 시간 기록)
  ※ 구급처치 전 구조 활동이 필요한 경우 구조 활동 시간 제외

③ 발생 환자 수
- ○ 중증외상환자가 발생한 사건에 의한 발생한 모든 사상자 수
  (중증여부 상관없이 모두 기록)
  ※ 미이송 환자를 포함한 사상자 모두를 숫자로 기록
  (정확한 인원을 파악할 수 없는 경우 00으로 기록)

④ 이송 환자 수
- ○ 발생 환자 중 해당 구급차가 이송하는 모든 환자의 수
  ※ 중증여부 상관없이 이송환자 모두 기록

⑤ 중증외상 목격 여부
- ○ 타인이 중증외상 발생 상황을 목격하거나 이야기를 전해들은 경우 혹은 CCTV등을 모니터하는 중 중증외상이 감시된 경우
  ※ 눈앞에서 목격된 상황이 아닌 경우는 목격되지 않음으로 표시한다.
- ○ 파악이 불가한 경우 미상으로 표시한다.

⑥ 구급처치 전 구조작업
- ○ 구급처치 전 중증외상 환자를 구조하기 위한 작업의 시행 유무를 기록한다.
- ○ 중증외상환자를 갇힌 상황 등에서 민간인 및 구조대원의 작업이 시행되었을 경우
  ※ 구조대가 동시에 출동한 사건일지라도 현장에서 실제 환자를 구조하기 위한 작업이 시행된 경우에만 "시행됨"으로 표시함.
- ○ 파악이 불가한 경우 미상으로 표시한다.

⑦ 의도성 추정
- ○ 의도성 여부를 파악하여 해당항목에 기록한다.
  가. 비의도성
  나. 자해/자살 의심
  다. 폭력/타살 의심
  라. 기타 (위 사항에 해당하지 않는 경우, 상세히 기록한다.)
  마. 미상 (파악이 불가한 경우 미상으로 표시한다.)

손상 기전	[ ]운수사고([ ]자동차 탑승자 [ ]오토바이 탑승자 [ ]자전거 탑승자 [ ]보행자 [ ]기타운송수단(기차, 배, 비행기등)) [ ]추락 및 미끄러짐(높이 ___ m) [ ]둔상 [ ]관통상 [ ]기계 [ ]화상/일사병/한랭손상/연기흡입 [ ]익수/질식/목맴/목졸림 [ ]중독 및 화학물질 [ ]기타( ) [ ]미상

⑧ 손상기전

○ 해당되는 손상기전을 파악하여 기록한다.

○ 2개 이상의 손상기전이 존재할 경우 처음 발생한 손상기전으로 기록한다.

○ 외상의 유형과 별개로 구분하여 판단한다.

- 주외상의 유형이 관통상일지라도 발생기전은 둔상에 의할 수 있음.

○ 손상기전 기록시 유의사항

- 둔상 : 둔탁한 물체에 의한 외력으로 발생한 손상. 고정된 물체, 움직이는 물체, 던져진 물체, 사람, 동물과의 접촉
- 관통상 : 뾰족한 물체에 의한 조직의 찔림, 관통, 물림, 베임

예) ☞ 둔탁한 물체의 절단력으로 조직의 뭉개지거나 절단된 경우 → 둔상
☞ 동물의 교상 → 관통상 (이빨에 의해 조직의 관통됨)
☞ 폭발에 의한 손상 → 둔상 또는 관통상 모두 가능
(폭발물 조각에 의해 손상 받은 조직의 모양을 보고 판단)
☞ 총탄에 의한 손가락 절단 → 관통상
☞ 칼이나 단도에 의한 사지의 잘림 → 관통상
☞ 뭉툭한 물체(파이프, 봉)에 의한 체부 관통 → 관통상
☞ 자동차 앞유리창에 부딪혀 발생한 안면부 열상 → 둔상

- 화재 시 '호흡곤란'이라는 표현이 없으면 화상/일사병/한랭손상/연기흡입으로 기록하고 '호흡곤란'이라는 표현이 있으면 익수/질식/목맴/목졸림으로 기록한다.
- 화상 : 뜨거운 액체, 증기, 가스, 물체, 불, 화염, 자연열, 인공열, 타고 있는 물질의 연기 흡입등
- 한랭손상 : 한랭, 과냉, 자연한랭노출(동상, 저체온증), 인공한랭노출(드라이아이스)에 의한 흡입, 접촉 등
- 익수 : 물에 빠져 호흡 위협이 있었음.
- 질식/목맴 : 특정 외인(가스 등)에 익해 호흡관의 차단되거나 물리적으로 목을 매거나 졸림
- 기계 : 기계에 의한 폭발 또는 기계와의 접촉에 의한 외상
- 중독 : 고체, 액체, 기체 등 어떤 화학물질에 의해서든 발생한 중독
- 화학물질 : 화학물질에 접촉에 의한 부식 등으로 발생한 손상
- 기계는 폭발에 의한 타격, 기계와의 접촉을 포함한다.
- 화학물질 또는 다른 물질과의 접촉은 중독을 포함한다.
- 기타는 전기 및 방사선 노출을 포함한다.

4 **환자 정보** : 파악불가([ ]만취자, [ ]언어폭력, [ ]소아, [ ]기타)

○ 만취자, 언어폭력, 소아등의 문제로 환자정보 파악이 불가한 경우 해당란에 기록한다.

<table>
<tr><td rowspan="9">환자정보 [ ] 파악불가 ([ ]만취자 [ ]언어폭력 []소아 [ ]기타)</td><td colspan="2">심정지/호흡정지 상황</td><td colspan="3">[ ]예 [ ]아니오 [ ]미상</td><td colspan="4">명백한 사망 (사후경직/ 시반/ 체간절단 등)</td><td colspan="4">[ ]예 [ ]아니오 [ ]미상</td></tr>
<tr><td>약물</td><td colspan="4">예 ([ ]협조 가능 [ ]협조 불가능) [ ]아니오 [ ]미상</td><td>음주</td><td colspan="7">예 ([ ]협조 가능 [ ]협조 불가능) [ ]아니오 [ ]미상</td></tr>
<tr><td rowspan="4">GCS 의식 상태</td><td>현장 도착</td><td>[ ]확인안함</td><td>E</td><td></td><td>M</td><td></td><td>V</td><td></td><td>병원도착</td><td>[ ]확인안함</td><td>E</td><td>M</td><td>V</td></tr>
<tr><td rowspan="3">평가 시 참고</td><td colspan="12">개안반응 E 4 자발적으로 눈뜸 3 큰소리에 눈뜸 2 통증자극에 눈뜸 1 반응없음</td></tr>
<tr><td colspan="12">운동반응 M 6 지시에따름 5 통증부위지적 4 통증회피 3 굴곡반응 2 신전반응 1 반응없음</td></tr>
<tr><td colspan="12">언어반응 V 5 지남력정상 4 혼돈된 언어 3 부적절한 단어 2 이해불명 소리 1 반응없음 Ve 기관삽관</td></tr>
<tr><td>주외상 부위 (복수선택 가능)</td><td colspan="13">[ ]①머리 [ ]②목 [ ]③가슴 [ ]④배 [ ]⑤등 [ ]⑥비뇨생식기 [ ]⑦상지 [ ]⑧하지 [ ]⑨전신 [ ]⑩기타</td></tr>
<tr><td rowspan="2">발생 장소</td><td colspan="13">[ ]집 [ ]집단거주시설 [ ]도로/고속도로 [ ]도로외 교통지역 [ ]오락/문화 공공시설
[ ]학교/교육 시설 [ ]운동시설 [ ]상업시설 [ ]의료관련 시설 [ ]공장/산업/건설 시설</td></tr>
<tr><td colspan="13">[ ]농업(농장)/일차산업장 [ ]야외/바다/강 [ ]기타 ( ) [ ]미상</td></tr>
</table>

① 심정지/호흡정지 상황

○ 외상환자가 병원전 단계 당시 심정지/호흡정지 상황 유무를 기록한다.

② 명백한 사망(사후경직/시반/체간절단 등)

○ 외상환자가 소생술 유보 적응증에 해당하는 명백한 사망 유무를 기록한다.

○ 명백한 사망에 해당하는 경우

- 사후강직
- 시반
- 참수
- 신체(몸통)의 분리
- 부패

③ 약물

○ 환자 접촉 당시 환자가 약물을 복용한 근거가 있는 경우 기록한다.

○ 명백한 근거가 없는 경우 미상으로 기록한다.

④ 음주

○ 환자 접촉 당시 환자가 음주한 근거가 있는 경우 기록한다.

○ 명백한 근거가 없는 경우 미상으로 기록한다.

⑤ GCS 의식상태* ☆ 21년 소방장, 소방위

○ 환자의 의식수준을 GCS 측정법에 따라 기록한다.

○ GCS 의식수준은 현장도착 시점과 병원도착 시점의 환자의 의식수준을 평가하여 기록한다.

항 목	검사방법	환자 반응	점수
눈 뜨기	자발적	눈을 뜨고 있음	4
	언어 지시	소리자극에 눈을 뜸	3
	통증 자극	통증 자극에 눈 뜸	2
		어떤 자극에도 눈 못뜸	1
운동 반응	언어 지시	지시에 정확한 행동 실시	6
	통증 자극	통증을 제거하려는 뚜렷한 행동	5
		뿌리치는 행동	4
		이상 굴절반응	3
		이상 신전반응	2
		운동반응 없음	1
언어 반응	언어 지시	질문에 적절한 답변 구사	5
		질문에 적절하지 않은 답변	4
		적절하지 않은 단어 사용	3
		이해할 수 없는 웅얼거림	2
		지시에 아무런 소리 없음	1

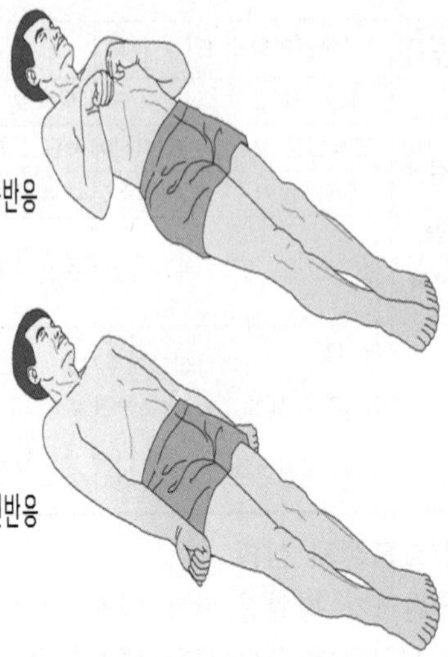
굴곡반응
신전반응

⑥ 주외상 부위(복수선택 가능)

○ 중증외상환자의 주증상이 발생한 해부학적 위치를 기록한다.

5 중증외상 판정

중증외상 판정	[ ] 중증외상으로 판정 [ ] 중증도 기준상 중증외상에 해당하지 않으나 현장에서 시행한 신체검진 상 중증외상 가능성이 있음 [ ] 중증도 기준상 중증외상에 해당하나 현장에서 시행한 신체검진 상 중증외상 가능성이 낮음 (아래 작성 불필요)

① 중증외상으로 판정

○ 외상환자 중증도 평가기준(생리학적소견, 신체검사소견, 손상기전, 그 외 구급대원 판단 등의 항목)에 해당되고, 신체검진 상 구급대원이 중증으로 판정한 경우 선택

② 중증도 기준상 중증외상에 해당하지 않으나 현장에서 시행한 신체검진 상 중증외상 가능성이 있음.

○ 외상환자 중증도 평가기준(생리학적소견, 신체검사소견, 손상기전, 그 외 구급대원 판단 등의 항목) 중에 해당하지 않으나, 현장에서 시행한 신체검진 상 환자가 중중인 경우 선택

③ 중증도 기준상 중증외상에 해당하나 현장에서 시행한 신체검진 상 중증 중증외상 가능성이 낮음.

○ 외상환자 중증도 평가기준(생리학적소견, 신체검사소견, 손상기전, 그 외 구급대원 판단 등의 항목) 중에 해당하나, 현장에서 시행한 신체검진 상 환자가 중증이 아닌 경우 선택

○ 이 항목을 선택할 경우 〈중증 외상 세부상황표〉의 '환자 정보' 및 〈구급활동일지〉의 '구급대원 소견'을 자세히 기술할 것

6 외상처치 : 처치불가([ ]만취자, [ ]언어폭력, [ ]소아, [ ]기타)

○ 만취자, 언어폭력, 소아등의 문제로 환자정보 파악이 불가한 경우 해당란에 기록한다.

<table>
<tr><td rowspan="19">외상처치
[ ]
처치불가
([ ]만취자
[ ]언어폭력
[ ]소아[ ]기타)</td><td rowspan="4">기도확보</td><td colspan="5">■필요하지 않음 [ ]의식수준 V 이상 [ ]대화가능 [ ]적절한 기도의 개방성</td></tr>
<tr><td colspan="5">■필요함 [ ]심정지/호흡정지 [ ]의식저하 (P 이하 또는 GCS<8) [ ]상하악골/기관/후두 골절 [ ]기도폐쇄 [ ]기타 (　　)</td></tr>
<tr><td colspan="5">■수행 여부 [ ]수행 [ ]미수행 ■ 미수행 사유 [ ]소생술유보 [ ] 환자 거부 [ ]물품부재 [ ] 기타 (　　)</td></tr>
<tr><td colspan="3">■기본기도유지술 [ ]구인두기도유지기 [ ]비인두기도유지기 [ ]기도폐쇄처치
■전문기도유지술 [ ] 기도삽관 (시도 ___회, [ ]성공 [ ]실패)
[ ] 성문위기도유지기 ([ ]I-gel [ ]LMA [ ]King [ ]기타( ) (시도 ___회, [ ]성공 [ ]실패)</td><td>처치 후 적정 기도개방 및 유지</td><td>[ ]성공
[ ]실패</td></tr>
<tr><td>경추척추고정</td><td>■필요하지 않음
[ ] 적응증 없음</td><td colspan="3">■필요함
[ ]고 위험 손상 기전
■고속충돌 사고(80km/hr)
■자전거/오토바이 사고(30km/hr)
■전복/튕겨져나감 ■다이빙
■1m 이상 또는 5 계단 이상의 추락
[ ]의식소실 및 의식변화
[ ]중독 가능성 (알콜/약물 등)
[ ]척추 가운데 통증/압통 존재
[ ]신경학적 결손 (운동/감각이상)
[ ]기타 구급대원 판단 (　　)</td><td>■ 수행 여부 [ ]수행 [ ]미수행
[ ]통나무굴리기 [ ]경추고정
[ ]척추고정 [ ]머리고정
■ 미수행 사유 [ ]소생술유보
[ ]물품부재 [ ] 환자 거부
[ ] 기타 (　　)</td></tr>
<tr><td rowspan="5">호흡보조</td><td colspan="5">■필요하지 않음 [ ]의식수준 V 이상 [ ]정상호흡수 (10회- 20회) [ ]산소포화도 ≥ 94% [ ]과도한 호흡 노력 없음</td></tr>
<tr><td colspan="5">■필요함 [ ]무호흡 [ ]비정상 호흡수(분당<10) [ ]비정상 호흡수(분당>29) [ ]과도한 호흡노력 [ ]산소포화도 < 94% [ ]청색증 [ ]기타 (　　)</td></tr>
<tr><td colspan="5">■수행 여부 [ ]수행 [ ]미수행 ■ 미수행 사유 [ ]소생술유보 [ ] 환자 거부 [ ]물품부재 [ ] 기타 (　　)</td></tr>
<tr><td rowspan="2">■산소투여 [ ]비관 [ ]안면마스크 [ ]비재호흡마스크
■양압환기 [ ]구강대구강인공호흡 [ ]포켓마스크 [ ]BVM [ ]산소소생기</td><td rowspan="2">산소 유량</td><td rowspan="2">L/min</td><td>처치전 산소포화도</td><td>%</td></tr>
<tr><td>처치후 산소포화도</td><td>%</td></tr>
<tr><td rowspan="5">순환보조</td><td colspan="5">■필요하지 않음 [ ]의식수준 V 이상 [ ]수축기혈압 90mmHg이상 [ ]정상 분당 맥박수 (60회이상, 100회미만)</td></tr>
<tr><td colspan="5">■필요함 [ ]수축기혈압 < 90mmHg [ ]심각한 출혈 의심 [ ]기타 (　　)</td></tr>
<tr><td colspan="5">■수행 여부 [ ]수행 [ ]미수행 ■ 미수행 사유 [ ]소생술유보 [ ] 환자 거부 [ ]물품부재 [ ] 기타 (　　)</td></tr>
<tr><td rowspan="2">[ ]정맥로 확보 (시도 ____회, [ ] 성공 [ ] 실패)
[ ]수액투여 ([ ]생리식염수 [ ]기타 (____))</td><td rowspan="2">투여 수액량</td><td rowspan="2">mL</td><td>처치전 수축기혈압</td><td>mmHg</td></tr>
<tr><td>처치후 수축기혈압</td><td>mmHg</td></tr>
<tr><td rowspan="4">그외 외상처치</td><td>개방성기흉 [ ]아니오 [ ]예</td><td>삼면 밀봉 드레싱 [ ]시행 [ ]미수행</td><td>미수행사유</td><td colspan="2">[ ]소생술유보[ ]물품부재 [ ]환자거부 [ ]기타 (　　)</td></tr>
<tr><td>심한외부출혈 [ ]아니오 [ ]예</td><td>거즈 압박 지혈 [ ]시행 [ ]미수행</td><td>미수행사유</td><td colspan="2">[ ]소생술유보[ ]물품부재 [ ]환자거부 [ ]기타 (　　)</td></tr>
<tr><td>골반골 골절 [ ]아니오 [ ]예</td><td>골반고정장치 [ ]시행 [ ]미수행</td><td>미수행사유</td><td colspan="2">[ ]소생술유보[ ]물품부재 [ ]환자거부 [ ]기타 (　　)</td></tr>
<tr><td>사지완전절단 [ ]아니오 [ ]예</td><td>세척 후 냉장이송 [ ]시행 [ ]미수행</td><td>미수행사유</td><td colspan="2">[ ]소생술유보[ ]물품부재 [ ]환자거부
[ ]절단물 압궤/소실 [ ]기타(　　)</td></tr>
</table>

1) 기도확보

① 기도확보 적응증

○ 중증외상 환자 중 기도확보 적응증 해당 유무와 해당 사유를 기록한다.(중복체크 가능)

○ 적절한 기도의 개방성은 기도폐쇄의 징후가 없고 호흡곤란이 없는 상태를 말한다.

○ 적응증 사유 중 해당사항이 없을 경우, 기타란에 표시하고 내용을 상세히 기록한다.

② 기도확보 수행여부

○ 중증외상 환자 중 기도확보 수행여부를 기록하고 미수행의 경우 사유를 기록한다.

○ 미수행 사유 중 해당사항이 없는 경우, 기타란에 표시하고 상세히 기록한다.

③ 기도확보 응급처치
- 기도확보가 필요한 중증외상환자에게 구급대원이 시행한 기도확보 처치를 기록한다.
- 시행한 외상처치가 2가지 이상일 경우 모두 선택하여 기록한다.
- 도수조작만 시행한 경우에는 기본기도유지술로 인정하지 않는다.
- 전문기도유지술(후두마스크, 성문위기도기, 기관내 삽관)을 시행한 경우에는 시도 횟수와 시도 결과를 추가로 기록한다.

④ 기도확보 응급처치 후 기도개방 및 유지
- 기도확보 응급처치 시행 후 적정기도개방 및 유지 유무를 기록한다.
- 기도확보 처치 결과는 병원도착까지 환자의 기도 유지 상태를 평가하여 기록한다.

2) 경추 및 척추 고정

① 경추 및 척추 고정 적응증
- 중증외상 환자 중 경추 및 척추 고정 적응증 해당 유무와 해당 사유를 모두 기록한다.
- 적응증 사유 중 해당사항이 없을 경우, 기타 구급대원의 판단란에 표시하고 내용을 상세히 기록한다.

② 경추 및 척추고정 수행 여부
- 중증외상 환자 중 경추 및 척추고정 수행여부를 기록한다.
- 미수행시 해당하는 사유를 표시하고 해당사항이 없을 경우 기타란에 상세히 기록한다.

③ 경추 및 척추 고정 응급처치
- 경추 및 척추 고정이 필요한 중증외상환자에게 구급대가 시행한 응급처치를 기록한다.
- 시행한 외상처치가 2가지 이상일 경우 모두 선택하여 기록한다.
- 도수조작으로 일시적 경추 및 척추 고정을 시행한 경우는 인정하지 않는다.

3) 호흡보조

① 호흡보조 저응증
- 중증외상 환자 중 호흡보조 적응증 해당 유무와 해당 사유를 모두 기록한다.
- 적응증 사유 중 해당사항이 없을 경우, 기타란에 표시하고 내용을 상세히 기록한다.

② 호흡보조 수행 여부
- 중증외상 환자 중 호흡보조 수행여부를 기록한다.
- 미수행시 해당하는 사유를 표시하고 해당사항이 없을 경우 기타란에 상세히 기록한다.

③ 호흡보조 응급처치
- 호흡보조가 필요한 중증외상환자에게 구급대원이 시행한 호흡보조 처치를 기록한다.
- 시행한 외상처치가 2가지 이상일 경우 모두 선택하여 기록한다.

④ 산소유량
- 호흡보조를 시행한 중증외상환자에게 공급한 산소유량을 정수로 표기(0-15L/min) 한다.
- 산소를 공급하지 않은 채 시행한 구강대구강인공호흡 및 포켓마스크 양압환기일 경우에는 0 L/min 으로 입력한다.

○ 환자에게 공급한 산소유량 중 최고값을 입력한다.

⑤ 호흡보조 응급처치 전후 산소포화도

○ 호흡보조 응급처치 시행 전후 측정된 산소포화도를 정수로 표기(0 - 100%) 기록한다.

○ 호흡보조 처치 결과는 병원도착 시점에서 측정된 산소포화도를 기록한다.

4) 순환보조

① 순환보조 적응증

○ 중증외상 환자 중 순환보조 적응증 해당 유무와 해당 사유를 모두 기록한다.

○ 적응증 사유 중 해당사항이 없을 경우, 기타란에 표시하고 내용을 상세히 기록한다.

② 순환보조 수행 여부

○ 중증외상 환자 중 순환보조 수행여부를 기록한다.

○ 미수행시 해당하는 사유를 표시하고 해당사항이 없을 경우 기타란에 상세히 기록한다.

③ 순환보조 응급처치

○ 순환보조가 필요한 중증외상환자에게 구급대원이 시행한 순환보조 처치를 모두 기록한다.

○ 정맥로 확보를 시행한 경우에는 시도 회수와 시도 결과를 추가로 기록한.

④ 투여 수액량

○ 순환보조를 시행한 중증외상환자에게 투여한 총 수액량을(단위:mL)정수로 기록한다. (0-9999mL)

○ 병원 도착시까지 환자에게 투여한 수액의 총량을 반올림해서 100mL 단위로 입력한다.
예) 1365 mL (x) ---〉 1400 mL (O)

⑤ 순환보조 응급처치 전후 수축기혈압

○ 순환보조 응급처치 시행 전후 측정된 수축기혈압을 정수로 표기(0-300mmHg)기록한다.

○ 순환보조 처치 결과는 투여 수액량이 들어간 후 측정된 수축기혈압을 기록한다.

5) 그 외 외상처치

① 개방성 기흉

○ 중증외상 환자 중 개방성기흉 의심 유무 및 외상처치 유무, 미수행 사유를 기록한다.

○ 개방성기흉 “예” 에 해당하는 경우에만 삼면 밀봉 드레싱 항목을 기록한다.

○ 삼면 밀봉 드레싱 “미수행”에 해당하는 경우에만 미수행 사유 항목을 기록한다.

○ 미수행 사유에 해당사항이 없을 경우, 기타란에 상세한 내용을 기록한다.

② 심한 외부출혈

○ 중증외상 환자 중 심한 외부출혈 유무 및 외상처치, 미수행 사유를 기록한다.

○ 심한외부출혈 “예” 에 해당하는 경우에만 거즈 압박 지혈 항목을 기록한다.

○ 거즈 압박 지혈 “미수행”에 해당하는 경우에만 미수행 사유 항목을 기록한다.

○ 미수행 사유에 해당사항이 없을 경우, 기타란에 상세한 내용을 기록한다.

③ 골반골 골절 의심

○ 중증외상 환자 중 골반골 골절 의심 유무 및 외상처치, 미수행 사유를 기록한다.

○ 골반골 골절 "예" 에 해당하는 경우에만 골반고정장치 항목을 기록한다.
○ 골반고정장치 "미수행"에 해당하는 경우에만 미수행 사유 항목을 기록한다.
○ 미수행 사유에 해당사항이 없을 경우, 기타란에 상세한 내용을 기록한다.

④ 사지완전절단
○ 중증외상 환자 중 사지완전절단 유무 및 외상처치, 미수행 사유를 기록한다.
○ 사지절단 "예"에 해당하는 경우에만 세척 후 냉장이송 항목을 기록한.
○ 세척 후 냉장이송 "미수행"에 해당하는 경우에만 미수행 사유 항목을 기록한다.
○ 미수행 사유에 해당사항이 없을 경우, 기타란에 상세한 내용을 기록한다.

7 이송

<table>
<tr><td rowspan="7">이송</td><td rowspan="4">헬기 이송</td><td>[ ] 필요하지 않음</td><td colspan="3">[ ]이송예상 시간 1시간 미만 [ ]이송예상 거리 30km 미만 [ ]기타 ( )</td></tr>
<tr><td>[ ] 필요함</td><td colspan="3">[ ]이송예상 시간 1시간 이상 [ ]이송예상 거리 30km 이상 [ ]기타 ( )</td></tr>
<tr><td>헬기이송요청</td><td>[ ]요청하지 않음 [ ]연락실패 [ ]요청함</td><td rowspan="2">이송 불가 사유</td><td rowspan="2">[ ]날씨 [ ]헬기부재/고장 [ ]이착륙 문제
[ ]기타 ( )</td></tr>
<tr><td>헬기이송시행</td><td>[ ]이송불가 [ ]이송시행</td></tr>
<tr><td rowspan="3">이송 병원</td><td>사전 연락</td><td colspan="3">[ ]아니요 [ ]연락 실패 [ ]예</td></tr>
<tr><td>이송병원 수준</td><td colspan="3">[ ]권역외상센터 [ ]권역응급의료센터 [ ]지역응급의료센터 [ ]지역응급의료기관 [ ]응급의료기관외</td></tr>
<tr><td>지역응급의료기관 이하로 이송시 사유</td><td colspan="3"></td></tr>
</table>

1) 헬기이송

① 헬기이송 적응증
○ 119구급대가 중증외상환자 이송을 위한 헬기이송 요청 적응증 유무와 해당 사유를 모두 기록한다.
○ 해당되는 사유가 없을시에는 기타란에 상세히 기록한다.
○ 실제이송에 소요된 시간이나 실제이송거리가 아닌 이송을 결정한 점에서 이송이 예상되는 의료기관까지 소요될 것으로 예상되는 이송시간 및 이송거리를 기준으로 헬기이송 적응증을 판단한다.
○ 헬기이송 적응증 "필요함"에 해당되는 경우에만 헬기이송요청 항목을 기록한다.

② 헬기이송요청
○ 119구급대가 중증외상환자 이송을 위한 헬기이송 요청 유무를 기록한다.
○ 헬기이송요청을 시도하였으나 실패한 경우 "연락실패"로 기록한다.
○ 헬기이송요청 "요청함"에 해당되는 경우만 헬기이송시행 항목을 기록한다.

③ 헬기이송시행
○ 119구급대의 헬기이송요청 후 실제 헬기이송시행 유무를 기록한다.
○ 헬기이송시행 "이송불가"에 해당되는 경우만 이송불가사유 항목을 기록한다.

④ 헬기이송 불가사유

- 119구급대의 헬기이송요청이 되었으나 이송이 되지 않을 경우 사유를 기록한다.
- 해당항목이 없을 경우 기타란에 상세히 기록한다.

2) 이송병원

① 병원사전연락

- 119 구급대의 병원 사전 연락 여부를 기록한다.
- 병원 연락을 시도하였으나 실패한 경우 "연락실패"로 기록한다.

② 이송병원수준

- 119 구급대가 환자를 이송한 병원의 수준을 기록한다.

③ 지역응급의료기관 이하로 이송시 사유

- 중증외상 환자를 지역응급의료기관 이하로 이송한 경우 그 사유를 기록한다.

8 119구급대 정보

담 당 자	[ ]의사 [ ]간호사 [ ]1급 응급구조사 [ ]2급 응급구조사 계급 : 성명 : (서명 또는 인)

- 해당 중증외상환자에게 출동한 119구급대원 중 중증외상환자 응급처치 세부상황표를 작성한 구급대원의 자격 및 성명을 기록한다.

심뇌혈관질환자 응급처치 세부상황표

소방서	구급대/안전센터	결재	대 장 (센터장)
구급활동일지 일련번호			
주 증상 유형	[ ] 심혈관계 응급 [ ] 뇌혈관계 응급		

구분	항목	세부	내용	항목	내용
심혈관증상 환자정보	주 호소	주 증상 (1개 선택)	[ ] 흉통 [ ] 가슴불편감 [ ] 호흡곤란 [ ] 심계항진 [ ] 실신 [ ] 기타 심혈관계 의증 ( )	발생시각	___ 년 _ 월 _ 일 _ 시 _ 분
		동반증상 (중복허용)	[ ] 없음 [ ] 흉통 [ ] 가슴불편감 [ ] 호흡곤란 [ ] 심계항진 [ ] 오심 [ ] 구토 [ ] 어지러움 [ ] 의식변화 [ ] 식은땀 [ ] 기타 ( )	발병정황	[ ] 일상생활 [ ] 수면/휴식 중 [ ] 근무 중 [ ] 스포츠/레저 [ ] 교육/훈련 [ ] 이동 중 [ ] 치료 중 [ ] 기타( )
	흉통의 양상	위 치 (중복허용)	[ ] 흉통 없음 [ ] 좌흉부 [ ] 우흉부 [ ] 흉골하 [ ] 명치 [ ] 기타 ( )	통증양상 (중복허용)	[ ] 누르는듯함 [ ] 조임/쥐어짬 [ ] 답답함 [ ] 찢어짐 [ ] 터질듯함 [ ] 기타 ( )
		강 도	[ ] 확인하지 않음 [ ] 확인불가 [ ] 확인함 (통증점수 _ 점 / 10점)	방 사 통	[ ] 없음 [ ] 있음 [ ]왼팔/어깨 [ ]오른팔/어깨 [ ] 등 [ ] 목 [ ] 기타 ( )
		악화요인	[ ] 없음 [ ] 운동 및 활동량증가 [ ] 기타 ( )	완화요인	[ ] 없음 [ ] 니트로글리세린 [ ] 휴식 [ ] 기타( )
				지속시간	[ ] 해당없음 [ ] 5분이내 [ ] 5~20분 [ ] 20분 이상
	병원 전 단계 추정진단	심혈관계(중복허용)	[ ] 급성관상동맥증후군 [ ] 심부전 [ ] 부정맥 [ ] 기타 ( )		
		비심혈관계	[ ] 호흡기계 [ ] 소화기계 [ ] 근골격계(외상포함) [ ] 정신과적 이상 [ ] 기타 ( ) 비심혈관계 증상 판단사유( )		
		⇨ 비심혈관계 증상으로 판단될 경우 아래 항목은 기록하지 않음			
	약물 복용력	니트로 글리세린	[ ] 확인하지 않음 [ ] 확인함 ([ ] 복용안함 [ ] 복용함 _/회)	발기부전 치료제	[ ] 확인하지 않음 [ ] 복용하지 않음 [ ] 해당 없음 [ ] 복용함 (약물이름 : / _ 시간 전)
	니트로글리세린 (NTG) 투약	[ ]아니오	[ ] 흉통 없음 [ ] 수축기혈압 < 90 mmHg [ ] 맥박 < 50 혹은 > 120 [ ] 발기부전치료제 복용력 있음 [ ] 환자거부 [ ] 약물부재 [ ] 도착 전 이미 3회 복용 [ ] 기타 ( )		

니트로글리세린(NTG) 투약 — [ ] 예

투여횟수	투여시각	투여 전 혈압	투여 전 맥박	투여 전 통증점수	투여 5분 후 ([ ] 미실시) 혈압	맥박	통증점수	미실시 사유
[ ] 1회	_시 _분	/	회/분	_점/10점	/	회/분	_점/10점	[ ]병원도착
[ ] 2회	_시 _분	/	회/분	_점/10점	/	회/분	_점/10점	[ ]환자거부
[ ] 3회	_시 _분	/	회/분	_점/10점	/	회/분	_점/10점	[ ]기타( )

항목	세부	내용		
3 유도 심전도 감시	[ ] 아니오 [ ] 환자거부 [ ] 장비부재 [ ]고장 [ ] 기타 ( ) [ ] 예 [ ] AED [ ] 3 유도	3 유도 심전도 소견	[ ] 정상 동성리듬 (normal sinus rhythm) [ ] 동성 빈맥 (sinus tachycardia) [ ] 넓은 QRS 빈맥 (wide QRS tachy) [ ] 규칙적(regular) [ ] 불규칙적(irregular) [ ] 좁은 QRS 빈맥 (narrow QRS tachy) [ ] 규칙적(regular) [ ] 불규칙적(irregular)	[ ] 동성서맥 (sinus bradycardia) [ ] 2도 방실차단(second degree) [ ] 3도 방실차단(third degree) [ ] 기타 방실차단 (other AV block) [ ] 기타 (Others) – ( ) [ ] 모름 (Unknown) – ( )
		출력물 첨부	[ ] 첨부함 [ ] 미첨부함 ([ ] 분실 [ ] 기타 미첨부 사유 ( ))	
12유도 심전도 촬영	[ ] 시행안함	[ ] 환자거부 [ ] 장비부재 [ ] 장비고장 [ ] 기타 ( )		
	[ ] 시행함	[ ] 전송함 [ ] 전송안함 ([ ]장비부재 [ ] 장비고장 [ ] 기타 미전송 사유 ( )) [ ] 병원 인계 [ ] 병원 미인계 ([ ] 장비 고장 [ ] 기타 미인계 사유 ( )) [ ] 출력물 첨부함 [ ] 출력물 미첨부함 ([ ] 분실 [ ] 기타 미첨부 사유 ( ))		
12유도 심전도 소견	ST분절상승	[ ] 없음 [ ] 있음	[ ]≥ 1mm 연관된 2개 이상의 사지 유도 [ ]≥ 2mm 연관된 2개 이상의 전흉부 유도	[ ] I [ ] II [ ] III [ ]aVR [ ]aVL [ ]aVF [ ]V1 [ ] V2 [ ] V3 [ ] V4 [ ] V5 [ ] V6
응급 재관류 적응증	[ ] 아니오			
	[ ] 예 (우측 작성)	[ ] ST 분절 상승 심근경색 [ ] 협심증 증상 + ([ ] 혈압저하 [ ] 심인성 폐부종 [ ] 쇽 증상 [ ] 지속되는 통증)		

항목	세부	내용	세부	내용
심혈관 위험도 평가 _ 점/ 6점	실시하지 않았을 경우 사유	[ ] 의식변화로 환자협조 안됨 [ ] 환자/보호자거부 [ ] 기타 ( )		
	심혈관 위험인자 ≥ 3 (오른쪽)	[ ] 아니오 [ ] 예 [ ] 미상	심혈관 위험인자 (_ / 5)	
	나이 : 65세 이상	[ ] 아니오 [ ] 예 [ ] 미상	심혈관질환의 가족력	[ ]아니오 [ ]예 [ ] 미상
	심혈관 질환 관련 수술여부(CABG, Stent 삽입 등)	[ ] 아니오 [ ] 예 [ ] 미상	고혈압	[ ]아니오 [ ]예 ([ ]치료 중[ ]안함)
	심전도 ST 분절 변화	[ ] 아니오 [ ] 예 [ ] 미상	고지혈증	[ ]아니오 [ ]예 ([ ]치료 중[ ]안함)
	24시간 내 2회 이상 협심증 증상	[ ] 아니오 [ ] 예 [ ] 미상	당뇨	[ ]아니오 [ ]예 ([ ]치료 중[ ]안함)
	7일 이내 Aspirin의 사용	[ ] 아니오 [ ] 예 [ ] 미상	현재 흡연 중	[ ]아니오 [ ]예

구분	항목	세부	내용	세부	내용
뇌혈관증상 환자정보	주 호 소	주 증상(1개 선택)	[ ] 얼굴마비 [ ] 구음장애 [ ] 팔 위약/마비([ ]좌,[ ]우) [ ] 다리위약/마비([ ]좌,[ ]우) [ ] 의식장애 [ ] 어지러움 [ ] 두통 [ ] 경련/발작 [ ] 실신 [ ] 기타 뇌혈관계 의증( )		
		동반증상(중복허용) ([ ] 없음)	[ ] 없음 [ ] 얼굴마비 [ ] 구음장애 [ ] 팔 위약/마비([ ]좌,[ ]우) [ ] 다리위약/마비([ ]좌,[ ]우) [ ] 의식장애 [ ] 어지러움 [ ] 두통 [ ] 경련/발작 [ ] 실신 [ ] 오심/구토 [ ] 기타 ( )		
	발병 정황	[ ] 일상생활 [ ] 수면/휴식 중 [ ] 근무 중 [ ] 스포츠/레저 활동 [ ] 교육/훈련 [ ] 이동 중 [ ] 치료 중 [ ] 기타 ( )			
	발병 시각	[ ] 명확한 발병 시각 (Last Normal Time = First Abnormal Time)	___ 년 _ 월 _ 일 _ 시 _ 분		
		[ ] 불명확한 시각	마지막으로 정상상태를 확인한 시각 (Last Normal Time)	___ 년 _ 월 _ 일 _ 시 _ 분	
			최초로 이상 소견을 발견한 시각 (First Abnormal Time)	___ 년 _ 월 _ 일 _ 시 _ 분	
	표준 뇌졸중 척도	실시하지 않았을 경우 사유	[ ] 환자/보호자거부 [ ] 기타 ( ) [ ] 뇌졸중 의심되지 않음(사유 :) ⇨ 아래 항목 기록하지 않음		
		병원 전 뇌졸중 선별검사 (오른쪽)	[ ] 양성 [ ] 음성 [ ] 미상	병원 전 뇌졸중 선별검사	
		나이 ≥ 45세	[ ] 예 [ ] 아니오 [ ] 미상		
		뇌전증(간질) 및 경련 병력	[ ] 없음 [ ] 있음 [ ] 미상	의식저하로 협조안됨	[ ] 아니오 [ ] 예 -> 예인 경우 병원 전 뇌졸중 선별검사 양성으로 구별
				얼굴마비	[ ] 정상 [ ] 좌측 [ ] 우측 [ ] 양측
		증상 발생 24시간 이내	[ ] 예 [ ] 아니오 [ ] 미상	팔 위약	[ ] 정상 [ ] 좌측 [ ] 우측 [ ] 양측
		평상시에 휠체어나 병상에 누워지내지 않음	[ ] 예 [ ] 아니오 [ ] 미상	구음장애	[ ] 정상 [ ] 비정상
		혈당 수치 60~400 mg/dL	[ ] 예 [ ] 아니오 [ ] 미상	최종 결과	[ ] 음성 [ ] 양성
	뇌졸중 중증도 평가	주시 편위	[ ] 없음 [ ] 있음 [ ] 미상	나이/시간(월) 지남력	[ ] 정상 [ ] 비정상 [ ] 미상
		팔 위약	[ ] 정상 [ ] 비정상 [ ] 미상	눈감기/손잡고 펴기 동작 수행	[ ] 정상 [ ] 비정상 [ ] 미상
		최종 중증도 평가 결과		[ ] 음성 [ ] 양성 [ ] 미상	
	뇌졸중 과거력	뇌졸중 과거력	[ ] 없음 [ ] 있음 ([ ] 허혈성 [ ] 출혈성 [ ] 미상		
		뇌졸중 후유 장애	[ ] 없음 [ ] 있음 (내용 :)		
	혈전용해제 금기증	[ ] 3개월 이내 허혈성 뇌졸중 [ ] 3개월 이내 중증 두부외상 [ ] 3개월 이내 두개내/척추 수술 [ ] 뇌출혈 [ ] 21일 이내 위장관 출혈 [ ] 응고장애 [ ] 항응고약제 사용 중 [ ] 감염성 심내막염 [ ] 대동맥박리 [ ] 미상			

헬기 이송 요청	[ ]예 [ ]아니요 [ ]연락 실패	병원 사전 연락	[ ]연락 실패 [ ]예 [ ]아니요 (사유 ( ))
담 당 자	[ ]의사 [ ]간호사 [ ]1급 응급구조사 [ ]2급 응급구조사	계급 : ____ 성명 : ____ (서명 또는 인)	

Chapter 5

심뇌혈관질환자 응급처치

1) 심혈관계 응급처치 세부항목

1 일반정보

① 주 증상 유형

소방서	구급대/안전센터		결재	대 장 (센터장)
구급활동일지 일련번호				
주 증상 유형	[ ] 심혈관계 응급 [ ] 뇌혈관계 응급			

○ 심혈관계 응급 세부상황표 작성의 적응증

☞ '구급활동일지' 상 나이가 15세 이상이고, 환자 발생유형의 [v] 질병이면서(질병외 제외) 환자 증상 가운데 [v] 흉통, [v] 가슴불편감, [v] 호흡곤란, [v] 심계항진, [v] 실신 또는 [v] 기타 구급 대원 판단에 심혈관계 의증환자 중 어느 하나라도 해당하거나 혹은 응급처치 항목의 [v] 약물투여 가운데 니트로글리세린을 투여한 환자

☞ 나이가 15세 이상이고 질병이면서 환자 증상 가운데 실신인 경우
심혈관계 및 뇌혈관계 세부상황표 작성

2 주호소

① 주 증상

주호소	주증상 (1개 선택)	[ ] 흉통 [ ] 가슴불편감 [ ] 호흡곤란 [ ] 심계항진 [ ] 실신 [ ] 기타 심혈관계 의증 ( )	발생시각	___ 년 _ 월 _ 일 _ 시 _ 분
	동반증상 (중복허용)	[ ] 없음 [ ] 흉통 [ ] 가슴불편감 [ ] 호흡곤란 [ ] 심계항진 [ ] 오심 [ ] 구토 [ ] 어지러움 [ ] 의식변화 [ ] 식은땀 [ ] 기타 ( )	발병정황	[ ] 일상생활 [ ] 수면/휴식중 [ ] 근무중 [ ] 스포츠/레져 [ ] 교육/훈련 [ ]이동중 [ ] 치료중 [ ] 기타( )

○ 환자가 호소하는 주된 증상을 하나만 기록한다.

코드 및 표기 방법	■ 주증상 환자의 호소에 따라 ✔로 표시 [ ]흉통 : 가슴부위에 나타나는 통증 (예:가슴조임, 누르는듯한 통증 등 포함) [ ]가슴불편감 : 가슴부위에서 느껴지는 불편감 (예:가슴답답함, 가슴갑갑함 등 통증은 아니나 불편한 느낌을 포함) [ ]호흡곤란 : 정상 호흡을 하는 것에 장애가 있는 것. 환자가 직접 호흡이 어렵다고 호소하는 것(예:과호흡, 숨참, 과도한 호흡양상 보임 등 포함) [ ]심계항진 : 가슴이 두근 거림. 의식이 없는 경우는 해당하지 않음 [ ]실신 : 의식을 잃었으나 곧(수 분 이내에) 정상으로 돌아온 경우 ※'의식장애'와 구분할 것 [ ]기타 심혈관계 의증 (서술형 - 10자이내)

② 동반증상(중복허용)

주호소	주증상 (1개 선택)	[ ] 흉통 [ ] 가슴불편감 [ ] 호흡곤란 [ ] 심계항진 [ ] 실신 [ ] 기타 심혈관계 의증 ( )	발생시각	___ 년 _ 월 _ 일 _ 시 _ 분
	동반증상 (중복허용)	[ ] 없음 [ ] 흉통 [ ] 가슴불편감 [ ] 호흡곤란 [ ] 심계항진 [ ] 오심 [ ] 구토 [ ] 어지러움 [ ] 의식변화 [ ] 식은땀 [ ] 기타 ( )	발병정황	[ ] 일상생활 [ ] 수면/휴식중 [ ] 근무중 [ ] 스포츠/레져 [ ] 교육/훈련 [ ]이동중 [ ] 치료중 [ ] 기타( )

○ 주 증상 이외에 환자가 호소하는 동반증상을 모두 표기하되 동반증상이 없는 경우에는 [v] 없음에 표기한다.

코드 및 표기 방법	■ 동반증상 환자의 호소에 따라 ✔로 표시 [ ]흉통 : 가슴부위에 나타나는 통증 (예:가슴조임, 누르는듯한 통증 등 포함) [ ]가슴불편감 : 가슴부위에서 느껴지는 불편감 (예:가슴답답함, 가슴갑갑함 등 통증은 아니나 불편한 느낌을 포함) [ ]호흡곤란 : 정상 호흡을 하는 것에 장애가 있는 것. 환자가 직접 호흡이 어렵다고 호소하는 것 (예 : 과호흡, 숨참, 과도한 호흡양상 보임 등 포함) [ ]심계항진 : 가슴이 두근 거림. 의식이 없는 경우는 해당하지 않음. [ ]오심 : 울렁기리거나 토할 것 같은 느낌이 있는 경우 [ ]구토 : 실제 토한 경우 [ ]어지러움 : 본인이나 주위가 도는 느낌, 의학적 관점에서는 지구 중력 하에서 자신이나 주위의 사물이 정지해 있음에도 불구하고 움직임을 느끼는 모든 증상을 통칭 [ ]의식변화(의식장애) : 호흡, 맥박이 있으나 의식이 비정상으로 변한 상태가 지속되는 것 [ ]식은땀 [ ]기타

③ 발생시각

주호소	주증상 (1개 선택)	[ ] 흉통 [ ] 호흡곤란 [ ] 심계항진 [ ] 실신 [ ] 기타 심혈관계 의증 ( )	발생시각	___ 년 _ 월 _ 일 _ 시 _ 분
	동반증상 (중복허용)	[ ] 없음 [ ] 흉통 [ ] 호흡곤란 [ ] 심계항진 [ ] 오심 [ ] 구토 [ ] 어지러움 [ ] 의식변화 [ ] 식은땀 [ ] 기타 ( )	발병정황	[ ] 일상생활 [ ] 수면/휴식중 [ ] 근무중 [ ] 스포츠/레져 [ ] 교육/훈련 [ ] 이동중 [ ] 치료중 [ ] 기타( )

○ 주증상의 발생시각을 기록한다.

○ 정확한 시각을 모르는 경우 추정시각을 알 수 있는 수준까지 조사

○ 표기방법 : YYYY. MM. DD. HH:MM (예 : 2018. 01. 01. 00 : 00)
○ 모든 시각은 24시간 기준으로 기록한다.
☞ 예) 정오는 12:00, 23:59분 후 자정은 24:00(×)아니고 00:00(○)임.

④ 발병정황

주호소	주증상 (1개 선택)	[ ] 흉통 [ ] 호흡곤란 [ ] 심계항진 [ ] 실신 [ ] 기타 심혈관계 의증 ( )	발생시각	___ 년 _ 월 _ 일 _ 시 _ 분
	동반증상 (중복허용)	[ ] 없음 [ ] 흉통 [ ] 호흡곤란 [ ] 심계항진 [ ] 오심 [ ] 구토 [ ] 어지러움 [ ] 의식변화 [ ] 식은땀 [ ] 기타 ( )	발병정황	[ ] 일상생활 [ ] 수면/휴식중 [ ] 근무중 [ ] 스포츠/레져 [ ] 교육/훈련 [ ]이동중 [ ] 치료중 [ ] 기타( )

○ 구급대원은 환자에게 문진하여, 흉통 발생당시 활동에 대하여 기록하고 표기 하도록 한다.

3 흉통의 양상

① 흉통의 위치

흉통의 양상	위치 (중복허용)	[ ] 흉통 없음 [ ] 좌흉부 [ ] 우흉부 [ ] 흉골하 [ ] 명치 [ ] 기타 ( )	통증양상 (중복허용)	[ ] 누르는듯함 [ ] 조임/쥐어짬 [ ] 답답함 [ ] 찢어짐 [ ] 터질듯함 [ ] 기타 ( )
	강도	[ ] 확인하지 않음 [ ] 확인불가 [ ] 확인함 (통증점수 _ 점 / 10점)	방사통	[ ] 없음 [ ] 있음 ([ ]왼팔/어깨 [ ]오른팔/어깨 [ ] 등 [ ] 목 [ ] 기타 ( ))
	악화요인	[ ] 없음 [ ] 운동 및 활동량증가 [ ] 기타( )	완화요인	[ ] 없음 [ ] 니트로글리세린 [ ] 휴식 [ ] 기타( )
			지속시간	[ ] 해당없음 [ ] 5분 이내 [ ] 5~20분 [ ] 20분 이상

○ 구급대원은 환자에게 문진하여, 흉통이 발생한 위치에 대하여 기록한다.
○ 흉통이 없는 환자는 [v] 흉통 없음에 표기하고 이후 통증양상, 강도, 방사통은 기록하지 않는다. 그러나 증상 악화요인과 완화요인에 대하여는 심혈관계 세부상황표 작성 적응이 되는 모든 환자에게서 기록하도록 한다.
○ 흉골하 : 가슴중심 아래

② 흉통의 통증양상

흉통의 양상	위치 (중복허용)	[ ] 흉통 없음 [ ] 좌흉부 [ ] 우흉부 [ ] 흉골하 [ ] 명치 [ ] 기타 ( )	통증양상 (중복허용)	[ ] 누르는듯함 [ ] 조임/쥐어짬 [ ] 답답함 [ ] 찢어짐 [ ] 터질듯함 [ ] 기타 ( )
	강도	[ ] 확인하지 않음 [ ] 확인불가 [ ] 확인함 (통증점수 _ 점 / 10점)	방사통	[ ] 없음 [ ] 있음 ([ ]왼팔/어깨 [ ]오른팔/어깨 [ ] 등 [ ] 목 [ ] 기타 ( ))
	악화요인	[ ] 없음 [ ] 운동 및 활동량증가 [ ] 기타( )	완화요인	[ ] 없음 [ ] 니트로글리세린 [ ] 휴식 [ ] 기타( )
			지속시간	[ ] 5분 이내 [ ] 5~20분 [ ] 20분 이상

○ 구급대원은 환자에게 문진하여, 흉통의 양상에 대하여 기록한다.
○ 흉통이 없는 환자는 기록하지 않는다.
○ [v] 기타 양상의 경우 10자 이내로 양상을 서술한다.

③ 흉통의 강도

흉통의 양상	위치 (중복허용)	[ ] 흉통 없음 [ ] 좌흉부 [ ] 우흉부 [ ] 흉골하 [ ] 명치 [ ] 기타 ( )	통증양상 (중복허용)	[ ] 누르는듯함 [ ] 조임/쥐어짬 [ ] 답답함 [ ] 찢어짐 [ ] 터질듯함 [ ] 기타 ( )
	강도	[ ] 확인하지 않음 [ ] 확인불가 [ ] 확인함 (통증점수 _ 점 / 10점)	방사통	[ ] 없음 [ ] 있음 ([ ]왼팔/어깨 [ ]오른팔/어깨 [ ] 등 [ ] 목 [ ] 기타 ( ))
	악화요인	[ ] 없음 [ ] 운동 및 활동량증가 [ ] 기타( )	완화요인	[ ] 없음 [ ] 니트로글리세린 [ ] 휴식 [ ] 기타( )
			지속시간	[ ] 5분 이내 [ ] 5~20분 [ ] 20분 이상

○ 구급대원은 환자에게 문진하여, 흉통의 강도에 대하여 통증사정점수로 기록하도록 하되, 확인이 어려운 환자는 [v] 확인불가에 표기한다.

○ 태어나서 가장 아픈 통증이 10점이라고 했을 때, 지금의 흉통의 점수를 10점 만점에 몇 점인지 물어보고 기록한다.

④ 방사통 여부

흉통의 양상	위치 (중복허용)	[ ] 흉통 없음 [ ] 좌흉부 [ ] 우흉부 [ ] 흉골하 [ ] 명치 [ ] 기타 ( )	통증양상 (중복허용)	[ ] 누르는듯함 [ ] 조임/쥐어짬 [ ] 답답함 [ ] 찢어짐 [ ] 터질듯함 [ ] 기타 ( )
	강도	[ ] 확인하지 않음 [ ] 확인불가 [ ] 확인함 (통증점수 _ 점 / 10점)	방사통	[ ] 없음 [ ] 있음 ([ ]왼팔/어깨 [ ]오른팔/어깨 [ ] 등 [ ] 목 [ ] 기타 ( ))
	악화요인	[ ] 없음 [ ] 운동 및 활동량증가 [ ] 기타( )	완화요인	[ ] 없음 [ ] 니트로글리세린 [ ] 휴식 [ ] 기타( )
			지속시간	[ ] 5분 이내 [ ] 5~20분 [ ] 20분 이상

○ 구급대원은 환자에게 문진하여, 흉통의 방사여부에 대하여 확인한다. (중복기입가능)

○ 방사통이 있을 경우 방사통의 방향이 어느 쪽인지 서술하며, 상기되어 있지 않으면 [v] 기타에 서술하도록 한다.

⑤ 흉통의 악화요인

흉통의 양상	위치 (중복허용)	[ ] 흉통 없음 [ ] 좌흉부 [ ] 우흉부 [ ] 흉골하 [ ] 명치 [ ] 기타 ( )	통증양상 (중복허용)	[ ] 누르는듯함 [ ] 조임/쥐어짬 [ ] 답답함 [ ] 찢어짐 [ ] 터질듯함 [ ] 기타 ( )
	강도	[ ] 확인하지 않음 [ ] 확인불가 [ ] 확인함 (통증점수 _ 점 / 10점)	방사통	[ ] 없음 [ ] 있음 ([ ]왼팔/어깨 [ ]오른팔/어깨 [ ] 등 [ ] 목 [ ] 기타 ( ))
	악화요인	[ ] 없음 [ ] 운동 및 활동량증가 [ ] 기타( )	완화요인	[ ] 없음 [ ] 니트로글리세린 [ ] 휴식 [ ] 기타( )
			지속시간	[ ] 5분 이내 [ ] 5~20분 [ ] 20분 이상

○ 구급대원은 환자에게 문진하여, 흉통을 유발하거나 악화시키는 상황에 대하여 기술하도록 한다.

○ 심인성 흉통의 경우 신체적으로 무리한 운동 및 운동량 증가, 추위에 노출,감정적인 스트레스를 받았을 때 발생되고, 악화된다.

⑥ 흉통의 완화요인

흉통의 양상	위치 (중복허용)	[ ] 흉통 없음 [ ] 좌흉부 [ ] 우흉부 [ ] 흉골하 [ ] 명치 [ ] 기타 ( )	통증양상 (중복허용)	[ ] 누르는듯함 [ ] 조임/쥐어짬 [ ] 답답함 [ ] 찢어짐 [ ] 터질듯함 [ ] 기타 ( )
	강도	[ ] 확인하지 않음 [ ] 확인불가 [ ] 확인함 (통증점수 _ 점 / 10점)	방사통	[ ] 없음 [ ] 있음 ([ ]왼팔/어깨 [ ]오른팔/어깨 [ ] 등 [ ] 목 [ ] 기타 ( ))
	악화요인	[ ] 없음 [ ] 운동 및 활동량증가 [ ] 기타( )	완화요인	[ ] 없음 [ ] 니트로글리세린 [ ] 휴식 [ ] 기타( )
			지속시간	[ ] 5분 이내 [ ] 5~20분 [ ] 20분 이상

○ 구급대원은 환자에게 문진하여, 흉통을 완화시키는 요인에 대하여 기술 하도록 한다.

○ 심인성 흉통의 경우 신체적으로 무리한 운동 및 운동량 증가, 추위에 노출,감정적인 스트레스를 받았을 때 발생되고, 악화되며, 니트로글리세린이나 휴식으로 인해 소실이나 완화를 보인

다. 심근경색의 경우 흉통이 경감될 수는 있으나, 심근의 허혈이 해소되지 않으므로 통증이 지속될 수 있다.

⑦ 흉통의 지속시간

흉통의 양상	위치 (중복허용)	[ ] 흉통 없음 [ ] 좌흉부 [ ] 우흉부 [ ] 흉골하 [ ] 명치 [ ] 기타 ( )	통증양상 (중복허용)	[ ] 누르는듯함 [ ] 조임/쥐어짬 [ ] 답답함 [ ] 찢어짐 [ ] 터질듯함 [ ] 기타 ( )
	강도	[ ] 확인하지 않음 [ ] 확인불가 [ ] 확인함 (통증점수 _ 점 / 10점)	방사통	[ ] 없음 [ ] 있음 ([ ]왼팔/어깨 [ ]오른팔/어깨 [ ] 등 [ ] 목 [ ] 기타 ( ))
	악화요인	[ ] 없음 [ ] 운동 및 활동량증가 [ ] 기타( )	완화요인	[ ] 없음 [ ] 니트로글리세린 [ ] 휴식 [ ] 기타( )
			지속시간	[ ] 해당없음 [ ] 5분 이내 [ ] 5~20분 [ ] 20분 이상

○ 지속시간은 한번의 통증이 연속해서 발생한 시간. 통증이 없는 경우 해당없음으로 기록한다.

4 병원 전 단계 추정진단

① 심혈관계 및 비심혈관계

병원전단계 추정진단	심혈관계 (중복허용)	[ ] 급성관상동맥증후군 [ ] 심부전 [ ] 부정맥 [ ] 기타
	비심혈관계	[ ] 호흡기계 [ ] 소화기계 [ ] 근골격계(외상포함) [ ] 기타 ( ) 비심혈관계 증상 판단사유( )
	비심혈관계 증상으로 판단될 경우 아래 항목은 기록하지 않음	

○ 구급대원은 심혈관계 응급환자의 병력청취, 이학적 검진, 12유도 심전도 등의 소견을 종합하여 병원 전 단계에서 추정되는 최종 진단명을 기록하고 서술한다.

○ 비심혈관계 증상으로 판단될 경우 아래의 항목들은 생략한다.

코드 및 표기 방법	■ 구급대원의 심혈관계 응급환자 평가 후 병원 전 단계 추정 최종진단명 확인 및 처치에 대한 적절성 평가 ☞ 심혈관계 [ ]급성관상동맥증후군 [ ]심부전 (Heart Failure) [ ]부정맥 (Arrhythmia) [ ]기타 심혈관계 응급 (서술형-10자 내외) ☞ 비심혈관계 [ ]호흡기계 [ ]소화기계 [ ]근골격계 (외상포함) [ ]정신과적 이상 [ ]기타 비심혈관계 응급 (서술형 - 10자 내외) [ ]비심혈관계 증상 판단사유 (서술형 - 20자 내외)

5 약물 복용력

① 니트로글리세린(119구급대 도착 전 복용력)

약물복용력	니트로 글리세린	[ ] 확인하지 않음 [ ] 확인함 ([ ] 복용안함 [ ] 복용함 __/회)	발기부전 치료제	[ ] 확인하지 않음 [ ] 복용하지 않음 [ ] 복용함 (약물이름 : / __ 시간전)

○ 구급대원은 환자에게 문진하여, 119 구급대 도착 전 니트로글리세린을 복용 했는가 여부 및 복용횟수, 통증 감소 여부 등에 대하여 확인하고, 기술한다.

② 발기부전치료제 복용력

약물복용력	니트로 글리세린	[ ] 확인하지 않음 [ ] 확인함 ([ ] 복용안함 [ ] 복용함 __/회)	발기부전 치료제	[ ] 확인하지 않음 [ ] 복용하지 않음 [ ] 복용함 (약물이름 : / __ 시간전)

○ 남성인 경우 필수 확인

○ 구급대원은 흉통환자에게 니트로글리세린 투여 전 환자에게 문진하여, 발기부전 치료제를 복용 하였는가 확인하여, 24시간이내에 복용하였을 경우(시알리스 48시간이내), 니트로글리세린을 투약하지 않도록 한다.

○ 발기부전치료제와 관련이 없는 경우 [v] 해당 없음으로 표기한다.

6 니트로글리세린 투약

① 니트로글리세린 투약 여부

니트로 글리세린 (NTG) 투약	[ ]아니오	[ ] 수축기혈압 < 90 mmHg [ ] 맥박 < 50 혹은 > 120 [ ] 발기부전치료제 [ ] 환자거부 [ ] 약물부재 [ ] 도착 전 이미 3회 복용 [ ] 흉통 없음 [ ] 기타 ( )								
	[ ] 예	투여횟수	투여시각	투여전			투여 5분후 ([ ] 미실시)			
				혈압	맥박	통증점수	혈압	맥박	통증점수	미실시 사유
		[ ] 1회	_시_분	/	회/분	_점/10점	/	회/분	_점/10점	[ ]병원도착
		[ ] 2회	_시_분	/	회/분	_점/10점	/	회/분	_점/10점	[ ]환자거부
		[ ] 3회	_시_분	/	회/분	_점/10점	/	회/분	_점/10점	[ ]기타( )

○ 니트로글리세린 투약한 경우 [v]예, 투약하지 않은 경우 [v]아니오에 표기한다.

○ 구급대원은 심혈관계 응급환자에게 니트로글리세린을 투여하는 적응증과 금기증을 숙지하여 환자에게 적절한 초기처치를 할 수 있어야 한다.

○ 1급 응급구조사 또는 간호사가(2급 응급구조사는 환자가 소지한 경우) 환자 스스로 가지고 있지 않은 니트로글리세린을 투약하는 경우 직접의료지도를 요청하여야 한다.

② 니트로글리세린 투약 여부([v]아니오에 표기한 경우)

니트로 글리세린 (NTG) 투약	[ ]아니오	[ ] 수축기혈압 < 90 mmHg [ ] 맥박 < 50 혹은 > 120 [ ] 발기부전치료제 [ ] 환자거부 [ ] 약물부재 [ ] 도착 전 이미 3회 복용 [ ] 흉통 없음 [ ] 기타 ( )								
	[ ] 예	투여횟수	투여시각	투여전			투여 5분후 ([ ] 미실시)			
				혈압	맥박	통증점수	혈압	맥박	통증점수	미실시 사유
		[ ] 1회	_시_분	/	회/분	_점/10점	/	회/분	_점/10점	[ ]병원도착
		[ ] 2회	_시_분	/	회/분	_점/10점	/	회/분	_점/10점	[ ]환자거부
		[ ] 3회	_시_분	/	회/분	_점/10점	/	회/분	_점/10점	[ ]기타( )

- 수축기혈압 〈 90 mmHg : 혈압을 저하시킬 위험이 있기 때문에 금기.
- 맥박 〈 50 혹은 맥박 〉 120 : 맥박수를 감소 혹은 증가시킬 위험이 있기 때문에 금기.
- 발기부전치료제 : 24시간이내에 (시알리스는 48시간) 발기부전치료제를 복용한 경우 니트로글리세린과 상호작용으로 심각한 저혈압을 유발할 수 있어 금기.
- 도착 전 이미 3회 복용 : 니트로글리세린은 병원 전 1알(0.3~0.6mg)을 5~10분 간격으로 3회까지 투여 가능하다. 따라서 구급대 도착 전 이미 3회 이상 복용하였을 경우 추가투여를 하지 않음.

③ 니트로글리세린 투여 횟수

니트로 글리세린 (NG) 투약	[ ]아니오	[ ] 수축기혈압 < 90 mmHg [ ] 맥박 < 50 혹은 > 120 [ ] 발기부전치료제 [ ] 환자거부 [ ] 약물부재 [ ] 도착 전 이미 3회 복용 [ ] 흉통 없음 [ ] 기타 ( )								
	[ ] 예	투여횟수	투여시각	투여전			투여 5분후 ([ ] 미실시)			
				혈압	맥박	통증점수	혈압	맥박	통증점수	미실시 사유
		[ ] 1회	_시_분	/	회/분	_점/10점	/	회/분	_점/10점	[ ]병원도착
		[ ] 2회	_시_분	/	회/분	_점/10점	/	회/분	_점/10점	[ ]환자거부
		[ ] 3회	_시_분	/	회/분	_점/10점	/	회/분	_점/10점	[ ]기타( )

- 구급대원은 심혈관계 응급환자에게 니트로글리세린의 금기증이 아닌 경우 병원 전 1알(0.3~0.6mg)을 5~10분 간격으로 3회까지 투여 가능하다.
- 추가로 투여시각과 투여 전 혈압, 맥박, 통증점수 와 투여 후 혈압, 맥박, 통증 점수를 기록하여 니트로글리세린 금기증이 아닌지, 니트로글리세린에 통증이 반응을 하는지, 혈압 및 맥박이 변하지 않는지 확인하도록 한다.

④ 니트로글리세린 투여 시각(1회/2회/3회 각각 기입)

니트로 글리세린 (NG) 투약	[ ]아니오	[ ] 수축기혈압 < 90 mmHg [ ] 맥박 < 50 혹은 > 120 [ ] 발기부전치료제 [ ] 환자거부 [ ] 약물부재 [ ] 도착 전 이미 3회 복용 [ ] 흉통 없음 [ ] 기타 ( )								
	[ ] 예	투여횟수	투여시각	투여전			투여 5분후 ([ ] 미실시)			
				혈압	맥박	통증점수	혈압	맥박	통증점수	미실시 사유
		[ ] 1회	_시_분	/	회/분	_점/10점	/	회/분	_점/10점	[ ]병원도착
		[ ] 2회	_시_분	/	회/분	_점/10점	/	회/분	_점/10점	[ ]환자거부
		[ ] 3회	_시_분	/	회/분	_점/10점	/	회/분	_점/10점	[ ]기타( )

○ 모든시각은 24시간 기준으로 기록한다.

○ 구급대원은 니트로글리세린 투약 시간을 정확히 기입한다.

⑤ 니트로글리세린 투여 전/후 혈압(1회/2회/3회 각각 기입)

니트로 글리세린 (NG) 투약	[ ]아니오	[ ] 수축기혈압 < 90 mmHg [ ] 맥박 < 50 혹은 > 120 [ ] 발기부전치료제 [ ] 환자거부 [ ] 약물부재 [ ] 도착 전 이미 3회 복용 [ ] 흉통 없음 [ ] 기타 ( )								
	[ ] 예	투여횟수	투여시각	투여전			투여 5분후 ([ ] 미실시)			
				혈압	맥박	통증점수	혈압	맥박	통증점수	미실시 사유
		[ ] 1회	_시_분	/	회/분	_점/10점	/	회/분	_점/10점	[ ]병원도착
		[ ] 2회	_시_분	/	회/분	_점/10점	/	회/분	_점/10점	[ ]환자거부
		[ ] 3회	_시_분	/	회/분	_점/10점	/	회/분	_점/10점	[ ]기타( )

○ 구급대원은 니트로글리세린 투약 전 혈압을 확인하여 수축기 혈압이 90 mmHg 이하일 경우 혹은 이전 투약보다 수축기혈압이 20 mmHg 이상 감소한 경우 니트로글리세린을 투여하지 않도록 한다.

○ 니트로글리세린 투약 후 수축기 혈압이 90 mmHg 이하로 저하되는 경우 구급대원은 정맥로 확보 후 생리식염수 500 mL를 정주하고, 의료지도를 요청한다.

⑥ 니트로글리세린 투여 전/후 맥박(1회/2회/3회 각각 기입)

니트로 글리세린 (NG) 투약	[ ]아니오	[ ] 수축기혈압 < 90 mmHg [ ] 맥박 < 50 혹은 > 120 [ ] 발기부전치료제 [ ] 환자거부 [ ] 약물부재 [ ] 도착 전 이미 3회 복용 [ ] 흉통 없음 [ ] 기타 ( )								
	[ ] 예	투여횟수	투여시각	투여전			투여 5분후 ([ ] 미실시)			
				혈압	맥박	통증점수	혈압	맥박	통증점수	미실시 사유
		[ ] 1회	_시_분	/	회/분	_점/10점	/	회/분	_점/10점	[ ]병원도착
		[ ] 2회	_시_분	/	회/분	_점/10점	/	회/분	_점/10점	[ ]환자거부
		[ ] 3회	_시_분	/	회/분	_점/10점	/	회/분	_점/10점	[ ]기타( )

○ 구급대원은 니트로글리세린 투약 전 맥박을 확인하여 50회 미만이거나 120회 이상일 경우 니트로글리세린을 투여하지 않는다.

⑦ 니트로글리세린 투여 전/후 통증점수(1회/2회/3회 각각 기입)

니트로 글리세린 (NG) 투약	[ ]아니오	[ ] 수축기혈압 < 90 mmHg [ ] 맥박 < 50 혹은 > 120 [ ] 발기부전치료제 [ ] 환자거부 [ ] 약물부재 [ ] 도착 전 이미 3회 복용 [ ] 흉통 없음 [ ] 기타 ( )								
	[ ] 예	투여횟수	투여시각	투여전			투여 5분후 ([ ] 미실시)			
				혈압	맥박	통증점수	혈압	맥박	통증점수	미실시 사유
		[ ] 1회	_시_분	/	회/분	_점/10점	/	회/분	_점/10점	[ ]병원도착
		[ ] 2회	_시_분	/	회/분	_점/10점	/	회/분	_점/10점	[ ]환자거부
		[ ] 3회	_시_분	/	회/분	_점/10점	/	회/분	_점/10점	[ ]기타( )

○ 구급대원은 환자에게 문진하여, 흉통의 강도에 대하여 통증 점수로 기록하도록 한다.

○ 태어나서 가장 아픈 통증이 10점이라고 했을 때, 지금의 흉통의 점수를 10점 만점에 몇 점인지 물어보고 기록한다.

⑧ 니트로글리세린 투여 5분후 미실시 사유

니트로글리세린 (NG) 투약	[ ]아니오	[ ] 수축기혈압 < 90 mmHg [ ] 맥박 < 50 혹은 > 120 [ ] 발기부전치료제 [ ] 환자거부 [ ] 약물부재 [ ] 도착 전 이미 3회 복용 [ ] 흉통 없음 [ ] 기타 ( )								
	[ ] 예	투여횟수	투여시각	투여전			투여 5분후 ([ ] 미실시)			
				혈압	맥박	통증점수	혈압	맥박	통증점수	미실시 사유
		[ ] 1회	_시_분	/	회/분	_점/10점	/	회/분	_점/10점	[ ]병원도착
		[ ] 2회	_시_분	/	회/분	_점/10점	/	회/분	_점/10점	[ ]환자거부
		[ ] 3회	_시_분	/	회/분	_점/10점	/	회/분	_점/10점	[ ]기타( )

○ 구급대원은 니트로글리세린 투여 후 5분이 경과하지 않고 병원에 도착 시 [v] 병원도착에 표시하고 환자가 재확인을 거부할 경우에도 [v] 환자거부에 표시한다.

7 3유도 심전도 감시

① 3유도 심전도 감시 여부

3 유도 심전도 감시	[ ] 아니오 [ ] 환자거부 [ ] 장비부재 [ ]고장 [ ] 기타 ( ) [ ] 예 [ ] AED [ ] 3 유도	3 유도 심전도 소견	[ ] 정상동성리듬 (normal sinus rhythm) [ ] 동성 빈맥 (sinus tachycardia) [ ] 넓은 QRS 빈맥 (wide QRS tachy) [ ] 규칙적(regular) [ ] 불규칙적(irregular) [ ] 좁은 QRS 빈맥 (narrow QRS tachy) [ ] 규칙적(regular) [ ] 불규칙적(irregular)	[ ] 동성 서맥 (sinus bradycardia) [ ] 2도 방실차단(second degree) [ ] 3도 방실차단(third degree) [ ] 기타 방실차단(other degree) [ ] 기타 (Others) – ( ) [ ] 모름 (Unknown)– ( )

○ 심혈관계 응급환자를 이송할 때 구급대원은 부정맥, 심정지등의 발생 유무를 모니터링 해야 한다.

○ 심전도 감시에 [v] 예 라고 표기하는 경우 우측의 심전도 소견을 추가로 기록하도록 한다.

② 3유도 심전도 소견

3 유도 심전도 감시	[ ] 아니오 [ ] 환자거부 [ ] 장비부재 [ ]고장 [ ] 기타 ( ) [ ] 예 [ ] AED [ ] 3 유도	3 유도 심전도 소견	[ ] 정상동성리듬 (normal sinus rhythm) [ ] 동성 빈맥 (sinus tachycardia) [ ] 넓은 QRS 빈맥 (wide QRS tachy) [ ] 규칙적(regular) [ ] 불규칙적(irregular) [ ] 좁은 QRS 빈맥 (narrow QRS tachy) [ ] 규칙적(regular) [ ] 불규칙적(irregular)	[ ] 동성 서맥 (sinus bradycardia) [ ] 2도 방실차단(second degree) [ ] 3도 방실차단(third degree) [ ] 기타 방실차단(other degree) [ ] 기타 (Others) – ( ) [ ] 모름 (Unknown)– ( )

○ 심혈관계 응급환자의 3유도 심전도 소견을 평가하고 기록한다.

○ 구급대원은 심전도 소견에 따라 의식변화, 저혈압, 실신, 구역/구토 등의 환자 증상에 대한 환자 평가 및 응급처치를 시행하여야 한다.

③ 3유도 심전도 출력물 첨부

출력물 첨부	[ ] 첨부함 [ ] 미첨부함 ([ ] 분실 [ ] 기타 미첨부 사유 ( ))

○ 심혈관계 응급환자에서 시행한 3유도 심전도 출력물에 대한 첨부 여부를 기록한다.

○ 3유도 심전도 출력물을 미첨부한 경우는 사유를 기록한다. 분실한 경우 [v]분실에 표시하며, 기타 미첨부 사유는 따로 기록한다.

8 12유도 심전도 촬영

12유도 심전도 촬영	[ ] 시행안함	[ ] 환자거부 [ ] 장비부재 [ ] 장비고장 [ ] 기타 ( )
	[ ] 시행함	[ ] 전송함 [ ] 미전송 ([ ]장비부재 [ ] 장비고장 [ ] 기타 미전송 사유 ( )
		[ ] 병원 인계 [ ] 병원 미인계 ([ ] 장비 고장 [ ] 기타 미인계 사유 ( )
		[ ] 출력물 첨부함 [ ] 출력물 미첨부함 ([ ] 분실 [ ] 기타 미첨부 사유 ( )

○ 12유도 심전도 촬영할 경우 [v]시행함, 촬영하지 않은 경우 [v]시행안함에 표시한다.

○ 심혈관계 응급환자는 12유도 심전도 검사로 ST-분절 상승 유무를 확인하며, 심전도 전송장치가 있으면 이송병원으로 심전도를 전송한다.

○ 12유도 심전도를 이송병원으로 전송한 경우 [v]전송함, 전송하지 못한 경우 [v]전송안함으로 표기하며, 전송안함의 경우 사유를 기록한다. 전송장비가 없거나 고장인 경우 장비부재나 장비고장에 표시하고, 기타 미전송 사유는 따로 기록한다.

○ 12유도 심전도를 이송병원에 인계한 경우 [v]병원 인계, 인계하지 못한 경우 [v]병원 미인계로 표시하며, 미인계시사유를 기록한다. 출력장비 등의 문제로 인계를 못한 경우 [v]장비 고장으로 표시하며, 기타 미인계 사유는 따로 기록한다.

○ 12유도 심전도 출력물에 대한 첨부 여부를 기록한다. 12유도 심전도 출력물을 미첨부한 경우는 사유를 기록한다.

9 12유도 심전도 소견(12유도 심전도 촬영의 [v] 시행함에 표기한 경우만 작성)

① ST분절 상승의 유무

12유도 심전도 소견	ST분절상승	[ ] 없음 [ ] 있음	[ ]≥ 1mm 연관된 2개이상의 사지유도 [ ]≥ 2mm 연관된 2개이상의 전흉부유도	[ ] I [ ] II [ ] III [ ]aVR [ ]aVL [ ]aVF [ ]V1 [ ] V2 [ ] V3 [ ] V4 [ ] V5 [ ] V6

○ ST 분절상승이 없을시 [v]없음으로 표기

○ ST 분절상승시 [v]있음에 표기하고 우측을 추가로 작성한다.

② ST분절 상승위치(ST 분절상승 [v] 있음으로 표기한 경우만 작성)

12유도 심전도 소견	ST분절상승	[ ] 없음 [ ] 있음	[ ]≥ 1mm 연관된 2개이상의 사지유도 [ ]≥ 2mm 연관된 2개이상의 전흉부유도	[ ] I [ ] II [ ] III [ ]aVR [ ]aVL [ ]aVF [ ]V1 [ ] V2 [ ] V3 [ ] V4 [ ] V5 [ ] V6

○ 연관된 2개 이상의 사지유도(I, II, III, aVR, aVL, aVF)에서 1 mm 이상 ST 분절상승

○ 연관된 2개 이상의 전흉부유도(V1~V6)에서 2 mm 이상 ST 분절상승

10 응급 재관류 적응증

응급 재관류 적응증	[ ] 아니오	
	[ ] 예 (우측 작성)	[ ] ST 분절 상승 심근경색
		[ ] 협심증 증상 + ([ ] 혈압저하 [ ] 심인성 폐부종 [ ] 쇽 증상 [ ] 지속되는 통증)

- ST절 분절 상승 심근경색에서 재관류 적응증에 해당
- 협심증 증상과 함께 수축기 혈압저하, 심인성 폐부종, 쇽 증상, 지속되는 통증이 있는 환자에서 재관류 적응증에 해당

코드 및 표기 방법	[]아니오 : 응급 재관류 적응증이 되지 않음 []예 ☞[]ST 분절 상승 심근경색 ☞[]협심증 증상(운동 및 활동량의 증가에 의해 악화되고 니트로글리세린이나 휴식으로 인해 완화되는 양상을 보임) ☞[]협심증 증상 + 혈압 저하(수축기 혈압이 90 mmHg 미만) ☞[]협심증 증상 + 심인성 폐부종(호흡음을 청진하여 수포음의 유무를 확인하고 경정맥 팽대 유무를 확인) ☞[]협심증 증상 + 쇽 증상(의식 저하 등) ☞[]협심증 증상 + 지속되는 통증(니트로글리세린이나 휴식에 의해서도 완화되지 않고 지속적인 흉통을 호소)

11 심혈관 위험도 평가

① 심혈관 위험도 평가 미실시 사유

심혈관 위험도 평가 __ 점/ 6점	실시하지 않았을 경우 사유	[ ] 의식변화로 환자협조 안됨 [ ] 환자/보호자 거부 [ ] 기타 ( )		
	심혈관 위험인자 ≥ 3 (오른쪽)	[ ] 아니오 [ ] 예 [ ] 미상	심혈관 위험인자 (__ / 5)	
	나이 : 65세 이상	[ ] 아니오 [ ] 예 [ ] 미상	심혈관질환의 가족력	[ ]아니오 [ ]예 [ ] 미상
	심혈관 질환 관련 수술여부(CABG, stent 삽입 등)	[ ] 아니오 [ ] 예 [ ] 미상	고혈압	[ ]아니오 [ ]예 ([ ]치료중[ ]안함)
	심전도 ST 분절 변화	[ ] 아니오 [ ] 예 [ ] 미상	고지혈증	[ ]아니오 [ ]예 ([ ]치료중[ ]안함)
	24시간내 2회 이상 협심증 증상	[ ] 아니오 [ ] 예 [ ] 미상	당뇨	[ ]아니오 [ ]예 ([ ]치료중[ ]안함)
	7일 이내 Aspirin의 사용	[ ] 아니오 [ ] 예 [ ] 미상	현재 흡연중	[ ]아니오 [ ]예

- 심혈관 위험도 평가로 급성 심혈관 질환이 의심되는 환자를 선별하여 적절한 의료기관으로 이송하도록 하기 위함.
- 환자 협조가 안 되거나 거부할 경우에도 심혈관 위험도 평가를 위해 최대한 노력한다.

② 심혈관 위험도 평가

심혈관 위험도 평가 __ 점/ 6점	실시하지 않았을 경우 사유	[ ] 의식변화로 환자협조 안됨 [ ] 환자/보호자 거부 [ ] 기타 ( )		
	심혈관 위험인자 ≥ 3 (오른쪽)	[ ] 아니오 [ ] 예 [ ] 미상	심혈관 위험인자 (_ / 5)	
	나이 : 65세 이상	[ ] 아니오 [ ] 예 [ ] 미상	심혈관질환의 가족력	[ ]아니오 [ ]예 [ ] 미상
	심혈관 질환 관련 수술여부(CABG, stent 삽입 등)	[ ] 아니오 [ ] 예 [ ] 미상	고혈압	[ ]아니오 [ ]예 ([ ]치료중[ ]안함)
	심전도 ST 분절 변화	[ ] 아니오 [ ] 예 [ ] 미상	고지혈증	[ ]아니오 [ ]예 ([ ]치료중[ ]안함)
	24시간내 2회 이상 협심증 증상	[ ] 아니오 [ ] 예 [ ] 미상	당뇨	[ ]아니오 [ ]예 ([ ]치료중[ ]안함)
	7일 이내 Aspirin의 사용	[ ] 아니오 [ ] 예 [ ] 미상	현재 흡연중	[ ]아니오 [ ]예

- 구급대원은 심혈관 위험인자 (우측항목)를 환자에게 문진하여 3개 이상의 위험 인자가 있으면 [v] 예 에 표기하고, 아니면 [v] 아니오에 표기한다.
- 구급대원은 환자의 나이를 재차 확인하여 65세 이상의 고위험군인지 평가한다.
- 구급대원은 환자가 예전에 관상동맥 조영술 등 심혈관 질환 관련 수술을 한적이 있었는지 문진하고 기록한다.
- 구급대원은 12유도 심전도 촬영에서 ST 분절 상승이 0.5 mm이상인 경우

③ 심혈관 위험인자

심혈관 위험도 평가 __ 점/ 6점	실시하지 않았을 경우 사유	[ ] 의식변화로 환자협조 안됨 [ ] 환자/보호자 거부 [ ] 기타 ( )		
	심혈관 위험인자 ≥ 3 (오른쪽)	[ ] 아니오 [ ] 예 [ ] 미상	심혈관 위험인자 (_ / 5)	
	나이 : 65세 이상	[ ] 아니오 [ ] 예 [ ] 미상	심혈관질환의 가족력	[ ]아니오 [ ]예 [ ] 미상
	심혈관 질환 관련 수술여부(CABG, stent 삽입 등)	[ ] 아니오 [ ] 예 [ ] 미상	고혈압	[ ]아니오 [ ]예 ([ ]치료중[ ]안함)
	심전도 ST 분절 변화	[ ] 아니오 [ ] 예 [ ] 미상	고지혈증	[ ]아니오 [ ]예 ([ ]치료중[ ]안함)
	24시간내 2회 이상 협심증 증상	[ ] 아니오 [ ] 예 [ ] 미상	당뇨	[ ]아니오 [ ]예 ([ ]치료중[ ]안함)
	7일 이내 Aspirin의 사용	[ ] 아니오 [ ] 예 [ ] 미상	현재 흡연중	[ ]아니오 [ ]예

- 구급대원은 심혈관계 응급환자에게 문진하여 심혈관계 가족력 및 고혈압, 고지혈증, 당뇨, 흡연 여부와 치료여부를 확인한다.
- 5개의 항목 가운데 3개 이상이 [v] 에 라고 표기되면 좌측의 심혈관 위험인자 ≥ 3 항목에 [v] 예 라고 표기하고 나머지 심혈관 위험도 평가를 계속하도록 한다.

12 일반 공통정보

① 헬기이송요청

헬기 이송 요청	[ ]아니요 [ ]연락 실패 [ ]예	병원 사전 연락	[ ]아니요 [ ]연락 실패 [ ]예
담 당 자	[ ]의사 [ ]간 호사 [ ]1급 응급구조사 [ ]2급 응급구조사 계급 : 성명 : (서명 또는 인)		

- ST 분절 상승 심근경색 혹은 협심증의 증상과 함께 수축기 혈압 90 이하로 저하 혹은 심인성 폐부종, 쇽증상, 지속되는 통증이 있는 환자 등 응급 재관류의 적응증이 되는 증상발생 12시간 이내의 환자가 재 관류 치료가 가능한 병원까지의 이송거리 30 km 이상 혹은 이송시간 1시간 이상 소요될 것으로 예상되는 경우 구급대원은 헬기 이송을 요청한다.

② 병원사전연락

헬기 이송 요청	[ ]아니요 [ ]연락 실패 [ ]예	병원 사전 연락	[ ]연락 실패 [ ]예 [ ]아니요 (사유 ( ))
담 당 자	[ ]의사 [ ]간 호사 [ ]1급 응급구조사 [ ]2급 응급구조사 계급 : 성명 : (서명 또는 인)		

○ 환자의 주 증상, 심혈관 위험도 평가 결과 심혈관 질환이 의심되는 경우는 병원 사전연락을 하도록 한다. 병원 사전 연락을 시행하지 않은 경우 사유를 기록한다.

※ 심혈관계 해당되는 경우 가까운 지역응급의료센터 이상의 의료 기관으로 이송함을 원칙으로 하되, 지역별 여건에 따라 의료지도 등을 받아 치료 가능한 가까운 지역응급의료기관으로 이송할 수 있다.

2) 뇌혈관계 응급처치 세부항목

1 일반정보

① 주 증상 유형

소방서	구급대/안전센터		결재	대 장 (센터장)
구급활동일지 일련번호				
주 증상 유형	[ ] 심혈관계 응급 [ ] 뇌혈관계 응급			

○ 뇌혈관계 응급 세부상황표 작성의 적응증

☞ '구급활동일지' 상의 나이가 15세 이상이고, 환자발생유형의 [v] 질병이면서(질병외 제외) 환자 증상 가운데 [v] 두통(+어지러움), [v] 의식장애, [v] 경련, [v] 발작, [v] 실신, [v] 마비, [v] 기타 구급대원 판단에 뇌혈관계 의증환자

☞ 나이가 15세 이상이고 질병이면서 환자 증상 가운데 실신인 경우 심혈관계 및 뇌혈관계 세부상황표 작성

2 주 호소

① 주 증상

주호소	주증상 (1개 선택)	[ ] 얼굴마비 [ ] 구음장애 [ ] 팔 위약/마비([ ]좌,[ ]우) [ ] 다리 위약/마비([ ]좌,[ ]우) [ ] 의식장애 [ ] 어지러움 [ ] 두통 [ ] 경련/발작 [ ] 실신 [ ] 기타 ( )
	동반증상(중복허용) ([ ] 없음)	[ ] 없음 [ ] 얼굴마비 [ ] 구음장애 [ ] 팔 위약/마비([ ]좌,[ ]우) [ ] 다리 위약/마비([ ]좌,[ ]우) [ ] 의식장애 [ ] 어지러움 [ ] 두통 [ ] 경련/발작 [ ] 실신 [ ] 오심/구토 [ ] 기타 ( )

○ 환자가 호소하는 주된 증상을 하나만 기록한다.

코드 및 표기 방법	■ 주증상 환자의 호소에 따라 ✔로 표시 [ ]얼굴마비 : 얼굴 근육을 지배하는 안면신경의 혈액공급이 차단되어 얼굴부분의 근력 저하가 나타난 상태 [ ]구음장애(발음장애) : 말을 하는 데 필요한 여러 가지 근육의 기능에 이상이 생겨서 말소리를 제대로 내지 못하는 장애 [ ]팔 위약/마비([ ]좌,[ ]우) : 편측(한쪽)의 상지의 근력 저하가 나타난 상태나 신체의 특정 부위에 운동이 불가능한 것 (☞ 예 : 팔을 들 수 없다.) [ ]다리 위약/마비([ ]좌,[ ]우) : 편측(한쪽)의 하지의 근력 저하가 나타난 상태나 신체의 특정 부위에 운동이 불가능한 것 (☞ 예:한쪽 다리를 들 수 없다.) [ ]의식장애 : 호흡, 맥박이 있으나 의식이 비정상으로 변한 상태가 지속되는 것 [ ]어지러움 : 본인이나 주위가 도는 느낌, 의학적 관점에서는 지구 중력 하에서 자신이나 주위의 사물이 정지해 있음에도 불구하고 움직임을 느끼는 모든 증상을 통칭 [ ]두통 : 머리가 아픈 증상 [ ]경련/발작 : 불특정한 신체 증상(감각, 운동, 의식, 행동 등을 모두 포함)이 갑자기 발생하였다가 사라지는 경우 (대부분의 경련/발작 환자는 자신이 경련/발작을 한 것을 기억하지 못하므로 환자의 진술에만 의존하지 말 것, 경련인지 아닌지 불명확한 의식 소실이 있다면 아래의 [ ]실신'에 기록할 것) [ ]실신 : 의식을 잃었으나 곧(수 분 이내에) 정상으로 돌아온 경우 ※'의식장애'와 구분할 것 [ ]기타 뇌혈관계 의증 (서술형 - 10자이내)

② 동반증상(중복허용)

주호소	주증상 (1개 선택)	[ ] 얼굴마비 [ ] 구음장애 [ ] 팔 위약/마비([ ]좌,[ ]우) [ ] 다리 위약/마비([ ]좌,[ ]우) [ ] 의식장애 [ ] 어지러움 [ ] 두통 [ ] 경련/발작 [ ] 실신 [ ] 기타 (　　　　)
	동반증상 (중복허용) ([ ] 없음)	[ ] 없음 [ ] 얼굴마비 [ ] 구음장애 [ ] 팔 위약/마비([ ]좌,[ ]우) [ ] 다리 위약/마비([ ]좌,[ ]우) [ ] 의식장애 [ ] 어지러움 [ ] 두통 [ ] 경련/발작 [ ] 실신 [ ] 오심/구토 [ ] 기타 (　　　　)

○ 주 증상 이외에 환자가 호소하는 동반증상을 모두 표기하되 동반증상이 없는 경우에는 [v] 없음에 표기한다.

표기 방법	■ 동반증상 환자의 호소에 따라 ✔로 표시 [ ]얼굴마비 : 얼굴 근육을 지배하는 안면신경의 혈액공급이 차단되어 얼굴부분의 근력 저하가 나타난 상태 [ ]구음장애(발음장애) : 말을 하는 데 필요한 여러 가지 근육의 기능에 이상이 생겨서 말소리를 제대로 내지 못하는 장애 [ ]팔 위약/마비([ ]좌,[ ]우) : 편측(한쪽)의 상지의 근력 저하가 나타난 상태나 신체의 특정 부위에 운동이 불가능한 것 (☞ 예 : 팔을 들 수 없다.) [ ]다리 위약/마비([ ]좌,[ ]우) : 편측(한쪽)의 하지의 근력 저하가 나타난 상태나 신체의 특정 부위에 운동이 불가능한 것 (☞ 예:한쪽 다리를 들 수 없다.) [ ]의식장애 : 호흡, 맥박이 있으나 의식이 비정상으로 변한 상태가 지속되는 것 [ ]어지러움 : 본인이나 주위가 도는 느낌, 의학적 관점에서는 지구 중력 하에서 자신이나 주위의 사물이 정지해 있음에도 불구하고 움직임을 느끼는 모든 증상을 통칭 [ ]두통 : 머리가 아픈 증상 [ ]경련/발작 : 불특정한 신체 증상(감각, 운동, 의식, 행동 등을 모두 포함)이 갑자기 발생하였다가 사라지는 경우 (대부분의 경련/발작 환자는 자신이 경련/발작을 한 것을 기억하지 못하므로 환자의 진술에만 의존하지 말 것, 경련인지 아닌지 불명확한 의식 소실이 있다면 아래의 [ ]실신'에 기록할 것) [ ]실신 : 의식을 잃었으나 곧(수 분 이내에) 정상으로 돌아온 경우 ※ 의식장애'와 구분할 것 [ ]오심/구토 : 울렁거리거나 토할 것 같은 느낌이 있는 경우 및 실제 토한 경우 [ ]기타

3 발병 정황

발병 정황	[ ] 일상생활 [ ] 수면/휴식 중 [ ] 근무 중 [ ] 스포츠/레저 활동 [ ] 교육/훈련 [ ] 이동 중 [ ] 치료 중 [ ] 기타 (　　　　)

○ 수면/휴식 중이나 후에 발견된 환자의 경우 발병시각이 불명확할 수 있으며, 하단의 발병 시각 문진 시에 최초로 이상 소견을 발견한 시각 뿐 아니라 마지막으로 정상 상태를 확인한 시각을 추가로 문진하여야 한다.

4 발병 시각

<table>
<tr><td rowspan="3">발병 시각</td><td colspan="2">[ ] 명확한 발병시각 (Last Normal Time = First Abnormal Time)</td><td>___ 년 _ 월 _ 일 _ 시 _ 분</td></tr>
<tr><td rowspan="2">[ ] 불명확한 시각</td><td>마지막으로 정상상태를 확인한 시각 (Last Normal Time)</td><td>___ 년 _ 월 _ 일 _ 시 _ 분</td></tr>
<tr><td>최초로 이상 소견을 발견한 시각 (First Abnormal Time)</td><td>___ 년 _ 월 _ 일 _ 시 _ 분</td></tr>
</table>

- 발병시각이 명확한 환자는 명확한 발병시각에 표기하고 일자와 시간을 기입하도록 한다.
- 발병시각이 불명확한 환자는 (수면 후 발견된 환자 등) 마지막으로 정상상태를 확인한 시각(Last Normal Time)과 최초로 이상 소견을 발견한 시각(First Abnormal Time)을 각각 기록하도록 한다.
- 구급대원은 환자의 치료 결정에 중요한 시각 기록을 위해 최대한 노력하여야 한다.
- 급성 뇌졸중의 경우 증상 발생이 6시간 이내이면 즉시 혈전용해치료가 가능한 지역응급의료센터 이상의 의료기관으로 이송하여야 한다.
- 정확한 시각을 모르는 경우 추정시각을 알 수 있는 수준까지 조사
- 표기방법 : YYYY. MM. DD. HH:MM (예 : 2018. 01. 01. 00 : 00)
- 모든 시각은 24시간 기준으로 기록한다.

5 표준 뇌졸중 척도

① 표준뇌졸중 척도 미실시 사유

<table>
<tr><td rowspan="8">표준 뇌졸중 척도</td><td>실시하지 않았을 경우 사유</td><td colspan="3">[ ] 환자/보호자거부 [ ] 기타 ( )
[ ] 뇌졸중 의심되지 않음(사유 :) ⇨ 아래 항목 기록하지 않음</td></tr>
<tr><td>병원 전 뇌졸중 선별검사(오른쪽)</td><td>[ ] 양성 [ ] 음성 [ ] 미상</td><td colspan="2" rowspan="2">병원 전 뇌졸중 선별검사</td></tr>
<tr><td>나이 ≥ 45세</td><td>[ ] 예 [ ] 아니오 [ ] 미상</td></tr>
<tr><td rowspan="2">뇌전증(간질) 및 경련 병력</td><td rowspan="2">[ ] 없음 [ ] 있음 [ ] 미상</td><td>의식저하로 협조안됨</td><td>[ ] 아니오 [ ] 예 -> 예인 경우 병원 전 뇌졸중 선별검사 양성으로 구별</td></tr>
<tr><td>얼굴마비</td><td>[ ] 정상 [ ] 좌측 [ ] 우측 [ ] 양측</td></tr>
<tr><td>증상 발생 24시간 이내</td><td>[ ] 예 [ ] 아니오 [ ] 미상</td><td>팔 위약</td><td>[ ] 정상 [ ] 좌측 [ ] 우측 [ ] 양측</td></tr>
<tr><td>평상시에 휠체어나 병상에 누워지내지 않음</td><td>[ ] 예 [ ] 아니오 [ ] 미상</td><td>구음장애</td><td>[ ] 정상 [ ] 비정상</td></tr>
<tr><td>혈당 수치 60~400 mg/dL</td><td>[ ] 예 [ ] 아니오 [ ] 미상</td><td>최종 결과</td><td>[ ] 음성 [ ] 양성</td></tr>
</table>

<table>
<tr><td>코드 및 표기 방법</td><td>[ ]환자/보호자거부 : 환자 협조가 안 되거나 거부할 경우에도 표준 뇌졸중 척도를 평가하기 위해 최대한 노력한다.
[ ]기타 (서술형-10자이내)
[ ]뇌졸중 의심되지 않음 (사유 : 서술형-20자이내) : 환자가 뇌졸중 의심이 되지 않는 다면 [v] 표시 후 사유를 20자이내로 서술한다.</td></tr>
</table>

- 환자가 의식이 없는 경우에도 보호자에게 확인하여 표준 뇌졸중 척도 평가를 최대한 시행한다.

② 표준 뇌졸중 척도

<table>
<tr><td rowspan="8">표준 뇌졸중 척도</td><td>실시하지 않았을 경우 사유</td><td colspan="3">[ ] 환자/보호자거부 [ ] 기타 ( )
[ ] 뇌졸중 의심되지 않음(사유 :) ⇨ 아래 항목 기록하지 않음</td></tr>
<tr><td>병원 전 뇌졸중 선별검사(오른쪽)</td><td>[ ] 양성 [ ] 음성 [ ] 미상</td><td colspan="2" rowspan="2">병원 전 뇌졸중 선별검사</td></tr>
<tr><td>나이 ≥ 45세</td><td>[ ] 예 [ ] 아니오 [ ] 미상</td></tr>
<tr><td rowspan="2">뇌전증(간질) 및 경련 병력</td><td rowspan="2">[ ] 없음 [ ] 있음 [ ] 미상</td><td>의식저하로 협조안됨</td><td>[ ] 아니오 [ ] 예 -> 예인 경우 병원 전 뇌졸중 선별검사 양성으로 구별</td></tr>
<tr><td>얼굴마비</td><td>[ ] 정상 [ ] 좌측 [ ] 우측 [ ] 양측</td></tr>
<tr><td>증상 발생 24시간 이내</td><td>[ ] 예 [ ] 아니오 [ ] 미상</td><td>팔 위약</td><td>[ ] 정상 [ ] 좌측 [ ] 우측 [ ] 양측</td></tr>
<tr><td>평상시에 휠체어나 병상에 누워지내지 않음</td><td>[ ] 예 [ ] 아니오 [ ] 미상</td><td>구음장애</td><td>[ ] 정상 [ ] 비정상</td></tr>
<tr><td>혈당 수치 60~400 mg/dL</td><td>[ ] 예 [ ] 아니오 [ ] 미상</td><td>최종 결과</td><td>[ ] 음성 [ ] 양성</td></tr>
</table>

- 혼수상태가 아니고 외상도 없는 급성 증상의 신경학적 결손증상을 보이는 환자에서 표준 뇌졸중 척도 항목에 모두 해당되되는 경우 급성 뇌졸중의 가능성이 있음으로 병원에 사전 연락하여 치료체제를 갖추도록 한다.
- 병원 전 뇌졸중 선별검사 (우측)에서 이전의 뇌졸중 후유증이 아닌 새로 생긴 신경학적 결손이 하나라도 있으면 양성으로 판단한다.
- <u>뇌혈관계 응급환자에게 혈당검사를 시행하여, 혈당수치가 정상범위에서 벗어난 경우 저혈당은 의료지도하에 50% 포도당 50cc를 정맥주사 하도록 하며, 환자 의식이 회복되면 신경학적 평가를 다시 시행하도록 한다.</u>
- <u>혈당이 비정상 (60이하 혹은 400이상)인 경우 의료지도를 요청하여 필요한 처치 (포도당주사 혹은 생리식염수주사)를 지도 받도록 한다.</u>

③ 병원 전 뇌졸중 선별검사(우측)

<table>
<tr><td rowspan="8">표준 뇌졸중 척도</td><td>실시하지 않았을 경우 사유</td><td colspan="3">[ ] 환자/보호자거부 [ ] 기타 ( )
[ ] 뇌졸중 의심되지 않음(사유 :) ⇨ 아래 항목 기록하지 않음</td></tr>
<tr><td>병원 전 뇌졸중 선별검사 (오른쪽)</td><td>[ ] 양성 [ ] 음성 [ ] 미상</td><td colspan="2" rowspan="2">병원 전 뇌졸중 선별검사</td></tr>
<tr><td>나이 ≥ 45세</td><td>[ ] 예 [ ] 아니오 [ ] 미상</td></tr>
<tr><td rowspan="2">뇌전증(간질) 및 경련 병력</td><td rowspan="2">[ ] 없음 [ ] 있음 [ ] 미상</td><td>의식저하로 협조안됨</td><td>[ ] 아니오 [ ] 예 -> 예인 경우 병원 전 뇌졸중 선별검사 양성으로 구별</td></tr>
<tr><td>얼굴마비</td><td>[ ] 정상 [ ] 좌측 [ ] 우측 [ ] 양측</td></tr>
<tr><td>증상 발생 24시간 이내</td><td>[ ] 예 [ ] 아니오 [ ] 미상</td><td>팔 위약</td><td>[ ] 정상 [ ] 좌측 [ ] 우측 [ ] 양측</td></tr>
<tr><td>평상시에 휠체어나 병상에 누워지내지 않음</td><td>[ ] 예 [ ] 아니오 [ ] 미상</td><td>구음장애</td><td>[ ] 정상 [ ] 비정상</td></tr>
<tr><td>혈당 수치 60~400 mg/dL</td><td>[ ] 예 [ ] 아니오 [ ] 미상</td><td>최종 결과</td><td>[ ] 음성 [ ] 양성</td></tr>
</table>

- <u>신시네티 병원 전 뇌졸중 선별검사(Cincinnati Prehospital Stroke Scale, CPSS)는 안면의 편측 하수 (facial droop), 팔의 편측 근력 저하 (arm drift), 발음이상 (speech) 세가지로 평가하며 1가지라도 해당되면 72%의 확률로 뇌졸중이 있으며, 3가지 모두 해당되면 85% 확</u>

률로 뇌졸중을 발견하는 재현성이 좋고 민감도도 좋은 선별검사이다.

- 구급대원은 얼굴마비를 평가하기 위해 이마를 찡그리거나 혀를 내밀거나, 입을 오므리는 등의 이학적 검진을 실시한다.
- 구급대원은 팔의 편측 근력저하를 평가하기 위해 양측 눈을 감고 손바닥을 위로 해 양 팔을 똑바로 앞으로 뻗어 10초간 유지시킨다. 한쪽이 내측으로 회전하면서 떨어지거나, '탁'하고 떨어지면 마비가 있다고 판단한다.
- 구급대원은 환자가 혀가 잘 돌아가지 않아 구음장애가 있는지 혹은 발음이 불가능하거나 부적절한 언어를 사용하는 실어 등이 있는지를 평가하고 기록 한다.
- 얼굴마비나 팔 위약이 하나라도 비대칭이거나 발음이 비정상이면 '양성'임. 좌우 모두 마비가 있으면, 선별검사 양성이 아니다.
- 환자가 급성 의식저하로 병원 전 뇌졸중 선별검사를 시행하지 못하는 경우 최종 결과는 양성으로 구별한다.
- 환자 협조가 안되거나 거부할 경우에도 표준 뇌졸중 척도를 평가하기 위해 최대한 노력한다.

6 뇌졸중 중증도 평가

뇌졸중 중증도 평가	주시편위	[ ] 없음 [ ] 있음 [ ] 미상	나이/시간(월) 지남력	[ ] 정상 [ ] 비정상 [ ] 미상
	팔 위약	[ ] 정상 [ ] 비정상 [ ] 미상	눈감기/손잡고 펴기 동작 수행	[ ] 정상 [ ] 비정상 [ ] 미상
	최종 중증도 평가 결과		[ ] 음성 [ ] 양성 [ ] 미상	

- 신시네티 병원 전 뇌졸중 선별검사(Cincinnati Prehospital Stroke Scale, CPSS)는 뇌졸중 여부를 빠르게 선별하기 위한 도구이며, 신시네티 뇌졸중 분류 평가 도구(Cincinnati Stroke Triage Assessment Tool, CSTAT)은 뇌졸중의 중증도를 평가하기 위한 도구이다. 중증 뇌졸중 환자의 경우 뇌혈관 근위부나 내경동맥의 폐쇄가 동반된 경우가 있어 혈전제기술을 시행하는 것이 도움이 될 수 있다. 최근 연구에서 동맥 폐쇄가 동반된 중증 뇌졸중 환자에서 마지막으로 정상 상태를 확인한 16-24시간 내에 혈전제거술을 시행한 환자에서 그렇지 않은 환자보다 뇌졸중의 후유증이 적었다는 보고가 있었다.
- 주시편위는 양쪽 눈이 한쪽 방향으로 쏠려있는 경우를 의미한다. 환자에 따라서 쏠린 반대편으로 눈을 일부 움직일 수도 있으며, 아예 움직이지 못할 수도 있는데 모두 비정상으로 판단한다.
- 팔위약정도는 신시내티 병원 전 뇌졸중 선별검사와 동일한 방식으로 확인한다. 양측 눈을 감고 손바닥을 위로 해 양 팔을 똑바로 앞으로 뻗어 10초간 유지시킨 후 한쪽이라도 팔이 내측으로 회전하면서 떨어지거나, '탁'하고 떨어지면 비정상으로 판단한다.
- 나이/시간(월) 지남력은 환자에게 나이와 현재 달(current month)에 대한 질문을 하여 확인한다. 두가지 질문 중에 하나라도 제대로 답하지 못하면 비정상으로 판단한다.
- 눈감기/손잡기 펴기 동작 수행은 환자에게 눈감기와 손고 펴기의 동작을 수행하게 하여 확인한다. 두가지 동작 중에 하나라도 제대로 하지 못하면 비정상으로 판단한다.

○ 뇌졸중 중증도 평가 개별 검사 결과를 통해 뇌졸중 중증도 점수를 확인할 수 있다. 주시편위가 있는 경우 2점 (없는 경우 0점), 팔 위약이 있는 경우 1점(없는 경우 0점)을 부여한다. 나이/시간(월) 지남력과 눈감기/손잡고 펑기 동작 수행 모두 비정상인 경우 1점을 부여하며, 2개 중 1개라도 정상인 경우에는 0점을 부여한다. 총 4점중 2점 이상인 경우 최종 중증도 평가 양성으로 구별하며, 중증 뇌졸중 환자로 판단한다.

7 뇌졸중 과거력

① 뇌졸중 과거력 유무

<table>
<tr><td rowspan="3">뇌졸중 과거력</td><td colspan="3">[ ] 없음</td></tr>
<tr><td rowspan="2">[ ] 있음</td><td>발생 유형</td><td>[ ] 허혈성 [ ] 출혈성 [ ] 미상</td></tr>
<tr><td>뇌졸중 후유 장애</td><td>[ ] 없음 [ ] 있음 (내용 :)</td></tr>
</table>

○ 환자가 뇌졸중의 과거력이 있으면, 구급대원은 뇌졸중이 허혈성인지 출혈성인지 문진하여 기록하도록 하며, 또한 후유 장애로 인해 팔 다리의 위약이나 발음 이상 등의 증상이 남아있었는지 확인한다.

○ 뇌졸중 선별검사 시에 이전의 후유증과 비교하여 이상이 있는 소견만을 양성 소견으로 판단한다.

② 뇌졸중 과거력 발생 유형

<table>
<tr><td rowspan="3">뇌졸중 과거력</td><td colspan="3">[ ] 없음</td></tr>
<tr><td rowspan="2">[ ] 있음</td><td>발생 유형</td><td>[ ] 허혈성 [ ] 출혈성 [ ] 미상</td></tr>
<tr><td>뇌졸중 후유 장애</td><td>[ ] 없음 [ ] 있음 (내용 :)</td></tr>
</table>

○ 환자가 뇌졸중의 과거력이 있으면, 구급대원은 뇌졸중이 허혈성인지 출혈성 인지 문진하여 하도록 한다.

○ 허혈성의 경우 현재 항혈전제나 항응고제 등의 복용력을 추가로 문진하여 환자 평가 및 금번 이벤트의 원인 감별에 추가적으로 사용 할 수 있다.

8 혈전용해제 금기증

혈전용해제 금기증	[ ]3개월 이내 허혈성 뇌졸중 [ ]3개월 이내 중증 두부외상 [ ]3개월 이내 두개내/척추 수술 [ ]뇌출혈 [ ]21일 이내 위장관 출혈 [ ]응고장애 [ ]항응고약제 사용 중 [ ]감염성 심내막염 [ ]대동맥박리 [ ]미상

○ 환자의 혈전용해제 금기증을 확인한다. 3개월 이내에 허혈성 뇌졸중, 중증 두부외상, 두개내/척추 수술을 시행한 경우 금기에 해당하며 기간과 관계없이 이전 뇌출혈의 병력이 있었거나, 21일 이내에 위장관 출혈이 있었던 환자도 금기에 해당한다. 그 외 응고장애가 있거나 항응고약제를 사용하는 환자, 감염성 심내막염이나 대동맥박리 환자들도 금기에 해당한다.

9 일반 공통정보

① 헬기이송요청

헬기 이송 요청	[ ]아니요 [ ]연락 실패 [ ]예	병원 사전 연락	[ ]아니요 [ ]연락 실패 [ ]예
담 당 자	[ ]의사 [ ]간 호사 [ ]1급 응급구조사 [ ]2급 응급구조사 계급 : 성명 : (서명 또는 인)		

○ 혼수상태가 아니고 외상도 없는 급성 증상의 신경학적 결손증상을 보이는 환자에게 있어 표준뇌졸중 척도 검사상 1~6 모두 해당되면 뇌졸중의 가능성이 있음으로 판단

○ 마지막으로 정상상태를 확인한 시각(Last Normal Time)이 6시간 이내인 환자가 혈전용해술 치료가 가능한 병원까지의 이송거리 30 km 이상 혹은 이송시간 1시간 이상 소요될 것으로 예상되는 경우 구급대원은 헬기 이송을 요청한다.

② 병원사전연락

헬기 이송 요청	[ ]아니요 [ ]연락 실패 [ ]예	병원 사전 연락	[ ]연락 실패 [ ]예 [ ]아니요 (사유 ( )
담 당 자	[ ]의사 [ ]간 호사 [ ]1급 응급구조사 [ ]2급 응급구조사 계급 : 성명 : (서명 또는 인)		

○ 환자의 주 증상, 심혈관 위험도 평가 및 표준 뇌졸중 척도의 결과 심뇌혈관 질환이 의심되는 경우는 병원 사전연락을 하도록 한다. 병원 사전 연락을 시행하지 않은 경우 사유를 기록한다.

※ 뇌혈관계 해당되는 경우 가까운 지역응급의료센터 이상의 의료 기관으로 이송함을 원칙으로 하되, 지역별 여건에 따라 의료지도 등을 받아 치료 가능한 가까운 지역응급의료기관으로 이송할 수 있다.

PART 02 구급활동 기록

기출 및 예상문제

01 **구급활동 기록내용에서 틀린 것은?**

① 소속 소방관서에 3년간 보관하여야 한다.
② 기록지 결재는 구급대를 미 운영하는 지역은 소방서장이 결재하도록 한다.
③ 환자 인적사항은 성명, 나이, 성별, 생년월일을 기재한다.
④ 환자 발생 위치의 주소를 기재하며, 최소한 시・군・구 까지는 확인해야 한다.

해설 ✪ 결재란의 경우 구급대로 운영하는 지역은 119구급대장, 미운영하는 지역은 안전센터장이 결재하도록 한다. 예) 안전센터장이 없는 경우 부서의장이 결재

02 **GCS의식상태 측정에서 다음 내용과 관계 깊은 것은?**

고함소리에 눈을 뜸, 꼬집었더니 손을 뿌리침, 계속 응얼거리고 있음

① 6점　　② 7점
③ 8점　　④ 9점

해설 ✪ GCS 의식상태

고함소리에 눈을 뜸 3, 꼬집었더니 손을 뿌리침 4, 계속 응얼거리고 있음 2

03 **니트로글리세린 투약에 대한 설명으로 틀린 것은?**

① 니트로글리세린은 병원 전 1알(0.3~0.6mg)을 5~10분 간격으로 5회까지 투여 가능하다.
② 구급대 도착 전 이미 3회 이상 복용하였을 경우 추가투여를 하지 않음
③ 구급대원은 심혈관계 응급환자에게 니트로글리세린의 금기증이 아닌 경우 병원 전 1알(0.3~0.6mg)을 5~10분 간격으로 3회까지 투여 가능하다.
④ 니트로글리세린 투약 후 수축기 혈압이 90 mmHg 이하로 저하되는 경우 구급대원은 정맥로 확보 후 생리식염수 500 mL를 정주하고, 의료지도를 요청한다.

해설 ✪ 니트로글리세린은 병원 전 1알(0.3~0.6mg)을 5~10분 간격으로 3회까지 투여 가능하다.

정답 01. ②　02. ①　03. ①

04 구급대원이 응급환자에 대한 헬기 요청사항으로써 옳은 것은?

ST 분절 상승 심근경색 혹은 협심증의 증상과 함께 수축기 혈압 90 이하로 저하 혹은 심인성 폐부종, 쇽증상, 지속되는 통증이 있는 환자 등 응급 재관류의 적응증이 되는 증상발생 ( )시간 이내의 환자가 재 관류 치료가 가능한 병원까지의 이송거리 ( )km 이상 혹은 이송시간 1시간 이상 소요될 것으로 예상되는 경우 구급대원은 헬기 이송을 요청한다.

① 12, 30
② 24, 50
③ 12, 50
④ 24, 30

해설 ✪ ST 분절 상승 심근경색 혹은 협심증의 증상과 함께 수축기 혈압 90 이하로 저하 혹은 심인성 폐부종, 쇽증상, 지속되는 통증이 있는 환자 등 응급 재관류의 적응증이 되는 증상발생 12시간 이내의 환자가 재관류 치료가 가능한 병원까지의 이송거리 30 km 이상 혹은 이송시간 1시간 이상 소요될 것으로 예상되는 경우 구급대원은 헬기 이송을 요청한다.

05 신시네티 병원 전 뇌졸중 선별검사 평가대상이 아닌 것은?

① 안면의 편측 하수 (facial droop)
② 팔의 편측 근력 저하 (arm drift),
③ 정상상태확인(Last Normal)
④ 발음이상 (speech)

해설 ✪ 신시네티 병원 전 뇌졸중 선별검사(Cincinnati Prehospital Stroke Scale, CPSS)는 안면의 편측 하수 (facial droop), 팔의 편측 근력 저하 (arm drift), 발음이상 (speech) 세가지로 평가하며 1가지라도 해당되면 72%의 확률로 뇌졸중이 있으며, 3가지 모두 해당되면 85% 확률로 뇌졸중을 발견하는 재현성이 좋고 민감도도 좋은 선별검사이다.

06 뇌졸중 중증도 평가방법에서 “팔 위약 정도”에 대한 설명으로 틀린 것은?

① 신시내티 병원 전 뇌졸중 선별검사와 동일한 방식으로 확인한다.
② 눈감기/손잡기 펴기 동작 수행은 환자에게 눈감기와 손고 펴기의 동작을 수행하게 하여 확인한다.
③ 한쪽 눈을 감고 손바닥을 아래로 해 양 팔을 똑바로 위로 뻗어 10초간 유지시킨다.
④ 후 한쪽이라도 팔이 내측으로 회전하면서 떨어지거나, ‘탁’하고 떨어지면 비정상으로 판단한다.

해설 ✪ 팔 위약정도는 신시내티 병원 전 뇌졸중 선별검사와 동일한 방식으로 확인한다. 양측 눈을 감고 손바닥을 위로 해 양 팔을 똑바로 앞으로 뻗어 10초간 유지시킨 후 한쪽이라도 팔이 내측으로 회전하면서 떨어지거나, ‘탁’하고 떨어지면 비정상으로 판단한다.

정답 04. ① 05. ③ 06. ③

07 뇌졸중 중증도 평가 개별 검사결과 방법으로 옳은 것은?

① 주시편위가 있는 경우 2점, 없는 경우 1점
② 팔 위약이 있는 경우 1점, 없는 경우 0점
③ 나이/시간(월) 지남력과 눈감기/손잡고 평기 동작 수행 모두 비정상인 경우 0점
④ 나이/시간(월) 지남력과 눈감기/손잡고 2개 중 1개라도 정상인 경우에는 1점을 부여한다.

해설 ✪ 뇌졸중 중증도 평가 개별 검사결과를 통해 뇌졸중 중증도 점수를 확인할 수 있다. 주시편위가 있는 경우 2점 (없는 경우 0점), 팔 위약이 있는 경우 1점(없는 경우 0점)을 부여한다. 나이/시간(월) 지남력과 눈감기/손잡고 평기 동작 수행 모두 비정상인 경우 1점을 부여하며, 2개 중 1개라도 정상인 경우에는 0점을 부여한다. 총 4점중 2점 이상인 경우 최종 중증도 평가 양성으로 구별하며, 중증 뇌졸중 환자로 판단한다.

08 혈전용해제 "금기증"에 해당되지 않는 것은?

① 3개월 이내에 허혈성 뇌졸중, 중증 두부외상, 두 개내 / 척추 수술을 시행한 경우
② 3개월 이전 뇌출혈의 병력이 있었던 환자
③ 21일 이내에 위장관 출혈이 있었던 환자
④ 응고장애가 있거나 항응고약제를 사용하는 환자, 감염성 심내막염이나 대동맥박리 환자

해설 ✪ 혈전용해제 금기증
환자의 혈전용해제 금기증을 확인한다. 3개월 이내에 허혈성 뇌졸중, 중증 두부외상, 두개내/척추 수술을 시 행한 경우 금기에 해당하며 기간과 관계없이 이전 뇌출혈의 병력이 있었거나, 21일 이내에 위장관 출혈이 있었던 환자도 금기에 해당한다. 그 외 응고장애가 있거나 항응고약제를 사용하는 환자, 감염성 심내막염이나 대동맥박리 환자들도 금기에 해당한다.

정답 07. ② 08. ②

Memo

부록

21년~14년 소방전술 승진시험 복원문제

21년 소방위 승진시험 복원문제

01 **고층화재진압요령으로 아닌 것은?**

① 화점층 및 화점상층의 인명구조 및 피난유도를 최우선으로 한다.
② 1차 경계범위는 당해 화재구역의 직하층으로 한다.
③ 발화층이 3층 이상인 경우에는 원칙적으로 연결송수관을 활용한다.
④ 진입대의 활동거점은 화점층의 특별피난계단 부속실에 확보하는 것을 원칙으로 한다.

02 **재해예방대책에서 관리적 대책이 아닌 것은?**

① 부적절한 태도시정
② 적합한 기준 설정
③ 관리자 및 지휘자의 솔선수범
④ 부단한 동기 부여와 사기 향상

03 **붕괴취약부분에 대한 설명으로 맞는 것은?**

① 내화구조 : 콘크리트 바닥 층의 강도
② 준 내화구조 : 벽 붕괴
③ 중량 목구조 : 철재구조의 지붕붕괴
④ 경량 목구조 : 지붕과 바닥 층을 지탱하는 트러스트 구조의 연결부분

04 **재난사태 선포절차에 대한 설명으로 틀린 것은?**

① 행정안전부장관이 직접 선포할 수는 있다.
② 중앙위원회 심의를 거쳐야 한다.
③ 재난이 추가적으로 발생 우려가 없어진 경우 중앙위원회 심의 후 해제하여야 한다.
④ 재난사태를 선포한 경우 지체 없이 중앙위원회 승인을 받아야 한다.

정답 01. ② 02. ① 03. ① 04. ③

05 재난현장 프리핑 절차에 대한 설명으로 틀린 것은 ?

① 브리핑 시점은 가급적 상황 발생 후 2시간 이내 실시
② 언론프리핑은 통제단장이 최우선으로 실시한다.
③ 환자분류, 이송 등 응급환자 관련 사항은 응급의료소장이 진행
④ 브리핑은 정기적으로 실시하고 차후 브리핑 시간 사전 예고

06 건물화재 시 연소 확산을 위한 가장 우선되는 배연순서는?

① 지붕가장자리
② 상층창문
③ 지붕중앙
④ 출입문

07 동적로프에 대한 설명으로 옳은 것은?

① 신장율이 5% 미만 정도로 하중을 받아도 잘 늘어나지 않는다.
② 마모 내구성이 강하고 파괴력에 견디는 힘이 높다.
③ 유연성이 낮아 조작이 불편하고 추락 시 하중이 그대로 전달되는 결점이 있다.
④ 산악구조 활동과 장비의 고정 등에 적합하다.

08 다음 GCS(그로스 고우 혼수척도) 점수가 옳은 것은?

가볍게 두드렸을 때 눈 못 뜸 1, 강한 자극에 웅얼거림 2, 고함소리에 눈뜸 3

※ 6점

09 설명 소방자동차에 적용되는 포 혼합방식은?

① 펌프 프로포셔너
② 프레져사이드 프로포셔너
③ 프레져 프로포셔너
④ 라인 프로포셔너

정답 05. ② 06. ③ 07. ④ 08. 6점 09. ①

10 연결송수관 송수요령으로 틀린 것은?

① 송수계통이 2 이상일 때는 연합송수가 되므로 송수구 부분의 송수압력이 같아지도록펌프를 운용한다.
② 송수압력은 3층 이하는 0.5Mpa, 5층 이상은 1.5Mpa를 원칙으로 한다.
③ 뒤에서 송수하는 펌프차대는 약 10%정도 높은 압력으로 송수한다.
④ 송수는 단독 펌프차대의 2구 송수를 원칙으로 한다.

11 공기호흡기 유지관리사항에 대한 설명으로 틀린 것은?

① 용기를 90일 이상 보관할 때는 항상 비워서 보관한다.
② 고압조정기와 경보기 부분은 분해조정 하지 않는다.
③ 공기의 누설을 점검할 때는 개폐밸브를 서서히 열어 압력계 지침이 가장 높이 상승하는 것을 기다려 개폐밸브를 잠근다.
④ 용기는 고온 직사광선을 피하여 보관, 충격을 받지 않도록 조심스럽게 다룬다.

12 다음은 소방차량의 안전수칙에 대한 내용으로 옳지 않은 것은?

① 고가차 장비 설치 시 전, 후, 좌, 우 최대 5도 이상 기울이지 않는다.
② 굴절붐 장비 설치 시 전, 후, 좌, 우 최대 5도 이상 기울이지 않는다.
③ 주차 시에는 주차 브레이크를 체결하고 고임목으로 차량을 고정시킨다.
④ 고가 및 굴절 사다리차는 일반적으로 무게중심이 아래에 있다.

13 신생아 처치요령에 대한 설명으로 틀린 것은?

① 구형흡입기로 우선 입을 흡인하고 그 다음에 코를 흡인한다.
② 입과 코 주변의 분비물은 소독된 거즈로 닦아낸다.
③ 호흡이 있으나 팔다리에 약간의 청색증이 있다면 그냥 두도록 한다.
④ 자발적으로 호흡이 없으면 발바닥을 치켜들고 손바닥으로 치도록 한다.

14 특수현상 징후로써 다음 내용과 관계 깊은 것은?

누출된 인화성액체가 고여 있는 곳이나 위험물 탱크에서 화재가 발생한 상황

① 풀 파이어(Pool fire) ② 플래임오버(Flameover)
③ 롤오버(Rollover) ④ 보일오버(boil over)

정답 10. ② 11. ① 12. ④ 13. ④ 14. ①

15 아세톤 냄새가 나는 환자에 대한 처치와 관계있는 것은 ?

① 인슐린 주사를 맞은 후 음식물 섭취를 하지 못한 경우
② 인슐린 복용 후 음식물을 토한 경우
③ 평소보다 힘든 운동이나 작업을 했을 경우
④ 인슐린과 구강용 혈당저하제투여

16 다음 설명 중 틀린 것은?

① 화학보호복은 유독물질에 장시간 노출되어 오염되었을 경우에는 폐기를 권장한다.
② 미지근한 물에 중성 세제를 알맞게 풀어 로프를 충분히 적시고 흔들어 모래나 먼지가빠져나가도록 한다.
③ 로프는 그늘지고 통풍이 잘되는 곳에 보관하도록 한다.
④ 로프를 사리고 끝처리로 너무 단단히 묶어두지 않도록 한다.

17 구조대원이 갇혔거나 길을 잃은 경우에 행동요령으로 틀린 것은?

① 혼자서 탈출해야 하는 경우 가장 손쉬운 방법은 호스를 따라서 나가는 것이다.
② 커플링의 결합부위를 찾아서 암 커플링이 향하는 쪽으로 기어 나간다.
③ 의식이 흐려지면 랜턴이 천장을 비추도록 놓고 출입문 가운데나 벽에 누워서 발견되기 쉽게 한다.
④ 구조대원은 벽을 따라서 진입하기 때문에 벽 주변에 있으면 발견이 용이하다.

18 START 중증도 분류법에 대한 설명으로 바르지 못한 것은?

의식이 명료하고, 호흡수 27회/분 이하, 맥박 미약함

① 긴급
② 응급
③ 지연
④ 비 응급

19 감염노출 후 처치자가 실시해야 할 사항으로 잘못된 것은?

① 피부에 상처가 난 경우는 즉시 찔리거나 베인 부위의 피를 막고 소독제를 바른다.
② 필요한 처치 및 검사를 48시간 이내에 받을 수 있도록 한다.
③ 기관의 감염노출 관리 과정에 따라 보고하고 적절한 조치를 받는다.
④ 점막이나 눈에 환자의 혈액이나 체액이 노출된 경우는 노출부위를 흐르는 물이나 식염수로 세척하도록 한다.

정답 15. ④ 16. ① 17. ② 18. ② 19. ①

20 GHS 인화성 표시로 틀린 것은?

21 화재전술 특징 설명으로 옳은 것은?

호스연장 시 호스를 화재 건물과 가까이 두고 연장하지 않도록 하는 것은 화재건물의 낙하물체나 고열의 복사열에 의한 호스손상을 방지하여 결과적으로 진압활동이나 인명구조시 엄호주수가 완전히 이루어질 수 있도록 하기 위한 것이다.

① 일체성 ② 특이성
③ 양면성 ④ 반복성

22 건물동수 산정으로 맞는 것은?

① 건널 복도 등으로 2 이상의 동에 연결되어 있는 것은 그 부분을 절반으로 분리하여 각동으로 본다.
② 독립된 건물과 건물 사이에 차광막, 비막이 등의 덮개를 설치하고 그 밑을 통로 등으로 사용하는 경우는 같은 동으로 한다.
③ 구조에 관계없이 지붕 및 실이 하나로 연결되어 있는 것은 다른 동으로 본다.
④ 목조 또는 내화조 건물의 경우 격벽으로 방화구획이 되어 있는 경우도 다른 동으로 한다.

23 가연물질의 구비조건으로 잘못된 것은?

① 연쇄반응을 일으킬 수 있는 물질이어야 한다.
② 산소와 결합할 때 발열량이 커야 한다.
③ 표면적이 적은 물질이어야 한다.
④ 열전도의 값이 커야 한다.

정답 20. 21. ① 22. ① 23. ④

24 다음 내용과 관계 깊은 것은?

① 관절을 지지하거나 둘러싼 ( )의 파열이나 비정상적인 잡아당김으로 발생한다.
② 먼 쪽 청색증이나 맥박 촉지가 안 될 때에는 부드럽게 손으로 ( )하여 관절을 재 정렬한다.
③ 긴 척추고정판에 환자를 고정하고, PMS(팔다리의 순환, ( ), ( )을 확인한다.

※ 인대, 견인, 운동, 감각기능(PMS)

25 구급활동일지 다음 설명 중 맞는 것은?

① 감염성 질병에 걸린 요구조자와 접촉한 경우에는 그 사실을 안 때부터 72시간 이내에 소방청장 등에게 보고하여야 한다
② 구급활동 상황기록은 소속 소방관서에 3년간 보관한다.
③ 구조거절 확인서를 작성하여 소방청장에게 보고한다.
④ 소방센터별로 119감염관리실을 1개소 이상 설치하여야 한다.

정답 **24.** 인대, 견인, 운동, 감각기능(PMS) **25.** ②

21년 소방장 승진시험 복원문제

01 화재초기 열이 물체를 통하여 전달되는 현상은?

① 전도 ② 대류
③ 복사 ④ 비화

02 화재전술 특징 설명으로 옳은 것은?

> 호스연장 시 호스를 화재 건물과 가까이 두고 연장하지 않도록 하는 것은 화재건물의 낙하물체나 고열의 복사열에 의한 호스손상을 방지하여 결과적으로 진압활동이나 인명구조시 엄호주수가 완전히 이루어질 수 있도록 하기 위한 것이다.

① 일체성 ② 특이성
③ 양면성 ④ 반복성

03 START 분류법에서 응급환자에 대한 설명으로 옳은 것은?

① 의식 장애, 호흡수 30회/분 이상, 노뼈동맥 촉진 가능
② 의식 장애, 호흡수 30회/분 이상, 노뼈동맥 촉진 불가능
③ 의식 명료, 호흡수 30회/분 이하, 노뼈동맥 촉진 가능
④ 기도 개방 후에도 무호흡, 무맥

04 용어 설명으로 옳은 것은?

① 소독 : 물리적, 화학적 과정을 통하여 모든 미생물을 완전하게 제거하고 파괴시키는 것
② 살균 : 미생물 중 병원성 미생물을 사멸시키기 위한 물질을 말한다.
③ 멸균 : 생물체가 아닌 환경으로부터 세균의 아포를 제외한 미생물을 제거하는 과정이다.
④ 세척 : 진균과 박테리아의 아포를 포함한 모든 형태의 미생물을 파괴하는 것

정답 01. ① 02. ① 03. ③ 04. ②

05 **산소중독 증상으로 옳지 않은 것은?**

① 산소 최소 한계량, 최대 허용량은 산소 함유량과 관계없고 산소 부분압과 관계있다.
② 현기증, 호흡곤란, 발작, 멀미, 근육경련 증상 나타남
③ 산소 부분압이 0.16 기압 이하가 되면 저산소증이 발생하고 산소 분압이 1.4~1.8 기압이 될 때 나타난다.
④ 산소의 부분압이 0.6 대기압 이상인 공기를 장시간 호흡할 경우 중독되는데 부분압이이보다 더 높으면 중독이 더 빨리된다.

06 **소방자동차 운용에 대한 설명으로 틀린 것은?**

① 화점 위치에서 가까운 곳, 화염에서 안전한 곳에 차량을 부서한다.
② 주차 브레이크를 확실히 체결한 후 고임목을 타이어 앞, 뒤로 확실하게 고정한다.
③ 엔진 오일과 P.T.O오일의 온도를 90℃ 이하로 유지하기 위하여 냉각수 밸브를 개방하여 열을 식혀준다.
④ 동절기 방수 후에는 체크밸브를 이용 소방펌프에 부동액을 채워 동파방지 한다.

07 **유류화재 중 탱크가 파열되고 가장 위험성이 큰 것은?**

① 후로스오버
② 보일오버
③ 오일오버
④ 슬롭오버

08 **다음 중 화상환자에 대한 성인의 중증도 분류에서 "중증"이 아닌 것은?**

① 흡인화상이나 골절을 동반한 화상
② 체표면적 10% 이상의 3도 화상인 모든 환자
③ 체표면적 25% 이상의 2도 화상인 10세 이상 50세 이하의 환자
④ 2체표면적 15% 이상, 25% 미만의 2도 화상인 10세 이상 50세 이하의 환자

09 **공기포에 대한 설명으로 옳지 않은 것은?**

① 산성액과 알칼리성액의 화학 반응에 의해 발생되는 탄산가스를 핵으로 한 포이다.
② 물과 약제의 혼합액의 흐름에 공기를 불어 넣어서 발생시킨 포이다.
③ 기계적으로 발생시켰기 때문에 기계포(mechanical foam)라고도 부른다.
④ 기계포는 팽창비에 따라 저팽창포, 중팽창포, 고팽창포로 나눌 수 있다.

정답 05. ③ 06. ④ 07. ③ 08. ④ 09. ①

10 **다음설명 중 옳지 않은 것은?**

① 윈치 등을 이용하여 로프를 설치하는 경우 로프의 인장력을 초과하여 당기기 쉬우므로 사용하지 말아야 한다.
② 산소결핍 여부를 측정할 때는 반드시 공기호흡기를 장착하고 맨홀 등의 주변에서 개구부를 향하여 순차적으로 행한다.
③ 운항 중에는 횡파를 받아 전복할 우려가 있으므로 파도와 직각으로 부딪히지 않도록 항해에 주의한다.
④ 잠수대원은 질병 또는 피로 등 신체적 정신적 이상이 있을 때는 잠수하지 않는다.

11 **3D 주수기법에 대한 설명으로 옳은 것은?**

연소 가연물에 직접 주수하여 화재 진압을 하는 방법을 말한다.

① 펄싱 ② 페인팅
③ 펜슬링 ④ 미디움펄싱

12 **다음 GCS(그로스 고우 혼수척도) 점수가 옳은 것은?**

가볍게 두드렸을 때 눈 못 뜸 1, 강한 자극에 웅얼거림 2, 고함소리에 눈뜸 3

※ 6점

13 **혈관계, 순환계 설명으로 옳은 것은?**

① 들숨은 수동적인 과정으로 가로막과 늑간근이 이완된다.
② 소아는 비강호흡을 하고 호흡수는 15~30회다.
③ 혈압이 낮으면 충분한 혈액을 공급받지 못해 조직은 손상을 받는다.
④ 혈압은 좌심실의 피를 뿜어낼 때 올라가고 이를 이완 기압이라 한다.

정답 10. ① 11. ③ 12. 6점 13. ①

14 연소생성물 옳은 것은?

> 질소성분을 가지고 있는 합성수지, 동물의 털, 인조견 등의 섬유가 불완전 연소할 때 발생하는 맹독성 가스로 0.3%의 농도에서 즉시 사망할 수 있다.

① COCl2　　② SO2
③ HCl　　④ NH3

15 내부에서의 화점확인방법에 대한 설명으로 아닌 것은?

① 연기가 있는 최하층을 확인한다.
② 연기는 화점에서 멀수록 농도는 진하고 유동은 빠르다.
③ 문 개방 시 벽이나 창, 상층의 바닥에 온도변화를 확인할 때는 바닥에 손을 접촉한다.
④ 옥내외 연기가 있는 경우는 공조설비 등을 즉시 중지시킨다.

16 산화성고체 표지판 그림 옳은 것은?

17 지하화재 시 소화방법으로 틀린 것은?

① 소화는 분무, 직사 또는 포그 방수로 한다.
② 농연열기가 충만하여 진입이 곤란한 경우에는 상층부 바닥을 파괴한다.
③ 진입구와 배기구를 구분하여 배기구 측에서 고발포를 방사하여 질식 소화한다.
④ 공기의 유입이 적기 때문에 연소가 완만하지만 시간이 경과함에 따라 복잡한 연소상태를 나타낸다.

정답 14. ① 15. ② 16. 17. ③

18 구조활동에 대한 설명으로 옳은 것은?

① 출동경로를 최단거리로 한다.
② 출동 중 필요 시 응원요청을 한다.
③ 명령의 통일성을 유지하기 위해 자의적인 단독행동은 필요하다.
④ 내부에 가스렌지를 켜놓은 단순 문개방 구조는 구조 거절을 할 수 있다.

19 에어백 설명으로 옳은 것은?

① 소형 에어백과 대형 에어백을 겹쳐서 사용하여도 최대 부양능력이 소형 에어백의 능력을 초과하지 못한다.
② 2개의 에어백을 겹쳐 사용하면 능력이 증가한다.
③ 부양되는 물체가 쓰러질 위험이 없기 때문에 3개 이상 겹쳐서 사용가능하다.
④ 에어백은 단단하고 평탄한 곳에 설치하고 날카롭거나 고온인 물체(100℃ 이상)도 안전하다.

20 현장지휘관의 책임완수를 위해 요구되는 행동능력으로서 틀린 것은?

① 행동개시 후에는 즉시 관리자의 역할로 복귀
② 중간점관리 및 부족자원 관리
③ 가정과 사실을 구별하지 않는다.
④ 고독한 방랑자의 관리

21 다음 구조장비 사용에 대한 설명으로 옳은 것은?

① 동적로프는 정적로프보다 추락 시 충격이 더 크다
② 슬링은 같은 굵기 로프보다 강도가 우수하고 등반, 하강 시 자기 확보용으로 사용한다.
③ 안전벨트는 10년 지났어도 외관상 이상 없거나 박음질 부분 뜯어졌다면 교체하여 사용한다.
④ z자형 도르래로 240kg 무게를 들어 올릴 때 필요한 힘은 80kg이다.

22 다음은 감염관리에 대한 설명으로 옳은 것은?

① 신규채용 시 적절한 예방접종을 받을 수 있도록 조치한다.
② 매년 1회씩 모든 응급구조사를 대상으로 건강검사를 실시한다.
③ 결핵피부반응 검사는 2회/년 이상 실시해야 한다.
④ 감염노출 후 필요한 처치 및 거사를 12시간 이내에 받을 수 있도록 조치한다.

정답 18. ② 19. ① 20. ③ 21. ④ 22. ①

23 농연 내 진입요령 중 옳은 것은?

① 2개 이상의 계단통로가 있고 급기계단, 배기계단으로 나뉘어 있을 때는 연기가 적은배기계단으로 진입한다.
② 불꽃이 보이는 실내에서는 중성대가 형성되고 있는 경우가 많기 때문에 방수 전에 신속하게 연소범위를 확인한다.
③ 연소실 내에 진입하는 경우는 벽 부분에 직사방수를 하면서 낙하물이나 도괴물을 제거 후 진입 한다.
④ 관창 팀은 직사주수로 전방 팀을 보호한다.

24 화재원인조사가 아닌 것은?

① 화재지점
② 통보 및 초기소화
③ 열에 의한 탄화
④ 방화시설의 활용

25 유압식전개기 사용방법으로 틀린 것은?

① 전개기의 손잡이를 잡고 사용할 장소까지 옮겨 팁을 벌리고자 하는 부분에 찔러 넣는다.
② 전개기 후면의 밸브를 조작하면 전개기가 작동된다.
③ 사용 후에는 전개기의 팁을 틈새 없이 완전히 닫아두도록 한다.
④ 유압장비는 수중에서도 사용 가능하다.

정답 23. ② 24. ③ 25. ③

21년 소방교 승진시험 복원문제

01 화재조사에 대한 설명으로 틀린 것은?

① 2곳에서 화재 발생 시 화재가 발생한 지역을 관할하는 소방서에서 1건으로 한다.
② 주요구조부가 하나로 연결되어 있는 것은 같은 동으로 한다.
③ 화재가 복합되어 발생한 경우에는 화재의 구분을 화재피해액이 많은 것으로 한다.
④ 화재소실면적 산정은 연면적으로 한다.

02 화재초기 열이 물체를 통하여 전달되는 현상은?

① 전도　② 대류
③ 복사　④ 비화

03 다음 중 제거소화로 볼 수 없는 것은?

① 도로에 방화선 구축한다.
② 가연성가스 공급중단
③ 창고 내부 화재 시 문을 닫고 산소를 차단한다.
④ 전기화재 전원차단

04 현장지휘관의 책임완수를 위해 요구되는 행동능력으로서 틀린 것은?

① 행동개시 후에는 즉시 관리자의 역할로 복귀
② 중간점관리 및 부족자원 관리
③ 가정과 사실을 구별하지 않는다.
④ 고독한 방랑자의 관리

정답 01. ④ 02. ① 03. ③ 04. ③

05 소방호스 지지 · 결속에 대한 설명으로 틀린 것은?

① 5층 이상인 경우 진입층 및 중간층에 결속한다.
② 로프를 매달아 고정할 때는 로프 신장율이 크므로 로프 길이는 짧게 한다.
③ 소방호스의 지지점은 결합부의 바로 밑이 가장 효과적이다.
④ 소방호스에 로프로 걸어 매기를 하는 것이 효과적이며 원칙으로 2본에 1개소를 고정한다.

06 백화점 화재의 화점실 진입방법으로 틀린 것은?

① 방수는 급기측, 배기측으로 구분하고 배기측으로 진입하는 것을 원칙으로 한다
② 불꽃이 보이면 중성대가 형성되어 있으니 신속히 연소범위를 파악한다.
③ 방수는 화점을 정확하게 확인하여 직접방수를 하고 수손방지에 노력한다.
④ 낙하물은 직사방수로 떨어뜨려 안전을 확보한다.

07 3D 주수기법에 대한 설명으로 다음 내용과 관계있는 것은?

연소 가연물에 직접 주수하여 화재 진압을 하는 방법을 말한다.

① 펄싱　　② 페인팅
③ 펜슬링　　④ 미디움펄싱

08 지하실 화재 소화방법으로 틀린 것은?

① 소화는 분무, 직사 또는 포그 방수로 한다.
② 농연열기가 충만하여 진입이 곤란한 경우에는 상층부 바닥을 파괴한다.
③ 진입구와 배기구를 구분하여 배기구 측에서 고발포를 방사하여 질식소화한다.
④ 공기의 유입이 적기 때문에 연소가 완만하지만 시간이 경과함에 따라 복잡한 연소상태를 나타낸다.

09 유류화재 중 탱크가 파열되고 가장 위험성이 큰 것은?

① 후로스오버　　② 보일오버
③ 오일오버　　④ 슬롭오버

정답 05. ④ 06. ① 07. ③ 08. ③ 09. ③

10 cavitation 발생 시 조치사항으로 틀린 것은?

① 흡수관 측 손실을 가장 작게 한다.
② 동일한 회전수와 방수량에서는 방수밸브를 조절한다.
③ 소방펌프 흡수량을 줄이고, 소방펌프의 회전수를 높인다.
④ 흡수관의 스트레이너 등에 이물질이 있는 경우 이를 제거한다.

11 소방안전관리 특성으로 무엇에 대한 설명인가?

호스연장 시 호스를 화재 건물과 가까이 두고 연장하지 않도록 하는 것은 화재건물의 낙하물체나 고열의 복사열에 의한 호스손상을 방지하여 결과적으로 진압활동이나 인명구조시 엄호주수가 완전히 이루어질 수 있도록 하기 위한 것이다.

① 일체성
② 특이성
③ 양면성
④ 반복성

12 구조활동에 대한 설명으로 옳은 것은?

① 출동경로를 최단거리로 한다.
② 출동 중 필요 시 응원요청을 한다.
③ 명령의 통일성을 유지하기 위해 자의적인 단독행동은 필요하다.
④ 내부에 가스렌지를 켜놓은 단순 문 개방 구조는 구조 거절을 할 수 있다.

13 엔진동력장비 조작으로 틀린 것은?

① 2행정은 오일량이 많으면 매연이 심하다.
② 4행정은 연로와 엔진오일을 별도로 주입한다.
③ 고속회전의 장비를 다룰 때는 면장갑을 착용한다.
④ 장비는 견고한 바닥에 설치하고 확실히 고정하여 움직임을 방지한다.

14 매듭 종류 다른 것은?

① 두겹매듭
② 두겹팔자매듭
③ 두겹고정매듭
④ 이중팔자매듭

정답 10. ③ 11. ① 12. ② 13. ③ 14. ①

15 잠수병 종류로써 "공기색전증"에 대한 설명은 ?

① 후유증이 없기 때문에 질소마취에 걸렸다 하더라도 수심이 얕은 곳으로 올라오면 정신이 다시 맑아진다.
② 인체의 산소 사용 가능 범위는 약 0.16기압에서 1.6기압 범위이다.
③ 호흡이 가빠지고 숨이 차며 안면 충혈과 심할 경우 실신하기도 한다.
④ 압력이 높은 해저에서 압력이 낮은 수면으로 상승할 때 호흡을 멈추고 있으면 폐의증세 조직이 파괴된다.

16 붕괴사고현장 구조의 4단계로 옳은 것은?

※ 신속한구조 - 정찰 - 부분잔해 제거 - 일반잔해 제거

17 다음 설명이 설명하는 것은 무엇인가?

환자에게 적절한 치료를 계속 제공하지 못한 것

① 태만
② 유기
③ 면책
④ 거절

18 혈관계, 순환계 설명으로 옳은 것은?

① 들숨은 수동적인 과정으로 가로막과 늑간근이 이완된다.
② 소아는 비강호흡을 하고 호흡수는 15~30회다.
③ 혈압이 낮으면 충분한 혈액을 공급받지 못해 조직은 손상을 받는다.
④ 혈압은 좌심실의 피를 뿜어낼 때 올라가고 이를 이완 기압이라 한다.

19 구급차 현장도착 시 배치요령으로 틀린 것은?

① 차량의 진행방향과 마주보는 경우 경광등과 전조등은 끄고 비상등만 켠다.
② 유독가스가 누출되는 경우 바람을 등진 방향에 위치시킨다.
③ 전선이 끊어지면 전봇대와 전봇대 사이를 반원으로 하는 외곽에 부서한다.
④ 유류적재 차량일 경우 700m 거리에 주차한다.

정답 15. ⑤ 16. 17. ② 18. ① 19. ②

20 다음 설명은 무엇을 설명하는 것인가?

> 입과 코를 동시에 덮어주는 산소공급기구로 작은 구멍의 배출구와 산소가 유입되는 관 및 얼굴에 고정시키는 끈으로 구성되어 있다. 6~10L의 유량으로 흡입 산소농도를 35~60%까지 증가시킬 수 있다.

① 비재호흡마스크
② 단순얼굴마스크
③ 벤트리마스크
④ 코삽입관

21 위험예지훈련 시트 작성의 유의사항으로 옳은 것은?

① 한 장의 시트에 여러 가지 상황을 기입할 것
② 아주 자세한 부분까지 그러넣지 말 것
③ 밝은 분위기가 아닌 어두운 분위기로 그려지는 것이 좋다.
④ 대원의 사고사례가 작은 상황 위주로 선정한다.

22 신체역학적 들어올리기와 잡기에 대한 내용으로 틀린 것은?

① 다리를 약간 벌리고 발끝을 밖으로 향하게 한다.
② 들어 올릴 때 등을 일직선으로 유지하고 다리, 허리 근육을 이용한다.
③ 물체를 가능한 한 몸 가까이 붙여야 한다.
④ 양손은 약 20~30cm 떨어져 손바닥과 손가락으로 손잡이 부분을 충분히 감싼다.

23 항공기 환자이송에 대한 설명으로 틀린 것은?

① 사상자를 항공편으로 후송해야 하는 경우 조종사들은 가능한 한 지표가까이 비행하여야 한다.
② MAST를 착용한 환자는 수시로 압력계를 확인하고 압력을 적정한 수준으로 조절하여야 한다.
③ 육상에서 순환기 질병을 가진 환자들은 고도 증가에 따라 추가적인 질병을 얻게 된다.
④ 기흉, 흉통환자는 가능한 헬기를 이용해 신속히 이송하는 것이 좋다.

정답 20. ② 21 ② 22. ② 23. ④

24 다음은 응급처치의 정의로써 (   )안에 들어갈 내용은?

> 응급의료행위의 하나로서 응급환자의 (   )를 확보하고 (   )의 회복, 그 밖에 (   )의 위험이나 (   )의 현저한 악화를 방지하기 위하여 긴급히 필요로 하는 처치

※ 기도, 심장박동, 생명, 증상

25 소방자동차 운용에 대한 설명으로 틀린 것은 ?

① 화점 위치에서 가까운 곳, 화염에서 안전한 곳에 차량을 부서한다.
② 주차 브레이크를 확실히 체결한 후 고임목을 타이어 앞, 뒤로 확실하게 고정한다.
③ 엔진 오일과 P.T.O오일의 온도를 90℃ 이하로 유지하기 위하여 냉각수 밸브를 개방하여 열을 식혀준다.
④ 동절기 방수 후에는 체크밸브를 이용 소방펌프에 부동액을 채워 동파방지 한다.

정답 24. 기도, 심장박동, 생명, 증상 25. ④

20년 소방위 승진시험 복원문제

01 둔위분만 응급처치 요령으로 옳은 것은?

① 즉각적으로 이송한다.
② 저농도 산소를 공급한다.
③ 골반과 머리를 높인다.
④ 다리를 잡아당기는 등의 분만을 시도한다.

02 잠수표의 원리에 대한 설명으로 "할덴의 이론"과 관계있는 것은?

① 압력 하의 기체가 액체 속으로 용해되는 법칙을 설명하는 것이다.
② 압력이 2배가 되면 2배의 기체가 용해된다는 개념이다.
③ 스쿠버 다이빙 때에 그 압력 하에서 호흡하는 공기 중의 질소가 체내조직에 유입되는 과정과 관계가 있다.
④ 용해되는 압력이 다시 환원되는 압력의 2배를 넘지 않는 한 신체는 감압병으로부터 안전하다.

03 지휘권 확립 8단계 필수적 행동요소 순서는?

지휘권 이양받기 - 지휘소 설치 - 기존의 상황평가 정보 얻기 - 주기적 상황평가 - 1,2차 검색 - 완진 선언 - 현장조사 - 검토회의 주재

04 분무주수에 대한 설명으로 옳은?

① 저속분무주수는 관창 뒤 2m 정도에 여유소방호스를 직경 1.5m 정도의 원이 되도록 하면 반동력은 약 1Mpa로 줄게 된다.
② 중속분무주수는 노즐압력 0.6Mpa 이상, 전개각도 10~30°이상으로 한다.
③ 중속분무주수는 옥내 및 풍상에 유효하며 내부 주수 시 관창가까이 얼굴을 접근 시킨다.
④ 간접공격에 가장 적합한 주수방법은 중속분무다.
거리를 확보할 필요가 있다.

정답 01. ① 02. ④ 03. 04. ②

05 현장안전점검관의 역할 아닌 것은?

① 경계구역 및 안전거리 설정
② 위험요소 인지 시 지휘관 및 대원에게 전파
③ 감전, 유독가스, 낙하물, 붕괴, 전락 등 위험요소에 대한 안전평가 실시
④ 현장투입 대원의 개인안전장비 착용사항 점검 후 안전조치

06 구조 활동의 순위에서 첫 번째 사항은?

① 요구조자의 구명에 필요한 조치를 취한다.
② 2차 재해의 발생위험을 제거한다.
③ 요구조자의 상태 악화 방지에 필요한 조치를 취한다.
④ 현장활동에 방해되는 각종 장해요인을 제거한다.

07 만성폐쇄성폐질환(COPD)환자 에게 적응성이 있는 것은?

① 백-밸브마스크
② 비재호흡마스크
③ 포켓마스크
④ 벤트리마스크

08 화상환자에 대한 성인의 중증도 분류에 있어서 "중증"에 해당되지 않는 것은?

① 영아, 노인, 기왕력이 있는 화상환자
② 손, 발, 회음부, 얼굴화상
③ 체표면적 2% 이상 - 10% 미만의 3도 화상인 모든 화상
④ 원통형 화상, 전기화상

09 붕괴건물의 "지주설치"요령으로 옳지 않은 것은?

① 같은 크기의 나무기둥은 지주가 짧을수록 더 큰 하중을 견딜 수 있다.
② 지주 아래는 쐐기를 박아 넣되 기둥이 건물의 무게를 지탱할 수 있을 때까지 박아 넣어야 한다.
③ 지주는 예상되는 최대하중을 견딜 수 있을 만큼의 강도가 있어야 한다.
④ 같은 단면을 가지는 정방형 기둥보다는 정사각형 기둥이 더 큰 하중을 견딘다.

정답 05. ① 06. ④ 07. ④ 08. ③ 09. ④

10 방법 수중탐색설명에서 틀린 것은?

① 등고선탐색 : 줄을 이용하지 않은 탐색 방법이며 비교적 큰 물체 탐색에 적합하다.
② 반원탐색 : 줄을 사용하며 조류가 세고 탐색면적이 넓을 때 사용한다.
③ 원형탐색 : 시야가 좋지 않으며 탐색면적 좁은 지역에 사용한다.
④ 직선탐색 : 시야가 좋지 않고 넓은 지역에 탐색에 사용한다.

11 화재의 진행단계는?

플레임오버 – 백드래프트 – 롤오버 – 플래시오버 – 백드래프트

12 정당한 사유 없이 소방용수시설을 사용하거나 소방용수시설의 효용을 해하거나 그 정당한 사용을 방해한 자에 대한 벌칙으로 옳은 것은?

① 1년 이하의 징역 또는 1천만원 이하의 벌금
② 3년 이하의 징역 또는 2천만원 이하의 벌금
③ 5년 이하의 징역 또는 3천만원 이하의 벌금
④ 10년 이하의 징역 또는 5천만원 이하의 벌금

13 현장안전관리 10대원칙에 대한 설명으로 잘못된 것은?

① 안전관리는 임무수행을 전제로 하는 적극적 행동대책이다.
② 자기안전은 자기스스로 확보하라.
③ 위험에 관한 정보는 지휘관만이 알 수 있도록 철저히 보안을 유지하라.
④ 지휘자의 장악으로부터 벗어난다는 것은 중대한 사고에 연결되는 것이다.

14 "APGAR"에서 고려되지 않은 사항은?

① 신생아의 피부색, 맥박, 호흡, 반사흥분도, 근육의 강도 등을 평가한다.
② 건강한 신생아의 전체 점수의 합은 10점이다.
③ 출생 1분, 5분 후 재평가를 실시한다.
④ 3점 이하이면 신생아의 집중관리가 필요하다.

정답 10. ① 12. ③ 13. ③ 14. ④

15 **뱀에 물렸을 때 응급처치 방법으로 틀린 것은?**

① 얼음이나 허브를 물린 부위에 대도록 한다.
② 부드럽게 물린 부위를 세척한다.
③ 물린 부위를 심장보다 낮게 유지한다.
④ 물린 부위에서 몸 쪽으로 묶어준다.

16 **START 중증도 분류법에 대한 설명으로 바르지 못한 것은?**

① 응급환자란 호흡장애, 호흡수 24회/분 이상이며 모세혈관 재 충혈이 4초 이상이다.
② 긴급 환자란 의식 장애, 호흡수 30회/분 이상이며 노뼈동맥 촉진 불가능하다.
③ 기도 개방 후에도 무호흡, 무 맥박이면 지연 환자로 분류한다.
④ 지정된 장소로 온 환자들을 다시 평가하면서 분류한다.

17 **구조출동 도중 조치 사항이 아닌 것은?**

① 사고발생 장소와 무선정보 등에 의한 출동지령 장소에 변경이 없는가를 확인
② 관계기관 등에 연락을 취했는지에 따른 조치 상황을 확인
③ 사용할 장비를 선정하고 필요한 장비가 있으면 추가로 적재한다.
④ 선착대의 행동내용 및 사용기자재 등을 파악하여 자기대의 임무와 활동요령을 검토

18 **화재방어검토회의에 대한 설명으로 옳은 것은?**

① 중요화재, 특수화재의 경우 통제관은 관할 소방본부장이다.
② 대형화재 통제관은 소방서장이 된다.
③ 화재를 진압한 소방본부 또는 소방서에서 개최한다.
④ 화재발생일로부터 10일 이내에 개최한다.

19 **유압엔진펌프 사용상의 주의사항으로 틀린 것은?**

① 가압할 때에는 반드시 커플링 측면에 서 있도록 한다.
② 호스를 강제로 구부리도록 한다.
③ 펌프의 압력이나 장비의 이상 유무를 점검할 때에는 반드시 유압호스에 장비를 분리하고 확인한다.
④ 절단기를 작동시킬 때 잠시 전개·절단 작업을 중지하고 대상물의 상태를 확인한 후에 다시 작업하도록 한다.

정답 **15.** ① **16.** ① **17.** ③ **18.** ④ **19.** ③

20 화재 전술 옳은 것은?

① size-up : 화재현장을 책임지고 있는 소방간부가 취해야 할 조치를 구상하는 것.
② 백드래프트 : 배연(환기)과 반대로 개구부(창문)을 닫아 산소를 감소시킴
③ 플래시오버 : 연소 중인 건물 지붕 채광창을 개방하여 환기
④ 롤오버 : 분말소화기 등 이동식 소화기를 분사하여 화재를 완전하게 진압하는 것

21 신체감기하강요령으로 틀린 것은?

① 경사면보다는 수직면에서 하강할 경우에 활용도가 높은 방법이다
② 기구를 사용하지 않고 신체에 직접 현수로프를 감고 그 마찰로 하강하는 방법이다.
③ 노출된 피부에 로프가 직접 닿으면 심한 부상을 입을 수 있으므로 주의한다.
④ 숙달되지 않은 경우 매우 위험하므로 긴급한 경우 이외에는 활용하지 않는다.

22 할로겐화합물 청정소화약제 화학식 아닌 것?

① HFC-227ea
② IG-55
③ HCFC-124
④ HF-23

23 위험물류별 특성 및 화재진압방법으로 옳은 것은?

① 1류 위험물 : 충격, 마찰로 O2 발생
② 2류 위험물 : 절대로 물을 사용해서는 안 된다.
③ 3류 위험물 : 다량의 열과 유독성의 연기를 발생한다.
④ 4류 위험물 : 화재 시 폭발위험이 상존하므로 충분히 안전거리를 유지한다.

24 중성대 활용으로 잘못된 것은?

① 중성대가 형성된 경우 요구조자, 화점, 연소범위를 확인할 수 있다.
② 밀폐된 건물내부에서 화재가 발생했을 때 신선한 공기의 유입이 없으므로 연소의 확대는 없다.
③ 중성대의 범위를 위로 축소시킬 수 있는 개구부 위치는 지붕중앙부분 파괴가 가장 효과적이다.
④ 배연을 할 경우 중성대 아래쪽을 배연하여야 효과적이다.

정답 **20. ① 21. ① 22. ④ 23. ① 24. ④**

25 **경련 시 응급처치로 틀린 것은?**

① 주위 위험한 물건은 치운다. 치울 수 없다면 손상 가는 부분에 쿠션 및 이불을 대어 손상을 최소화시킨다.

② 사생활 보호를 위해 관계자의 주변 사람들은 격리시킨다.

③ 경련 중에 혀를 깨물지 못하도록 설압자를 넣어 기도를 확보한다.

④ 목뼈손상이 의심이 되지 않는다면 환자를 회복자세로 눕힌다.

정답 25. ③

19년 소방위 승진시험 복원문제

01 **출산 과정에 있어 "회음부위가 불룩 튀어나와 있거나 태아의 일부분이 보이는 현상"을 무엇이라고 하는가?**

① 태반 ② 이슬 맺힘
③ 분만 통 ④ 배림

02 **개방성연부조직 손상에 관한 설명으로 올바른 것은?**

① 열상은 피부손상 깊이와 넓이가 다양하며 날카로운 물체에 피부가 잘린 상처이다.
② 찰과상은 피부나 조직이 찢겨져 너덜거리는 상태로 많은 혈관 손상으로 종종 출혈이 심각하다.
③ 결출상은 표피가 긁히거나 마찰된 상태로 보통은 진피까지 손상을 입는다.
④ 관통상은 신체로부터 떨어져 나간 상태로 완전 절단과 부분 절단이 있다.

03 **수리유도 및 부서배치에 대한 내용으로 옳은 것은?**

① 사다리차 등의 소방차량은 소방용수와는 관계없이 독자적으로 자기 소대의 임무에 따라 부서를 한다.
② 선착대의 소방용수에 여유가 있는 경우 선착대는 자기대의 수리부서에 집착하지 말고 선착대의 소방용수, 차량을 효과적으로 활용한다.
③ 사다리차로 고층건물의 상층에서 인명구조를 하고자 하는 경우에는 건물에 접근시켜 부서해서는 안 된다.
④ 사다리차로 높은 곳에서 현장활동을 지원하기 위하여 조명이나 주수를 하는 경우에는 반드시 화재건물에 접근하여야 한다.

04 **구급 장비 중 주로 산악용으로 사용되며 주로 환자 발생 시 긴 척추고정판에 환자를 고정시킨 후 환자를 이동시키기 위한 장비는?**

① 바스켓형 들것 ② 분리형 들것
③ 가변형 들것 ④ 척추 고정판

정답 01. ④ 02. ① 03. ① 04. ①

05 구조현장 초기 대응 절차 중 LAST에 관한 설명으로 틀린 것은?

① 현장확인(Locate) : 재난사고가 발생하면 사고 장소와 현장상황을 정확히 파악해야 한다.
② 접근(Access) : 사고 장소가 바다나 강이라면 구조대원은 지체 없이 신속하게 뛰어들어야 한다.
③ 상황의 안정화 (Stabilization) : 현장을 장악하여 상황이 더 이상 악화되지 않고 안전이 유지될 수 있도록 조치한다.
④ 후송(Transport) : 요구조자는 일단 의료기관으로 후송하는 것을 원칙으로 한다.

06 매듭에 관한 설명으로 "굵기가 다른 로프를 결합할 때에 사용" 하는 로프는?

① 팔자연결매듭 ② 피셔맨매듭
③ 한겹매듭 ④ 절반매듭

07 다음 중 공기호흡기 사용가능시간은?

충전압 300kg/㎠, 여유압력 10kg/㎠, 분당호흡량 50L, 용기용량 6.8L

① 39분 ② 42분
③ 47분 ④ 49분

08 다음 중 플래시오버를 지연시키는 방법으로 틀린 것은?

① 배연 지연법 ② 공기차단 지연법
③ 냉각 지연법 ④ 촉매 지연법

09 경계구역 구분에 대한 설명으로 틀린 것은?

① 위험지역의 색상은 붉은색으로 표시한다.
② 경고지역에는 제독·제염소를 설치하고 모든 인원은 이곳을 통하여 출입하도록 해야 한다.
③ 안전지역에는 구조활동에 필요한 각종 장비를 설치하고 필요한 지원을 수행한다.
④ 위험지역에는 구조와 오염제거활동에 직접 관계되는 인원 이외에는 출입을 엄격히 금지한다.

정답 05. ② 06. ③ 07. ① 08. ④ 09. ③

10 **동력절단기 사용시 올바른 것은**

① 철재용 절단날을 보관할 때에는 기름을 엷게 발라둔다.
② 절단날의 전방 직선상에 발을 위치하지 않도록 주의한다.
③ 절단 날에 이상 마모현상이 있을 때는 즉시 교환한다.
④ 절단날에 충격이 가해지지 않도록 하고 날의 측면을 이용하여 작업하도록 한다.

11 **심폐소생술을 적절히 하여도 잘 발생되는 것은?**

① 심장좌상 ② 골절
③ 기흉 ④ 대동맥 손상

12 **에어백 사용방법으로 맞는 것은?**

① 부양되는 물체가 쓰러질 위험이 높기 때문에 3개 이상을 겹쳐서 사용하지 않는다.
② 2개의 백을 사용하는 경우 큰 백을 위에 놓는다.
③ 에어백의 팽창 능력 이상의 높이로 들어 올려야 하는 경우에는 철재받침목을 활용한다.
④ 커플링으로 공기용기와 압력조절기, 에어백을 연결할 때 가능하면 공구로 연결한다.

13 **다음 중 ( )안에 들어갈 내용은?**

> 수격현상에 있어서 압력파가 클 경우에 가장 약한 부분이 파손될 수 있어 원심펌프에서는 임펠러 파손을 막기 위해 ( )를 설치하고 있다.

① 동력인출장치 ② 지수밸브
③ 진공밸브 ④ 역류방지밸브

14 **다음 중 소방활동 검토회의 준비에 관한 사항으로 틀린 것은?**

① 화재발생 건물의 표시방법은 평면도 또는 투시도로 하되 화재발생부분을 알아보기 쉽게 한다.
② 도로는 그 폭원을 미터로 표시한다.
③ 건물의 구조별 표시방법은 목조는 적색, 방화조는 황색, 내화조는 녹색으로 표시한다.
④ 방위, 풍향, 풍속, 건물의 간격과 화점, 발화건물의 소실 및 소실면적을 기입한다.

정답 10. ③ 11. ① 12. ① 13. ④ 14. ③

15 다음 중 (B)에 들어갈 내용은?

> 중성대의 범위를 위로 축소시킬 수 있는 개구부 위치는 (A)가 가장 효과적이며, 그 다음으로 (B), (C) 순서이다.

① 하층부 출입문 파괴
② 지붕의 가장자리 파괴
③ 상층부 개구부의 파괴
④ 지붕중앙부분 파괴

16 로프총 사용과 관련한 설명으로 틀린 것은?

① 즉시 발사할 것이 아니면 장전하여 세워두어야 한다.
② 발사 후에는 탄피를 제거하고 총기 손질에 준하여 약실을 청소한다.
③ 견인탄은 탄두와 날개를 완전하게 결합하고 견인로프가 풀리지 않도록 결착한다.
④ 장전 후에는 총구를 수평면 기준으로 45°이상의 각도를 유지해야 격발이 된다.

17 화상환자에 대한 성인의 중증도 분류에 있어서 "중증"에 해당되지 않은 것은?

① 영아, 노인, 기왕력이 있는 화상환자
② 손, 발, 회음부, 얼굴화상
③ 중등도는 체표면적 10%이상의 3도 화상
④ 원통형 화상, 전기화상

18 당뇨의 생리학적 설명으로 틀린 것은?

① Ⅱ형은 적정량만큼 인슐린을 생산하지 못하는 경우로 인슐린 투여가 필요한 환자이다.
② 당뇨환자는 혈액내의 포도당을 조직으로 이동시키지 못한다.
③ 인슐린은 포도당을 혈액에서 조직으로 이동시키고 포도당은 세포가 활동하는 것을 돕는다.
④ 당은 음식물 소화로 얻어지고 포도당으로 전환된다.

19 소방호스 연장과 관창배치의 유의사항으로 옳은 것은?

① 진입목표 계단이 4층 이하의 경우는 옥내연장 또는 적재사다리에 의한 연장으로 한다.
② 가능하면 간선도로의 횡단을 피하고 횡단하는 경우는 되도록 도로에 대해서 직각으로 연장한다.
③ 소방차 방수구 측 여유호스는 위해 방지를 위해서 펌프측의 5~6m에 둔다.
④ 펌프차 방수구 결합은 화점이 보이는 측의 방수구를 기본으로 방수구측에 여유소방호스를 둔다.

정답 15. ② 16. ① 17. ③ 18. ① 19. ④

20 **재난 및 안전관리기본법상의 내용으로 틀린 것은?**

① 중앙대책본부장과 시장, 군수, 구청장은 동원명령을 내린다.
② 시장, 군수, 구청장은 대피명령을 내린다.
③ 시장, 군수, 구청장, 지역통제단장은 응급조치종사 명령을 내린다.
④ 시장, 군수, 구청장은 중앙긴급통제단장에게 재난사태선포를 건의 한다.

21 **복통의 종류에 있어서 다음 내용과 관계 깊은 것은?**

> 간헐적이고 마치 분만통증과 같은 복통은 흔히 배내 속이 빈 장기로 인해 나타난다. 그리고 둔하고 지속적인 통증은 종종 고형체의 장기로 인해 나타난다.

① 내장통증
② 벽쪽통증
③ 쥐어뜯는 듯한 통증
④ 연관통증

22 **철근콘크리트조 벽 파괴활동에 대한 설명으로 옳은 것은?**

① 9mm이하 철근은 철선절단기를 사용하고 그이상은 동력절단기, 가스절단기를 사용한다.
② 관통시킨 구멍과 중간을 대해머로 강타하여 구멍을 크게 확보한다. 이때 해머를 사용할 경우는 가운데를 가격하는 것이 효과적이다.
③ 포크레인 등의 중장비를 동원해서는 안 된다.
④ 공동부분을 대해머로 강타하여 파괴한다.

23 **나음 중 화학적 폭발로 볼 수 없는 것은?**

① 공기나 산소 없이 단독으로 가스가 분해하여 폭발하는 것이다.
② 과열액체의 급격한 비등에 의한 증기폭발
③ 연소의 한 형태인데 연소가 비정상상태로 되어서 폭발이 일어나는 형태이다.
④ 촉매에 의해서 폭발하는 것으로 수소(H2)+산소(O2), 수소(H2)+염소(Cl2)에 빛을 쪼일 때 일어난다.

24 **위급상황에 처한 요구조자를 소방기관 또는 관계 행정기관에 거짓으로 알린 자에 대한 벌칙은?**

① 5년 이하의 징역
② 300만원 이하의 벌금
③ 200만원 이하의 벌금
④ 200만원 이하의 과태료

정답 20. ④ 21. ① 22. ① 23. ② 24. ④

25 **다음 고체의 연소 중 “증발연소”에 해당되지 않은 것은?**

① 파라핀
② 황
③ 코우크스
④ 나프탈렌

정답 25. ③

20년 소방장 승진시험 복원문제

01 **화재와 관련된 내용으로 옳지 않은 것은?**

① 배연구의 크기와 수는 화재가 어떻게 진행되는가를 결정한다.
② 천장의 높이 등은 많은 양의 뜨거운 가스층이 형성되는데 영향을 미친다.
③ 벽이나 구석에 연소하는 가연물의 화염은 구획실 중앙에서 연소하는 가연물보다 공기를 더 많이 흡수하고 차갑다.
④ 최초의 가연물의 위치는 뜨거운 가스층이 증가하는 데에 있어서 매우 중요하다.

02 **고층화재에 전술적 환경에 대한 설명으로 틀린 것은?**

① 빠른 반응시간
② 건물높이로 인한 전술적 제한
③ 내화구조
④ 중앙공조시스템

03 **고속도로 사고 현장에서 차량 부서 방법 등으로 옳지 않은 것은?**

① 주 교통흐름을 어느 정도 차단할 수 있는 위치에 주차한다.
② 주차된 소방차량의 앞바퀴는 사고현장과 일직선으로 정렬하여 대원이 부상당하지 않도록 한다.
③ 사고현장으로부터 40~60미터 뒤에 추가차량을 배치한다.
④ 주차각도는 차선의 방향으로부터 비스듬한 각도를 가지고 주차하여 진행하는 차량으로 부터 대원의 안전을 확보하도록 한다.

04 **화재조사에 관하여 옳지 않은 것은?**

① 동일범이 아닌 각기 다른 사람에 의한 방화, 불장난은 동일 대상물에서 발화했더라도 각각 별건의 화재로 한다.
② 지붕 및 실이 하나로 연결되어 있는 것은 구조에 관계없이 동일 동으로 본다.
③ 화재현장에서 부상을 당한 후 72시간 이내에 사망한 경우에는 당해 화재로 인한 사망자로 본다.
④ 화재피해 범위가 건물의 6면 중 2면 이하의 경우에는 6면 중 피해면적의 합에 10분의 1을 곱한 값을 소실면적으로 한다.

정답 01. ③ 02. ① 03. ② 04. ④

05 아래의 설명에 해당하는 소화약제로 맞는 것은?

> 장기 보존성은 원액이든 수용액이든 타 포원액보다 우수하다. 약제의 색깔은 갈색이며 독성은 없다.

① 내알코올포
② 단백포
③ 수성막포
④ 합성계면활성제포

06 시안화수소에 대한 설명으로 옳은 것은?

① 질소성분을 가지고 있는 합성수지, 동물의 털 등이 불완전 연소할 때 발생하는 맹독성 가스이다.
② 냉동시설의 냉매로 많이 쓰이고 있으므로 냉동창고 화재 시 누출 가능성이 있다.
③ 열가소성 수지인 폴리염화비닐 (pvc) 수지류 등이 연소할 때 발생된다.
④ 질산셀룰로오스가 연소 또는 분해될 때 생성되며 독성가스이다.

07 중성대에 관한 설명으로 옳은 것은?

① 중성대의 범위를 위로 축소시킬 수 있는 개구부 위치는 출입구 아래 부분 파괴가 가장 효과적이다.
② 건물 내부의 압력이 외부의 압력과 일치하는 수직적인 위치가 생긴다. 이위치를 건물의 중성대라 한다.
③ 하층부의 압력이 크기 때문에 아래에서 공기가 배출되고, 상층의 압력이 낮기 때문에 공기가 유입된다.
④ 중성대의 하층부는 열과 연기로부터 생존할 수 없는 지역이 되고 중성대의 상층부는 신선한 공기에 의해 생존할 수 있는 지역이 된다.

08 분진폭발의 가능성이 가장 적은 것은?

① 플라스틱
② 금속
③ 석회가루
④ 밀가루

09 로프 중에 내열성이 가장 높은 것은?

① 나일론
② 케브라
③ 아라미드
④ 폴리에틸렌

정답 05. ③ 06. ① 07. ② 08. ③ 09. ②

10 다음 ( )안에 들어갈 내용은?

① 가끔 사용하는 로프 : ( )	② 매주 사용하는 로프 : ( )
③ 매일 사용하는 로프 : ( )	④ 스포츠 클라이밍 : ( )

① 4, 3, 2, 1
② 4, 2, 3, 1
③ 2, 3, 1, 4
④ 1, 2, 3, 4

11 동력절단기에 대한 설명으로 옳은 것은?

① 대상물에 날을 먼저 댄 후에 절단 날을 회전시키도록 한다.
② 목재용 절단 날을 보관할 때에는 기름을 엷게 발라둔다.
③ 절단 시 조작원은 자기 발의 위치나 자세에 신경을 써야하며, 절단 날의 후방 직선상에 발을 위치하여 중심을 잡는다.
④ 절단날에 충격이 가해지지 않도록 하고 날의 측면을 이용하여 작업하도록 한다.

12 A급 화학복 착용순서로 옳은 것은?

① 실린더 개방 - 성애방지제 도포 - 하의 착용 - 면체 착용
② 성애방지제 도포 - 하의 착용 - 면체 착용 - 실린더 개방
③ 면체 착용 - 실린더 개방 - 성애방지제 도포 - 하의 착용
④ 면체 착용 - 실린더 개방 - 하의 착용 - 성애방지제 도포

13 자동차 유리창 파괴방법으로 옳지 않은 것은?

① 유리 절단기의 끝 부분으로 전면 유리창의 양쪽 모서리를 내려쳐서 구멍을 뚫는다.
② 유리 절단기를 이용해서 유리창의 세로면 한쪽을 아래로 길게 절단한다.
③ 유리창을 떼어 안전한 곳에 치우고 창틀에 붙은 파편도 완전히 제거한다.
④ 절단 과정에서 차 위에 올라서거나 손으로 유리창을 누르지 않도록 한다.

정답 10. ① 11. ② 12. ① 13. ②

14 **잠수에 대한 설명으로 틀린 것은?**

① 재잠수 : 스쿠버 잠수 후 5분 이후에서부터 12시간 내에 실행되는 스쿠버 잠수를 말한다.
② 최대잠수가능조정시간 : 최대 잠수 가능시간에서 잔류질소 시간을 뺀 나머지 시간이다.
③ 감압정지 : 실제 잠수 시간이 최대 잠수 가능시간을 초과했을 때에 상승도중 감압표상에 지시되는 수심에서 지시된 시간만큼 머무르는 것을 말한다.
④ 총 잠수시간 : 전 잠수로 인해 줄어든 시간(잔류 질소시간)과 실제 재 잠수 시간을 합하여 나타낸다.

15 **SAMPLE에 대한 설명으로 옳지 않은 것은?**

① S : 질병과 손상
② M : 복용한 약물
③ P : 과거병력
④ L : 마지막 구강 섭취

16 **영아에 대한 심폐소생술에 대한 내용으로 옳지 않은 것은?**

① 전문기도가 확보된 이후에는 분당 10회로 인공호흡 한다.
② 가슴압박 깊이는 1/2로 한다.
③ 가슴압박속도는 분당 100~120회로 한다.
④ 심폐소생술의 순서는 가슴압박 - 기도유지 - 인공호흡 순으로 한다.

17 **인공호흡을 시작하고 호흡이 제대로 들어가지 않는 경우 해야 하는 처치 중 틀린 것은?**

① 기도를 재개방하고 재 실시한다.
② 이물질이 보이지 않을 때 입안의 이물질을 손가락으로 꺼낸다.
③ 무의식, 무맥 상태라면 인공호흡을 시작하고 호흡이 제대로 들어가지 않는다면 환자의 기도를 재개방하고 재 실시한다.
④ 이물질을 제거할 때는 배·가슴 밀어내기, 손가락을 이용한 제거 법을 활용한다.

18 **내장적출 환자에 대한 처치법으로 옳지 않은 것은?**

① 고농도 산소를 공급한다.
② 생리식염수로 장기를 세척한다.
③ 상처 부위를 옷 등을 제거시켜 노출시킨다.
④ 무릎과 엉덩이에 상처가 없다면 무릎을 구부리게 하도록 한다.

정답 **14. ① 15. ① 16. ② 17. ② 18. ②**

19 화상에 대한 설명으로 옳은 것은?

① 1도 화상은 표피와 진피가 손상된 경우로 열에 의한 손상이 많다.
② 전기화상의 경우 교류보다 직류가 심각하다.
③ 9의 법칙에서 성인의 머리는 9, 소아의 경우는 18이다.
④ 성인의 경우 25%이상 2도 화상이면 중등도이다.

20 견인부목에 대한 설명으로 옳은 것은?

① 관절 및 다리 하부의 손상이 동반된 넙다리몸통부 손상시 사용된다.
② 무릎이나 무릎 인접부분 손상에 유용하다.
③ 엉덩이나 골반 손상에 유용하다.
④ 넙다리 손상시 발생되는 근육경련으로 인해 뼈끝이 서로 겹쳐 발생되는 통증과 추가적인 연부조직 손상을 줄여, 내부출혈을 감소시킬 수 있는 장비이다.

21 피난에 사용하는 계단 등 우선순위로 옳은 것은?

① 옥외계단-피난교-특별피난계단-옥외피난용사다리
② 특별피난계단-옥외피난용사다리-옥외계단-피난교
③ 옥외피난용사다리-옥외계단-피난교-특별피난계단
④ 피난교-특별피난계단-옥외계단-옥외피난용사다리

22 간접감염에 해당하는 것은?

① 수혈
② 안구에 접촉
③ 비말에 의한 접촉
④ 손상된 상처에 접촉

23 구급에 대한 설명으로 옳은 것은?

① 전문치료 팀과 장비가 대기 장소에서 출발하여 환자가 있는 장소에 도착하는 소요시간을 현장처치시간이라 한다.
② 응급환자의 발생 신고로부터 전문 치료 팀이 출동을 시작할 때까지 소용되는 시간을 반응시간이라 한다.
③ 현장에서 환자를 이동시킬 수 있도록 안정시키는데 소요되는 시간을 출동시간이라 한다.
④ 환자의 평가와 치료단계는 병원 전 처치단계-응급실 단계-수술실/중환자실 단계이다.

정답 19. ③ 20. ④ 21. ① 22. ③ 23. ④

24 **자동차사고구조와 관련하여 옳지 않은 내용은?**

① 차량이 평평한 지면위에 있다면 바퀴의 양쪽 부분에 고임목을 댄다.
② 경사면에 놓인 차량은 바퀴가 하중을 받는 부분에 고임목을 댄다.
③ 가스가 완전히 배출될 때 까지 구조작업을 실시하지 않도록 한다.
④ 배터리의 전원을 차단할 때에는 - 선부터 차단한다.

25 **소방용수시설에 관해서 맞는 것은?**

① 주거지역, 상업지역 및 공업지역에 설치하는 경우 소방대상물과의 수평거리를 140미터 이하가 되도록 할 것
② 소화전의 연결금속구의 구경은 100밀리미터 이상으로 할 것
③ 급수배관의 구경은 65밀리미터로 하고, 개폐밸브는 지상에서 1.5미터 이상 1.7미터 이하의 위치에 설치하도록 할 것
④ 저수조에 물을 공급하는 방법은 상수도에 연결하여 자동으로 급수되는 구조일 것.

정답 24. ③ 25. ④

19년 소방장 승진시험 복원문제

01 소방차 펌프기준 배관 및 밸브등의 위치에서 흡입측에 두는 것이 아닌 것은?

① 배수밸브 ② 냉각수밸브
③ 흡수구 ④ 연성계

02 생물체가 아닌 환경으로부터 세균의 아포를 제외한 미생물을 제거하는 과정으로 옳은 것은?

① 멸균 ② 살균
③ 소독 ④ 세척

03 프랭크버드(Frank Bird)의 5개의 요인이 아닌 것은?

① 직접 원인 ② 기본 원인
③ 제어 부족 ④ 개인 결함

04 화재진압활동 전술유형에 관한 설명으로 틀린 것?

① 공격전술 : 관창을 화점에 진입 배치하는 전술형태
② 집중전술 : 화세에 비해 소방력이 부족하여 전체 화재현장을 모두 커버 할 수 없는 경우 소방상 중요한 시설 또는 대상물을 중점적으로 대응 또는 진압하는 전술형태
③ 블록(Block)전술 : 주로 인접건물로의 화재확대방지를 위해 적용하는 전술형태로 블록의 4방면 중 확대가능한 면을 동시에 방어하는 전술
④ 포위전술 : 관창을 화점에 포위 배치하여 진압하는 전술형태

정답 01. ② 02. ③ 03. ④ 04. ②

05 119구조대 중 특수구조대에 속하는 것으로 옳은 것은?

① 수난구조대, 고속국도구조대, 지하철구조대, 항공구조구급대
② 지하철구조대, 국제구조대, 고속국도구조대, 수난구조대
③ 수난구조대, 테러대응구조대, 고속국도구조대, 지하철구조대
④ 수난구조대, 지하철구조대, 고속국도구조대, 산악구조대

06 3D 주수 기법 중 아래 설명과 관련이 있는 것은?

> 직사주수 형태로 물방울의 크기를 키워 중간에 기화되는 일이 없도록 물을 던지듯 끊어서 화점에 바로 주수하여 화재진압을 시작하는 방식이며, 연소중인 물체의 표면을 냉각시켜 주면서 다량의 수증기 발생 억제 및 열 균형을 유지시켜 가시성을 유지시키는 효과가 있다.

① 페인팅
② 펜슬링
③ 숏펄싱
④ 펄싱

07 유해물질 사고대응 절차에서 제독과 누출물질 처리 방법으로 틀린 것?

① 오염물질을 약품이나 흡착제로 흡착, 응고시키는 화학적 방법이 있다.
② 사고로 인하여 발생한 오염자 및 제독 작업에 참여한 대원을 위하여 제독소를 설치하고 제독소는 hot Zone 내에 위치하며 경계구역 설정과 동시에 설치하여야 한다.
③ 가스가 누출된 장소에 신선한 공기를 불어넣거나 수용성 물질에 대량의 물을 투입하는 방법을 사용하는 물리적 방법이 있다.
④ 실내의 오염농도를 낮추기 위해 고압송풍기를 이용하면 보다 효과적으로 오염물질을 분산시켜 빠른 시간에 농도를 낮출 수 있다.

08 지방이 많이 함유된 음식을 먹고 우상복부이나 어깨 또는 등쪽 통증을 호소하는 증상으로 맞는 것은?

① 쓸개염
② 이자염
③ 충수돌기염
④ 위궤양

정답 05. ④ 06. ② 07. ② 08. ①

09 분만 중 신생아의 응급상황의 평가와 처치로 알맞은 것은?

① 대부분의 신생아들은 생후 1분의 아프가 점수가 8~10점이다.
② 아프가 점수가 6점 이하이면 신생아의 집중관리가 필요하므로 기도확보 및 체온유지를 하면서 신속히 병원으로 이송한다.
③ 아프가 점수가 3~7점은 심각한 질식 상태로 CPR 해야 한다.
④ 맥박은 청진기를 사용할 수 없는 경우에는 손가락으로 제대의 박동수를 촉지하여 측정한다.

10 절단용 구조장비에 대한 설명으로 틀린 것은?

① 2행정기관 절단용 구조장비의 오일량이 많으면 시동이 잘 걸리지 않고 시동 후에 매연이 심하다.
② 공기톱은 전진 시 절단되도록 장착한다.
③ 체인톱은 목재에 반드시 체인이 작동상태에서 절단을 시작한다.
④ 동력절단기 목재용 절단 날은 보관 시 기름을 바른다.

11 근골격계에 대한 설명으로 틀린 것은?

① 척추의 등뼈는 11개로 구성되어 있다.
② 복장뼈는 갈비뼈, 복장뼈체, 칼돌기로 구성되어 있다.
③ 골반은 엉덩뼈과 궁둥뼈, 두덩뼈로 이루어져 있다.
④ 얼굴을 구성하는 뼈로 광대뼈는 눈을 보호한다.

12 위험물화재의 특수현상과 대처법으로 (　　)에 들어갈 순서로 올바른 것은?

(ⓐ) : 위험물 저장탱크 내에 저장된 제4류 위험물의 양이 내용적의 1/2이하로 충선되어 있을 때 화재로 인하여 증기 압력이 상승하면서 저장탱크내의 유류를 외부로 분출하면서 탱크가 파열되는 현상
(ⓑ) : 석유류가 혼합된 원유를 저장하는 탱크내부에 물이 외부 또는 자체적으로 발생한 상태에서 탱크표면에 화재가 발생하여 원유와 물이 함께 저장탱크 밖으로 흘러넘치는 현상
(ⓒ) : 점성을 가진 뜨거운 유류표면 아래 부분에서 물이 비등할 경우 비등하는 물에 의해 탱크 내 유류가 넘치는 현상
(ⓓ) : 야채를 식용유에 넣을 때 야채 내 수분이 비등하면서 주위의 뜨거운 식용유를 밖으로 튀어나오게 하는 현상

정답 09. ③ 10. ② 11. ③ 12. ④

	(a)	(b)	(c)	(d)
①	슬로프오버	- 보일오버	- 후로스오버	- 오일오버
②	오일오버	- 후로스오버	- 보일오버	- 슬로프오버
③	보일오버	- 후로스오버	- 오일오버	- 슬로프오버
④	오일오버	- 보일오버	- 후로스오버	- 슬로프오버

13 구급활동 중 경련환자 응급처지로 틀린 것은?

① 사생활 보호를 위해 관계자의 주변 사람들은 격리시킨다.
② 주위 위험한 물건은 치운다.
③ 환자의 팔다리를 구속시켜 2차 손상 예방한다.
④ 목뼈손상이 의심이 되지 않는다면 환자를 회복자세로 눕힌다.

14 후두마스크 기도기 삽입 순서로 옳은 것은?

ⓐ 튜브에서 공기를 뺀 후 마스크를 입천장에 밀착시킨다
ⓑ 고정기로 고정한다.
ⓒ BVM으로 양압환기시킨다.
ⓓ 입천장을 따라 저항이 느껴질 때까지(상부 식도괄약근위) 삽입한다
ⓔ 외상환자는 그대로 비외상환자는 적정한 기도유지 자세를 취한다.
ⓕ 후두마스크 커프에 맞는 공기를 주입한다.
ⓖ 시진/청진으로 올바른 환기가 되는지 확인한다.

① ⓔ - ⓐ - ⓕ - ⓓ - ⓒ - ⓑ - ⓖ
② ⓔ - ⓐ - ⓓ - ⓕ - ⓒ - ⓖ - ⓑ
③ ⓔ - ⓐ - ⓓ - ⓕ - ⓑ - ⓒ - ⓖ
④ ⓔ - ⓐ - ⓓ - ⓕ - ⓖ - ⓒ - ⓑ

15 구조현장의 초기대응단계에서 지켜야할 LAST 순서로 옳은 것?

① 상황의 안정화 - 현장확인 - 접근 - 후송
② 현장확인 - 접근 - 후송 - 상황의 안정화
③ 현장확인 - 접근 - 상황의 안정화 - 후송
④ 접근 - 현장확인 - 후송 -상황의 안정화

정답 13. ③ 14. ② 15. ③

16 **소방현장에서 가장 흔하게 활용되는 화재진압 순서로 옳은 것은?**

ⓐ 정밀검색	ⓑ 내부 연소확대 방지
ⓒ 생명보호	ⓓ 화점 진압
ⓔ 외부 연소확대 방지	

① ⓒ - ⓑ - ⓔ - ⓓ - ⓐ
② ⓒ - ⓔ - ⓓ - ⓑ - ⓐ
③ ⓒ - ⓔ - ⓑ - ⓓ - ⓐ
④ ⓒ - ⓔ - ⓓ - ⓐ - ⓑ

17 **매듭에 대한 설명으로 틀린 것?**

① 바른매듭은 묶고 풀기가 쉬우며 같은 굵기의 로프를 연결하기에 적합한 매듭이다.
② 피셔맨매듭은 힘을 받은 후에는 풀기가 쉬워 장시간 고정시켜 두는 경우에 주로 사용한다.
③ 8자연결매듭은 많은 힘을 받을 수 있고 힘이 가해진 경우에도 풀기가 쉬워 로프를 연결하거나 안전을 확보하기 위한 매듭으로 자주 사용된다.
④ 두겹매듭은 한겹매듭에서 가는 로프를 한 번 더 돌려 감은 것으로 한겹매듭보다 더 튼튼하게 연결할 때에 사용한다.

18 **백드래프트와 플래시오버에 대한 설명 중 틀린 것?**

① 백드래프트는 불완전연소상태이고 플래시오버는 자유연소상태이다
② 백드래프트는 산소량이 부족하다
③ 백드래프트가 플래시오버보다 발생 빈도 높다.
④ 백드래프트는 약화요인이 산소이고 플래시오버는 열이다.

19 **전염질환의 전염 경로 및 잠복기로 바르게 짝지어진 것은?**

	질병	전염경로	잠복기
①	풍진	침에 오염될 물질	10-12일
②	간염	호흡기계 분비물	몇 주
③	폐렴	대변	며칠
④	결핵	비말	2-6주

정답 16. ③ 17. ② 18. ③ 19. ④

20 백화점 및 대형점포 화재진압요령으로 틀린 것?

① 방수는 화점을 정확하게 확인하여 간접방수를 하고 수손방지에 노력한다.
② 소화활동은 옥내소화전 및 소방전용방수구 등 각종 설비를 최대한 활용한다.
③ 낙하물은 직사방수로 떨어뜨려 안전을 확보한다.
④ 비상용 콘센트 또는 조명기구를 이용하여 화재진압 활동의 효과를 높인다.

21 수중탐색 방법으로 아래 설명과 관련이 깊은 것은?

- 시야가 좋지 않으며 탐색면적이 좁고 수심이 깊을 때 활용하는 방법이다.
- 인원과 장비의 소요가 적은 반면 탐색할 수 있는 범위가 좁다.

① 원형탐색
② 반원탐색
③ 직선탐색
④ 왕복탐색

22 DOT 표지 설명으로 틀린 것?

① 오렌지 - 폭발성
② 파란색 - 금수성
③ 녹색 - 불연성
④ 백색 - 산화성

23 송풍기를 활용한 배연방법의 유의사항으로 틀린 것은?

① 급기구보다 배기구의 크기를 크게 하는 것이 효율적이다.
② 송풍기는 자연바람과 같은 방향으로 설치하여 효율성을 배가해야 한다.
③ 송풍기 근처의 창문은 가능한 폐쇄하여 공기흐름에 방해가 되지 않도록 해야 한다.
④ 공기가 너무 많이 공급되게 하여 오히려 급격하게 연소 확대될 우려가 있으므로 특히 유의하여야 한다.

정답 20. ① 21. ① 22. ④ 23. ①

24 순환계에 대한 설명으로 틀린 것은?

ⓐ 허파동맥은 산소가 가장 풍부한 혈액으로 되어 있다.
ⓑ 심방과 심실사이에 판막이 있어 혈액의 역류를 방지한다.
ⓒ 왼심방은 허파로부터 혈액을 받아들이고 왼심실은 높은 압력으로 전신에 혈액을 제공한다.
ⓓ 동맥은 낮은 압력 때문에 혈액의 역류방지 위한 판막이 발달되어 있다.
ⓔ 대동맥은 인체 내에 가장 큰 동맥으로 모든 동맥은 대동맥으로부터 혈액을 공급받는다.

① ⓐ, ⓒ
② ⓐ, ⓓ
③ ⓑ, ⓓ
④ ⓒ, ⓕ

25 제한공간에서 산소부족 및 유독가스에 대한 설명으로 옳은 것은?

① 산소농도가 17% 이상일 경우 어지러움, 두통증상
② 열경화성 수지, 나일론 등의 연소시 암모니아가 발생
③ 맨홀에서 산소농도 12%일 경우 의식불명의 증상
④ 중질유, 고무, 황화합물 등의 연소시 시안화수소 발생

정답 24. ② 25. ②

20년 소방교 승진시험 복원문제

01 대원임무부여 시 틀린 것은?

① 위험작업은 조작법을 숙달한 대원에게 부여한다.
② 구조작업도중이라도 중요사항 변경 시 전 대원에게 알린다.
③ 현장 확인 후 구출방법 순서를 개개인에게 명확히 지정한다.
④ 명령을 하달한 때에는 전 대원을 집합시켜 하달한다.

02 구조활동 순서를 나열하시오.

장해요인제거 - 2차 재해발생 위험요인 제거 - 구명 - 응급처치 등 필요한 조치 - 이송

03 엘리베이터가 최상층 및 최하층에 근접할 때 자동으로 정지시키는 안전장치는?

① 리미트 스위치
② 브레이크
③ 조속기
④ 화이널리미트 스위치

04 로프 중간에 고리를 만들 필요가 있을 때 사용하는 것은?

① 고정매듭
② 두겹고정매듭
③ 나비매듭
④ 8자매듭

정답 01. ① 03. ① 04. ③

05 소아의 호흡기계 특징에 대한 설명으로 틀린 것은?

① 구강호흡을 한다.
② 가로막에 의존한다.
③ 부종으로 기도가 쉽게 막힌다.
④ 연하고 부드럽다.

06 감염기본 예방법으로 틀린 것은?

① 바늘 끝이 환자의 몸 쪽으로 향하지 않도록 한다.
② 심폐소생술 시행 시 반드시 일 방향 휴대용 마스크를 이용한다.
③ 주사바늘, 칼날 등 날카로운 기구는 구멍이 뚫리지 않는 통에 모은다.
④ 날카로운 기구를 사용할 경우에는 손상을 당하지 않도록 주의한다.

07 소화용수설비 맞는 것은?

① 급수탑 : 물탱크차에 급수가 용이하다.
② 지상식소화전 : 도로에 설치하기 좋다
③ 지하식소화전 : 관리가 용이하다
④ 저수조 : 설치위치 선정이 용이하다.

08 고가 굴절사다리차 안전수칙에 대한 설명으로 틀린 것은?

① 고압선으로부터 3m 이상 거리를 유지한다.
② 바스켓용량을 초과하지 않는다.
③ 급커브 주행 시 전복방지를 위해 미리 감속해야 헌다.
④ 장비 설치 시 전, 후, 좌, 우 최대 5도 이상 기울이지 않는다.

09 화재현장에서 구급차 배치요령으로 맞는 것은?

① 차량화재로부터 30m 밖에 위치시킨다.
② 유류 적재한 차량으로부터는 300m~500m거리를 둔다
③ 경사면이 낮은 쪽에 주차한다.
④ 바람이 불어오는 방향으로 주차한다.

정답 05. ① 06. ① 07. ① 08. ① 09. ①

10 고속도로 주차방법으로 틀린 것은?

① 소방차량 앞바퀴는 일직선으로 둔다.
② 사고현장으로 부터 40~60m 뒤에 추가차량(경찰차)을 배치한다.
③ 주 교통흐름을 어느 정도 차단할 수 있는 위치에 주차한다.
④ 주차각도는 차선의 방향으로부터 비스듬한 각도(角度)를 가지고 주차한다.

11 커플링이 잘 연결 되지 않을 때 조치방법으로 틀린 것은?

① 유압오일을 확인하고 보충한다.
② 엔진작동을 중지하고 밸브를 여러 번 변환 조작한다.
③ Lock ling을 풀고 다시 시도한다.
④ 유압호스에 압력이 존재하는지 점검한다.

12 선량계 정의로서 옳은 것은?

개인이 휴대하여 실시간으로 방사선율 및 선량 등 측정하며 기준선량(율) 초과시 경보하여 구조대원의 안전을 확보하기 위한 장비이다.(가장 보편적으로 사용되는 장비) 주로 GM관, 비례계수관, 무기섬광체를 많이 사용한다.

① 핵종분석기
② 방사선 측정기
③ 개인선량계
④ 방사능 오염방지기

13 인명구조의 4단계 순서는?

① 신속한 구출 - 정찰 - 주변 장해제거-일반적인 잔해제거
② 정찰 - 주변 장해제거-일반적인 잔해제거 - 신속한 구출
③ 일반적인 잔해제거 - 신속한 구출 - 정찰 - 주변 장해제거
④ 정찰 - 주변 장해제거 - 신속한 구출 - 일반적인 잔해제거

14 구급대원이 환자에게 적절한 치료를 계속 제공하지 못한 것은?

① 처치
② 태만
③ 상담
④ 유기

정답 10. ① 11. ① 12. ② 13. ① 14. ④

15 **스타트 중증도 분류법 우선순위는?**

① 호흡 ② 의식
③ 장소이동 ④ 맥박

16 **지휘관의 책임완수를 위해 요구되는 지시와 통제능력이 아닌 것은?**

① 가정과 사실구별
② 고독한 방랑자 관리
③ 스트레스 관리
④ 중간점 관리

17 **화재조사 용어의 정의에서 틀린 것은?**

① 소화할 필요가 있고 화학적인 폭발현상이다.
② 잔가율 : 화재당시 피해물의 재구입비에 대한 현재가의 비율이다.
③ 발화 : 열원에 의해 가연물질이 지속적으로 불이 붙는 현상이다.
④ 화재 : 발화지점 : 화재가 발생한 장소이다.

18 **좁은 장소등에서 곧바로 사용할 수 있는 호스는?**

① 두겹적재호스 ② 한겹말은호스
③ 두겹말은 호스 ④ 접은 호스

19 **화재 진행단계에 대한 설명으로 맞는 것은?**

① 최성기 : 화염이 상승하는 공간으로 공기를 끌어들이기 시작한다.
② 성장기 : 모든 가연물에 연관된다.
③ 플래시오버 : 최성기와 감퇴기 사이에 발생한다.
④ 쇠퇴기 : 가연물이 모두 연소됨에 따라 열이 감소한다.

정답 15. ③ 16. ① 17. ④ 18. ③ 19. ④

20 소방활동 방어검토회의 사항으로 틀린 것은?

① 축척은 정확하고 되도록 축소하여 작성한다.
② 소방활동에 참여하지 않은 직원도 의견진술이나 질문이 가능하다.
③ 도로는 그 폭원을 반드시 미터로 표시한다.
④ 관창진입 부서는 소대명, 방수구경 및 사용호스 수를 기입한다.

21 최신 도미로 이론 순서는

① 관리 - 기원 - 징후 - 접촉
② 기원 - 징후 - 접촉 - 관리
③ 접촉 - 관리 - 기원 - 징후
④ 접촉 - 징후 - 기원 - 관리

22 들것사용 시 주의사항으로 틀린 것은?

① 분리형 들것은 척추고정이 용이하다.
② 들것의 이동방향은 환자의 다리 쪽이 오게 한다.
③ 바닥이 고르지 못하다면 4명의 대원이 주 들것의 네 모서리에 위치해 환자를 이동시킨다.
④ 가능하다면 주 들것의 바퀴를 이용해 환자를 이동시킨다.

23 잠수물리에서 수심 20m일 때 공기소모율(L/분)은?

① 30 ② 40
③ 45 ④ 50

24 구조대원과 장비가 머무를 수 있는 공간에 대한 설명으로 옳은 것은?

① 대기하는 인원들도 오염의 확산에 대비하여 개인 보호 장구를 소지하여야 한다.
② 이 지역 안에 구조활동에 필요한 각종 장비를 설치하고 필요한 지원을 수행한다.
③ 제독·제염소를 설치하고 모든 인원은 이곳을 통하여 출입하도록 해야 한다.
④ 구조와 오염제거활동에 직접 관계되는 인원 이외에는 출입을 엄격히 금지한다.

정답 20. ① 21. ① 22. ① 23. ③ 24. ①

25 **화재에서 경계 하여야 할 건물붕괴 징후로 틀린 것은?**

① 건축 구조물일 기울거나 비틀어져 보인다.
② 지붕 구조물에 금이 가거나 틈이 있다.
③ 건축구조물이 벽으로부터 물러나 있다.
④ 벽에 버팀목을 대 놓는 등 구조를 보강한 흔적이 없다.

정답 25. ④

19년 소방교 승진시험 복원문제

01 로프의 시간 경과에 따른 강도 저하 및 교체시기에 관한 설명으로 옳은 것은?

① 매주 사용하는 로프 교체는 3년이다.
② 가끔 사용하는 로프 교체는 5년이다
③ 큰 충격을 받은 로프, 납작하게 눌린 로프, 6개월동안 매일 사용한 로프는 즉시 교체해야 한다.
④ UIAA 권고사항에 따라 5년 이상 경과된 로프는 폐기한다.

02 누출물질 화학적 처리방법이 아닌 것은?

① 중화
② 유화처리
③ 흡착
④ 소독

03 위험한 상황에서 환자의 긴급 이동 방법으로 틀린 것은?

① 옷끌기
② 어깨 끌기
③ 담요끌기
④ 무릎-겨드랑이 끌기

04 잠수물리에 대한 설명으로 틀린 것은?

① 물은 공기보다 25배 빨리 열을 전달한다.
② 수심 20m에서 다이버는 수면에서 보다 2배 많은 공기를 호흡한다.
③ 물속에서는 빛의 굴절로 인하여 물체가 실제보다 25% 정도 가깝고 크게 보인다.
④ 수중에서는 대기보다 소리가 4배 정도 빠르게 전달되기 때문에 소리의 방향을 판단하기 어렵다.

정답 01. ④ 02. ③ 03. ④ 04. ②

05 **소아의 호흡기계에 관한 설명으로 틀린 것은?**

① 성인에 비해 상대적으로 혀가 차지하는 공간이 크다.
② 나이가 어린 소아일수록 구강호흡에 더욱 의존한다.
③ 기도개방은 머리를 중립으로 하거나 약간 신전해야 한다.
④ 기관이 좁아 부종으로 쉽게 폐쇄된다.

06 **소화전으로부터 소방용수를 흡수하는 경우 유의사항으로 틀린 것은?**

① 배관말단 소화전에는 유입되는 물의 양이 적기 때문에 방수구의 수를 제한한다.
② 지하식소화전의 뚜껑은 허리부분의 부상을 방지하기 위해서 안정된 자세로 개방하고 손발이 끼이지 않도록 주의한다.
③ 펌프로 이물질이 들어가는 것을 막기 위하여 흡수관을 결합한 후에 소화전을 개방하여 관내의 모래 등을 배출한다.
④ 흡수관의 결합을 확실하게 하고 반드시 확인한다.

07 **환자를 안전하게 들어올리기 이동을 위한 신체역학에 관한 설명으로 틀린 것은?**

① 들어 올리는 경우 등에서 멀어질수록 부상의 가능성은 높아진다.
② 들어 올릴 때 구조자는 등을 일직선으로 유지하고 다리, 엉덩이의 근육을 이용한다.
③ 잡아당기는 것보다 가급적이면 미는 동작을 사용한다.
④ 들것을 잡을 경우 양손을 최소 50cm이상 떨어지게 하여 손잡이 부분을 충분히 감싼다.

08 **119구조구급에 관한 법률상 여름철 물놀이 장소에서 안전을 확보하기 위하여 119시민수상구조대를 지원할 수 있는 자는?**

① 부산소방학교장
② 부산광역시장
③ 해양수산부장관
④ 해운대소방서장

09 **구조현장 활동방법으로 틀린 것은?**

① 현장지휘소는 물질이 흐르는 하류에 설치, 오염물질의 제거를 신속히 대처할 수 있어야 한다.
② 지휘자는 즉시 현장상황을 판단하여 구출방법과 순서를 결정하고 대원에게 임무를 부여하여야 한다.
③ 구조대원은 관계자와 연락을 긴밀히 유지, 효율적 구조활동을 할 수 있어야 한다.
④ 무선통신을 이용하여 요구조자의 자세한 신상을 송신하여 대원 간에 빠르고 정확한 정보를 공유하도록 한다.

정답 05. ② 06. ③ 07. ④ 08. ④ 09. ②

10 **백드래프트와 플래시오버의 차이점에 관한 설명으로 틀린 것은?**

① 백드래프트는 폭발이고 플래시오버는 아니다.
② 플래시오버의 악화요인은 열이고 백드래프트는 산소이다.
③ 백드래프트는 성장기, 감퇴기이고 플래시오버는 성장기 마지막 단계이다.
④ 플래시오버보다 백드레프트 빈도가 높다.

11 **소방차 펌프기준 배관 및 밸브등의 위치에서 흡입측에 두는 것이 아닌 것은?**

① 배수밸브
② 냉각수밸브
③ 흡수구
④ 연성계

12 **건물붕괴 현장에서 부상당한 30대 남성에게 호흡부전에 따른 저산소증, 왼쪽 가슴에 개방성 손상이 관찰되었을 때 응급환자분류표상 옳은 것은?**

① 긴급(적색)
② 응급(황색)
③ 비응급(녹색)
④ 사망(흑색)

13 **화재진압활동에 작용하는 전략을 당성하지 위한 구체적 수단 또는 방법에 관한 설명으로 틀린 것은?**

① 포위전술 : 관창을 화점에 포위 배치하여 진압하는 전술형태로 초기 진압 시에 적합하다.
② 공격전술 : 관창을 화점에 진입 배치하는 전술형태로 소규모 화재에 적합하다.
③ 블록전술 : 주로 인접건물로의 화재확대방지를 위해 적용하는 전술형태로 블록(Block)의 4방면 중 확대가능한 면을 동시에 방어하는 전술이다.
④ 집중전술 : 화세에 비해 소방력 부족하여 전체 화재현장을 모두 커버할 수 없는 경우 사회적, 경제적 혹은 소방상 중요한 시설 또는 대상물을 중점적으로 대응 진압하는 전술형태

14 **무선통신의 일반적인 절차 관한 설명으로 틀린 것은?**

① 무전기는 입에서부터 약 5-7cm 정도 간격을 두고 입에서 45°방향에 위치시킨다.
② 송신기 버튼을 누른 후 약 1초간 기다리고 말을 한다.
③ 환자의 평가결과는 주관적 사항으로 진단명을 간결하게 송신한다.
④ 서로 약속된 무전약어를 사용해야 한다.

정답 10. ④ 11. ② 12. ① 13. ④ 14. ③

15 **환자의 자세와 적용에 대한 설명 중 틀린 것은?**

① 옆누움자세 : 주로 척추손상환자 및 임부에게 적용된다.
② 앉은 자세 : 윗몸을 45~60도 세운 자세로 보통 호흡이 곤란한 환자에게 적용한다.
③ 트랜델랜버그자세 : 등을 바닥에 대고 바로 누워 침상의 다리쪽을 45°높여서 머리가 낮고 다리가 높게 한다.
④ 바로누운자세 : 얼굴을 위로 향하게 하여 눕게 한다.

16 **사고차량의 안정화에 관한 설명으로 틀린 것은?**

① 경사면에 놓은 차량은 바퀴가 하중을 받는 부분에 고임목을 댄다.
② 에어백을 겹쳐서 사용할 때에는 2층을 초과하지 않도록 하고 작은 백을 아래에 놓고 큰 백을 위에 놓는다.
③ 차량과 버팀목의 밀착도를 높이기 위해서 작은 나무조각이나 쐐기를 이용할 수 있다.
④ 차량이 팽팽한 지면위에 있다면 바퀴의 양쪽부분에 고임목을 댄다.

17 **구조장비 활용에서 기자재 선택 시 유의사항으로 옳은 것은?**

① 다른 기관이나 현장 관계자 등이 보유하는 것과 현장에서 조달이 가능한 것으로 효과가 기대되는 것이 있으면 활용을 적극적으로 검토한다.
② 동등한 효과가 있는 제조사가 다른 장비를 사용 시 가장 최근에 지급된 장비를 사용한다.
③ 긴급 상황에 맞는 것을 선택하고 급할 때는 능력을 고려하지 않고 선택한다.
④ 사용 목적에 맞는 것을 선택하고 위험성이 높은 장비를 선택한다.

18 **호흡유지 장비 중 백-밸브 마스크에 관한 설명으로 옳은 것은?**

① 백-밸브 마스크는 성인용과 소아용 두 가지로 구분된다.
② 보유 산소장비 없이 즉각적인 초기 환기를 제공할 수 있다.
③ 산소저장주머니 연결 후 분당 15리터의 산소를 공급할 경우 거의 55%의 산소를 공급받을 수 있다.
④ 백밸브 마스크에 산소를 추가로 투여하지 않은 상태로 16% 정도의 산소를 공급할 수 있다.

정답 15. ① 16. ③ 17. ① 18. ②

19 **구급대원 감염방지 및 개인보호 장비에 관한 설명으로 틀린 것은?**

① 사용한 주사바늘은 즉시 구부린 후 그대로 주사바늘통에 버린다.
② 심폐소생술 시행 시 반드시 일 방향 휴대용 마스크를 이용한다.
③ 피부에 상처가 있는 처치자는 환자를 직접 만지지 않도록 한다.
④ 장갑은 한 환자에게 사용하더라도 오염된 신체부위에서 깨끗한 부위로 이동할 경우 교환해야 한다.

20 **재해예방의 4원칙에 대한설명으로 틀린 것은?**

① 예방가능의 원칙 : 천재지변을 제외한 인위적 재난은 원칙적으로 예방이 가능하다.
② 손실우연의 원칙 : 사고의 결과로 생긴 재해 손실은 사고 당시의 조건에 따라 우연적으로 발생한다.
③ 원인연계의 원칙 : 사고발생에는 반드시 원인이 있고 대부분 복합적으로 연계되므로 모든 원인은 종합적으로 검토되어야 한다.
④ 대책선정의 원칙 : 사고예방을 위한 안전대책은 4M을 통해 수립할 수 있다.

21 **공기호흡기 관한 설명으로 옳은 것은?**

① 탈출개시압력=(탈출소요시간×매분당 호흡량/용기용량)+여유압력
② 바이패스 밸브는 활동 중 마찰 등으로 인한 개폐방지를 위해 공기가 공급되면 쉽게 열리지 않게 만들어져 있다.
③ 용기와 고압도관, 등받이 등의 결합할 때에는 반드시 공구를 사용하여 완전히 결합하도록 한다.
④ 고압조정기와 경보기 부분은 분해조정 한다.

22 **소화방법에 대한 설명으로 틀린 것은?**

① 냉각소화방법은 에너지를 제거, 발화점이하로 내려가게 하여 소화하는 방법, 물의 발열반응을 이용하여 열을 제거하는 방법이다.
② 부촉매소화법은 부촉매를 사용하여 연쇄반응을 억제시켜 소화하는 방법이다.
③ 질식소화는 산소를 차단하여 소화하는 방법이다.
④ 제거소화방법은 가연물을 제거하여 소화하는 방법이다.

정답 19. ① 20. ④ 21. ① 22. ①

23 화재조사 업무처리의 기본사항에 대한 내용으로 틀린 것은?

① 동일범이 아닌 각기 다른 사람에 의한 방화, 불장난은 동일 대상물에서 발화했더라도 각각 별건의 화재로 본다.
② 화재현장에서 부상을 당한 후 72시간 이내에 사망한 경우에는 당해 화재로 인한 사망자로 본다.
③ 화재피해액 범위가 건물의 6면 중 2면 이하인 경우에는 6면 중의 피해면적의 합에 5분의 1을 곱한 값을 소실면적으로 한다.
④ 복도 또는 내화조 건물의 경우 격벽으로 방화구획이 되어 있는 경우는 다른 동으로 본다.

24 소방현장에서 가장 흔하게 활용되는 전략개념의 우선순위로 옳은 것은?

① 생명보호 - 외부확대 - 내부확대 - 화재진압 - 점검, 조사
② 내부확대 - 외부확대 - 화재진압 - 점검, 조사 - 생명보호
③ 화재진압 - 점검, 조사 - 생명보호 - 내부확대 - 외부확대
④ 화재진압 - 생명보호 - 내부확대 - 외부확대 - 점검, 조사

25 화점확인 방법에 관한 설명으로 틀린 것은?

① 야간의 경우 소명이 소등되어 있는 층보다 조명이 점등되어 있는 층에 화점이 있는 경우가 많다.
② 수신기에 여러 층이 동시에 감지신호가 발생되는 경우 수신기에 표시된 최하층에서부터 화점검색을 시작한다.
③ 창 등 개구부로부터 연기가 분출하는 경우는 연기가 나오는 층 이하의 층을 화점층으로 판단하고 행동한다.
④ 최상층의 창 등으로부터 분출속도가 약한 백색연기가 나오는 경우는 아래층에 화점이 있는 경우가 많다.

정답 23. ④ 24. ① 25. ①

18년 소방위 승진시험 복원문제

01 **119구조 · 구급에 관한 법률에서 구조 · 구급활동이 필요한 위급상황을 2회 거짓으로 알린 경우의 과태료로 옳은 것은?**

① 과태료 100만원
② 과태료 150만원
③ 과태료 200만원
④ 과태료 250만원

02 **구급활동을 방해한 경우의 벌칙으로 옳은 것은?**

① 과태료 200만원
② 3년 이하의 징역 또는 3천만원 이하의 벌금
③ 3년 이하의 징역 또는 5천만원 이하의 벌금
④ 5년 이하의 징역 또는 5천만원 이하의 벌금

03 **열손상에 대한 설명으로 옳은 것은?**

① 일사병은 더운 곳에서 격렬한 활동으로 땀을 많이 흘려 전해질(특히, 나트륨) 부족으로 나타난다.
② 열 경련은 체액소실로 나타나며 보통 땀을 많이 흘리고 충분한 수분을 섭취하지 않아 발생한다.
③ 열사병은 여름철에 어린아이나 노약자에게 많이 일어나며 보통 며칠에 걸쳐 진행된다.
④ 일사병은 체온이 정상이거나 약간 오르지 않고 41~42℃ 이상 오른다.

정답 01. ② 02. ④ 03. ③

04 오염 통제구역에서의 구급활동으로 옳은 것은?

① 오염통제구역에서는 오염된 의복과 악세사리를 현장에서 가위를 이용해 제거 후 사용한 의료 기구 및 의복은 현장에 남겨두고 환자만 이동한다.
② 오염통제구역에서는 Triage를 통해 환자를 분류한 후 우선순위에 따라 병원으로 이송해야 한다.
③ 오염통제구역 내 구급처치는 기본인명소생술로 기도, 호흡, 순환(지혈), 경추 고정, CPR, 전신중독 평가 및 처치가 포함된다.
④ 오염구역에서는 정맥로 확보 등과 같은 침습성 과정을 실시 후 안전 구역으로 옮긴다.

05 긴급구조통제단의 운영기준에서 대응 2단계에 대한 설명으로 옳은 것은?

① 긴급구조지휘대만 상시 운영
② 긴급구조지휘대가 현장지휘기능을 수행
③ 해당 시·군·구 긴급구조통제단을 전면적으로 운영
④ 해당 시·도 긴급구조통제단을 전면적으로 운영

06 위험물화재 진압방법으로 틀린 것은?

① 황화인은 CO2, 마른 모래, 건조분말에 의한 질식소화를 한다.
② 철분, 금속분, 마그네슘은 마른 모래, 건조분말, 금속화재용 분말 소화약제를 사용하여 질식소화한다.
③ 적린, 유황, 인화성 고체는 분말 소화약제에 의한 질식소화를 한다.
④ 다량의 열과 유독성의 연기를 발생하므로 반드시 방호복과 공기호흡기를 착용하여야한다.

07 내부에서 확점 확인 방법으로 틀린 것은?

① 야간의 경우 조명이 점등하고 있는 층보다 조명이 소등되어 있는 층에 화점이 있는 경우가 많다.
② 연기확산 방지 : 옥내·외에 연기가 있는 경우는 공조설비 등을 즉시 정지시킨다.
③ 시건 되어 있는 실내는 문의 변색, 문틈에서의 연기분출 또는 문, 벽, 상층의 바닥에 손을 접촉하여 온도 변화에 의해 확인한다.
④ 연기가 있는 최하층을 확인한다.

정답 04. ③ 05. ③ 06. ③ 07. ①

08 콘크리트 화재성상에 대한 설명을 옳은 것은?

① 콘크리트는 약 400℃에서 강도가 저하되기 시작한다.
② 박리 속도는 온도 상승 속도와 반비례하며 콘크리트 중의 수분함량이 적을수록 박리발생이 용이하다.
③ 표면온도와 콘크리트 외부의 온도 차이에 의한 열팽창율 차이에 따라 외부 응력이발생하고 이 열응력이 콘크리트의 압축강도 보다 커지면 균열이 발생한다.
④ 화재에 콘크리트의 온도가 500℃를 넘으면 냉각 후에도 잔류신장을 나타낸다.

09 소방 안전관리 특성 중 다음 내용에 대한 것은?

> 호스연장 시 호스를 화재 건물과 가까이 두고 연장하지 않도록 하는 것은 화재건물의 낙하물체나 고열의 복사열에 의한 호스손상을 방지하여 결과적으로 진압활동이나 인명구조시 엄호주수가 완전히 이루어질 수 있도록 하기 위한 것이다.

① 일체성
② 특이성
③ 양면성
④ 반복성

10 화재진압 전략개념의 우선순위는?

① 생명보호(Rescue) → 내부확대 방지(Confine) → 외부확대 방지(Exposure) → 화점진압(Extinguish) → 재발방지를 위한 점검·조사(Overhaul) 등
② 생명보호(Rescue) → 외부확대 방지(Exposure) → 내부확대 방지(Confine) → 화점진압(Extinguish) → 재발방지를 위한 점검·조사(Overhaul) 등
③ 생명보호(Rescue) → 외부확대 방지(Exposure) → 내부확대 방지(Confine) → 재발방지를 위한 점검·조사(Overhaul) 등 → 화점진압(Extinguish)
④ 생명보호(Rescue) → 내부확대 방지(Confine) → 외부확대 방지(Exposure) → 재발방지를 위한 점검·조사(Overhaul) 등 → 화점진압(Extinguish)

정답 08. ④ 09. ① 10. ②

11 **소방자동차에서 방수 정지 조작 순서로 알맞은 것은?**

㉠ 동력인출장치(P.T.O)작동을 중지시킨다.
㉡ 엔진 회전(RPM)조절기를 조작하여 소방펌프 회전속도를 낮춘다.
㉢ 하차하여 배수밸브를 개방하고 배관 내 물이 배수되는지 확인한다.
㉣ 운전석에 승차하여 클러치 페달을 밟는다.
㉤ 클러치 페달을 서서히 놓는다. 엔진소리가 바뀌는가 확인하고 펌프 회전이 정지 되었는가 확인한다.
㉥ 방수밸브를 서서히 잠근 후 메인밸브를 닫힘 위치로 조작한다.

① ㉡ - ㉣ - ㉥ - ㉠ - ㉤ - ㉢
② ㉡ - ㉥ - ㉣ - ㉠ - ㉤ - ㉢
③ ㉡ - ㉥ - ㉣ - ㉠ - ㉢ - ㉤
④ ㉡ - ㉣ - ㉥ - ㉠ - ㉢ - ㉤

12 **긴급상황으로 보고하여야 할 화재 중 특수화재인 것은?**

① 관공서
② 변전소
③ 지하상가
④ 정부도정공장

13 **구급대원이 출동 요청을 거절할 수 없는 경우는?**

① 만성질환자로서 검진 또는 입원 목적의 이송 요청자
② 가나산부인과에서 의사가 동승하여 다라종합병원으로 이송
③ 감기환자로 38도 미만의 열이 나는 환자
④ 단순 열상(裂傷) 또는 찰과상(擦過傷)으로 지속적인 출혈이 없는 외상환자

14 **중증외상환자 평가에 대한 순서가 바르게 연결된 것은?**

① 현장 확인과 1차 평가 → 척추 고정 → 손상기전 확인 → 기본소생술 제공 → 이송여부결정 → 빠른 외상평가 → 의식수준 재평가 → 기본 생체징후 평가 → SAMPLE력 → 세부 신체검진
② 현장 확인과 1차 평가 → 척추 고정 → 손상기전 확인 → 기본소생술 제공 → 이송여부결정 → 의식수준 재평가 → 빠른 외상평가 → 기본 생체징후 평가 → SAMPLE력 → 세부 신체검진
③ 현장 확인과 1차 평가 → 손상기전 확인 → 척추 고정 → 기본소생술 제공 → 이송여부결정 → 의식수준 재평가 → 빠른 외상평가 → 기본 생체징후 평가 → SAMPLE력 → 세부 신체검진
④ 현장 확인과 1차 평가 → 손상기전 확인 → 기본소생술 제공 → 척추 고정 →→ 이송여부결정 → 의식수준 재평가 → 빠른 외상평가 → 기본 생체징후 평가 → SAMPLE력 → 세부 신체검진

정답 11. ② 12. ② 13. ② 14. ③

15 **구조 · 구급 현장에서 금고를 발견했을 때 119구조 · 구급에 관한 법률 시행령에 따른 조치 방법은?**

① 경찰관 입회하에 물품을 확인 한 후 경찰관에게 인계한다.
② 재난통제단장에게 물품 리스트를 작성 후인계한다.
③ 지방자치단체의 게시판 및 홈페이지에 공고한다.
④ 현장 상황을 기록한 후 현장에 보존한다.

16 **로프에 관한 설명을 틀린 것은?**

① 8자연결매듭은 많은 힘을 받을 수 있고 힘이 가해진 경우에도 풀기가 쉬워 로프를 연결하거나 안전을 확보하기 위한 매듭으로 자주 사용된다.
② 절반매듭 묶고 풀기는 쉬우나 결속력이 매우 약하기 때문에 절반매듭 단독으로는 사용하지 않는다.
③ 말뚝매기는 묶고 풀기가 쉽지만 반복적인 충격에도 매듭이 풀리지 않는다.
④ 피셔맨매듭은 신속하고 간편하게 묶을 수 있으며 매듭의 크기가 작다.

17 **수중 탐색에 대한 설명으로 옳은 것은?**

① 등고선탐색은 평행선과 평행선과의 거리는 시야범위 정도가 적당하며 경사가 약한 곳에서는 수심계로 수심을 확인하며 경로를 유지할 수도 있다.
② U자 탐색은 장애물이 없는 평평한 지형에서 비교적 작은 물체를 탐색하는데 적합하다.
③ 소용돌이탐색은 출발점으로 한바퀴 돌아온 뒤에 중앙에 있는 사람이 줄을 조금 풀어서 더 큰 원을 그리며 탐색하는 방법을 반복한다.
④ 반원탐색은 조류가 세고 탐색면적이 좁을 때 사용한다.

18 **감염질환 및 예방에 관한 설명으로 틀린 것은?**

① B형 간염(HBV)은 간에 직접적인 영향을 미치는 치명적인 바이러스로 피나 체액에 의해 전파된다. 또한, 몇 년간 몸에 잠복해 있다가 발병되거나 전파되기도 한다.
② AIDS는 약에 대한 내성이 쉽게 생기며 몸이 약해지면 다시 재발하는 질병으로 가래나 기침에 의한 호흡기계 분비물(비말 등)로 공기 전파된다.
③ 감염질환의 예방법으로 부득이 바늘 뚜껑을 씌워야 할 경우는 한 손으로 조작하여 바늘 뚜껑을 주사바늘에 씌운 후 단도록 한다.
④ 결핵(Tuberculosis)의 주요증상은 열, 기침, 도한, 체중 감소이다.

정답 **15.** ① **16.** ③ **17.** ② **18.** ②

19 **동의의 법칙에 대한 설명으로 틀린 것은?**

① 법률적으로 사망이나 영구적인 불구를 방지하기 위하여 긴급한 응급처치를 필요로 하는 환자는 그에 대한 치료와 이송에 동의해야 한다는 입장이다.
② 환자가 직접 119에 신고한 경우 응급처치에 동의했을 것이라고 추정한다.
③ 법률은 미성년자가 응급처치에 대해서 유효한 동의를 할 만한 판단력을 갖추지 못했다고 인정한다.
④ 환자가 치료 받기는 완고하게 거부하는 경우, 거부하는 사람(부모, 후견인,보호자 등)에게 거부를 자인한다는 내용의 공식문서에 서명을 하도록 하는 것이 필요하다.

20 **구조활동에 관한 설명으로 옳은 것은?**

① 구조활동의 우선 순위는 신체구출 후 구명(救命), 정신적, 육체적 고통경감, 피해의 최소화이다.
② 구조활동의 초기 대응 절차는 현장확인을 한 다음 현장이 더 이상 악화되지 않도로 안정 시킨 후, 접근, 이송순서로 이루어 진다.
③ 현장지휘소 위치를 정하는 기준은 상황판단이 용이하도록 높은 곳에 위치하고 풍상측, 상류측에 위치하여 위험물질의 누출이나 오염 등에 의한 영향을 최소화하려는 것이다.
④ 정밀 수색은 초기수색을 통하여 요구조자가 있을 가능성이 가장 낮은 장소부터 수색장비를 활용해 정밀하게 수색한다.

21 **재난사태에 지역통제단장의 경우 할 수 있는 응급조치 사항으로 틀린 것은?**

① 진진화에 대한 응급조치
② 급수 수단의 확보
③ 긴급수송 및 구조수단의 확보
④ 현장지휘통신체계의 확보

22 **마취총(Tranquilizer gun)사용에 관한 설명으로 틀린 것은?**

① 인명피해의 우려가 있는 동물을 생포하기 위해 사용하며 블로우건에 비하여 마취총은 사정거리가 짧다.
② 동물에 대한 마취총 사격 부위는 피하지방이 얇은 쪽에 쏘는 것이 효과적이다.
③ 마취약은 주사기에 약제 주입 후 2-3일이 지나면 효과가 다소 떨어지므로 약제는 현장에서 조제해 쓰는 것이 좋다.
④ 마취효과가 나타나려면 5분 정도가 걸리므로 주사기 명중 후 천천히 따라가 마취효과가 나타나면 포획한다.

정답 19. ② 20. ③ 21. ② 22. ①

23 소방시설공사업 감리에 관한 설명으로 틀린 것은?

① 감리결과보고서의 통보 및 제출은 공사가 완료된 날부터 7일 이내 소방본부장 또는 소방서장에게 보고한다.
② 감리자 변경신고는 변경일로부터 30일 이내에 소방공사감리자변경신고서(서류첨부) 제출한다.
③ 일반공사 감리대상인 경우 기계분야의 감리원 자격을 취득한 자와 전기 분야의 감리원 자격을 취득한 자 각 1명 이상을 책임감리원으로 배치한다.
④ 소방시설 공사현장에 감리원을 배치하지 아니한 자는 1500만원 이하의 벌금에 처한다.

24 건물 붕괴 징후가 강도가 낮은 것은?

① 철골구조의 화재에 대량주수 하였을 때
② 석조 벽 사이의 모르타르가 약화되어 기울어질 때
③ 벽에 버팀목을 대 놓는 등 불안정한 구조를 보강한 흔적이 있을 때
④ 엉성한 벽돌이나 블록, 건물에서 석재가 떨어져 내릴 때

25 다음 안전교육 방법과 관련이 있는 것은?

㉠ 현실적인 문제의 학습이 가능하다.
㉡ 흥미가 있고 학습동기를 유발할 수 있다.
㉢ 생각하는 학습교류가 가능하다.

① 강의식 교육　② 시범실습식 교육
③ 토의식 교육　④ 사례연구법

정답 23. ④ 24. ① 25. ④

17년 소방위 승진시험 복원문제

01 신생아 출생 5분 후 재평가시 손과 팔다리가 청색이고, 맥박수가 80회이며, 코 안쪽을 자극할 때 얼굴만 찡그리고 울었다면 APGAR 점수는 몇 점인가?

① 4점　　② 5점
③ 6잠　　④ 7점

02 수직맨홀 등 좁은 공간으로 진입하거나 요구조자를 구출하는 경우 유용하게 활용하며, 특히 완만한 경사면에서 확보물 없이 3명 이상이 한줄 로프를 잡고 등반하는 경우 중간에 위치한 사람들이 매듭을 만들어 어께와 허리에 걸면 로프가 벗겨지지 않고 활동이 용이한 매듭은?

① 앉아매기　　② 두겹고정매듭
③ 세겹고정매듭　　④ 잡아매기

03 화재시 콘크리트 변색의 순서로 맞는 것은?

① 붉은색-회색-황갈색-연홍색
② 붉은색-회색-연홍색-황갈색
③ 연홍색-붉은색-회색-황갈색
④ 연홍색-붉은색-황갈색-회색

04 다음과 같이 그래프가 나타났을 때 초기 조치사항으로 맞는 것은?

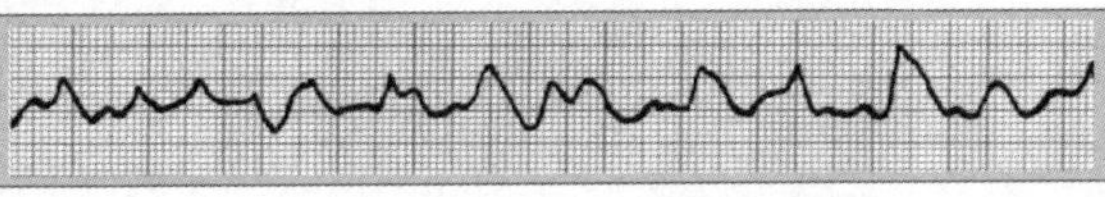
※ 심실세동

① 심폐소생술　　② 지혈
③ 맥박확인　　④ 제세동

정답 01. ① 02. ② 03. ③ 04. ④

05 신생아 맥박 60회/분인 상황이어서 백밸브마스크(BVM)로 인공호흡을 실시 후, 재평가해봤더니 그 때에도 맥박이 60회/분이라면 취해야 할 조치는?

① 산소투여　　② 심폐소생술
③ 제세동　　④ 약물투여

06 가슴에 날카로운 칼에 의해 자상을 입은 상태에서 종종 '빨아들이는 소리'나 '상처부위 거품'을 볼 수 있는데, 이때 해야 할 응급조치는?

① 개방드레싱　　② 폐쇄드레싱
③ 삼면드레싱　　④ 압박드레싱

07 국제적으로 통용되는 미국(DOT) 표지색상으로 맞는 것은 몇 개인가?

① 빨간색 : 가연성(Flammable)	② 오렌지 : 폭발성(Explosive)
③ 노란색 : 산화성(Oxidizer)	④ 녹 색 : 불연성(Non-Flammable)
⑤ 파란색 : 금수성(Not Wet)	⑥ 백 색 : 중독성(Inhalation)

① 3　　② 4
③ 5　　④ 6

08 성인의 복부 전부와 오른쪽 다리 전부에 화상을 입었을 경우 9법칙에 따른 화상범위로 맞는 것은?

① 18%　　② 27%
③ 36%　　④ 37%

09 화재조사의 과학적 방법 중 연역법에 해당하는 것은?

① 자료수집　　② 자료분석
③ 가설설정　　④ 가설검정

10 항공구조대원은 연 40시간의 특별교육을 받아야 하는 바 이에 해당하지 않는 것은?

① 항공구조 활동과 관련된 안전교육
② 항공구조기법 및 항공구조장비와 관련된 이론과 실기
③ 항공구조 활동시 응급처치와 관련된 이론과 실기
④ 항공조종사의 비행 및 화재진압 훈련

11 **다음에 해당하는 환자의 유형은?**

> 의식 명료하고 걸을 수 없고 호흡이 24회인 자

① 응급환자　　② 긴급환자
③ 지연환자　　④ 비응급환자

12 **화재방어검토회의에 대한 설명으로 맞는 것은?** ☆ 20년 소방위

① 대형화재 발생시 통제관은 소방서장으로 한다.
② 검토회의는 화재종료일로부터 10일 이내에 개최한다.
③ 화재방어활동에 참여한 모두가 참석한다.
④ 검토회의는 화재발생지 소방본부 또는 소방서에서 개최한다.

13 **다음 중 감염노출 후 처치자가 실시해야 하는 내용 중 틀린 것은?**

① 피부에 상처가 난 경우 즉시 찔리거나 베인 부위에서 피를 짜내고 소독제를 바른다.
② 점막이나 눈에 환자의 혈액이나 체액이 노출된 경우 노출부위를 흐르는 물이나 식염수로 세척한다.
③ 기관의 감염노출관리 과정에 따라 보고하고 적절한 조치를 받도록 한다.
④ 필요한 처치 및 검사를 24시간 이내 받을 수 있도록 한다.

14 **시속 80킬로미터인 곡선 도로에서 사고가 발생한 경우 사고차량으로부터 몇 미터에 유도표지를 설치하는가?**

① 95미터　　② 80미터
③ 15미터　　④ 1미터

15 **소방자동차 구조 원리에 대해 다음 내용과 관계있는 것은?**

> 배관중간수조에 기체상태부분이 존재하지 않도록 한다.

① 수격현상　　② 서징현상
③ 캐비테이션　　④ 지수밸브

정답 11. ① 12. ② 13. ④ 14. ① 15. ②

16 포소화약제 중 단백포와 수성막포의 단점을 보완한 약제는?

① 불화단백포
② 합성계면활성제포
③ 내알콜포
④ 단백포

17 수중구조에 대한 설명 중 틀린 것은?

① 탄산가스 중독일 경우 크고 깊은 호흡을 규칙적으로 해야한다.
② 감압병을 예방하기 위해 수심 30미터 이상 잠수하지 않는다.
③ 산소중독시 공기 말고 산소만을 사용한다.
④ 공기 색전증 예방을 위해 부상할 때 절대로 호흡을 정지하지 말고 급속한 상승을 하지 않는다.

18 임신 8개월 된 임산부가 소리 나지 않는 약한 기침에 청색증이 있으며 목을 'V'자로 잡거나 입을 가리키며, 처치자가 "목에 뭐가 걸렸나요"라는 질문에 환자가 고개를 끄덕인다면 어떤 도움이 필요한 상황인가?

① 배밀어내기
② 등두드리기
③ 가슴밀어내기
④ 이물질 제거

19 사고로 인하여 발생한 오염자 및 제독 작업에 참여한 대원의 제독을 위한 제독소 설치장소로 적합한 곳은?

① 위험지역
② 오염지역
③ 경고지역
④ 안전지역

20 다음 설명 중 맞는 것은?

① 의식이 없거나 외상환자인 경우 머리기울임 방법을 사용한다.
② 입인두기도기는 구토반사가 없는 무의식환자에게 사용한다.
③ 입인두 기도기는 구토반사를 자극하지 않아 사용빈도가 높다.
④ 코인두 기도기는 구강환자에게 사용할 수 없다.

정답 16. ① 17. ③ 18. ③ 19. ③ 20. ②

21 **긴급구조지원기관의 장이 지정하는 긴급대응협력관의 수행업무가 아닌 것은?**

① 긴급구조지원기관의 긴급구조대응계획 수립
② 긴급구조지원기관의 보유자원 관리
③ 재난대응업무의 상호 협조 및 재난현장 지원업무 총괄
④ 긴급구조지원기관의 능력에 대한 평가

22 **지휘자의 활동구조로 맞는 것은?**

① 실태파악-결심-상황판단-명령-실시-측정
② 실태파악-측정-상황판단-결심-명령-실시
③ 실태파악-상황판단-결심-명령-실시-측정
④ 실태파악-상황판단-결심-명령-측정-실시

23 **다음 소방용수시설에 대한 설명 중 맞는 것은 모두 몇 개인가?**

> ① 소화전의 연결금속구의 구경은 1mm로 한다
> ② 저수조는 지면으로부터 낙차가 4.5m 이하, 흡수부분의 수심은 0.15m 이상으로 한다.
> ③ 흡수관의 투입구가 사각형인 경우에는 한 변의 길이가 6mm 이상이어야 한다.
> ④ 급수탑 개폐밸브는 지상에서 1.5m 이상 1.7m 이하의 위치에 설치한다.

① 1개　　② 2개
③ 3개　　④ 4개

24 **목조건물 화재 설명 중 틀린 것은?**

① 발화점에 가까워질수록 연기의 유동이 약해진다.
② 초기단계에서는 화점에 진입하여 집중 방수한다.
③ 화세가 강하면 연소방지에 중점한다.
④ 관창배치는 화재 뒷면부터 한다.

정답 21. ③ 22. ③ 23. ② 24. ①

25 **고층건물 화재진압방법 중 틀린 것은?**

① 전진지휘소와 자원대기소를 직하층에 설치한다.
② 2층 이상인 경우 연결송수관을 활용한다.
③ 경계대는 화점의 직상층 계단 또는 직상층에 배치한다.
④ 진입대 활동거점은 화점층의 특별피난계단 부속실로 한다.

정답 25. ②

16년 소방위 승진시험 복원문제

01 복통을 유발하는 질병에 대한 내용으로 틀린 것은?

① 담낭염(쓸개염) 담석 : 갑작스런 윗배 또는 RLQ 통증을 호소한다.
② 췌장염(이자염) : 만성 알콜환자에게 흔히 나타나며 윗배 통증을 호소하고 등, 어깨 통증이 방사될 수 있다.
③ 충수돌기염(맹장염) : 오심/구토가 있으며 처음에는 배꼽부위 통증(처음)을 호소하다 RLQ부위의 지속적인 통증을 호소한다.
④ 탈장 : 보통 무거운 물건을 들어 올린 후 갑작스런 복통을 호소하고 배나 서혜부 촉진을 통해 덩어리가 만져질 수 있다.

02 신생아 평가에 관한 설명으로 옳은 것은?

① 구형흡인기로 코 입 순으로 한다.
② 수분동안 팔다리 청색증이 나타난다.
③ 아프가 점수는 5분, 10분에 각각 측정한다.
④ 아프가 점수에서 활동력을 보기 위해 코 안쪽을 자극한다.

03 긴 척추고정판에 관한 설명으로 틀린 것은?

① 패드사용 시 성인은 몸이나 목 아래 공간이 있는지 주의, 소아의 경우 어깨 아래부터 발 뒤꿈치까지 패드가 필요하다.
② 고정할 때는 머리부터고정하고 가슴과 골반을 끈으로 묶는다.
③ 의식이 있는 경우 배위에 손을 교차해서 있도록 한다.
④ 무릎 위와 아래를 끈을 이용 다리를 고정

04 응급의료체계 운영상 필수요소가 아닌 것은?

① 필요한 인원
② 일반인 참여
③ 표준화된 응급처치 지침
④ 각 체계간의 상호협조

정답 01. ② 02. ② 03. ③ 04. ③

05 근골격계 손상환자 응급처치 설명으로 틀린 것은?

① 손상부위통증 감소를 위해 얼음찜질
② 골반부위 상처는 부목고정 후에 드레싱 실시
③ 환자를 움직이기 전에 부목을 대 준다.
④ 환자가 치명적인 상태에서는 부목고정보다 처치나 이송이 우선

06 저체온 환자로 이성을 잃고 환경에 대한반응 상실, 근육경직, 맥박과 호흡이 느려지는 증상 및 징후가 나타나는 경우 중심체온은?

① 32～35도
② 30～32도
③ 27～30도
④ 26～27도

07 기침이나 재채기 할 때 감염 균 입자가 1m이내 있는 사람에게 튀어 감염을 유발시키는 질환은?

① 수두
② 인플루엔자
③ A형 감염
④ 바이러스 출혈성 결막염

08 다음 로프의 명칭은?

로프 끝에 두 개의 고리를 만들 수 있어 <u>두 개의 확보물에 로프를 고정</u>하는 경우에 매우 유용하다.

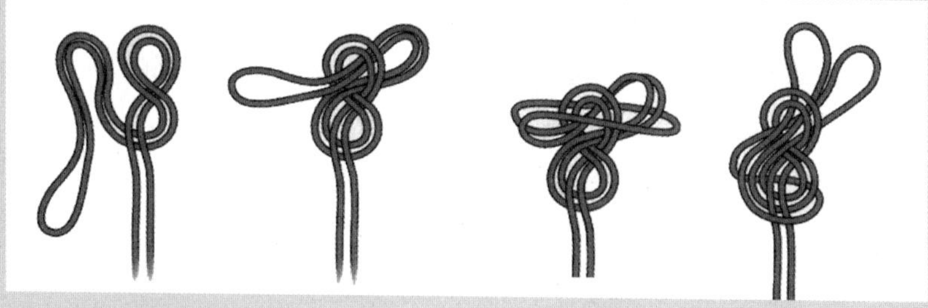

① 두겹 8자
② 이중 팔자
③ 두겹 고정
④ 8자 연결

09 119생활안전대의 주요활동 영역으로 틀린 것은?

① 장신구 제거
② 벌 쏘임 부상자 이송

정답 05. ② 06. ③ 07. ② 08. ② 09. ②

③ 비상전원, 조명공급
④ 생활안전서비스 관련 소방교육

10 잠수병 설명으로 틀린 것은?

> "압력이 높은 해저에서 압력이 낮은 수면으로 상승할 때 호흡을 멈추고 있으면 폐의 조직이 파괴되고 기침이나 의식불명 증세가 나타난다. 치료법은 재 가압요법이 있다."

① 공기색전증
② 감압병
③ 탄산가스 중독
④ 질소마취

11 방호복 설명으로 맞는 것은?

> "헬멧, 방호복, 공기호흡기로 구성된 위험물질의 비산에 의해 손상을 입을 수 있는 액체를 다룰 경우 사용"

① A급
② B급
③ C급
④ D급

12 도르래에 관한 설명으로 틀린 것은?

① 고정도프래는 힘의 방향만 바꾸어 주지만 움직도르래와 설치하면 힘의 이득을 얻을 수 있다.
② 고정도르래 1개와 움직도르래 1개를 설치하면 소요되는 힘은 1/2로 줄어든다.
③ 수평2단 도르래는 도르래와 쥬마를 결합한 형태로 도르래의 역회전을 방지할 수 있어 안전한 작업과 힘의 소모를 막을 수 있다.
④ 로프꼬임 방지기는 로프로 물체를 인양하거나 하강시킬 때 로프가 꼬여 장비나 요구조자가 회전하는 것을 방지하는 장비이다.

13 아래그림은?

정답 10. ① 11. ② 12. ③ 13. 그림참고

캔틸레버형 붕괴*	㉠ 각 붕괴의 유형 중에서 <u>가장 안전하지 못하고 2차 붕괴에 가장 취약한 유형</u>이다. ㉡ 건물에 가해지는 충격에 의하여 한쪽 벽판이나 지붕 조립부분이 무너져 내리고 다른 한 쪽은 원형을 그대로 유지하고 있는 형태의 붕괴를 말한다. ㉢ 이때 요구조자가 생존할 수 있는 장소는 각 층들이 지탱되고 있는 끝부분 아래에 생존공간이 생길 가능성이 많다. 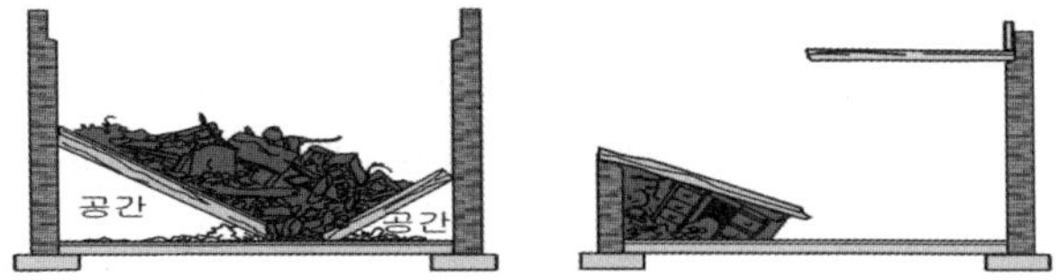 ■ V자형 붕괴(좌)와 **켄틸레버형 붕괴** ■

14 엘리베이터가 최상층, 최하층에 근접할 때 자동적으로 정지시켜 과주행을 방지하는 것은?

① 리미트 스위치　② 화이널 스위치
③ 전자브레이크　④ 조속기

15 백드레프트 현상으로 틀린 것은?

① 건물 외부에서 유리창 안쪽으로 타르와 검은 액체가 흘러내린다.
② 건물 외부에서 보면 화염이 보이고 창문이나 문이 뜨겁다.
③ 건물 내부에서 보면 훈소진행, 높은 열이 집적된다.
④ 건물외부에서 보면 부족한 산소로 불꽃이 약화되어 노란샐 불꽃이 보인다.

16 화재진압 전략개념의 우선순위는?

① 생명보호(Rescue) → ② 외부확대 방지(Exposure) → ③ 내부확대 방지(Confine) → ④ 화점진압(Extinguish) → ⑤ 재발방지를 위한 점검・조사(Overhaul) 등

17 공격적 내부진압 전술의 구성요소로 틀린 것은?

① 신속한 진입을 위해 65mm를 사용한다.
② 엄호관창이 배치되기 전에 건물 진입해서 화재지점을 검색한다.
③ 화재가 완전진압되기 전에 희생자 구조를 위한 예비검색을 실시한다.
④ 화재가 완전진압되기 전에 화재발생 위층을 검색해야 한다.

정답 14. ① 15. ② 16. 순서참고 17. ③ 18. ②

18 내화조 건물 화재진압에 관한 설명으로 옳은 것은?

> ㉠ 요구조자에 관한 정보는 애매한 내용이라고 해도 추적하여 조사를 한다.
> ㉡ 요구조자가 있는 경우 열기로부터 몸을 보호하기 위하여 직접 직사방수를 한다.
> ㉢ 방수는 수손방지를 위하여 분무방수, 직사방수를 병용한다.
> ㉣ 내화조 건물에서는 농연, 열기가 있어도 함부로 방수해서는 안 된다.
> ㉤ 경계관창은 화점 직상층 및 직하층에 경계선을 배치하고 관창까지 송수하여 연소 확대에 대비한다.

① ㉠, ㉡, ㉢ ② ㉠, ㉢, ㉣
③ ㉡, ㉢, ㉣ ④ ㉢, ㉣, ㉤

19 통제단 운영 중 "대응3단계" 에 대한 설명은?

① 긴급구조대응계획의 운용연습과 재난대비 훈련을 실시
② 긴급구조지휘대가 현장기능을 수행하고 시군구긴급구조통제단은 필요에 따라 부분적으로 운영
③ 해당 시도긴급구조통제단을 전면적으로 운영하고 중앙통제단을 필요에 따라 부분 또는 전면적으로 운영
④ 해당 시도긴급구조통제단을 전면적으로 운영하고 시도긴급구조통제단을 필요에 따라 부분 또는 전면적으로 운영

20 소방용수시설 설치기준에 관한 설명으로 틀린 것은?

① 저수조 흡수관의 투입구가 사각형인 경우에는 한 변의 길이가 60센티 이상
② 저수조 낙차는 지면으로부터 4.5 이하 흡수부분 수심은 0.5M 이하
③ 저수조는 흡수에 차질이 없도록 토사 및 쓰레기들을 제거할 수 있는 설비를 갖추어야 함
④ 급수탑의 개폐밸브는 지상에서 1.5M 이상 1.7M 이하의 위치에 설치

21 화재 시 임무별 표준작전절차(SOP)에 관한 설명으로 옳은 것은?

① 인명구조 우선순위는 노인, 장애인→어린이→여자→ 여자→ 남자순으로 한다.
② 대원고립 상황 시 탈출방향은 소방호스커플링의 암나사 쪽, 놓여진 소방장비 하단방향이다.
③ 소방차량의 사이렌소리가 나는 도로 쪽 또는 경광등 불빛이 보이는 방향이 더 안전하다.
④ 인명구조 행동요령은 출입구나 중앙에서부터 순차적으로 검색한다.

22 가연물질의 구비조건으로 틀린 것은?

정답 19. ③ 20. ② 21. ③ 22. ③ 23. ④

① 일반적으로 산화되기 쉬운 물질로서 산소와 결합할 때 발열량이 커야 한다.
② 열의 축적이 용이하도록 열전도의 값이 적어야 한다.
③ 산소와 접촉할 수 있는 표면적이 작은 물질이어야 한다.
④ 산소화 접촉할 수 있는 표면적이 작은 물질이어야 한다.

23 **재난현장 SOP 하이브레드 차량사고 시 대응요령으로 틀린 것은?**

① 배터리 메인전원을 차단한다.
② 메인전원차단이 불가능할 경우 시동용 배터리를 분리한다.
③ 엔진이 멈추고 있어도 오토-스톱기능이 작동하므로 시동을 완전히 끈다.
④ 차량연소가 시작되는 단계에서는 일반적인 주수소화를 실시한다.

24 **화재조사 용어의 정의로서 틀린 것은?**

① 조사관 : 화재조사업무를 총괄하는 간부급소방공무원을 말한다.
② 최종잔가율 : 화재 당시 피해물의 재구입비에 대한 현재가의 비율을 말한다.
③ 발화지점 : 화재가 발생한 부위를 말한다.
④ 내용연수 : 고정자산을 경제적으로 사용할 수 있는 연수를 말한다.

25 **재난 및 안전관리기본법에 따른 중앙긴급구조통제단의 단장은?**

① 행정자치부장관
② 국민안전처의 소방사무를 담당하는 본부장
③ 국민안전처장관
④ 국무총리

정답 24. ② 25. ②

15년 소방위 승진시험 복원문제

01 가연물이 되지 않는 조건과 연결이 잘못된 것은?

① 0족 원소 불활성 기체 : He, Ar, Ne
② 산소와 결합하여 더 이상 화학반응을 일으킬 수 없는 물질 : 물, CO, 산화알루미늄
③ 산소와 화합하여 산화물을 생성하나 발열반응 하지 않고 흡열반응 물질 : 질소 또는 질소화합물
④ 자체가 연소하지 않는 물질 : 돌, 흙

02 건물 붕괴 위험성평가로써 연결이 잘못된 것은?

① 내화조 - 바닥붕괴
② 준내화조 - 지붕과 바닥을 연결하는 트러스트구조 붕괴(중량목구조에 대한 설명)
③ 조적조 - 벽붕괴
④ 경량목구조 - 벽붕괴

03 상황실 무선통신 우선순위로 바른 것은?

> ㉮ 연강할동 상황관리를 위한 대응자간 통신
> ㉯ 훈련, 일반 행정 통신
> ㉰ 천재지변 비상사태, 요인경호 작전
> ㉱ 지휘하는 지휘관의 지시, 상관 보고

① ㉱ → ㉰ → ㉯ → ㉮
② ㉱ → ㉰ → ㉮ → ㉯
③ ㉰ → ㉱ → ㉮ → ㉯
④ ㉯ → ㉱ → ㉮ → ㉰

정답 01. ② 02. ② 03. ③

04 재난 및 안전관리기본법에 의한 용어정의로 틀린 것은?

① 사회재난이란 화재・붕괴・황사・교통사고・금융・의료・수도 등 국가기반체계의 마비, 감염병 또는 가축전염병의 확산 등으로 인한 피해
② 재난관리주관기관이란 재난이나 그 밖의 각종 사고에 대하여 그 유형별로 예방・대비・대응 및 복구 등의 업무를 주관하는 중앙행정기관을 말한다.
③ 안전관리란 재난이나 그 밖의 각종 사고로부터 사람의 생명・신체 및 재산의 안전을 확보하기 위하여 하는 모든 활동을 말한다.
④ "안전문화활동"이란 안전교육, 안전훈련, 홍보 등을 통하여 안전에 관한 가치와 인식을 높이고 안전을 생활화하도록 하는 등 재난이나 그 밖의 각종 사고로부터 안전한 사회를 만들어가기 이한 활동을 말한다.

05 상황보고로 틀린 것은?

① 최초보고
② 중간보고
③ 최종보고
④ 응급조치보고는 1일 1회 보고한다.(1일 2회 이상 보고)

06 지역 긴급구조통제단 구성으로 틀린 것은?

① 대응계획 : 상황분석반, 상황보고반, 작전계획반
② 서비스지원 : 운영지원팀, 비상에너지 지원팀, 시설지원팀
③ 긴급복구 : 긴급구호지원반, 긴급시설복구반, 긴급오염통제반
④ 현장지휘 : 항공통제반, 구조진압반, 현장통제반, 응급의료소

07 목조건물화재 시 경계관창 배치로 틀린 것은?

① 화재의 뒷면, 측면 및 2층, 1층 순서
② 급기측, 배기측의 2개소 이상의 개구부에 배치하고 방수는 급기측에서 실시하며, 배기측은 원칙적으로 경계관창을 배치한다.
③ 바람이 불 때 풍하 - 풍횡 - 풍상 순
④ 경사가 있을 때 높은 쪽 - 횡 - 낮은 쪽 순

정답 04. ① 05. ④ 06. ② 07. ②

08 알람밸브(유수검지장치)가 작동 될 때 원인 확인 순서로 바른 것은?

가. 수신기 표시 층 확인	나. 스프링클러 리셋 후 확인
다. 건물 위층부터검색	라. 가압송수장치 펌프 확인
마. 시설업체 점검, 보수	

① ㉮ → ㉯ → ㉰ → ㉱ → ㉲
② ㉯ → ㉮ → ㉰ → ㉱ → ㉲
③ ㉰ → ㉯ → ㉮ → ㉱ → ㉲
④ ㉮ → ㉱ → ㉰ → ㉯ → ㉲

09 송풍기활용 배연방법으로 바른 것은?

① 자연바람과 같은 방향으로 설치한다.
② 배출구의 크기와 급기구의 크기가 다르도록 한다.
③ 출입구로부터 적당한 거리를 두지 않는다.
④ 송풍기에서 나온 공기의 원추가 입구를 덮지 않도록 한다.

10 위험물 유별 소화방법 틀린 것은?

① 1류 : 위험물의 분해를 억제하는 것을 중점으로 대량방수하고 연소물과 위험물의 온도를 내리는 방법을 취한다.
② 2류 : 방수소화를 피하고, 주위로 연소 방지에 중점을 둔다.
③ 4류 : 포, 이산화탄소가스, 건조사 등을 주로 사용하고, 질식소화가 효과적이다.
④ 5류 : 일반적으로 대량 방수에 의한 냉각소화 한다.

11 유독가스 특성과 연결이 바른 것은?

① 암모니아 : 프레온 가스와 불꽃의 접촉 : 허용농도 25ppm
② 시안화수소 : 열 경화성수지, 중질유 연소 시 발생 : 허용농도 10ppm
③ 아황산가스 : 우레탄, 나일론 연소 시 발생 : 허용농도 5ppm
④ 염화수소 : 플라스틱, PVC : 허용농도 5ppm

정답 08. ① 09. ① 10. ② 11. ④

12 방호복(보호복)에 관한 설명이 바른 것은?

① C급 방호복 - 호흡장비 없이 피부만 보호한다.
② B급 방호복 - IDLH농도의 유동가스 속으로 진입할 때나 피부에 접촉하면 손상을 입을 수 있는 유독성물질을 직접 상대하며 작업하는 경우에 사용한다.
③ B급 방호복 - 방독면과 같은 공기 정화식 호흡보호 장비를 사용한다.
④ D급 방호복 - 안전지대(cold zone)에 있는 사람들만 착용한다.

13 Z형 도르레에를 이용하여 90kg의 물체를 들어 올리는 경우 실제 작용하는 힘은?

① 20kg
② 30kg
③ 40kg
④ 50kg

14 확보에 관한 설명으로 틀린 것은?

① 직접 확보는 등반자 확보 시 추락 충격이 1차적으로 확보자에게 전달된다.
② 자기 확보가 가장 우선이다.
③ 확보 장비에는 8자하강기, 그리그리, 스톱하강기 등이 활용된다.
④ UIAA 권장하는 가장 좋은 확보방법은 어깨 확보법이다.

15 안전관리의 조직적 대책이 아닌 것은?

① 사고사례분석과 위험예지훈련 실시
② 안전책임자 및 요원의 제도화
③ 안전관리 담당부서 설치
④ 훈련, 연습실시 및 안전관리 규칙 제정

16 유압전개기의 문제점 및 조치내용으로 틀린 것은?

① 커플링 연결 안 됨 - 유압호스 압력 존재 확인
② 컨트롤밸브 조작했으나 전개기 미작동 - 안전스크류를 조인다.(컨트롤밸브 오일 샐 때임)
③ 컨트롤밸브 오일 샐 때 - 커플링 풀림 확인
④ 전개기 압력유지 못할 때 - 핸들 밸브 잠김 확인

정답 12. ④ 13. ② 14. ④ 15. ① 16. ②

17 구조로프 관한 설명으로 옳은 것은?

① 8자 로프 매듭 시 마찰에 따른 강도저하율(20~25%)
② 통풍 잘되고 직사광선 비치는 곳에 보관한다.
③ 동적로프는 일반구조용으로 사용한다.
④ 로프는 사용 횟수에 따라 강도가 저하되고, 보관연도와 무관하다.

18 대형사고현장 구급차 최초 도착 시 조치 및 차량 배치요령으로 틀린 것은?

① 안전한 거리에서 현장파악 및 상황대응
② 도로외측에 정차 시켜 교통장애를 최소화
③ 사고차량의 전면방향으로 구급차 전면 주차 시 비상등만 작동
④ 폭발물, 유류 적재차량으로 부터 30m 밖에 위치

19 지하가 화재의 진압과 관련 없는 것은?

① 지하철과 연결되어 있을 경우 대피소(공간)으로 활용
② 직상층 바닥 파괴하여 살수
③ 요구조자가 있고 가스계 설비 있을 때 설비 활용
④ 2인 1조, 라이트라인 및 지휘관 통제 하에 엄호주수하며 진입

20 감염노출 관련 관리 시 틀린 것은?

① 노출부위를 흐르는 물이나 식염수로 세척한다.
② 피부에 상처 난 경우는 즉시 찔리거나 베인 부위를 지혈한 뒤 소독제를 바른다.
③ 기관의 감염노출 관리 과징에 따라 보고하고 적절한 조치를 받는다.
④ 필요한 처치 및 검사를 48시간 이내에 받을 수 있도록 한다.

21 전기화상의 설명으로 틀린 것은?

① 전압과 전류량이 높을수록 위험하다.
② 갑작스런 근육수축으로 탈골되거나 골절될 수 있다.
③ 번개 맞았을 때 양치류 잎과 같은 상처가 생긴다.
④ 몸 밖으로 심각한 상처가 생기고, 몸 안으로 작은 흔적이 남는다.

정답 17. ① 18. ④ 19. ③ 20. ② 21. ④

22 **START 분류법에 대한 설명으로 틀린 것은?**

① 신속한 분류와 처치를 위해 사용된다.
② 걸을 수 있는 환자는 지정된 장소로 이동하라고 말한다.
③ 기도개방 후에도 무호흡, 무맥박 환자는 즉시 긴급환자로 분류한다.
④ 걸어서 이동한 환자 다시 재분류를 실시한다.

23 **당뇨, 뇌졸중에 관한 설명으로 틀린 것은?**

① Ⅰ형은 적정량의 인슐린을 생상하지 못하는 경우로 인슐린 투여가 필요하다.
② 의식이 없는 뇌졸중 환자 평가 방법으로 FAST 법이 있다.
③ 고혈당환자의 호흡에서는 아세톤 냄새가 나기도하며, 종종 빠르고 깊은 호흡이 나타난다.
④ 어지러움, 편마비, 한쪽감각 상실 등의 환자가 호흡곤란을 호소하면 BVM으로 고농도 산소를 투여한다.

24 **OPQRST의 설명 중 틀린 것은?**

① O : 언제 통증이 시작되었고, 그때 무엇을 하고 있었는지?
② P : 무엇이 통증을 악화시키는지?
③ R : 통증을 완화 시키는 것이 있는지? 통증이 다른 부위로 퍼졌는지?
④ S : 얼마나 오랫동안 통증이 지속되었는지?

25 **미생물 소독 등 설명으로 바른 것은?**

① 높은 수준 소독은 노출 시간이 충분하면 세균 아포까지 죽일 수 있고 모든 미생물을 파괴할 수 없는 소독 수준이다.
② 직접 전파는 주사바늘과 같은 오염물질 또는 호흡기를 통한 비말호흡에 의해 전파된다.
③ 뇌수막염, 폐렴, 결핵, 수두, 홍역은 비말에 의해 전파되는 질환이다.
④ 생물체가 아닌 환경으로부터 세균의 아포를 제외한 미생물을 제거하는 과정을 말한다.

정답 22. ④ 23. ② 24. ④ 25. ④

14년 소방위 승진시험 복원문제

01 다음 중 견과류, 땅콩, 우유, 계란을 먹다가 발생할 수 있는 유형은?

① 이물질 제거
② 과민성 쇼크
③ 심장성 쇼크
④ 신경성 쇼크

02 다음 중 지역 긴급구조통제단 구성 중 대응계획부에 해당하지 않은 것은?

① 상황분석반
② 계획지원반
③ 상황보고반
④ 작전계획부

03 긴급구조지원기관의 활동에 대한 종합평가 사항이 아닌 것은?

① 긴급구조대응계획서의 이행실태
② 긴급구조 요원의 전문성
③ 긴급구조교육 수료자 현황
④ 통합현장대응을 위한 통신체계

04 재난관리책임기관의 장은 피해시설별로 피해상황 및 대응 등이 포함된 재난상황의 기록을 작성보관, 관리하여야 할 내용이 아닌 것은?

① 피해일시, 피해원인
② 인명 및 재산 피해내역
③ 동원인력, 장비 등 응급조치내역
④ 긴급구조 조치계획

05 가연물질의 구비조건 및 내용이 틀린 것은?

① 화학반응을 일으킬 때 필요한 최소의 열에너지 값이 적어야 한다.
② 일반적으로 산화되기 쉬운 물질로서 산소와 결합할 때 발열량이 커야한다.
③ 조연성가스인 산소, 염소와의 친화력이 강해야하며 열의 축적이 용이하도록 열전도 값이 커야한다.
④ 산소화 접촉할 수 있는 표면적이 큰 물질이어야 한다.

정답 01. ② 02. ② 03. ④ 04. ④ 05. ③

06 연소생성물중 시안화수소의 내용 중 옳은 것은?

① 무색, 무취, 무미의 환원성이 강한 가스로서 3℃ 이상의 열 분해 시 발생한다.
② 유황이 함유된 물질인 동물의 털, 고무와 일부 목재류 등이 연소하는 화재 시에 발생하는 것으로 무색의 자극성냄새를 가진 유독성 기체로 눈 및 호흡기 등에 점막을 상하게 하고 질식사 할 우려가 있다.
③ 질소성분을 가지고 있는 합성수지, 동물의 털, 인조견 등의 섬유가 불완전 연소할 때 발생하는 맹독성가스 0.3%의 농도에서 즉시 사망할 수 있다.
④ 질소함유물이 연소할 때 발생하는 연소생성물로서 유독성이 있으며 냉동시설의 냉매로 많이 쓰이고 있다.

07 다음 중 구조활동 우선순위 중 2번째 단계인 것은?

① 요구조자의 구명에 필요한 조치를 한다.
② 현장활동에 방해되는 각종 장해요인을 제거한다.
③ 요구조자의 상태 약화방지에 필요한 조치를 취한다.
④ 2차 재해의 발생위험을 제거한다.

08 다음 중 START분류법을 이용해 신속하게 분류해야 한다. 분류하는 도중에는 환자상태에 따라 제공해야 하는 것은?

가. 기도개방 및 입인두 기도기 삽관	나. 직접압박
다. 다발성 손상	라. 중증의 화상
마. 팔다리 거상	

① 가, 나, 다 ② 가, 나, 라
③ 나, 다, 마 ④ 가, 나, 마

09 소아의 심장마비환자 생존시술의 순서가 옳은 것은?

① 심정지 방지 → 신속한 심폐소생술 → 효과적 전문소생술 → 신속한 신고 → 통합적 소생 후 치료
② 신속한 신고 → 심정지방지 → 신속한 심폐소생술 → 효과적 전문소생술 → 통합적 소생 후 치료
③ 심정지 방지 → 신속한 신고 → 신속한 심폐소생술 → 효과적 전문소생술 → 통합적 소생 후 치료
④ 심정지 방지 → 효과적 전문소생술 → 신속한 신고 → 신속한 심폐소생술 → 통합적 소생 후 치료

정답 06. ③ 07. ④ 08. ④ 09. ③

10 저혈당 쇼크 실혈에 따른 증상과 징후의 내용 중 다른 것은?

① 소화기계 혈류량감소 및 오심, 구토를 일으킨다.
② 빠른 호흡, 빠르고 약한 맥박, 저혈압 모세혈관 재출혈 시간 지연된다.
③ 염분과 수분 보유기능이 저하되며 소변생산량이 늘어나며 심한 갈증이 있다.
④ 관류량 및 말초맥박, 혈압이 저하된다.

11 코인두기 사용할 수 있는 경우 중 내용이 옳지 않는 것은?

① 코와 귀에서 뇌척수액이 나온 경우도 삽관이 가능하다.
② 구강의 상처가 있거나 입을 벌릴 수 없는 경우에도 사용될 수 있다.
③ 연부 조직의 손상이나 출혈 가능성이 적다.
④ 구토반사를 자극하지 않아 사용빈도가 높다.

12 호흡기계의 순서로 옳은 것은?

① 코 → 입 → 인두 → 기관 → 후두 → 기관지 → 세기관지 → 폐
② 입 → 코 → 인두 → 후두 → 기관 → 기관지 → 세기관지 → 폐
③ 입 → 코 → 후두 → 인두 → 기관 → 기관지 → 세기관지 → 폐
④ 코 → 입 → 인두 → 후두 → 기관 → 기관지 → 세기관지 → 폐

13 소방방재청장은 119구급대원 등에게 응급환자 이송에 관한 정보를 효율적으로 제공하기 위하여 119구급 상황센터에서 업무수행 내용이 아닌 것은?

① 응급환자에 대한 안내, 상담 및 지도
② 이송중인 사람에 대한 응급처치의 지도 및 이송병원 안내
③ 구급이송환자 처치에 대한 평가
④ 응급처치 절차 개발 및 교육 훈련

14 다음 중 구조장비 에어백 내용으로 틀린 것은?

① 공기용기 메인밸브를 열어 압축공기를 압력조절기로 보내며 이때 1차 압력계에 공기압이 표시된다.
② 에어백을 부풀리기 전에 버팀목을 준비해 대상물이 들어 올려지는 것과 동시에 버팀목을 넣고 높이가 높아짐에 따라 버팀목을 추가한다.
③ 2개의 백을 사용하는 경우 작은 백을 아래에 놓으며 위의 백을 먼저 부풀려 위치를 잡고 균형유지에 주의하면서 2개의 백을 교대로 부풀게 한다.
④ 2개의 에어백을 겹쳐 사용하면 부양되는 높이는 높아지지만 능력이 증가하지는 않는다.

정답 10. ③ 11. ① 12. ④ 13. ③ 14. ③

15 **다음 중 자기제동이 되는 매듭으로 주 로프에 보조로프를 3~5회 감고 로프 끝을 고리 안으로 통과시켜 완성한다. 하중이 걸리면 매듭이 고정되고 하중이 걸리지 않으면 매듭을 위, 아래로 움직일 수 있는 감아매기와 유사한 매듭은?**

① 클렘하이스트 매듭
② 감아매기
③ 나비매듭
④ 잡아매기

16 **다음 내용 중 틀린 것은?**

① 보트에 접근할 때는 맞바람을 맞고 접근한다.
② 한겨드랑이 끌기는 배영동작으로 이동을 시작한다.
③ 보트는 바람을 등지고 요구조자에게 접근하는 것이 좋다.
④ 손목 끌기는 요구조자의 전방으로 접근한다.

17 **요구조자 구출방법 중 로프를 사용하지 않아도 되는 것은?**

① 업고 하강하기
② 어깨걸어 내리기
③ 들 것 하강하기
④ 매달고 하강하기

18 **기상조건별 관창배치 우선 순위 내용 중 틀린 것은?**

① 풍속이 5m/s 이상이 되면 비화발생 위험이 있으므로 풍하측에 비하경계 관창을 배치한다.
② 풍속이 3m/s 초과하면 풍하측이 연소위험이 크므로 풍하측을 중점으로 관창을 배치한다.
③ 풍속이 3m/s 이하가 되면 방사열이 큰 쪽이 연소위험이 있으므로 그 방향을 중점으로 관창을 배치한다.
④ 강풍 풍속이 13m/s 이상일 때는 풍하측에 대구경 관창을 배치하여 협공한다.

19 **요구조자에 대한 엄호주수 내용과 다른 것은?**

① 요구조자 있다고 생각되는 직근의 천정 또는 벽면에 주수한다.
② 유효사정을 확보하기 위해 고속분무 주수한다.
③ 주수각도의 전환은 상하, 좌우 주수한다.
④ 반사주수 또는 상하 확산주수로 수막을 형성하여 차열한다.

정답 15. ① 16. ② 17. ② 18. ④ 19. ③

20 **현장조직편성 중 분대편성의 이점 중 틀린 것은?**

① 의사전달체계를 효과적으로 해준다.
② 중요한 자원기능을 나열해 준다.
③ 대원의 안전을 재고시킨다.
④ 현장지휘관의 통솔범위를 줄여준다.

21 **재해예방 대책 중 대책선정의 원칙 중 내용이 다른 것은?**

① 행정적 개선
② 각종 규정 및 수칙의 준수
③ 전 작업자의 기준이해
④ 관리자 및 지휘자의 솔선수범

22 **소방방재청장은 기본계획 및 집행계획을 수립하기 위하여 필요한 경우에는 관계 중앙행정기관의 장 또는 시도지사에게 자료를 요청할 수 있다. 기본계획에 따라 매년 연도별 집행계획의 내용이 아닌 것은?**

① 기본계획 및 집행계획은 시행 전년도 10월 31일까지 수립하여야 한다.
② 구조, 구급대원의 안전사고 방지, 감염방지 및 건강관리
③ 구조, 구급에 필요한 장비의 구비에 관한 사항
④ 구조, 구급활동과 관련하여 시, 도 정책협의회에서 필요하다고 결정한 상황

23 **블레비 발생과정으로 옳은 순서는?**

① 탱크주의에 화재발생 → 액체의 온도 상승 및 압력상승 → 탱크벽 가열 → 탱크강도 약화 → 탱크파열 → 내용물의 폭발적 분출증가
② 탱크주의에 화재발생 → 탱크벽 가열 → 액체의 온도 상승 및 압력상승 → 탱크강도 약화 → 탱크파열 → 내용물의 폭발적 분출증가
③ 탱크주위에 화재발생 → 탱크강도 약화 → 탱크벽 가열 → 액체의 온도 상승 및 압력상승 → 탱크파열 → 내용물의 폭발적 분출증가
④ 탱크주위에 화재발생 → 탱크파열 → 탱크강도 약화 → 탱크벽 가열 → 액체의 온도 상승 및 압력상승 → 내용물의 폭발적 분출증가

정답 20. ④ 21. ① 22. ③ 23. ②

24 **다음 중 붕괴 시 잔해제거 순서로 옳은 것은?**

가. 신속한 구조　　나. 부분잔해 제거　　다. 정찰　　라. 일반잔해 제거

① 가 - 나 - 다 - 라
② 가 - 다 - 나 - 라
③ 나 - 가 - 다 - 라
④ 가 - 라 - 나 - 다

25 **소방본부장 또는 소방서장이 소방방재청장에게 긴급상황보고 대상이 다른 것은?**

① 지하철, 철도, 항구에 메어둔 외항선, 항공기, 발전소 및 변전소의 화재
② 특수사고, 방화 등 화재원인이 특이하다고 인정되는 화재
③ 외국공관 및 그 사택
④ 기타 대상이 특수하여 사회의 이목이 집중될 것으로 예상되는 화재

정답 **24. ② 25. ①**

Memo